彦根城博物館叢書4

# 彦根藩の藩政機構

藤井譲治編

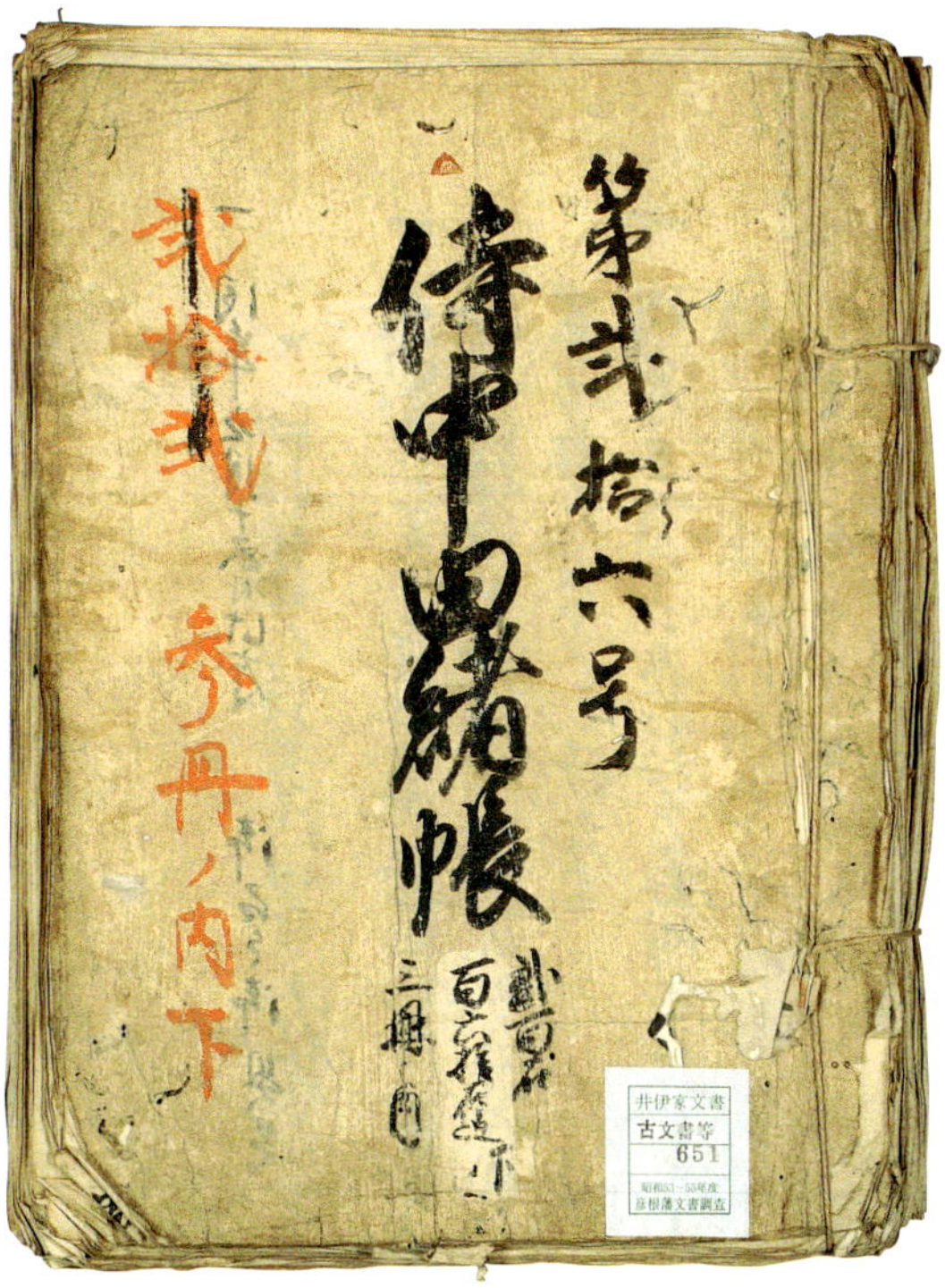

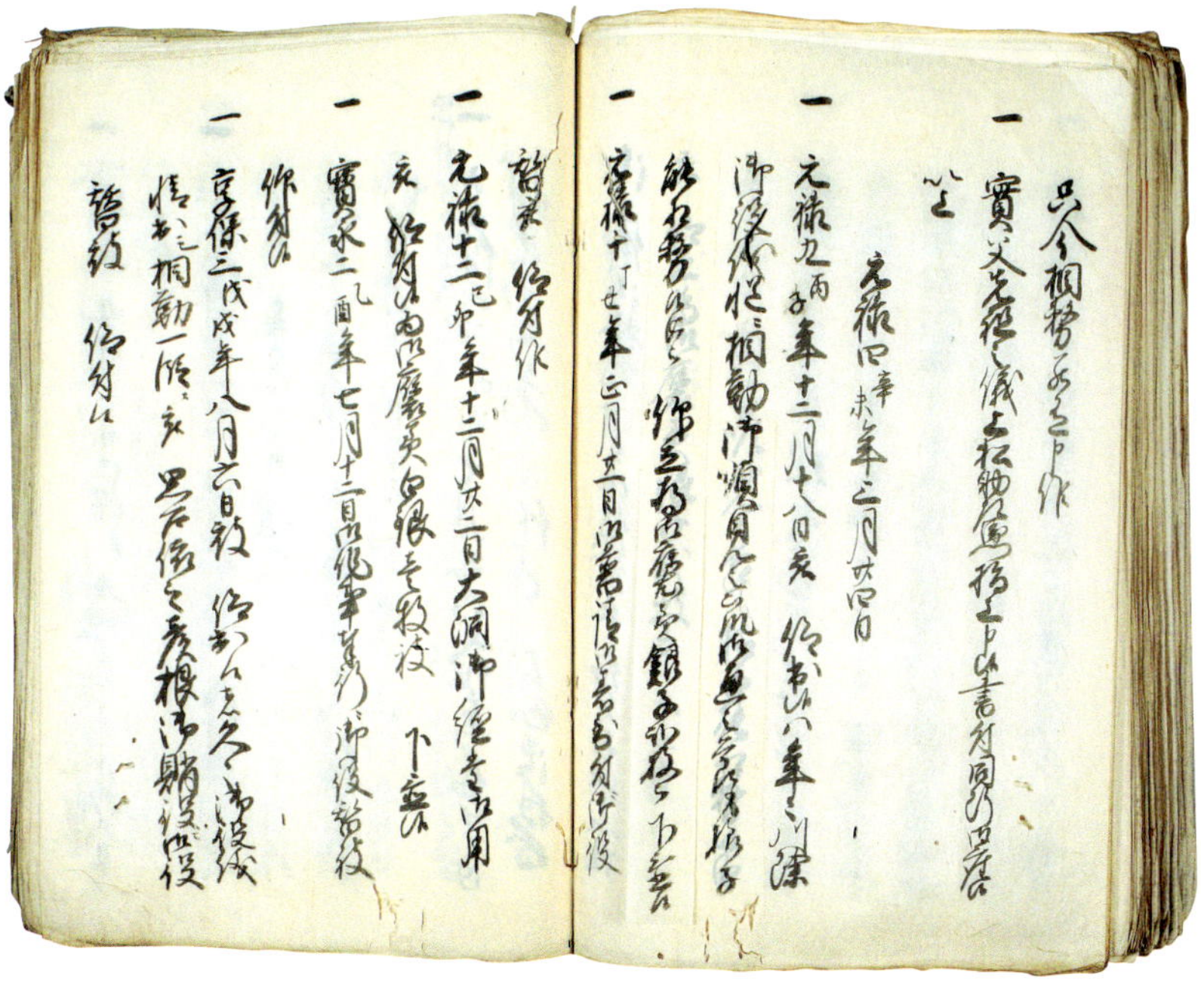

**侍中由緒帳**　　元禄 4（1691）年　「彦根藩井伊家文書」
元禄 4 年以降、明治初年まで彦根藩士の各家の履歴を書き継いだ帳面。
目付役が管理し、人事考課に用いられた。

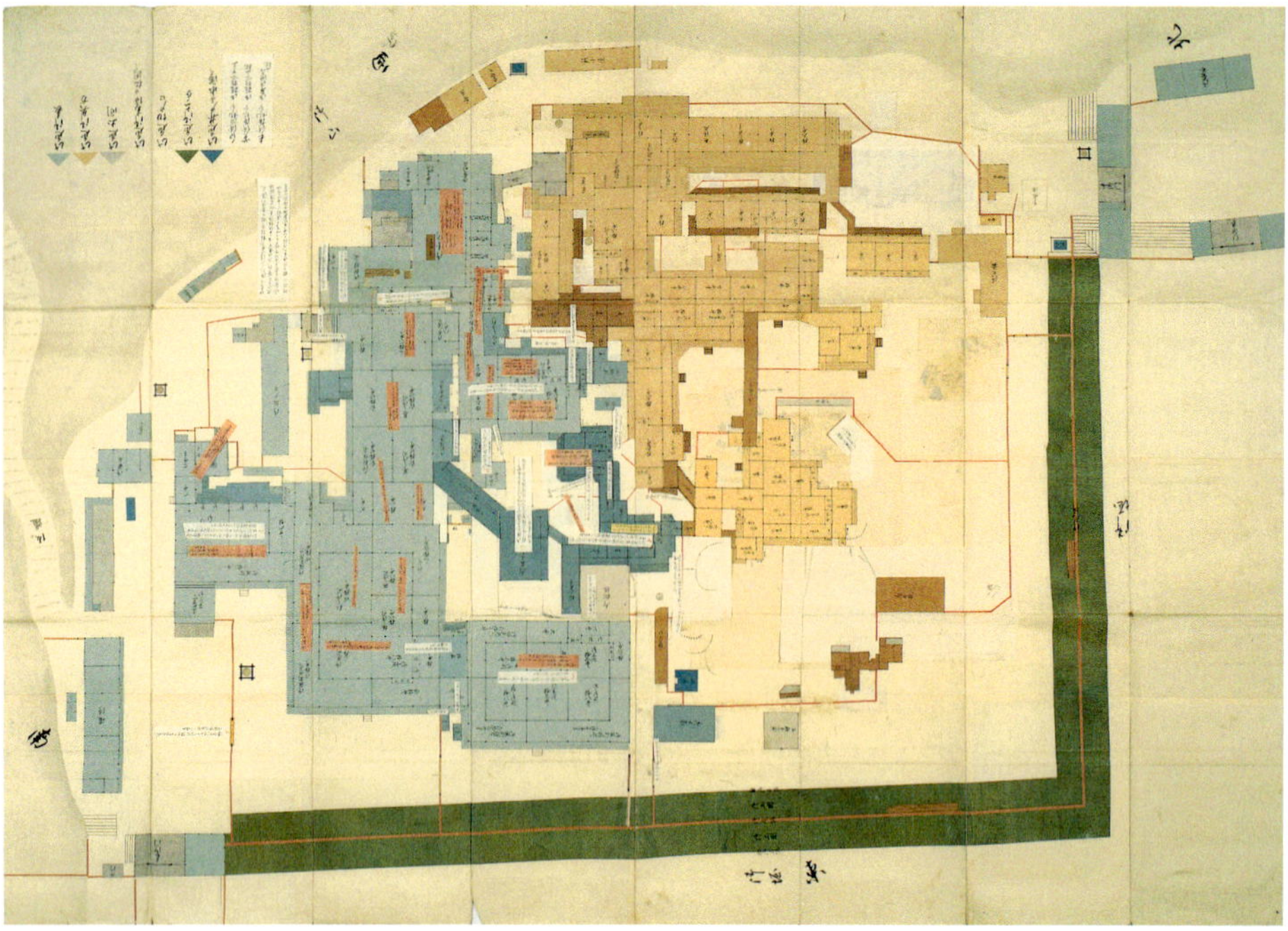

**彦根城表御殿御奥方御絵図**　江戸時代後期　「彦根藩井伊家文書」
彦根城内の表御殿。彦根藩主の住居であり、かつ彦根藩の政庁でもあった。

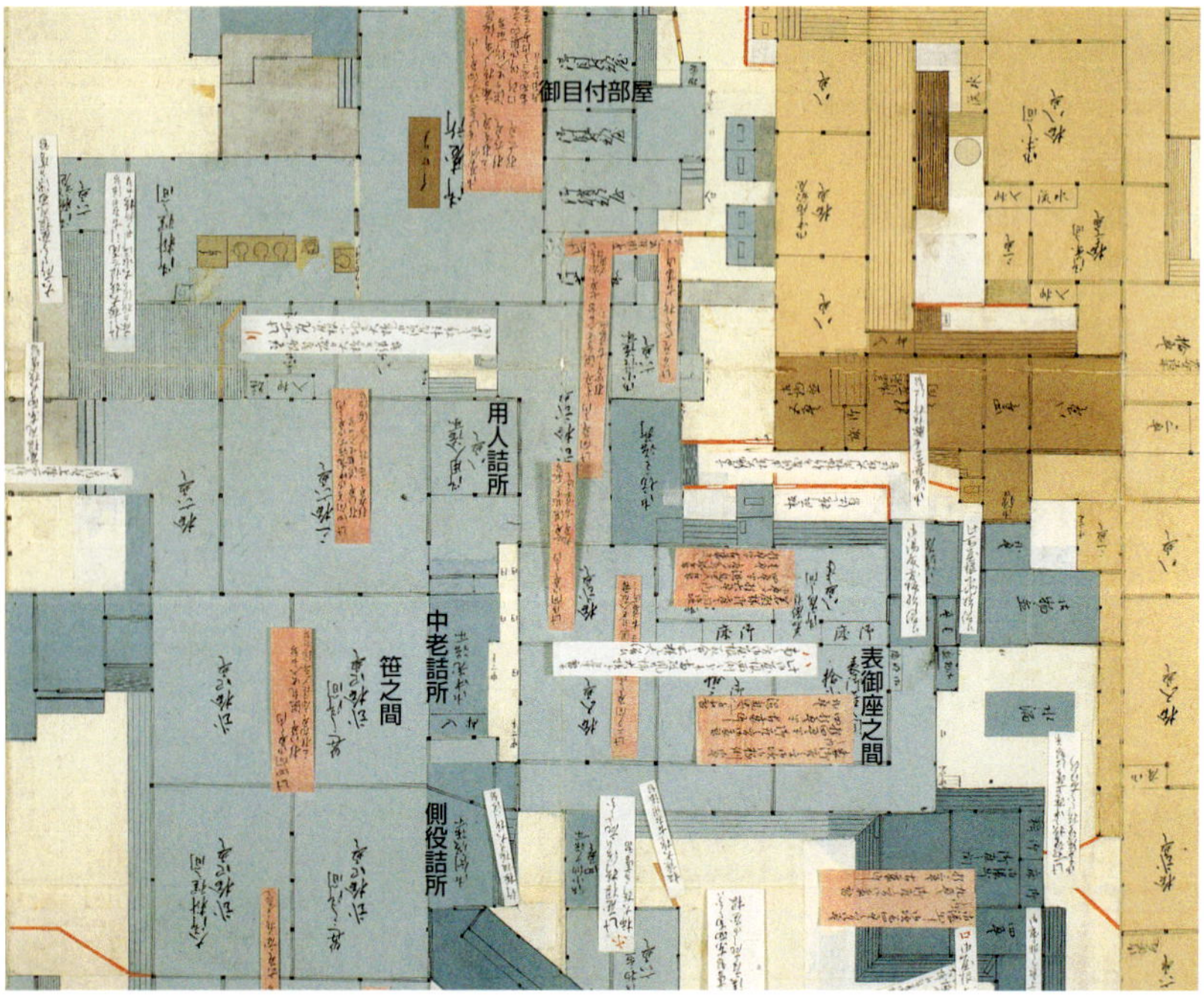


**同上　中奥表御座間付近（部分）**
御殿の中奥と表との境に御側役詰所・御中老詰所・御用人詰所が配置される。また御目付部屋も近くに見られる。

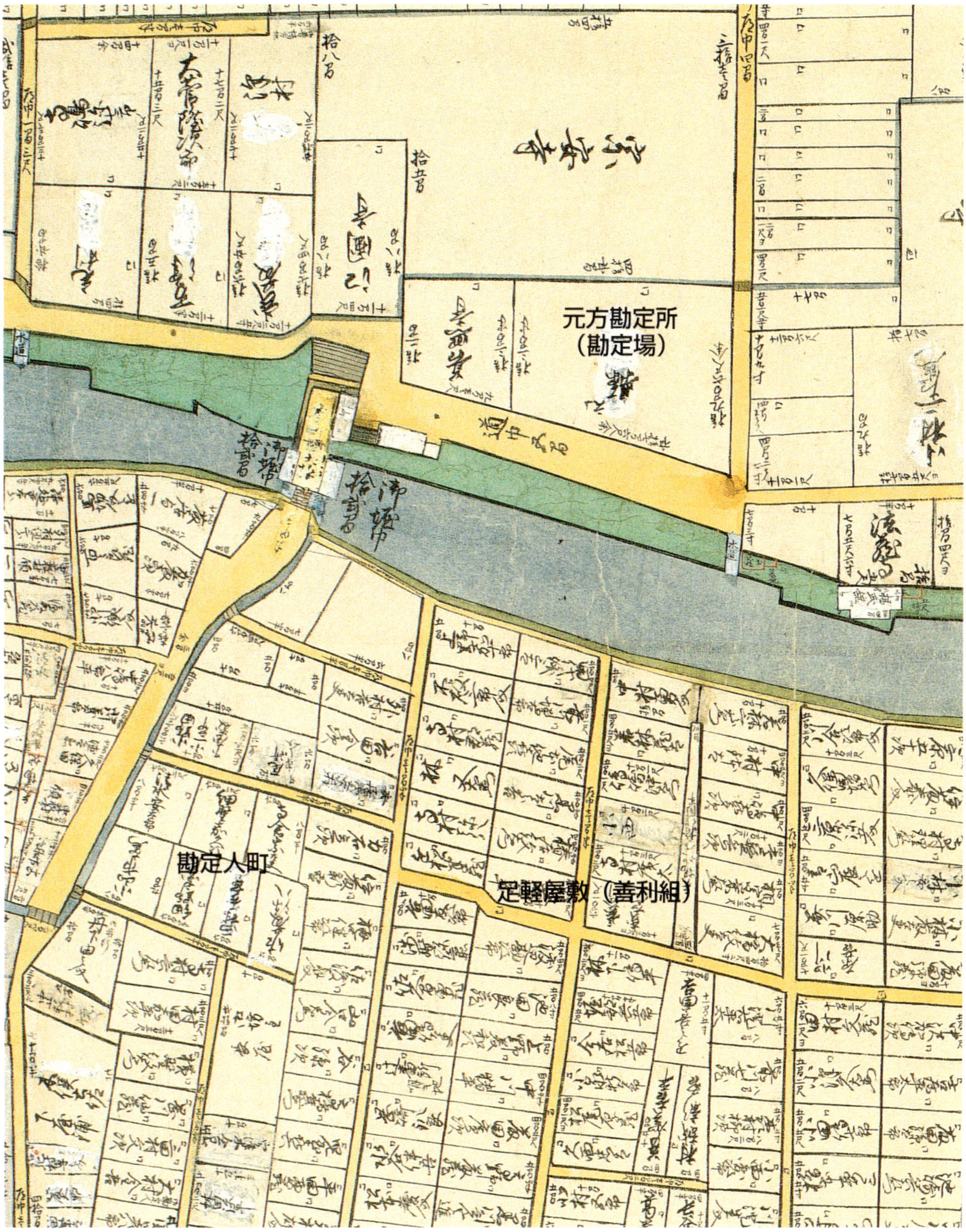


**御城下惣絵図**　天保 7（1836）年　彦根城博物館保管
彦根城下町南部の本町口（池州口）付近。図上部の宗安寺の下側に「元県」とあるのが元方勘定所（勘定場）が所在した場所である。百姓公事の裁許もここで行われた。図下部にひろがる細かい屋敷割りは勘定人と足軽の屋敷地。

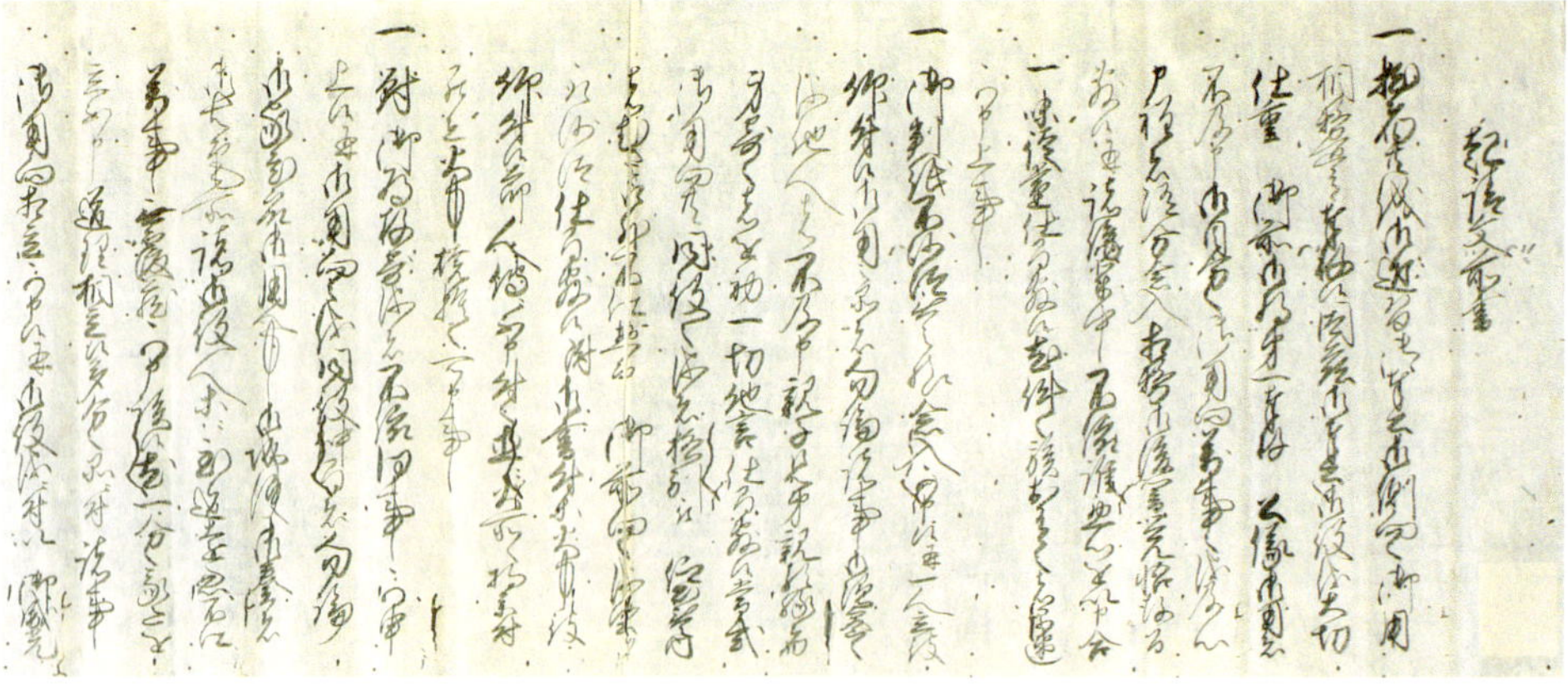

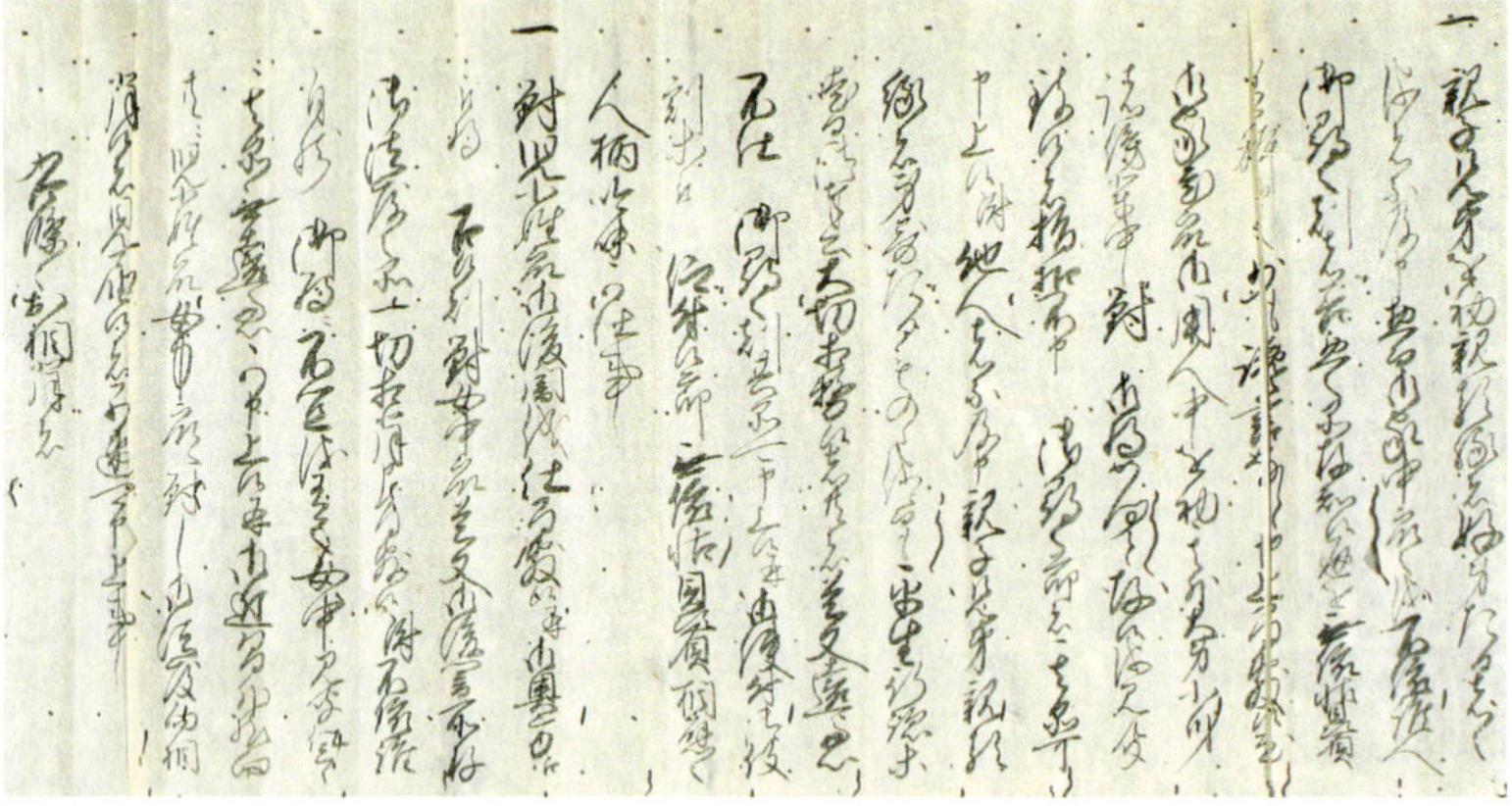

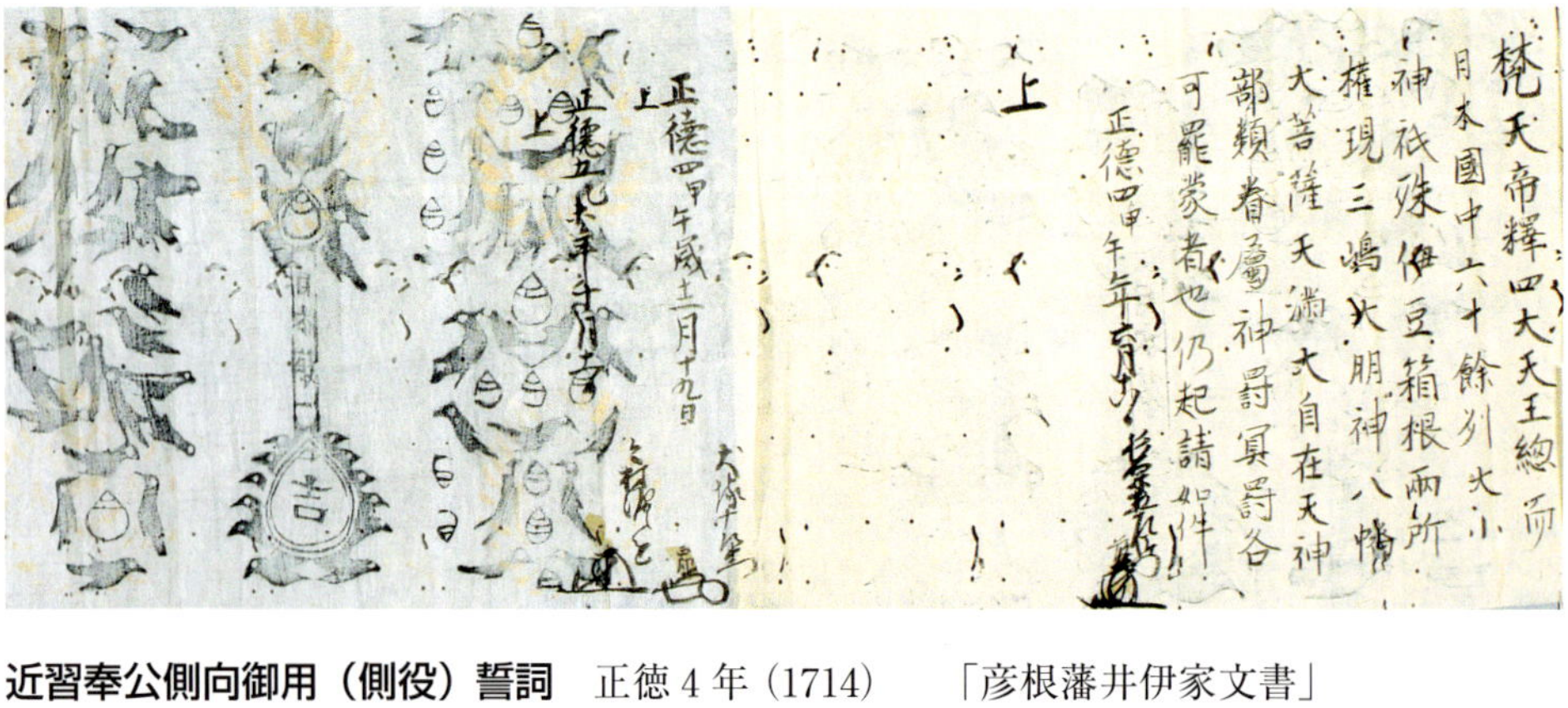

梵天帝釈四大天王總而
日本國中六十餘州大小
神祇殊伊豆箱根両所
権現三嶋大明神八幡
大菩薩天満大自在天神
部類眷屬神罰冥罰各
可罷蒙者也仍起請如件
正徳四甲午年十一月十九日
上

**近習奉公側向御用（側役）誓詞**　正徳４年（1714）　「彦根藩井伊家文書」

役職に関する具体的な遵守事項を記した前書に、熊野牛玉宝印を用い記した起請文を貼り継ぐ。役職により誓約内容が異なる。

# 叢書刊行にあたって

平成六年（一九九四）六月、貴重な歴史・文化遺産である井伊家伝来資料（「彦根藩資料」）が、彦根市に寄贈されました。これは、ひとり彦根市にかぎらず、広く日本の歴史研究を進めるうえで欠くことのできない資料であり、管理にあたる彦根城博物館に対しては、より一層の調査研究を進め、市民に研究成果の普及・公開をおこなうことが求められています。

そのため、当館では彦根藩資料の計画的かつ創造的な調査研究の推進のため、幅広い研究分野の専門研究者を組織し、研究方針・研究課題を検討し、それに基づく、いくつかの分野別に編成された共同研究、普及活動を進め、市民の教育・文化の向上に資することを目的として、平成七年十月に「彦根藩資料調査研究委員会」を設置しました。

その後、彦根藩資料の内、桃山時代から廃藩置県に至る彦根藩政時代を中心とした古文書資料「彦根藩井伊家文書」（二七、八〇〇点）が、平成八年六月に国の重要文化財に指定され、ますますこの委員会の役割は大きくなり、その成果に対する期待も高まってきました。委員会の発足以来、すでに七年余を経ましたが、これまで十回の委員会による運営協議がおこなわれ、「幕末政治史研究班」「彦根藩の茶湯研究班」「彦根藩の藩政機構研究班」「武家の儀礼研究班」「武家の生活と教養研究班」の五つの研究班が研究活動を展開してまいりました。各研究班では、それぞれのテーマに沿った独自の方法論を検討し、「新しい彦根の歴史像」の構築を目指し精力的な研究を進めていただき、徐々にその成果が表れてきました。

これらの研究活動の内容は、毎年の活動を記録した『彦根藩資料調査研究委員会年次報告書』の刊行、各研究班による公開研究会・講演会などにより、その一部を公開してまいり、平成十三年度には『彦根城博物館叢書1　幕末維新の彦根藩』、昨年度には『彦根城博物館叢書2　史料　井伊直弼の茶の湯』を刊行しました。このたびその三冊目として、平成九年度から研究活動を開始した藤井譲治委員を班長とする「彦根藩の藩政機構研究班」の研究成果を、『彦根城博物館叢書4　彦根藩の藩政機構』としてまとめ、広く世に問うこととしました。

是非ご一読賜り、藤井委員をはじめ各研究員が注いできた、新しい彦根の歴史像への思いを感じ取っていただければ幸いです。

平成十五年（二〇〇三）三月

彦根藩資料調査研究委員会委員長
彦根城博物館　館長

朝尾直弘

# 本書の構成について

本書は、彦根城博物館の「彦根藩資料調査研究委員会」が企画した研究班の一つである「彦根藩の藩政機構研究班」における調査・研究の成果をまとめたものである。この研究班は、平成九年度を準備期間とし、平成十年度から十二年度にかけて調査・研究活動を行い、平成十三年・十四年度を研究成果の取り纏めの期間とした。研究班の活動の詳細については、本書所収の活動記録を参照していただきたい。

本書の構成は、論文編、史料編、彦根藩役職補任表の三部からなっている。

彦根藩に関する研究は、一九六〇年に刊行された『彦根市史』を除いては多くはなく、当該藩が最大の譜代藩であるにもかかわらず、最も立ち後れているといっても過言ではない。彦根藩研究のこうした状況を克服するには、まず藩政機構に関する基礎的研究を蓄積することが必須であると考え、研究対象をこれに絞り、なかでも彦根藩の主要役職の補任表を作成することに重点を置くこととした。また、『彦根市史』の記述は時期的変遷への考慮が多くはなされていないので、調査・研究にあたっては、藩初から幕末までの全時期を扱うよう努めた。こうした方針のもと、「侍中由緒帳」（彦根藩井伊家文書）を素材にまず個々の家臣について役職の任免の記事を拾い出し、それに他の史料を援用しつつ、各職の補任表を作成した。その成果が巻末の「彦根藩役職補任表」である。「史料編」は、こうした役職の具体的内容を知るための基礎史料である。さらに、調査・研究を行うなかで得られた彦根藩の藩政に関する新たな知見の一端を「論文編」に収めた。

「彦根藩役職補任表」は、家老役、中老役、用人役、側役、町奉行、筋奉行、目付役・元方勘定奉行、大津蔵屋敷奉行、船奉行、御用米蔵奉行、松原蔵奉行、皆米札奉行、代官役、川除奉行、内目付役等、彦根藩の主要役職をとりあげ、

藩初から幕末まで、それぞれ役職ごとにその就任者の補任期間を編年順に示し表化したものである。またそれぞれの補任表の巻頭にその役職に関する簡単な説明を掲げ、役職補任表の最後に各役職についての解題を掲載した。

「史料編」には、「役職誓詞」、「被仰出候事共之留」、「筋方用務留」、「諸事願書留記」、「元方勘定方記録」、「御台所入仕出シ諸事留」、「掌中雑記」、「彦根藩役付帳」、「彦根藩切米扶持書上」等の彦根藩諸職に関する史料・記録を収めた。

「役職誓詞」は、役職に就任したときに提出するもので、各役職の基本的な職掌を知ることができる。「被仰出候事共之留」は、宝暦九年（一七五九）から同十年ころのもので、彦根藩の礼式・勤め方・申し渡し・伺い筋・咎め事等についての規定である。「筋方用務留」も、宝暦九年から同十二年ころのもので、筋奉行の職務に関するものである。「諸事願書留記」は、天保十五年（一八四四）のもので、馬手形・養子願・勘当届など家臣が藩に提出する諸願・諸届の雛形が詳細に書き上げられている。

「元方勘定方記録」は文政年間（一八一八〜一八三〇）のもので、元方勘定の一年の業務を月日順に記録したもので、元方勘定方の職務内容を具体的に知ることができる。「御台所入仕出シ諸事留」は、天明三年（一七八三）のもので、台所入すなわち蔵入地の年貢収納・払方に関する記録である。「掌中雑記」は、文政年間のもので、享和元年（一八〇一）に設置された士代官の職務上のマニュアルである。

「彦根藩役付帳」は、安政三年（一八五六）のもので、家老役以下この時期における彦根藩の役職就任者の一覧である。「彦根藩切米扶持書上」は、幕末期のもので、小姓・中小姓・騎馬徒・歩行等の各職についてその切米・扶持米の量を規定したものである。

最後に、「論文編」に収めた各論文の要点を紹介しておく。

**藤井讓治「彦根藩前期の知行制」**

彦根藩における知行制は、正保二年（一六四五）に実施された「四つならし」を前後に大きく転換するが、本論文はこの転換およびその前後の知行制のあり方を明らかにしたものである。「四つならし」以前、台所入（蔵入地）と給所（家臣知行地）の村は明確に区分され、一村が複数の給人に与えられることは少なく、一人の給所は多くは複数の村で与えられ、給所の年貢率決定権は個々の給人の手にあった。「四つならし」以降の知行制は、藩領全村について年貢高をもとに年貢率が四〇%となるよう村高を設定し、その高をもって家臣に地方で給所を与え、給所の年貢率決定権を藩が掌握し、家臣には知行高の四〇%の年貢を保証するものとして確定する。このような知行制として固まる過程において、藩による給所の暫定的な年貢率決定が先行し、正保二年段階には給所の年貢率決定権をめぐって藩主と家臣のあいだに確執があり、また四〇%の年貢は必ずしも保証されてはいなかった。こうした点は、年貢率決定権の藩による掌握、年貢が四〇%に満たない分の藩庫からの補填、指口米の給与など、いくつかの段階を経て解消され、彦根藩の知行制が確定する。

**東谷智「彦根藩筋奉行の成立と機構改編について」**

本論文は、彦根藩の地方支配の中核を担った筋奉行について、彦根藩成立期から宝暦期における機構の変遷を明らかにしたものである。筋奉行は彦根藩成立とともに設置されたと考えられる。初期の筋奉行は、後の筋奉行と勘定奉行とを合わせた役割を担っていたが、承応三年(一六五四)に筋奉行から勘定奉行が分離し、単独の職としての筋奉行が成立した。元禄十二年(一六九九)には、藩主側近グループが筋奉行に加わり、三筋交代制・合議制の徹底がはかられ、正徳元年(一七一一)には、藩主側近グループの「我意」を排除することによって、各筋ごとの均質的な支配が可能となる機構整備が完成した。宝暦期には藩の財政再建策と連動し、藩と藩領全体の財政再建を目指す機構へと改編された。従来の彦根藩の研究では未解明であった、藩政の動向や藩主の交代との関連で筋奉行の機構が改編されていった過程が初めて明らかになった。

**母利美和「彦根藩目付役の形成過程」**

本論文は、近世前期から中期の目付役について、藩政の動向の中で目付役が果たした役割を分析したものである。彦根藩の目付役は、おもに大坂陣後の所領加増にともなう家臣団増加に対する家中統制のために成立し、近世前期になると、幕府のキリシタン禁止政策などをうけて、家中監察機能の強化のため人員増強や「歩目付」を新設した。しかし、天和から元禄期の藩財政悪化を契機に、財政改革の一環として行われた財政・職制改革の中で、目付役に家中監察に加え人事管理の機能を持たせ、元禄四年（一六九一）に編纂された「侍中由緒帳」を、その人事管理の根拠となる履歴記録として位置づけた。この改革のねらいは、「武功」から「役儀」重視への家臣団の「役儀」に対する意識改革にあり、元禄期の職制改革は目付役にとどまらず、勘定方・筋方・町方など多岐にわたっていた。元禄四年以降、目付役は彦根藩の官僚制を支える根幹機能を担っていたことが明らかとなり、従来の幕府や外様諸藩に見られる監察機能を中心とした目付とは異なる目付役像が提示された。

**東幸代「彦根藩の水運政策と船奉行―十七世紀後半期を中心に―」**

彦根藩が、十八世紀に大津百艘船と彦根三湊との船積争論に積極的に介入することは既に知られている。本論文は、その背景を彦根藩の水運政策に注目し明らかにするものである。彦根藩は、幕府の湖水船奉行による船方支配を離れ、十七世紀初頭から独自の船奉行を設置し、領内の船を支配した。近江国内の他領主と異なり、船奉行による領内船改の権利や、船役銀・船判銀の徴収権を掌握していたことは、彦根藩独自の水運政策の実行を可能とした。松原湊のみの整備にとどまっていた十七世紀中期、不十分な水運体制を改善するために、藩主井伊直孝は、船役銀の軽減、船判銀の減額等の負担軽減策を実施し、領内の増船を目指した。その結果、十八世紀初頭には、城下湊としての松原湊の体制維持と、増船という二つの目標を達成している。十八世紀以降の彦根藩の船積争論への介入は、こうした水運体制の充実に支えられているといえる。

**塚本明「彦根藩と京都町奉行所」**

京都町奉行所は近江を含む四か国を「支配国」として管轄し、領主違い争論の裁許、触の発給等の行政権を持ったとされる。本論文では、その権限が、大老の家たる「井伊家」が治める彦根藩領に、どこまで貫徹したのかを検討した。争論の裁許については、制度上、京都町奉行所の「支配国」権限は徹底している。ただ彦根藩が江戸留守居を通して幕閣に圧力を加える動きは認められ、彦根藩領に有利な裁定が下される条件はあった。京都町奉行所からの触は、当初は近江国一律に「郡切」で廻達されたが、明和九年（一七七二）以降、彦根藩領は別扱いとなった。それ以前でも幕府から出された触の多くは彦根藩の江戸留守居から本国に伝えられ、京都町奉行所から出される触も、彦根藩の藩政機構を通して廻達されるのが通常の形式であり、幕府の国制的な支配は貫徹してはいない。なお、近江国における彦根藩の位置は、十八世紀後半以降に転換していくと思われる。

**渡辺恒一「近世後期彦根藩地方支配機構の改編について」**

本論文は、筋奉行と代官役との関係に注目し、十九世紀以降の地方支配機構の改編過程を明らかにするものである。享和元年（一八〇一）の町人代官から士代官への制度変更は、筋を単位とした支配区域への統一を伴うものであり、支配効率の向上、支配強化がはかられた。文化十二年（一八一五）には、百姓公事・願書の吟味などの代官役所の職務が筋方役所へ移管され、筋方役所と代官役所との分業が進展する。しかし、この改編により筋方役所に百姓の公事出入・願書の「吟味」の職務が集中した結果、筋方役所の実務役人である元締層の職務利権が増大し、その恣意的行為が地方支配機構運営における問題となる。嘉永三年（一八五〇）以降、藩主井伊直弼により行われた地方支配機構改編は、右の問題を解決する意図を持つものであった。

**宇佐美英機「彦根藩法制度史に関する素描」**

本論文は、現在伝来している史料をもとに、彦根藩法制度の整備過程の概略を明らかにし、併せて刑事的な犯罪、「盗み」「博奕」の仕置の実態を明らかにするものである。彦根藩において、公事裁許や仕置を在方は筋奉行、町方は町奉行が取り捌く体制となったのは、寛永二十一年（一六四四）のことであった。その後、具体的な制度の変遷は確定できないものの、裁許日は毎月二・六の日に実施され勘定場において職務が遂行された。また、刑事的な犯罪は、「死罪（重罪）」と「活罪」に分かれ、「活罪」は「本罪」と「軽罪」に区別されていたが、「本罪」は入墨・肆を随伴する追放刑、「軽罪」は追放刑に処されるものであった。「盗み」「博奕」の罪人に対する仕置は、「本罪」のみが判明するが、幕府法と比較して領民には寛刑で臨む一方、他領民は領分から追放するということが基本的な姿勢であったことが明らかとなった。

各論文のテーマは、執筆者の関心に従って各自が選んだものであり、全体としては体系的なものとなっていないが、今後の彦根藩研究の出発点となるべき内容のものであると考えている。

「彦根藩役職補任表」については、近世の初期についてはなお補充すべき点もあろうが、十七世紀末以降については、かなり充実したものを作り上げることができ、今後の彦根藩研究において大いに利用されることを期待している。

最後に、研究班に参加いただいた宇佐美英機・塚本明・東谷智・東幸代の各研究員、渡辺恒一・齊藤祐司・母利美和の事務局の方々、および本書を成すにあたり大変お世話になった史料所蔵者、所蔵機関職員の方々、さらに役職補任表のデータ入力・史料翻刻等に助力いただいた井出努・岩上直子・小倉宗・鍛治宏介・瀬島宏計・藤田和敏・八尾嘉男の各氏に感謝申し上げる。

平成十五年（二〇〇三）三月

彦根藩資料調査研究委員会委員
彦根藩の藩政機構研究班長

藤井讓治

# 彦根藩の藩政機構／目　次

## 史料編

# 論文編

# 彦根藩前期の知行制

藤井譲治

## はじめに

江戸時代の大名家臣の知行制については、早くから地方で知行を与える地方知行制と藩の蔵から物成米を支給する俸禄制のあったことが知られている。この二つの知行制の存在をどのように評価するかについて、一九五〇年代には俸禄制が幕藩制における知行制の完成形態であるとし、地方知行から俸禄制への移行を藩政確立の指標とする考えかたがあった。しかし、大藩を中心に地方知行は幕末まで存続すること、地方知行の内容もさまざまであることなどから、地方知行から俸禄制への移行を単純に藩政確立の指標とすることには問題があることが指摘されたが、幕藩制において家臣の給所支配は地方知行であれ俸禄制であれ大名によって大きく制限される方向にあったことが大方の合意となっている。

こうした動向を踏まえつつ、本稿は、譜代大名彦根藩の知行制を正保二年（一六四五）に実施された「四つならし」を転換点ととらえ、その前後の彦根藩の知行制のあり様を明らかにしようとするものである。

彦根藩の知行制については、一九五八年に『人文地理』九—六に発表された矢守一彦の「彦根藩の地方知行について」[1]と一九六〇年に刊行された『彦根市史』の藤野宗典による記述（第四編第三章藩財政）とが主たるものである。後者は、戦前に計画されかなり編纂が進んだものの完成をみなかった『彦根市史』の草稿『彦根市史稿』[2]に多くをよっている。前者は、先に触れた一九五〇年代の研究動向を踏まえ、彦根藩の地方知行を詳細に分析したものであり、これまでの彦根藩知行制研究におけるもっとも優れた成果といえる。

ところで、正保二年に行われた「四つならし」は、その詳細については後述するが、彦根藩領全村について、年貢高をもとに、その年貢率が四〇%となるよう村高を設定し、その高をもって家臣に給所を与え、家臣の収入を知行高に対し「四つ」すなわち四〇%とする仕法である。この「四つならし」について、藤野宗典は「正保二年の総割替に至って、知行取はほぼ完全に蔵米取化し、地方知行制はまったく擬制化したものと思われる」[3]とするのに対し、矢守一彦は、彦根藩の知行制を地方知行としたうえで「地方知行権を領主権力へ、大幅に吸収したもの」[4]とし、両者の評価には差異がみられる。

　また、地方知行の性格を考える場合の一つの指標として給所の免（年貢率）を誰が決定するかという問題がある。藤野宗典は、「藩初の慶長から元和にかけては、知行取は自分の給所（知行地）については徴税権、すくなくとも免率を決定する権限を有していたようであるが」[5]と確定的には記さないが、決定権は家臣にあったとしている。一方、矢守は正保二年の「四つならし」以前についてはなにも記さない。

　具体的分析に入るまえに、彦根藩の領知変遷の概要を述べておこう。彦根藩は、井伊直政が慶長五年（一六〇〇）十月、徳川家康から近江で一五万石、上野で三万石、計一八万石を与えられたことで成立した。同七年二月一日に直政が死去すると、その跡を嫡男の直継（直勝）が継いだ。しかし直継は、慶長十九年の大坂冬の陣にあたって病弱を理由に徳川家康の命で家督を弟の直孝に譲り、上野安中三万石を領することとなり、残る一五万石を弟の直孝が継承した。

　直孝は、大坂の陣で著しい戦功をあげ、慶長二十年に五万石を加増され、次いで元和三年（一六一七）、寛永十年（一六三三）にそれぞれ五万石を加増され、近江で二八万石、武蔵で二万石、合計三〇万石を領した。その後、武蔵の二万石は領知の村に変化がみられるが、文久二年（一八六二）に直弼の失政を理由に一〇万石が減じられるまで近江の領知に変化はなかった。

## 1　正保二年以前の知行制

**知行宛行状**

【史料1】

被宛行御知行方之事

一、弐百五拾石　上州

一、七拾三　犬上郡 大やぶ《(藪)》村之内

一、百拾石九斗三合　愛知 宮之うしろ《(後)》村内

一、百三拾弐石五斗五升七合　犬上 ふげん《(普賢)》寺村之内

一、五拾三石五斗四升　同郡 いづみ《(泉)》村之内

合六百弐拾石

右自当物成可有御所務候、対庄屋・百姓、少も非分有之間敷旨被
仰候者也、仍如件、

慶長六年丑
十一月二日　西郷伊予《(正員)》（花押）
鈴木石見《(重好)》（花押）

三浦与右衛門（元成）尉殿

史料1は、井伊直政が入部した慶長六年に家臣に対してなされた知行割の一例である。この知行割付状[6]は、井伊直政の意を受けて重臣の西郷伊予・鈴木石見から出されたものである。この時の知行割について他の割付状[7]の事例を含めてみると、まず、知行制の特徴として、給所（知行地）が分散して設定されていることである。この点は、正保二年以降の給所設定においても維持されており、彦根藩における給所の分散という知行割の原則が少なくともこの時点で確定していたといえる。

第二は、給所が近江と上野とで与えられていることで、この点は直孝以降の彦根藩の給人への知行が近江でのみで設定されたのとは大きく異なる。

第三は、この領知割付状においては近江での知行では村付があるが、上野での知行には村付がみられないことである。この原因は、上野での領知がなお確定していなかったとも、あるいは一定の比率で物成米が支給されたとも考えられるが、前者の可能性が高い。

第四は、「自当物成可有御所務候、対庄屋・百姓、少も非分有之間敷旨被仰候者也」とあるように、給所の年貢米の収納は家臣の手でなされていたとみなしえる。

**給人知行の形態と免**　下平流村の山田家文書に次のような二つの彦根藩家臣の知行形態をより詳細に示してくれる史料が残されている。

【史料2】[8]

下平流村高わりノ覚

一、高百拾石　樋口次左衛門殿
　内　四拾壱石六斗六升九合弐夕　延寿寺分
　　　六拾八石三斗三升八夕　下平流分
一、高七拾九石　落合勘左衛門殿
　内　弐拾九石九斗弐升六合　延寿寺分
　　　四拾九石七升四合　下平流分
一、高四拾七石　樽居源左衛門殿
　内　拾七石八斗三升四合五夕　延寿寺分
　　　弐拾九石一斗六升五合五夕　下平流分
一、高六拾五石六斗八升三合　御蔵入富増金右衛門分
　　　　　　　　　　　　　　杉山伝右衛門入
　内　弐拾四石八斗八升一合三夕　延寿寺分
　　　四拾石八斗壱合七夕　下平流分
一、高百石　堀喜左衛門殿
　内　三十七石八斗八升一合　延寿寺分
　　　六拾弐石一斗一升九合　下平流分
一、高六拾八石七斗弐升九合　山田勘左衛門殿
　内　弐拾六石三升五合三夕　延寿寺分
　　　四拾弐石六斗九升三合七夕　下平流分
一、高五拾石八斗五升九合　小林久四郎殿
　内　拾九石弐斗七升二合八夕　延寿寺分
　　　三拾壱石五斗八升六合弐夕　下平流分
〆百九拾七石五斗壱夕　延寿寺
〆三百弐拾三石七斗七升九合　下平流

高合五百弐拾壱石弐斗七升壱合

【史料3】[9]

下平流村ノ内高わり、但、卯ノ物成之事

○一、四拾七石内
弐拾九石一斗六升五合五夕　六つ　下平流村
拾七石八斗三升四合五夕　五つ　延寿寺分
樽居源左衛門殿分

一、百石内
六拾弐石一斗一升九合　六つ三分　下平流
三拾七石八斗八升一合　五つ三分　延寿寺分
堀喜右衛門殿分

○一、百拾石内
六拾八石三斗三升八夕　六つ　下平流分
四拾一石六斗六升九合弐夕　四つ八分　延寿寺分
樋口山三郎殿分

○一、六拾八石七斗二升九合内
四拾弐石六斗九升三合七夕　六つ　下平流分
弐拾六石三斗五合三夕　四つ四分　延寿寺分
山田勘左衛門殿分

一、七拾九石内
四拾九石七升四合
弐拾九石九斗弐升六合
落合勘左衛門殿分

二口合七拾九石之内
五拾石者四つ二分寺さと共ニ
弐拾九石者六つ寺さとゝもニ

一、六拾五石六斗八升三合
四拾石八斗一合七夕　下平流分
弐拾四石八斗八升一合三夕　延寿寺分
杉山伝右衛門殿分

○一、五拾石八斗五升九合
三拾壱石六斗五升九合　六つ　下平流分
拾九石二斗七升二合八夕　五つ　延寿寺分
小林久四郎殿分

まず、二つの史料の年代を確定あるいは推定することから始める。この二つの史料にみえる杉山伝右衛門は、「侍中由緒帳」[10]には「一、百石　杉山伝右衛門　直孝様御代慶長十九年寅之年三州ゟ長坂十左衛門所江参、大坂両御陣相勤、御同心之手代仕候、寛永三年寅之年、右之知行被下置候」とあることから、二つの史料ともに上限は寛永三年である。また、下平流村は、正保二年の「四つならし」後、中野助太夫の給所となり、以降も存続することから、[11]下限は正保二年となる。とすれば、史料3の「卯」は寛永四年あるいは寛永十六年のいずれかの年のものとなる。

さらに、史料2の「一高六拾五石六斗八升三合　御蔵入富増金右衛門分、杉山伝右衛門ニ入」の部分に注目すれば、この六五石余の高は、もと「富増金右衛門」の給所であったものが「御蔵入」となり、さらにこの時点で「杉山伝右衛門」の給所となったと推定され、この推定が正しければ、「侍中由緒帳」にみえる杉山の召し抱えの年である寛永三年あるいは翌四年のものと考えられる。[12]

こうした年代推定のうえで、史料2・史料3から知り得る点をあげれば、まず第一に下平流村は給地の村であった。史料2には、「御蔵入」とみえるが、この地も間もなく杉山伝右衛門に宛行われたと推測され、この場合の「御蔵入」は、給人が一時的に存在しない「明所」と後年には称された地と考えられる。であれば、正保二年の「四つならし」以降蔵入の村と給所の村が截然と区分されているが、その原則は正保二年以前も同様であったと思われる。

第二は、それぞれの給所が下平流分と延寿寺分とで構成され、かつ免率が両者で異なることが多いこと、さらに同じ村でありながら給人ごとに免率が異なっていることは、給人が免すなわち年貢率決定権を保持していたことを示している。

こうした彦根藩の地方知行は、正保二年の「四つならし」を前に藩が給所の免決定権を掌握することで一つの転換をみせる。(13) この点は、これまで指摘されたことはない。

次にあげる史料は、寛永二十一年七月十七日に井伊直孝が国許の年寄衆と筋奉行とに宛てた書下(14)である。

一、近日知行物成相極候時分ニ候条、給所免相之儀も二三年之ことくニ当年も筋奉行其外被申付、毛頭ぬけ無之様ニ免極候様ニ可被申付候事、
一、近年免相給人侭ニ不仕、此方ゟ申付候、郷中之様子如何候哉、百姓迷惑仕候哉、又何も極候免程年貢済し候哉、左様之わけ具ニ書付越可被申候、右之様子なとも不被申聞候儀ハ不念と存候事、
一、台所入・給所共に年貢之外ハ、郷中於何事も横役又ハ人足をも定之外ハ遣申間敷、相免之心得可有之儀と存候事、

第一条に「給所免相之儀も二三年之ことくニ当年も筋奉行其外被申付」、第二条に「近年免相給人侭ニ不仕、此方ゟ申付候」とあるように、「二三年」あるいは「近年」に給人（家臣）の給所の免決定は藩の手でなされるようになった。

寛永二十一年七月十七日付の書下にある「二三年」「近年」は、寛永十九年八月十二日付の直孝の国許年寄衆への書下(15)に、

大久保新右衛門
川野六兵衛
成嶋彦左衛門
刑部八右衛門
松居小左衛門
書付之内、煩なと候ハヽ、時節之義ニ候間、物頭衆之内ニ而似合しき衆可被申付候、
菅沼郷左衛門
藤田四郎左衛門
山下六郎左衛門

右八人之衆、書付之通四人組ニ仕、給所・台所入見分免相究候候（衍）義、一手ニ而ハ作取上ケ申儀なと指問、麦をもまきかね申儀可有之候間、二手ニ而可申付候、小検見之儀ハ其様子ニゟ例年のことく似合敷ものを可被申付候、件之衆郷中見廻り申間之儀、ふちかた以下跡々之積りを以可被申付候也、

とあることから、藩による免決定が始った年は寛永十九年と確定しえる。

地方知行の性格をみていくうえで注目される給人による百姓支配の内容について若干述べておこう。寛永二十一年八月十八日付で家中に触れ出された「相触候条々(16)」の第三条に、

一、大小知行取候衆、兼日如被仰付候、百姓沈淪不仕候様ニ可被申付候、勿論百姓他国・他領へ越し被申間敷候、惣而百姓之仕置御台所入同前ニ筋奉行ニ被仰付候間、百姓不届仕候ハヽ、筋奉行衆江相談可被申候、田畠之出入、跡式之訴訟、或ハ山林堺論・水論・借物・越米以下、此外何ニ而も百姓公事ニ罷出候時、筋奉行衆承届可被申付候間、地頭面々之百姓之贔屓仕り取持候儀、兼日ゟ堅く御法度ニ候事、

とあるように、「百姓之仕置」「公事」取り扱いは筋奉行が掌握しており、給人にはなかった。

## 2　正保二年の「四つならし」

**「四つならし」の意図**　寛永二十一年七月二十八日、直孝は、翌正保二年に「四つならし」を実施することと、その理由を国許年寄衆に伝えた。その時の直孝の国許年寄への書下(17)は、以下のようなものである。

一、家中知行取子共多く候而、何共擬之可仕覚悟ニも無之候、左様ニ候とて只今他国江も大形ハ遣候様ニとも不被申儀ニて候、左様之処、万考之儀も候へハ、家中之知行物成世間並ニ来年酉之年より四ツならしニ可申付と存候間、其通身持之為ニて候間、家中衆へ可被申聞候、世間之家中ハ主之身躰不成候得ハ、家中ゟ面々の知行を少ツヽ指上候か、又ハならし物成之内成とも、少ツヽ引候而成共、続候様ニと尾張大納言様御家中衆をはしめ被申躰ニ而候間、右之段被申聞候而、直孝身之欲ニても不申、面々子共之為にて申儀ニ候間、迷惑とも存間敷と存候、子之無之者ハあた口もわけも無之儀申者ニて、又子共知行主ニ成候者、親子ニ知行とらセ候処之弁もなくあた口申ものニて候、其段ハすて成儀ニ候事、

此書付靭負佐(井伊直滋)ニも見セ可被申候、以上、

最初の行にみえる「擬」は、彦根藩独特の表現で、たとえば「父三郎右衛門存生之内御小姓ニ被召出、御擬百俵八人扶持被下置候(18)」とあるように、家督相続前に小姓等に取り立てられ、父の知行とは別に扶持米あるいは切米を藩から拝領する場合に使われた用語である。

この点を確認したうえで先の直孝の書下を解釈すると、「家中知行取」たちには子供が多い、そこで擬をしようとするが思うにまかせない。といって最近は子供を他国へも大形は遣す様子はない。そこでいろいろ考えた結果、家中の知行物成を「世間並ニ来年酉之年より四ツならし」に申し付けようと思う。これは家臣の「身持之為」であるので、家中衆へ申し聞かせるように。世間の家中は、「主（主人）之身躰」が成り立たないために、家中から面々の知行を少しずつ指上げるか、またはならし物成のうちであっても、少しずつ差し引いて主人の身体が続くようにとするもので、尾張大納言様（徳川義直）の御家中衆をはじめそのように言っている。このことをよく家中に申し聞かせ、直孝が行う「四つならし」は「直孝の身之欲」ではなく、家中の面々の子供のために申すのであるので、家中のものが迷惑に思わないと思う。すなわち、この「四つならし」は、直孝のためではなく、家中の子供の成り立ちのために行うものであると主張している。この論理が家臣にどれほど説得的であったかは疑わしいが、少なくとも藩庫には「四つならし」の結果、「面々子共之為」に宛てるだけの、あるいはそれ以上の財源が確保されたのである。ちなみに、近江での領知高二八万石は、「四つならし」の結果、三三万六〇〇〇石余へと大きく増えた。

**直孝の提案と国許年寄衆の回答**　「四つならし」実施を前に、直孝はまず「給所・台所入」ともに「知行取付」を「戌年ゟ未之年迄十ケ年分」について書き上げさせた。この「戌年ゟ未之年迄十ケ年分」については、『彦根市史』も矢守もともに「戌年」を慶長二年、「未年」を慶長十一年としているが(19)、その根拠については、明らかではない。

慶長二年段階では、調査対象となった地域は彦根藩領ではないし、また正保二年段階での領知全村を調査するとすれば、それが確定する寛永十年以降でなければ不可能であり、この「戌年」は寛永十一年、「未年」は寛永二十年とすべきである。

さて、直孝は、この「知行取付」の書付を見分したうえで、正保二年二月七日、国許年寄衆・筋奉行・勘定奉行に宛て、「四つならし」の具体的方策を提示し、その検討を求め、この年国許にいた井伊直滋と相談のうえ決定するよう求めた。これに対し、同年三月吉日付で国許の年寄等から直孝へいくつかの意見を付した回答書が提出された。少々煩瑣となるが、直孝の書をまずあげ、それに添いながら国許年寄等の意見を検討したい。

知行平均之時之御書之写

①一、拾弐万九千八百五拾石　申之年地方ニ而渡ル給所之分知行高
②一、弐万七百三拾九石三斗三升四合　申之年明所知行高
③二口〆拾五万五百八拾九石三斗三升四合也、
右之分知行四つ物成平均在之割之分ケ
④一、年貢納十分一大豆入之事、
⑤一、指口米知行高割之内江入可申候事、
⑥一、田畑上中下三取合肝要之事、
⑦一、百姓割大ヒニムラ無之事、
⑧一、年々大方之日照之時ハ、日損場台所入ニ可仕事、
⑨一、先年申付候通、上海道通りハ給所ニ割申間敷事、
⑩一、北国海道通りハ給所ニ割申間敷事、
⑪一、四つ物成ゟ不足之場所并百姓抔積之外無之所ハ、高知行衆ニ割渡候様ニ可仕事、
⑫一、小身次第ニ彦根近所ニ而渡候様可仕事、
⑬一、知行取付、先年戌年ゟ未之年迄十ケ年分給所・台所入書付被越見分候、右十ケ年之内ニ而亥年・子年・丑年・寅年・卯年・辰年・巳年、此七年之内ニテ考、平均之割可仕事、
⑭一、給所・明所共、此度コトコク割直可申事、
⑮一、知行割之義、譬五千石割壱ツ入申候ハヽ、三ツ斗モ割、其内ニテ鬮取ニ仕、取当り候外ヲ亦惣高之内へ割入候様ニ可仕候、割之義ハ此次第之事、
⑯一、知行割細ニ無之、譬百石取ハ郷之様子ニゟ一ケ所ニテ成共、弐ケ所ニテ成共、右ニ申付候様可仕候、此心持之割ニテ大身之割も右同断事、
⑰一、知行其高之程割立、惣鬮取ニ可仕候事、
⑱一、四ツ平均ニ不足之場所、三ツ七八分斗も有之所迄一面ニ四ツ平均ニ望申者候ハヽ、是も考仕望之通ニ成共可被申付事、
⑲一、給所ニ割百姓之不届ニテ、給人仕配ニ難成所ハ台所入可仕事、
⑳一、可成義候ハヽ、年貢之納様之考、亦ハ米之上中下之考迄モ仕割候様ニ可仕候事、
㉑一、右之通ニ知行割可成程吟味仕割可申候、平均之割ニテ地方渡候上ハ、地頭不調法ニテ所務仕候義不成、四つ物成ゟ不足之者有之共、足米一切取らセ申間敷候間、知行割肝要ニテ候、四つ物成割渡候所、地頭才覚ニテ物成四ツ之上取上ケ候共構無之候間、

左様ニ心得可被申候事、
㉒一、知行所ニ四つ成取兼候諸傍輩モ、近郷之者モ存候様成義候而百姓四つ成納所仕候義不成候処ニ、四つ物成ニ定候由ニテ無理ヲ申懸、百姓追失抔仕候者候ハヽ、様子ニ寄曲事亦ハ其上所ニテ取候分之知行召上可申候間、其段堅ク割相済、地方渡候時分可申付事、
㉓右之通ハ有増之義書付越候、ケ様之義ハ大キ成事ニテ、以来迄も不念成義候ハヽ何角与申立ニモ成事六ケ敷義ニ候間、書付之外僉義迄も被致、書付之内ニも悪敷分ハ除ケ、能所ヲ以　靫負佐（井伊直滋）江能被申聞、於同心ハ割之義可被申付候、亦給所・明所之分ニテ割難成候ハヽ、只今迄台所入之内ヲ加、先つ家中へ渡候分本地之高拾五万石分四つ平均ニ割候様ニ可被申付候也、
㉔一、右之給所・明所共ニ本高拾五万石之分四つ平均割悉出来候ハヽ、四つ平均ニ地方渡候村々之書付明細ニ帳ニ仕立見せ可被申候事、
㉕一、只今迄地方ニテ渡候分四つ平均ニ仕、余米上り候分、其主々之知行切ニ帳仕立見せ可被申候、是モ指口米入米高百石ニ付何々程ツヽ上り候与申積ヲ帳面ニ仕立可被申候事、
㉖一、右之給所・明所拾五万石分四つ平均割之帳悉相済候後、台所入之分指口米共知行高四つ平均ニ割帳極置可被申候、割之次第ハ右同前之事、但し、口米之内代官ニ取らせ候分も四つ平均之内之高ニ入候様ニ入候様ニ可被仕候也、
㉗一、弐拾八万石ヲ不残指口米共ニ高ニ入、四つ平均ニ割立可申候、村々之割ハ右之通也、夫米・中間米其外懸物之分ハ如前之本高弐拾八万石之分ニ可申付事、
㉘右之通有増之義申越候、吟味相談之上以来迄モ能候様ニ可被申付候、此書付靫負佐披見ニ入、靫負佐江様子之義委被申聞、指図次第ニ可被申付候、亦皆々被致相談候義、心々口々ニテ候ハヽ、落着有之間敷候間、靫負佐前ニテ被存候通被致吟味尤ニ候、以上、

①は前年の家臣の給所高（知行高）で、総計一二万九八五〇石であったこと、②は家臣への給所として設定されていた村のうちこの時点では給人がいない明所が二万七三九石三斗三升四合であったこと、③はその合計で、一五万五八九石三斗三升四合であることを記したもので、年寄衆等の回答書[21]と変わるところはない。

「右之分知行四つ物成平均在之割之分ケ」以下は「四つならし」の具体的方策について述べた部分である。④は年貢納は十分一を大豆とすること、⑤は指口米を知行高の内へ入れること、⑥は田畑の上中下を取り混ぜて割渡すこと、⑦は百姓割において大きなムラがないようにすること、これらについても回答書ではそのまま同意している。

⑧は日損場を台所入とするようにとの提案に対し、日損場・水損場については、これまでも給所であったところがあり、四つならしの基準となった七年においても水込はあり、その年の免付もその中に込められているので問題はなく、高知行のものへは割渡すべきである。ただし、小身のものについては一年の間所務がなくては成り立たないので、日損・水損場は割り付けないと、実状に則した提案がなされている。

⑨は先年申付けたとおり上海道通は給所としないとの指示であるが、回答書ではこれに同意したうえで、「下海道」についても道を挟んで家

がある西今村・宇尾村・堀村・泉村は台所入とすべきであると意見を付している。

⑩は北国海道通についても給所としないことを指示したものであるが、この箇条は回答書にはみえない。同意したものであろう。⑪は四つ物成より不足の場所および百姓が積りの外いないところは高知行のものに割渡すこと、⑫は小身のものへは彦根の近所にて渡すこと、これらの指示にも年寄衆は同意している。

⑬は各村の平均免を出す方法を指示したもので、提出された戌年（寛永十一）から未年（寛永二十）まで一〇カ年のうち、寛永十二年から寛永十八年までの七年の平均をもってその平均免とすることを指示したものである。これに対して回答書では、一村一給人の場合には七年の免の平均とし、給人が複数である場合にはまず一年ごとに一村の平均を出し、そのうえで七年の平均とすると、平均する場合の手順を明確としている。

⑭は給所・明所ともにすべてを割り直すことを指示しているが、回答書では異論を挟んでいない。⑮は知行割にあたって、五〇〇〇石の知行割については、三つばかりに割り、鬮取りで一つをとり、残りはふたたび惣高に入れて、割り付けることを提案している。これに対しては、回答書は、二〇〇〇石を単位とすれば、鬮取りの人数も多くなり、ムラはなくなるので二〇〇〇石としたいとする。

⑯は知行割が細かにならないように、一〇〇石取については一カ所か二カ所で割渡すこと、⑰は知行の高ほど割立て、それを惣鬮取りにすることを指示するが、回答書はこれに同意している。

⑱は四つ平均に不足する場所で免相が三つ七八分ばかりのところを一括して四つ平均として望むものには、望みどおりに割渡すとの提案である。この提案に対して、回答書は、小給のものは、その村に相給のものが多くおり、「百姓取立」が困難であり、また高知行のもののなかには将来を考え望むものもあろうが、鬮取りにて拝領することとしたいと、直孝の提案を退けている。

⑲は給所である村の百姓が不届で給人の支配が成しがたいところは台所入とすること、⑳はできれば年貢の納め様、また米の上中下を考えた割り渡しをすること、この二つの指示には異論は挟まれていない。

㉑はよく吟味のうえで知行を平均して地方で渡した以上、地頭（給人）の不調法で四つ物成より不足がでても藩からは足米は一切しない、四つ物成として割渡したところが、地頭の才覚で物成四つ以上となっても藩は構ないとする。これに対し回答書では、大小の地頭とも将来を考えて免付をし、百姓の居躰、その年の立毛の善悪を踏まえ、百姓が成り立つように申し付けるであろうが、筋奉行による免付がなされるようであれば、地頭は容赦なく所務することになるので、免付は地頭によってなさるべきであると、給人に免の決定権を認めるよう主張している。この点は、その後の展開で藩が免の決定権を掌握することになる点とは大きく対立している。

㉒は知行所において四つ成を取ることのできないものが、四つ物成に定まっていると無理を申しかけ、百姓を追い失うなどするものがある場合には、事により曲事またはその所での知行を召し上げるので、地方を渡すおりに申付けるよう指示している。これに対し、回答書では、百姓が不届きの場合には田畑を取り上げるという条件で、この点を承諾して

いる。

㉓は以上の提案に不都合があれば井伊直滋の前で申し出ること、また給所・明所の分で割り渡しがたい場合にはこれまで台所入の分であってもこれに加え、なにより家中へ渡す分を本高一五万石分の四つ平均に割り付けること、㉔は給所・明所ともに本高一五万石分を四つ平均に割った上で、四つ平均に地方で渡した村々の書付を仕立てること、㉕はこれまで地方にて渡していた分を四つ平均にしたとき余米が出たところについては主々の知行切に帳を仕立てること、㉖は給所・明所一五万石分を四つ平均に割った帳を作成した上で台所入の分を指口米ともに知行高四つ平均に割、帳を極めること、ただし口米の内代官に取らせる分も四つ平均の内の高に入れること、㉗は二八万石を指口米ともに残らず高に入れ、四つ平均に割立てるが、夫米・中間米そのほかの懸物については前の本高に従うことが提案され、基本的に受け入れられている。

㉘は、この四つならしを国許にいた直滋と相談のうえ決定するよう指示したものである。

直孝の提案に対する国許年寄衆等の意向は、以上のようなものであったが、これらとは別に国許年寄衆から四つならし実施にあたって具体的措置に関する提案がなされた。その第一は、知行場所決定後の田畑・百姓割をムラなくし、百姓割の帳を作成すること、第二は、百姓割の時に相地頭で「書物」を作成すること、第三は、田地の上中下の入り組みなどで容易に百姓割ができない村については、暫定的に庄屋納めあるいは相給人の代官を申し付けるとし、来春には百姓割を完了すること、第四は、越米の年貢については手前の年貢皆済以前に済ませること、第五は、百姓割以後の村々帰人は地頭次第とすること、第六は百姓公事は地頭扱いとせず台所入同然に「公事承候衆」の扱いとすること、第七は、郷中仕置は筋奉行が行うこと、第八は、小身で二〇歳未満のものの知行割はその者に替わって仕置ができるものがいない場合には二〇歳までは蔵米で渡すこと、ただし給所は割置くこと、第九は、未進百姓の奉公は年期を定め、明き次第在所にかえすことである。これらは、直孝の提案と取り立てて対立するものではなく、四つならし実施にあたってより詳細な実施要項とでもいうべきものである。

**免決定権と足米・指口米**　給所の免決定権をめぐっては、直孝の提案では、四つ成平均で地方で渡した以上、給人の不調法で四つ物成より不足がでても藩からは足米は一切しないとし、割渡したところが地頭の才覚で物成四つ以上としても藩は構ないとしており、免決定権が給人に認められたかにみえる。それに対する国許年寄衆等の回答書では、大小の家臣とも将来を考えて免付をし、百姓の居躰、その年の立毛の善悪を踏まえ、百姓が成り立つように申し付けるであろうが、筋奉行による免付がなされるようであれば、家臣は容赦なく所務することになるので、免付は家臣によってなさるべきであると、家臣に免の決定権のあることを確認させようとしている。すなわち、正保二年の段階では、国許年寄衆等のあいだに、寛永十九年以来継続している藩による免決定という現状を踏まえ、免決定権が藩に掌握されるのではないかとの危惧があった。しかし、ここでの直孝の提案は足米をしないことに重点があり、表向きには給人の免決定権を容認している。

ところがすでに知られているように彦根藩の給人地の村々への免状

は、筋奉行によって出され、免決定権は藩の掌握するところとなる。では、いつ給人地の免決定権を藩が掌握することになったのであろうか。

次の史料は、正保四年十一月十一日付で直孝が国許年寄衆と筋奉行とに送った覚(22)である。

覚

一、当亥之台所入・明所・給所取付之帳三冊并台所入亥納(物カ)成目録参着見分候事、

(一ケ条中略)

一、給所四ツ成ニ不足米千八十七石四斗壱升七合在之よし、此段ハ知行相渡候時重而たし米出間敷と申候得とも、紛なく日損・水損之儀、其上検見をも申付吟味被致候と相聞候間、右之不足米松原蔵ゟ当米ニ而十分一大豆入年貢納ニ而相渡候様可被申付候事、

一、給所定候ならし物成ゟ余米有之帳面見分候、勿論知行割之刻くじ(鬮)ぶ(歩)よき所々可在之候、又知行所面々之申付様以右之仕合ニても可在之候、所務も調、郷中百姓沈淪も不致候様ニ候へハ、定物成之上余米如何程取上候而も一段之義と存候事、以上、

第一条に「当亥之台所入・明所・給所取付之帳三冊」とあるように、藩は台所入・明所だけでなく給所の「取付」すなわち年貢高をも掌握しており、この段階で給所の免決定権を掌握していたものとみえる。しかし、第四条で、給所において「定候ならし物成」すなわち四つ物成より「余米」があるところもあり、所務も調い百姓が沈淪もしないようであれば余米を取ることも許すとしており、給人の裁量がなお認められている。

第三条は、給所において四つ成とした場合の不足米一〇八七石余(23)が生じたことに対し、知行割の際に足米は出さないと申し付けたが、紛れない日損・水損があり、検見をして吟味したことでもあり、不足米を松原蔵（藩の蔵）から渡すようにと指示したものであり、正保二年の四つならしの申渡における原則は崩れ、後年の足米の形態が成立している。しかし、この年の足米支給は、なお当座の処置であったようであり、不足分の足米支給が規定のものとなるのは、翌慶安元年（一六四八）のことである。直孝は慶安元年十一月二十五日、国許年寄衆に対し以下のように指示している(24)。

覚

一、拾六石四斗壱升四合　年貢　三浦十左衛門
一、弐拾弐石八斗弐升四合　右同断　西村権兵衛
一、弐拾壱石壱斗四升四合　右同断　石原八十郎
一、弐拾石壱斗弐升四合　右同断　匂坂縫殿介
一、九石三斗弐升四合　右同断　豊(巻カ)田九郎右衛門
一、九石五斗六升　右同断　江坂清次郎
一、八石七斗三升三合　右同断　中村小十郎
一、八石五斗六升九合　右同断　日下部作之右衛門
一、拾石九斗壱升五合　右同断　三宅角左衛門

合百弐拾七石六斗九合也

右者青山村・金剛寺村当立毛けんがく悪ニ付、給人物成極不成候付、検見明細ニ致穿鑿、物成相、不足有之由帳指越被申越候、紙面之通ニ足米松原蔵ニ而年貢納十分一大豆入可相渡也、

一、先年知行割渡し候刻、重而たし米大方之儀ニハ出し申間敷約束

ニて候へとも、けんかく違ひ申旨ニ付当年も出し申候、地方ニ而
渡し申間、定而地頭覚悟ニ〆四ツ定之外ニも所務仕者も可有之
候、必定之外ニ所務仕候而も知行高之内けんかく成村有之時ハ、
以来迄も当年之ごとくニ面々物成極候義不成候よし申届、其村之
悪所之分足米受取候様ニ可有之候間、左可有之様之考吟味儀ニ候
事、以上、

第一条は、青山村・金剛寺村の給人への足米を承認したものであるが、第二条では、「けんかく成村」がある場合には「以来迄も当年のごとく」に「申届」のうえで、足米を支給するとしている。この場合には、藩による検見が必須のものとなっており、こうした村の免決定権は藩の手に掌握されたことになる。さらに、年々「台所入・明所・給所」の「取付之帳」が作成されていることから、「地頭覚悟ニ〆四ツ定之外ニも所務仕者も可有之候」という状況をなお残しつつも、藩は給所の免決定権を掌握することになった。

足米の運用の様子を、寛文十二年（一六七二）の木俣家の例で確認しておこう。次にあげる史料は、木俣家の代官村越家に伝来した「子（寛文十二）之年御知行所御物成帳[25]」と題する帳面の一部である。

一、高四百六拾弐石五斗四升八合　坂田新庄 寺村
取百八拾五石弐升　四ツ
此指口米拾五石七升九合
弐口〆弐百九升九合　此表五百表九升九合

一、高弐百拾七石四斗四升五合　犬上 野口村
取八拾六石九斗七升八合　四ツ
此指口米七石八升九合
弐口〆九拾四石六升七合
此表弐百三拾五表六升七合
（中略）
一、高弐百五拾九石九斗九升三合　蒲生 安部居村之内
取九拾八石四升八合　検見三ツ七分七リン余
此指口米七石九斗九升
弐口〆百六石三升八合
此表弐百六拾五表三升八合
（中略）
当取合弐千六百三石四斗五升三合　京升納
此指口米弐百拾弐石壱斗八升壱合
弐口〆弐千八百拾五石六斗三升四合　京升数
此表七千三拾九表三升四合　但、郷中〆納ル分 京升四斗入
不足合百九拾六石五斗四升七合　京升納
此指口米拾六石壱斗九合
弐口〆弐百拾弐石五斗六升六合　京升数
此表五百三拾壱表壱斗六升六合　御足米

松原御蔵ゟ可渡分
京升四斗入

高七千石御物成

　都合三千弐拾八石弐斗　指口米

　此俵七千五百七拾俵弐斗　京升四斗入

この物成帳は、寛文十二年当時二九ケ村で七〇〇〇石を領していた木保守明のものである。二九ケ村のうち寺村・野口村のように定物成の四つ成で収納した村は一八ケ村あるが、安部居村のように藩による検見のうえで収納した村も一一ケ村ある。検見による免率は、すべての村で四つ成未満であり、四つ成を超えるものはなく、集計の所で示されているように、不足米は「足米」として松原蔵、すなわち藩から渡されている。

このように、給人の知行所支配は、原則として四つ成の定物成で村から直接収納し、検見の結果不足のでた村については、その不足分を藩から「足米」として支給された。さらに、知行村の免率は四つを超えることはなく、検見は四つ成未満の村で行われたのであり、給人による知行所での免決定はなされていない。

正保二年の「四つならし」では、物成一石に付五升の指米と三升の口米、一合五勺の口米の指米は(26)、知行高のうちに込められており、給人の収入とはならなかった。しかし、直孝の跡を継いだ直澄は、万治二年（一六五九）十月十五日、国許年寄衆へ(27)「家中知行取之分江指口米遣シ可然段申遣候処、何茂相談遣シ尤之由此度被申聞候、我等も其通ニ存候間、万治二年亥之暮ゟ渡サセ被申可然事」と指示し、指口米を給人に支給することとした。この指口米の家臣への支給をもって彦根藩の知行制は確定する。

## おわりに

最後に本稿で述べた点をまとめておく。

正保二年の「四つならし」以前の知行制は、以降同様、給所が分散しており、給所の分散という原則は直政入部時には確定していた。直政時の特徴は、上野にも給所が設定された点であるが、上野の給所はのちに消滅する。

また給所は一村が一人の給所となることは少なく、正保二年以降と同様、複数の給人によって分割されていた。また、給所の村と蔵入の村が明確に区分されていた点も「四つならし」以降と同じである。

給所の免決定権は、個々の給人の手にあったが、寛永十九年に臨時的に藩が免決定を行い、以降、「四つならし」採用にあたって直孝と国許年寄のあいだで意見の相違がみられるものの、藩による免決定は恒常化する。

正保二年の「四つならし」は、直孝によれば、直孝のためではなく、家中の子供の成り立ちのために行うものであるとする。しかし、そうした側面があるものの、「四つならし」の採用は、高の増加高からすれば、藩庫を潤す方策であったことは動かしがたい。

また、「四つならし」の採用にあたって具体的な方策は、直孝から国許年寄衆に提案され、その意見をも斟酌して決定された。

知行割の具体像は、本文に譲ることにするが、結果、給人知行は、村々で割り付けられ、また百姓の割付もなされ、年貢収納は給人の手でおこなわれるが、免決定権は藩（筋奉行）に掌握され、免は四割を基準とし、それに満たない場合にはその不足米は藩庫から補充されることとなり、さらに万治二年に直孝から直澄への代替りを機に一旦知行高に吸収されていた指口米が、給人に与えられた。これをもって彦根藩の地方知行制は完成するとしてよいだろう。

【注】

1 のち同人著『幕藩社会の地域構造』（大明堂、一九七〇年）に再録。
2 彦根市立図書館蔵。
3 『彦根市史』上冊六〇三頁。
4 『幕藩社会の地域構造』一五一頁。
5 『彦根市史』上冊六〇二頁。
6 『新修彦根市史』第六巻史料編近世一、二六一号。（以下『新修彦根市史』第六巻、二六一号と略記する）
7 慶長六年十一月二日付三浦元清宛知行宛行状（『新修彦根市史』第六巻、二六二号）。
8 彦根市稲里、山田家文書。
9 8に同じ。
10 「侍中由緒帳」四四（彦根藩井伊家文書）。
11 前掲注、山田家文書。

定

一、知行方ニ而米売立銀子ニ仕指上候事、其時〳〵之相場を以、此方より書付ニ直印可遣候、無左候ハヽ、一分ニ而も売立越申間敷事、

一、大豆十分一之外ニ取候儀有之共、此方より之可為直印事、

一、小豆・麦・そは・ひへ、其外縄・炭・薪・油ミ・竹木已下、万事之小用共当座〳〵ニ、入用次第直印を以可申遣間、相調越可申事、

一、馬之ぬかわら之入用相定遣候間、此外ニ入用候ハヽ、此方より直印ニ而可申遣事、

一、百姓なと呼召遣候事有之候共、右之通直印ニ而可申遣事、

右之通、書付ニ直印於無之者、勘定ニ少も立申間敷者也、

正保弐年
酉九月十一日　　中野助太（印）

下平流村
百姓中

さらに、文政十二年（一八二九）の「御知行取人数拝知郷小前帳」（『新修彦根市史』第六巻、二三二号）の中野邦之進の項に「六百七拾七石六斗五升三合　同（愛知）下平流村」とあるように、全村が中野の給所であった。

12 元和九年の軍団編成を記した帳に、樽居源左衛門は「弐百五十石、榧井源左衛門」と、富増金右衛門は「弐百五十石　富増金右衛門」、堀喜左衛門は「四百石　堀喜右衛門」、樋口山三郎は「弐百石　樋口山三郎」とみえるが、慶安四年の家並帳にはその名を見出しえない。落合勘左衛門は、「侍中由緒帳」七二の落合勘解由家の項に「直孝様御代寛永元甲子年御当地江参上仕、宇津木治部右衛門取次を以被召出、御知行弐百石拝領仕候」とみえる。山田勘左衛門は、元和九年の帳には「三百石　山田勘左衛門尉」とみえ、「侍中由緒帳」にも山田甚五右衛門家の初代としてその名が確認できる（彦根城博物館編『侍中由緒帳4』、一九九七年）。
13 『彦根市史』（上冊六〇四頁）には、正保二年の「四つならし」以前の

家臣の年貢徴収について次のような記述がある。

この正保の附免に先立って、藩当局は寛永十一（一六三四）年十一月に、知行取を階層別に三分し、それぞれの階層で適用すべき年貢徴収率を規制せんとしている。この時の「覚」によると、

一、二五〇石より下　知行物成四ツ八九分程の割。
一、三〇〇石より七〇〇石迄　知行物成四ツ五六分程の割。
一、八〇〇石以上　知行物成四ツ三四分程の割。

となっていて、これは次期の定免制に至るまでの過渡的な措置とみることができる。

すなわち『彦根市史』では、この覚を家臣の年貢徴収率の規制と読んでいるが、この史料は、給所の免を定めたものではなく、知行割に関するものと思われる。寛永十二年七月七日に直孝が国許年寄衆に宛てた「覚」（『新修彦根市史』第六巻、三七八号）には、

一、此度御知行割ニ付地頭衆百姓割之事、第一田地ニ高下無之様上中下之田畑高ニ付念ヲ入、各立会割候而鬮取ニ可被致候、重而高下有之共、割直し候義罷成間敷候間、各対談ヲ以可然様ニ可被致候事、

（中略）

一、今度御知行割ニ付テ、跡々知行所ゟ年貢未進之方ニ百姓召仕被申候衆有之候ニ付テハ、給分相応程召仕候ハヽ、本郷へ可返事、

とある。ここに「今度御知行割」とあるのは、寛永十年に直孝が加増された五万石にともなう知行割替のことを指したものと思われ、先の「覚」の知行高ごとの年貢率は、割り渡しにあたっての村柄であり、知行高の少ない家臣へ優位に知行割りすることを意図したものと考えられる。

なお二カ条目は、年貢未進があった時には、家臣は給所の百姓を召仕うことで年貢の皆済を担保しているが、これは個々の家臣ごとに年貢が収納されていたことを示すものである。

14　「久昌公御書写」（東京大学法学部法制史資料室蔵）。以下「久昌公」と略記する。このうち、『新修彦根市史』第六巻に掲載されている史料は該当する文書番号を記した。また、未掲載の史料については、『久昌公御書写―井伊直孝書下留―』（彦根市教育委員会、二〇〇三年）の掲載番号を記した。以下『久昌公』と略記する。『久昌公』四三号。

15　『久昌公』一一号。

16　『新修彦根市史』第六巻、三八三号。

17　『新修彦根市史』第六巻、三八五号。

18　『侍中由緒帳』4　日下部三郎右衛門家。

19　「「四つ免ならし」の実施に当たっては「地頭之取付七年」の平均をもって、すなわち給所台所入共、慶長二年（一五九七）から同十一年に至る一〇カ年の書付を出させ、そのうち慶長三年から八年まで七カ年の平均収納高を基準として、「附免」を行ったのである」（『彦根市史』上冊六〇五頁）。

20　『新修彦根市史』第六巻、三八六号。

21　『新修彦根市史』第六巻、三八七号。

22　『久昌公』九〇号。

23　家中への足米は、正保四年は一〇八七石四斗一升七合であったものが、万治元年には四四三七石四斗八升四合にまで増加している（『新修彦根市史』第六巻、四八一号）。

24　『久昌公』一一三号。

25　『新修彦根市史』第六巻、二四八号。

26　『新修彦根市史』第六巻、四八三号。

27　『新修彦根市史』第六巻、四八二号。

# 彦根藩筋奉行の成立と機構改編について

東谷　智

## はじめに

筋奉行は、彦根藩の地方支配において中心的な役割を担った。筋奉行については、一九六〇年に刊行された『彦根市史』上冊[1]が以下のように述べている。

筋奉行の成立と筋方役所の構成については、(a)二代直孝の時、近江国内を南（犬上川以南）・中・北（天野川以北）の三筋に分けた。[2](b)各筋には筋奉行（二名）と代官（二名）が置かれ、その他に元締・手代・手附・書役等の下役人がいたと記されている。[3]筋奉行の職掌としては、①宿・村役人の任免、②農地山林の管理、③年貢の収納、④戸口改め、⑤宿・村入用改め、⑥御普請、⑦救恤、⑧褒賞、⑨法令布達、⑩風俗矯正、⑪公事訴訟の処理、⑫欠落・帳外・帰農の民事、⑬盗賊博徒の逮捕、⑭変死・出火の見分吟味、⑮騒動の鎮圧と吟味、⑯鉄炮改め、⑰毎年春秋二回の管内巡郷などを挙げている。[4]

『彦根市史』において示された諸点は、現時点での通説的位置を占める。しかし、機構の変遷など、時期的な変化は十分には留意されていない。彦根藩では、幾度かの地方支配機構の改編があった。一例を挙げれば、享和元年（一八〇一）に実施された、町人代官制度廃止に伴う士代官制度への移行という機構改編がある。[5]これ以降、代官の担当は各筋毎となる。『彦根市史』の指摘する筋方役所の構成は、享和元年以降の構成が記されていることになる。このように、『彦根市史』の記述は時期的な変遷に留意しているとは言い難い。

その理由は、『彦根市史』が、地方支配に関わるいくつかのマニュアルを典拠として記述したことによる。これらのマニュアルはいずれも近世中後期に作成されている。[6]そのため、『彦根市史』で挙げられた筋奉行の構成や職掌・権限は、マニュアルが作成された時点のものであり、結果として、前後の時期における変化は全く言及されなかった。

本稿ではまず、従来ほとんど検討されてこなかった近世前期における筋奉行機構と職掌・権限について断片的ながらも明らかにし、次いで、近世中期に至る筋奉行の機構変遷を段階的に明らかにすることを課題とする。

　分析に当たっては、職掌や機構の変遷と藩政の動向、特に藩主の交代との関連に留意をし、先の課題に応えていく。なお、紙幅の都合から分析の中心は宝暦の機構改編までになる(7)。

　以下、本稿では巻末の筋奉行補任表と天和二年（一六八二）から寛政十二年（一八〇〇）までの免定発給者を筋毎に記した表1（次頁）を参照しつつ論を進めていくので、適宜参照されたい(8)。また、筋奉行の表記は括弧付きの「筋奉行」と筋奉行とを区別した。近世初期の「筋奉行」は後の筋奉行に比してより広い役割を担っており、機構面においても異なる点が多い。近世初期の筋奉行は「筋奉行」と記述する。後述のように、筋奉行が単独の職として成立するのは承応三年（一六五四）である。これ以降は筋奉行と括弧をつけずに表記する。

## 1　近世初期の「筋奉行」

**彦根藩の成立・所領の拡大と「筋奉行」**　彦根藩は、関ヶ原の戦い後の慶長五年（一六〇〇）十月、井伊直政が徳川家康から佐和山一八万石を与えられて成立する。「筋奉行」が設置されたのは、「侍中由緒帳」によると、脇五右衛門が関ヶ原御陣の後に就役したのが最初である(9)。なお管見の限り、一次史料における「筋奉行」の初見は、元和四年（一六一八）の大久保将監と脇五右衛門である(10)。彦根藩の成立とともに「筋奉行」が設置されたと考えられる。近世初期の「筋奉行」については不明な点が多いが、以下の二点を指摘しておく。

　一点目は、「筋奉行」の管轄（三筋）がいつ設定されたかという点である。彦根藩は慶長五年以後、三度の加増によって領地が拡大した(11)。慶長五年の彦根藩成立時における近江国内の所領は神崎・愛知・犬上・坂田の四郡における約一五万石であり、「佐和山御城付拾五万石」と呼ばれた。近江一五万石の所領は慶長二十年二月に直孝へと引き継がれ、慶長二十年五月には坂田・浅井・伊香・愛知・神崎の五郡で五万石が加増され、元和三年には坂田・愛知・神崎・蒲生の四郡で五万石が加増された。寛永十年（一六三三）には伊香・蒲生・愛知・坂田・浅井の五郡で三万石が加増され、近江国内における二八万石の所領が確定した。三度の加増により、彦根藩の所領は、神崎・愛知・犬上・坂田の四郡を中心とした地域から、浅井郡・伊香郡・蒲生郡を含む地域へと拡大していき、領地が確定していった。

　このように、後の北筋と南筋に属する村の多くは、慶長から寛永にかけて加増された地域に含まれていた。そのため、藩政成立当初における「筋奉行」の管轄は三筋に分かれておらず、ある段階において、所領の拡大に対応するために三筋という管轄が設定されたと推測される。後述のように、寛永十九年において、三人の「筋奉行」が三筋を担当していたことが確認できる。したがって、近江国内の彦根藩領が確定した寛永十年から遠くない時期に三筋という管轄が設定されたと推測しておく(12)。

**表1　彦根藩領三筋の免定発給者一覧**

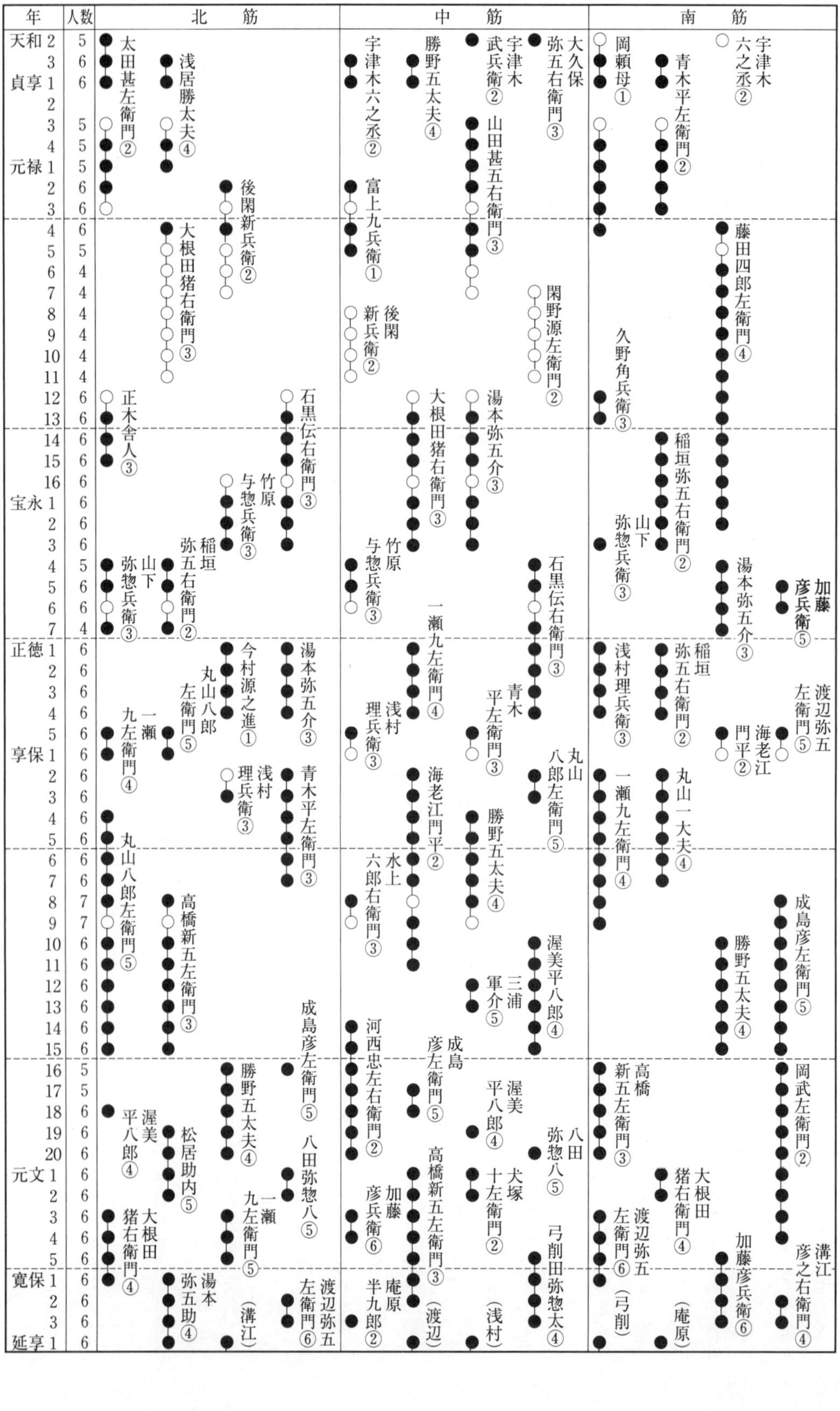

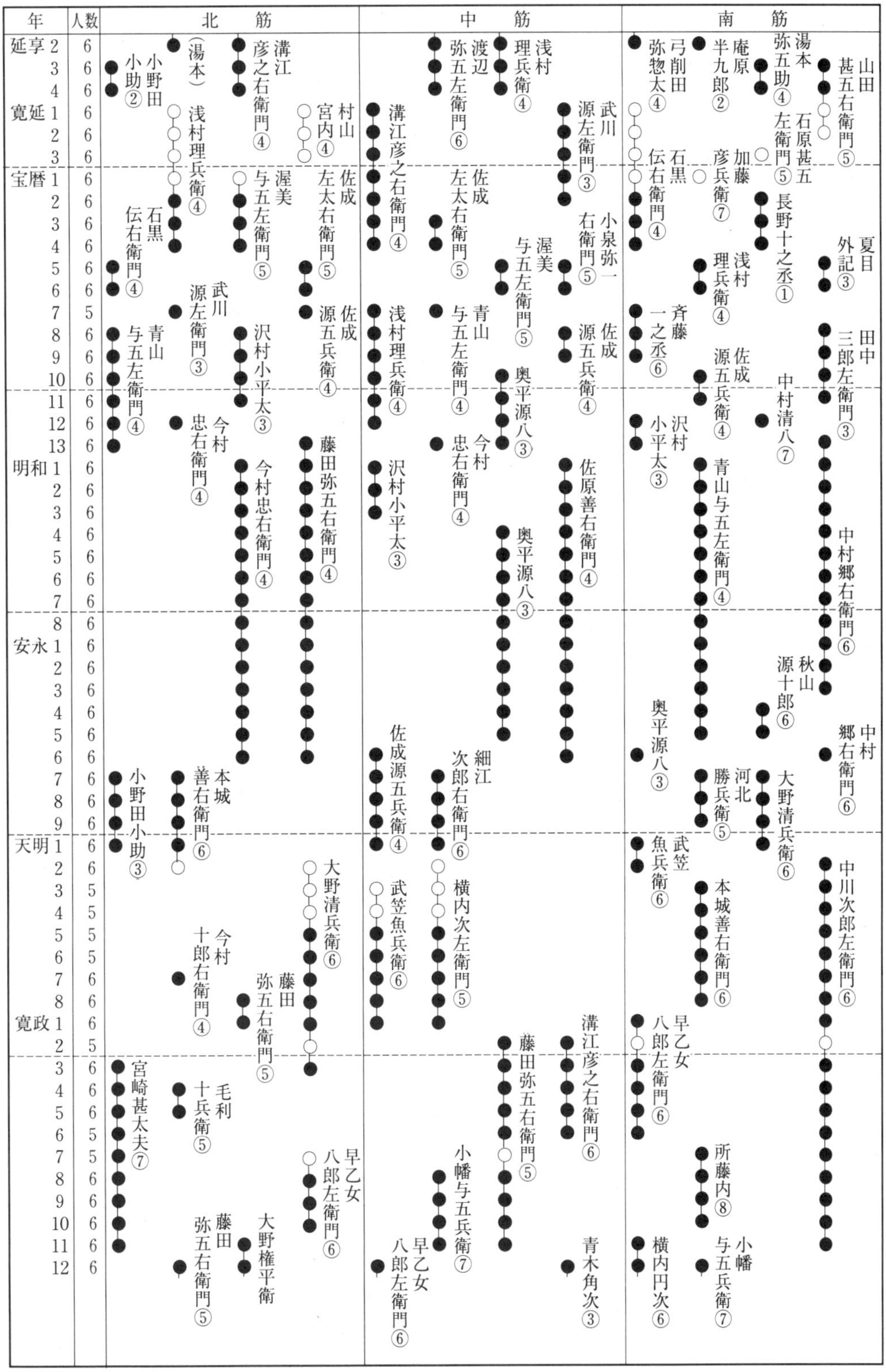


注１：彦根藩年貢免定により作成。●は筋が確定できたもの。○は筋を推定したもの。
注２：貞享２年の免定は現時点で未確認である。
注３：安永６年の免定発給者には筋奉行就役者以外の者が含まれるが、これは愛知川騒動に伴う例外的な事例である。

二点目は、初期の「筋奉行」には、後の筋奉行にはみられない、石高の高い者がいるという点である。補任表によると、石高が千石を越える事例は五例あり、いずれも寛永以前に就任した「筋奉行」である。初期の「筋奉行」の石高は三〇〇石から五〇〇石の事例が多く、就役者の石高に幅がある。なお、本書の解題で述べたように、承応三年（一六五四）以降の筋奉行では八〇〇石を越える者はおらず、五〇〇石を越える者も数例に限られ、多くの就役者が三〇〇石前後となる。つまり、初期の「筋奉行」就役者の石高には幅があったが、後に一定の石高の者が就役するようになった。

近世初期の「筋奉行」について断片的ながらも知りうるのは、史料的限界から寛永期以降である。次に、寛永期における「筋奉行」の機構や職掌について概観する。

**寛永期の「筋奉行」―定員・管轄―**　滋賀県下における郡誌や『彦根市史』では筋奉行の定員は六人とされており、時期による定員の変遷は触れられていない[13]。寛永十九年十一月五日に藩主直孝から家老衆へ出された指示に[14]、「三人之筋奉行」とあり、年寄衆の勤方を定めた寛永二十一年四月の「おほへ」[15]に「筋奉行三人」とある。寛永の終わり頃には、「筋奉行」の定員は三人であった。

寛永期における「筋奉行」の管轄について、寛永十九年閏九月十五日に、藩主井伊直孝が家老衆へ宛てた書付から見ていきたい。この指示には、「小野田小一郎筋下之分、菅沼郷左衛門ニ申付候間、万事之儀新右衛門《（大久保）》・小左衛門《（松居）》と相談、何事も三筋を一同ニ申付候様ニ肝要ニ候よし可被申渡候[16]」とある。この書付で直孝が指示したのは、小野田小一郎の「筋下」を菅沼郷左衛門へ申し付けるという「筋奉行」の交代であり、新たに「筋奉行」となった菅沼郷左衛門が、従来から「筋奉行」であった大久保新右衛門と松居小左衛門に万事について相談するという「筋奉行」の勤め方である。つまり、寛永十九年に、「筋奉行」は、小野田小一郎・大久保新右衛門・松居小左衛門の三人体制から菅沼郷左衛門・大久保新右衛門・松居小左衛門の三人体制へと変化した。そして、直孝の指示より、「筋奉行」の管轄が三筋に分かれていたこと、「筋奉行」の後任が就役する際に、前任者の「筋下」が引き渡されたことが確認できる。

上記のように、寛永期においては、三名の「筋奉行」が三筋を一名毎で担当し（三筋三人体制）、「筋奉行」の交代時には、担当の筋が引き継がれていた。なお、三人の筋奉行が相談の上、「三筋」一同の申し付けることが肝要だと直孝が述べている点にも注意しておきたい。

**寛永期の「筋奉行」―職掌―**　筋奉行の基本的な職掌は、就任時に提出される誓詞に記されている。現在確認しうるもっとも古い筋奉行の誓詞は十八世紀後半のものであり、物成の決定、郷中の巡見、百姓公事出入の裁許、川除普請の四点が職掌として記されている。近世初期の誓詞は不明であるため、誓詞以外の史料によって、寛永期における「筋奉行」の職掌について明らかにする。

①給人知行地の年貢率決定権

直孝が家老衆へ寛永二十一年七月十七日に出した指示に「近日知行物成相極候時分ニ候条、給所免相之儀も二三年之ことくニ当年も筋奉行其外被申付、毛頭ぬけ無之様ニ免極候様ニ可被申付候事[17]」とある。この二、三年、給人の知行地における年貢率は「筋奉行」が決定し、寛永二十一年にはすでに給人知行地の年貢率決定権が給人から藩側へ移っていた。この点に関しては、正保二年（一六四七）の「四つならし」との関わりで論じた本書の藤井論文を参照されたい。

②給人地の裁判権

寛永二十一年八月十八日に直滋が出した指示の中に、「大小知行取候衆、兼日如被仰付候百姓沈倫（論）不仕候様ニ可被申付候、勿論百姓他国・他領へ越し被申間敷候、惣而百姓之仕置御台所入同前ニ筋奉行ニ被仰付候間、百姓不届仕候ハヽ、筋奉行衆江相談可被申候、田畑之出入、跡式之訴訟、或ハ山論境論・水論・借物・越米以下、此外何ニ而も百姓公事ニ罷出候時、筋奉行衆承届可被申付候間、地頭面々之百姓之贔屓仕り取持候儀、兼日ゟ堅く御法度ニ候事」[18]とある。寛永二十一年段階で給人知行地における裁判権は藩側に移動し、蔵入地・給人知行地ともに「筋奉行」が裁判を担当した。

③「筋奉行」の権限

寛永期における「筋奉行」の権限として、給人知行地の物成決定権と裁判権があったことを指摘した。寛永期より若干時期の下る正保三年に直孝が出した書付には「筋奉行衆へ申候、在々之仕置法度知行所務方、毛頭油断無之務ニも可成処、百姓迷惑ニ不及候様ニ考申付候所可然候事」[19]とある。ここでは「在々仕置法度」と「知行所務」が「筋奉行」へ命じられている。蔵入地・給人知行地双方の仕置・法度と給人知行地の年貢率決定が「筋奉行」の中核的な権限であった。

④誓詞

寛永十九年閏九月十五日に菅沼郷左衛門の「筋奉行」就任を家老衆に指示した直孝の書付に、「筋衆誓詞之案文可有之間、其案紙を以、郷左衛門ニ誓詞可被申付候」とあり、寛永十九年にはすでに「筋奉行」就任時に誓詞を提出することとなっており、誓詞の案文があった。ただし、後の誓詞（史料編参照）との異動は不明である。

**「筋奉行」の定員増加**　「筋奉行」の三筋三人体制が変更されるのは寛永二十一年である。史料1は、藩主直孝が家老衆へ出した書付の一部である。[20]

【史料1】

松居九郎兵衛
藤田四郎左衛門
山下市左衛門

右三人之者ニ筋奉行可被申付候、只今迄ハ新右衛門（大久保）・小左衛門（松居）・郷左衛門（菅沼）三筋ニ而仕候得共、場広く候得ハ、物毎油断も在之者ニ而候間、件之三人入六筋ニ遠近之考仕割渡し、万事念入候様可被申付候、扨六人之衆何事も相寄相談、一統之仕置ニ仕候様ニ急度可被申付候也

（「筋奉行」六名の姓名書上を略）

右六人之衆、如組合三人ツヽ、勘定奉行勘定之わかちを考、一年切ニ成とも半年切ニ成とも可被申付候、不及申候得共身躰之もとニて候間、万事成程念を入、吟味せんさく万賄方又ハ米・大豆払之考、又代官前せんさく身ニ引かけ仕候様可被申渡候也、

直孝の指示は、従来から「筋奉行」であった大久保新右衛門・松居小左衛門・菅沼郷左衛門に加えて松居九郎兵衛・藤田四郎左衛門・山下市左衛門を新たに「筋奉行」に就役させることであり、「筋奉行」を三名から六名へと増加させることである。[21]なぜ定員を増加したのであろうか。直孝は、「場広く候得ハ」と担当の区域が広く物毎に油断があることを理由に挙げており、彦根藩の所領の拡大が直接の原因であった。ちなみに、直孝の指示には、六人体制移行に伴って管轄を三筋から六筋へと細分化することが含まれている。六筋となったことは確認できず、この指示は実現しなかったと考えられる。

「筋奉行」の職掌については、六人の「筋奉行」を三人ずつ二組に分け、三人が一年交代（もしくは半年交代）で勘定奉行を兼ねることが命じられている。先に、蔵入地・給人知行地双方の仕置・法度と給人知行地の年貢率決定とが「筋奉行」の中核的な権限だと述べたが、寛永期の「筋奉行」は後の勘定奉行の職掌をも併せ持っていた。

また、「筋奉行」六人の合議制による仕置が命じられている点も指摘しておく。

**勘定奉行の分離と筋奉行の成立**　寛政二十一年の定員増加後、一部の「筋奉行」が勘定奉行を兼ねていたが、「筋奉行」から勘定奉行が分離し、筋奉行が単独の職として成立するのが承応三年（一六五四）である。史料2は、承応三年九月四日に直孝が家老衆に出した「覚」の一部である。[22]

【史料2】

（第二条）
一、勘定之儀、兎角唯今迄之通末々迄筋奉行毎日相詰候義、不入儀と存候、先書付ニ申ことく、筋奉行ハ物成極候時并百姓公事ニ田畑之論、又ハ勘定場ニ而相済候儀ハ不残毎日も勘定場へ相詰、埒明候様ニ可然事

（第四条）
一、勘定奉行両人并年来仕付勘定之者之内ニ而棟梁三人申付候得ハ、以上五人之者、慥ニ心合せんき《僉議》吟味仕候へハ、指而筋奉行勘定場へ不出候而も不苦候間、筋奉行勘定場へ相詰候義ハ、別書ニ申ことく両品之時斗ニ被致、其外ハ無用可被致候事

第二条、第四条より、勘定場へ筋奉行が毎日詰めることは必要なく、物成の決定と百姓公事・田畑の争論の時のみ筋奉行が勘定場へ詰めることとなった。近世初期の「筋奉行」は後の勘定奉行の職掌を兼ねていたが、承応三年に「筋奉行」から勘定奉行が分離し、単独の職として筋奉行が成立した。

**「筋奉行」成立の意味**　彦根藩では、承応三年に、「筋奉行」から勘定奉行が分離することにより、単独の「職」としての筋奉行が成立した。現在、幕府や諸藩の研究において、近世初期においては、個々人の能力に応じて支配・統治の範囲が決まっていたが、後に諸機能に応じた編成替えが行われ、江戸時代の「職」形成されていくことが指摘されている。[23]彦根藩の筋奉行においても同様の経過が見て取れる。寛永期の「筋奉行」に対して藩主直孝はしばしば指示を出している。本稿では直孝の指示から寛永期の「筋奉行」が地方支配において担った役割を抽出したが、逆にいえば藩主が頻繁に指示を出していたということは、「職」としての筋奉行が成立しておらず、いまだ職掌が定まっていない段階であったこ

とを示している。寛永期には、藩主の指示を通して担当の管轄や定員が確定していき、次第に「筋奉行」の機構が整備された。寛永期の機構整備を経た上で、承応三年に勘定奉行が分離したことは、「職」としての筋奉行が成立し、機構と職掌が確定したことを意味した。(24)

いったん「職」が成立すると、「職」に対応して人が就任していく。先に、初期の「筋奉行」就役者の石高は幅があったが、後に一定の石高の者が就役するようになったことを指摘した。「職」の成立にともなって「職」と就任者の格式（石高）が対応するという変化が生じたことを示している。では「職」としての筋奉行が成立した後、筋奉行の機構はどのような変遷をたどったのであろうか。

## 2　元禄十二年の機構改編

補任表の元禄十二年（一六九九）九月一日という日付に注目していただきたい。この日には新たに一名の筋奉行と三名の筋奉行加役が就任し、二名の筋奉行が退任しており、筋奉行の構成が大きく変わっている。

**藩主直興の諮問と家老の意見**　史料3は、筋奉行の構成が変化した背景を知りうる史料である。この史料は元禄十二年八月付であり、藩主直興から木俣清左衛門ら家老への諮問Ⓐと、諮問に対して家老衆が小姓を通して意見を藩主へ具申しているⒷからなる。(25)

【史料3】

Ⓐ

御書付頂戴仕候

久野角兵衛
石黒伝右衛門
湯本弥五介

右三人之者共筋奉行ニ指加、足軽拾人ツヽ御借シ置、御役儀勤習ひ見可申候、自然不得手ニも有之候ハヽ、重而外之御役儀可被仰付由ニ而相勤させ、御覧被遊、御用ニ立申ものすくに御用ひ、後々ハ御足軽をも御預ケ被成候様ニ、不得手成ものハ元役又ハ外之御役儀被仰付候様ニも被遊、如何候ハんや

Ⓑ

藤田四郎左衛門
久野角兵衛
大根田猪右衛門
湯本弥五介
正木舎人
石黒伝右衛門

①右正木舎人儀、拙者共申上候通筋奉行ニ被仰付、右御組合せ之通三人之者筋奉行ニ壱人宛指加相勤させ、御覧被成度様ニも被思召候、②并三筋ニ割候品も近年之義、前々無之事ニ候間、向後三筋を壱年替りニ相務申候様ニ、③扨又郷中筋下出入も当筋斗之裁許ニハ不仕、何時も六人一同之申付ニ致シ候様ニ有之可然哉共被思召候、左様ニ而ハ万事了簡違ひも無之為ニも、又ハ三筋壱年代りニ相務

候へハ、四年目〳〵にハ元之筋下へ立帰り候、件之通ニ而者、惣④
奉行共不残御領分中郷中之儀ヲたんれんいたし、当分ハ少々手廻
シ悪敷様ニ而も、とくとのミ込勤申上ニハ、万事ニ付宜敷儀多可
有之様ニ被思召候間、乍御序此段も被仰出候、相考見可申由御書
面頂戴、何も御尤之御事ニ共奉存候

一、右三人之者共御組合せニ御入被遊、御足軽十人宛御借シ被遊相
勤させ、御覧可被遊由御尤ニ奉存候、人柄とれ〳〵もいたしかね
申間敷キもの共ニ奉存候

一、三筋へ御組合せ被遊、六人ニ被仰付候義御尤ニ奉存候、前々六
人ニ而相勤申候人数も多候得者、穿鑿事・御馳走事万相調安ク奉
存候、其上三人能相勤候得者、御調法之儀と奉存候

一、三筋ヲ壱年替りニ相勤候様ニ可被仰付哉之儀、御尤ニ奉存候、
我々支配下⑤と落着候而ハ悪敷事も可有御坐候、一年代り御尤之様
ニ奉存候、但一年つゝ仕切替り候而ハ落着不申、諸事やかましく
可有御座哉、一年代り之様ニ候ハヽ、結句麁抹ニ可有哉とも奉存
候、兎角折々御替被遊候儀御尤ニ奉存候

一、⑥郷中筋下之出入も当筋斗之裁許ニハ不致、何時も六人打寄、少
之儀も委細ニ以相談、六人一同之申付ニ致候様ニ可被仰付儀、是
以御尤至極ニ奉存候、今以公事日ニハ立会相談仕儀ニ候得共、先
ハ当筋用取申儀ニ御坐候、此旨可被申上候、以上

（元禄十二年）八月

（差出・宛名省略）

藩主直興の諮問の要点は、久野角兵衛・石黒伝右衛門・湯本弥五介の三名を筋奉行に加えて役儀の見習いをさせるという点と、三人が用に立つならば筋奉行本役とし、不得手であれば元の役職か他の役職へ転役させるという点である。つまり、筋奉行の人事案に関する諮問である。

藩主の諮問に対し、家老は人事案へ同意の上、筋奉行の勤め方に関して三つ意見を述べている。一つは、それぞれの筋を担当する筋奉行の組み合わせ案であり（傍線①）、二つは筋奉行の管轄を一年ごとに交代するという筋奉行三筋交代制である（傍線②）。三つは、郷中における出入を当該筋の筋奉行だけで裁許することを廃止し、六人全員による裁許を実施するという点である（傍線③）。

筋奉行三筋交代制については導入後のメリット・デメリットも記されている。筋奉行が三筋を交代して担当して、すべての筋奉行が郷中全体のことを鍛錬して飲み込めば、導入後当分は手回しが悪くなるものの万事メリットがあることが指摘されている（傍線④）。ただし、一年交代にしたら、落ち着かず結局粗末になってしまうというデメリットも指摘しており、一年交代ではなく折々の交代が適当であるとしている（傍線⑤）。このように、新たに筋奉行に加わる者の人選を藩主が提案し、筋奉行の勤め方について家老が意見を出した。

**本役三人加役三人体制の実施と三筋交代制の導入**　藩主と家老の提案は実現したのであろうか。補任表によれば、久野・石黒・湯本の三名は筋奉行加役に就任し、藩主の人事案は実現している。また、家老の意見も採用された。この点について、表1を参照しつつ確認する。元禄十二年は、藤田・久野が南筋、大根田・湯本が中筋、正木・石黒が北筋の担当であり、筋奉行の組み合わせ案が実現している。そして、初めて筋奉行加役

が設置され、筋奉行本役一名、筋奉行加役一名で各筋を担当することとなった。元禄十二年の機構改変によって成立した本役三人加役三人体制は正徳元年（一七一一）まで続いた(26)。次に、担当する筋の組み替えに注目する。元禄十二年に北筋の大根田が中筋へ組み替えとなった。次いで、宝永三年（一七〇六）から宝永四年にかけて、北筋の石黒・竹原が中筋へ、中筋の湯本が南筋へ、南筋の山下・稲垣が北筋へと担当の筋が組み替えられている。これは中筋の大根田が宝永四年十二月二十一日に退任することを契機とした組み替えだと考えられる。元禄十二年に実現した三筋交代制は、これ以後幕末まで引き継がれていった。

上述のように、元禄十二年の機構改編では藩主・家老双方の提案が反映された。ここでは家老が三筋交代制を意見具申した理由を検討する。注目したいのは、三筋交代制が郷中出入の裁許の有り様と合わせて提案されている点である。家老は、郷中出入の裁許を行うのが、当該筋の筋奉行から六人の筋奉行へ（「当筋斗之裁許」から「六人一同之申付」へ）と変更するという意見を出した。史料3傍線⑥でもこの変更点を再び確認し、公事日に筋奉行が合議をしているものの、実際にはその筋の筋奉行の意見を採用しているとの現状が記されている。1で述べたように、寛永期に直孝はしばしば「三筋一同」の申し付けや六人の合議を指示していたが、元禄十二年には直孝の指示が有名無実化していたのである。そのため、家老は「当筋斗之裁許」を忌避し、六人合議による裁許を求め、筋毎のばらつきをなくす裁許の実現を目指したのである。ではなぜ家老はこのような裁許の実現を目指したのであろうか。元禄期における坂田郡男鬼山《おおりやま》（現在の彦根市男鬼町）の争論を素材にして検討する。

**坂田郡男鬼山における争論**　元禄期には、男鬼山の柴刈り取りの権利をめぐる争論が度々あった。最初の争論は元禄六年四月である。権利を主張したのは、五ヶ村（鳥居本宿・上矢倉村・百々村・西法寺村・古西法寺村）、口五ヶ畑、男鬼村である。男鬼山をめぐる権利関係は、元禄六年十二月二六日の藩の裁許によって確定し、男鬼村の権利が確認されている。その後、何度か口五ヶ畑や五カ村が男鬼山に入るという一件があったが、いずれも元禄六年の裁許に基づき、男鬼村の権利の確認がなされている。特に元禄八年四月には元禄六年の裁許に背かない旨を誓約した手形が口五ヶ畑から出された。

元禄十二年にも争論が起きたが、以前と同様に男鬼山の権利を確認する裁定が出されている。しかし、元禄十二年の争論では、男鬼山の権利関係以外の点が問題化した。この争論の経過を元禄十二年の裁許状から見ていく(27)。史料4から史料6はその裁許状の一部である。

【史料4】

同十二年卯之五月朔日、口五ヶ畑之内庄厳寺・仏生寺・中山村之者大勢参深入、草・芝を伐取候ニ付たきあひ傷付候由男鬼村ゟ訴之、庄厳寺村ニ而ハ新助と申者半死之躰、仏生寺村ニ而ハ惣兵衛と申者仏生寺領迄引取候所深手故死、右両人何も鉄炮疵之由件之三ケ村ゟ訴之、翌二日於御勘定場手負疵改候所、玉疵と不相見、裏へも貫不申、鼠突なとニ而傷付候様ニ相見へ候、兎角証文破り深入仕候上ハ先年（元禄八年）手形面もケ様之為ニ候間得ハ、証文背候ニ付右三ケ村庄屋籠舎申付候、件之場所遂吟味候処深入無紛之口畑非分と令裁許候

争論の発端は元禄十二年五月一日に三カ村（庄厳寺村・仏生寺村・中

山村）の者が多数男鬼山村へ入り柴を伐ったことである。三カ村が問題にしたのは、死去した二名が鉄炮疵を負っていた点である。五月二日の吟味では、玉が貫通した疵ではなく、鉄炮疵ではないと判断された。問題とされたのは、元禄六年の裁許に背いて男鬼山へ深入りしたことのみであり、三カ村の庄屋は籠舎を申し付けられた。

**直興による再吟味**　筋奉行による吟味の結果、いったんはこの争論は解決した。しかしその後藩主直興の主導で再吟味が行われることになった。直興が家老の木俣らへ出した書状㉘によると、鉄炮疵の吟味については「仏生寺村死人之義者疵之穴迄切さかせ内をも致吟味」と指示し、鉄炮の持ち出しについては「此六人之者共呼出シ段々吟味、其上相知レす候ハヽ、拷問いたし鉄炮・鑓持出候哉、又持出不申候哉と有之、吟味紀可申事」と指示しており、吟味の内容を詳細に指示している。

また、直興は「今度之出入ニ付筋奉行裁許之仕置之品十分道理相立候、然共鑓・鉄砲右之場所へ持出候義ハ吟味別段之事ニ候」と述べている。五月二日の筋奉行の裁定、つまり元禄六年の裁許への違背に対する裁定は道理が立つとしているが、直興が問題としたのは鉄砲の持ち出しであった。

直興の指示を受けて行われた吟味の様子をみていきたい。

【史料5】

然上鉄炮放候儀無疑旨口畑申触、達　御聴為御検使落合勘左衛門・荒川八左衛門被遣、其節之当筋後閑新兵衛立合吟味及両度、死人惣兵衛ひちを切さき玉吟味及為致候得共玉も無之鉄炮疵ニ無之ニ相極り、親類共得心之手形指上候ニ付死骸片付させ申候、然共鉄炮持出候実否之儀数度遂拷問、玉なし鉄炮をならし見セ鑓持出候事明白ニ相知候

男鬼村の者が鉄炮を放ったという口五ヶ畑の主張は藩主直興の耳に届いたことが記され、今回の吟味が直興の主導であることが裁許状にも明記されている。直興は、検使として落合勘左衛門㉙を派遣し、筋奉行（中筋）の後閑新兵衛立ち会いのもと、二点に関して再吟味を行った。一つは鉄炮疵の吟味である。惣兵衛の肘からは玉が見つからず、鉄炮疵ではないと決定した。今ひとつは五ヶ畑から鉄炮の持ち出しの有無に関する吟味であった。拷問の結果、鑓と鉄炮を持ち出し、玉を込めずに鉄炮を鳴らしたことが明らかとなった。

筋奉行がいったん裁許をした争論について、藩主直興の命によって再吟味が行われた点に注意しておきたい。

この再吟味の結果を受け、鉄炮持ちだしについての仕置が行われた。

【史料6】

玉ハ込不申候得共人ニ向鉄炮放候段

公儀御制法相背申ニ付、阿部豊後守（正武）様江落合勘左衛門為御使者江戸へ被遣、御老中様御相談之上御月番戸田山城守（忠昌）様ゟ御仕置御書付ニ付紙被成被遣、隠シ鉄炮仕置候太右衛門討首獄門、鉄炮放候左衛門・助四郎・右近次郎并鉄炮借り置放させ候万五郎打捨、鑓持出候六左衛門・三郎太郎・かもんちよ儀ハ御追放、件之通被行候

鉄砲を放った左衛門など七名が処罰されたが、注目すべき点は、この仕置に関して幕府の指示を受けている点である。彦根藩は、玉を込めないまでも人に向けて発砲したという点が「公儀御制法」㉚に触れるとして、

落合勘左衛門を使者として老中阿部正武へ遣わした。彦根藩は仕置案を差し出し、老中の指示を受けようとしたのである。老中は相談の上で、月番の戸田忠昌が、彦根藩の仕置案に付紙で意見を付した。[31]

以上のような再吟味の経過を経て裁許が出された。この裁許では、鉄炮持ち出しに関する筋奉行の不吟味が問題となり、直興の主導で再吟味が行われている。先に見た元禄十二年九月一日の機構改編では、家老が、郷中出入の裁許の有り様と合わせて三筋交代制を提案し、家老の提案は実現した。その背景には、男鬼山争論での筋奉行不吟味という事態が生じたことに鑑み、新たな機構への改編が必要となっていたことがあったのである。

**筋交代制と諸職勤方月番制**　元禄十二年における筋奉行の機構改編をみてきたが、この機構改編を彦根藩における藩政の動向の中で位置づけておく。史料7は、藩主直興から年寄衆への指示である。[32]

【史料7】

一、目付共只今迄月番ヲ立テ相勤候哉、左様ニも無之候ハヽ、向後弐人宛月番相勤、各申渡シ等も月番之ものへ申付候様ニ可被致候、

一、諸役人共も月番相勤させ可被申候、其内役儀之品ニより月番ニ及不申役人も可有之候、左様之わかち致吟味被申付候様ニと存候、普請奉行、作事・細工奉行、勘定奉行、か様之類ハ月番ニ而相勤成程可然存候、鉄炮奉行・塩硝奉行、か様之たぐひハ月番相勤候様ニ及間敷事と存候、何も考次第宜可被申付候、

元禄十二年
四月三日

年寄衆

一条目では目付に対して月番制を導入することを指示し、二条目では、月番制を導入すべき役職とそうでない役職とを分けるようにとの指示が出ている。月番制を導入すべき役職として例に挙げられているのが普請奉行、作事・細工奉行、勘定奉行であり、月番制導入の必要がない役職としては鉄炮奉行、塩硝奉行が挙げられている。このように、元禄十二年は、彦根藩全体として月番制を導入するという方向性が打ち出されていた時期である。また、元禄十二年二月二十五日には、家老の勤方が定められ、[33]元禄十二年三月十六日には奥詰六人の勤方が定められている。[34]様々な役職において勤方が明文化されていた時期でもあった。

元禄十二年は、様々な役職での月番制導入、勤方の明文化が行われていた。つまり、「職」の担い手によるばらつきをなくし、合議制による均質的な支配が目指されており、そのための機構改編が実施されていた時期である。他の役職においても、元禄十二年八月二十八日に六名が目付に就任しており、[35]元禄十二年閏九月一日に町奉行の機構が改編され、町奉行・寺社奉行兼帯体制が成立し、町奉行の勤め方が明文化されている。[36]元禄十二年は、彦根藩の様々な役職において、合議制による均質的な支配の実現を目的とした機構改編が行われていた時期である。筋奉行の機構改編も、藩政全体の動向の一環として捉えるべきであろう。

**元禄十二年の機構改編の持つ意味**　元禄十二年に彦根藩は、支配の均質化を目的とした機構改編を行い、筋奉行では三筋交代制を導入し、六人一同による裁許の徹底がはかられた。

ここではやや視点を変え、筋奉行就任者の人選という点から若干の検

討をしてみたい。元禄十二年の機構改編において四人の筋奉行が新たに就役し、その内三名は加役である。先に指摘したように、この三名は藩主直興が人選し、家老衆の同意を得て実現した。三名の内、石黒・湯本の前職は目付であり、目付経験者が筋奉行に就役した初例である。目付経験者のうち、藩主側近のグループが地方支配に関わることとなった(37)。

藩主直興はなぜこのような人選をしたのであろうか。先に検討した男鬼山争論は、藩主直興の主導によって事態収拾がはかられた。この経験をもとに、藩主側近グループが筋奉行に加わることにより、「公儀御制法」に背くような事態を看過することを未然に防ぐ体制を目指していたといえよう。家老衆からは、各筋毎の均質的な支配を目指す観点から三筋交代制・合議制の徹底という意見が具申された。藩主側近グループの人選と家老衆の機構改変案が双方とも採用された結果、合議制によって各筋均質の支配を実現しうる機構が整備された一方で、藩主主導の地方支配が可能な人選が行われていた。換言すれば、筋奉行は人選面と機構面との間に矛盾をはらんだまま動き出したのである。この矛盾が解消されるのが正徳五年（一七一五）であり、元禄期の機構改編を行った直興の隠居が契機となった。

## 3　正徳期の機構改編と人事異動

補任表の正徳五年（一七一五）七月二十七日に注目していただきたい。この日には青木平左衛門と丸山八郎左衛門が同時に筋奉行に就役している。この二人は同年七月二十一日に退役した石黒伝右衛門と七月二十七日に退役した湯本弥五介の後任である。この人事異動の持つ意味については後に検討するとして、まずは2で検討した、元禄十二年（一六九九）以降の動向を検討する。

**宝永八年の機構改編**　宝永三年（一七〇六）から宝永四年にかけて筋の組み替えが行われている。これは、元禄十二年に採用された三筋交代制が実行されたことを先に指摘した。その後、筋が組み替えられたのは正徳元年である。補任表と表1を参照しつつ確認する(38)。

表1によると宝永七年の筋奉行は、北筋が山下弥惣兵衛と稲垣弥五右衛門、中筋が石黒伝兵衛、南筋が湯本弥五助の四名であった。このうち本役は山下弥惣兵衛のみで他の三名は加役であり、本役二名が欠員である。これは本役である加藤彦兵衛が宝永六年十一月十六日に病気のため願いによって役儀御免となり(39)、同じく本役である竹原与惣兵衛が宝永七年六月十四日に没しており、その欠員が補充されなかったためである。この背景には藩主交代による混乱が一因だと考えられる。宝永七年には、藩主直通が七月二十五日に死去し、遺領を継いだ直恒も十月五日に死去した。十一月十二日には、隠居・剃髪していた覚翁軒（＝直興）が再び

藩主となった(40)。

さて、直興の藩主再就任以後における、筋奉行の機構の変化を追ってみる。

・宝永八年三月十六日には一瀬九左衛門が筋奉行本役となり一時的に本役二名加役三名の五人体制となった。

・三月二十一日には、従来加役であった湯本弥五介・石黒伝右衛門・稲垣弥五右衛門が本役となり、新たに今村原之進・浅村理兵衛が筋奉行本役に就任したため、一時的に本役七名体制となった。

・四月二十一日には山下弥惣兵衛が筋奉行を赦免され、本役六人体制となる。

・筋の組み替えが行われ、北筋が湯本・今村、中筋が石黒・一瀬、南筋が稲垣・浅村となった。

三月から四月にかけての変化について、直興が藩主であった元禄十二年（一六九九）の機構改編との関わりで、以下の点を指摘しておく。一点目は、元禄十二年以来続いていた本役三人加役三人体制が廃止されたことである。二点目は、筋奉行加役としての経験がある石黒・湯本（元禄十二年から）と稲垣（元禄十四年から）が本役として三筋へ振り分けられ、経験者と新任の筋奉行が組み合わされたという点である。加役から本役に就任した三名はいずれも直興の藩主時代に加役に就任した藩主側近グループである。この機構改編は、直興の藩主再就任直後に実行され、藩主側近グループが中心となって地方支配を担う体制がさらに強化されたことを意味する。このことにより、元禄十二年の機構改編が抱え込んでいた矛盾が増大し、その弊害が正徳五年、直興隠居後に問題化する。

**筋奉行の勤めぶり**　正徳四年二月には直興が隠居し代わって直惟が藩主となった。これがきっかけとなり、筋奉行の構成に変化が生じた。史料8は、藩主側近グループが中心となって地方支配を行っていた時期における、筋奉行の勤めぶりがうかがえる正徳五年の史料である(41)。

【史料8】

①先達而筋奉行御役料之義伺候ニ付、御付紙ニ而被仰出奉頂戴候、

（第一条）
一、筋奉行御役料之儀、重キ御役儀ニ候へ者、渡部弥五左衛門・海老江門平も御役料百表づゝ被下置、御尤被思召候、然者石黒伝右衛門・②湯本弥五介義も御役料御増百俵つゝニ被仰付可然被思召之由、一々被仰出之通御尤ニ奉存候、

（第二条）
一、③石黒伝右衛門・湯本弥五介勤方、郷中支配之様子近年別而宜相唱不申候、第一両人共ニ我意強、同役申談毛頭無之、夫故三筋われ(割)〳〵に有之段露見仕候事ニ御坐候、前々ゟ度々被仰付候へ共、今以其通と相聞へ、古来ハ六人ニ而も三人ニ而も無覆蔵公事出入万申談候、近年ハ筋役故先ハ巧者を相立置、右両人之者共相加り居申故か尖と申談無之様子ニ御坐候、此段ハ両人之者共故と奉存候、④石黒伝右衛門ハ只今中筋、弥五介ハ北筋支配仕候、同筋役之者も両人ハ年久務候故、中筋ハ伝右衛門了簡、北筋ハ弥五介了簡ニ任せ候哉、又内々之批判ニハ諸事ニ付我意つよく、同筋存寄申候而も一切請合不申、建而存寄申見候而も承引不仕、最早其上ハ可討果ゟ外之了簡無之族ニ成行候抔と申程ニ有之由、風聞

承申候、実否ハ不奉存候、ケ様ニ候而ハ年久キ御役相勤候故、跡ゟ被仰付候もの共ハ附添勤申迄ニ而可有御坐候、左候へハ年々ニ我意つのり、一入不宜儀ニ奉存候、郷中ニて両人ニハ以之外難儀仕、不宜相唱候段ハ前々ゟ風聞ニ申候

（第三条）

一、(a) 筋奉行不了簡我意つよく、同役申談も無之候而ハ大切成儀ニ奉存候、第一不道理不了簡ニ御仕置仕候而ハ、上之御為数万人之民なけき申所、以之外不可然奉存候、近年見及申ニ者、⑤松原船之出入、小谷山之公事抔ニ付候而も御為公事さばきの所ハ外ニ成、御役人と御役人之いじやい申分出来、不埒之様子見及申候、然共表立左様ニハ無之故、あらハし申付事も無之候へ共、ケ様之所も得心仕様ニ何となく寄〳〵申聞せ候而も、生得之所直り不申候、⑥両人共私欲なとハ無之、唯不了簡我意強我漫(慢)ものと相見へ申候、右之段御為之儀故、指控可申儀ニハ無御座奉存候得共、先見合せ達御耳ニ申事も年月延引仕候、(b) 然共大勢之御百姓難儀存、不正道之役人と存候得ハ、上之御仁道もかけ、其上不図御百姓あく(倦)ミ申分も出来候得ハ大切成義ニ奉存候、近年ハ古来度々無之手錠抔多掛ケ申由、手錠打、籠舎申付候程之儀者古来ゟ年寄中へ相訴申筈ニ御坐候、近年終ニ承届不申候得共、端々之風聞ニハ手錠打申事数度之由申候、無理成籠舎度々有之由風聞ニ申候、此段ハ皆以上之御意向を以仕義故、非道之事候へハ上之御為ニ不可然奉存候、⑦郷中之儀ハ筋奉行夫々御仕置仕、⑧滞義ハ拙者共江為申聞指図仕候義、古来之格ニ御坐候、筋奉行不申聞せ候事ハ非道有之哉、如何様ニ申渡候哉不存候得共、適々伺申出候事も拙者共疑心出来、指図申渡候も無覚束罷成候、不図御百姓共申分も出来、一村ニ而も一味願申出候得ハ、御為大切成義ニ奉存候、浅智不了簡ニ我意強候而ハ、十品之内七つ八つ迄ハ不直ニ可有御坐与奉存候、然者郷中数万之御百姓拙者共江相訴候歟、落文抔仕悪名申上候而も、左様之節ハ急ニ御役御免も難被仰付儀ニ奉存候、⑨(c) 只今何之申分も無之、両人共ニ御物頭筋目ニ候へ者、其侭組も御預ケ被遊、⑩江戸御奉公も被仰付可然哉と奉存候、右申上候義、先比ゟも猶又相考罷有候得共、兎角御為ニ不可然悪事出来之上ハ、最早可申上様も無之義と奉存候ニ付申上候、⑪筋奉行替り之義、宜者茂無之哉と奉存候へ者、か様之所ニ指閊候而ハいつ迄も同し義と奉存候、御吟味も被仰付候ハヽ、大躰之ものも可有御座哉、石黒伝右衛門・湯本弥五介勤方、⑫御目付へも相尋書付指出シ申候間、奉入御覧候、右之通申上　御意次第御役料御増被下置候儀、⑬江戸へも申上度奉存候

この史料が作成されたのは、一条目より海老江門平が筋奉行に就任した正徳五年二月二十三日以降、石黒伝右衛門が筋奉行を退任した七月二十日以前である。作成者は郷中の仕置に関して筋奉行へ差し図をする立場にあることや（傍線⑦）、この史料が「木俣留」(42)に収録されていることから、作成者は家老衆だと考えられる。また、筋奉行の増役料に関して、付紙で仰せ出されたことに対して「御尤」との意見を述べている（傍線①②）。したがって宛先は藩主クラスの者である。傍線⑬には「江戸へも申上度奉存候」とあり、この人物は江戸にいない。正徳五年に藩主の直惟は江戸

にいることから、この史料の宛先は隠居した直興だと考えられる。

**筋奉行の「我意」とその弊害**　史料8二条目には、石黒伝右衛門と湯本弥五介の勤ぶりが記されている。近年、筋奉行同士での相談が全くなく、三筋が別々の支配が行われ、郷中支配がうまくいっていないことが指摘されている。その理由として、両人の「我意」が強いことが挙げられている（傍線③）。具体的には、中筋は石黒の、北筋は湯本の了簡に任すほかない点や両人が同役中が存じ寄りの旨を一切請け合わないなどの弊害が生じており、両人が長く筋奉行を勤めていることと「我意」が強いことが原因であると記されている（傍線④）。

では石黒・湯本の「我意」によってどのような弊害が生じていたのであろうか。三条目(a)には、「御為」になるような公事裁きが行われておらず、役人と役人の意地の張り合いによって公事が裁かれるという不埒なことが近年起きていることが指摘され、具体的には松原船の出入と小谷山の公事を家老衆は挙げている（傍線⑤）。

小谷山の公事の詳細は不明であるが(43)、松原船の出入は、母利美和によって争論の経過が明らかになっている(44)。母利の成果に拠って、弊害の様相を検討する。正徳三年には、大津百艘（船持仲間）および他屋（商人荷物を扱う問屋）と彦根藩の松原・米原・長浜の三カ村との間で、船賃値上げに関して争論が起きている。当初この争論に加わっていなかった米原村に対し、松原や船奉行は参加を要請したため、米原村は参加を検討し、筋奉行（中筋）と奉行の双方に願書を提出した。筋奉行は米原村の困窮を警戒し争論に加わらないように指示する一方で、舟奉行は大津百艘との争論が彦根藩にとって有利になるために三カ村（三湊）が一致して争論に参加することを目指した。結果的には米原村は争論に参加することになった。この争論における筋奉行と舟奉行との立場の違いが役人同志の意地の張り合いであり、筋奉行が「御為公事さばき」より意地を優先したことが「我意」だと家老は認識していたのである。

三条目(b)には領民への影響が述べられている。百姓へ手錠をかけたり籠舎を申し付けることが近年多くなっているが、家老衆への届がない点を例としてあげ、家老衆の与り知らぬ所で筋奉行による非道の申し渡しがあり、百姓の訴願にも発展しうる可能性を指摘している（傍線⑧）。家老衆は以上の問題点を指摘した上で、訴願が起きてから急に筋奉行を免じることは難しいので、足軽組を預け置いたまま他の役職へ両人を転任させるべきだとの意見を述べている（傍線⑨）。

**正徳五年の人事異動の持つ意味—「我意」の排除**　家老衆の意見が採用されて、正徳五年七月二十一日に石黒が、七月二十七日に湯本が筋奉行を免じられた。この人事異動は、「我意」の排除という論理で実行され、結果として藩主側近グループが排除された。元禄の機構改編以来の人選面と機構面との矛盾が解消され、合議制によって各筋均質の支配を行いうる筋奉行機構となった。

正徳五年の人事異動について筋奉行の機構面から検討したが、ここでは人事異動の決定過程について検討しておきたい。石黒・湯本の「我意」に関して、正徳五年以前に家老衆は直興へ意見を述べなかったのであろうか。史料8傍線⑥には、遠慮すべきことではないのだが見合わせてしまい直興の耳に達するのに年月がかかったことが述べられ、正徳五年以前には意見を述べていないことが分かる。傍線⑩では、先頃から意見を述べるべきか考えていたが、「御為」にならない事態が起きたため申し上げないわけには行かなくなったことが述べられている。ここからは、直興の隠居を機会に、家老衆が意を決して意見した様がうかがわれる。家老衆は、藩主側近グループの排除を藩主在任中には意見できず、直興隠居を機に新藩主直惟のもとで人事異動を行おうとした。史料8はその人事異動の承認を直興に求めるものであった。石黒・湯本の物頭としての格式に配慮したり（傍線⑨）、両人の代わりに適任者は居ないと思う、と直興の人選に対する配慮をしている（傍線⑪）。このように、家老衆は直興や藩主側近グループへの配慮を見せる一方で、目付の調査報告を見せ、人事異動の根拠を示している（傍線⑫）。この人事異動は、新藩主就任に向けて家老衆が事前に準備を行い、直興の了承を取り付けた上で行われたのである。

正徳元年直興が再び藩主となったことで、藩主側近グループが地方支配の中核を担う体制が作られ、元禄以来の矛盾が増大した。正徳四年の藩主交代を機とした人事異動の結果、合議制によって各筋均質の支配が可能となった。

## 4　彦根藩宝暦改革と筋奉行機構の改編

補任表の宝暦六年（一七五六）に注目してもらいたい。閏十一月二十八日には石黒伝右衛門・渥美与五左衛門・佐成左太右衛門が筋奉行を退役し、十二月十五日には斎藤一之丞・佐成源五兵衛・青山与五右衛門が筋奉行加役に就役している。正徳元年（一七一一）に廃止されていた本役三人加役三人体制が復活した。

**彦根藩の財政改革**　この機構改編は彦根藩の財政改革と関連していた。彦根藩の藩財政は比較的早い時期から悪化していた。元禄四年（一六九一）には家中に上米を命じている[45]。宝永三年（一七〇六）には、勝手向不如意のため諸役人の勤め向きを正し、支出を減少させることを指示している[46]。享保三年（一七一八）には勝手向不如意の旨を幕府に届け出ている[47]。享保十六年には町奉行・筋奉行・元方勘定奉行ら一二名が木俣清左衛門宛に財政再建の意見を上申している[48]。このような財政悪化の状況下において、彦根藩は宝暦期に財政改革に着手した。表2を参照していただきたい[49]。

宝暦五年七月二十五日には直英が藩主に就任し、翌二十六日には木俣守将が御勝手方御倹約頭取を命じられた。藩の財政改革を木俣が担うこととなったのである。注目したいのは、直英の藩主就任と木俣の御勝手方御倹約頭取就任が事前に入念に準備されたものであったという点である。宝暦五年以前の藩主と木俣の動向に着目する。宝暦四年六月十九日には直定が隠居し、直禔が藩主に就任している。七月二十六日には木俣が御勝手方御倹約頭取に就任している。ところが宝暦四年八月二十九日には藩主直禔が死去し、直定が九月四日に再び藩主となった。九月十日には木俣が御勝手方御倹約頭取を辞任している。宝暦五年七月二十五日に直定が隠居し直幸が藩主に就任すると、翌七月二十六日に木俣は御勝手方御倹約頭取に再び任じられる（表2）。

**表2　彦根藩宝暦改革期における藩主・木俣守将・筋奉行の動向**

| 年 | 月日 | 藩主の動向 | 木俣守将の動向 | 筋奉行の動向 |
|---|---|---|---|---|
| 宝暦4 | 6.19 | 直定隠居、直禔藩主就任 | | |
| | 7.26 | | 御勝手方御倹約頭取を命じられる | |
| | 8.29 | 直禔死去 | | |
| | 9.4 | 直定藩主就任（再勤） | | |
| | 9.10 | | 御勝手方御倹約頭取を辞退する | |
| 宝暦5 | 7.25 | 直定隠居、直幸藩主就任 | | |
| | 7.26 | | 御勝手方御倹約頭取を命じられる | |
| | 8.26 | | 彦根への暇を出される | |
| | 9.26 | | 木俣彦根着 | |
| 宝暦6 | 6.23 | 直幸初入部 | | |
| | ⑪.28 | | | 石黒・渥美・佐成が役免 |
| | 12.13 | | | 「郷中条目」「御書写」の発布 |
| | 12.15 | | 御勝手向其外出精ニ付大鷹拝領 | 本役三人加役三人体制の復活 |
| 宝暦7 | 1.− | | | 「郷中条目」「御書写」の配布 |
| | 2.22 | | 御家の式法組み立てを命じられる | |
| | 12.19 | | 御表向并御勝手向御用出精ニ付褒美 | |
| 宝暦8 | 7.6 | | 御勝手方御用向留守中出精ニ付褒美 | |
| | 12.13 | | 御表向并御勝手向御用出精ニ付褒美 | |
| 宝暦9 | 12.15 | | 借銀方埒合ニ付褒美 | |
| 宝暦10 | 2.8 | 直定死去 | | |
| 宝暦11 | 11.14 | | 皆米札積銀騒動により閉門 | |
| | 11.28 | | 閉門御免 | |
| | 11.晦 | | 御勝手向家老中一統惣懸り | |

木俣が御勝手方御倹約頭取に就任している期間は、直定が隠居している期間に合致している。また、直定が再び藩主になり、木俣が御勝手方御倹約頭取を辞任した際の『由緒帳』には「於江戸御勝手方御倹約頭取御断申上候処、御聞届被遊、当分御預り被遊候由被仰出候」[50]とあり、御勝手方御倹約頭取の任務を藩主となった直定が預かっている。整理すると、最初は、隠居直定、藩主直禔、御勝手方御倹約頭取・家老木俣守将の三者による財政改革が構想され、宝暦四年に一旦実施された。しかし、その後藩主交代があったため、宝暦五年に再び、隠居直定、藩主直幸、御勝手方御倹約頭取・家老木俣守将によって財政改革に着手することとなった。つまり、新藩主のもとで隠居直定と御勝手方御倹約頭取の木俣が中心となって行う財政改革が、新藩主就任をきっかけとして立ち上げられたのである。

**筋奉行機構の改編と地方支配**　宝暦の財政改革が実施されると、家中向けには、宝暦六年二月二十一日に直定・直幸両名による書付を出し、三年間の納米が命じられた[51]。その一方で倹約は領民にも求められ、筋奉行の機構にも変化があった。その動きが始まるのは宝暦六年十二月である。宝暦六年十二月に藩主直幸は二つの書付を出した。一つは筋奉行に宛てた書付(a)でもう一つは家老と筋奉行に宛てた書付(b)である[52]。(a)は、表紙に「写　筋奉行江申付候郷中条目」とある八カ条の書付であり、(b)は、表紙に「写　筋奉行へ申付候書付」とある一七カ条の書付である。(a)(b)とも内容は、村方・百姓の費えをなくすことを主眼においた倹約令である。

史料9は、(a)の末尾に記された筋奉行と代官による奥書である。ここから、これらの書付が作成された目的を検討する。

【史料9】

一、郷中御条目写一帳

右各迄指遣シ候間、支配村々江相渡シ、先達而於評定所拝聴申渡候通、村々役人共写仕、向後正月七月農作手透之節、村中之者共不残読聞セ、難有急度相守候様ニ可仕候

一、御書写　壱帳

右各迄指遣シ候間、是又支配之村々へ相渡シ、村々役人共写仕、向後正月七月農作手透之時分、村中之もの共へ不残読聞セ、難有急度相守候様可仕候、（中略）

右全　御憐愍ニ被仰出候儀以有之候得者、聊忘却致間敷候、万一於相背者厳敷可申付候段、念入可申渡候

（宝暦七年）正月　筋奉行所

御代官中

この奥書によると、(a)の書付は「郷中条目」と呼ばれ、(b)の書付は「御書写」と呼ばれている。「郷中条目」と「御書写」は村役人が写を作成し、正月・七月に村中の者へ読み聞かせ、書付の内容を遵守すべきであるとしている[53]。本来は藩主が家老衆や奉行へ意思を伝達するための書付が、藩領内への配布を前提として出された点、この書付が配布されることによって、藩主が出した倹約令が繰り返し村々で読み聞かせられるという体制が確立した点に注目しておきたい。財政改革を領内に浸透させるため、新藩主の権威を活用したと評価できよう。そのため、宝暦の財政改革の実施と藩主交代とが密接な関係を有していたのである。

ではこのような政策が行われたことは、筋奉行機構の改編（本役三人加役三人体制の復活）とどのような関わりがあったのだろうか。表2を参照されたい。「郷中条目」と「御書写」が出された十二月十二日は本役三人体制であり、新たな地方支配政策を藩主から申し付けられたのは三名の筋奉行である。その後十二月十五日には加役三名が就任している[54]。「郷中条目」「御書写」が出されたことを受け、本役三名が加役としての適任者を選び、本役三人加役三人体制でこの政策を遂行するという流れがあった。つまり、新藩主が出した倹約令を実現する機構となったことを端的に示すため、本役三人加役三人体制が復活したのである。

宝暦六年における新たな地方支配政策の実施と筋奉行機構の改編は、宝暦四年に一旦着手され、宝暦五年から再び実行された財政改革のなかで入念に準備されたと考えられる。この財政改革では家中と領民双方へ倹約が求められ、筋奉行は本役三人加役三人体制が復活した。三人の加役人事はこの改革を考える意味で興味深い。「御書付」では、村人足の減少によって村方の費えを減少すべき旨が述べられているが、村人足に関わる普請奉行の斎藤一之丞が筋奉行加役となった。元方勘定奉行である佐成源五兵衛は元方勘定奉行と筋奉行加役を兼帯することとなり、目付であった青山与五左衛門が加役となった。元禄十二年の加役就役者は目付経験者のうちの藩主側近グループであった。これに対し、宝暦六年の加役就役者は、財政関係の役職経験者と目付経験者が含まれている。財政改革を意図した人事だといえよう。新藩主就任とともに実施された財政改革では、①家中への倹約に加えて、藩主権威の活用による領内への倹約の浸透が図られた、②財政改革の意図を反映した加役人事が行わ

れて本役三人加役三人体制が復活した、との二点が重要である。筋奉行の機構改編は、藩政改革のなかで新たな地方支配が展開されたことを象徴しているといえよう。

**宝暦期の機構改編の持つ意味**　宝暦期に本役三人加役三人体制が復活した。この体制は、断絶がみられるものの幕末まで続いていく。元禄から正徳期の本役三人加役三人体制をⅠ期とし、宝暦期以降をⅡ期とすると、Ⅰ期とⅡ期では意味合いは大きく異なった。Ⅰ期では、加役就任者の交代は一例しかないのに対し、Ⅱ期の就任者は比較的短期間で交代している。Ⅰ期では、加役である藩主側近グループが突出した影響力を行使し、後に「我意」とも評されていた。正徳五年には藩主側近グループの排除によって合議制による各筋均質の支配が実現しうる体制が完成した。Ⅱ期の筋奉行は、完成された機構の枠内で人事交代をしていく存在であり、その枠内での職務をこなしていった。宝暦改革は、この機構を前提として行われた改革である。隠居直定と木俣を中心とした改革であるが、藩主側近グループによって支配や統治が左右されるⅠ期とは明確に異なる。

## おわりに

1では近世前期の「筋奉行」を概観し、承応三年（一六五四）に「筋奉行」から勘定奉行が分離して、筋奉行が単独の「職」として成立したことを述べた。2、3では筋奉行の機構改編を検討した。元禄十二年（一六九九）には、合議制によって各筋均質の支配実現を目指す機構へ改編したが、人選面との矛盾をかかえていた。正徳五年（一七一五）の人事異動によって矛盾が解消し、合議制による各筋均質の地方支配を実現しうる機構が完成した。4では宝暦期の財政改革のなかで筋奉行の機構が改編され、地方支配政策の中に筋奉行が位置づけられたことを述べた。

最後に、宝暦以後の筋奉行機構に関して展望を述べておきたい。筋奉行の機構にとって課題であった、合議制による各筋毎に均質的な支配は、正徳五年以降実現されてきた。しかし、宝暦期に問題となったのは、筋毎の支配のばらつきではなかった。藩と藩領全体としていかに財政再建を行うかという点こそが宝暦期の課題であった[55]。筋奉行が抱えた新たな課題は村方の支出削減をいかに実現し、効率のよい地方支配を行うかである。この課題を解決するためには、筋奉行の機構改編では対処できなくなっていった。享和元年（一八〇一）に町人代官が廃止されたことも、地方支配の質的変化を前提にした、彦根藩全体の藩政機構の再編過程として捉えるべきであるとの展望を示しておわりにとしたい。

**【注】**

1　彦根市役所、一九六〇年。

2　『彦根市史』上冊五四一頁。ただし中筋と南筋の境は犬上川ではなく宇曽川である（彦根市立図書館蔵「彦根藩領中筋絵図」、彦根城博物館編『彦根の歴史ガイドブック』図版参照）。

3　『彦根市史』上冊五四四頁。
4　『彦根市史』上冊五四四頁。
5　渡辺恒一「十八世紀後半の彦根藩町人代官制度」（『彦根城博物館研究紀要』八、一九九七）、同「町人代官―彦根藩の代官制度―」（シリーズ近世の身分的周縁五『支配をささえる人々』吉川弘文館、二〇〇〇年）。
6　史料編に筋奉行のマニュアルである「筋方用務留」を掲載しているので参照されたい。
7　近世後期の地方支配に関しては、本書所収の渡辺論文を参照されたい。
8　「侍中由緒帳」の寛政十二年以前の記事には筋奉行が管轄する筋の記述がない。したがって、寛政十二年以前の補任表には管轄は記載していないが、これ以前にも管轄はあった。表1は、寛政十二年以前の管轄を補う目的で作成した。筋奉行が発給する免定には筋奉行全員が署名するが、署名順に一定の法則がある。免定が出された村が所属する筋の筋奉行が先頭から署名している。例えば、北筋の免定で六名の筋奉行が署名していると、先頭の二名が北筋の管轄である。
9　脇五右衛門について、「関ヶ原御陣ハ物頭ニ而御供仕候、後御筋奉行被仰付相勤申候」（『彦根城博物館叢書　侍中由緒帳』2、二九四頁）とある。以下『由緒帳』と略記する。
10　彦根市稲里町「山田家文書」三八。
11　以下の記述は、『新修彦根市史』第六巻史料編近世一の二一号文書から三六号文書に拠った。以下、『新修彦根市史』第六巻、二一号と表記する。
12　「井伊年譜」（井伊家伝来典籍E21）には、寛文十一年十一月十三日に管轄が三筋に分かれたとの記述があり、後に紹介する元禄十二年九月一日付けの家老衆の書状（史料3）では「三筋ニ割候品も近年之義」とある。しかし、本文で述べたように、寛永年間にはすでに三筋に分かれていたと考えておきたい。
13　改訂『近江国坂田郡誌』第二巻（名著出版、一九七一年）など。
14　「久昌公御書写」（東京大学法学部法制史資料室蔵）。以下「久昌公」と略記する。このうち、『新修彦根市史』第六巻に掲載されている史料は該当する文書番号を記した。また、未掲載の史料については、『久昌公御書写―井伊直孝書下留―』（彦根市教育委員会、二〇〇三年）の掲載番号を記した。『新修彦根市史』第六巻、三〇六号。
15　「木俣留」（『新修彦根市史』第六巻、三〇七号）。
16　「久昌公」（『新修彦根市史』第六巻、三〇五号）。
17　「久昌公」（『久昌公』四三号）。
18　「御法度并風俗ニ付御示留帳」（『新修彦根市史』第六巻、三八三号）。
19　「久昌公」正保三年七月十八日付（『久昌公』六一号）。
20　「久昌公」寛永二十一年十月五日（『久昌公』四五号）。
21　『久昌公』（一〇四号）所収の慶安元年十月十三日付井伊直孝書付においても、「万事之儀六人之筋衆相談を以相調」とあり、六人体制が実施されていたことが確認できる。
22　「久昌公」（『新修彦根市史』第六巻、三一〇号）。
23　藤井讓治「幕藩制官僚論」（講座『日本歴史』近世1、東京大学出版会、一九八五年）、のち同『幕藩領主の権力構造』岩波書店、二〇〇二年に再録。同『江戸時代の官僚制』（青木書店、一九九九年）。
24　同時に勘定奉行も「職」として成立した。勘定奉行の解題を参照のこと。
25　「木俣留」（『新修彦根市史』第六巻、三三一号）。
26　正徳期の変化は3で述べる。
27　「仏生寺町自治会文書」一。
28　「木俣留」（中村達夫氏所蔵「木俣文書」三一七―三一）。
29　落合勘左衛門は近習役である（『由緒帳』七二）。
30　貞享二年（一六八五）二月、「覚」（高柳眞三・石井良助編）『御触書寛保集成』（岩波書店、一九三四年）。
31　戸田忠昌は、元禄十二年五月の月番老中であった（『柳営日次記』）。
32　「三浦記録」（『新修彦根市史』第六巻、三二八号）。

33　「三浦記録」(『新修彦根市史』第六巻、三三五号)。
34　「三浦記録」(『新修彦根市史』第六巻、三二七号)。
35　目付役の解題参照のこと。
36　町奉行の解題参照のこと。町方・寺社方兼帯に関する直興の御書写は『新修彦根市史』第六巻、三三五号、勤め方の指示は同三三六号に掲載されている。
37　巡検や検見について、目付と筋奉行の連携が元禄十二年に強化された点にも注意しておきたい(本書所収母利論文参照)。
38　宝永から正徳へ改元されたのは四月二十五日(宝永八年＝正徳元年)である。
39　『由緒帳』4。
40　井伊直興は、元禄十四年三月に隠居後、同年十二月、直治と改名。宝永七年十一月藩主再立後、正徳元年九月二十一日に直該と改名した。ただし、本論の記述にあたっては、煩瑣となるため、どの時代も直興で表記を統一した。
41　「木俣留」(『新修彦根市史』第六巻、三三七号)。三条目は便宜上(a)(b)(c)に分けた。
42　家老木俣家が編纂した記録。『新修彦根市史』第六巻二七頁の解説参照のこと。
43　東浅井郡にあり、管轄は北筋である。
44　母利美和「彦根三湊・大津百艘船舟積争論の展開と彦根藩(一)」(『彦根城博物館研究紀要』一一、二〇〇〇年)。
45　『新修彦根市史』第六巻四九三号。元禄期の財政再建と「侍中由緒帳」編纂との関連は本書所収母利論文参照。
46　『新修彦根市史』第六巻、四九八号。
47　『新修彦根市史』第六巻、五〇一号。
48　『新修彦根市史』第六巻、五〇三号。
49　『由緒帳』1による家老木俣守将の動向を中心にして、藩主・筋奉行の動向を比較するために作成した。
50　『由緒帳』1。
51　『新修彦根市史』第六巻、五〇八号。
52　二つの書付は彦根藩領の村文書の中にしばしばみられ、自治体史や史料集に収録されているものもいくつかある。ここでは「簗瀬文書」(『五個荘町史』第三巻(史料Ⅰ)、一九九二年)を用いる。
53　(a)(b)双方の書付ともに読み聞かせを前提としていたことは、ルビが付されている言葉がある点からもうかがえる。
54　閏十一月二十八日に筋奉行三名が同時に退任したのは、十二月の加役就任を前提としていた。
55　このように地方支配における課題が変化し、それに対応した地方支配機構が再編成される過程について、筆者は越後長岡藩において検討したことがある(拙稿「近世中後期における地方支配の変容―越後長岡藩の割元を中心に―」(『日本史研究』四七五、二〇〇二年)。そこでは、宝暦期に「藩と家中レベルの財政再建策から地方レベルをも含む財政再建策へと」藩政が転換したことを述べた。彦根藩の機構改革においても、長岡藩と同様の動向であったと考えている。この点は後日を期したい。

# 彦根藩目付役の形成過程

母利美和

## はじめに

彦根藩の目付役を考察する上で、まず象徴的な一文を紹介しよう。寛延二年（一七四九）三月二十八日、彦根藩士前嶋弥次右衛門（当完、三〇〇石）が側役を通じて、藩主井伊直定と世子井伊直禔に対し死をもって諫言しようとした、治国の枢要を述べた「死諫書」[1]の一箇条である。

一、国を治るの要者賢才を用ふる一事ニ御座候由、賢才を被遊御撰、御役人ニ被仰付候様ニ仕度奉願候、御撰被遊様者、唯今之通御役人中ニ限り不申、諸人之耳目を以て被遊御撰候ハヽ、賢否邪正之相違も御座有間敷候半かと奉存候、就中、御目付役者御法度之出る所に而御座候へ者、乍恐　殿様ニも御遠慮ニ被思召、御家老衆尤可為其通御役義と奉存候、忠義之者御座候而、御為と奉存候而御意ニ背候をも不顧申上、古今事実も能覚、心寛仁成者を可被遊御撰義と奉存候、唯今御目付役ニ者人々隔心仕候得者、御政道之善悪、人之賢否邪正も広者承不申候、万事相違も可有御座候与奉存候、瑣細成事のミ殊外繁多ニ相成候、御役儀之本意を取失ひ申候、惣而御役替度々被仰付候故、何れ茂御役儀之筋をのミ込不申、大方得心も可仕者御役替仕候間、御役筋ニ専心を用申者無御座、唯成合ニ落度無御座様ニ相勤候と相見へ申候、広く諸人之耳目を以て人才を御撰被遊候、御役儀被仰付、二・三十年乃至一生涯も相勤候様ニ仕度奉願候、其器量御座候と被思召、三・四百石以下之小身者御大役被仰付候ハヽ、御役料被下置、御加増不被下置候様ニと奉存候、貧窮之節小身者御大役相務、殊之外及難義、子共有之者、武芸稽古も弥怠り候様ニ相成申候事、

大意は、以下の通りである。①国を治めるのに重要なことは人材を撰ぶことで、当役の役人中だけでなく、広く藩内から人材を撰ぶこと。②とりわけ、目付役は「法度」を触れ出すところであるから、藩主も遠慮され、家老も同じであるから、藩主のため、「御意」に背いてでも意見

を申し上げるような、故実を知り、寛仁の心を持つ人物を撰ぶこと。③今の目付役は、役人中に隔心が見られ、政道の善悪や人の賢否正邪も弁えず、万事に間違いもあり、些細なこと（問題）でも繁多になり、役儀の本意を取り失っている。④その理由は、度々役替えがあるので、役儀の趣意を理解しておらず、「成合」に落ち度なく勤めているからである。⑤広く藩内から人物を選び、役儀を命じたなら二・三十年か、生涯勤めるように願いたい。⑥器量を見込んで、三・四百石以下の者に命じる際は、大役であるから役料を支給されたい。

前嶋の主張した、あるべき目付役像は、②の傍線部分のとおり、藩主のためであれば「御意」に背いてでも意見を申し上げ、豊富な知識と、寛大で情け深い心の持ち主であった。しかし、当時は、頻繁な人員交替により目付役が十分機能していないのが現状であった。このほか前嶋は「死諫書」のなかで、「筋御役人（筋奉行）」「御勘定役（勘定奉行）」の重要性も説いているが、目付役を第一に述べている点も注目される。

幕藩体制下の目付は、軍奉行・軍目付の系譜に連なり、幕府においては元和二（一六一六）・三年頃に成立し、大名・旗本以下を監察する大目付・目付、その配下に歩目付・小人目付を置き、直轄地への定期的な派遣、大名領国への臨時の派遣などがおこなわれ、大目付は老中、目付は若年寄に属すこと、また目付は、殿中礼法の指揮・将軍供奉列の監督・評定所出座・消防の監視・幕府諸施設の巡察・諸普請のできばえ見分・万石以下急養子の判元見届・法令伝達・諸局からの願書・伺書・建議書などの評議などを任務としたことが明らかにされ[2]、諸藩においても官僚制整備の中で、目付が果たした役割が指摘されているが[3]、彦根藩の目付役は従来指摘された目付像とは異なる側面を持っている。

本稿では、彦根藩における目付役の形成過程について、①江戸前期の目付役成立過程とその職務範囲、歩目付との関係、②元禄四年（一六九一）の「侍中由緒帳」の成立による目付役の職務の変化、③江戸中期以降の目付役の具体的職務内容について検討し、この前嶋の「死諫書」で述べられるような目付役像が、どのような過程を経て形成されたのか、また彦根藩の官僚制成立過程の中で、目付役がいかなる位置を占めるようになったか、その特質をあきらかにすることが課題である。

## 1　目付役の成立

### （1）藩政初期の目付役

**大坂陣後の目付役**　彦根藩における目付役補任に関する最も早い記事は、「侍中由緒帳」[4]（以下、「由緒帳」と略記する。）によれば、慶長十七年（一六一二）の中島平太の事例である。彼は、井伊直孝が将軍徳川秀忠付として大番頭を命じられ、上野国白井の領主であった時代に召し抱えられ、直孝が伏見在番を命じられ江戸を出立する前、目付役に命じられたと伝える。これに続くものでは、八田金十郎が大坂陣後、元和元年（一六一五）に知行三〇〇石拝領の上、目付役に命じられた事例である。年代は明らかでないが、大嶋弥五左衛門も「大坂御帰陣之以後」に知行二〇〇石拝領の上で命じられ、井伊直孝が十五才の時から仕えた中村太郎右衛門や、黒沢忠右衛門らも元和以降に目付役を命じられている。また、松居善太夫は「貞享異譜」[5]では元和六年とする。

これら江戸初期の目付役については、後代の元禄四年（一六九一）に編纂された「由緒帳」の記事によるしかなく、就任年次については確実とは言えない。しかし、中島平太の事例はともかく、元和元年頃に目付役が増員されたことは、幕府における目付役設置の時期と前後していることから、彦根藩においても幕府にならった可能性がある。もう一つの可能性としては、大坂陣を境に新たに藩主となった井伊直孝が彦根藩の家臣団にどう受け入れられるか、さらには、慶長二十年・元和三年・寛永十年（一六三三）の三度にわたる五万石ずつの加増による家臣団の増強により、新たに召し抱えられた家臣をどう監察していくかという、新たな体制に対応した施策とも考えられる。

後者の場合、初期に目付役に就任した家臣の中で、中島平太・大嶋弥衛門・中村太郎右衛門・磯貝長左衛門らが井伊直孝の直臣であったことや、八田金十郎は井伊直政以来の家臣であったが、大坂陣において敵将木村重成の首をとり、直孝から「軍功之賞与御意」があり、陣後一〇〇石から一挙に三〇〇石に加増された、平士の中では最大の功績者であったことなど、直孝の信頼を得た家臣ばかりであったことも見逃せない。

**寛永期の目付役**　成立当初の目付役の職務内容を伺う史料は、管見の限り確認できないが、寛永十九年（一六四二）に江戸にいた藩主井伊直孝から、木俣以下の国許年寄（家老）らに宛てた七箇条の書付[6]により、寛永期にいたる目付役の状況を窺うことができる。

まず第一条では、当時目付役の人員は磯貝長左衛門・黒沢忠右衛門の二人のみであり、松居善太夫・中村小十郎、二人の増員を申し付ける。

第二条では、目付役の役割は、「家中上下善悪之儀」を監察・確認し、その時々に「大帳」に書付、「月付・日付」を確かに付け、直孝にその品々を書留めて見せることで、急ぎの事件は「年寄中へ」必ず申し伝えるとする。またこれは兼ねて目付役に申し付けていた事であるとする。

第三条では、「在々之儀」、つまり郷中で「悪儀」を聞いた場合、目付役が「せんさく《（穿鑿）》」するのは無用にし、「承及候通」を書付て置くように申付けている。これは、以前に目付役が関与したため「沙汰之限り」の事態になったためであるとする。ただし、これも急ぎの事件は、「年寄中へ」必ず申し伝えるとする。

第四条では、「家中の子とも」の行動について、「法度をも背き、在々又ハ他国へあるき不調法」なことを起こした場合、藩主直孝への報告を待たずに「年寄中」へ伝え、仕置きをおこなうこととする。

第五条は、家中の善悪の判断について、さしあたり家老へ伝え判断をさせるが、解決が出来ない場合、どの家老へ伝えたかを記録しておくようにとする。

第六条は、「家中の子とも・老若とも」が「若衆くるい《（狂い）》」のために「家中のそうとう《（騒動）》」を起こした場合、確認をして証拠を取り、留書を作成して直孝に見せるようにし、また、急ぎの事件は、「年寄中へ」必ず申し伝えるとする。

第七条は、一年に一度程度目付役を江戸へ呼び寄せ、国元の様子を聞くので、そのつもりで心懸けて覚書を作成し、呼び次第に持参すること。

これらの箇条から、①目付役の人員は、寛永十九年頃には二人から四人に増員となり、家老の配下にあって家中の監察を行う役職であり、②その監察の情報は、「大帳」「覚書」に記録し、藩主へ定期的に、また要請に応じて見せ、その情報には、支配を受ける家老の判断力をも問うものも記録し、③監察の範囲は「家中」が中心であり、「在々之儀」についての穿鑿については、制限を加えられていたと推定される。

**家中の監察**　とくに目付役が家中の監察に意を払うべきことは、寛永二十一年（一六四四）十二月十九日付、大坂陣で功績をあげた足軽の中から何人かを知行取りに引き上げた際、論功評価について不吟味があったとして「申廻し候もの」、つまり不平を言う者があることに対して、井伊直孝が目付役の監察不届を指摘した書付によっても確認される。(7)

これによれば、「目付年来申付置候義ハ、加様成不届もの承付申聞遣候処第一ニ而候ニ、目付之者左様之所も不申聞候義、大罪人と存候」や、「いかニ候而も、召仕候ものニあなつられ、生涯不入儀と口惜く存候間、気短成儀申越候、とかく目付之者不届者と存候」と目付役の監察不届を指摘し、足軽たちの言動を、「直孝生涯之内、口惜義と存候」とまで言わしめており、また目付役の者は、「分別工夫思案」をすることは必要なく、何事も「申聞せ候役人」（申し伝えるの意味か）、つまり情報収集に専念する役人であるとまで言い切っている。同年十一月二十五日には松居善太夫が「役者」任命に際して免役となっており、(8)この足軽一件による可能性も考えられる。

### （2）慶安二年の増員

**目付役の増強**　その後、正保三年（一六四六）に中村小十郎が江戸出府に際して免役となり、さらに慶安二年（一六四九）二月四日には、黒沢忠右衛門が落馬養生のため役儀を免じられ、目付役の当役が磯貝一人となった。この際、岡本半右衛門・佐成源五兵衛・木田余四郎兵衛・鵜山久介・大嶋左五兵衛・五十嵐半右衛門・佐藤孫右衛門次ら、一挙に七人を目付役に加えるよう書付により命じている。(9)寛永期の四人と比較すれば倍増となり、目付役の強化がおこなわれたと考えられる。

この書付には、「八人之目付之者ニ、知行取衆をも初、直奉公人之分下々迄、町中・在々迄之何事ニおいても、悪敷取沙汰候ハヽ、慥ニ承届不申共、中間として申合、年寄中へ参り昼夜ニ不限、承付次第ニおんミつニて申聞セ候様ニ可仕旨、急度可被申付候事」とあり、「知行取衆」や「直奉公人」など下々の者と合わせて、「町中・在々迄」の何事ニおいても悪敷取沙汰があれば、確認できなくとも仲間（同役）と申し合せて、昼夜に限らす年寄中へ参じて、隠密に申し伝えるよう記されていることに留意したい。それは、寛永期には、直孝は目付役の役儀は家中監察に重きを置き、「在々之儀」は聞き及んだことを報告するのみと限定していたからである。

この時期におよんで、なぜ目付役を増員し、その監察範囲を「在々」にまで拡げるよう指示したのか。この史料からは確認できないが、ちょうどこの日、京都所司代板倉重宗が、大坂陣後に逃亡していた大野宗室の探索を指令し、彦根藩領内に潜んでいるとの情報により穿鑿が行われており、そのための強化策であったことも考えられる。ただし、直孝は、一カ月後の三月七日になって、大野穿鑿強化の指示を国元に出しており、(10)二月の時点では、大野探索のことに全く触れておらず、増員は別の要因があった可能性もある。

しかし、慶安二年の大野宗室一件以後、在江戸の藩主井伊直孝は、家中だけでなく領内監察という点で、目付役の役割について大きな関心を寄せていたことは間違いない。たとえば、同年六月五日には、直孝の信頼する年寄木俣守安が病気養生するため、直孝は国許の治安のため、「家中仕置法度」の遵守などを命じた際、その二箇条目には「一、城下町中・在々所々仕置法度、右同前急度可被申付候、去頃之大野宗室儀万々心得被成儀ニ候間、左様ニ心得可被申候事」として、町中・在々法度の遵守を指示するとともに、大野宗室一件を引き合いに出し、他の年寄らへ配慮を命じた。また、三箇条目には「筋奉行其外万役人、又ハ目付役之者共迄吟味せんさく、町中・在々之儀迄油断なく申付候様ニ可被致候」と、目付役に対しても、吟味・穿鑿に加わるよう命じたことからも裏付けられる。(11)

### (3) 証人としての目付役

**闕所の立ち会い**　慶安二年（一六四九）十月二十八日、井伊直孝は家臣の豊田九郎右衛門の闕所に際して、次のような書付を国許家老らに送り指示をした。(12)

【史料1】

覚

一、豊田九郎右衛門子共并下人・むこなとの書付被越見分候、右之申付様ハ先書ニ申遣候、今以其分ニ可被申付候事、

一、同人平田持地之書付被越見分候、右之田畑之儀ハ、定而ケ様之跡々例も可在之候間、筋相談申付候様ニ可被致候、右之田畑改之儀、目付之者改書付ニ判仕越候、か様之儀大成相違ニ而候、筋奉行衆相改、其証人ニたれそ小給之衆壱両人も申付可越ニ候処ニ、目付之者不入処之指出、兼日不申付儀迄仕候段、沙汰之限成義ニ而候事、

一、同人平田ヤ敷并欠所帳被指越見分候、是も平田屋(敷脱カ)改之儀ハ筋奉行申付、其上証人被成候様ニ目付之内弐人斗くハヘ可被申付儀ニ而候処ニ、目付之者斗ニ而相改候義大成相違ニて候、并闕所も目付之外成慥成小給之衆三人成共四人成とも申付、其上年寄中ゟ壱人ツヽ慥成ものを被申付相済欠所申付、其上之目付ニ目付之者の内ゟ弐人斗も見物之様ニ可被致所に、目付之者斗ニ而仕儀、直孝心ニ相不申候事、

（以下三箇条略）

豊田九郎右衛門の履歴は不明であるが、「井伊年譜」(13)によれば、この年「十月、豊田九郎右衛門自滅、平田村屋敷持地等闕所、彦根屋敷ハ安養寺町」と記される事件により、自殺したことが伝えられる。この闕所の際、井伊直孝は、第二・三条目に見るように、同人が所持していた田畑と家屋敷の取り扱いについて、目付役の対応に不備があったことを指摘している。

第二条では、豊田が「平田」(14)に所持していた田畑の改めに際して、目付役が改めて書付に判をしたことは「大成相違」であり、筋奉行が改め、その「証人」として他の「小給之衆」一人から二人が添えられるべきであるのに、目付役がいらざる「指出」をおこない、兼ねて申しつけていないことまで行ったことは、言語道断であるとする。

第三条では、豊田が「平田」に所持していた屋敷改めに際して、本来

は筋奉行が改め、その「証人」として「目付之内弐人斗」を加え申しつけるべきであるが、目付役の者だけで改めたのは「大成相違」であるとした。また闕所の扱いについても、目付役のほかに「小給之衆」三人から四人を添え、その上、「年寄中」から一人を命じて闕所を申し付け、その闕所申しつけの「目付」として目付役の者の中から二人ほどを「見物」のように加えるべきであるが、目付役ばかりで改めたのは、「直孝心に相不申」と指摘した。

ここで直孝が目付役に求めた役割は、目付役が闕所田畑や屋敷を改めるのではなく、あくまで筋奉行や年寄が改める際に、「証人」として立ち会うことであった。このような目付役の証人としての役割は、近世初期にはあまり事例は見られないが、承応三年（一六五四）と推定される井伊直孝から国許家老に宛てた書付においても、明屋敷の間数改めの際、普請奉行から提出する書付に目付役が「証人判」をして指し越すよう命じたものが確認される(15)。また寛文元年（一六六一）六月に、井伊直澄が「御年寄衆・御親類衆・中老衆」たちに誓詞血判を小姓を通じて命じた際、用人犬塚求之介らとともに「御目付衆」が立ち会っており(16)、これも誓詞の「証人」としての役割を果たしていたものと考えられる。

**拷問所での尋問**　また、正保三年（一六四六）十一月には、領内の東沼波村（彦根市東沼波町）で、代官車戸五郎左衛門が不正に竹を伐採した件について、関係していたと思われる百姓に対する詮議がおこなわれた。その際、江戸にいた直孝は国許家老・筋奉行に「一、定而只今迄も左様に可有之候、拷問之所へハ目付之者出し可尋ケ条を渡し、目付之者尋候様可被致候事」と指示をした(17)。

これによれば、百姓たちの詮議にあたっては拷問を指示しており、その拷問所へは、従来からの通り、「目付之者」が出会い尋問をするよう命じられている。これも、筋奉行の詮議について目付役が立ち会う、一種の「証人」としての役割をはたしていたと考えられる事例である。

以上のように、近世初期の目付役は、元和年間には成立し、当初は四人程度の人員で家中監察を主な任務としたが、慶安二年頃から大野宗室事件やキリシタン統制の強化にともない八人体制となり、郷中監察にも目を配るよう強化され、また一方で家老・筋奉行・普請奉行などの役義執行にあたり、「証人」としての役割をはたすようになったと考えられる。

## （4）目付役と「歩目付」

**「歩目付」の新設**　彦根藩の目付役は、さらに井伊直澄の時代に大きな変化を見せることになる。万治二年（一六五九）七月、井伊家の家督を嗣いだ井伊直澄は、万治三年六月十五日に、国許に初入部、約一年間彦根に滞在したが、寛文元年（一六六一）七月の江戸出府を前にした六月五日、目付役増員を命じた(18)。

当時の目付は六人であり、新たに八人の目付が増員された。それは、家中武士や陪臣の「かふきもの、或無作法者」についての対策が目的であったことが確認される。具体的には、彼らが「城下町・在々」「城下町近辺」「領内在々山中」において、「不依何事見物猥ニ罷出」・「兼日法度」の「鷹持」・「犬抔飼置」・「野山殺生」・「在々へ罷越竹木作等荒し」・「城下在々共ニ川堀廻なとニてうを《魚》」取ること、などの無作法に対する監察強化であった。

ここで留意したいのは、増員された八人の身分である。江戸時代前期の彦根藩士の分限については、確実な資料が残されていないため、全員の履歴を確認することはできないが、八人の内、石原西右衛門については、石原家の三代目が元禄四年に提出した由緒書によれば、三代目の父西右衛門は、万治二年、井伊直澄の世代に歩行として召し出され、のちに高十五石三人扶持に加増された際、「御歩行御目付役」を命じられ、「近江御領分郷中廻り」を数年務め、寛文十年に大工奉行に役替えとなったと書き伝えられている。したがって増員された八人は、当時歩行身分であった可能性が高い。

寛文三年には「目付并歩目付」として「目付」と「歩目付」が併記される事例も見られ(19)、従来の目付役とは異なる役職として「歩目付」が設けられたことが確認される。この「歩」は、「あるき」または「歩行」の略とも解釈されるが、ここでは石原西右衛門の事例ように、身分指標としての「歩行」と理解しておきたい。

また、寛文五年には、正月廿三日の日付で、「御城下并御領内在々目付之儀」を「御歩衆并伊賀衆」に命じられたことについて、「五ケ条之御書付」が出されたことが確認される(20)。この史料は、キリシタン改めのため、木俣源閑（清左衛門家二代目、当時隠居）から家老（年寄）木俣清左衛門（三代目）に宛てた指示書である。寛文五年に城下・領内在々の目付として歩行・伊賀衆がはじめて任命されたとも解釈できるが、むしろ寛文元年の目付役増員と考え合わせれば、すでに「目付役」に加えられていた歩行や、伊賀衆たちが、キリシタン改め強化のため領内の「目付（領内監察）」に動員されたとも理解できる。伊賀衆の事例では、保々十兵衛と岩崎長左衛門の二人が、延宝六年（一六七八）に「郷中御目付役」「郷御目付役」を命じられており、寛文五年の段階では、まだ「目付役」に任命されていない。しかも、当時の伊賀衆は歩行身分ではなかったため、「歩目付」とは区別して考える必要がある(21)。

**「歩目付」の役割**　「歩目付」は「あるき候目付」や「在々見廻候歩目付」などと表記されることがある。この表記は彼らの任務を端的に表しているが、次の二つの史料により具体的な任務を知ることができる。

【史料2】(22)

歩目付へ可申渡覚

一、三の丸之塀并惣構ニ而網うち魚釣候儀、昼夜共ニ可相改事、
一、堀へちり・あくた・つふて打入候儀、可相改事、
一、土居へ人のほせ申間敷事、
一、惣構竹きり候義并竹之子抜キ候もの、急度可相改事、
一、三の丸之内ニ罷在候侍衆屋敷〳〵之前、掃除急度可申付事、
一、諸侍屋敷之内ニ而弓鉄炮ニ而鳥打候儀、急度可相改事、
一、法度之堀へ舟入候ハヽ、可相改事、但、植田長左衛門切手ヲ持候舟ハくるしからす候事、
一、城中町中諸人犬飼候儀、兼而ゟ停止ニ候、弥飼候もの候ハヽ、犬を打セ可申事、
一、堀ニ而魚とり、屋敷〳〵ニ而弓鉄炮ニ而鳥打候もの訴人於有之ハ、褒美可遣事、
一、下々侍・中間・小者御法度之旨ニ背、不似合衣装并中間・小者刀

脇指之拵・さめさや金銀之似セ鍔并下ケ緒・巾着之くゝり迄、はへり・袖つぎ・上帯・下帯、其外何ニ而も着し、布木綿可仕候段法度書出し候、此上少成共きぬ気之類、さかやき大ニそりさげ、下ひげ目ニかゝり、惣而かぶきもの堅相改、年寄衆へ可申事、

右之横目
浅村九郎右衛門
馬場吉兵衛
青木甚右衛門
大岡甚兵衛
安藤喜左衛門
福富五左衛門

右、昼夜無油断見廻り急度可申付候、

沢村角右衛門
増田治右衛門

【史料3[23]】

一、在々見廻候歩目付、兼日申付候通郷中見廻万承届、家中若者共野山へ参、不作法或殺生・川狩・竹木あらし候様成者有之哉見届、家老中へ為申聞候様ニ可仕候、并鷹場法度之所ニ而縦猟師多共、田網・高網わな指候儀仕ましく由申付候間、右之段目付之者共可被申付事、

申三月廿五日　御書之内
延宝八年

史料2は、沢村角右衛門・増田治右衛門から歩目付へ申し渡された十箇条の職務規定である。年未詳の史料であるが、城下における家中諸士や町中諸人の行動・風俗統制であり、最後の箇条に見られるように、「かぶきもの」に対する監察を指示していることから、前節で述べた、八人の目付が増員された寛文元年（一六六一）前後のものと推測される[24]。歩目付たちの「横目」として付けられた六人の内、「由緒帳」では、青木甚右衛門は当時歩行、安藤喜左衛門は二百石取と伝えている。

史料3は、家中若者たちの山野における行動を監察するため、郷中の見廻りを命じたものである。

これらから、歩目付の主要な任務は、城下町中に加え、領内を廻り家中の行動を監察することであり、その任命の背景には、「かふきもの」など、城下・領内の山野において不法な行為を働く家中諸士が目立っていたことが窺える。領内の「在々」での監察については、慶安二年頃から大野宗室の捕縛事件やキリシタン統制の強化にともない、目付役を八人体制に増強し、郷中監察にも目を配るよう指示されていたが、寛文期に至り、郷中監察のさらなる強化のため、新たに歩行身分のものから「歩目付」を任命したものと考えられる。史料3の末尾に「右之段目付之者共可被申付事」とあり、「右之段」つまり「歩目付」が郷中監察をおこなうことを、目付から申し付けるようにと解釈できるが、これによって目付役の郷中監察の任務が、すべて「歩目付」に移ったのかは判然としない。ただし、天和四年二月十一日に新設された「内目付」により、後述するように、「歩目付」の職務は「内目付」に取って代わられ、「歩目付」の用例は史料上あらわれなくなる。

## 2 「侍中由緒帳」の成立と目付役

### (1)「侍中由緒帳」編纂の背景

**井伊直興の改革意識**　寛永期頃の目付役は、前述したとおり、家中の監察を行なった情報を「大帳」「覚書」に記録し、藩主へ定期的また要請に応じて見せていた。その記録には、諸役人が支配を受ける家老の判断力を問うものも含まれており、いわば全藩士にわたる行動監察記録の性格をおびていた。その後、目付役の記録がどのように作成されたかは確認できないが、元禄四年（一六九一）には、「由緒帳」が編纂されたことにより、あらたな家中監察体制へ変化を遂げることになる。

「由緒帳」は、各藩士が初代にさかのぼって由緒・履歴を目付方に提出して編纂された履歴記録であり、元禄四年五月に家老を通じて藩主井伊直興に上呈された。この編纂がどのような経緯で、何時命じられたかは現在のところ具体的に確認できないが、歩行以上の各藩士（医者も含む）から提出された由緒書の日付から推測すると、最も早いものが歩行身分の大菅・榎並家などの元禄四年正月十一日付[25]であり、少なくともこれ以前に発令されたものと考えられる。藩主井伊直興は、貞享五年（一六八八）十一月四日に日光東照宮の修復普請惣奉行を幕府から命じられ、元禄二年二月から同三年七月にかけて普請を手がけ、同年七月九日に江戸へ帰府、同年九月十一日に暇をもらい、同年十月二日、二年ぶりに彦根へ入部し、元禄四年七月朔日に参勤のため彦根を出立するまで在国していることから、「由緒帳」の編纂は、おそらく直興の入部間もない時期に発令されたものと推定される。

まず、編纂意図を窺う史料として、「由緒帳」作成が指示される以前、元禄三年二月廿一日に、井伊直興が家老・用人らに宛てた次の書付[26]を検討してみよう。

【史料4】

覚

一、諸役人之勤、近年ハ又々物毎猥ニ罷成候様ニ相聞へ、沙汰之限ニ存候、面々私欲虚妄之様子ハ指而無之候へ共、役儀之心懸うすく、損益之考も大まかニ而身はれ、一篇に勘定之前を済候へハ能与存、我等近習之召仕、其外頭立候ものにたより、軽薄追従斗を元ニいたし、役儀之道我等ためを存事ハ次ニ罷成候様ニ相聞へ候、左候得ハ面々役儀麁末ニ心懸うすき事ハ、役人之大成科の第一、私欲虚妄も同前と存候、件之通故、近年ハ諸役人之手前大分之物入与存候間、殊賄方なとハ世帯之元ニ而候、当年日光御用仕廻罷帰候ハヽ、諸役人共かたはしに遂吟味、不届之者之分急度仕置ニ申付、諸役人之見せしめニ可致候、先非を悔、此上覚悟をも改候ものハ格別と存候、諸奉行下役人の手前めん〳〵支配ゟさつとを入、穿鑿随分勘略元ニいたし、損益を考、我等勝手をも取直し候様ニ随分心かけ、一情出し相勤候様ニ可仕候、件之通目付衆・賄衆・納戸衆・普請奉行・大工奉行を始、諸奉行・諸役人之者共ニ急度可被申付候、以上、

元禄三年午二月廿一日

西郷藤左衛門殿

犬塚求之介殿
吉用隼丞殿

これによれば、当時の諸役人の勤めぶりが、「私欲虚妄」の様子はないが「役儀之心懸うすく、損益之考も大まか」であること、勘定が済めば良いと考え、近習や頭分の者に追従し、「役儀之道」について「我等（直興）ためを存事ハ次ニ」なっていると指摘し、「私欲虚妄も同前」であると痛烈に批判していることがわかる。さらに、「日光御用」が終われば、「諸役人共かたはし《（片端）》に遂吟味、不届之者之分急度仕置ニ申付、諸役人之見せしめニ可致候」とまで言わしめ、厳しい処分を断行すると宣言したのである。

**藩財政の窮乏**　この書付が出されたのは、井伊直興が日光修復普請の見分のため、江戸を発足した当日である。直興は、厳しい藩財政の現状を認識するとともに、藩内役人の怠慢がその原因であるとの判断により、強い改革意識をもって、日光普請が終われば直ちに吟味をおこない、厳しい処分で臨む意思を表明したのであろう。

この結果、直興は普請終了後、元禄三年十月に入部すると、家中へ倹約を命じ[27]、十月二十九日には、大嶋弥右衛門・礒嶋又介・堀半左衛門・本庄彦七ら四人を改易した[28]。この四人の改易理由については不明であるが、さきの直興の意思表明と考え合わせれば、「諸役人之見せしめ」として処分された可能性もある。このような経過から推測すると、「由緒帳」の編纂は、藩財政改革のため、諸藩士の役儀に対する意識改革をはかる狙いがあったのではないだろうか。直興が、翌年七月の参勤を前にした六月二十八日には、家老・用人中に対して、家中諸役人・諸奉行へ役向きの心得方や勤方を指示しており[29]、「侍中由緒帳」の編纂も、これら一連の改革の中に位置づけられよう。

元禄四年九月には、さらに藩財政改革のため「吟味役」を設け、諸役所の財政支出に対する監察を強化し[30]、翌五年一月には、江戸藩邸においても「江戸吟味役」を設け[31]、徹底した財政再建対策を実施した。そして元禄六年四月には、家中知行取りから切米四十俵までを対象に上米を実施するに至っており[32]、また、元禄十二年八月に家老中が連名により、藩主直興に対して小姓衆を通じて伝達を依頼した上書でも、「今程御勘定所万事之要かと奉存候、御借銀等も多済シ又ハ借り、事之外入組申儀ニ御坐候、其上御蔵方之御勘定万事入組たる儀共御座候、御勘定奉行うかく仕候而ハ、一切役人之私曲虚妄も難知御座候、何とそ御勘定奉行ハ人之うつけニ不仕、はきと利究も申もの被仰付候様ニ仕度奉存候」と、「借銀」が多く、勘定奉行の人選が重要であるとの現状認識により人選案を示していることからも窺える[33]。

## （2）「侍中由緒帳」の編纂過程

**編纂の趣旨**　つぎに、編纂の具体的方法を検討してみよう。「由緒帳」の第一冊として編冊されている木俣清左衛門家の冒頭には、編纂の趣旨を伝える「覚」と題した文書が収録されている[34]。

その第一条には、先祖の召し出しから当代にいたる間の拝知高・加増・相続の様態・役儀の経歴について、提出する由緒書に記載すべき内容が上げられる。第二条では、家中召し出し以前の先祖の由緒は、「詮なき事」であるので略記したこと、第三条では、戦陣での「高名」や

「働前」は、年数が経っており吟味が困難であるためこれを除くこと、第四条では、藩士一人ひとりから提出し、「御目付中」が請け取り、帳面に記載したこと、第五条では、知行高の高い方から順に編纂したことが記されている。

これらによれば、①あくまで藩士各家が井伊家に仕えてからの履歴を記録するためであること、②先祖の履歴の内、戦陣働きは記録の対象としないこと、③提出された由緒書は、目付役が請け取り、知行高順に並べ、これを「由緒帳」として編纂することが目的であったと考えられる。また末尾の日付（五月吉日）からは、「由緒帳」編纂の下限が推測される。各家から提出された由緒書の日付の最も遅いもので、沢村角右衛門家の同年五月二十五日付であることから、ほぼ五月末日に完成し、藩主に上呈されたと考えてよいであろう。

ここで注目されるのは、②に指摘した部分である。彦根藩井伊家は、徳川家のもとで数々の戦陣働きを重ね、おもにその功績により譜代筆頭の家格を形成するようになった家である。その家臣団の序列は、これらの戦陣における功績が大きく左右していた。

次の史料5は、「由緒帳」に先行して貞享元年（一六八四）頃に編纂されたと推定される「御家中先祖記録(35)」の冒頭に記された編纂の趣意十箇条の一部である。

【史料5】

御侍中名寄先祖付帳

一、御家中衆先祖之事、壱人之儀にても事多キものニ御座候ニ付、大体計短書付申候事

一、甲州四衆之侍、大権現様江御目見仕、其上直政様江御附被成候者、古来大勢御座候得共、今程者認多無御座候事

一、大坂御陣江参候者ニ者、朱の相紋一陣ニ壱ツ、両陣ニ者弐ツ附申候事

一、大坂江御供仕候者にも、働前品々御座候事故、其段者只今分かたく御供仕候分ニハ不残丸の印を仕候事

一、古参衆之分、長久手御陣より関ヶ原迄、度々参陣仕候得共、委細書付かたく御座候、大体黒星仕候もの古戦之御供仕、又ハ関ヶ原一陣仕候而後、直孝様御代迄存生仕、大坂江参候分を黒星仕候、大坂前ニ病死いたし候先祖には黒星不仕候事

一、本知付者、慶長拾九年大坂冬御陣之暮知行より書付申候、冬御陣相済候上、直孝様彦根御討入也、是をもとニ仕、大前の分ハ書付不申候、何も古帳にて付申候事

一、慶長拾九年大坂冬御陣、是より貞享元年迄七拾壱年、此間に御家中衆代多ク替り申も有之候、是又古帳ニ而考付申候間、相違も可有御座候事

（以下、四箇条略）

これによれば、第五条に見るように、関ヶ原合戦以前の古来の戦陣働きについては略記する傾向が見られるが、第三・四条では、大坂陣での陣参・御供の有無を印付けることとしており、戦陣での功績を重視して編纂されたものであることがわかる。

彦根藩は井伊直政を藩祖とするが、直政亡きあとを嗣いでいた嫡子井伊直継が大坂陣に出陣できず、弟直孝が大坂陣に替わりに出陣した。そ

のため、直継は一八万石の内、上野国安中三万石を分知され、直孝が井伊家を相続し、大坂陣の功績等により、のちに譜代筆頭の三〇万石に加増される。したがって、彦根藩井伊家中は、彦根藩にとどまった家臣に加え、大坂陣以降に召し出された家臣も相当な数にのぼったのである。つまり、近世前期においては、大坂陣での功績が旧来からの井伊家中のアイデンティティーとなっていたのである。前章で指摘したように、寛永二十一年（一六四四）に、大坂陣で功績をあげた足軽の中から何人かを知行取りに引き上げたことも、大坂陣での功績が重要であったことを物語っている。

**畳の上の奉公**　ところが「由緒帳」の編纂に際しては、これら戦陣での功績をあえて除いたのである。その意図はどこにあったのか。

次の史料6は、「由緒帳」が完成した四年後、元禄八年三月十八日に井伊直興が家中に対して、武士としての心得を教諭した書付(36)の第一条目であるが、直興が当時の家中に求めた、あるべき武士像が表明されている。

【史料6】

一、惣而家も末々成、家人も子孫ニ至申故か、近年ハ侍之真薄く、普代之主人・譜代之家人と存弁候道理不沙汰ニ成、大身・小身共ニ唯面々身を打不申候所を専要ニのミ相心得、真を尽し主人之為を存族無之様ニ被存候、侍之平生、又ハ戦場ニおゐて命ヲ軽する義ハ、縦ハ鷹之鳥を取、猫之鼠を取申ニひとしく、侍と申名ニ付候役ニ而候、鷹之鳥ヲ取不申、猫之鼠を不取をいかんとして真の鷹・猫と可申哉、侍ハ一命を捨も奉公、又不捨も奉公ニ而、主人の為ニ徳の死を軽して、損之死ヲ重するか専要ニて候、平生侍之武をみかき男を立る者、名ニ対したる役儀勿論たる事ゆへ、珍しからぬ事ニ候、人ニより不断ハともかくも、まさかの時ハ、一番ニ馬の先之用ニ立、一命を軽せんと弁ゆる族も可有之候へ共、それハ鷹・猫のたとへニ同ク、侍之名ニ付指詰為る役儀と覚候、其内太平之御代ニ、病死も在之ハ年来被養候厚恩、何ニ而報可申哉、然時ハ不断治りたる畳の上の奉公を励可申事ニ候、人々眼前之奉公ハ何様ニも致、よく精も出、影々の奉公ハはり合も無之心ニも染ぬものニ而候へ共、然所を陰ひなたなく影々の奉公ハ一入ニ励申所、廉直真を尽シたる心、真之奉公と申ものニて候、此段を人々能々心底ニ服シ第一ニ得心可申候、兼日公儀諸家へ被仰渡候御条目等ニも有事ニ候へハ、向後ハ家中之面々侍之侍たるへき道を弁、第一忠孝を励、五常を守、武を励、文ヲ学、真を尽し候様ニ、人々慎心掛候様ニ老若共ニ急度可被申渡候、不覚語もの於有之ハ、其品〱の軽重ニよつて、家之為、諸人之ため何時も仕置ニ可申付候、

直興は、家中が世代を重ねる内に、近年は「侍之真」が薄くなっている現状を批判し、傍線部分に見られるように、武士たる「役儀」は本来「武をみかき男を立る」ことであるが、「太平之御代」にあっては、年来の「厚恩」に報いるため、「畳の上の奉公（平時の役儀）」を励むことが大事だという。また、そのような奉公は「影々の奉公」であり「はり合も無之心ニも染ぬもの」であるが、「影々の奉公」に一入励むことこそが「真之奉公」であると教諭したのである。前述したように、「由緒帳」の編纂が藩財政改革のための、諸役人の意識改革が狙いであったとすれ

ば、人事管理において、過去の戦功よりも、平時の役儀での功績を重視する観点が盛り込まれたのも当然のことであると考えられる。

また、この直興の教諭は、太い傍線で示した部分のように、幕府から諸大名・旗本・御家人らに発せられた「御条目」を請けて出されたことも指摘しておきたい。[37]

## （3）「侍中由緒帳」の書き継ぎ

**二年毎の書き継ぎ**　現在、『彦根藩井伊家文書』中に伝存する「侍中由緒帳」[38]の原本は、その後の書き継ぎにより、元禄四年（一六九一）段階の形態をとどめていない。しかし、筆頭家老木俣清左衛門家に伝来した「侍中由緒帳」[39]の写本は、最上級家臣の木俣清左衛門家・庵原助右衛門家などが収録されていたと思われる第一冊などの一部を欠いているが、「侍中由緒帳 従三千五百石 至千六百石」「侍中由緒帳 従千五百石 至千石」「侍中由緒帳 従八百石 至六百石」「侍中由緒帳 従五百石 二冊」「侍中由緒帳 従三百石 三冊之内」「侍中由緒帳 従三百石 三冊之内」「侍中由緒帳 従三百石 三冊之内」「侍中由緒帳 従二百五十石 至弐百石」「侍中由緒帳 弐百石 三冊之内」「侍中由緒帳 弐百石 三冊之内」「侍中由緒帳 弐百石 三冊之内」「侍中由緒帳 従百七拾石 至百五拾石」「侍中由緒帳 百五拾石 壱冊」「侍中由緒帳 百石 三冊之内」「侍中由緒帳 百石 三冊之内」「侍中由緒帳 百石 三冊之内」「侍中由緒帳 帰参衆 二冊之内」（＊但し元禄十年に追加）「侍中由緒帳 子共並 壱冊」「侍中由緒帳 山崎元御番 外輪御番」「定江戸侍中由緒帳 御扶持取 壱冊」という表題の編冊となっており、当初の形態を推測できる。当初は「分限帳」を兼ねて編冊されたように感じられるが、これらは、諸藩で作成された「由緒帳」や「藩士家譜」類が何十年に一度、藩主の代替わりなどに編纂されたものとは異なり、基本的に藩主在国、つまり二年毎に書き継がれていったことに大きな特徴がある。

「由緒帳」の木俣清左衛門家分には、冒頭に記された「覚」に続いて書き継ぎの年次が列記されている。[40]これによれば、元禄から享保年間の初めまでは一定しないが、享保九年（一七二四）から安政五年（一八五八）まで、ほぼ二年毎に書き継ぎが命じられている。西郷藤左衛門家が提出した由緒書継の草稿である「御由緒書書継之御下」は、文化七年（一八一〇）・同十一年・同十三年・同十五年のものが伝存しており、[41]文化九年のものは確認できないが、ほぼ二年に一度提出していたことが確認できる。また「由緒帳」原本の西郷家分の筆跡によっても、これらの時期で変化が認められる。

**「由緒帳」の書き継ぎと「御由緒帳」**　ただし、この書き継ぎは、必ずしも全藩士が毎回提出するものではなかった。西郷家においては、文化十五年から文政六年（一八二三）までは書き継ぎを提出していなかったが、文政七年になって書き継ぎを提出することとなった。その経緯について、同家の役人が文政七年二月に、由緒書継の提出について記載漏れがあった際に記した書付[42]には、次のように伝えている。

【史料7】

例三年〆〱之御由緒書、御目付方江被指出候義、旧臘役儀被　仰付候ニ付、則当年御指出之儀、御目付衆被申聞候ニ付、　心境院様御在役中、未御指出し不被成分共、夫々御取調被仰付候所、此御下

書之通御指出しニ可相成と思召之処、猶御目付方御由緒帳御取寄御引合被遊候所、御点之向ハ御目付方ニ記し有之趣ニ候得共、御除ニ相成被指出候事

但、御家督被為蒙　仰候節、御目付衆へ御覚書御渡し被遊、由緒書之儀も御頼思召候段被仰□候へ共、右之内も、とふ歟間違有之哉、此御下書御覧之趣ニ而者相見へ申候事

文政七年申年二月ニ被指出候事

これによれば、①「三年〆」で目付方へ提出する由緒書は、昨年西郷家当主（十代目員将）が役職（家老役）を命じられたので、「御目付衆」から「当年」（文政七年）に提出するよう通達されたこと、②その際、文政元年五月に病死した先代「心境院様」（九代目員永）の未提出分もあわせて取調べ提出するよう命じられたこと、③西郷家の役人が調べて「御下書」を作成し当主に見せたところ、目付方にある「御由緒帳」を取り寄せ照合し、「御点」を付した記事は目付方の記録に記されているが、これを削除して提出したことが確認される。また、但し書きの部分では、西郷員将が家督相続をした際「御目付衆」へ「御覚書」を渡し、また「由緒書」についても何か「御頼」をしておいたため、間違いが生じた可能性があると書き落としの要因を指摘している。①の「三年〆」で提出とは、丸二年分であるが足かけ三年の意味と考えられる。

また、もう一通挿入された書付でも、「御由緒御書継落役　御見へ被遊候而取調候様被　仰付、則取調申候所、覚書認御座候訳ニ付、御目付方江御書出し御除ニ相成候事故歟、御熟之御書物ニも無御座事哉ニ相見へ申候、仍而相見へ不申丈認入置候様可仕候哉、落御座候件々ニ下ケ札仕置申候、夫々立ニ入御覧御伺可被下候事」と記され、①西郷家が提出した由緒書継に「落役」（役儀についての記載漏れ）が見つかり、取り調べるように命じられたこと、②記載漏れの原因が、「覚書」（おそらく正規に提出を求められた由緒書継ではなく、仮に西郷家が書き留め、目付との仮確認をした書類と推測される）が認めてあったため、目付方へ提出する書継から不要なものを「御除」になったためか、もしくは「御熟之御書物ニも無御座事」、つまり西郷家の当主が不慣れな書類であったため、「相見へ不申」とだけ記したのではと推測している。

たしかに、文政七年二月に提出した由緒書継の草稿には、「御書出し不及歟」「相見へ不申」などの付箋が付けられており、目付方の「御由緒帳」を取り寄せて照合した結果を書き入れたものと考えられ、「御書出し不及歟」の箇条は最終的には採用されていない。

**合意による履歴**　これらの経緯の中で注目すべき点は、第一に、西郷員永の家老就任に際して、由緒書継の提出が目付役から西郷家に命じられたように、提出の時期は目付役の指示によっていたこと、第二に、由緒書継を提出する前に、目付方にある「御由緒帳」を取り寄せ照合していること、第三に、西郷家から提出された由緒書継は、そのまま目付役が管理する「侍中由緒帳」に書き加えられるのではなく、目付役で調べた結果と照合の上、間違いがあれば修正を指示したことである。

「御由緒帳」が具体的にどのような記録であるか不明であるが、西郷家が新たに書き加えるべき履歴を、自家で調べた履歴の結果と照合するわけであるから、目付役が保管している「侍中由緒書」の原本である可能性は考えられない。そのため、目付役が独自に各藩士の役儀就任・禄

高の変化・賞罰などを執行する都度に記録した、人事考課録のような記録と推測されよう。「侍中由緒帳」の書き継ぎは、おそらくこの目付役が独自に作成した「御由緒帳」と、各藩士から提出された由緒書継との照合により、目付役と各藩士の双方が確認し、合意した上でおこなわれていたと考えられる。厳密に言えば、「由緒帳」とは、人事管理権を握る役職が一方的な判断で作成し、被管理者の納得性が不十分な人事考課録とは異なり、管理する側と被管理者との合意が前提となった履歴記録と言えるであろう。

### （4）「侍中由緒帳」による人事管理

それでは、このような履歴記録が藩士の人事管理にあたって、具体的にどのように活用されたかを検討してみよう。

**暮物伺**　彦根藩が各藩士の役儀勤め方に対して、役料支給や加増を行う場合、通常は毎年末に勤務状況を目付役が把握し、家老に対して文書で伺うことが慣例としておこなわれ、「暮物伺」と称していた。この呼称が、いつ頃始まったかは判然としないが、年末に加増・役料・褒美（以下、これを場合によっては「暮物」と略記する）などを伺う制度は、「由緒帳」編纂の数年後、明確に規定されることになる。

元禄十年（一六九七）十二月二十九日、井伊直興が、家老・用人全員に対して達した書付[43]によれば、知行取や扶持・切米取にかかわらず、加増・役料・褒美については、「寅年（元禄十一年）」から、「支配方」がある役職については十月中に「下改」をおこない、十一月朔日に家老・用人中まで提出、十一月中に「吟味」を家老・用人中と各役方でおこない、十二月朔日に決定し、「此方（井伊直興）」に提出するよう、彦根・江戸ともに命じたことが確認される。

また、元禄十二年十二月十六日には、家老・城代・用人に対し、直興から再度次のように命じられた[44]。

【史料8】

一、毎年十二月ニ至り年之暮、給人・切米取末々軽キ奉公人迄、新知・加増・褒美等取せ申儀、前々ハ江戸・彦根共何もにも、并其頭々支配人迄も、追々に廿八・九日頃迄段々願を申出候様成始末故、鬧敷時節と申旁、何と致し候而も不吟味ふろく成様子も間ニ有之ニ付、三年已前丑之年、右之品相定、支配人頭々ハ十月中ニ右之吟味をも致し、十一月朔日ニ相極、各へ右訴訟願書等之書付出之、十一月中何も手前ニ而段々の吟味被致埒、十二月朔日ニ相定り、何もゟ右之品々被申聞候様ニと相極メ置候得とも、少々相違之儀も有之、此段各無得心故と存候、依之委細之品申出し候、夫々の頭々支配人之儀ハ、早年之初ゟも其暮願可申品々を心懸置、十月三十日之内ニ悉吟味之埒仕儀ハ如何様ニも調やすき事ニ候、又霜月三十日之内ニ各件之被致吟味候儀も、別而成やすき事ニ候、并此方へ被指出候刻も一通り見分之上、此通ニ可被致と申付候訳之儀候へハ、縦廿八・九日比ニおよひ被指出候而も、何之別儀も無之事ニ候得とも、各吟味之上ニも此方存寄ニ落着不申候品も間々有之ニ付、左様之吟味ニも十日余り程ハ懸り申事ニ候、左候得ハ、先ハ極月十五日ゟ廿日迄之内ニ、右用事之品悉相済候様ニ致すへき了簡ニ而申付事ニ候、又ハ加増・褒美等請候もの共之為ニも、一日も早ク取せ候儀可然候、ケ様之存寄ニ付、尚又此度改メ申付置候間、丑之年定之趣、来辰之暮ゟハ急度紙面之通ニ可被相心得候、向後相違有之候ハヽ、如何様之儀ニても一切取上ケ不申候間、其旨可被存候、

一、加増・褒美等之儀、家老衆支配下之品と城代・用人中支配下之様子と相違成儀有之候得ハ、先々のもの共何も同し奉公人之事故、甲乙出来候てハ不吟味ニも罷成、批判も有之、我等為ニも不宜事ニ存候間、向後ハ城代・用人中ゟ、ケ様成品之儀ハ家老衆ゟハ如何様ニ被申上候哉と毎度念入とくと承届之、両方之訳同事ニ有之様ニ致し可然候、

件之通ニ可被相心得候、

卯十二月十六日　元禄十二年

木俣清左衛門殿　庵原助右衛門殿
長野十郎左衛門殿　西郷藤左衛門殿
大久保新右衛門殿　木俣半弥殿
長野民部殿　石居半平殿
吉用隼丞殿　沢村角右衛門殿
今村源右衛門殿　小野田小一郎殿

これは、基本的に元禄十年に規定した趣旨を再確認し徹底させるために出されたものであるが、傍線部分により、元禄十年の規定に至る経緯が示されている。すなわち、年末の「暮物」の伺いが以前より実施されており、元禄十年の規定は、従来、願いの申し出が十二月二十八・九日頃までおこなわれ、吟味が「ふろく（不禄）」、つまり不十分になっていたため、願書提出の時期を十一月中迄に規定したという。また、第二条では、各支配下への加増や褒美が公平におこなわれるよう、支配役の家老・城代・用人に調整をするよう指示していることが注目される。人事に求められた要件の一つが、公平性であることが確認できよう。

それでは、「暮物伺」が実際にどのように行われたかを検討しよう。「暮物伺」をおこなう際の手続きは、現存する史料で見る限り、すでに明和年間（一七六四～七二）には整っていたことが確認されるが[45]、具体的に伝存状況がよい文化七年（一八一〇）の事例により検討してみよう。次の史料9は、目付役から用人中へ提出された彦根歩行の馬医役松宮小八郎の加増伺いの部分である[46]。

【史料9】

覚

一、当御擬三拾弐表三人扶持　松宮小八郎

右之者、不行跡之沙汰・御役儀勤方悪敷義、及承不申候、安永四未年御馬医役被仰付、天明六午年御加増三表被下置、寛政二戌年御役料米五表被下置、文化元子年御加増三表被下置、今年ニ而三十六ケ年無滞相勤、左之御類例も御坐候間、今暮御加増拾表被下置、御役料も其侭可被下置哉、

当歓次郎祖父
福山甚六

元文五申年御馬役被仰付、宝暦二申年五表御加増被下置、明和五子年五表御役料米被下置、安永四未年拾表御加増被下置、御役料も其侭被下置候

但、三拾六年目被下置候

（以下、大岡彦太夫・水谷権之介・長谷馬和吉・水谷半之丞の四人分中略）
右御尋ニ付、今暮御加増・御役料米・御切米等可被下置御歩行衆御吟味仕、書記入、御見分申候、以上

文化七庚午年　　浦上五郎（印）

十一月二日　　（以下、目付役九人連印省略）

御用人中様

まず、松宮小八郎の行跡について問題ないこと、安永四年（一七七五）の役儀就任後の履歴を記し、福山甚六の先例を挙げて、十俵の加増、役料継続を願ったものである。その他、同文書には大岡彦太夫・水谷権之介・長谷馬和吉・水谷半之丞等四人分の加増・役料米・切米下賜の伺いも記される。伺いは、末尾の傍線部に記すように、「御尋」に対して「歩行衆」の該当者を目付役が調査し、用人に提出されたものであることが確認される。「御尋」の主体は用人と考えられる。

つぎの史料10―1[47]は、歩行身分の子息角田順格（茶道役見習・茶道介）に対する切米支給を用人中に願った「願書」であり、史料10―2[48]は、同様の事例を書き上げた「例書」である。原本では、この他、歩行身分諸役の配下にある下役の者についての「願書・例書」が張り継がれている。この場合、史料9と異なり指出人は目付役ではなく、順格の実父角田順了（茶道役）である。順格は実父角田順了の管理下にあって、見習および茶道介（助）を勤めていたと考えられる。つまり、これらの願書・例書は、歩行身分諸役のものが、自分の下役の者について「暮物伺」をおこなったものである。

【史料10―1】

角田順格

文化四年見習被仰付、
当年迄四年相勤申候、
右之者、当午三月二日ゟ御茶道介被仰付、尤昨年ゟ江戸表ニ而茂毎々介被仰付、依之終日御番も仕候得者、費用茂御座候ニ付、御憐愍ヲ以御切米被下置候様奉願上候、尤家役見習相勤候而者、見習被仰付候年ゟ六年〆ニ御切米被下置候得共、毎々御茶道介等茂被仰付候ニ付、何卒御憐愍ヲ以願之通り被仰付被下置候者難有仕合可奉存候、此段奉願上候、以上

十一月十四日　　角田順了

御用人中様

【史料10―2】

順了倅子
角田順格

寛政八辰七月廿二日御書面ヲ以弐人扶持被下置、見習被仰付、享和元酉年御書面ヲ以御切米拾五表被下置候

順了倅子
角田順達

享和三亥年二月御書面ヲ以弐人扶持被下、見習被仰付、文化二丑三月廿六日御茶道介被仰付ニ付、御指紙ヲ以御番料拾五表被下置候
尤、見習被仰付年ゟ三年〆ニ御座候、
右、先例ニ御座候間、奉申上候、已上

十一月十四日　　角田順了

つぎの史料11は、西山内蔵丞以下の用人役から在国中の藩主に提出し

た「伺書」[49]で、史料9、および史料10の該当者もすべて、この「伺書」に記載され、提出されたことが確認される。天保三年（一八三二）の事例では、藩主が在江戸の場合は、彦根用人から江戸用人役宛に送られ、江戸用人役から藩主に伺われ、その結果が彦根用人役に通達された。[50]

【史料11】

当御擬三拾弐表三人扶持
一、拾表　御加増
松宮小八郎
当御擬弐拾九表三人扶持
一、三表　同
大岡彦太夫
当御擬弐拾六表三人扶持
一、三表　同
水谷権之介
当御擬弐拾九表三人扶持
一、五表　御役料米
長谷馬和吉
当御擬三人扶持
一、弐拾六表　御切米
水谷半之丞
右之者共、御目付中書付面之通御先格も御座候、尤彦太夫・和吉儀者、必当之御例と申ニ者無御座候得共、件之通、今暮御加増・御役料・御切米被下置候様仕度奉存候
（以下、歩行下役以下の伺い部分中略）
件之通、御加増・御役料・御褒美等被下置候様仕度旨、夫々相願申候、依之御先格吟味仕、熟談之上、評定方并御元方勘定奉行中江茂存寄相尋、御家老中江も対談仕相伺申候、則指出候願書・例書共入御覧、奉窺候、以上
十二月廿六日
西山内蔵丞
小野田織之丞
正木舎人
椋原治右衛門
藤田治部左衛門
上
内藤熊次郎

左の傍線①により、松宮以下の歩行衆については、目付中からの「書付面」（史料9）をうけて、用人が判断をしたことがわかる。また傍線部②により、歩行諸役の下役については、用人が「御先格」を吟味し、同役中で「熟談」をした上で、藩評定（家老・用人役らによる衆議）の公正化をはかるため設けられていた評定（評定目付役）[51]と、藩財政を管掌する元方勘定奉行へも尋ね、家老中と対談した上で、諸役から提出された「願書・例書」（史料10―1・―2）を添えて藩主へ伺ったことが確認される。評定目付役や元方勘定奉行へ尋ねた際、文化七年のものは現存しないが、前後する年次の事例では、それぞれから用人宛てに「返答書」または「存寄書」などとして意見書が提出されている。[52]

以上の手続きを経て伺われた「暮物」は、歩行衆の場合、水谷権之介以外は、実際に伺いの通り下賜されたことが「歩行由緒帳」等により確

認される。歩行衆や歩行諸役の下役の伺いが、用人の管轄であったことは、彼らが用人の支配下にあったことを裏付けるものである。

また、侍身分については、知行・扶持高の大小にかかわらず、史料9と同様の書式で目付役から家老中宛に「伺書」が提出されていることから、同様の手続きがとられたものと推定される。(53)

ここで注意したいのは、これらの手続きの中で目付役が果たした役割である。彼らは、毎年の「暮物」の審議に際して、まず家老・用人役からの「御尋」により調査をおこなうが、その際には公平性を保つため、先例調査が不可欠であった。その根拠となるのが「侍中由緒帳」や「歩行由緒帳」など、元禄四年から書き継がれた歩行以上の全藩士におよぶ履歴記録であった。おそらく、彼らは「御尋」に先だって、全藩士の勤役状況を把握し、提出する「暮物伺」の素案を作成しておくのであろう。しかし、前述の西郷家の例のように、各家の事情により数年間の履歴が正式には記録されていない場合もあり、そのためにも目付役が独自に作成する「御由緒帳」が必要であったと考えられる。

**家中処分**　一方で、「由緒帳」による履歴記録は、家中に対する素行調査に基づく処罰をおこなう際、先例の根拠となっていた。文政二（一八一九）年十二月、能役者植山猪三郎が病気療養中の京都で遁世した一件をめぐる関係者の処分の経過を例に見てみよう。(54)

次の史料12は、植山猪三郎処分の量刑について、用人役からの「御尋」に対して、目付役から「存寄」を記して提出したものである。(55)

【史料12】

林八郎右衛門義、植山猪三郎義ニ付身分之儀願出候書付并御答書、藤野菊次郎義、猪三郎京都ゟ帰着届・煩届致し居候ニ付御答書等御渡、被仰付方存寄御尋ニ付、相考申候処、八郎右衛門義、兼テ猪三郎養方・実方双方共世話致し居候処、当八月七日京都病養御暇之日限ニ御座候故、帰着可致処、病気不相勝、帰着難相成ニ付、暫之所如何様共取斗置呉候様申越候ニ付、帰着致し候趣御届申、煩引為致置候而、段々帰着之義懸合越候処、終ニ帰着不致、依之御定法相背、今日迄等閑ニ相心得居候様之仕方奉恐入候旨申出候趣ニ有之、右躰之義申越候共、取斗方も可有之所、帰着不致者ヲ帰着之取斗ニ仕、煩引為致置候義者、不埒至極之義与奉存候間、急度閉塞被仰付、三十日斗ニ而御免被仰付間敷哉、

（以下、藤野菊次郎に関する部分中略）

右御尋ニ付、乍憚存寄之趣書記、入御見分ニ申候、以上

十二月十日　　御目付中

御用人中様

林八郎右衛門らも、植山猪三郎と同様に彦根藩御抱え能役者であり、寛政十一年以降、彼らは歩行身分と同じく用人役の支配下に置かれ、能役者たちだけの履歴記録が「能役者由緒帳」として作成され、目付役が管理していた。そのため、植山の遁世一件に関与した林の処分について、用人役は目付役に「存寄」を尋ねたのである。目付役は、彼らが用人役や目付役へ提出した「身分之儀願出候書付」「御答書」などを検討した上で、「急度閉塞」を命じ「三十日斗」で赦免してはどうかとの見解を示した。これを受けて、彼らの処分は翌日、次の史料13のように決定された。(56)

【史料13】

（前略）

林八郎右衛門

右之者、植山猪三郎京都病養御暇日限ニ不罷帰候処、取計を以帰着届・煩届指出置、段々及理解候得共、法外之儀申越、何分不罷帰候ニ付、恐入、身分御仕置之儀願出申候、右者植山家不及断絶様相助ケ候致方ニハ候得共、不罷帰儀ヲ罷帰候旨相届候段、不埒至極ニ付、被仰付方考量仕候処、先年植山丈四郎一件之節、喜多織衛等不埒之取計仕候ニ付、御家中ニ候得者一等重キ御仕置ニも可被　仰付候得共、身柄も違ヒ候者ニ付、閉塞被仰付、日数廿日ニ而御免被　下置候、右御類例も御座候間、急度閉塞被　仰付、日数三十日相立候ハヽ、御憐憫を以　御免被下置候様仕度奉存候、

（藤野菊次郎に関する部分中略）

右等之趣、何茂申談、御目付中存寄も相尋、殿様江奉伺候処、伺之通被　仰出候、夫々指出候書付共入御覧、此段奉申上候、以上

十二月十一日　　増田縫殿介

上

これによれば、文化十五年三月に、能役者植山丈四郎の一件で喜多織衛が閉塞を命じられ二十日で赦免された「御類例」（先例）を勘案し、今回の場合、目付役の見解のとおり閉塞を命じ、三十日で赦免してはどうかとの最終判断を、同役中で相談の上、「殿様」にもお尋ねし決定し、その結果を「上」（大殿様）へ報告した経緯が確認される。「大殿様（井伊直中）」へ報告したのは、能役者の御抱えが井伊直中の在世中に、彼の強い意思により実施され、藩主引退後も、彼ら能役者の活動に大きな影響力を持っていたからであろう。

その際、「御類例」が調査され、誰からの意見か不明であるが、「公私共慎」にすべきとの見解も見られたが[57]、その後「目付役中」の見解として史料13が示され、用人役もその通り判断したのである。その判断には「能役者由緒帳」もしくは、目付方の「御由緒帳」などが先例の根拠となったことは疑い得ない。最終的に、六日後の同年十二月十七日、彼らに処分が命じられ、林の場合、実際には翌年正月四日に「御用御指問」のため、わずか十八日に短縮され赦免となった。

以上のように、「由緒帳」の成立は、家中の人事の公平性・公正性を保つため、重要な役割を果たしており、目付役は常に、この履歴記録を根拠にして、家老・用人役から要求される人事に関する「御尋」に、迅速かつ的確に「存寄」（見解）を示さねばならなかったのである。

## 3　目付役職制の整備過程

### (1) 元禄期の職制整備

「由緒帳」の成立を契機として、彦根藩では井伊直興から家老以下の諸役に対する「書付」の形式で、諸役に関する改革や規定が、元禄九年から元禄十二年にかけて頻繁に出された。直興は、元禄八年十一月二十八日に将軍綱吉より御用部屋入りを命じられており、幕府における老中

評議の場に立ち会う機会を得ており、彦根藩の改革にもその影響が考えられる。

**勘定場への出座同道**　それらの規定の中から、目付役に関するものをまず検討してみよう。まず、元禄九年（一六九六）四月にだされた「勘定所」における家老の役割に関する規定[58]の一箇条には、勘定場で定期的おこなわれる公事日には、月に一度程度、家老の内の一人が出座し、勘定場で裁許をおこなう町・筋奉行らの様子や、奉行としての力量を見分することを命じている。その際、用人衆の内一人と、目付衆の内二人程度を召し連れて出座し、勘定場の口に町・筋奉行や勘定頭らが送迎する際の様子に、「おも々敷」なるようにと記されている。前述のように、江戸初期には目付役が拷問所で尋問の役割を担わされていたが、元禄期の規定では管見の限り確認できない。この時期には、目付役は家老役の勘定場「見分」という行動に威厳を加える役割を果たすとともに、実際には、彼ら奉行や勘定頭らの勤務ぶりを目付役が「見分」する意味もあったのであろう。

**火事場での伝達・監察**　城下町での火事は、大きな災害につながり、彦根藩においても火災に備え、上級藩士・物頭による「火消」が組織されていた。江戸前期では、延宝五年（一六七七）三月九日に城下東部の町人屋敷を中心として四百四十戸を焼失する大火があり、元禄六年正月十四日に城下北東部を中心に四百五十戸、同十年閏二月二十三日にも、城下南西部の武家町を中心とした大火が発生していた。そのため、彦根藩では出火の際の迅速な通報や、風向きによる適切な指示をおこなうための指揮系統を示した規定が、元禄十年以降頻繁に出されている。

元禄十年の大火の直後三月九日、在国中の井伊直興は、年寄衆（家老）に火事場対策の検討を命じた[59]。直興は、その第一条目には、「一、火事役人火事場へ持出候印并道具等、目付中吟味之帳面見分申候」と記され、「火事役人」が火事場へ持ち出した「印并道具等」について目付中が調べ、その「帳面」が藩主直興に提出されていたことがわかる。その結果、直興は元禄十年の大火の原因の一つが、火消しの技術と体制の問題であると指摘し、物頭配下の火消道具について、「別紙書付[60]」により一定の基準をさだめて「竹はしこ大小拾丁」以下の道具を配備することを検討させたのである。

また、同日の日付で直興が命じた火事場規定[61]では、出火時の家老の役割を規定しているが、その中で、藩主在城の際には、目付役は「火事場之様子」を出火時に城へ詰める月番家老へ「注進」すること、留守の際には、各持場へ出動した家老へ「注進」することが定められている。また、同年三月十九日には、「兼日ゟ申付置候火事場之役人共、弥向後ハ別而情出し火をも防、可成たけハ随分城下大火も無之様ニ可致候、并火消役人物頭を初、勝れて働情をも出し候ものハ、目付之者共ニも見届置、各ニも見届置被申、重而様子被申聞候様ニ可被致候」と、火消役人や物頭など火事場での働きぶりを、家老役とともに目付役が「見届置」、その様子を藩主に報告するよう命じている[62]。

さらに、江戸参勤を前にした同年四月二十二日には、あらためて火事場規定について、直興から年寄衆に対し、六箇条にわたる条項についての意見を問うており、同月二十五日付けで年寄の連名により小姓衆へ宛て回答し、されに対する直興の返事が付札で返されている[63]。

その第一条には、出火に際しての水汲みに加勢する「町人足」に対する指示を、火消しの物頭や目付役が「指図」してはどうかとの案に対し、年寄たちは「町人足」は火災の現場では却って足手まといとなるので、火事場の「風上之分」について町奉行小野田小一郎の指示により水をかけるようすでに命じていると返答し、直興も同意した。第三条では、目付役の注進の役割について、下役人の数が少なく困難であれば、三人の「御歩子共目付」につとめさせてはとの案に対し、年寄たちは目付役には下役人として六人の足軽を渡しており、彼らが「本御目付」の傍らに引きつけておくので「手廻し」が良く、「御歩子共目付」は無用で、むしろ藩主在城の時には、「御屋敷御門」に詰めさせ、藩主の下知伝令を命じられてはどうかと回答した。直興は、これに対しても同意している。結果的には、目付役の火事場での役割は、火事状況の伝達・火消し担当者の火事場働きの監察に限られたようである。

次の史料14は、元禄十二年から元禄十五年の間のものと推定され、直興から家老・城代・家老加判の六人に達せられた書付である。(64)

【史料14】

一、火事場江被出候家老衆ハ、何時も目付壱人宛各近所へ呼寄置、万事之儀被申付候様ニ可被致事、

一、用番之家老衆在城之刻ハ城へ被出、留守之節ハ曲輪之内風筋も無心許、又ハ可及大火様子ニ候ハヽ、遠侍へ被罷出、尤目付両人ほと召寄置、城中・下屋敷、其外万事之儀可被申付候、外輪辺小火之砌ハ唯今迄之通ニ可被致事、

一、火事場へ被参候家老衆へ、自分に火なと消させ被申訳之事ニてハ無之様ニ存候、何時も火本近辺可然広場に備罷在、近所に被指置候目付を以諸方へ之手配・下知等宜被致差図、火消役人共随分相働せ可被申事、

一、大身之面々兼々申合置、一両人程月替ニ当番をたて置、其もの早速火事場へ罷出火防候様ニ仕、相残者共ハ近辺之広場ニ一備宛作法能集罷在、家老衆指図次第何方へ成共罷越火消候様ニ可仕事、

一、火消物頭之分、是又仲間ニ而二三人ほと宛月替りニ当番を定置、出火之刻ハ何時も早速火事場へ罷出、火防候様ニ可仕候、尤残者共ニも無油断追々罷出火防可申事、

一、火事之刻、大身之火消壱人、物頭一組仲間ニて申合、出火近辺之堀又ハ井戸水手寄之能場所にて水汲せ、随分情出し火本へ運せ候様ニ可仕候、尤中間頭之儀組之もの召連罷出、右之通ニ相勤可申事、

一、火事場へ出候目付共一所に居不申、方々へ分り罷有、諸事申付、又ハ火消共働之様子見届置、少も無依怙贔屓書付を以可申聞事、

一、衣装改役人ハ何時も火事場見廻り、胡乱成ものハ捕へ置候様ニ可仕事、

一、母衣役之者仲間にて申合、当番をたて置、出火等之刻者二三人程宛馬上にて罷出、家老衆火消共へ差図之品をも承申達、又ハ近辺乗廻し往還ふさぎ不申候様ニ可致候、当番之外残もの共大勢罷出候ニハ不及事、

一、町奉行之儀火事之節罷出、尤組之足軽ハ火消ニ懸ケ置、町同心とも申付町人足ニ付置、何方ニても有之手廻し能所を見立段々汲せ、無滞火消役人之方へ水運せ候様ニ可致候、不働成人足共ハ曲事ニ可

申付候、尤焼跡之火、猶以念入しめさせ可申候、町奉行無油断所々無廻し万端手廻し可然様ニ可申付候、尤右町人足之儀有増申出し候間、委細之儀ハ各考次第宜可被申付事、

一、火事場へ役人之外用事無之もの一切集り申間敷候、但、親類縁者離遁者共出火之近辺ニ在之、不参候ハヽ不叶子細之ものハ、於火事場目付之者へ其段断可参候、見廻ニ遣し候家来等も右可為同前事、

一、三之曲輪者堀内も近ク、家中之家も多候へ者、殊之外火強可有間、万一曲輪之内出火之刻ハ、家中上下三方之門外広場〱に片付罷在、老中指図次第何方へ成とも取懸り、随分働火防候様ニ可仕事、

一、普請奉行・作事奉行一手ニ成火事場へ大工共召連罷出、火本之近辺に有之くつし留メ可然家者見斗、下役之者共随分働せ引くづさせ候様ニ可仕事、

一、火消道具役人之事ニ候得ハ面々ニも可致支度儀ニ候得とも、不足成物ハ相改、作事奉行支度申付置用立候様ニ仕らせ可被申事、

一、火消道具常々大工小屋ニ指置、出火之節手形等ニて渡し候由相聞、以之外延引成仕形ニ有之候、当番之火消物頭可入道具の品〱は、廻り〱ニ請取置、損候分ハ奉行人方ニ而仕直させ可相渡事、件之通何も被相心得役人共へ可被申渡候、

十一月二日

木俣清左衛門殿　庵原助右衛門殿
長野十郎左衛門殿　大久保新右衛門殿
木俣半弥殿　長野民部殿

これによれば、元禄十年の規定よりも詳細に、諸役における火事に備えての役割が指示されており、傍線部の目付役に関する部分は、基本的に元禄十年の規定に準じているが、第十一条の火事場役人以外の者に対する火事場への参集を規制する条文は、以前には見られないものである。元禄十四年三月に隠居した直興の在国中、十月七日には、二千九百十六戸が焼失するという未曾有の大火が城下南西部で起こっており、この大火の教訓により火事場規定を強化した可能性もある。

この後、享保九年の「御触書写」[65]では、目付衆の役割を、「右ハ出火之節只今迄之通万事相心得、下役共早速場所江罷出、火本等吟味、并組之目印欠ケ附、前後場所働消口等具ニ見分、鎮火之上、下役共見請之趣書付認可被指出候、万事古来之通可被相心得候」と記され、基本的に元禄段階と一致している。

**触の伝達**　家中に対して触れ出される法令は、その軽重により、藩主もしくは藩主の意思を請けて家老の名で発給され、また、臨時の登城についての触は家老から触れられる。その際、軽易な触の伝達には目付役が関与していたが、元禄十二年三月、大老に就任後初めての暇をもらった直興は、入部後間もなく、伝達方法について改めて家老らに指示を出した。次の史料15は、侍中および中小姓・騎馬歩行以下への触伝達の規定の案である。[66]

【史料15】

一、侍中用事ニ而城へ召出し被申刻ハ、知行取之分ハ、用番之衆ゟ明日御用有之間何時御城へ可罷出由手紙認、自分之召仕ニもたせ差越可被申候、尤ヶ様之手紙ハ、毎度右筆共ニ認させ遣し可被申候、各城ニ有之内ハ直ニ勤番之右筆共ニ認させ請取、宿へ為持帰り被申、帰

宅之上家来ニ為持遣し可被申候、退出已後ハ召仕ニ下書致させ、右筆頭之方へ遣し請書致させ取寄、右之通遣し候之様ニ可被致候、夜ニ入又ハ日之内ニても急用之刻ハ、直ニ自分召仕ニ認させ指越可被申候、人数二十人三十人其上も段々大勢有之時ハ、触書一通ニ名書十人廿人程宛も認、何通も書立させ、奥書ニ明日御用之儀有之間、何も何時御城へ可被出由相認、足軽共ニ持せ遣候様ニと被申付、目付共へ出し可被申候、拾人之内外有之人数ニハ、銘々手紙遣シ被申尤ニ候、夫共ニ各召仕斗ニ而不足之時者、足軽ニ為持遣し候様ニ目付共方へ出し可被申候、家中一統大触之時ハ、只今迄之通目付共ゟ相触させ可被申候、

一、中小性・騎馬歩行ゟ以下之分ハ、只今迄之通目付中ゟ相触候様ニ可被致候、

一、親跡式、又ハ養子、或加増・褒美・拝領物、万事之礼事、右之格式可為同前候、是ハ明日何時御城へ罷出何々御礼可被申上由、小勢之時ハ手紙、大勢之時ハ触書ニ認遣し可被申候、此段も中小性・騎馬歩行以下ハ目付中之触たるへく候、尤各手紙ハ先之宛所殿書ニ可被致候、

三月十六日　御書之内　元禄十二年

これによれば、知行取りについては、少人数が対象となる場合は、家老の「召仕」に直接届けさせること、二・三十人以上の大人数を対象としたものは、対象者を列記した「触書」を何通か作成し、また十人程度の場合は、銘々への「手紙（触手紙）」を作成し、目付役を通じて足軽に届けさせること、「家中一統大触」や中小姓・騎馬歩行以下への触は、目付役の名により触れること、また、「親跡式、又ハ養子、或加増・褒美・拝領物、万事之礼事」に関する場合も、これに準じると規定されていた。

しかし、これに対し家老等は、すぐに問題点を意見具申し、直興も家老等の意見により「認直し」をおこない、翌十七日に返答した(67)。問題の部分は、大人数への触伝達方法に関することで、とくに「家中一統大触」の伝達方法は、直興は家老等の意見を受け容れ、「家中一統大触と申儀ハ大方軽キ品ニ而、重キ事ニハ有間敷候間、自然左様之時ハ只今迄之通、目付中之触ニ而も苦ヶ間敷候、乍去、せめて千石以上物頭かつこう迄ハ、各者触書ニも致度物ニ候歴々、尤前々ゟ仕来り候事と申なから、足軽躰ヲ目付共ゟ廻し相触申儀ハ、余麁末なる仕形と存候、今日認直し出し候趣にて、大方滞ハ有間敷と存候、それともに滞申子細も候ハヽ、今一往可被申聞候」と、千石以上と物頭への触は、家老からの「触書」として伝達されることとなったようである。

また、直興は、触伝達の利便のため、「家中町割之書付」を目付中から各家老衆が一冊宛を請け取り置いて、各家老の「召仕」たちへ「用事」がある時に「使割」をさせ、「右筆頭」の三人へも、「町割之帳」一冊を目付役から渡しておくよう命じたのである。この「家中町割之書付」「町割之帳」とは、家中の屋敷配列を地域別に道筋に沿って記録したもので、後に彦根藩では「家並帳」と呼ばれた(68)。目付役により繰り返し「御役所家並帳認替」が行われていたことが、江戸後期においても確認される(69)。

**領内公事、郷中巡見・検見の立ち会い**　先に指摘したように、元禄三年以

降、彦根藩では藩財政の建て直しのため、家中への倹約令の発布、勘定奉行の他に吟味役を設けて財政支出の監察強化をはかり、諸役人の意識改革をはかる施策が実施された。これらは、おもに家中統制を目的として実施されたが、筋奉行や町奉行に関しては、彼らの役儀遂行能力が領内統治にかかわる問題であったため、役儀の見直しがおこなわれた。

次の史料16は、井伊直興が家老らに宛てた領内での公事訴訟に関する規定である(70)。年紀はないが、宛名の連名から、元禄元年から元禄六年の期間のものと推定される。

【史料16】

覚

一、領分郷中・町中共ニ公事沙汰之儀、軽キ出入等ニ而も各さハき被申候趣毎度大帳ニ致置、委細ニ書記置、事済重而何時相尋候共、右之帳面を以委細可被申聞候、件之趣筋奉行・町奉行・目付役之者方ニ而も相違無之様ニ、委細ニ書記置候様可被申付候、

一、郷中小分之さいめ論ニ而も委細ニ吟味、少も非義無之埒明候様ニ可致候、滞候義者、筋奉行・目付之者申談検使を出し、両方立合セ絵図仕らセ、尤証文と引合埒明尤候、品ニより筋奉行・目付同道ニ而其場所へ参、見分様子承届、事済候様ニ可致候、証拠証文無之儀ハ何も別而念入相談之上、非儀無之様ニ申付候儀肝要ニ存候、

一、山公事其外地形高下有之所者、両方立合絵図木形等ニ而も作り、委細ニ吟味埒明候様ニ可致候、事済候上、右之絵図木形紛失無之様ニ致置、重而申分有之刻、証拠ニ相立申事ニ候間、件之通ニ致尤候、并公事さハき申儀ニ付候て、少も損益之考無之、公事大小ニ不寄、少も無非儀正路ニ相さバき候様ニ、筋奉行・目付役之者ニ兼而急度申付被指置尤候、代官・百姓なとにたぶらかされ、不吟味・非儀之さバき少ニ而も於有之者、筋奉行急度曲事ニ可申付候、以上、

十月廿九日

木俣清左衛門殿　庵原助右衛門殿

長野十郎左衛門殿　中野助太夫殿

これによれば、①領内の郷中・町中における公事出入の結果を記録すること、②郷中の境論における現地の「立会」「見分」、③山公事における吟味に際して、目付役も公事解決の証拠記録の保管をおこない処分の公正化をはかること、公事を担当する筋奉行や町奉行と相談したり、また現場に同行して見分に立ち会ったり、「不吟味・非儀之さバき」がないよう勤めることが明記されている。

筋方については、元禄十二年の仏生寺村争論一件により筋奉行の体制強化が図られ(71)、同年九月朔日には、郷中検見や巡見に際して、元禄四年に新設された吟味役が筋奉行に同行していたのを廃止し、「古例」の通り勘定奉行・小頭が同行することに復している(72)。その際、目付役が、①検見に派遣する役人一組につき一人ずつ同行すること、②検見役人の誓詞に立ち会うこと、③検見役人の人選などにかかわることが規定されている。さらに同月二十九日には、筋奉行をはじめ、①「郷中」で用事をする者の勤方について「万事細ニ心を付」けること、②筋奉行が「郷中見回り」を実施する際、「百姓之善悪」や村々での「潰家・破却」の様子を「心懸書留」ること、③その際、筋奉行と一緒に、ただ「附あるき」をおこなうだけでなく、「同役中」が相談し「万事細ニ心を付」けるこ

とが命じられている(73)。

一方、町方についても、同年閏九月朔日に制度改革が実施され、役儀内容についての規定が出された(74)。

これら領内統治にかかわる一連の改革は、たんに統治強化の方向だけでなく、筋方については「困窮之村々ハ心ヲ付」「近年郷民大分沈倫も有之」や、家中足軽たちが「常々於村々不宜儀も有之」との現状認識から、領内統治にかかわる奉行の能力を問うものであり、町方についても「町中衰微不仕候様ニ相考、次第ニ町等致繁昌候様ニ可及了簡事」と規定されるように、町民撫育の観点もみられたことがわかる。この時期の目付役は、彼ら奉行の統治能力を監察し、改革を実現させる役割を担わされていたのである。

**蔵米改・入札の監察**　次の史料16は、年紀はないが井伊直興が年寄中に宛てた書付である(75)。蔵米改・賄方の入札・普請作事入用の勘定・藩の持山材木の払方に関する規定であり、「吟味役人」の役割が記されることから、元禄五年以降のものと推定される。

【史料16】

覚

一、御城米蔵・松原蔵代官前物成、不時ニ中勘定申付、有物等相改、不審ケ間敷事も有之哉吟味仕候様様(ママ)ニ可被致候、時節之儀各考可被申付候、此段筋奉行・勘定奉行・吟味役人・目付之者共ニも可被申渡候、相違成義ハ有之間敷候得共、油断無之為ニも可然候、其内不念相違成儀も有之刻ハ、段々吟味之上様子可被申聞候、

一、賄方ニ而諸色買物之節入札ニいたし、勘定所ニ而吟味役人・目付壱人宛、并今度申付候買物証人等迄何も立合札披、落札相極候様ニ可致候、尤用ニ立不申候物払申節も右同前ニ致候用ニ可被申付候、

一、城廻所々破損又ハ新家出来之節、普請奉行・作事奉行・吟味役人・買物証人何も立合、入用之材木、大工・木挽・屋ね葺等迄諸色之積有増相極帳面ニ記置、勘定之時節引合セ吟味可致候、并大積り帳面ゟ諸色之物入かるく出来申刻ハ、何様之手廻し考ヲ役人共いたしケ様ニ罷成候段ヲ申、又ハ積りゟ諸色入増之刻ハ、猶以如何様之儀ニ而ケ様ニ入増候段相断、件之品々役人共立合、細ニ致吟味候様ニ可被申付候、

一、畳矢倉ニ而新畳并表替致候刻、上中下之表品并縁布糸畳刺等迄吟味役人・買物証人壱人宛も立合、紛敷無之様ニ畳ニ黒印押致勘定候様ニ可被申付候、

一、大工・木挽・屋ねふき着到普請着到前ニ付ケ候様ニ可被申付候、

一、普請方ニ而八尾山・奥之嶋山・小谷山ニ而材木其外下刈柴等迄、用之外所払ニ致候刻、伐元員数相極、同払方共ニ目付へ申付、普請方手代立合払候様ニ可致候、件之目付、七十人之内成程慥成もの吟味可被申付候、并吟味役人・買物証人等も此方隙之刻ハ壱人宛も不時ニ参、其品々を致見分、存寄も有之候ハ、宜方ニ申付候様ニ可被致候、

件之通役人共へ急度可被申付候、

六月十五日

年寄中

これによれば、第一条では、城米蔵・松原米に保管する代官管理の蔵

米の「有物」を「不時」に改める際、目付役が筋奉行・勘定奉行・吟味役人らとともに立ち会うこと、第二条では、賄方で「諸色買物」をする際の入札を、勘定所でおこない、吟味役人・目付が一人ずつ、また元禄四年頃に新設された「買物証人（のちに買物改証判役）」等が立ち合い札を抜き落札者を決めること、第六条では、普請方が管理する藩の持山の材木等を払い下げる際、目付に命じて普請方手代に立ち会い売却することなどが規定されている。藩財政収入・支出の不正を防ぐための監察の役割を担わされていたことが窺える。

**誓詞の差配**　彦根藩では、役職就任に際して職務遂行にあったって遵守すべき箇条を誓約するため誓詞がおこなわれた。役職に関する誓詞の早い事例は元和元年（一六一五）九月十七日付で木俣守安（年寄）が単独で血判した誓詞がある[76]。近世初期の役儀誓詞の実態はまだ未解明であるが、井伊直興は、元禄十年（一六九七）九月二十五日に家老をはじめ、近習諸役人の誓詞文言を改めたのを契機にして[77]、元禄十二年頃までに、各役儀にいたる誓詞規定を整えていった。次の史料17は、元禄十一年七月十日に定めた誓詞に関する規定である[78]。

【史料17】

起請文宛所之覚

一、家老中・用人中・奥詰、ケ様之類之誓詞ハ、向後我等へ直ニ差出し申心得ニ而、上之字之宛所ニ而可仕事、
一、大身之面々人により宛所、上之字ニ相認申、是非も可有之候、此段ハ至其時相伺可有之事、
一、給人之分再小性・中小性・歩子共ハ、家老中宛ニ可仕事、
一、用人方支配之分ハ、尤用人中宛所ニ可仕事、
一、給人諸切米取共ニ不断之用事、或ハ役儀之上ニおいて家老衆・用人方両ゟ常々用事申付候もの共之儀ハ、家老中・用人中連名之宛所ニ可仕事、
一、軽キ者共之儀ハ、その支配人頭々之宛所、目付之者も書入可申事、
一、侍分之もの、格ニ依用部屋之内、或ハ中之間辺、同所次之間なとニて判形・血判致させ可然事、
一、誓詞仕候用事之品ニより、奥詰之者も宛所ニ書入可然候、其段ハ其時ニ至り伺可有之事、
一、誓詞宛所之面々列座之前ニ而、判形血判致させ可申候、品ニより奥詰之ものも出合可申候、尤、目付之者ハ毎度罷出可申事、
一、軽キもの共之誓詞ハ勘定所へ出し、目付之者壱人、并此度申付候誓詞相認候役人壱人、硯箱等持参、并其筋之頭之支配人罷出、誓紙方之役人前書神文等讀聞せ血判致させ、其上ニ而、目付之者再誓紙方之役人立合用部屋へ致持参、血判之面用人中へ是を見せ、相済候ハヽ、上封年号月日等相認、誓紙方役人ゟ目付之者へ直ニ相渡し、目付中ゟ勘定方之役人へ相渡し、勘定蔵へ納置可申事、
一、侍中之誓詞ハ、目付中へ請取、誓詞箱之内へ納置、不断ハ目付之もの部屋ニ指置、火事等之節ハ、兼而所ヲ役人申談置、何レ之蔵へ成共入候様ニ可仕事、
一、誓詞仕もの有之刻ハ、前日ニ目付中ゟ相触、尤精進ニ而清め罷出可申候、侍分之者ハ上下着罷出、判形・血判等可仕候、何レも列座之面々ニ者、上下着仕ルニ不及候、

真野彦介　朝倉金弥

右両人之者、物而起請文前書神文等認候用事、唯今役儀之上ニ相兼申付候間、向後誓詞仕ルもの有之刻ハ、前書神文等右筆跡ゟ認出し候様ニ可仕事、

一、誓詞仕もの有之刻ハ、血判之上其もの丶誓詞前書之ひかへ壱通ツ丶相認、誓詞方役人ゟ其座ニ而、毎度相渡し候様ニ可仕事、

一、起請文血判致し候もの在之刻ハ、両人之内壱人并目付壱人、誓詞仕候もの丶傍左合ニ罷在、前書神文等讀聞せ、本人江相渡し判形・血判・名名字等相認させ可申候、無筆之族江ハ右之品傍ニ而書遣し、判形・血判斗本人ニ記させ可申候、尤目付之ものハ傍ニて判元見分、

一、血判相済候ハヽ、誓詞方役人列座衆中之前へ誓詞持参、血判之所銘々ニこれを見せ、其上ニ而右筆所へ持参、封年号月日等相認、目付中へ直ニ急度相渡候様ニ可仕事、

一、誓詞方両人之役人、役人手前ニ此度ゟ段々相改候誓詞前書之文言留帳一冊拵置、留書ニ相記指置候様ニ可仕事之通、有増ケ様申付候、此上書加可然事も候ハヽ、何も相談之上宜被申付候、

七月十日

木俣清左衛門殿　庵原助右衛門殿
長野十左衛門殿　中野助大夫殿
西郷藤左衛門殿　木俣半弥殿　三浦内膳殿
長野民部殿　石居半平殿　大久保新右衛門殿
犬塚求之介殿　吉用隼丞殿　沢村角右衛門殿

この規定では、誓詞の宛所、血判の場所・方法、誓詞の立ち会い、誓詞の保管、誓詞役人（この時に新設）の役割などについて記されているが、傍線部のように目付役の役割が重要であり、次のように整理できる。

①誓詞の該当者へは、前日に目付役から触により通達すること。

②誓詞を行う際には、宛所となる支配役が列座の前で行うが、その際必ず目付役も立ち会い、誓詞役人・目付役各一人が本人の左に着座し、誓詞をおこなう者に対して、誓詞の「前書・神文」を読み聞かせ本人に渡し、判形・血判させ、目付役が「判元」を確認し、誓詞役人が列座の支配役に見せたあと右筆所で年号月日等を記入の上、目付役に引き渡すこと。

③「侍中」の誓詞は目付役が請け取り、「誓詞箱」に入れ「目付之もの部屋」に保管すること。

④軽輩の者の誓詞は、目付役・誓詞役人各一人、その支配頭の立ち会いのもと勘定所でおこない、血判の部分を用人役に見せた上で、誓詞役人が封をし、目付役を通じて勘定方に渡し「勘定蔵」に保管すること。

つまり目付役は、「侍中」や軽輩にかかわらず誓詞を行う際の一連の差配（触伝達・立会・保管）をおこなっていることがわかる。[79] 目付役は、「由緒帳」による履歴管理とともに、藩士が役儀を勤める前提となる誓詞においても重要な役割を担っており、目付役における人事管理機能の重要性が確認できる。

**人員・勤務体制**　近世前期までの目付役の人員は、寛文頃から八人から十人程度で推移したが、「由緒帳」編纂が始まる元禄三年十二月以降、大きな人員交替・増員があり、元禄四年六月十五日には十三人、元禄八年八月二十三日には十六人を数えている。この間、彦根藩では諸役職の

職制が規定されていき、目付役の職掌も定まってきた時期と考えられる。

その後、元禄十二年になると二月二十五日に入部した井伊直興は、四月三日、諸役人とともに目付役の月番体制を指示した[80]。その後、同年閏九月頃までに、勘定奉行・筋奉行・町奉行などの職制を規定し、ほぼ直興在世中の職制改革は終息に向かった。

元禄十二年四月から同年閏九月にかけて、目付役八人の他役への役替え、九人の新規任命という大幅な人員交替を実施し、さらに元禄十四年五月までに目付役在任八人（五人は元禄十二年に新規任命された九人の内）の役替えを実施したのである。そして直興は、元禄十四年三月五日に隠居し、家督を嫡子直通に譲る。直興の隠居後、目付役の人員は六人まで減員し、のちに江戸中～後期は十人から十二人で推移する。元禄期の職制改革は、「由緒帳」の編纂を契機に、直興主導で推進されたが、その終結は彼の隠居と無関係ではないであろう。彼の藩政改革に対する意思がほぼ達成されたことが、彼に引退を決意させたと考えられる。

### (2) 目付役職務の確立

**目付役の誓詞**　元禄期に整備された諸役についての誓詞は、正徳四年の井伊直惟の藩主就任（代替わり）を機に提出された以降のものしか伝わっていない。誓詞は、たんに法度の遵守や役職の公正実行を誓約する文言だけでなく、職務内容に関する文言も含まれている。記載文言は役職によって変化し、また同じ役職であっても、職務権限の変化により文言が変化し、近世中期以降の各役職における職務の内容・権限のおよぶ範囲などが窺える基礎史料であるため、職掌を検討する上で重要となる。

目付役の誓詞では、正徳五年四月二十五日に箕形物左衛門が家老中に宛てて誓約した誓詞[81]が、現存中もっとも古く、慶応四年閏四月七日に田中謙二・大堀小右衛門が家老中に誓約したものが最も新しいものである[82]。この間、目付役については基本的に文言の変化はなく、職務の内容、権限範囲などには、大きな変動がなかったものと考えられる。

これらによれば、近世中期以降における目付役誓詞から伺える職務内容は、次のように整理できる。

第一条：①奉公第一、②一味徒党の禁止
第二条：①一人立御用は口外禁止、②御作法向きに留意
第三条：①「御尋」に対する公正な返答、②家中衆の行跡監察と家老・藩主への報告「家老中迄内証申達」「品ニより直ニ可申上」　附、行跡良好な者の評価にも留意
第四条：①勘定所・諸役所の監察、②同役中の合議と道理重視。
第五条：①礼物・音信の受取禁止、②奢りによる不礼・不義の禁止

この内、第一・五条は他の役職においても見られる内容であるが、第三・四条は、目付役の職務内容を端的に示している。第三条は、前述のように、家中衆の善悪の品を日頃監察し、「御尋」に対して依怙贔屓なく答えることであり、その際、家中衆の宜しからざる風聞は「内証」で家老に申し達すこと、また内容によっては藩主に直接申し上げることが特徴である。第四条では、勘定所と諸役所を監察することが規定されている。とくに勘定所が他の諸役とは異なり、具体的に挙げられているのは、勘定所が藩財政を管掌する重要な役所であるだけでなく、町方・筋方の評定や吟味・仕置筋の申し渡しや、賄方が物資調達をおこなうため

実施する入札の場となっており、それらに目付役が立ち会うことが定められていたからであろう。

**内目付役との関係**　「内目付役」の設置は天和四年（一六八四）頃と考えられ、当初は「御内証御目付」と呼ばれ、土田文右衛門・渡辺角之丞・山下藤兵衛・佐原善十郎・岡勘左衛門・後閑新九郎の六人が任命された。(83)元禄元年から同三年に任命された高田吉兵衛の場合は、日光普請のため三年間日光へ詰めた際、「御内御目付役」を任命され、元禄三年十二月以後、佐原・後閑と交替で任命されたと考えられる一瀬弥惣次と中村源蔵の役職名は、「御内御目付役」となっており、元禄初年頃を境に、「御内証御目付」の呼称が「御内御目付役」と変化したことが窺われる。但し、この名称変更が職務内容の変化によるものかどうかを確認する史料を見いだせない。

内目付の職務は、成立当初の職務内容を確認することはできないが、江戸後期の誓紙文言(84)によれば、第一条では御前の「御為第一」に奉公すること、一味徒党を禁止することが規定され、第二条では「壱人立」あるいは「御隠密」御用の守秘義務が規定されるが、この部分は目付役とほぼ同文であり、目付役では第二箇条の末尾に「并諸事御作法向猥成儀無之様ニ毎度相考、不依誰其品々指控不申毎度相達、不作法無之様ニ可仕事」と、「諸事御作法」を守ることが加えられている。

注目すべきは第三箇条で、「又者町・郷中之儀不宜取沙汰有之候者、弥心懸承届、御家老中迄可申達候」という部分は、目付役の誓紙には見られない文言である。この箇条は、「惣而御家中衆之儀」についての監察を規定したものであり、家中衆に対する監察範囲を、城下町に限らず「郷中」に拡大したものと考えられる。目付役の誓紙では、この「郷中」の表現がなく、逆に目付役では監察の内容を家老中まで「内証」で申し達すること、また「品ニより御直ニ可申上候」ことが規定されており、「諸傍輩中・・」以下の部分は第五箇条目に規定されている。

つまり、目付役と内目付役の権限を比較すると、目付役の方が藩主に対して直言できる立場にあり、また家中がおこなう「諸事作法向」の監察や、勘定所・諸役所への監察など、家中の平常役儀についての監察が中心であるのに対し、内目付は、家中の職務外の私的な遊興・外出などの日常生活にまで及んでいたと推測される。これは、『彦根藩井伊家文書』に残る、内目付から側役衆中または家老中へ提出された風聞書・返答書・報告書などでは、町方・普請方・筋方・改証判方などの下役についての報告のほかに、家中の家出・服装・夜遊び・女遊び・家中妻女の行跡・姦通などの内偵報告が見られ、目付役の報告書が役職異動や処分量刑に関するものなど人事に関するものが多いのに較べ、家中の日常生活における素行に関するものが多いことからも裏付けられる。前述したように、内目付役の成立以前に見られた歩目付の職掌に類似するものと考えられる。

目付役は日々の役儀を中心に監察を行っていたが、場合によっては、内目付役と同様に家中の日常生活におよぶ監察も行っており、(85)その際、江戸後期では、内目付役と同時に監察・調査の命令が藩主から側役を通じて出されていたことが知られる。次の史料18は、天保六年閏七月二十三日に、井伊直亮の側役犬塚外記から在江戸の側役舟橋右仲にあてたものである。(86)

【史料18】

御書付拝見仕候
一、御直書　壱通　御目付へ
一、同　　壱通　御内目付へ
右ハ貴様より拙者方迄被指越、件之両御役方へ拙者より相渡候様与之御儀ニ而、貴様へ御直書御下ケ被遊候ニ付、御写被指廻奉拝見、被仰付之趣奉畏候、依之両御役申遣、御目付薬袋主計・御内目付池田次郎八へ相渡申候所、両人とも、謹而頂戴仕候、則、御目付役御請之儀ハ、今朝薬袋主計持参被指出候間、指上申候、宜取計御指出可被下候、御内目付之儀ハ自分ニ指出候趣ニ付、定而其地之御内目付より可指出と奉存候、此段御披意得御意度如此御座候、以上
閏七月廿三日　　犬塚外記
舟橋右仲様

当時藩主直亮も在江戸で、在彦根の犬塚に対して、藩主の直書二通を目付・内目付へ渡すよう指示されたので、それぞれへ確かに渡し、写しを彦根の側役で拝見したことを伝える。内容は記されていないが、次の同日付けの史料19(87)に関わるものと考えられる。

【史料19】

犬塚外記ヲ以御下ケ被遊候御直書、謹而奉拝見候、被　仰出之御趣奉畏候、猶□□ニ付、御察当之御趣奉恐入候、今便何角も可奉申上之処、未タ取調出来兼候儀も御坐候ニ付、暫御猶予奉願上候、
右、恐至極ニ奉存候得共、謹而奉上書候、以上
閏七月廿三日　　御目付

目付役は、側役犬塚外記から渡された直書の内容は了解したことを（側役を通じて藩主に）伝え、「御察当」、つまり藩主の御叱りは、ごもっともだが、まだ取調が出来ていないので猶予を願った。そして、間もなく調書を届けたようだが、その内容が不備であるため、同年九月二十一日になって、次のように再度調書を届けた(88)。

【史料20】

先日風俗之義ニ付御直書頂戴仕、御答書奉指上候処、尚又御直書頂戴仕、謹而奉拝見候、先日御答書面ニ、当時者穏、又者大ニ静ニ成恐服致し、又者□と取□□等之申上候者如何之儀哉、先達而も夫々被為仰付候へ者、別而念入可奉申上筈之処、申抜なる文意と被為思召、既ニ武十郎・右膳儀ニ付、下役人共之風聞書ニ者余程之儀ニ御座候処、御役前之身分懸念無キ儀ニ付、尚又今便御尋被仰出、尤当時者少し慎候処ヲ申立、何歟取□ケ間敷申上方御不審ニ被為思召、右ニ而者、御尋之詮も無御座候間、近来相慎候より以前之猥成風俗委可奉申上旨、且拙者共ニ者不押包、有躰ニ申上候御役前ニ御座候処、不心得之儀、御取捨者御上ニ御座候間、差略不仕有躰之趣白地ニ可奉申上旨、被仰出之御趣、謹而奉畏、乍恐御答左ニ奉申上候
（以下略）

これによれば、直書による取調命令は「風俗」についてであり、当初目付役から提出された調書は、「下役人共之風聞書」とは異なっており、「申抜なる文意」と判断されたことがわかる。この「下役人」は目付役配下の足軽である可能性もあるが、直書で調査を命じられた経緯から判断すれば、内目付役の情報も含まれると見られ、家中の素行に対しての

監察にあたっては、より内偵調書の公正を期すため、目付役と内目付役の双方から調書を提出させていたと考えられる。この結果、問題となった一人「(奥山)右膳」は、十月六日に「平日遊惰ニ相暮、其上身柄不似合不宜致夜行、近年追々被仰付茂有之候得共、別而相慎可申処、以之外不届至極ニ付」という理由で、「急度閉門」を命じられたのである。

**目付役への諸届**　彦根藩の家中は、近世後期には持馬の異動・養子縁組・勘当・縁組・湯治・月代歩行・隠居・忌引・改名・役夫出入・離縁・義絶・和談・帳除・二男惣領・伊勢参宮・他所者止宿・屋敷替・家来欠落・五畝替・木之本馬市出立・病気引籠・検見御用出郷・永源寺参詣・江戸詰などに際して、願書および届けを文書で提出することが規定されており、藩士家伝来の史料には、これら願・届の書式を記したマニュアルが確認される(89)。これらによれば、諸願書の宛名は、倅子御目見願書を除き、ほとんどがその支配筋にあたる家老衆宛となっているが、願書に対する許可が出た場合、多くは目付役に届けを提出し、他出の場合は、家老への願書の許可がおりると、出立届けを目付役へ出し、帰着の際にも目付役へ帰着(参着)届けを出すことになっていた。歩行身分のマニュアルは現在のところ確認されていないが、おそらく願書は歩行を支配する用人宛となり、諸届が目付役に提出されたものと推測される。

これにより、彦根藩では、家中の異動や他行に関して、家老役または用人役への願書と目付役への届という二重の確認が行われ、「由緒帳」とともに徹底した文書主義が導入されている実態が確認できる。

この他、目付役の重要な役割として、家老・用人への触伝達、能役者・在京在大津・在村家中への触伝達、家中への指紙、足軽の人事管理、城下巡察、切米渡しの立ち会いなどが見られるが、分析については今後の課題としたい。

## おわりに

以上のように、江戸中期までの目付役の形成過程を中心に考察を進めてきたが、本稿の冒頭で述べた前嶋弥次右衛門の「死諫書」に立ち戻って、江戸中期までの彦根藩目付役の特質を整理し、若干の課題と江戸後期への展望を述べてみたい。

彦根藩は、元和・寛永期の加増により、藩領域の拡大と同時に、家臣団を増強し、新たな家臣を内部に取り込んでいった。江戸前期の目付役の役割は、こうした新たな家臣や、当時の社会状況が生み出した「かぶきもの」などを監察・統制するものであった。しかし、彦根藩においては十八世紀以降になると、知行取り家臣団の新規召し出しが減少する傾向にあることが指摘されており(90)、世襲制による内部のみによる再生産を繰り返す閉鎖的傾向にあった可能性がある。近年の家臣団研究の中では、下級武士層の流動性が指摘されており、彦根藩については今後詳細な分析が課題であるが、そのような閉鎖的傾向により、当時抱えていた藩の財政的窮乏という課題に対処しうる人材が不足し、各役職における行政能力に問題点を生じていた可能性も考えられるであろう。

元禄期の井伊直興による職制改革は、当時の藩財政窮乏という現実のなかで、この事態を打開するため、役人の意識改革をおこなうことを目的として実施された。その改革は、元禄四年の「由緒帳」編纂を契機に広範な役職に及んだが、なかでも目付役の果たす役割は、これに先立つ天和二年の内目付役の成立とも関係しながら、「由緒帳」を基本とした家中の監察・人事管理に集中していき、彦根藩の官僚制の根幹として位置づけられていった。人事において閉鎖的傾向のある社会の中では、いかに、その内部の行政担当者の能力を高めながら再生産させるかが問題であったのではないだろうか。そのためには、家臣の役儀に対する意識を高める必要があり、家格だけではなく、役儀能力に応じた人材登用の道を開く必要があった。彦根藩における役儀重視の改革は(91)、政治支配層である家臣団の再生産にとって必要不可欠なものであり、その人事管理の根幹となる目付役の職務の停滞や不正は、藩の存亡にもかかわることであった。冒頭に紹介した、前嶋弥治右衛門が「死諫書」で指摘していた目付役の重要性は、この点にあったのである。

しかし、こうして元禄期に職制が確立した目付役は、約半世紀を経た寛延二年（一七四九）頃には、正常に機能しない事態に陥っていた。その原因は、目付役の頻繁な人員交替にあり、いわば人事管理をおこなうべき目付役の人事そのものにある、と前嶋は指摘していた。また、目付役は家臣の勤務状況や各役職から得られた情報をもとに、藩主への諫言をすべきであると前嶋は要求し(92)、それを為しえない当時の状況を打開するため、彼はその立場にはなかったが、死をもって目付役の代役を果たしたのである。彦根藩では前嶋の「死諫書」を請けて、藩主井伊直幸の時代には積極的な人材登用政策をおこない、積極的な藩政改革を実施したのである。

本稿では、元禄期の藩政機構改革のなかでの目付役の位置づけを中心にみてきたが、その改革を主導した藩主井伊直興の意思決定には、「奥詰」や「小姓衆」が関与していることが窺われる。とくに前者は、のちに側役として位置づけられ、藩主の意思決定に重要な役割をはたした側役形成過程の問題が追究されなくてはならない。また、幕藩官僚制論の中では、幕府・諸藩において享保期以降に財務官僚を中心に大幅な改革が実施されたことが指摘されてきたが、彦根藩の事例では、すでに元禄期に財政問題から官僚制改革への取り組みが行われていた実態が明らかになった。しかし、この彦根藩の徹底した人事管理を中心とした改革動向が特殊な事例なのかどうかは問題である。参考とすべき先行する藩の存在の有無や、幕府内部の動向も再検討する必要があろう。これらの問題は、今後の課題としたい。

**【注】**

1　「三諫録」（「彦根藩井伊家文書」、彦根城博物館蔵）所収。前嶋弥次右衛門は、この諫書を親類に託して、同年四月三日に自害して果てた。通常であれば、前嶋家は絶家になるところであったが、彼の死は公式には「病死」とされた。実子善次郎に五十石減知で二百五十石の相続が許され、宝暦五年（一七五五）には、「親弥次右衛門義、見性院様（井伊直禔）へ段々忠義之志を以諫書ヲ差上候子細」があるとして母衣役を命じられた。さらに安永三年（一七七四）には、勤務滞りなく江戸詰も勤め、かつ「御子細」もあるとして五十石を加増され、親弥次右衛門の分限に復した。なお、この史料を最初に見出されたのは、彦根城博物館における彦根藩資料調査研究員会の「武家の生活と教養研究班」において、「18世紀彦根藩における中級藩士の政治意識—前嶋弥次右衛門『死諫の書』を手がかりとして—」と題する研究報告をされた宇野田尚哉氏である。宇野田氏は、前嶋を彦根藩における徂徠学派の一員として位置づけ、中期以降の藩政運営に彼らが深く関与していった動向を明らかにされ、前嶋の「死諫書」がその契機となったと指摘された。

2　幕府の大目付・目付制度については、松平太郎『江戸時代制度の研究』（大正八年、のちに進士慶幹の校訂により『校訂江戸時代制度の研究』柏書房、一九七一年）、近松鴻二「目付の基礎的研究」（児玉幸多先生古希記念会編『幕府制度史の研究』所収、吉川弘文館、一九八三年）、藤井譲治『江戸時代の官僚制』（青木書店、一九九九年）などがある。

3　松代藩を素材とした基礎研究として鈴木寿「目付考」（『史料館研究紀要』三、一九六〇年）、熊本藩の官僚制の中で目付に言及された鎌田浩『熊本藩の法と政治』（創文社、一九九八年）などがある。

4　「彦根藩井伊家文書」（彦根城博物館蔵）の内。詳細は後述する。

5　「彦根藩井伊家文書」（彦根城博物館蔵）の内。

6　「木俣守安他宛井伊直孝書付写」（『新修彦根市史』第六巻 史料編 近世一所収、三〇四号。以下、『新修彦根市史』第六巻、三〇四号と略記する。）の内。

7　「（正保元年）申十二月十九日書下写」（『久昌公御書写—井伊直孝書下留—』五三号、彦根市教育委員会、二〇〇三年。以下『久昌公』五三号と略記する）。

8　「寛永二十一年十一月廿五日書下写」（『新修彦根市史』第六巻、三五五号）に「一、松居善太夫只今迄之役目付　松居武左衛門」とあり、松居武左衛門に交替を命じているが、由緒帳では確認できない。また、慶安二年二月四日には目付役として松居武左衛門の名は見られない。

9　「慶安二年二月四日書下写」（『久昌公』一二一号）。

10　「木俣守安他宛井伊直孝書付写」（『新修彦根市史』第六巻、三九三号）。

11　「（慶安二年）六月五日書下写」（『久昌公』一二三号）。

12　「慶安二年十月二十八日書下写」（『久昌公』一三一号）。

13　「井伊家伝来典籍」（彦根城博物館蔵）。

14　城下町南部に接する平田村。現在の彦根市平田町。

15　「（承応三年）午九月四日書下写」（『久昌公』一九五号）。

16　「年寄衆他誓詞前書写」（『新修彦根市史』第六巻、三一六号）。

17　「（正保三年）十一月廿八日書下写」（『久昌公』七一号）。

18　「御法度類并風俗ニ付御示留帳」（『新修彦根市史』第六巻、四〇一号）。

19　「同右」（『新修彦根市史』第六巻、四〇二号）。

20　「木俣源閑用状」（「中村達夫氏所蔵文書」三一二所収）。

一、町中之儀、大久保新右衛門・松居武左衛門ニ相談いたし、町代・横目までニせいし申付可然由申渡候、以上

此書付之通、清左衛門所ニ而主税介・内記・源閑・清左衛門談合仕、新右衛門・武左衛門役者六人へ書付相渡し候筋衆もよひ候て為申聞候、

一、村ニて二人ツヽのせいしも相やめ申候、

日光御名代ニ御社参之時分にて候間、不申付候、奉行ニ参候衆ハ村之百性共ニせいしいたさせ度由被申候へとも、きりしたんの宗旨ニハ日本のせいし不用候間、無用之由申付候、当巳ノ正月廿三日之御日付ニ而、御城下并御領内在々目付之儀、御歩衆并伊賀衆被仰付候ニ付而、五ヶ条之御書付只今拝見仕候、就其、今度吉利支丹宗門改之役人ハ、右各相談之ことく余多物頭衆を壱年かハりニ被仰付候様ニ尤ニ候、此うちにてあるき候目付ニも、きりしたん宗旨いろ〳〵のものニなり可罷有候間、聞立申上候様得御意尤候、何分大事之儀ニ而候間、幸八人まてまいり申事ニ候間、得御意を而、其上ニ而せいし可被申付候、

（寛文五年）巳ノ二月朔日　源閑

木俣清左衛門殿

21　伊賀衆が歩行身分に位置づけられたのは、「伊賀歩行由緒帳」（「彦根藩井伊家文書」）によれば、安永二年（一七七三）からである。

22 「御法度類并風俗ニ付御示」（「彦根藩井伊家文書」）。
23 三浦記録「諸役方 二」（「中村達夫氏所蔵文書」）。
24 沢村・増田の両人は当時用人役と考えられる。沢村家では二代目角右衛門が万治二年（一六五九）頃から延宝四年（一六七六）頃まで、増田家では初代次右衛門が寛永五年から万治二年まで用人を務め、同年六月に死去していることから、史料2は万治二年六月以前と考えられ、「歩目付」の成立は万治二年以前の可能性もある。また、増田家の二代目平蔵の伯父与八郎が延宝元年十二月から貞享五年（一六八八）まで用人役を務めており、沢村角右衛門の就任時期と重なる、延宝元年から延宝四年の間とも考えられるが、この時期の役職就任年月日は不確実な点が多いため、今後の課題としたい。
25 「彦根歩行由緒帳 乾」（「彦根藩井伊家文書」）。
26 「井伊直興御書付」（「直孝公直澄公直興公御書写」（「横内家文書」那覇市所蔵）。
27 「御法度并風俗ニ付御示留帳」（『新修彦根市史』第六巻、四一九号）。
28 「井伊年譜」同日条（『井伊家伝来典籍』）。
29 「年寄中宛井伊直興書付写」（『新修彦根市史』第六巻、四二一号）
30 「井伊直興御書付」（「直孝公直澄公直興公御書写」（「横内家文書」那覇市所蔵）。

大泉市右衛門

右之者諸事吟味役申付候、諸役所ニ立入無遠慮損益之考仕、当役之者と無腹臓申合急度相勤可申候、鈴木五郎右衛門・勝俣甚介儀も立合吟味可仕候、

鈴木五郎右衛門
勝俣甚介

右ハ両人只今迄ハ買物証人一役相勤候、向後ハ吟味役をも申付候間、市右衛門ニ相添諸役所ニ立入損益相考可申聞候、

大泉市右衛門
鈴木五郎右衛門

右両人吟味相勤申内、諸役所ゟ出候過銀用人中元入判にて請取、勝手能様ニ手廻シ支配可仕候、件之通可申渡候、以上、

元禄四年
未九月廿四日
用人中

31 「井伊直興御書付」（「直孝公直澄公直興公御書写」（「横内家文書」那覇市所蔵）。

五十嵐軍平

右之者江戸吟味役申付候間、大泉市右衛門両人無腹臓申談役義相務可申候、於彦根相勤候役儀之仕方宜相聞候間、弥其趣相談諸事念入相勤可申候、

福永猪右衛門
元〆役
渡辺庄右衛門

右両人江戸買物証人役申付候間、両人無腹蔵申談并吟味役人四人壱所ニ諸事之致相談念入相勤可申候、於彦根ニ役儀之仕方宜相聞候間、庄右衛門与諸事相談勤可申候、庄右衛門義当役義慥ニ相務申ニ付此度買物証人役申付候間、弥諸事念入慥ニ相務候様ニ可致候、件之趣可被申渡候、以上、

元禄五年申正月廿六日
中野助太夫殿
用人衆

32 「直孝公直澄公直興公御書写」（『新修彦根市史』第六巻、四九三号）。この藩財政悪化の一因は、享保三年（一七一八）七月に井伊直惟が家中上知を命じるため、幕府に「勝手不如意」を届けた際の認識では、直澄・直興の時代に、他家へ奉公を望まない家中譜代の二男・三男を「不便（不憫）」に思い召し抱えたため、「自然与家来江取せ米茂多年ニ掃部頭用事米ハ不足仕、公私之用事共ニ借り銀等ニて手廻致し来り候」という状態となり、

「廿四五ケ年已来」、元禄六年頃から「不勝手」となったとしている（『新修彦根市史』第六巻、五〇一号）。

33　「小姓衆宛木俣守長他連署披露状」（『新修彦根市史』第六巻、三三二号）。

34　『新修彦根市史』第六巻、四二〇号。

35　「長久寺文書」（長久寺蔵）。

36　「年寄中他宛井伊直興書付写」（『新修彦根市史』第六巻、四二三号）。

37　この「御条目」については、天和三年の武家諸法度の可能性があるが、とくに役儀重視を規定した箇条は見られない。

38　原本の伝存状況は、『侍中由緒帳』1（彦根城博物館編　彦根藩史料叢書、一九九四年）の解説（1）、「『侍中由緒帳』について」を参照。

39　「中村達夫氏所蔵文書」。

40　『侍中由緒帳』1（前掲注38）の木俣清左衛門家。

41　「西郷藤左衛門家文書」二六四～二六六・二五六号。

42　「西郷藤左衛門家用聞書付」。「御由緒書書継之下」（「西郷藤左衛門家文書」二六七号）に附属の書付。

43　三浦記録「諸御役方　二」（『新修彦根市史』第六巻、四九四号）。

44　三浦記録「諸御役方　二」（「中村達夫氏所蔵文書」）。

45　『彦根藩井伊家文書』に伝存する最も古い「暮物伺」に関する文書は、明和元年十一月十八日付で、中村伝左衛門（彦根歩行）以下の加増・褒美・役料下賜の正否を、在彦根の用人役から在江戸の用人役へ藩主の意向を伺うため出された「増田治右衛門他二名連署用状」（「彦根藩井伊家文書」八四六二―一）である。その結果、中村伝左衛門の場合、同年閏十二月二十九日に「役儀無滞相勤候ニ付」とあり、褒美として佐野綿弐把が下賜されている「彦根歩行由緒帳　乾」（「彦根藩井伊家文書」六八七）。

46　「午之暮物伺書」（「彦根藩井伊家文書」八六三五）。

47　「用人中宛願書」（「彦根藩井伊家文書」八六三三―一）。

48　「例書」（「彦根藩井伊家文書」八六三三―二）。

49　「西山内蔵允他五名連署伺書」（「彦根藩井伊家文書」八六三四）。

50　「辰年暮物伺書」（「彦根藩井伊家文書」六一〇二八）。

51　評定目付役は、安永十年（一七八一）から文化九年（一八一二）、天保十三年（一八四二）から嘉永三年（一八五〇）の期間のみ設置されていた役職であるため、その他の時期では、元方勘定奉行へのみ尋ねられた。

52　たとえば評定目付役からでは、文化二年の「小沢作左衛門返答書」（「彦根藩井伊家文書」九一七〇―一）「小沢作左衛門存寄書」（「同前」九一七〇―二）の二通、元方勘定奉行からでは、寛政十一年の「元方勘定奉行中存寄書」（「同前」九二二三―一）などがある。

53　「未之暮物伺書」（「彦根藩関係文書」五―二一、彦根城博物館所蔵）など。

54　事件の経緯については拙稿「能役者」（横田冬彦編『シリーズ身分的周縁2　芸能・文化』吉川弘文館、二〇〇〇年）を参照。

55　「目付中返答書」（「彦根藩井伊家文書」九二五五）。

56　「増田縫殿介上達書」（「彦根藩井伊家文書」九二六七）。

57　「某存寄書」（「彦根藩井伊家文書」九二六一）。

58　三浦記録「諸御役方　一」（「中村達夫氏所蔵文書」）。但し、「井伊年譜」では元禄八年の記事として「四月より老中一人ツ、勘定所へ出ル」としており、この史料を元禄八年と推定している。

59　三浦記録「諸御役方　一」（『新修彦根市史』第六巻、三二三号）。

60　三浦記録「諸御役方　一」（「中村達夫氏所蔵文書」）。

61　三浦記録「諸御役方　一」（『新修彦根市史』第六巻、三二二号）。

62　三浦記録「諸御役方　一」（「中村達夫氏所蔵文書」）。

63　三浦記録「諸御役方　一」（「中村達夫氏所蔵文書」）。

64　三浦記録「諸御役方　一」（「中村達夫氏所蔵文書」）。「諸御役方　一」では「元禄十年か」と推定しているが、城代役大久保新右衛門の就任が元禄十二年七月であることから、元禄十年ではあり得ない。

65　中川泉三編「彦根市史稿」三〇、天変地異編、「火消」の項に収録された「竹内承快氏記録」。

66 三浦記録「諸御役方　一」（「中村達夫氏所蔵文書」）。

67 三浦記録「諸御役方　二」（「中村達夫氏所蔵文書」）。

68 『新修彦根市史』第六巻、「二家臣団と家臣」を参照。

69 『侍中由緒帳』9（彦根城博物館編『彦根藩史料叢書』二〇〇三年）の相馬右平次家、享和元年八月七日条。

70 三浦記録「諸御役方　一」（「中村達夫氏所蔵文書」）。

71 本書所収の東谷論文を参照。

72 三浦記録「諸御役方　一」（『新修彦根市史』第六巻、三三三号）。

73 三浦記録「諸御役方　一」（『新修彦根市史』第六巻、三三四号）。

74 三浦記録「諸御役方　一」（『新修彦根市史』第六巻、三三六号）。

75 三浦記録「諸御役方　一」（「中村達夫氏所蔵文書」）。

76 「木俣留」（『新修彦根市史』第六巻、三〇一号）の内。

77 三浦記録「諸御役方　一」（「中村達夫氏所蔵文書」）。

78 三浦記録「諸御役方　一」（「中村達夫氏所蔵文書」）。本文書には年紀はないが、朝倉金弥が元禄十一年七月十日に「誓詞認御役」を命じられたことが「由緒帳」で確認されること、宛名などから元禄十一年と推定できる。

79 「彦根藩井伊家文書」中に現存する誓詞は、正徳四年以後のものであるが、「木俣留」に記された寛文元年（一六六一）の年寄衆・親類衆・中老衆らによる起請文では、目付衆と（大久保）新右衛門・（犬塚）求之介が血判に立ち会っており、誓詞立ち会いは、少なくとも江戸前期から目付役の職務として位置づけられていた（『新修彦根市史』第六巻、三一六号）。

80 「年寄衆宛井伊直興書付写」（『新修彦根市史』第六巻、三二八号）。

81 『新修彦根市史』第六巻、三四八号。

82 「彦根藩井伊家文書」五六五五七

83 「井伊年譜」の貞享元年（天和四年）の記事に、「二月十一日、内目付始ル、土田文右衛門・渡辺角之丞・山下藤兵衛・佐原善十郎・岡勘左衛門・後閑新九郎」とある。「侍中由緒帳」によれば、この六人の内、岡のみが天和四年二月十一日就任が確認され、後閑・佐原・渡辺の四人が「貞享元年」の就任、土田は就任年は元禄四年から数えて「八年以前之子年」としており、天和四年（貞享元年）と推定されるが、役職名は「御内御目付役」と記されている。また、山下藤兵衛の就任について「由緒帳」では確認できない。「井伊年譜」の記事が、何を根拠としたか明示されていないが、「由緒帳」の記述と付合する点が多く見られるため、内目付役の成立は、ほぼ天和四年二月十一日と考えてよいであろう。これより以前、「侍中由緒帳」三十五（「彦根藩井伊家文書」六五五九）では、芳賀津右衛門が寛文十一年から延宝四年の期間内に「御内証御目付」に任命されたと伝えており、「内目付」の成立はもう少しさかのぼる可能性もあるが、これを裏付ける史料は、まだ見出せない。

84 「青木家文書」の内（滋賀大学経済学部附属史料館蔵、本書「史料編」所収）。この誓紙の端裏書によれば、「文政十一戊子二月九日、御内目付役被仰付、頼徳」とあり、彦根藩士青木津右衛門家六代目頼徳が、稽古奉行から内目付役に役替えとなった際に提出したものの控えであることがわかる。

85 年未詳六月付「小姓衆宛木俣守盈他連署披露状」。「木俣留」（「中村達夫氏所蔵文書」三二四の四一）の内。指出の家老連名により、木俣半弥の改名（享保七年六月朔日）から中野助太夫の家老就任（享保十一年十月朔日）までの間と推定される。

御目付中書付奉入御覧候、御目付中申聞せ候趣、去年已来取沙汰仕候得共、慥ニ色ヲも相知不申、御目付中も不申聞候故、其通ニ見合罷有候、御在城被遊候者、自然と徒者も無之様ニ可相成と存寄罷在候処、此比ニ至、徒者誹回相止不申候、町人・座頭なと之頭ヲも打擲、或ハ侍分之者見懸ケ候而もなふりかけ申趣、侍分之者なと者、中々そ忽之仕形不罷成、却而徒者共肩ケかましき儀在之様子ニも取沙汰仕候、畢竟不行跡不所存故之夜行徒事ニ候へハ、御家中之子共躰之仕形ニハ不相応、以之外成儀

共ニ奉存候、御目付中書付ニ而申聞候、已後御内目付之者共ニも様子承
届候之処、此間書付指出し申候人数多相見へ申ニ付、尚又御目付中へも
申渡、及承候趣書付指出候様申渡候、追而書付指出シ可申と奉存候、
（一箇条中略）

六月（年未詳）　木俣清左衛門
宇津木治部右衛門
木俣半弥

御小性衆

86　「側役犬塚外記用状」（「彦根藩井伊家文書」四一三〇三）。
87　「目付役上書」（「彦根藩井伊家文書」四一三〇五）。
88　「目付役上書」（「彦根藩井伊家文書」四一一八四）
89　寛政十一年七月の「已未七月万覚書」（「横内家文書」、那覇市蔵）、「諸事願届証文之案文」（「青木家文書」の内、藩政五―一七、滋賀大学経済学部附属史料館蔵）。
90　『彦根市史』上冊、第四編　第五節、表4―8（一九六〇年、彦根市役所）。
91　彦根藩における役儀重視の傾向は、江戸後期においても変わらず、文政十三年（一八三〇）の「家中役附帳」によれば、歩行以上の役儀就任者が四五六人あり、文政十一年の「分限帳」に記載された歩行以上の武士が九二七人であることから約五〇％が役儀を勤めている。また足軽を支配する物頭の武役を務める中堅クラスの藩士三五人の内、二八人が役儀も兼帯しており、いかに役儀が重視されたかうかがわれる。
92　幕末期の藩主井伊直弼も家臣からの諫言・諫書を重視し、目付役が諫書を提出したことを契機に側近として登用され、のちに側役に抜擢された事例がある。拙稿「井伊直弼の政治行動と彦根藩―意思決定と側近形成過程を中心に―」（佐々木克編『幕末維新の彦根藩』サンライズ出版、二〇〇一年）を参照。

# 彦根藩の水運政策と船奉行

## ―十七世紀後半期を中心に―

東　幸代

## はじめに

琵琶湖の近世水運史は、戦前の『滋賀県史』[1]や郡志等での言及以後、琵琶湖全域を視野に入れた喜多村俊夫の多くの論攷[2]によって、基本的枠組みや種々の論点が提示された。しかし、戦後は、一向一揆研究の進展のなかで、中世における堅田の特権とその近世段階における変容の問題に関心が集中した[3]。その後、一九七〇年代の自治体史編纂事業にともない、豊臣政権期に成立した湖水船奉行、艫折廻船、大津百艘船の諸制度に近世の琵琶湖水運の特質を見いだそうとする研究が進められた。現在の琵琶湖水運史研究の多くは、これら諸制度の成立期から近世中期にいたる変容過程の解明を主たる課題としている[4]。

一方、近世初頭に成立する彦根藩の水運に関する研究では、「三湊」と称される松原・米原・長浜湊の機能と周辺湊との関係、各湊の状況、彦根藩と湖水船奉行との関係等が指摘され、特に近年は、各湊の構造解明が進展しているが[5]、これらの成果のなかで最も知られているのが、享保年間の大津百艘船と三湊との船積争論の結果、百艘船の特権が後退する事実であろう。

近年、母利美和は、両者の争論の根本的原因を、江戸幕府が他藩にはない例外的措置を彦根藩に対して認めた点に求め、従来の研究で主要因とされた北国経由の積荷の減少を、両者の均衡を破る契機であったと位置づけ直している[6]。氏の成果は、当該期の琵琶湖水運における諸問題を、彦根藩の水運政策の問題としてとらえ直す必要性を示唆している。

本稿では、彦根藩と大津百艘船との争論が本格化する十八世紀以前の彦根藩の水運政策を、湖水船奉行と彦根藩との関係、及び、彦根藩の輸送力の実態に注目することによって明らかにする。これまで、前者については、「一、私領分之舟、湖水舟奉行支配ニ無之、前々より拙者家来舟方之役人申付、舟之極印仕、支配致させ候」[7]という藩主の主張等を根拠として、彦根藩が湖水船奉行の支配下になかったことが指摘されている。

また、湖水船奉行が作成した船数改帳に、彦根藩領内の船数が記されていない[8]事実等から、「彦根領内は湖上《(水)》船奉行の支配外といった理由もあろうし、また軍機の必要から彦根藩でその数を秘したこともあるであろう。[9]」と、湖水船奉行からの完全な独立すら推測されてきた。後者については、彦根城築城後、三湊は、彦根藩の年貢米・蔵米や人・物資輸送のための主要湊としての地位を確保し、享保四年（一七一九）頃には、丸子船で松原二八艘（四六五〇石）、米原四三艘（七一二〇石）、長浜六七艘（四五七〇石）の輸送能力を誇るとされているが[10]、その過程について検討されることはなかった。

以上の点に留意した十七世紀後半期の水運政策の解明は、十八世紀以降の船積争論への彦根藩の積極的介入の背景のみならず、琵琶湖水運における彦根藩成立の意義をも明らかにすることとなろう。

# 1　彦根藩と湖水船奉行との関係

**寛文七年巡見使と彦根藩**　寛文七年（一六六七）の幕府巡見使の来藩に際して、藩主井伊直澄は、同年閏二月十八日付の「諸国巡見被仰付御書付陸方衆江」宛てられた八箇条からなる仕置書を写し取り[11]、家老や筋奉行に、「此御仕置之通毛頭油断被申間敷由」を申し渡した。同年三月、前家老木俣源閑《(守安)》は、家老木俣守明に、七箇条に及ぶ意見書を提出した[12]。その二条目から六条目は、仕置書についての意見であるが、次に示す七条目は、別の仕置書についての条文となっている。

一、浦々の儀、御国廻り衆へ被仰出御書付并西国浦方領分ニ在之衆へ被仰出候御書付のうつし《(写)》、此方への被仰渡にてハ無之候へ共、見分被申候様ニと被思召被下候、申付候儀にてハ無之由御書ニ候、右ハ殿様如御意、水海塩海之かハりなく此御書付二通ニ在之間、いかにも被下置候儀御尤ニ奉存候、定而水海の御船奉行芦浦観音寺にて候間、御書付□《(もカ)》出可申候、かやうの儀もうつしを取候て、大法彦根の御仕置ニ入申事可有御座候由御請ニも可被申上候、只今迄も船破損之時たすけふねなとも出し申候、然共礼物なとの極り無之候、かやうの類観音寺へ被仰付候通ニ可然存候、御心付させられ、うつし被下候処ニ不入もの丶様ニ被存間敷候、色々入候事多候、其上公儀之御仕置ニかハりたる儀候哉可被尋由、御国廻り衆への御書付も出申間、大法浦がたの船持御仕置も不相替儀尤ニ候、

浦方に対する「御国廻り衆へ被仰出御書付」と「西国浦方領分ニ在之衆へ被仰出候御書付」の二通への対応の仕方について意見を述べた条文である。前者は、閏二月十八日付「諸国巡見就被仰付御書付海辺巡見衆江」宛てられた十一箇条の仕置書のことであろう[13]。また、後者は、難船救助の際の礼物について述べられていることから、難船の処理等について定めた七箇条の同日付「條々」[14]を指していると考えられる。源閑によれば、この二通の書付は、彦根藩に対して命じられたものではないが、藩主直澄は、「見分」をしておくべきだと判断しているという。まず、ここから、彦根藩は、前掲の「陸方衆」宛の仕置書のみに対応する義務

を有し、「海辺巡見衆」宛ての仕置を命じられていないことがわかる。ところが、「定而水海の御船奉行芦浦観音寺にて候間、御書付□《（もカ）》出可申候」とあるように、湖水船奉行である芦浦観音寺には、「海辺巡見衆」宛て仕置書への回答の義務があるという。また、直澄は、湖水船奉行による回答書を写し置き、難船処理については、幕府から湖水船奉行に命じた通りに従うとしている。彦根藩が写しを作成するのは、湖水船奉行が、彦根藩に対してこの仕置書の伝達を行う義務がないという前提がある。このことから、琵琶湖水運の秩序維持者はあくまでも湖水船奉行であること、また、彦根藩は、仕置を強制されてはいないものの、湖水船奉行の動向を常に意識していたことがわかる。

**幕府船手方と彦根藩**　次に、船数改めについて、寛永年間のものと考えられる幕府の船手役人の用状(15)をみよう。

以上

一筆申入候、然者江州水海浦中船数改差出取申候、貴殿御代官所之船数御改指出し御取候而可給候、則案紙進候、井掃部頭衆へ状越申候間、其元ゟ御遣し候て可被下候、恐々謹言

八月廿二日

間宮三郎右衛門
光信（花押）

小浜久太郎
嘉隆（花押）

石川八左衛門
正次（花押）

観音寺様

幕府から湖水船奉行に、船数の差出が命じられている。文中に見られる井伊氏に宛てた「状」は、内容は不明ながら、同様に、船数の差出を命じるものであろう。仮に、「状」が船数差出令であった場合、この用状からは、彦根藩の船数差出が、直接幕府に対してなされたのか、或いは、湖水船奉行の手を経て幕府に差し出されたかは不明であるが、彦根藩→湖水船奉行→幕府というルートで、船数の差出が行われた可能性が高い。いずれにせよ幕府の船手役人からの用状が湖水船奉行を仲介としていることがわかる。

**船数改帳の提出**　また、船数改帳が、彦根藩から湖水船奉行に提出される場合もあった。元禄三年（一六九〇）十二月に作成された、「井伊掃部頭江州領内湖水船数改帳留(16)」の冒頭には、

一、井伊掃部頭江州領分浦々船之義、権現様御代ゟ先祖兵部少輔《（直政）》拝領地并祖父掃部頭《（直孝）》御加増地共前々芦浦観音寺　船御支配之時分ゟ御届不申上、船相改極印打、今以廻船其外之船共彦根ニ而極印打遣来申候、船役銀も古来ゟ彦根江収納仕来申候

とある。彦根藩領において、湖水船奉行に届けることなく船改めが実施されていたことが記される。ところが、この船数改帳の奥には、「元禄三年午之十二月、彦根御奉行片岡市郎兵衛殿《（船奉行）》・岡頼母殿《（以下五名は筋奉行）》・山田甚五右衛門殿・富上九兵衛殿・藤田四郎左衛門殿・大根田猪右衛門殿御支配之節、大津御代官辻弥五左衛門様江御書上被成候彦根御領分船数御改之御帳」と記されている。当時湖水船奉行を兼任していた大津代官辻守誠に、船数改帳が提出されているのである。

以上のように、彦根藩は、水運秩序の面で湖水船奉行にならい、また、

領内の船数を湖水船奉行によって把握された。ただし、彦根藩には、水運に関する幕府仕置に従う義務はなく、また、船数の届け出は、船改めの実施への介入を許すものではない。彦根藩が独自に領内の船改めの権限を保持していたからこそ、幕府船手役人から湖水船奉行とは別に「状」を受け取り、また、領内限りの船数改帳を作成しえたのである。

## 2　彦根藩初代船奉行の性格と職務

**初代船奉行片岡徳万**　慶長五年（一六〇〇）に佐和山城を拝領した井伊直政は、入封直後に船奉行をおいて領内の船支配を担わせたといわれる[17]。この時に補任された初代船奉行は、片岡徳万という人物である。「侍中由緒帳」の片岡氏の記載には、直政が古沢入封の時分に「芦浦観音寺ゟ御もらい被為成被　召出」、「御舟支配」を仰せ付けられ、百石取りとなったと記される[18]。また、堅田釣漁師が文化八年（一八一一）に彦根藩船奉行に提出した由緒書[19]には、片岡氏が、延暦寺の支配期から琵琶湖水運にかかわる氏族であったことが示されている。

一、湖水之船往古は山門之御支配之由、山門にては角倉坊・金台坊船之事御司取り被成候、則金台坊と申者江州栗太郡片岡村に御知行所有之、常者山徒え御引越被成、堅田釣漁師共御出入致居申候由、慶長年中関ヶ原御陣之節金台坊之御子孫片岡徳万と申御方を御家え御所望に成、其砌釣舟共も御家え御招寄、朝妻川筋え釣舟相詰御軍用相勤申候に付、御領分之浦々にても古格之通釣漁業被為仰付被下置冥加至極難有仕合奉存候、其比より御出入と相成申候御事、

片岡徳万の祖先は、延暦寺のもとで船支配を行っていた金台坊という人物であった。その知行所であった片岡村（現草津市片岡）は、芦浦観音寺の在所である芦浦村（現草津市芦浦）に隣接する集落であるが、右の史料では、片岡徳万と芦浦観音寺との関係については触れられていない。また、観音寺朝賢は、関ヶ原陣の際には西軍に与しており、その家来であった徳万が、東軍の井伊氏に陣の最中に召し出されたとの記述の信憑性には疑問がもたれるが、いずれにせよ片岡徳万が、琵琶湖水運に精通している人物であったことは疑いない。琵琶湖に不案内であった井伊氏が、徳万を芦浦観音寺から貰い受けたことは、彦根藩が湖水船奉行と無関係ではいられなかったことを意味している。

しかし、徳万が「船奉行」という役職についた正確な年代は不明である。「侍中由緒帳」に従えば、慶長六年には既に船奉行の職にあったことになるが[20]、慶長七年（一六〇二）の家中分限帳[21]には、「片岡」の姓をもつ人名が確認できない。また、「船奉行」の職名も見られない。唯一、「御扶持計《取》衆、但隠居共」として十八石十人扶持の「徳満」という人名が見られるが、その役職名は「小物成代官」[22]と記される。しかし、慶長十年には、「片岡徳満」の名がみられ[23]、既にこの年には徳万が彦根藩士となっていたことは確実である。慶長七年の「徳満」は、初代船奉行とされる片岡徳万と考えてよかろう。ただし、「船奉行」の一次史料での初見は、慶長十二年（一六〇七）の家中分限帳[24]である。

**船奉行の職務**　次に、船奉行の職務についてみていく。現在までのところ、誓詞が確認できないため明瞭ではないが、文化七年（一八一〇）の片岡一郎兵衛罷免の際に、「同年十二月十八日、是迄御舟方・御猟方支配被　仰付置候得共、以後両役舟橋源左衛門江被　仰付候間、持来候書物不残源左衛門江相渡、御用向不指閊候様相心得、両御役筋之儀不寄何事源左衛門書付ニ加判致候様被　仰付候」[25]と記される。また、このとき片岡氏に代わって船奉行に就任した舟橋源左衛門は、「文化七庚午年十二月十八日、当御役之上（中筋奉行加役）御舟奉行并水主支配、且浜方魚猟之支配被　仰付、片岡杢之允方之古キ書物其他右御役筋懸り向候留記請取之、念入相勤候様被　仰付候」[26]と「侍中由緒帳」に記される。船奉行は、船支配・水主支配と、漁業支配を担っていた。

**船支配**　船支配の第一は、藩の手船の管理、及び運用である。手船が係留されたのは松原湊の一角で、船方の役所や水主屋敷も置かれていた[27]。こうした手船は、藩主の他出時の供として船奉行が従う際に用いられた[28]。〈表1〉は元禄三年（一六九〇）の手船一覧である。普請用船以外は、用途が記されていないが、軍事用の小早船や、運送用の丸子船があった。初代船奉行片岡徳万は、塩・材木等の御用荷物の運搬にも従事したが[29]、これら丸子船を用いたのであろう。

**表1　彦根藩の手船**

| 船種 | 船数（艘） | 石高（石） | 用途 |
|---|---|---|---|
| 丸子船 | 1 | 220 | － |
| 丸子船 | 3 | 200 | － |
| 小早船 | 2 | － | － |
| 大艜船 | 2 | － | － |
| 艜船 | 44 | － | － |
| 段平石船 | 2 | － | 「普請方石材木土砂薪諸色積」 |
| 艜石船 | 4 | － | 同上 |
| 艜船 | 2 | － | 同上 |
| | 計60艘 | | |

出典：注16史料。

船支配の第二は、領内の在方・町方の船改めである。具体的には、船極印を新造船や改修船の艫板に打ち、判銀と船役銀の徴収を行った[30]。この船改めによって、船奉行は、領内の全ての船を把握した。彦根藩領以外の船は、湖水船奉行によって判銀や船役銀の徴収がなされており[31]、彦根藩がこれらの徴収権を有していたのは、近江国において例外的なことである。恐らく、船奉行設置の段階で、湖水船奉行から船役銀等の徴収権を割譲されたのであろう。片岡徳万の「小物成代官」という職名は、この点に由来する可能性もある。

在方・町方の船支配は、人別支配を担当する筋・町両奉行が関係するように思われるが、正徳三年（一七一三）に筋奉行が、「舟之義ハ片岡市郎兵衛殿支配之事ニ候得ハ、舟一巻之儀者此方ゟ難申付候」[32]と述べていることから明らかなように、筋奉行や町奉行の関与を許さなかった。また、船にかかわる他領との争論において、船奉行が他領の領民からの願書の宛所になっている事例[33]が確認でき、対外的窓口として機能していた。

**水主支配**　こうした船奉行の職務は、「御水主手代」二名、「同加役」一名、「御召船乗役」四名、「御手代り役」四名、「御船方元〆」二名、「御水主」二一名[34]等を使役することで実現された。「水主支配」とは、こうした配下を支配することである。水主の人員は、承応三年（一六五四）の「御水子衆五拾五人」[35]を初見とし、元禄十三年（一七〇〇）には、「一、水主之もの直孝御代ハ五十人有之処、直澄御代廿人へり三拾人有之処、当代拾人増四拾人ニ申付候、是を先代之通へり次第ニいたし、高三拾人ニいたし可然哉[36]」とあり、時期によって増減があることがわかる。彼らは、出陣の際には船奉行に従って水軍を構成した[37]が、日常的には「船小屋番舟役[38]」として松原湊に詰めた。元禄五年（一六九二）には、この「船小屋番舟役」に必要な水主数が「大方弐拾人程[39]」とされており、輪番体制をとっていたものと思われる。また、船改めの際には、水主のうち二名が領内を廻村し、改めを行っていた[40]。

**漁業支配**　船支配、水主支配は、軍事的色彩が強く、船奉行職の成立当初からの職務であったと考えられるが、漁業支配については、いつ頃から船奉行の職務となったかは不明である。また、船奉行が漁業争論の内済などに関与している例[41]はいくつか確認できるが、漁業は人別にもかかわる問題であるため、筋奉行のみが関与する事例[42]もみられ、船支配ほど船奉行の役割は明瞭ではない。

**単独世襲**　なお、後掲の〈船奉行補任表〉から明らかなように、片岡徳万以後、その子孫が文化七年（一八一〇）まで単独で船奉行職に就いている。これは他の奉行職にみられない特徴である。また、片岡氏の嗣子が、父の見習として共に行動した。しかし、文化七年以後は、他職との兼帯職へと移行し、就任人員も複数名になっている[43]。文化七年の片岡一郎兵衛の罷免は、領内の湊に対する金銭の無心が原因であったとされる[44]が、設置から二百年余りを経過するなかで、片岡氏が単独で船奉行をつとめる必然性が薄れてきたことが想定できる。しかし、このことは逆に、この時期までの船奉行が、特殊な役職であったことを示しているといえよう。

## 3　十七世紀中期の彦根藩の輸送力

**三湊の整備**　享保四年（一七一九）、大津百艘船との争論に際して、藩主井伊直惟は、次のように主張する[45]。

一、右領分三湊之儀者城際之湊を松原と申候、城下より一二里程脇ニ米原・長浜と申候而、両湊有之候、右三湊之舟数慶長以前ハすくなく有之処、万一御用之時分運送自由之為、三ヶ浦之舟数多持せ候様に古兵部少輔（井伊直政）江上意有之ニ付領分之舟数多持せ候様ニ申付候、大津へ之上り荷物ハすくなく候故、三湊之ものニ舟数多持せ候儀者難仕、尤舟之儀ハ助力をも加へ相続可仕候へ共、水主之者多無之候而ハ御用之節之滞ニ罷成候故、三湊之もの共渡世相続仕、御用之節舟数も多差出候ためニ慶長年中以来諸浦之例格と分格ニ而、上り荷物ハ不及申、積上り戻り舟之節も、拙者拝領屋敷表長屋之町人共方へ付ケ込候領分着之売人荷物ハ、何方へ相対と申儀も無之積下り申候格ニ古兵部少輔時代申付候、

慶長以前、松原・米原・長浜の船数が少なく、万一御用があった時のために、幕府から井伊直政に船数の増加が命じられた。また、御用を勤める水主の確保のために、三湊の者の渡世を維持させることが必要であった。ところが、当時は大津への上り荷が少なく、三湊の者に多くの船を持たせることが不可能であった。そのため、三湊には、他の諸浦と異なり、上り荷物はいうまでもなく、大津からの下り荷をも自由に積み下

ることが認められたという。この主張からは、慶長以後水運の整備が一気にすすめられたように読みとれる。

**丸子船数の実際**　しかし、実際には、慶長十一年（一六〇六）の彦根城築城に伴って本格的に発展した松原湊を例外として、その他の二湊は、十分な輸送体制が早急に整えられたわけではなかった。例えば、米原湊は慶長八年に開かれるが、その後朝妻・世継湊との争論を経て一端衰微したとされる[46]。また、長浜湊は、元和元年（一六一五）に彦根藩領となるまでは、彦根藩の湊として機能していたわけではない。

承応二年（一六五三）、藩主井伊直孝は、領内の丸子船の数を知り、驚きを顕わにしている[47]。

一、片岡一郎兵衛浦々の丸子船書付指越候、船高四十五艘ニ而候内、松原船弐十弐艘引候得ハ、残而弐拾三艘ニ而候、昨今迄之役銀松原船ともに銀高壱貫五百六十匁四分五厘之由、ふかしからさる義ニ候、左様ニ候得ハ、存之外船数もすくなく候間、（後略）

船奉行片岡一郎兵衛の書付によれば、領内の丸子船は当時計四五艘で、そのうち二二艘が松原湊の船であったという。この丸子船とは、石高の小さい小丸子船[48]ではなく、藩の御用をつとめることが可能な大型の丸子船のことであると考えられる。在江戸の直孝は、領内の船のことを詳しく知らなかったとはいえ、この船数は、「存之外」少ない数であると驚いているのである。

松原湊の丸子船は、元禄三年（一六九〇）に二八艘[49]、享和三年（一八〇二）に二八艘[50]と記録され、幕末期を基準とした場合、数量的には十七世紀中期段階で既に約八割が存在している。松原湊の船は、松原蔵から大津蔵への藩の年貢米の回送を主な任務としており、藩が年貢米輸送の体制を急速に整備したことがわかる。一方、その他の湊の丸子船は、計二三艘であるという。『近江長濱町志』[51]には、正保元年（一六四四）の長浜湊に、「大丸子船」と「小丸子船」が計四四艘存在したとする表が掲載されているが、長浜湊には湖北大浦からの物資輸送に専従する大丸子船が存在し[52]、それを差し引くと、彦根藩の御用を勤める大丸子船は、それほど多くはなかったと考えられる。

**諸浦との比較**　〈表2〉は、湖水船奉行支配下の諸浦のうち、幕府の役儀をつとめた九ケ浦と、彦根藩領内の諸浦の輸送力を、十七世紀中期段階で比較したものである。彦根藩の湊の船数は、松原湊でさえ、必ずしも多いとはいえない。また、その他の諸湊も、計二三艘の丸子船を有す

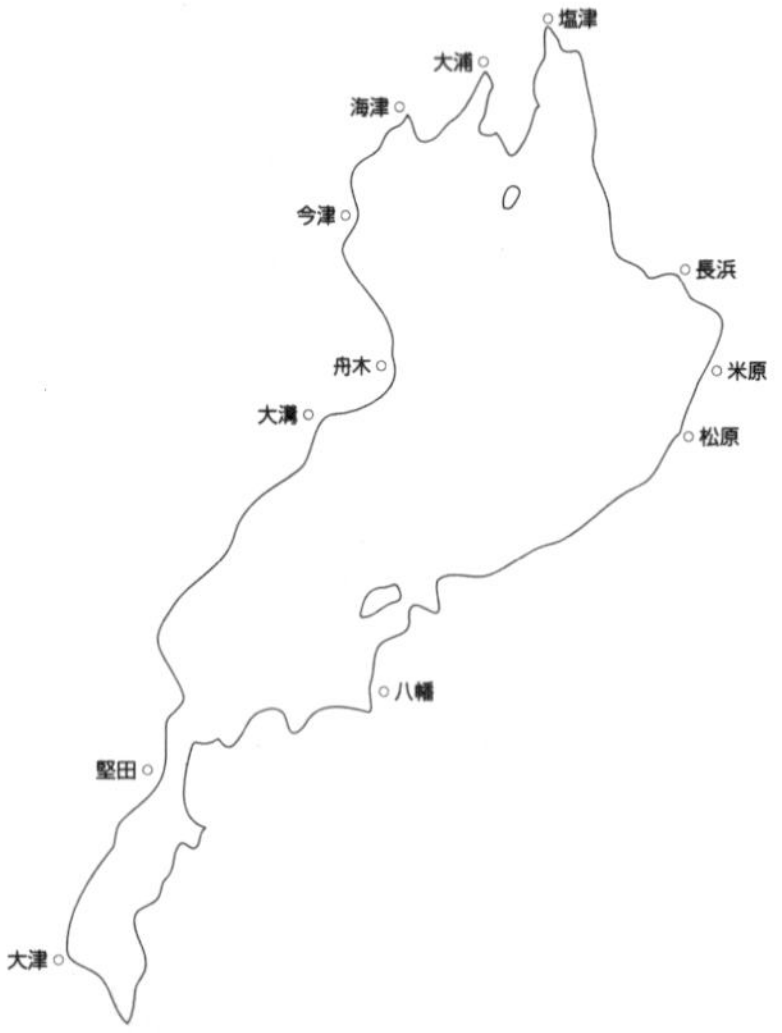

琵琶湖の主要浦

表2　主要浦の丸子船数・石高比較（17世紀中期）

| 1650～60年代 | | |
|---|---|---|
| 浦　名 | 船数（艘） | 石高合計（石） |
| 松原（承応2年：1653） | 22 | 不明 |
| その他彦根藩領（同上） | 23 | 不明 |
| 大津（寛文5年：1655） | 102 | 12640 |
| 堅田（同上） | 47 | 5795 |
| 八幡（同上） | 40 | 4030 |
| 大溝（同上） | 15 | 1755 |
| 舟木（同上） | 25 | 2615 |
| 今津（同上） | 74 | 7949 |
| 海津（同上） | 72 | 8989 |
| 大浦（同上） | 20 | 2380 |
| 塩津（同上） | 125 | 19602 |

出典：注47『久昌公』181、杉江進「近世湖上交通と八幡航路の展開」（木村至宏編『近江の歴史と文化』、思文閣出版、1995年）所収表。

るとはいうものの、湊の規模から、それほど石高の大きな船が存在したとは考えられない。十七世紀中期の彦根藩の輸送力は、湖水船奉行支配の他浦と比較すると、劣位にあったと言わざるをえない。

## 4　十七世紀中期の増船政策

**井伊直孝の増船計画**　「存之外」領内の丸子船が少ないことを知った藩主直孝は、水運の充実のために、承応年間に入り、増船政策をすすめた。承応二年（一六五三）に三通の書下が相次いで発給されている。(53)

一通目の書下は、三月十五日付である。

覚

一、（第一条）浦々丸子舟役銀之書付片岡一郎兵衛ニ被申付被指越候、役銀之儀爰元ゟ其浦所々之様子慥ニ不存、書付斗ニ而ハ何共不被申付候、其元ニおゐて筋奉行衆大久保新右衛門寄合被申、浦々之様子吟味相談可被申付事、

一、（第二条）惣別余船積仕候義、多ハ有之間敷と致推量候、其上舟積荷物多とても領内浦所々ニ船数も無之、往々船もへり不申候ハヽ、先不仕置、第一俄成用も調かね、万ニ付悪敷可有之間、役銀いかにも軽く被申付、船も次第ニ多く成候様ニ仕義肝要にて候間、其考可被申付候、駄賃宿共御伝馬被仰付候へハ、駄賃付役御本国ニ懸申儀ニ而無之候船之公儀之御役不仕候得者、自分ニ召仕候儀も手船候間、指而無之儀故、役銀取申ニ可在之候間、左様成考相談軽々と役銀可被申付候、兎角領内浦々ニ船大小ともニ次第にすくなく成不申、多く成申様ニ申付候所仕置之肝要ニ而候、跡々ゟ之役銀多候ハヽ、引すくなく可被申付事、

一、（第三条）年中召仕候浦々之船、其処之船もち庄屋ニ毎年せんさく被致可然候、万物ニかゝり候もの何程無欲成ものニ而も、一旦ハ勤申ものニ而候得共、往々ハ色々のむさふり有之ものにて候間、片岡一郎兵衛申付候様ニ吟味肝要ニ候事、

一、（第四条）松原船之儀被申越候、城下之儀ニ候得ハ、何時召仕候とも用多可有之間、手船之外ニ船入候刻ハ似合敷程被申付召仕候様ニ可然候間、丸子船大津又ハ諸浦急用之時申付指越候刻ハ、少ツヽ考次第ニ五合ふち斗ツヽとらせ召仕候様ニ尤ニ候間、役銀ゆるし置申所、一郎兵衛書付之通可然候間、相談役銀ゆるし可被申候、其子細ハ城下之湊ニ候得ハ、船数も多又舟持居躰も見苦敷無之程ニ仕処肝要ニて候、ひらた舟なと召仕候儀も急成時ハ入次第、又ハ緩々と仕候時ハ諸浦なミニ召仕候様ニ可然候、必役銀免し候とて船数召仕候ハヽ、結句衰微可仕候間、左様成指引弥一郎兵衛手前舟つかい過さす候様ニ可被申付候、右之通申付候ハヽ、一両年之内ニ松原村ハ迷惑可仕候間、弥居躰も見苦敷成可申候、左様心得可被申事、

一、（第五条）片岡一郎兵衛浦々の丸子船書付指越候、船高四十五艘ニ而候内、松原船弐十弐艘引候得ハ、残而弐拾三艘ニ而候、昨今迄之役銀松原船ともに銀高壱貫五百六十匁四分五厘之由、ふかしからさる義

ニ候、左様ニ候得ハ、存之外船数もすくなく候間、役銀申付可然義ニ候、替々ニ船召仕候分にて指置可然候得とも、海道筋宿々御伝馬役仕義ニ候へハ、船持も其考不申付候得ハ、かたおちなる仕置ニて候間、少ツヽハ役銀可然候、但又役銀不申付候所、以来迄尤成仕置ニ而候ハヽ、役銀不申付、用在之刻番之（ニカ）仕、櫓数次第ニ前之書付之通ニ扶持方取せ召仕候様ニ仕、太躰ハ尤ニ候、役銀諸浦ゆるし候ハヽ、浦々の船もちかたニ而番替ニ申付召仕申ニおいてハ、舟数も次第ニ多なり、万一勢田辺人数召連候義如何なとヽ存候ハヽ、船にてむかひ路へのり移申心もちニも可然と存候、左様成考も致相談尤ニ候事、以上、

巳三月十五日　御印

木俣清左衛門殿　庵原主税介殿
長野十郎左衛門殿　脇　五右衛門殿
岡本織部介殿　筋奉行中

右の書下が発給される前段階に、船奉行片岡一郎兵衛に対して、「浦々丸子舟役銀」（一条目）と、「浦々の丸子船（数）」（五条目）の調査命令が出されたことがわかる。二条目以下は、その調査結果に対する直孝の意見である。

**船役銀**　まず、二条目には、現状では船荷がそれほど多くないであろうとの直孝の認識が示される。もっとも、船荷が多くともそれを輸送する船数が不十分であろうという。ここでいう船積荷物とは、大津百艘船との争点となる商人荷物を差すと思われ、彦根藩が、年貢米中心の運輸体制から脱却できていないことをうかがわせる。船数が少ないと、急な御用に対応できず、万事に不都合であるため、役銀を軽くして船数の増加につとめることが肝要であるとしている。宿場には伝馬役がかけられているため、幕府の役をつとめることのない領内の船には、公平さを期して相応の役銀を賦課すべきであるが、船数の減少を招かないように、あくまでも少額にとどめよ、という指示が出されている。最後に、船数の増加こそが重要であるとの旨が繰り返されている。

二条目と同様に増船の重要性について述べるのが、五条目である。船奉行の調査によれば、松原船を含め計一貫五六〇匁余の役銀を徴収しているというが、領内の丸子船が意外に少ないことと、伝馬役との公平性の維持のために、役銀を少々課すことは妥当であり、その銀高も決して多くはないと述べている。また、従来から役銀が免除されているところには、御用勤めの際には扶持をとらせるなどする必要があるという。諸浦の役銀を免除し、船持を交代で使役するという方式を採用することによって、船数が次第に増加し、万一勢多近辺に供を召しつれることがあった場合にも、船で迎え路に乗り移れる心持ちがするとしている。ここにも、役銀の多寡が、船数の増減にかかわるという認識がみられる。

なお、この五条目を見る限り、直孝にとって、松原湊以外は固有の名称をもった湊として認識されていない。松原湊の特別視の理由は、四条目において述べられる。松原湊は、城下の湊として御用が多く、藩主の手船以外の多くの船が御用をつとめることになっているという。直孝は、御用を勤める船には扶持米をとらせると同時に、役銀を免除すべきであると述べている。この役銀免除は、「役銀ゆるし置申所、一郎兵衛書付之通可然候」とあるように、水運の状況を把握している船奉行片岡一郎

兵衛の意見によるものである。ところが、役銀を免除して扶持米をとらせることは、一方では松原湊の船の酷使につながる可能性があることが懸念され、船奉行に配慮を求めている。松原湊に対してのみ、他湊にはみられない保護政策をとるのは、城下の湊としての体裁を失い、「見苦敷」有様に陥ることを危惧するためである。なお、ここには、藩の御用をつとめる船として、丸子船以外に「ひらた舟（艜船）」があったことが示されている。

以上のように、当該期の領内の水運が予想以上に不十分であるとの認識を前提に、直孝は、軽微な役銀賦課による領内全体の船の増加と、城下湊としての松原湊の充実を意図したのである。

**借船の船役銀**　さらに、この二ヶ月後の五月十四日、直孝から家老衆・筋奉行衆に対して、次のような書下[54]が遣わされた。

覚

一、（第一条）片岡一郎兵衛申候、浦々船大小ニ不限、かり舟と申候ハ御役義不仕候ニ付、船壱艘ニ付而壱匁五分ツヽ、役銀年々取上申候、此義ハ弥其分ニ而指置可申候哉、又少引壱匁ツヽも取上可申哉、奉得御意候事、

右之通ニ今度被申越候、かり船役銀軽く申付候ハヽ、浦々ニ而船造り所持仕もの出来申間敷候間、件之役銀ハ跡々之如く壱艘ニ候ハヽ、壱匁五分ツヽニ而指置可被申事、

（後略）

船奉行片岡一郎兵衛による「かり舟（＝借船）」役儀に関する伺いに対する直孝の回答である。近世期の琵琶湖では、船大工等が貸し出す借船が多数存在しているが[55]、当時の彦根藩にも、借船が既に存在していたことがわかる[56]。借船は藩の役儀をつとめないために、一艘につき一匁五分の役銀を上納しているという[57]。船奉行は、この役銀を現状のままとどめるか、または若干減額し、一匁とすべきか、伺いをたてた。減額提示を行った船奉行の念頭には、二ヶ月前に命じられた役銀減額による増船計画があり、借舟にも同様の策をとるべきとの配慮が働いたのであろう。しかし、直孝の回答は、借舟の役銀が軽い場合、諸浦において新造船を造る者がいなくなるため、役銀を一匁五分に据え置くべきであるというものであった。このことから、直孝の目的が、単に船数の増加ではなく、彦根藩の御用をつとめる船数の増加であったことがわかる。

**判銀**　また、明暦二年（一六五六）の、国元役人による直孝への報告[58]の二ヶ条にも、承応年間の直孝の増船政策の一端が示されている。

六月廿二日之御書頂戴仕候、

一、（第一条）諸浦大小之舟之判銀、跡之納高之内三つニ割、弐つ分ハ御赦免、残而壱つ分を当申之年ゟ可申付旨被仰付候、則片岡一郎兵衛ニ申付候、則一郎兵衛申上候も焼印仕候へハ、其舟繕申時も右之判之残り候へハ、二代・三代も持申儀ニ御座候、舟改之ためニも能御座候由申候事、

一、（第二条）丸子舟・平田・鵜舟共ニ判銀納申間敷由、承応二年巳之卯月廿日之御書ニ被仰付候間、巳午未迄ハ三年分舟之判銀納不申候、当年申之年ゟ前々高之三ヶ一宛大小舟之判銀納可申候、

（後略）

一条目は、判銀、すなわち、船極印に関する取り決めである。船の新

造、補修や、極印が薄れた際に船奉行の極印を受けることは諸浦の義務であった。これ以前、極印の押印につき一定の判銀を徴収していたが、この条文では、判銀高の三分の二を免除し、残り三分の一のみを上納せよと、船奉行片岡一郎兵衛に命ずるとの旨が記される。なお、後半部には、焼印をすれば二、三代はもち、船改めのためにも良いとする船奉行の意見が述べられている。十七世紀半ばまでは、焼印以外の方法、恐らくは墨書によって、改めの判が据えられていたのであろう。[59]

二条目には、承応二年（一六五三）四月に、丸子船・艜船・鵜船を対象として、以後三ケ年分の判銀の全額免除について直孝の書下が発給されたことが示される。前述の三月、五月の船役銀に関する書下の間に、判銀に関する書下が出されているのである。諸浦の船役銀、借船の役銀規定と同様に、この判銀の免除も、直孝の増船政策の一環であると評価できる。

明暦二年の判銀上納の復活は、三ケ年を経て、ある程度の増船効果があったことを示唆している。しかし、銀高を満額ではなく、三分の一に設定せざるを得ないこと、すなわち、従来通りの上納体制に戻す段階にはないということから、当時の彦根藩の水運が、未だ直孝の理想とする段階に至っていないことが想定される。

## 5　十七世紀後期の輸送力

**増船策の継続**　船役銀の軽減、判銀の減額、借船の役銀の設定による増船政策がいつまで行われたのかは明らかではないが、大津代官の命による元禄三年（一六九〇）の船改めの結果を記した「井伊掃部頭江州領内湖水船数改帳留」[60]から、直孝の施策から約半世紀後の状況をみたい。

この船数改帳の記載事項を、松原村を例に示す。

坂田郡　松原村

一、丸子船弐拾八艘

同

九艘　百八拾石積　　七艘　百七拾石積

八艘　百六拾石積　　壱艘　百五拾石積

弐艘　百四拾石積　　壱艘　百三拾石積

右者彦根用事之役申付候ニ付、役銀取不申候

一、小丸子船拾四艘　此役銀壱艘ニ付三匁五分宛　同村

是ハ田畑養、其外諸事用とも相達申候

一、猟船弐拾五艘　同村

此役銀壱艘ニ付弐匁五分宛

一、艜舟弐百六艘　同村

是ハ田畑養耕作之ため所持仕候

船の種類、船数、積石、所在村、役銀、用途等が記載されている。まず指摘できるのは、右の引用部分からうかがえるように、松原湊の

丸子船に対する役銀が免除されている点である。

　同様に、船役銀に関する他浦の記述をみていくと、米原・長浜湊の丸子船が、十石につき五分五厘宛の運上を課されている。十七世紀中期の賦課基準が不明であるため単純に比較はできないが、同時期における湖水船奉行管轄下の丸子船の役銀が、五十石積で六匁五分[61]であることと比較すれば、低額であるといえよう。また、他村からの借船として小丸子船全五艘が書き上げられているが、これらの役銀は一艘につき一匁五分となっており、かつて直孝の設定した銀高の通りである。判銀に関する情報が記されておらず、検討はできないが、少なくとも役銀については、直孝の施策が半世紀後にも継続されている。

**諸浦との比較**　次に、船数について検討する。上記の船数改帳をもとに、丸子船の数を示す〈表3〉を示した。前掲〈表2〉と比較すると、寛文五年（一六六五）から元禄六年（一六九三）にかけて、湖水船奉行支配下では、大溝と大浦を除いたほとんどの浦において、船数・石高ともに余り変化がみられない。ところが、彦根藩領の場合、元禄三年の松原・米原・長浜湊の丸子船数は計一一五艘、総石高は計一万六三四五石である。十七世紀中期段階の石高が不明であり比較は不可能であるが、船数は約三倍になっている。また、船数、石高ともに、三湊分を合計すると、大津・今津・塩津のような大きな浦の輸送力と同規模にまで成長していることがわかる。ただし、前述のように、松原湊の船数には大きな変化はなく、むしろ、米原湊と長浜湊の船数の増加が著しい。松原湊の船役銀免除実現の背景には、米原・長浜両湊の輸送力の充実があったと思われるが、直孝による増船計画は、近世初期に御用湊として整備された松原湊よりもむしろ、後発の

**表3　主要浦の丸子船数・石高比較（17世紀後期）**

| 1690年代 | | |
|---|---|---|
| 浦　名 | 船数（艘） | 石高合計（石） |
| 松原（元禄3年：1690） | 28 | 4650 |
| 米原（同上） | 43 | 7120 |
| 長浜（同上） | 44 | 4575 |
| 大津（元禄6年：1693） | 107 | 15855 |
| 堅田（同上） | 86 | 6214 |
| 八幡（同上） | 37 | 6190 |
| 大溝（同上） | 9 | 1135 |
| 舟木（同上） | 26 | 3775 |
| 今津（同上） | 108 | 17346 |
| 海津（同上） | 76 | 11840 |
| 大浦（同上） | 16 | 1164 |
| 塩津（同上） | 110 | 19889 |

出典：注16史料、杉江進「近世湖上交通と八幡航路の展開」所収表。

**表4　彦根藩領各村の艜船数**

| 郡名 | 村名 | 船数（艘）（慶長年間→元禄3年） | 郡名 | 村名 | 船数（艘） |
|---|---|---|---|---|---|
| | | | 蒲生郡 | 白部村 | 17→43 |
| | | | | 丸山村 | 30→77 |
| 伊香郡 | 飯之浦 | − | | 王之浜村 | 0→2 |
| | 山梨子村 | − | | 奥之嶋村 | 0→2 |
| | 片山村 | − | | 北津田村 | 0→5 |
| 浅井郡 | 西尾上村 | − | | 中ノ庄村 | 10→21 |
| 蒲生郡 | 沖之嶋村 | − | 坂田郡 | 磯村 | 106→114 |
| 坂田郡 | 松原村 | 85→206 | | 中嶋村 | 2→33 |
| | 米原村 | 0→39 | | 世次村 | 0→16 |
| | 長浜村 | 25→34 | | 宇賀野村 | 0→22 |
| 犬上郡 | 長曽根村 | 0→35 | | 下多良村 | 0→10 |
| | 大藪村 | 3→80 | | 中多良村 | 0→13 |
| | 八坂村 | 7→47 | | 梅ケ原村 | 0→47 |
| | 須越村 | 7→40 | 浅井郡 | 細江村 | 0→33 |
| | 三ツ屋村 | 18→60 | | 早崎村 | 13→17 |
| | 石寺村 | 10→41 | | 今為村 | 0→5 |
| 愛知郡 | 薩摩村 | 29→51 | 坂田郡 | 戌亥村 | 2→11 |
| 神埼郡 | 柳川村 | 23→34 | 浅井郡 | 益田村 | 0→22 |
| 愛知郡 | 土橋村 | 0→3 | 伊香郡 | 江戸村 | 0→12 |
| 神埼郡 | 普光寺村 | 0→2 | | 川並村 | 0→30 |
| | 甲崎村 | 0→5 | 坂田郡 | 朝妻村 | 2→12 |
| | 三ツ屋村 | 0→36 | | 筑摩村 | 7→65 |
| | 新村 | 0→2 | | 相撲村 | 0→30 |
| | 新海村 | 19→40 | | 彦根外船町 | 0→7 |
| | 福堂村 | 23→67 | 坂田郡 | 出口村 | 2→6 |
| | 乙女浜村 | 33→80 | | 祇薗村 | 0→33 |
| | 躰光寺村 | 6→26 | | 彦根内船町 | 0→5 |
| | 山路村 | 5→13 | | | |

出典：慶長6年6月「江州諸浦れう舟・ひらた船之帳」・年月日未詳「さわ山御城付分ひらた舟之帳」（ともに、草津市史資料集6『芦浦観音寺』、1997年）、注16史料。

米原・長浜両湊を直接の対象としていたといえよう。

**艜船の増加**　また、丸子船と同様に藩の御用をつとめる船として、慶長段階と元禄三年の艜船数の変化を〈表4〉に示したが、著しい増加をみせていることがわかる。元禄三年時点では、艜船は無運上であるが[62]、これも、直孝以来の増船政策の一環であろう。藩の御用をつとめる船数増加という彦根藩の政策は、十七世紀後期には、顕著な成果をあげていたのである。

## おわりに

彦根藩の船方支配は、琵琶湖の秩序維持や船数把握の点で湖水船奉行と無関係ではなかった。しかし、船奉行を設置し、独自に船役銀や船判銀を徴収する権利を有していたことは、彦根藩の水運の展開にとって重要な意味をもっていた。

十七世紀中期における彦根藩の輸送力は、松原湊を除けばそれほど大きなものではなかった。このことを懸念した藩主井伊直孝は、船役銀や判銀の軽減、及び借船に相応の役銀を賦課することによって、領内の船数の増加を目指した。これは、彦根藩が、船役銀と判銀の徴収権を有するがゆえに可能であった政策といえる。その結果、十七世紀後期には、松原・米原・長浜の三湊を中心に、充実した輸送力を誇るようになる。正徳三年（一七一三）、米原湊の船年寄北村源十郎は、「今度大津ニ而沢山御多屋詰船ニ松原・米原・長浜三湊之船先番ニ相詰申候様ニ被為仰付[63]」たことに対して、免除を願っている。この詰船は、「惣並ミ御役[64]」と認識されており、彦根藩が、成長した三湊の船を荷積のために積極的に活用しようとしていることがうかがえるのである。この後、享保期に入ると、商人荷をめぐる大津百艘船と彦根三湊との大規模な争論が勃発するが、こうした展開は、十七世紀中期以来の彦根藩の水運増強策の結果として理解することができよう。

**【注】**

1　滋賀県、一九二七年。

2　喜多村俊夫「近世琵琶湖水運の研究」・「琵琶湖に於ける船の支配と統制」（同『近江経済史論攷』、大雅堂、一九四六年、但し、初出は一九三五年、及び一九三八年）等。

3　新行紀一「中世堅田の湖上特権」（『歴史学研究』三四九、一九六九年）、高島幸次「堅田惣庄の成立と湖上特権」（『近江地方史研究』三、一九七六年）、網野善彦「中世の堅田について」（『年報中世史研究』六、一九八一年）等。

4　藤田恒春「湖水船奉行―芦浦観音寺第九世詮舜を中心に―」（『史泉』五三、一九七九年）、『新修大津市史』三（大津市役所、一九八〇年）、『草津市史』二（草津市役所、一九八四年）、杉江進「大津百艘船と船奉行」（『交通史研究』四三、一九九九年）等。

5　『彦根市史』中冊（彦根市役所、一九六二年）、『近江長濱町志』二（臨川書店、一九八五年）、『長浜市史』三（長浜市役所、一九九九年）、滋賀大学経済学部附属史料館企画展図録『江戸時代の米原湊』（滋賀大学経済学部附属史料館、一九九九年）、『米原町史』通史編（米原町役場、二〇〇二年）等。
6　母利美和「彦根三湊・大津百艘船舟積争論の展開と彦根藩（一）」（『彦根城博物館研究紀要』一一、二〇〇〇年）。
7　享保四年「井伊直惟届書案」（「彦根藩井伊家文書」六一二八六）。
8　伊藤真昭「琵琶湖に浮かぶ船―近世船数帳の分析―」（近江歴史研究会編『琵琶湖とその集水域の歴史―湖とともに生きた人々―』、琵琶湖博物館開設準備室、一九九六年）。
9　前注5『彦根市史』中冊。
10　彦根城博物館テーマ展図録『湖上水運の盛衰と彦根三湊』（彦根城博物館、一九九九年）。
11　『徳川禁令考』前集第三、三三二八頁。寛文七年の諸国巡見使は、使番・両番のうちより選ばれた三人一組で、関東を除き全国を六地区に分け一斉に監察している。なお、仕置書の内容は、①御料・私領における政治の善悪、②禁教と治安維持、③運上の有無と物価騰貴の関係、④公儀御仕置と個別領主のそれの異動、⑤〆買・〆売の有無と金銀米銀相場、⑥高札の有無、⑦巡見にあたり公事訴訟目安を一切うけてはならないこと、等である（大舘右喜「江戸幕府の諸国・御料巡見使について」〈『徳川林制史研究所研究紀要』、一九七三年〉）。
12　『新修彦根市史』第六巻史料編近世一（彦根市、二〇〇二年）、一二八号。以下、『新修彦根市史』第六巻、一二八号と略記する。
13　『徳川禁令考』前集第三、三三二八頁。内容は、①浦湊・諸町・諸村の政治と困窮人調査、②禁教と治安維持、③船役運上銀の有無、④公儀御仕置と個別領主のそれの異動、⑤〆買・〆売の有無、⑥高札の有無、⑦巡見にあたり公事訴訟目安を一切うけてはならないこと、⑧船数と水主数調査、⑨江戸及び大坂への船賃、⑩遠州御前崎と豆州小浦の山上に灯台を建てることの可否、⑪浦々湊の風俗取締の十一箇条である（大舘前注〈11〉論文）。
14　「一、公儀之船ハ不及申、諸廻船共に遭難風候時は、助船を出し、舟不破損様に成程可入精事」を第一条とする。源閑の意見書中に、難船時の助船に関する記載があることから比定したが、「諸国海辺浦々」に高札として建てられたものであるとされる（『正宝事録』四一六）。
15　八月二十二日「江戸幕府船手方役人用状」（「芦浦観音寺文書」）。なお、差出の間宮光信、小浜嘉隆、石川正次は、寛永期頃の幕府の船手方である（『寛政重修諸家譜』）。
16　「片山源五郎文書」。なお、本文書は、滋賀県伊香郡高月町史編纂事業の過程において発見されたもので、本稿での使用に際しては、現蔵者、及び、町史編纂室のご厚意を得た。記して御礼申し上げる。
17　前注10図録。
18　「侍中由緒帳　騎馬徒」五四（「彦根藩井伊家文書」六七八）。
19　文化八年二月「仕来覚書」（「江州堅田漁業史料」七三〈『日本常民生活資料叢書』十八〉三一書房、一九七三年）。
20　前注18史料。
21　『新修彦根市史』第六巻、二二三号。
22　「小物成代官」という役職名は、その後の彦根藩の藩政機構では確認できない。
23　『新修彦根市史』第六巻、一〇九号。
24　『新修彦根市史』第六巻、二二四号。
25　前注18史料。
26　『彦根藩史料叢書　侍中由緒帳』五（彦根城博物館、一九九八年）。
27　前注10図録。
28　享保十一年「米原湊之由緒ニ付口上書」（「北村源十郎家文書」運輸一七九、滋賀大学経済学部附属史料館保管）。
29　享保二年「三湊百艘出入覚書」（「平田保三氏所蔵文書」、彦根市立図書館所蔵）。
30　享保七年「船方諸事留帳」（「尾板憲三氏文書」〈前掲5『近江長濱町志』二中〉六二一～六五頁）。
31　湖水船奉行支配の浦々では、慶長三年（一五九八）の豊臣秀吉朱印状で、運上として毎年銀子七百枚の上納を命じられていたが、その後上納が中断し、元禄三年（一六九〇）の丸子船と艜船、延享元年（一七四四）の田地養船への賦課によって復活するまで無運上であった。特に丸子船の運上銀は、船の石高を決める基準が設定できなかったと大津百艘船の関係者が述べている（前注4『新修大津市史』）。このことは、彦根藩において、丸子船の石高を決定する独自の基準が存在したことを意味している。

32 正徳三年三月六日「覚」（「北村源十郎家文書」治安一三）。

33 安永二年六月「乍恐以書付御願奉申上候」（「江州堅田漁業史料」五五）等。

34 年月日未詳「元方・賄方等諸役人名前書上」（「彦根藩井伊家文書」四一六七一）。

35 承応三年（一六五四）十月十九日「御水子衆屋敷之替地并新田帳」（「松原町共有文書」土地三、滋賀大学経済学部附属史料館保管）。

36 『新修彦根市史』第六巻、四二九号。

37 文化十一年（一八一四）の「直中公依命指上写」（『彦根市史』上冊〈彦根市役所、一九六〇年〉五二二〜五三三頁）には、

一、御舟奉行
九人連　黒柳孫右衛門　　二人連　片岡杢之允
御水主小頭　二人　　水主二十人　　夫三人

とあり、船奉行が二十余名の水主衆を引き連れ、出陣する運びとなっていたことがわかる。

38・39 『新修彦根市史』第六巻、三二〇号。

40 前注30史料。

41 享保十三年二月「浦猟儀場所事」（「新海共有文書」）〈『近江愛智郡志』二、名著出版、一九七一年〉、三七七〜三七八頁。

42 元和四年十一月十三日「漁場安堵状」（「新海共有文書」）〈『近江愛智郡志』二〉三七六頁）。

43 幕末期の複数補任の理由に、相州警衛がある。ペリーが久里浜に上陸した際、船奉行として「竹中喜八」、「相馬隼人」の名前がみられる（『通航一覧続輯』〈清文堂出版、一九七二年〉）。この時期、「侍中由緒帳」には、片岡一郎兵衛も「船方加判」として名前がみられる。彦根に在る片岡一郎兵衛が、琵琶湖の船支配を担っていたのであろう。

44 文化七年八月「大津百艘問屋方ゟ中沢村仏心寺行之荷物尾上村安左衛門と申者山舟にて船積致舟片原町問屋長左衛門方着ニて積参り候ニ付、彦根表へ願出候一式留」（「吉川家文書」舟運一二、滋賀大学経済学部附属史料館保管）。

45 前注7史料。

46 前注5『米原町史』。

47 辰（承応二年）三月十五日「覚」（『久昌公御書写―井伊直孝書下留―』〈彦根市教育委員会、二〇〇三年〉一八一号）。以下、『久昌公』一八一と略記する。なお、彦根市立図書館所蔵「北村文書」中に、異なる表現ながら同一史料を筆写したと思われる条文があるので、掲載しておく。

覚

（前四ヶ条略）
一、片岡一郎兵衛浦々之丸子船書付指越候、舟高百四十五艘にて候内、松原船廿二　艘引候ヘハ、残而百壱貫七百六拾匁四分五厘之由、ふかしからさる儀儀ニ　候、左様ニ候ヘハ、存之外船数も少く候間、（後略）

丸子船の数が百四十五艘、役銀の高が百一貫余と記されており、本文に掲載した史料と、船数に百艘、役銀に百貫もの差がある。しかし、元禄三年、享和三年の段階で、全領内の丸子船の総数が、それぞれ百十五艘（前注16史料）、百二十三艘（享和三年十一月「南北浦々諸数留帳」〈「片山源五郎文書」〉）であったことと、「存之外船数も少く」という表現から、十七世紀中期に幕末期以上の船数があったとは考えられず、筆写間違いであろうと思われる。船役銀に関しても、「ふかしからさる（＝多くはない）」という表現を用いていることから考えると、百一貫という数字は不審であ

る。例えば、元禄三年の場合、丸子船以外の領内の全船の役銀を合わせても、一貫二八九匁八分六厘である（前注16史料）。
48　元禄三年の松原村の小丸子船の用途は、「田畑養、其外諸事用とも相違申候」と記されている（前注16史料）。
49　同右史料。
50　前注47　享和三年十一月「南北浦々諸数留帳」。
51　前注5。
52　前注5『長浜市史』。
53　前注47『久昌公』一八一。
54　『久昌公』一八二。
55　喜多村前注2書。
56　前注16史料中、「借」の文字が冠される船は、小艜船五艘である。
57　前注5『近江長濱町志』二七～三四頁所収表。
58　『新修彦根市史』第六巻、四〇〇号。
59　貞享二年（一六八五）に船奉行を罷免される芦浦観音寺には、現在も当時の焼印が保管され、近世初期から焼印が押されていたと考えられている（安土城考古博物館特別展図録『琵琶湖と中世の人々～信長以前・信長以後～』〈安土城考古博物館、一九九八年〉）が、墨書の段階も想定できよう。
60　前注16史料。
61　前注4『新修大津市史』。
62　前注16史料。
63・64　正徳三年十二月「乍恐口上書を以御訴訟申上候」（「北村源十郎家文書」運輸一四六）。

# 彦根藩と京都町奉行所

塚本　明

## はじめに

本稿の課題は、江戸時代の彦根藩と京都町奉行所との関係、とりわけ彦根藩領に対する京都町奉行所の権限の範囲を検討することにある。彦根藩の領民について、法による支配や犯罪者の追捕・裁許等、行政的な問題に関しては彦根藩が原則として排他的に管轄する。しかし京都町奉行は、彦根藩領を含む近江の国全体に対して一定の権限を持っていた。寛文八年（一六六八）以降の京都町奉行・大坂町奉行による八か国支配体制を経て、享保七年（一七二二）からは、京都町奉行は山城・大和・丹波と近江の四ヶ国を「支配国」として管轄することとなり、いわば江戸の評定所の派出所的に領地違いの裁判を取り扱い、また触を一括して発給・伝達したのである。

近江国のなかでの彦根藩の存在を考えた場合、ここで二つの問題がある。ひとつには、幕府職制において京都町奉行は老中が支配する役職であり、上級の旗本が就任した。一方で彦根藩は、言うまでもなく譜代大名の筆頭にして「大老の家」たる井伊家が治める藩である。老中以上の格式の藩主が治める三五万石の彦根藩領を、老中が支配する役職で知行高が精々数千石の旗本が、「支配権」を貫徹し得たのだろうか。近江国内の彦根藩領も、「支配国」地域として他藩領と同様に扱えたのか否か。

次に、近江国のなかで地域的に大きなまとまりを有している彦根藩領においては、「支配国」権限の必要性が薄弱である点である。非領国たる上方地域の多くは、領地が細かく散在するために、触の発給や争論・犯罪者への対応等、個別領主単位での行政権は機能的ではない。こうした地域では奉行の「支配国」権限が不可欠であるとさえ言えよう。近江国でも京都に近い南西部分は膳所藩や郡山藩、堅田藩など数万石の小規模な領地が入り組んでいる。だが彦根藩領については、犬上・愛知・神崎・坂田の四郡を中心に地域的にまとまり、大名領国地域と同様に藩が触を発給し、治安維持・警察権を行使すればほぼ事足りる。

彦根藩領に対する京都町奉行所の権限を明らかにすることは、「支配国」というものが設定された要因、また実態を考える上でも重要であろう。これまで「支配国」に関する分析は、大坂町奉行の摂津・河内・和泉・播磨地域の支配を中心に行われ、それとの類推で近江国の問題も論じられてきた。だが領地編成のあり方が必ずしも同じではない以上、京都町奉行所の「支配国」に対する権限は、やはり独自に分析した上で評価されるべきであろう。

# 1　領主違い争論の裁許

**京都町奉行所の裁許権**　京都町奉行を始めとする遠国奉行らは、彼ら独自の権限・判断では裁許できない問題について江戸の評定所に伺い、それに対して評定所が指示を下す。評定所での判断はさらに老中に上げられ、最終的に決定がなされる。この一連の経緯を、先例として後の裁許の参考とする目的で編纂された『御仕置例類集』の記事を中心に、以下分析を加える。この史料は、同一の事件でも関係した人間・罪の内容によって複数の項目にまたがることが少なくないが、彦根藩領に関わる記事として全部で八件、十点の史料が見出される［表1］。

まず初めに、文政十二年（一八二九）の争論について見る。彦根藩領の下一色村（現愛知郡湖東町）などの村々と、堅田藩領の東出村ほかの村々とが、領地をめぐって争ったものである。評定所に伺ったのは、京都町奉行や京都所司代ではなく、彦根藩主井伊直亮自身であった。大名個人が評定所に問い合わせる事例は他にあまり見られず、あるいは大老格の井伊家の特質であったかもしれない。(1)さて彦根藩主はこの境争論について「他領引合有之、手限之吟味難相成」、すなわち他藩領と関わる問題ゆえに自分の権限で取り調べることが不可能なため、「奉行所」における吟味を求めている。

評定所は「奉行所吟味」が相当と認め、そのうえで「右は近江国内之儀ニ付、御定之通、京都町奉行所え吟味」を命じた。彦根藩主が京都町奉行所にではなく評定所に伺いを出したのは、京都ではなく江戸の「奉行所」＝評定所による吟味を求めたものではなかっただろうか。だが評定所は、近江の国は京都町奉行所の「支配国」であるという「御定」により、京都町奉行所に吟味を委ねた。ここでまず近江国内の藩領同士の領地争いについて、京都町奉行所の裁許権―すなわち「支配国」の論理が、評定所によっても明確に確認されていることを見ることができる。

次に安永六年（一七七七）に、彦根藩領の簗瀬村などの村々と郡山藩領の村々との間で発生した、「愛知川争論」として知られる事件を見よう。(2)簗瀬村など彦根藩領十九ケ村の、記録によっては総勢一万人もの百姓が集まり、郡山藩領に入り込み、蛇籠を焼き払い河川敷の木を伐採するという実力行使に出た。この争いの初発は十七世紀に遡り、愛知川の河川敷、中州、堤などの領有をめぐる、村々の争いが背景にあった。なお争論はこの時にも最終的な決着は付かず、文化年間に至っても続いている。

さてこの時、京都町奉行所において領地争論自体は検討の対象とはならず、彦根藩領の百姓たちが大勢で徒党を組んで他領に入り込み狼藉を働いたということについて、吟味が行われた。百姓の徒党として首謀者三人は死罪、うち二人は晒し首を伴う獄門に処せられた。この処分は京都で執行されたものと思われる。

他藩との関係で重罪を犯した彦根藩領の百姓は、京都町奉行所によって裁許が下され、処分されている。評定所に伺いが出されたのは、京都町奉行所の手限吟味権の範囲が遠島までと定められ、死罪以上は評定所に伺うこととなっていたからである。なお評定所では京都町奉行所の伺いをそのまま承認した。

文政二年（一八一九）に彦根藩領平方村（現・長浜市）と堅田藩の宮川村との間で争論が起こった。この事件の対応において、近江国に対して与えられた京都町奉行所の権限が最も端的に表現される。

事件の詳しい争点は不明だが、双方の領地に関わる道の普請費用をめぐってのことであったらしい。この百姓同士の争いに堅田藩の家臣が容喙してしまったため、大名家臣を吟味の対象としなければならない事態となった。無論これは異例のことである。他領の百姓が訴えても藩役人は基本的に受理せず、関与もしない。支配違いの争論は、内済が不調に終われば評定所ないし「支配国」を担当する奉行のところへ訴えさせるのが原則である。

京都町奉行所の近江一国に対する支配権限は、大名家臣にまで及ぶのかどうか。ここで京都町奉行は、所司代を通して評定所に伺う。

所司代伺

一、京都町奉行支配国之出入、相手方領主家来より、品々申立候ニ付、一件、評定所一座え引渡方之儀、評議、

当月三日、評議いたし可申上旨、被仰聞、御渡被成候、所司代伺書・其外書物類絵図等、一覧仕候処、去々丑年、井伊掃部頭領分江州平方村より、堀田豊前守領分同国宮川村相手取候、中嶋道普請出入、同十一月、対決申付候処、双方品々申争居候内、中嶋道、損所、致出来、仮繕之儀ニ付、豊前守家来より、品々申立候趣、枝葉而已之儀ニ無之、元来、双方百姓共之出入、領主より之申立を以、家来并双方一同吟味いたし候儀は、先例も無之候間、一件三奉行え引渡候様、可致哉之旨、彼地町奉行相伺候趣ニ御座候、

京都町奉行所では、大名家臣を吟味することは先例がなく、「三奉行」―評定所へ引き渡して判断を委ねたい、とした。だが評定所ではこの申出を拒否する。公家の領地について京都町奉行がその家来を吟味した先例をあげた上で、老中に対しては次のように上申した。

（前略）出入之品々寄候ては、其領主・家来をも可相糺段、勿論之儀ニて、強て先例ニ可拘筋も有之間敷、京都町奉行支配国内之吟味物、遠路、江戸表え呼下し候様罷成候ては、支配国之詮無之、不可然（中略）右両家来・双方村方一同、打合吟味可致旨、彼地町奉行え申渡候様、所司代え被仰達、可然哉ニ奉存候

「支配国」内については、場合によっては家臣は勿論、領主でさえも取り調べることが可能であり、それを遠路江戸へ送っていては「支配国の詮無之」、としている訳である。この事件では直接には堅田藩の家臣についての問題なのだが、右引用部分に続く評定所から京都所司代に宛てた書状のなかでは、「時宜に寄り、掃部頭家来をも相糺さず候ては、

## 表１　『御仕置例類集』中の彦根藩領関係記事

| 年次（西暦） | 事件の概要 | 処罰対象者、争論内容、「犯罪」等 | 伺いの主体及び内容 | 評定所の判断 | 巻数と史料No. |
|---|---|---|---|---|---|
| 安永６<br>（1777） | 江州簗瀬村・外拾八ケ村之者共、致徒党、及狼藉候一件（愛知川争論） | 簗瀬村庄屋五郎右衛門・百姓吉兵衛重立取計、川南・川北拾九ケ村之者共を為致同意、他領（郡山藩）和田村水除蛇籠を切崩焼払等 | 京都町奉行伺<br>徒党狼藉之頭取、不届至極ニ付両人共於京都獄門 | 徒党狼藉之始末別て不届ニ付両人共獄門 | ①－236 |
| | | 簗瀬村組頭三右衛門倅百姓仁兵衛<br>百姓共大勢集り候節、竹之先え紙を付、振廻し、致差図、於場所重立取計 | 京都町奉行伺<br>不届ニ付、死罪 | 頭取同様之仕方、不届ニ付死罪 | ①－236 |
| | | 簗瀬村横目清八・組頭三右衛門<br>最初より同意、追々申勧 | 京都町奉行伺<br>頭取ニ差続不届ニ付、遠島 | 頭取之仕置ニ見合、遠島 | ①－236 |
| | | 彦根本町紙屋助八<br>相談之趣ハ不存候得共、及大変候儀乍承、領主役所へ不相届 | 京都町奉行伺<br>不埒ニ付、過料銭五貫文 | 過料銭五貫文 | ③－1285 |
| 文化４<br>（1807） | 丹波国山本村八右衛門初筆、新規之通船試候一件（瀬田川下宇治川迄新規通船一件） | 井伊家来西村助之丞・竹花小右衛門<br>他領も有、此者共限了見を以、膳所家来申合、通船相試候 | 京都町奉行伺<br>不埒ニ付、日数三十日宛押込 | 先年道中奉行伺之往還並木伐採儀ニ見合、五十日押込 | ⑥－880 |
| | | 本多（膳所藩）家来加藤三右衛門、外二人<br>他領も有、此者共限了見を以、彦根家来申合、通船相試候段 | 京都町奉行伺<br>不埒ニ付、日数三十日宛押込 | 西村助之丞等同様、五十日押込 | ⑥－880 |
| | | 本多（膳所藩）家来正田万藏外壱人<br>何之無心付、通船相試候世話いたし候段 | 京都町奉行伺<br>不埒ニ付急度叱り | 加藤等ニ見合品軽候間、三十日押込 | ⑥－880 |
| | | 茶師酒多宗有<br>御茶御用も相勤候身分不弁、通船試等世話いたし候段 | 京都町奉行伺<br>不埒ニ付日数三十日押込 | 三十日押込 | ⑥－925 |
| | | 平等院<br>得と様子も不相糺、船預り置候段不念 | 京都町奉行伺<br>叱り | 叱り | ⑥－925 |
| | | 伏見三柄向町摺屋新右衛門<br>得と様子も不相糺、船仕立候段不念 | 京都町奉行伺<br>急度叱り | 急度叱り | ⑥－925 |
| 文政２<br>（1819） | 京都所司代支配国出入、相手方領主家来より品々申立候ニ付、一件評定所一座え引渡方之儀、評議 | 井伊掃部頭領分平方村より、堀田豊前守領分（堅田藩）宮川村相手取候中島道普請出入。双方申争候内、豊前守家来より品々申立 | 京都所司代伺<br>領主より之申立を以、家来并双方一同吟味いたし候儀は、先例も無之候間、一件三奉行え引渡候様可致哉 | 京都町奉行所支配国内之吟味物、遠路江戸表え呼下し候様罷成候ては支配国之詮無之、不可然 | ⑦－46 |
| 文政５<br>（1822） | 京都町奉行掛り、武家之家来引合候一件、吟味掛場之様ニ付、評議 | 堀田摂津守領（堅田藩）本堅田村と本多下総守領分（膳所藩）矢橋村外壱ケ村、湖水猟場出入。井伊掃部頭拝領鷹場之内 | 京都所司代伺<br>堀田家来青木外は江戸住居、深密之御趣意を以、拝領之鷹場仕来ニ拘候故、江戸表え可差下哉 | 評定所一座ニ而吟味可仕品、引渡候様 | ⑦－49 |
| 文政７<br>（1824） | 江州庄村と同国高木村地境出入裁許之儀、評議 | 松平伯耆守領（宮津藩）庄村と井伊掃部頭領高木村と地境争論。慶長検地帳と相違 | 京都所司代伺<br>為地改石原清左衛門・木村惣左衛門手附差遣吟味。別紙裁許書案を以、伺 | 遠路呼出ニは相成候得共、評定所一座懸ニいたし候方却て吟味捗取可申 | ⑦－93 |
| 文政８<br>（1825） | 当時無宿病死勇光、盗いたし候一件（彦根家臣、盗品預り一件） | 井伊掃部頭足軽増田栄之進<br>盗物と不存候共、得と出所も不相糺預り置 | 火附盗賊改<br>武家方足軽相勤候身分ニ而旁不届、品取上、急度叱り置可申処、主人方へ申立候ニ付咎は差免 | 品取上、急度叱り置可申処、主人方へ申立候ニ付、咎は差免 | ⑨－1079 |
| 文政11<br>（1828） | 江州村々山論ニ付騒立候節、取鎮之ため玉込鉄炮相用候儀ニ付、評議 | 井伊掃部頭領分神崎・愛知両郡之内、山論有之、強勢申募、人気騒立候程も難斗<br>井伊掃部頭申上 | 井伊掃部頭申上<br>此上穏ニ治方申付候ても不相用、騒立候節ハ、玉込鉄炮相用取鎮候ても不苦候哉 | 去々年石川主水他伺候節、時宜ニ寄玉込をも相用可申旨被仰渡。今般も | ⑪－157 |
| 文政12<br>（1829） | 江州下一色村外拾四ケ村と同国東出村外拾ケ村山論吟味懸り場之儀、評議 | 井伊掃部領分下一色村外拾四ケ村より、堀田豊前守領（堅田藩）東出村外拾ケ村え相掛山論出入 | 井伊掃部頭申上<br>他領引合有之、手限之吟味難相成候間、奉行所ニおゐて吟味有之候様 | 奉行所吟味被仰渡相当ニ有之、右は近江国内之儀ニ付、御定之通、京都町奉行所え吟味之儀可申渡旨 | ⑪－67 |

相決しがたき儀も候ハヽ、両家来双方一同、打ち合い吟味致すべき旨」と、彦根藩の家臣をも対象とすると明言している。先に見た評定所の上中文とあわせ読めば、理念としては京都町奉行が彦根藩の家臣はおろか藩主さえも取り調べる権限がある、ということになる。勿論そうした事例は確認できないが、京都町奉行の「支配国」に対する権限とは、制度の上ではかくも強く認められていたものだった。

最後に文化四年（一八〇七）に裁許がなされた、「瀬田川通船一件」について見ておく。『御仕置例類集』から見る限りでは、彦根藩の二人の役人、西村助之丞と竹花小右衛門が、膳所藩の役人らと協同して、琵琶湖の南端から瀬田川を通って宇治まで至る川船ルートを開こうとした、という事件である。彦根藩の蔵米を大津の町を経由せずに、船を使って宇治からさらに大坂まで運ぶルートが確立すれば、陸上運送に比べ経費が半分以下になる、と考えて計画されたものであった(3)。彦根藩の役人二人に加えて、膳所藩の者計五名も、「他領も有、此者共限了見を以、彦根家来申合、通船相試候段」が咎められて「押込」の処分を受けた。なお両藩の役人のみならず、宇治の御茶師の酒多宗有、平等院、伏見の町人三名が、船の世話等をしたことを咎められている。

京都町奉行所から評定所にあてた伺書によれば、二人は「他領も有之にもかかわらず「此もの共限之了簡を以」、膳所藩家臣と申合わせて船を通したことが咎められた。琵琶湖南端から瀬田川を通り宇治に入るまでの地域は、ほぼ全て膳所藩の藩領域である。膳所藩の役人も同罪として処罰されており、膳所藩の了解の下でのことと思われる。では二人は彦根藩に断らずに行動したことが問題にされたのであろうか。

この計画は決して西村助之丞らの独断で行われたものではない。彦根藩で作成された、家臣の来歴が詳細に記される「侍中由緒帳」によると、問題の西村助之丞と竹花小右衛門の二人は、この三年前の文化元年十月に、大坂に蔵屋敷を建てそこで蔵米の御払を行うという特命を受けている。いずれ大坂留守居役に就かせる、との内示を受けてもいた。翌年の十二月には、大坂蔵屋敷を新たに建てる屋敷の用地を買い上げた功績により、藩から褒美を拝領している。

間違いなく瀬田川の通船計画とは、この大坂蔵屋敷建設と連動するものであった。それまで彦根藩の蔵米は専ら大津において換金されていたが、事情・背景は判明しないが、この段階で蔵米の売却を大坂でも行うという政策が打ち出されたのである。なおこの時期に彦根藩の蔵奉行の就任者が、前後の時期と比べて大幅に増員されていること(4)も、藩をあげての経済政策の転換であったことを推測させる。西村らは京都町奉行所から五十日間の謹慎処分を受け、藩に対して慎みを伺い、「伺之通公私共相慎候様」に家老中より申し渡された。だが期間を過ぎると役務に復帰し、従来通り重用されている(5)。

この計画の背景を京都町奉行所が把握しなかったわけではあるまい。膳所藩の家臣も含め、藩役人の独断として処理したのは、藩の公的な責任を問う面倒を避けるためであったろう。少なくとも二人の「他領も有之」「此もの共限之了簡」での行動が問題にされたのではない。

では改めて何故、この時に西村らは京都町奉行所から処罰を受けたのか。評定所が伺いに対して判断を示した際に、寛政二年（一七九〇）に日光道中・奥州往還において街道筋の樹木を伐採した事例を参考としてあげていることなどを見れば、藩領内にとどまらない交通という一種の広域的な公共問題について、個別の藩が独自に取り扱うことを否定し、幕府―奉行所の権限を確認したものと考えたい。瀬田川舟運が開通すれば、近江国を越えて宇治にまで及ぶことも、意味が大きかったであろう。

なおこの事例でも、押し込め＝謹慎処分という軽い刑ではあるが、彦根藩家臣をも京都町奉行所が処罰する権限を発揮している点も確認しておきたい。(6) 謹慎の解除も、京都町奉行所で正式に命じられて初めて、許されている。

**評定所独自の裁許**　前節でみた事例は、京都町奉行所で裁許をし、それが妥当なものであるかどうかを評定所へ伺ったものであった。評定所では京都から送られた書面のみを検討し、独自の吟味は行わない。検討の結果、若干の修正が加えられることはあるが、基本的には京都町奉行所の伺い通りの評決が下される。

江戸の評定所で、実際に関係者の取り調べが行われる事例がない訳ではない。文政五年（一八二二）に堅田藩領本堅田村と膳所藩領矢橋村他一ケ村との間で、琵琶湖水上の猟場をめぐる争論が起こった。彦根藩領の村は関与してはいないのだが、近江一国の鷹場権を彦根藩が保有するとされたためか、膳所藩の役人から彦根藩に問い合わせがなされた。膳所藩は、彦根藩から「鳥札」を得ていると主張するのである。

京都町奉行所では、相手方の堅田藩の役人が江戸住居であること、そして「親密之御趣意を以、拝領之鷹場仕来ニ拘候故」、将軍から拝領した権限にかかわる問題ゆえに独自の判断を留保し、江戸評定所に伺いをたてた。評定所では「評定所一座ニ而吟味可仕品、引渡候様」との指示を下している。

文政七年（一八二四）に宮津藩領庄村と彦根藩領高木村が地堺争論を起こした時には、慶長検地帳との記載の異同が焦点となった。京都町奉行所は、大津代官の石原清左衛門と木村惣左衛門を派遣して地改をした上で伺うが、評定所では「遠路呼出ニは相成候得共、評定所一座懸ニいたし候方却て吟味捗取可申」とした。

右の二例は、将軍から付与された鷹場権と公儀の検地に関わる問題であるが故のことであろう（加えて、関係する大名家臣が江戸に居たという条件もあった）。近江一国内での争論について、評定所が彦根藩領に関する問題を、特別扱いするという事実は、認められない。

**彦根藩の対応**　彦根藩領に関わる京都町奉行所あるいは評定所の吟味・裁許に際して、彦根藩が何の対応もしなかった訳ではない。以下、彦根藩の江戸留守居役の記した「城使留帳」(7) と通称される記録から、彼らが江戸幕府役人に働き掛けている動きを見る。

安永六年（一七七七）の愛知川争論に際して、彦根藩江戸留守居は四月二十九日・晦日の両日、老中の松平泰福、松平武元のもとに相次いで訪れ、「御承知被置候様」との書付を差し出した。特に松平武元に対しては、この案件はいずれ京都町奉行所から江戸評定所に送致されるであろうから、その際には「双方無故障事穏ニ相済候様御勘弁被進候様、一統相願申儀ニ候間、此段御内々其元迄御咄申置候様被仰付候、若御沙汰も有之候ハ丶宜取斗申上被呉候様相願」っている。この一件は七月五日に京都町奉行所において申し渡しがなされた。

その翌年には「草野川水論」について勘定奉行の安藤弾正少弼惟要に

扱いを頼み、「彼是御世話」を受けたが、なお四月には「此上京都江何分宜被仰遣候様仕度」と依頼している。この一件については閏七月八日に安藤惟要より、相手方が京都町奉行所の裁許について承知印形を拒み、五、六人ずつ呼び出されている状態であること、安藤からは「弥御請印不仕候ハヽ入牢被申渡、段々相尋何ケ村ニ而も追々入牢被申渡候様」と申し遣わしたこと、それゆえ「此節御領分百姓共随分京都之申渡之旨ヲ相守、慎罷在候得者、自然与利運ニ可相成儀与存」と、京都町奉行の命令に従うことが得策とのアドバイスが送られている。同時に、京都西町奉行の山村信濃守良旺が江戸に召還され、「彼方様之御同役江御転し可被成哉」(勘定奉行に昇進)、そうであれば後任は駿河町奉行の土屋長三郎が就くと予想されるが、「長三郎様ニ者御間柄」、懇意であるため委細申含めること、京都東町奉行の赤井忠晶に伝達することを請け合った。

さて同年の秋には、堅田藩領の堅田西之切という所の漁師と、彦根藩領の沖之嶋村との間で出入が発生した。彦根藩側の主張によると、この地は海年貢を徴収する場であり、西之切の者は往古より立ち入らないこととなっていた。争論は京都町奉行所が取り扱うこととなったが、これに際して十一月十四日に彦根藩江戸留守居役が、勘定奉行安藤惟要の用人である大塚蔀に対して「京都江宜御沙汰被仰越候様ニ、実者御内々御頼被申度趣ニ御座候」と、京都町奉行に働き掛ける様に内々での依頼をしている。しかも「京都ゟ申来候上ニ而者事立候事故、夫ゟ前ニ相成事ニ候ハヽ、被仰遣候様ニ被致度候」と、評定所への伺いがなされては大仰になるため、京都町奉行所の吟味段階での取り計らいを願っているのである。勘定奉行としての影響力(政治力)を頼んでのことであることは間違いない。安藤側からは「承知仕候由」との返答を得た。

瀬田川通船一件に際しても、文化三年(一八〇六)八月三日、老中の土井大炊頭利和に対して「江州瀬田川通船之儀ニ付御内伺并手控書之由申達、指出ス」、翌日には勘定奉行の石川左近将監忠房に対しても同様の動きを示している。

江戸に居る藩の留守居は、幕閣に働きかけ京都に間接的に圧力をかけるだけではない。京都町奉行の交替に際して、江戸に発つ前に直接交渉を持つこともあった。先に見てきた争論に関しても、草野川争論の最中に交替する新任の京都町奉行に、勘定奉行の安藤を通じて働き掛ける様子が見える。愛知川争論や草野川争論を管轄した京都東町奉行の赤井忠晶が勘定奉行に転任する際には、江戸に戻った赤井に対してこれまでの「御領分之儀ニ付段々御深切ニ御世話被下」たことを謝し、近日出立予定の後任、丸毛政良に対して同様にお世話頂きたい旨を申し入れている。その後に丸毛の用人に使者を送ったところ「赤井越前守方ゟ御領地之儀ニ付御申送も有之」として面会を許され、「旧年御裁許相済候出入茂有之、此節出願仕罷在候儀も有之、色々御内々御頼可被申入候間、御世話被下候様厚御頼も被下度」と申し入れた。丸毛からは「在京中御用向無御遠慮被仰下候様ニ奉存候由被仰聞候ニ付、京都相詰候留守居役之者御役宅江毎々罷出可申候」とした。京都町奉行が、彦根藩との窓口として、藩の京都留守居を位置付けているのである。

さて江戸に居る藩の留守居たちが、人脈を利用して幕閣に働き掛けるのは、何も彦根藩に限ったことではない。そして幕閣が奉行の裁許に影響を与えた可能性も高い。例えば、彦根藩にとっては不利な判定になったのだが、愛知川争論のなかで彦根藩領馬渡村と、吉田藩領（松平伊豆守領分）小今村との出入が京都町奉行の捌きになった時、「其節ハ伊豆守様大老（ママ）中職御役儀故、小今村ゟ理不尽成工申、双方二条御役所へ罷出対決等度々有之、公儀ニも時之老中百姓故依怙之筋も有之」と、京都町奉行所が老中の領地百姓に対して「依怙之筋」があり、有利な裁許を下したとの風聞が残っている。(8) また享和二年（一八〇二）に京都所司代が大津代官に下した、大津蔵屋敷地における犯罪者の処分に関する達書中には「井伊掃部頭領分之儀者、前々より外領分与違、於町奉行所も取扱方別段之儀も有之」と、彦根藩領に対する特別扱いを吐露している。

京都町奉行所で扱うか評定所に送られるか、という争論の管轄という点では、彦根藩に何ら特別な扱いはされていない。制度・システムとしては、あくまで彦根藩は近江国のなかで他の藩領と同列に、京都町奉行所の「支配国」の一部である。だが実態としては、彦根藩の格式、江戸幕閣との関係等が、他の藩領との争論に際して有利に働いた可能性は大きかった。

## 2　触の伝達

**二系統の触請書**　次に、触の伝達について考えたい。

江戸幕府から全国に出される触は、一般の藩領に対しては老中から大目付を通して、各藩が江戸に置いた留守居に申し渡しがなされ、そこからそれぞれの本国へ伝達される。だが京都町奉行所や大坂町奉行所の「支配国」については、幕閣から京都所司代あるいは大坂城代を経由して町奉行に伝達され、そこから管轄する支配国に伝えられた。近江国において江戸幕府触が伝達された事例が『五個荘町史』に紹介されている。(9) そこで使われている史料と同種のものを次に掲げる。

「御番所御触書留」

一、高野山大塔焼失ニ付、公儀より御寄附之品も有之、当申年より来ル戌年迄三ケ年之間諸国取集勧化被仰付候、依之御府内武家方万石以上以下、且寺社在町其外御料私領共志之輩者物之多少ニよらす可致寄附候、尤古儀真言宗之寺院ハ高野山ニ而触達取集候筈ニ付相除、其余御料ハ御代官、奉行有之処者其奉行、支配有之面々ハ其支配、私領者領主・地頭、寺社領者向寄御代官、領主・地頭江勧物取集、向々より来ル戌十一月迄久世出雲守方江可差出旨、去申年七月相触置候所、此以後取集分ハ脇坂淡路守方江可差出者也

（嘉永二年）酉二月

右之通可被相触候

別紙御書付壱通従江戸到来候間、御書面之趣承知可仕候、(a)彦根領寺社者一郡切地名寺社号書記、郡切ニ為惣代両人宛請印致、(b)村方者一々村名相記、右為惣代二ケ村之庄屋・横目可致請書候、(c)尤郡切ニ相触候間、右領分之外村次不洩様順々相廻し、(d)寺社并其村々庄屋・年寄印形ニ而承知仕候段致請書、留り村

より京都御役所江可持参もの也
酉四月六日　大隅印
下総印

近江国神崎郡村々
寺社
庄屋
年寄

京都町奉行所より之触書壱通、添書壱通、請印帳壱冊相渡候間、村々不洩様相廻シ、留村より京都町奉行所江可相返候、尤当方より相渡候白紙帳江も寺社・庄屋・年寄　致請印、当御役所へ可相返候、以上

四月七日　大津御役所印

近江国神崎郡村々
寺社
庄屋
年寄

全体は三つのまとまりからなっている。まず始めに幕閣から出された本文であり、高野山の修復について全国に勧化が行われる旨を触れた。二つ目に京都町奉行の明楽《あけら》茂正（大隅守）と、水野重明（下総守）の二人が、江戸からの触を受けて、触の伝達の仕方を具体的に示した「添書」を書いて神崎郡村々の寺社、庄屋・年寄に宛てている。「郡切」との語があるように、同形式で郡ごとに触れ出されたものである。請書の提出も、京都町奉行所より命じられた。最後には、大津代官所からやはり郡単位で寺社、庄屋・年寄に宛てて、京都町奉行所から送られた江戸触本文と「添書」、「請印帳」の三点を回覧することを命じ、大津代官所独自でも、請印するための「白紙帳」を廻すべきことを指示している。この触は、江戸からは京都所司代を経由して京都町奉行、そこから大津代官を経て神崎郡の村々に伝達されていることになる。

さて『五個荘町史』では、京都町奉行所の「添書」文言の解釈から、江戸からの触は、近江国内では彦根藩領もそれ以外の藩領も無関係に、村継ぎで触が伝達されているのだ、と説明されている。だがaの部分は、明らかに彦根藩領のみは別扱いになっている。またcの部分で「右領分之外」と書いてあるところも気になる。「右領分」とは、彦根藩領を指すとしか考えられない。

この部分は次のように解釈するのが適当であろう。まずaの部分は、彦根藩領の寺社は、一郡切りに、地名寺社号を書き記して、郡ごとに惣代—代表者の請書・請印をする。次にbの部分は、明記されてはいないが、aの「寺社」に対して彦根藩領の「村方」を対象とし、ここには村名は全て記すが、請書は惣代二か村の庄屋・横目のみで良い、とする。cでは、郡切りで触を廻すのだが、「右領分之外」すなわち彦根藩領以外では村継ぎ、村ごとに順番に廻す。最後にdの部分は、彦根藩領以外の、寺社と村々の庄屋・年寄が印を捺して、承知した旨の請書を書くこととする。

なおdの部分では「庄屋・年寄」となっているのに対して、bでは

「庄屋・横目」と記している点に注意したい。近江国内の他の藩領が「庄屋・年寄」であるのに対し、彦根藩領における村役人の呼称はまさに「庄屋・横目」なのであり、bの部分の「村方」が彦根藩の村方を指すことを傍証している。

となれば、三番目のまとまりの部分で、大津代官所へも村々が請書を出すことが求められているのだが、これは彦根藩領以外の村々に限られている、と考えるのが適当ではなかろうか。

彦根藩とそれ以外の藩領との違いは、彦根藩は郡の惣代の責任において触の伝達を請けるが、他藩領においては全ての村々の庄屋・年寄が請印を行うことである。郡惣代の請書のみで良いということは、個別村々への伝達は取りあえず問題ではなく、惣代まで伝達されれば手続きは済むことになる。

ところで以上のような彦根藩を別扱いにする制度は、江戸時代当初からのものではない。次の史料は、明和八年（一七七一）十二月に出された切金通用方についての公儀触[10]に続けて、翌年正月に代官名で出された達書である[11]。

一、郡切公儀御触紙到来之節、是迄村々呼寄御請印被仰渡候処、此度二条御役所江被　入仰、御格別之御趣ヲ以当御領分之義ハ向後壱郡ニ為惣代弐ケ村宛御請印仕相済候様ニ相成候間、此旨可被存候、尤御切手願ニ被参候節御奉行所へ御礼可被申候

一、右御触紙京都江返上并御他領へ送り候義者、惣代弐ケ村ゟ送り候様、尤惣代之村々ハ向後順々相極可申遣候間、是又其旨可被存候、此触紙之趣承知之上当支配へ可　被返候、以上

辰正月　　　御代官中

村々庄屋横目中

京都町奉行所からの「郡切」の触が到来した際に、彦根藩も他藩領と同様に個別村々の請印を取っていた。この時までは、触の伝達の仕方は原則として近江国で一律であったことになる。だが彦根藩から京都所司代へ申し入れたことにより、以後は先に見たように彦根藩のみは別扱いとなり、郡の惣代二ケ村のみで良いこととなったのである。

**触伝達の実態**　明和九年以降には、触の請印については彦根藩領に特別扱いがなされたものの、江戸からの幕府触が京都町奉行所を介して彦根藩領に伝えられたことには変わりがない。だが、彦根藩領の村々に幕令が伝わるのは、京都町奉行所ルートのみではない。むしろ、彦根藩領に伝達された幕府触のなかで、京都町奉行所を経由するものの数は少ない。「支配国」地域ではない一般の藩領と同様に、老中から大目付へ、大目付から彦根藩の江戸留守居に触が廻され、そこから本国へ送られて藩の役人から村々へ触れられる場合の方が、はるかに多いのである[12]。

そうなると、京都町奉行ルートと彦根藩政機構ルートと、同じ触が両方から廻ることがあるのだろうか。天明六年（一七八六）五月のこと、天明四年十二月に幕府から出された甲州御嶽山の勧化触が、京都町奉行所から先に見た奥書文言を伴って「近江国坂田郡村々寺社庄屋年寄」宛てに、郡切で伝達されてきた。彦根藩では天明五年正月にこの触を領内に伝達していたが（恐らくは江戸留守居からのルートで）、この町奉行からの触を受けて、藩の筋奉行と町奉行并寺社方兼帯から次のような奥書を付けて廻している[13]。

公儀御触書之写壱通
右御触書之趣去巳正月相触候処、此度郡切御触書来り候ニ付相触候条、存其旨可奉承知候、尤村方ニ有之寺院へも不洩様相達可申者也
午六月二日
大　御印（大野清兵衛、北筋奉行）
本　同（本城善右衛門、南筋奉行）
武　同（武笠魚兵衛、中筋奉行）
横　同（横内次左衛門、中筋奉行）
中　同（中川次郎左衛門、南筋奉行）
奥　同（奥平源八、町奉行并寺社兼帯）
青　同（青木角之丞、同右）
六月五日加納村迄　使太次兵衛

この場合、既に触れられていることを藩政機構では把握し、その旨を注記した上で伝達している。これより見れば、「郡切」に領地とは無関係に村継ぎで送られる筈の触であっても、彦根藩領内では藩政機構を介して、通常の藩の触と同様に伝達がなされていると考えられるのである。この点は、明和九年（一七七二）に近江国内の「特別待遇」が認定される以前においても変わらない。

次に示す史料は、筋奉行の勤務内容を書き上げたもので、年紀はないが宝暦六年（一七五六）から同十二年の間の時期に作成されたと推定される。[14] 全体で一三一箇条にも及ぶが、その内の八二箇条目を取り上げよう。

一、公儀ゟ郡切御触到来仕候得者、御請書帳於筋方御役所相認させ、其上日割ヲ以村々役人呼寄せ、元〆役并支配御代官立会御帳面読聞せ村方調印仕、不残相済候上御他領村々相残り候方相達シ請取書取之申候、御他領相済御領分納りニ相成候へハ、京都御奉行所并大津・信楽御代官所へ村役人持参返上仕候事

「村方調印仕、不残相済候上」とあることから、先にみた彦根藩領については郡単位惣代村のみの調印で可とする明和九年より前の時期のこととなる。ここで「公儀ゟ郡切御触」、つまり京都町奉行所機構から郡単位で村継ぎに伝達される筈の触が来た場合にも、筋奉行所において請書が作成され、日時を決めて筋奉行所に村々の役人が呼び寄せられて、代官らの立ち会いの下で触が読み聞かされ、請印がなされているのである。他領村々への伝達も請書を取りまとめ京都町奉行所や大津・信楽の代官所に戻すのも、筋奉行の管轄下に行われた。つまり、幕府触に京都町奉行所が付した「添書」の文言上は、藩領とは無関係に村々へ伝達されるかに見える触も、彦根藩領においては、実際には藩政機構を通じて出されているのである。触の伝達に関して、京都町奉行所の「支配国」権限は、実態として彦根藩の行政権を排除してはいない。

**京都町奉行所独自の触発給**　幕令を伝達するのみではなく、京都町奉行所の独自の権限で近江国内へ触を発給することはあった。単に連絡・告知する程度のものもあるが、経済政策や治安維持に関する命令なども含まれ、「支配国」たる四ケ国に対して、一定の独自の行政支配権を及ぼしているのである。［表2］に、京都町奉行所が近江をも対象として政策を及ぼしたことが、文言から明らかな触を示した。

これらのほかにも、彦根側の史料と付き合わせると、京都町奉行所が独自に出した触の存在を確認できる。まず享保九年（一七二四）九月二

**表2　近江国を対象とする京都町奉行所触一覧（政策的な触に限定）**

| 年　月　日 | 内　　　容 | 巻数－No. |
|---|---|---|
| 明和元年3月（1764） | 貸付金銀証文調、不隠置金銀高可書付。洛中洛外山城大和近江丹波へ申触 | ④－1090 |
| 明和元年3月 | 名目銀貸付証文調、銀主貸借相休風聞。通用専ニ。洛中洛外山城大和近江丹波へ申触。 | ④－1097 |
| 明和元年6月 | 役所より貸付名目金銀吟味、隠置分以来於役所取上不申。洛中洛外山城大和近江丹波へ申触 | ④－1148 |
| 明和8年10月29日 | 山城大和近江丹波四ケ国之内、在方町方并京都大津ニ而油稼渡世者共江相尋儀有、東御役所へ急度可罷出 | ⑤－550 |
| 安永元年2月（1772） | 城州和州江州丹州村々之内新開可相成場所等村名書付可申出。右之国々相触 | ⑤－601 |
| 安永元年8月 | 銀小貸会所建、山城大和近江丹波町々在々店借へ貸付 | ⑤－700 |
| 安永4年閏12月 | 冨・福引無許可興行不届。山城大和近江丹波在方一統申触 | ⑤－1242 |
| 天明3年6月（1783） | 山城大和丹波諸家切手米茂大坂大津同様後藤縫殿扱。京大津諸家留守居等へ申渡 | ⑥－830 |
| 天明3年12月23日 | 後藤縫殿米切手改兼帯役申渡ニ付江戸触。洛中洛外并大津町中へ | ⑥－898<br>899 |
| 天明5年2月23日 | 御宮修復手当金貸付会所　山城大和近江丹波之内御料所除貸付 | ⑥－1094 |
| 天明5年12月 | 銀小貸会所指免。山城大和近江丹波町々在々店借へ貸付。安永元年再触 | ⑥－1208 |
| 天明8年2月 | 大工等職人、他国雇禁之処差免。大工は五畿内近江六ケ国之外より雇入間敷 | ⑥－1524 |
| 天明8年2月23日 | 他国より職人雇入、追而沙汰迄勝手次第。大坂大津伏見奉行所支配江も申渡 | ⑥－1543 |
| 天明8年3月12日 | 大火後定日公事訴訟延引、焼残町々山城大和近江丹波之内公事訴訟願等致度候得者、来十六日より承 | ⑥－1567 |
| 寛政元年3月21日（1789） | 大工等職人、五畿内近江以外より罷登者、大工頭中井藤三郎方へ可罷越 | ⑦－52 |
| 寛政元年閏6月28日 | 五畿内近江以外之大工杣木挽共大工頭中井藤三郎印札請、職分可致 | ⑦－121 |
| 寛政2年5月26日 | 五畿内近江之外、他国より登候大工杣木挽共中井藤三郎印札請、役銀可差出旨再触 | ⑦－277 |
| 寛政3年5月27日 | 禁裏御所造営、公儀入用残分ハ五畿内近江丹波播磨八ヶ国蔵入へ割賦被仰付 | ⑦－441 |
| 寛政10年4月 | 人相触、京都で殺害。先月山城大和近江丹波へ於当表触。此度江戸触 | ⑦－1542 |
| 文化11年10月（1814） | 近江丹波大和并山城近在其外より公事訴訟罷出候者、公事宿之外ニ而止宿禁 | ⑨－871 |
| 天保5年3月（1834） | 山城大和近江丹波、田畑難開所へ桐椿外油絞草植付。運送難儀之向ハ可申出 | ⑩－1440 |
| 天保7年1月 | 国絵図改、国々城主代官へ調方被仰付。山城大和丹波近江、向々より取調 | ⑪－64 |
| 天保14年3月 | 大工頭中井支配五畿内近江之大工杣木挽、今般問屋仲間停止ニ付勝手次第。五畿内近江国中江可相触 | ⑪－717 |
| 安政元年11月（1854） | 近江丹波大和并山城近在より公事訴訟罷出候者、公事宿之外止宿致間敷 | ⑫－569 |
| 安政6年1月 | 米穀灯油、山城大和近江丹波之義京地日用之備第一与心得、京都へ可売出 | ⑫－914 |
| 元治元年10月（1864） | 山城大和近江丹波之米穀、余斗ハ京并大津最寄商人へ売渡、〆囲致間敷。山城大和丹波国中へ可相触 | ⑬－89 |
| 元治元年10月 | 山城大和近江丹波菜種綿実絞り油京都入用備第一、近江国者別而京都融通第一之国柄。山城大和近江丹波国中へ可相 | ⑬－97 |
| 慶応2年6月（1866） | 山城大和近江丹波米穀之儀、京都備第一。京都目当ニ正路直段可売出。山城大和丹波近江国中へ可相触 | ⑬－240 |

十九日に京都市中に出された触を見てみよう。(15)

覚

一、新米八千五百石　　江州彦根江御詰米

一、新米弐千石　　同国膳所へ御詰米

右石高之通御買上被仰付候間、望之者ハ川原町二条下ル町角倉与一方へ、来月三日ゟ同七日迄之内、家持請人召連罷越、根帳ニ付、納様承届可致入札候、同十五日与一方ニ而札披在之候間、其旨可相触者也

辰九月廿九日

享保改革の経済政策のなかで出されたものと考えられるが、彦根と膳所の公儀蔵に詰める米を買上入札にする旨を触れているものである。彦根の蔵米について京都町奉行が管轄し、京都市中に入札触が出され、京都代官の角倉与一方で開札が行われていることは興味深い。触文言からは京都市中以外に出されたことは記されないが、この触は彦根城下平田町の町代が記した触留帳に見出すことができる。(16)右の触と共に、詰米の受け渡し方を五箇条にわたり子細に示した、代官よりの触が付された。

その末尾は次のようになっている。

右之御趣京都於町御奉行所此方役人衆へ御渡シ被成候御書付之写壱通、御代官所ゟ之御書付写一通相触可申段御家老中被申渡候、望之もの入札可仕候ハヽ、御紙面之御趣能々相考、当三日ゟ七日迄之内上京可仕候、其前ニ此方へ相訴可申候

一、右之御米之義、於松原村公儀御代官所手代衆立会此方役人請取申節之由ニ候、委細之儀ハ望之もの上京之節承埒可仕事ニ候、此書付早々町方年寄町代横目名印仕、納ゟ指戻し可申者也

辰十月朔日
一(一瀬)九左衛門印(彦根藩町奉行)
石(石原)甚左衛門印(同右)

当御預り口八人へ

この触の伝達は郡切ではなく京都町奉行所において「此方役人衆」、恐らくは彦根藩の京都留守居に対して交付され、藩政機構を通じて市中に出されている。近江一国を単位としてではなく、彦根藩領について出されたものであろう。このように京都町奉行所から京都在住の大名留守居を通して触が伝達されることもあった[17]。二か条目に幕府代官が立ち会う旨が記されるが、御用米蔵の問題故に京都町奉行所からの触が伝達されたものであろう。しかし、御用米蔵の詰米についての右のような触はこの時限りで、以後は受け継がれない。享保期に限定された政策であると思われる。

天明三年（一七八三）六月には、諸大名の米切手を大坂・大津と同様に、幕府呉服師の後藤縫殿助に取り扱わせる旨の触が京都市中と大津町中に出されている[18]。触文言の中には「京大津諸家留守居役人用達等へ可申渡」とあり、市中以外には留守居役を通して諸大名に伝達されたものであろう。さてこの時、触が出される直前に四ケ国に領地を持つ大名の、京都の留守居・用達が調べられており[19]、当初は四ケ国を対象とする政策として立案されたものと思われる。ところが実際に出された触には近江は除外され、山城、大和、丹波の三ケ国のみが対象となった。

京都町奉行が「支配国」に触を伝達する際に、「支配国」の原則に基づく村継ぎルートとは別に、京都在住の藩留守居を用いるルートが存在した。幕府触ではない京都町奉行所独自の触についてのみ留守居ルートが使われるのかは、まだ検証が必要であるが、独自の触発給に際して藩側の役人を介することで一定の合意形成を行うということが考えられないであろうか。

京都町奉行所が「支配国」に対して触を発給し政策を及ぼす権限は、山城、大和、丹波の三ケ国に対してと近江に対するのとで違いがあり、近江に対して政策が及ぶことは少ないのではないか。明和四年（一七六七）に京都町奉行所の大津支配が解かれ、勘定奉行管轄になったことも、あわせ考えられよう[20]。そして近江のなかでもとりわけ彦根藩領については、なお少ない、と思われるのである。彦根藩の蔵米について京都町奉行所からの触が出されたことはあるが、時期は享保期に限定されており、江戸時代を通してのことではない。

## むすびにかえて

彦根藩は、京都町奉行の「支配国」たる近江国のなかで、他の諸藩と同様の位置にいたのではなかった。大老の家たることから、他藩との争論に際して実質的に有利な裁定を得うる条件にあり、また触の伝達については「特別扱い」を京都町奉行所からも認められていた。

もっともそうした特例は、江戸時代を通してのものではない。彦根藩が京都町奉行所に対して、何時の段階でどのような理屈で特別扱いを求めたのかを、直接語る史料は見当たらない。だが、広く言えば十八世紀の半ばから十九世紀の初頭にかけて、彦根藩が近江国のなかでの一種の特権を、旧儀復興と関連させて主張しだす動きは認められる。(21) 彦根藩政のなかでは、井伊直英（後に直幸に改名）が宝暦五年（一七五五）に藩主に就き、天明四年（一七八四）には元禄年間以来の大老となった。直幸施政期は彦根藩において藩の職制が盛んに改編されたが、その理念としては旧儀復興が掲げられている。恐らくは「旧儀復興」を掲げつつ、近江国のなかでの特例を京都町奉行所に対して主張しだす動きが、触の伝達の問題以外にも確認できる。

一つには鷹場をめぐる問題である。近江一国と山城国の淀堤までは彦根藩の鷹場であるとする由緒があったが、これを十八世紀中頃以降に、他藩や京都町奉行所・幕府に対して再確認を迫るようになる。岡崎寛徳によれば、寛保三年（一七四三）に彦根藩役人が在所近辺の他領百七十ケ村を廻り、彦根藩の「御鷹場」たる由緒を理由に鉄炮猟の禁止を求めた。問い合わせへの返答として、諸藩の役人にも由緒を主張する。明和三年（一七六六）には幕府老中に対しても「御鷹場」をめぐる交渉がなされ、寛政十一年（一七九九）には、「久々御中絶」していた藩主（井伊直幸）自身による「御鷹場」巡見が行われた。(22)

次に、大津蔵屋敷地をめぐる問題がある。舟の差配に関して、彦根藩は幕府代官の支配を受けないとの主張が近世初頭から認められており、その後万治年間には、大津百艘と同等の権益を彦根藩領浦々の舟が持つという特権が確認された（万治古格）。(23) さらに大津蔵屋敷は彦根藩領であり、大津代官の支配には随わないとの主張がなされ、享保年間に幕府もこれを容認した。享和二年（一八〇二）に京都所司代土井利厚は大津代官に対し、盗賊悪党者の捕縛・吟味の手続きに関する達書を出している。(24) それによれば、「井伊掃部頭領分之儀者、前々より外領分与違、於町奉行所も取扱方別段之儀も有之、同人方ニ而も差支有之趣ニ付」という理由で、以後は彦根藩領民は勿論、大津蔵屋敷地住居の者を呼び出す際には、京都町奉行所に掛け合うべきことが命じられた。

さて触の伝達について彦根藩の特例が認められた時期は、京都町奉行所においても中間支配機構の町代の役割が変わり、愛知川争論や草野川争論に関与した赤井忠晶や丸毛政良らによる職制改革が推し進められた時期であった。(25) 彦根藩、京都町奉行所双方の機構改革の内実については、今後の検討を待たねばならないが、両者の関連には留意する必要があろう。江戸からの触は大目付・留守居ルートで藩領に触れられており、京都町奉行所からも、重要な政策は彦根藩の京都留守居を通じて伝えられる以上、郡単位で彦根藩領も含めて伝えることは、機能の面では不要であった。それは京都町奉行所の「支配国」に対する権限の後退と評価することも可能だが、犯罪の裁許についても京都町奉行所が彦根藩に対してこの権限を振りかざしているようには見えない。少なくとも近江国について、一国単位で幕府の国制的な支配が貫徹しているかのような議論は通用しないと考えた方が良い。

　京都町奉行所と彦根藩、また近江国のなかでの彦根藩を考える時、京都における彦根藩の留守居らの活動、近江国内の他藩（領）に対する彦根藩の権限についての検討も必要になる。後日を期したい。

**【注】**

1 彦根藩主の伺いとしてはもう一例、やはり井伊直亮が文政十一年（一八二八）に領分の山論で騒動になった際に、取り鎮めのため玉込鉄炮の使用の可否を尋ねたことがある。『御仕置例類集』第一一巻一五七号。以下、⑪—一五七の如く略記する。

2 この争論については『五個荘町史2　近世・近現代』（五個荘町、一九九四年）他を参照。

3 『彦根市史』上冊　彦根市、一九六〇年。

4 この点については、本書所収拙稿「松原蔵奉行」「用米蔵奉行」参照。

5 西村は翌文化五年二月には謹慎明けとなるが、翌月には「昨年両度之大水」に際しての出精について褒美が下され、十一月には新田開発の功により五十石が加増されている。その後も度々褒美を下されているが、文化十年には家名断絶・家財没収・永牢の処分を受けて失脚した。文化八年の愛知川争論で京都に出向いた際に遊興に耽るなど、金銭にまつわる不正が咎められたものである。（『侍中由緒帳』五三、彦根城博物館所蔵「彦根藩井伊家文書」）。

6 彦根藩家臣の処罰例としては、他に足軽の増田栄之進という者が無宿者の盗みに連座して罪に問われた一件がある（『例類』⑨—一〇七九）。

7 彦根城博物館所蔵「彦根藩井伊家文書」。

8 「稲枝支所文書」1。彦根市史編さん室架蔵写真版を利用した。

9 滋賀大学経済学部附属史料館寄託「金堂文書」。

10 『御触書天明集成』二八五六。

11 「新栄町田附良巳家文書」（長浜市史編さん室架蔵写真版）。

12 「平田町町代中村家文書」（彦根城博物館寄託）、「藤村正一家文書」・「野路井宏之氏文書」（彦根市史編さん室架蔵写真版）、他。

13 前掲「新栄町田附良巳家文書」。

14 「筋方用務留」（彦根市立図書館郷土史料第一集　政治八七）。本書史料編に所収。

15 『京都町触集成』一巻一五二三。以下、『町触』①—一五二三の如く略記する。

16 「御触書写」（彦根城博物館寄託「平田町町代中村家文書」）。

17 享保末年から何度かにわたり、京都町奉行所は京都在住の大名留守居らの把握を計っている（『町触』②—七三三、一三九七、一四四九、一四五一）。

18 『町触』⑥—八三〇。

19 町触の「頭書」に「卯六月五日　西公　洛中洛外町続之内山城、大和、近江、丹波、右四ケ国ニ領地知行所有之諸家之留守居家来用達有之分、雑色町代持場限調之事」とある（『京都町触集成』別巻一）。

20 『京都の歴史』六巻（学芸書林、一九七三年）。

21 この点については、渡辺恒一氏の御教示を得た。

22 岡崎寛徳「近世中期における彦根藩『御鷹場』の認識」（関東近世史研究会編『近世の地域編成と国家—関東と畿内の比較から—』岩田書院、一九九七年）。なお、氏は彦根藩が近江一国他の鷹場権を江戸時代を通して有していたことを前提として論述されているが、私は懐疑的である。伊勢国の鷹場についても、紀州藩が一円の鷹場権を持つとの由緒があるが、これは実態ではなく、江戸時代中期以降に紀州藩によって主張され、由緒が「創り出された」形跡がある。

23　この問題については『湖上水運の盛衰と彦根三湊』（彦根城博物館編、一九九九年）、母利美和「彦根三湊・大津百艘船舟積争論の展開と彦根藩（一）」（『彦根城博物館研究紀要』一一、二〇〇〇年）、他。

24　彦根城博物館所蔵「彦根藩井伊家文書」。史料の所在は、母利美和氏の御教示による。

25　拙稿「近世中期京都の町代機構の改編」（朝尾直弘教授退官記念会編『日本社会の史的構造』近世・近代、思文閣出版、一九九五年）。

# 近世後期彦根藩地方支配機構の改編について

渡辺恒一

## はじめに

彦根藩による領内の村支配は、筋奉行を中心として、代官役、川除奉行ら藩の役方が連携するかたちで実現していた。同藩では、知行取藩士の知行地が藩領の約半分を占めるが、彼らの知行地への支配権はきわめて制約されたものであり、年貢率の決定のほか、人別支配、公事訴訟の処理などの領民統治の主要な部分は知行取藩士の権限の内にはなく、筋奉行ら役方の権限であった。この統治体制の成立過程については、本書の藤井論文と東谷論文で述べているところである。

このような、十七世紀半ばに成立した筋奉行を中核とする地方支配は、基本的な枠組みとして近世を通じて存続した。

しかし、近世後期には、享和元年（一八〇一）の町人代官から士代官への制度変更を皮切りに、筋奉行と代官の職務分掌の変更や、川除奉行の代官役への統合など、地方支配機構の度重なる改編が行われた。ここでは筋奉行と代官役の職務内容および職務権限が焦点となった。

本論では、近世後期の地方支配機構の改編過程の基礎的事実を明らかにし、あわせて、改編の理由について検討したい。また、地方支配機構の改編過程と、藩の財政政策、地方支配政策との連関についても言及したい。静態的な制度ではなく、藩政の課題にそって制度が改編されてゆく過程として描き出せればと思う。

本論が対象とする時期は、享和元年から嘉永七年（一八五四）までとする。また、制度変更の時期に注目すれば、①享和元年四月の士代官制度開始から文化十二年（一八一五）二月の機構改編まで、②文化十二年二月から嘉永四年八月の機構改編まで、③嘉永四年八月から同七年まで、に区分できる。

## 1　宝暦期から寛政期の財政政策の動向

**藩主直幸時代（宝暦・天明期）の動向**　近世後期の地方支配機構の改編を検討する前提として、1では、財政政策を中心として十八世紀後半の彦根藩政の動向を見ておきたい。ただし、全面的な分析は現時点では十分にできないので、おおよその状況を述べるにとどめざるをえないことをあらかじめ断っておく。

宝暦五年（一七五五）から本格的に開始された財政改革、およびそれと連動した筋奉行の改編については、本書所収の東谷論文が分析を加えている。同論文によれば、この改革は、家中に対しては、知行所物成の納米を命じるとともに、同六年十二月に、領内村方に対し、家老役・筋奉行へ宛てた藩主直幸（当時直英）の「御書」を配布し、村方の倹約を申し付けた。藩主の権威を活用し、筋奉行加役に財政関係役職経験者を配置することにより、藩および藩領全体の財政再建を行おうとした、との評価がなされている。

宝暦の財政改革は勝手方倹約取締頭取の家老役木俣土佐守将により同十一年まで進められた。ところが、藩が藩領の村へ課した積銀に反対して藩領南部の百姓が蜂起した積銀騒動に関わり、同十一年十一月九日、木俣は閉門の処罰を受ける[1]。この積銀は実は家中へ貸し付ける皆米札の裏付資金にあてるものであり、積銀政策は、藩の財政政策の一環としておこなわれたものであった。同月二十八日、閉門を免じられたが、同三十日には、藩主直幸から木俣守将へ「御勝手御取続之儀御難渋之事共多、依之先年御勝手方頭取役被仰付、段々出精致候処、時勢与も可申哉、近年別而御指支、今年ニ至一向御取続難被遊躰ニ相成候ニ付、此度御家老中一統惣懸りニ被仰付候間存其旨、弥以此後頭取相勤候様同意ニ出精致相勤候様[2]」との命令がなされ、木俣を含む家老役全体による遂行体制に変更された。宝暦の財政改革にも関わらず、藩財政が好転した様子はうかがえない。

明和・安永期の具体的な動向については不明である。

安永十年（一七八一）正月二十五日、家老役木俣守将と同役宇津木兵庫が御勝手方御取調御用懸りに任じられる[3]。一カ月後の二月十五日、大久保藤助と田中三郎左衛門の両名が評定目付役に就いた。同役はこの時新たに設置された役職であった。史料1は、評定目付役誓詞の四条目・六条目である。

【史料1】[4]

一、（四条目）此度被　仰付候　御大業之御主意相立候儀を第一ニ奉存、御勝手方ニ至迄無等閑御為方を一途ニ奉存評定可仕事、

一、（六条目）御家中初、郷町共第一奢侈を被制、并御家中勝手取続方を初として、追々御勝手向御元払符合之御取〆方、御倹約筋不行届候様之儀、御役人中新古之考を被取調候付諸御役方ゟ申出候筋、御政事向共、御家老中被申渡候御用筋、至而御大切之儀ニ御座候得者、猶以自己を慎、毛頭我意を不押立評議仕、聊茂無遠慮存寄候儀可申上事、

評定目付役の職務が、家臣団および郷町での倹約の推進、藩士家財政

をはじめ藩の財政管理に関するものであったことがわかる。大久保藤助は元方勘定奉行からの転役であった。また、藩主の「御大業之御主意」を達成するために置かれた役職であった。

さらに、天明元年（一七八一）六月には、家中仕送制度が開始された。この制度は、多額の負債を抱えた藩士の知行地年貢米の収納を藩が行い、銀主へ借財を返済し、藩士には生活必要分の米が支給されるというものであった。この処置を受けている藩士はその知行権の実質が失われているといえよう。

翌天明二年九月には、井伊直幸は、筋奉行に対し、民心掌握の根本について説諭し、領内撫育の要務三箇条を申し渡した[5]。申渡の冒頭で、「去年（安永十年）以来、格別之存寄を以世風之敗頽を致苦心、何とぞ奢侈之風儀を去り、夫々本業ニ安堵致候様ニ致度、彼是致思惟候事ニ候」とその目的が述べられる。ここで述べられている「去年以来」の藩主の「思惟」とは、右で見た御勝手方御取調懸りと評定目付の設置、仕送り制度の開始とみてよいであろう。申渡では、①百姓の公事・訴訟の吟味の迅速化、②百姓の農業経営の維持（商業への流出抑制）、③百姓の貧窮の実情に応じた救米の支給、以上の三点が筋奉行の要務であると説き、その上で「倹約質素之風儀、制服、課役減方」などに関する先行法令の趣意を村方へ浸透させるよう命じている。

すなわち、ここでは村方への商品経済の浸透を防ぎ、「小百姓」を本業つまり農業に専念させ、その経営を安定的に維持することが指向されている。この商業化抑止の政策意図は、宝暦期と共通している。したがって、村方をも含む財政再建という藩の政策は、宝暦期以来、一貫したものであったと推定される。ただし、この政策は「御大業」として位置づけられており、新たな目的の下での藩財政再建策であったと考えられるのである。

しかし、天明期の藩財政は、かなり逼迫しており、家臣から藩への納米が実施され、藩の収入を確保する状態が恒常化していた[6]。この要因としては、直幸の大老役就任のための出費や、大名間での交際費など、江戸での支出が増大し、藩財政を圧迫する事態があったようである[7]。

**藩主直中時代前期（寛政期）の動向**　寛政元年（一七八九）九月に直幸の跡を受け、井伊直中が藩主となると、特徴的な財政政策が矢継ぎ早に実行されてゆく。五月には、一年間の江戸常式銀高の決定[8]、七月には家臣から藩への納米の免除[9]、年貢皆済制度の導入が行われた[10]。

同九年には、七カ年の倹約のため、親類・諸向への音物の贈答を断っている。享和元年（一八〇一）には諸役所の定式銀が定められた[11]。文化元年（一八〇四）には、家中に五カ年の倹約が命じられている[12]。この時期、支出を抑制する方向で財政政策が進められている[13]。

この政策当時の財政状況と、政策がもたらした結果を知ることができるのが、元方勘定奉行竹花小右衛門が文政初年頃（一八一八）に藩主からの尋問に応えた申上書である[14]。

【史料2】[15]

御尋被仰出之趣奉畏、乍恐左ニ奉申上候、

一、寛政四五年之比より御手操宜敷相成候様奉存候所、其間ニ御成御入用格別之御物入も御座候へ共、同七卯暮より翌辰年ニ至り米価高直ニも御座候ニ付、旁ニ而寛政八九年之頃分而御手操宜御時節ニ御座候、其後御臨時多キ年、米直段ニもより、千両・弐千両之当分御調達も御座候所、次第ニ相増、文化四五年之比ニハ六七千両ニも相成候御儀ニ御座候、

（後略）

米価の上昇にも支えられ、寛政八・九年には、藩財政の収支は安定したが、その後、臨時入用などにより支出が増加し、御調達金が次第に増し、文化四・五年には六七千両になったと述べる。直中藩主就任後の政策は、一定の成果を収めたようであるが、再び財政状況は悪化してゆくのである。

次に、この時期の財政政策と領内の村支配政策との関連について触れておきたい。寛政十年八月一日に、家老庵原助右衛門が「御家中始郷町ニ至迄御撫育之筋、且御勝手向御用頭取」、今村平次が「用懸り」に命じられた[16]。庵原は「別段御大業御用頭取」とも呼ばれている。同十二年八月二日には、検見役が一筋に二人ずつ置かれ、「両人宛組合面々者筋切ニ厚心配致、村々耕作出精風俗質素ニ相成候様致世話、農業ニ不拘願事致候得共、取上ケ申間敷、勿論向後公事出入取扱等致間敷旨被仰出候」と命じられた[17]。

この動向からは、村方が農業（「耕作」）に専念し質素になるように世話をすること、すなわち村方への撫育が、藩財政との関係で重視されていることが読みとれよう。したがって、先にみた宝暦期から天明期に一貫していた、村方をも含む財政再建という藩の政策は寛政期にも共通しているものと理解できるのである。

以上、宝暦期から寛政期までの彦根藩の藩政の動向を主に財政政策を中心に見てきたが、ここで確認されるのは、①彦根藩の財政政策は、直幸（直英）藩主就任後の宝暦五年から十一年、安永十年から天明二年頃、直中藩主就任後の寛政初年、寛政十年など重要政策が打ち出された特徴的な時期があること、②宝暦期から寛政期の財政政策は、家中・村方・町方の倹約・支出抑制を基調とし、これと併行して、村方では、百姓を農業に専念させ、商品経済の浸透を抑止し、百姓経営の維持を意図する地方支配政策が行われていたこと、③財政状況は、天明期に逼迫していたのが、寛政七・八年には回復するが、その後再び悪化してゆくこと、である。

このように、慢性的な財政問題を抱える中、享和元年の地方支配機構改編が実行される。では、この改編の具体的内容を次に見てゆきたい。

## 2　享和元年の地方支配機構の改編

**町人代官から士代官へ**　藩政初期の元和年間より享和元年（一八〇一）まで、彦根藩では、城下町町人が代官役を勤め、藩の村方支配の実務を担っていた（以下、この町人身分の代官を町人代官と記す[18]）。ところが、享和元年四月四日、藩から町人代官へ同役の廃止が通達され、新たに知行取藩士身分の代官役が設置された。

【史料3[19]】

一、享和元辛酉年四月四日、当御役《検見役》之上、御代官役当分兼帯被仰付、

収納方を初、上下為方厚相考、郷村風俗相改り、農業相励候様可
致心配、是迄彼是悪弊相聞候ニ付、全民間之為を思召、御古代よ
り之仕形を御改、兼帯被仰付候間、不一通相心得、公事訴訟之筋
を初、万端厚遂穿鑿、被仰出候御憐救之筋端々迄行届候様、筋御
奉行申談、廉潔ニ精勤仕候様被仰付候、

史料3は、「侍中由緒帳」における、西村助之丞の代官役就任記事である。同日に西村を含め九名の知行取藩士が代官役に就いた（就任者の詳細は役職補任表「代官役」を参照のこと）。ここで記される代官役設置の目的、すなわち期待されていた役割は、年貢「収納方」のため、郷村風俗を「是正」し、郷村で農業を励行させることであった。公事訴訟も代官役の職務として挙げられている。また、「是迄彼是悪弊」が聞こえていたので、「御古代より之仕形」つまり町人代官制度を改めたと、制度改編の理由が述べられている。これが制度改編についての当時の彦根藩の公式見解であった(20)。

この町人代官から士代官への制度改編では、代官役の担い手が町人から知行取藩士へと就任者の身分が変わったことが重要であることはいうまでもない。結果、代官役の藩領の地方支配秩序における地位が大きく変わることになる。

これに加え重要なことは、制度改編と同時に代官役の支配地の編成替が行われたことである。町人代官時代は、各代官（十人から十五人が同時に在役）の支配地は、藩領各地に散在・錯綜していたが、士代官の支配区分は筋奉行同様、北・中・南の三筋を単位とし、各筋を複数の代官が担当する体制となった。

同日、藩主井伊直中の命を受けるかたちで、代官役の職務規程が家老役から筋奉行・筋奉行加役・代官役へ次の通り達せられた。

【史料4】(21)

御代官勤向御定目

① 一、公事出入訴訟事ハ、吟味之上筋奉行ニ申達及厚談、奉行前ニて
埒方可被申渡、尤御代官侍坐可被致事、惣而奉行前申渡筋有之
節ハ御代官出席可被致事、
付札ニ、此件以来ハ筋奉行取計ニ被　仰付、御代官指構候義無
之事、尤侍坐ニモ不及候事、

② 一、万願事ハ御代官役所へ為指出可被申、時刻ニ依指置候事ハ宅へ
モ可為指出事、尤筋奉行前へ指出候願書ハ御代官目印ヲ押、目
印無之願書ハ奉行取上申間鋪事、
付札ニ、此件筋奉行へ直ニ指出シ、御代官目印不及候事、

③ 一、毎秋御物成極候上(ママ)節、御取付之席へ出坐及熟談相極可被申事、
御救之義ハ不録無之様遂吟味、筋奉行へ申談熟談之上、於奉行
前ニ配当頂戴為致可被申事、

④ 一、触示之義ハ、事立候事ハ筋奉行、小細之義ハ御代官前ニテ可被
相触事、
付札ニ、此件触示之義ハ都而筋奉行ゟ相触候事、

⑤ 一、牢舎・手鎖等ハ筋奉行被申渡、叱り或ハ戸〆等之事ハ御代官前
勝手ニ取斗可被申事、勿論様子次第奉行へ及相談可被申事、
付札ニ、此件都而咎筋ハ筋奉行取斗可被申事、

⑥ 一、諸貸付之義ハ、筋奉行熟談之上御代官方ニテ取計可被申事、

⑦一、御年貢初小立物等、惣而御取立物引受世話可被致事、
⑧一、庄屋・横目等申付候刻ハ御代官其人ヲ撰、筋奉行へ申達、奉行前ニテ役義可被申付事、
　付札ニ、此件庄屋・横目等申付候刻ハ御代官其人ヲ下撰致、尚筋奉行前ニテ推糺之上、奉行前ニテ役義可被申付事、
⑨一、秋順見之時節ハ年々御代官御領分立毛見分内考可有之事、
⑩一、宿詰并検使等ニ可被罷越事、
件之趣被　仰出候条、違乱無之大切ニ可被相心得事、
享和元年（一八〇一）
酉四月　　　　老中
　　　　筋方
　　　　御代官方
先達而御代官方勤方之義ニ付、件之書付ヲ以被仰出候趣申渡置候内、此度別紙付札之通り以来両役共相心得可被相勤旨被仰出候事、
右ハ文化十二亥年（一八一五）
　二月

右の達書の内、各箇条の間に「付札ニ・・・」とあるのは、引用史料の末尾の記載からわかるように、文化十二年二月に「付札」として付された部分であり、享和元年の段階にはなかったものである（付札については2で後述する）。

各箇条の内容を見ておくと、

①では、公事出入訴訟は代官が「吟味」した上で、結果を筋奉行へ報告、協議し、筋奉行が埒方を申し渡す（裁許する）こと。筋奉行の申し渡しには、代官が出席することが規定される。

②では、村方からの全ての願いは、代官役所へ提出させること、また、筋奉行宛の願書についても、代官が目印を押し、目印がない願書は筋奉行で受理しないことが規定される。すなわち全ての願書が代官役を経由することになる。

③では、秋の本年貢の決定では「御取付之席」に代官も（筋奉行とともに）出座し、協議し、年貢を決定すること、また村方への御救（御救米・御救銀など）については、代官が「吟味」し、筋奉行と協議し決定し、筋奉行から村へ支給する形とすること、が規定される。つまり、代官は、本年貢の年貢率の最終決定に参与するのである。

④では、領内村方への触書は、重要事は筋奉行、細事は代官が発給することが規定される。

⑤では、刑罰に関し、牢舎・手鎖の処罰は筋奉行が申し渡し、叱り・戸〆などの軽い処罰は、代官の判断で執行できることが規定される。

⑥では、諸貸し付けは、筋奉行と協議の上、代官方にて執り行うことが規定される。

⑦では、年貢・小立物などの村方から徴収物は、代官が引き受け世話をすることが規定される。

⑧では、村役人の庄屋・横目の選任について、代官が人選し、筋奉行へ伝え、筋奉行が任命することを規定する。村役人の決定権は代官役が持つことになっている。

⑨では、毎年秋の巡見で、代官が領内村方を見分し、「内考」、すなわち作柄を調査し年貢量を検討することを規定する。[22]

以上の内容で、士代官の職務・権限が定められた。

また、従来、町人代官が藩の松原御蔵と御用米蔵の米の出納業務を行っていたが、同日（四月四日）に、松原蔵は松原蔵奉行が引き受けることが命じられている[23]。この時点で、藩の蔵の出納業務が代官から分離した。

では、これ以前の町人代官の職務・権限と何が変わり、また何が変わらなかったのか。次にこの点について見ておこう。

**町人代官と士代官の職務・権限の比較**　町人代官の職務・権限については、安永十年（一七八一）の同役役職誓詞[24]および筋奉行の役職マニュアルである「筋方用務留」[25]（宝暦九年から十年の内容）の記述により見ておく。

ⓐ公事訴訟

町人代官誓詞では、代官所・夫米所（給所）とも、百姓公事出入があった場合、「双方之申分委細承届遂吟味」、筋方役所へ申し上げるとする。また「筋方用務留」には、次のように記す。

一、郷中公事出入・諸願事有之節ハ、支配御代官へ願書持参仕、御代官請取当筋へ指出シ申候、右訴状見分仕候上、御代官ヲ以子細承せ、相手之者へ日限相定返答書申付候、

但、御代官江御百性共諸願書指出候得ハ、其趣当筋番所へ申届候、

以上から、町人代官が、村方からの訴訟・諸願書を受理し、筋奉行へ届け、百姓から事情聴取をすることがわかかる。訴訟・願書が町人代官を経由して筋奉行へ出される点は、士代官の機能と同じである（前節の②）。しかし、町人代官が、筋奉行の権限の下、訴訟当事者や出願者への「吟味」（「子細を承る」）を代行しているのに対し、士代官は「吟味」の結果を筋奉行へ報告するにとどまらず協議を行う権限を与えられている（前節の②）。少なくとも、法的には、士代官の「吟味」は筋奉行権限の代行ではなく、独自権限と位置づけられているといえる。裁許の申し渡しの場には、町人代官・士代官とも出座するが、裁許権がないことは両者に共通する。出座の座席は変更されたと推測されるが、裁許の場で代官が果たす機能は同じだったと思われる。

ⓑ年貢徴収　町人代官の就任誓詞に、「御所務納方、其年々豊凶を相考、御免合之儀随分念入御損益遂吟味、郷中内検之時分茂細ニ相考、諸事ぬけ無之様ニ可仕候」とあり、内検を行い、年貢率の決定に関わる立場にある。ただ、藩主直轄地・藩士知行地とも、年貢の決定は筋奉行と元方勘定奉行により行われており、町人代官は年貢決定権を持っていない[26]。士代官は年貢の最終決定に参与するので、年貢徴収では町人代官より強い権限を与えられたことになる。

ⓒ刑罰　町人代官がどのような処罰権を与えられていたか現在のところ明らかにしえない。「筋方用務留」・「筋方万留」[27]などでも、町人代官に関する処罰権限に関するものを確認できないので、士代官のような処罰権は持っていない可能性が高い。

ⓓ触書の発給　町人代官は、村方に対し触書を発給した[28]。

ⓔ諸貸付　町人代官も、村方への御情貸米・種貸米の救恤目的の貸米、および船方役所などの藩の公金貸付の業務をおこなっており、士代官と共通する[29]。

ⓕ村役人の選任　町人代官時代の選任方法の詳細は不明であるが、庄

屋・横目の退役願は筋奉行宛でなく町人代官宛で提出され、「役儀御赦免」を直接町人代官へ願う形式を取ることから推測すれば、村役人の任免は士代官同様、町人代官に任されていたと見られる。

以上、町人代官と士代官の職務権限を比較したが、藩の蔵の出納業務に関与しなくなったこと除けば、藩の地方支配機構で果たす役割は同じである。ただし、注意しなければならない点は、代官役と筋奉行との関係の変化である。町人代官は、筋奉行支配の役職であった。一方、士代官は、筋奉行の指揮・命令を受けるとはいえ、百姓公事・年貢決定において筋奉行と「厚談」・「熟談」する立場にあった。町人代官とは異なり、権限が強化されているのである。この代官の役割と権限との間に存在する矛盾が、近世後期に筋奉行との関係において問題となってゆく。

**機構改編の意味**　以上、町人代官から士代官への機構改編の内容を見てきたが、では、この改編が行われた理由はどのようなものだったのだろうか。

筆者は以前、この問題について、町人代官の立場から検討を加え、町人代官廃止の理由として、武士への身分上昇要求と現実との矛盾、および町人代官の経済的困窮を指摘したことがある[30]。しかし、これらの点だけでは、町人代官の廃止は説明できるが、士代官の設置の意味は説明することができない。ここでは、当時の彦根藩の藩政機構の動向、また抱えていた課題との関係において、改編の理由とその意味を検討したい。

士代官が設置された八年後の文化六年（一八〇九）十一月九日に士代官へ藩主から褒賞がなされた。

次の史料5は、その時の「侍中由緒帳」の記事である。

【史料5[31]】

一、同年十一月九日、御役筋致出精、町人御代官ヲ御止メ被遊候御主意茂相立、郷中之者共農業精ニ入、御城下江罷出致徘徊候事茂大ニ相減、何歟ニ付雑費茂相省ケ、当時者格外之難郷茂無之様相成、一段ニ思召、誠ニ今年者重御用向御務被為遊候処、郷中相応之者共為冥加指上金致候儀御国恩ニ感候事ニハ可有之候得共、奇特之事ニ付、畢竟御代官平常事之理非正敷致励精候故、郷中迄茂正路之風儀ニ移り候事歟与、誠ニ一段ニ思召、依之出格之思召を以、為御褒美緘御熨斗目壱ツ被下置、弥以諸事潔白ニ可致出精段被仰付候、

右では、士代官の役筋出精の結果、百姓の農業出精、城下への徘徊減少、村方の雑費が省け、経済的に困難な村が無くなったことが挙げられ、「郷中」までも「正路の風儀」となったとして、褒美を与えられた。

ここで確認しておきたいのは、村への商業的要素の流入（都市と村との間での人口の流動）による農業生産体制の弱体化という、村方に対する藩の課題認識は宝暦期以来、基本的に変わっていないこと、また、士代官制度導入も、従来の課題を克服する政策として位置づけられていることである。

では、士代官制度は、右の課題にどのように対処しようとするものであったのか。この点を前節までで見てきた町人代官と士代官との違いをふまえ、以下に指摘しておきたい。

第一に、代官を知行取藩士の役職とし、独自の「吟味」権限を持たせることにより、百姓と対峙する代官役の役威を増し、そのことにより百

姓の農業生産体制を維持し、また、百姓公事への対応を迅速化させることであったと考えられよう。

第二に、筋奉行・川除奉行と筋単位の支配地域に統一がはかられ、支配効率の向上が進められた。

第三に、支配機構の簡素化も行われた。町人代官の廃止は中間支配機構の縮小・撤廃ともいえる。この傾向は川除役所でも確認できる、同役所では、享和元年まで郷中から選ばれた三〇人余の算役・物書役がおり、一人当たり一〇〜二〇俵を支給されていたが、同年に廃止され、一筋三人ずつの定下役（足軽）が置かれるようになっている。

以上のように、士代官の設置は、代官役の権限強化、地方支配機構の効率化、支配機構の簡素化により、従来の藩の村方支配方針を推進し、領内百姓の農業生産体制の維持、公事訴訟の減少、支配入用および村方負担の軽減を実現しようとするものであったと、位置づけできよう。

## 3　文化期の地方支配機構の改編

**代官役と川除奉行**　士代官の設置後の動きを具体的にみておくと、享和二年（一八〇二）十二月に、「御役筋段々致励精、既御規格茂相立、定例御指支茂有之間敷由、其上近年御物成皆済之世話茂行届、且年来之旧弊茂相改郷中為方ニも相成候趣ニ相聞」ということで褒美を与えられている。この時点では、検見役を本役とし、代官役は当分兼帯の役とされていた。代官役を試行し、好結果が得られたということである。続く三月十五日には、代官役が本役となり、検見役が廃止となった。

この後の代官役の履歴を「侍中由緒帳」で見ると、河川管理に関わる記事が多いことが特徴的である。

同三年八月には、代官全員が、同二年の洪水により土砂入りの被害を受けた田畑の復旧費用を減らし、褒美を受けている。この洪水は藩領全域に大きな被害をもたらしたものであった(32)。筋奉行がこの件では褒賞されていないことから推測すれば、復旧が代官役に任された職務であったことがわかる。

文化元年（一八〇四）六月には、代官役山下庄次郎が川除奉行兼帯となった。山下は川除奉行就任以前に馬渡村（彦根藩領）・小今村（三河吉田藩領）の堤堺争論のため上京している。また、南筋代官は、「福堂村并栗見新田論所之葭地新田開発」を引き受け勤めている。そして、同四年八月十九日、代官役が川除奉行を兼帯する体制となる（詳細は本書所収の「彦根藩役職補任表」川除奉行を参照）。

右の経過からは、享和二年の洪水被害からの復旧事業を契機に、代官役が河川堤防管理に関わってゆき、代官役と川除奉行との兼帯に至ることがわかる。

川除奉行は、本来、筋奉行の職掌を分掌する役職であり、役所の財政が筋方役所から独立したのは、正徳四年（一七一四）であり、享和元年まで役所の下役人が筋方役所から派遣されていた(33)。筋奉行の役職就任誓詞では、近世後期のものでも「郷中堤川除」普請の「申付」が職掌として含まれており、川除普請の実施権限は筋奉行が保持しているが、享和元年以降は、実質的な部分は筋奉行から離れ、代官役へと移ってゆくと見てよいであろう。農業生産の条件整備に関する職掌が代官役へ集中してきているのである。

ここで、もう一点指摘しておきたいことは、当該期における藩政機構における代官役就任者の位置である。享和三年二月、代官役の西村助之丞と舟橋弥三八が元方勘定奉行兼帯となる。西村は、文化元年十月には彦根藩大坂蔵屋敷の設置の御用掛となり、同四年には、大坂蔵屋敷設置と連動した瀬田川通船を計画し、京都町奉行から押込の処罰を受けている。[34]また、享和元年四月に検見役・代官役当分兼帯となり、同三年三月に代官本役となった者の役職を見ると、大久保弥七郎が目付役から筋奉行加役、山下庄次郎が筋奉行加役、河手四方左衛門が目付役、木代又右衛門が目付役、舟橋弥三八が筋奉行加役、石尾太右衛門は、賄役などを経て目付役・元方勘定奉行、といったように、藩政中枢の重職に就いていており、有能な人材が代官役に就けられたことが推測される。このような人事面からも見ても、代官役が単なる年貢徴収の実務役人ではなく、地方支配機構の政策決定に参与させようとする指向が読み取れよう。

**代官西村助之丞の失脚**　文化九年（一八一二）二月、直中の跡を継ぎ藩主となった井伊直亮は、同年六月、国元彦根への初入部を果たした。

同じ年の十二月一日、当時、代官役の中でももっとも目立つ働きを見せていた西村助之丞が、公私慎みを命じられた。その後、西村は十二月十日に親類近隣預けとなり、ついに同十年二月二十六日、京都町奉行所での公事となった愛知川争論中に不正な行いがあったとして、家名断絶・永牢となった。西村の行為は、「愛知川筋争論一件ニ事寄、歩引を以不筋之譲り金」をし、また「百姓共一統不服之処宜様ニ取繕、毎度上京致、耽遊興夥敷金銀遣捨、金子員数不致首尾、病死致候者江遣シ置候由申答」というものであり、「全私欲之趣相聞、下方不服之儀者御国政ニ関り候事ニ而言語同断」との藩主の見解が示された。[35]

西村の家名断絶の処分が下される約一ヶ月前の正月二十一日、家老役から筋方へ「先年士代官ニ御改正被仰付候以後、筋方勤向御代官方ニ而被取斗候儀者無之哉可申上様」との命を受け、筋方より家老中へ返答の書付が提出された。[36]この筋方への諮問は、時期から考えて、西村の不正取り調べと関わり行われたものと見てよいであろう。

筋方の返答は、「筋方ニ而取計候儀を御代官方ニ而被取計候儀は別段無」く、「百姓ニ相抱候訳は都而（代官と）申談相勤」ている、ただし、「百姓之為江御貸付等有之節は、筋方ニは御承知不仕、御代官方斗ニ而被取計候訳ニ御座候」という趣旨であった。西村の不正が恣意的な代官所資金の運用にあった点をふまえれば、「西村の不正は筋方では与り知らぬこと」と述べているようにも思える。

また、この返答書の最後で、「先年御改正之節被仰渡候御書付之通相違者不仕相勤居申候、則別紙入御見分、被仰渡之趣以書付申上候、以上」としている点も注目しておきたい。つまり、返答書とともに、享和元年の制度改正の「御書付」（史料4）が提出されたのである。

その後、さらに筋方の勤向をくわしく上申するように指示があり、二月七日に七〇カ条にわたる上申書が「同役（筋奉行）相談」のうえ作成され、家老役へ提出された。[37]

以上の経過で確認しておきたいのは、次の点である。

第一には、西村助之丞の不正事件が、享和元年の制度改正以降、代官役の地方支配機構の中での権限・重要性が増していった結果、発生したことである。当時の西村の働きからすれば、単なる一代官の不正に留まるものではなく、藩の地方支配機構全体の問題となったと推測される。

第二には、不正事件の内容が、百姓公事の取扱いにおける不正であり、とりわけ村方への支配入用と争論費用に関する不正であったことである。ここで、本論の1で述べたごとく、宝暦期以降の彦根藩村方支配の基本方針が、村方財政の再建のための倹約・支出抑制であり、そのための公事訴訟費用の減少が重要視されていたことを想起したい。つまり、西村の不正は、右の基本方針からすれば、もっとも許されない種類の不正だったのである。

また、不正が京都町奉行所へ持ち込まれた愛知川筋の争論に関わっていたことも、問題を大きくしたと思われる。この争論は、安永六年（一七七六）に彦根藩領と郡山藩領の間で発生し、京都町奉行所の裁許により、死罪をふくむ多くの処罰者を出した争論と同じ場所でおこったものであり、彦根藩としてはもっとも細心の注意を払うべき火種をかかえた地域であったからである。

**文化十二年の地方支配機構改編**　右の事件は、他の代官への処罰がなかったことから、あくまで西村個人の不正として処理されたことがわかる。しかし、事件の影響は地方支配機構のあり方にまで波及することになる。

文化十二年二月、享和元年四月の「御代官勤向御定目」の一条目・二条目・四条目・五条目・八条目に付札が付され（前掲史料4）、代官の勤向の変更が申し渡された。

一条目の付札には、筋奉行が以後、公事出入訴訟の吟味を取りはからい、代官役が関与しないこと、また、申し渡し（裁許）にも代官が出座する必要がないことが規定された。二条目の付札には、筋奉行宛の村方からの願書は直接筋奉行へ提出することを規定する。四条目の付札は、村方への全ての触書は筋奉行から出されることを規定する。五条目の付札は、百姓への全ての咎（処罰）は筋奉行が行うと規定する。八条目の付札では、従来代官役の人選のみで決定していた村役人の選出方法を改め、代官が下選びをした後、筋奉行が「推糺」することを規定する。

以上のように、この付札により、代官役が持っていた職務権限の内、百姓の公事訴訟出入における吟味権が失われ、裁許にも関与しなくなる。百姓公事出入に代官役が一切関わらないことになる。また、村方願書の受理の職務がなくなることは、願書を受理・審査することで関わっていた多くの分野に関与しなくなることを意味する。その他、触の発給権、軽易な処罰権も失い、村役人の選出権限も弱くなっている。すなわち、年貢率決定、年貢等の徴収、貸付、宿詰に関する職務権限に変更はないが、百姓の仕置権に関わる代官役の職務権限は、筋奉行の権限へ吸収されているのである。

このような改編の直接の理由は、先にみた西村の処罰にあったと推定する。西村の取り調べ過程で、筋方より家老役へ、享和元年の「御書付」が提出されたことはすでに述べた。その後、享和元年の代官勤向定目——筋奉行と代官役との分掌規定でもある——の見直しが進められたと思われる。現在のところ、この過程に関する具体的な史料がなく断定はできないが、文化十二年の制度改編の主要な改正点が百姓公事出入の吟味権の問題であったことを考えれば、無理な推論ではないと思う。

ところで、代官役は文化三年八月以来、川除奉行を兼帯していたことはすでに述べたが、同十二年五月二十三日、川除奉行が代官役へ統合され、「欠役」となった[38]。右の代官役動向の改編から約三カ月後であり。これと連動したものと考えられる（詳細は本書所収「彦根藩役職補任表」の川除奉行を参照）。

**文化十二年の機構改編の意味**　2でも見た通り、本来、町人代官時代は代官役は筋奉行の配下の職であり、公事出入訴訟の吟味、願書の受理などは筋奉行の職務を代行するものであったが、士代官となり、筋奉行と「厚談」できる権限をもつ、独立した職となったと考えられる。西村ら士代官が実績を上げ、力が増すにつれ、公事訴訟の吟味など代官役が実務を引き受ける職務については代官役の職務権限が筋奉行のそれに取って代わるような局面が生まれ、かつ筋奉行が代官役を抑制できない関係が生まれていたと思われる。愛知川筋争論一件における西村の不正行為は、筋奉行とのこのような関係の下に、職務権限を恣意的に行使した結果生じたものであると考えたい。

この改編で、公事訴訟の吟味権、願書の受理、触の発給権、処罰権など、代官役の職務権限の多くが筋奉行へ吸収されたのは、右にみた地方支配機構のなかでの筋奉行と代官役の職務をめぐる矛盾関係を解消するため、筋奉行への権限の一元化を意図したものであったと考えられる。

また、この改編では、代官役と川除奉行とが統合されたが、この結果、筋奉行が村方の百姓支配全体を統轄し、公事訴訟の吟味・裁許、触の発給、処罰など百姓仕置の実務を行い、代官が年貢徴収に加え川除普請、諸貸付などの百姓の農業生産の実務を担当する体制が生まれた。各役所の下役人も筋方役所で増員となり、代官役所で減員となり、組織替えが進められている。地方支配機構内の分業が進展したものと評価できよう。

## 4　嘉永年間の地方支配機構の改編

**文政期から嘉永期の財政政策の動向**　最初に文政期（一八一八～一八三〇）以降、嘉永期（一八四八～一八五四）に至る、彦根藩の財政動向を若干見ておきたい。1で紹介した彦根藩元方勘定奉行竹花小右衛門の上申書[39]によれば、藩の借り入れ金である、「御下ケ金」と「御調達金」が文化八年（一八一一）に八千両余りであったものが、文政初年には三万両にまで膨れ上がり、この部分の利払いに加え、経常支出の増加がわずかにあり、支出高が文化八年より六三〇〇俵余り増加したとする。また、文化九年から文政元年までの「近来物入」として、直亮の家督相続、婚礼、庶子の他大名家への養子、日光名代、京都上使の諸費用を挙げ、合計八一九〇〇両・銀六貫七〇〇目余りとする。文政三年には、隠居していた井伊直中が藩主直亮から依頼され、「勝手向取直」の世話をおこない、五カ年の倹約を実施している[40]。以後、文政七年・天保三年（一八三二）・同八年に家中倹約が命じられていることが確認できる[41]。

このように文政期から天保期は引き続き財政困難であった。これにさらに藩へ財政負担を強いることになったのが、弘化四年（一八四七）二月に命じられた相州警衛であった。側役宇津木六之丞は、嘉永三年（一八五〇）四月一日付の幕府老中への伺書の中で、囲籾詰め戻し延期を願う理由として「一体近来打続物入多く、且相州御備場御用ニ付而者莫太之御入費ニ御座候」と藩の窮状を訴えた。また、嘉永元年と同二年は、「領分希成大荒」のため、二年間で一二万五千石の損毛となり、藩財政が厳しいこともあわせて述べている(42)。

嘉永三年三月二十一日、井伊直弼が藩主に就任した時には、藩の財政は相当に厳しい局面に立ち至っていたのであった。直弼は、藩主就任直後から藩財政および村方財政建て直しの課題に直面することになる。

**筋方元締の「不正行為」と郷中用懸り**　では、直弼が藩主に就任した頃の村方支配の状況と課題はいかなるものであったのであろうか。直弼の地方支配機構改編を検討する前に、この点を以下に見ておきたい。

嘉永四年二月二十八日、西堀太郎左衛門ら内目付役六名が、側役衆へあて、村方での風聞を記した上申書を提出した(43)。

上申書は、「筋方ゟ申付置候郷中用懸り之者与同服(腹)致し、願筋之義ニ付而者村方一統難渋ニ相成候取沙汰有之由」のため、内目付役が情報収集した内容を書き上げる。内目付役は役職就任時の誓詞では、町・郷中で「不宜取沙汰」があれば「承届」き、家老へ上申することが規定されているが(44)、この上申書は側役を経由して藩主の許へ提出されたと推測される。

上申書の内容を見ておくと、郷中用懸りについて、①「余程以前」より置かれ、他領との争論時の「下懸合」や、領分内での小さな争論の下済などに有用であることから、「郷中指働キ有之者ヲ撰」び、嘉永四年当時、三〇人余がいること、②しかし近年、用懸りに「実意ニ心得」えている者がなく、賄賂に味み、増長していること、③村方で、用懸りに取り入り、筋方役所元締を抱き込み、金銭目当てで争論をおこす者がいること、④用懸りには訴訟を故意に長引かせ、雑用金が一〇〇両を越す場合があること、を述べ、訴訟で難渋者は有徳人に勝ち目がないとの風評であることを述べる。さらに具体的に、坂田郡西法寺村の惣兵衛の村内所有地争いに関する用懸り勘右衛門（犬上郡金家村）の事例、坂田郡今川村庄屋長左衛門の講銀出入りに関する用懸り西右衛門（坂田郡加納村）、新十郎（西上坂村）の事例、南木之本村八右衛門の秤座分銅売買取調に関する、用懸り長次郎の事例が示され、町宿への争論当事者の長期拘留、不当な金銭的解決方法の採用、争論当事者からの金銭の授受など、筋方元締と郷中用懸りによる恣意的な訴訟手続き・吟味が具体的に記される。そして、郷中用懸りが、筋方元締と城下の町宿と「同腹」し、小さな問題を聞きつけては訴訟・願の後押しをし、音物・町宿での酒宴（費用は出願者負担）、願い成就後の馳走など、不当な利益を得ていることを述べ、最後に郷中用懸りが廃止になれば、藩主の御憐愍が行き届き穏やかになるとの風評を記している。

この上申書に関して指摘しておきたいのは、第一に、郷中用懸りが、筋奉行が管轄する領内村方の公事訴訟出入の取扱いにおいて重要な役割を果たしていたことである。筋方役所と村方の結節点であった。上申書では、郷中用懸りとして坂田郡七条村猪平、愛知郡今在家村善平、坂田郡西坂村源右衛門、同郡瀬田村善四郎、同郡米原村長太夫らの名が挙げられており、領内全域に郷中用懸りがいたと推測される。彼らの不正は、その役割の重要性と表裏の関係にあった。

第二に、風評とはいえ、筋奉行の百姓公事訴訟システムを構成する筋方元締、郷中御用懸り、町宿（公事宿）の三者が結びつき、公事訴訟出入の過程を巧みに利用し、利権を作り出していることである。筋方元締は足軽身分の者で、筋奉行の交替しても継続して長期に勤め、筋方下役（足軽）などを差配し、筋方の実務を担った役人であった。

第三に、ここで挙げられている具体的事例が村内での小規模な紛争であり、そのような争論への対応にこそ、筋方元締と郷中用懸りの利権があったことに注意すべきである。百姓の立場からみれば、日常生活と関わる部分での不正であったことになる。このような事態の前提として、3でみた、公事訴訟出入りの吟味権が筋奉行に一本化された文化十二年の制度変更があったことは言うまでもない。

以上からわかるように、当時の彦根藩では、村方での公事訴訟が多く発生し、なおかつそれに対し領主側が公正な対応をとれていないという問題を抱えていたのである。結論的にいえば、直弼の地方支配機構改革は、この点の解決にあったのである。

**嘉永四年八月十五日の書下―享和度之勤向の「復活」**―　嘉永四年（一八五一）八月十五日、筋奉行と代官役の両役への指示を記した、家老役からの達書が史料6のとおり出された。

【史料6㊺】

筋奉行
御代官江

右者筋方御勤向多端之趣ニ相聞、依之此度御代官役増人被仰付、享和度之勤向ニ被仰付候、自然双方指出（支カ）候筋も有之候ハヽ、無覆蔵申談、伺出候節者可被申出候、

嘉永四亥年
八月十五日

差し出しの記載がないが、形式・内容から、藩主の意を受けた家老役から筋奉行・代官役へ当てた達書と見られる。筋方の勤め向きが「多端」、つまり仕事が多くかつ多岐にわたるため、代官役の人数を増やし、享和年間の頃の勤向にするというのがその趣旨である。享和度の勤向とは、士代官設置後の享和年間の代官役の勤め方であり、享和元年四月四日の「御代官勤向御定目」（史料4から付札の部分を除外したもの）で規定されたものを指す。つまり、文化十二年の制度改編により代官役所から筋方役所へ移された職務を代官役所へ戻すことにより、筋方役所の職務の量と内容を減らすということである。この達書にあるように、代官役は各筋二人計六人であったのが、人員が増え、嘉永五年初頭には、各筋三人計九人の体制となった（本書所収「彦根藩役職補任表」代官役参照）。

また達書の後半部分は、享和度の勤向として支障をきたすことがあれば、筋奉行と代官役とが協議し、両役から藩主へ伺いがあれば、家老役へ申し出るように指示されている。

改正の理由は、筋方の「多端」な勤向を簡素化することであった。しかし、これは表向きの理由であり、政策意図は別のところにあった。八月十五日の家老達書以降の経過を見ることにより、このことが明らかになる。

達書にも記載されていた通り、筋奉行と代官役とが勤向の調整に入っ

た。史料7は「筋方秘録」の記事で、調整過程を示すものである。

【史料7】

（前略）

A

①
一、此度御代官役勤向御改正享和度ニ仰出之通可相心得旨被仰渡奉畏、然所御ケ条之内ニ御代官役見込与相違致し、一定難致候ニ付、二件、五件之御ケ条ニ心得方区々之趣認メ出ス、委敷義者略之、自筆留ニ有之、被見合、御代官役ニ而も同様初件・二件等之御ケ条ニ心得方区々之趣認被指出候、是又委敷者自筆留ニ有之、亥十一月晦日ニ申上ケニ相成、前条之通伺置候処、子四月廿五日御殿目付方ニ而左之通小一郎殿御申渡、田中三郎右衛門承之、

筋奉行

御代官

②
一、初件公事出入訴訟事者御代官ニ而直吟味之上、筋奉行江申達及厚談、筋奉行前ニ而埒方可被申渡、依而咎方之義一切筋方持之事、尤御代官侍座可被致、惣而奉行前申渡筋有之節、大事者勿論、小事たり共御代官出席可被致事、

一、万願事者両御役名宛ニ而御代官役所江為指出可申、時刻ニより指懸候事者宅江も可指出事、宗門又者格式に拘り御代官難取計向者筋奉行直吟味可被致、尤筋奉行前江指出候筋方一名之願書者御代官目印を押、目印無之願書者奉行取上ケ申間敷事、

五件

一、吟味中下小屋預手鎖於宿者其節ニ筋奉行江相達し置、御代官前ニ而勝手ニ取計可被申候事、

一、右之外者享和度之仰出之通相心得候様被仰渡之旨御目付中被相達候、

（中略㊻）

B

①
一、享和度之御ケ条之内、両役見込相違之廉有之、御伺申上候処、御文面御書替三件之通被仰出候得共、尚又一決難仕事共有之候ニ付、両御役方より伺書子五月廿日御用番軍之助殿へ指出ス、委敷者略ス、自筆留ニ有之、可見合、然所五月廿五日、右御同人左之通相心得候様御書面御渡し、伺書者御下ケニ相成候、此段儀太夫承之、

筋方

御代官方

②
一、万願事者公事訴訟ニ不限広キ義ニ而元来御代官役江引受ニ被仰付候御趣意ニ候得共、右様にも難取計向者筋方直吟味ニ被仰付候義ニ付、右ニ付而之願書者一名、其余者都而両役名宛之願書為指出可然事、

一、御代官役吟味ニ而相廻り候書付文面不行届之義者筋方ニ而被相尋可然候へとも、惣而吟味方之義元メ役手ニ懸ケ不申御趣意ニ付、其心得ヲ以取計被申可然事、

但、本文之趣御代官へも御達有之、

伺書相下り候由、

C

嘉永五壬子五月廿六日、左之件々御代官佐藤総（孫）左衛門ニ懸合済、
一、他所より筋方江添翰ヲ以願出候御領分御百姓江懸り候出入筋、
一、寺院より同断出入筋、寺社方江願出寺社方より願書相廻り候類、
并寺院より筋方へ願出候類、
但、看坊・留守居坊主之類百姓並之者より之出入者御代官持之事、
右之類吟味方筋方持之事、
一、下方より願出候筋ニ者無之共、及聞筋有之か、又者盗賊等之口上心懸り、右之者之類、博奕、其他不埒之廉之吟味、且又御制服ヲ初御法度相背候者之類吟味御代官持之事、
一、盗賊之類吟味筋方持之事、
御堀ニ而魚猟山林之竹木伐取候類、其外野荒類なり
（後略）

史料7は、筋方関係の文書をまとめた「筋方秘録」という記録に収められている。右に引用した部分は、大きくAからCの部分に分かれる。

A⑴は、八月十五日の達書を受けた後の筋奉行・代官の対応を、人物は特定できないが筋奉行の一人が記した文章である。享和元年の「御代官勤向御定目」の理解が筋方と代官とで異なることが問題となった。筋方よりは、二条目・五条目の心得方につき、家老へ伺いを提出し、代官役からも一条目・二条目につき伺いが提出された。伺いは嘉永四年十一月晦日に家老から藩主直弼へ上げられ、翌五年四月二十五日に家老小野田小一郎からAの⑵の申し渡しがおこなわれた。

この申し渡しでは、「御代官勤向御定目」の一条目・二条目・五条目が再規定された。これは、「御文面御書替」と理解されていた（Bの冒頭の記述）。

代官役が心得方を伺った、公事出入訴訟における代官の役割を規定した一条目については、公事出入訴訟は代官が「直吟味」することと、咎はすべて筋奉行の権限であることが確認されている。

次いで、村方からの願書の受理方法を規定した二条目には筋奉行・代官役双方から伺いが出されていたが、同箇条については、すべての願書の宛名を両役所（筋方役所と代官役所）とすること、宗門と格式が関係し代官で処理できない願書については、筋奉行が「直吟味」することを規定し、代官が目印を押す願書が筋方一名宛の願書であることを明示している。しかし、この規定を読むかぎり、両役所宛願書と筋方一名宛の願書との関係、つまり宗門・格式に関わる願書がどちらの形式の願書になるのかがはっきりしない。この点は、当時、問題とされ、後まで調整が継続された。

牢舎・手鎖の処置について規定した五条目では、代官役による「吟味中」の百姓の下小屋預、手鎖であることが明示され、代官役が独自判断で処置（筋奉行へは事後報告）できることを規定している。

なお他のことについては、「享和度之仰出」すなわち「御代官勤向御定目」通りとする。

しかし、右の申し渡しによる「御書替」では、両役所の協議は決着しなかった（Ⓑ）。五月二十日、筋奉行・代官役の双方が家老西郷軍之介へ再度の伺書を提出し、同二十五日、伺書が戻された上で、Bの⑵の

「御書面」が筋奉行・代官役双方へ渡された。

この「御書面」の内容は、一条目と二条目に関する補足説明となっている[47]。一つには、公事訴訟を含む村方からの願書は、基本原則は代官が受理をするが、内容によって取り計らいが困難な場合については、筋奉行が「直吟味」つまり筋奉行自らが直接吟味を行い、前者の願書は、筋奉行・代官役の両役宛とし、後者の場合、筋奉行のみを宛名とする、ということである。念のため補足しておくと、筋奉行一役あての願書の場合でも、必ず代官が受理し目印を押し、一度は代官役の目に触れることになる。

二つには、公事訴訟・願書の「吟味」に関することである。ここでは「惣而吟味方之義元〆役手ニ懸ケ申」さないのが「御趣意」であるとする。すなわち、「御代官勤向条目」と「御書面」の一条目・二条目の「御趣意」つまりその意図するところは、公事訴訟・願の「吟味」は筋奉行、あるいは代官役が直接行い、元締に「吟味」に携わらせないことであったことがはっきりと述べられている。ここでの念頭に置かれている元締は筋方元締と見てよかろう。

Cでは、翌五月二十六日に、筋奉行が代官佐藤孫右衛門との間で、「吟味」の役割分担を調整・確認した記事である。①他領との出入筋、寺院関係の出入筋は筋方役所で吟味すること、②風評や盗賊の口上で気がかりとなった者、博打などの不埒に関する「吟味」、制服違反の「吟味」は代官役が担当し、盗賊類の吟味は筋奉行が担当することになった[48]。

この協議の論点が、百姓公事訴訟・願書の「吟味」をどのように両役所で役割分担するかという点にあったことに注意しておきたい。

**嘉永四年の地方支配機構改編の政策意図**　以上、嘉永四年八月十五日以降の動向の協議・確定の過程をみてきた。筋奉行・代官役の両役の伺書の文面そのものが現時点では確認出来ないので、直接に両役の主張を理解することはできないが、この点は次節で検討を加える。ここでは、この改正を実行した藩主側の政策意図を確認しておきたい。

ここで注目したいのは、先にみたごとく、五月二十五日の「御書面」（B2）に記載された、「惣而吟味方之義元〆役手ニ懸ケ不申」という「御趣意」である。嘉永四年八月十五日の達書で、「筋方御勤向多端之趣」が改正の理由とされていたので、「直吟味」の導入に伴い、筋方役所の「吟味」を代官役所へ移し、筋方の「多端」な動向を軽減させようとした面は確かにあったと思われる。しかし、嘉永四年二月段階で、筋方元締と郷中用懸かりによる公事訴訟・願書の過程における不正の風評があり、かつそれが内目付役から側役を経て、おそらくは藩主直弼の耳に入っていたであろうことを考えた場合、不正防止のため、公事訴訟出入・願書の「吟味」、特に些細な出入や願の「吟味」から筋方元締を排除することが、本当の「御趣旨」つまりは嘉永四年の地方支配機構改編の政策意図であったと理解すべきだと考える。

**筋方役所の抵抗**　次に、この機構改編過程における筋方役所と代官役所双方の態度を別の史料から検討する。この検討は、前節で見た機構改編の政策意図の理解についての補強ともなろう。嘉永六年十月の家老役新野左馬助宛て内目付が上申書を提出した。筋方と代官方の「不和熟」について情報収集した結果を報告したものである。筋奉行と代官役との協議および筋方役所の内情について具体的に記す[49]。

【史料8】

先比被　仰渡候是迄筋方・御代官方不和熟之趣彼是承合申候処、先達而御代官方吟味ニ御改革有之処、筋方ニ而者上役下役共御役内之威光薄く相成候様心得、中ニも荒木儀太夫・田中雄助等儀者成丈威光之廉可残迚筋方一手吟味之増候分別を考へ、種々申談し致候由ニ候得共、御代官方より者御改革御條目面双方心得方行違候儀共有之、段々伺済之上ニ候得者、御趣意之外吟味方之義者私ニ対談を以取究メ候儀難相成趣ニ申答候由ニ而、御改革御趣意筋方腹容不申、右両人之外、中ニ者是迄元〆之所作を御代官江被　仰付、裁判者奉行前ニ而致候得者筋方之威之増候抔与表裏之見込居へ候者有之、（後略）

つまり、「御代官方吟味」の「御改革」により、筋方役所の威光低下をおそれた筋奉行荒木儀太夫と田中雄助が中心となり、筋方一手の吟味が増えるように理由を考え代官へ申し談じているというのである。一方、代官役は、藩主へ伺い済みとして「吟味方」を私に相談できないと拒否しているという。嘉永四年八月の機構改編が「御代官方吟味方」の「御改革」であったと認識されている点、また、「御改革」に対し筋方に不満があり、嘉永六年に至っても筋方から協議が行われていた点が注目される。

さらに上申書では、荒木・田中の主張は本人から出たものではないとし、「御改革」により「余徳」を奪われた筋方元締が、筋方に「吟味方之箇条」が残るように、筋奉行へ働きかけているとする。また、村方から筋方元締を頼り内談の来る者も絶えず、筋方元締は「御代官方吟味之障りニ成而已考へ、兎角御改革元成りニ致度執念不相止様子」であり、代官方の過失を見いだそうとし、「代官前懸合之元調事」を難しく筋奉行へ報告する様子であるとし、筋奉行就任者と代官役就任者との個人的な対立とともに、このことが筋方と代官方との不和の原因であるとしている。

つまり、筋方元締が嘉永四年八月の機構改編以前に持っていた、公事訴訟・願書の「吟味」の職務に伴う利権（余徳）を確保しようとし、「御改革」に抵抗していたというのである。先に見た筋奉行と代官役との公事訴訟・願書の「吟味」に関する協議の裏にはこのような事情が存在したのである。

上申書では、木俣亘理組（足軽組—筆者注）市川軍六・山下軍次・山中貞次郎、増田啓次郎組佐藤六郎、宇津木音人組前川粱介、今村十郎右衛門組赤尾八右衛門、青木平左衛門組森武次、庵原奥左衛門組川村義助ら二十年ほど元締役を勤めた者の名を挙げ、衣食住に一際目立っているとするので、役利のある仕事であったことは間違いないようである。ただし、上申書でも「尤役利計ニも有之間敷由ニ候得共、軽身分ニ而繁多之役方、我一与頼込候義ニ有之由」と述べているように、彼らが地方支配の能吏であり、そのことが利権を生みだし、場合によっては不正と見なされる事態を生じさせたことも、別の一面の事実であったことも指摘しておく必要があろう。

**代官役の姿勢—佐藤孫右衛門上書—**　では、一方の当事者である代官役のこの時期における姿勢について、次に見ておきたい。史料としては、嘉永六年以降の、家老もしくは側役宛と推定される代官役佐藤孫右衛門の上書を取り上げる。(50)

【史料9】

去ル亥年(嘉永四年)八月、御代官役享和度之勤向ニ御改正被仰出候処、度々筋方与見込相違仕候義共御座候而、夫々伺済ニ相成候義も御座候得共、未享和度勤向通り相成不申候義も有之、元来御憐愍之思召ヲ以被仰出候御義与奉恐察、公事訴訟等両役共直吟味与被仰付候ニ付、其後願事殊之外相減シ、郷中之者共難有存罷在候趣ニ候得共、事ニ寄已前与者却而手数多懸り候義共有之、且事立候程之義者絶而無之、小細之義共ニ付、多分御代官方ニ而致事済候様相成御座候得共、折々者筋方与見込区々相成候義共出来、恐入候義、御代官役ニ茂勤苦敷義も御座候ニ付、①何卒享和度勤向之義、両役共ニ御穿鑿、今一際事品ヲ御分ケ被仰渡被下置候様相成候者、此上御憐愍ニ相成可申与奉存候ニ付、巨細之義左ニ奉申上候、

一、(一条目)(a)御古来ゟ享和度御改正之頃迄者、筋方之手先ニ町御代官与申者御座候而、万願届等御代官前江指出、夫ゟ事立候義者奉行前江相達候趣ニ付、大体之義者御代官手前ニ而相済セ、当時佐野・世田ケ谷如御領分、奉行者江戸表ニ詰居候而、小細之義者御代官ニ而御用弁致出来候様之振合ニ承伝申候、然ル処享和度町御代官御止メ、御検見役より御代官役兼帯ニ被仰付候義ニ付、其節者右之余風ニ而何事も御代官役元持仕、郷中之義引請勤居候趣ニ御座候処、其後文化年中ニ再御定目面ニ御付札ヲ以御改正被仰出、其砌ゟ万事筋方ニ而元持仕勤候様相成候ニ付、下役小使等茂御代官方ニ而相減シ、筋方江御増御座候処、亥年(嘉永四年)享和度之勤向ニ被仰付候ニ付而ハ、再御代官役郷中之義引請元持仕候義ニ付、下役小使等も御願申上、増人被仰付候得共、此度者筋方ニ而相減し候義ニ者無之、先双方ニ而引請候様之振合ニ相成、右様之処ゟ歟、兎角御代官役筋方之勤向江入込候様相見へ候哉与奉存候、(b)然ル処御代官役ニ而者、右享和度通被仰付候而不宜義有之候者、其訳柄可被申上義与存候得共、右度之勤向ニ相触候義者、御改正之詮も無之義与奉存候処ゟ、見込違之義共出来、御定目面ニ有之義ニ而も区々相成、終ニ者下方江茂響合迷惑ニ存可申義も可有之与奉存候、(c)依而譬者御普請・作事方之二御役類役ニ而も其品相分り御座候趣ニ準シ、②惣而重キ義者筋方、諸雑事者御代官方持与申様ニ勤向之義御分ケ被仰付被下置候者、御主意通尚以相立可申与奉存候、尤享和度被仰出、尚又去ル子年(嘉永五年)御伺申上候節迚も右御同様、重キ義者筋方与之御義哉、既寺院格式等ニ拘り候義者筋方与之被仰出も有之、且別而之被仰出者無之候得共、公辺ニ拘り候義并他所出入等之義者筋方一手之取計ニ相成有之、此上土地境目山川道筋等之義ニ付而之公事、又者村々組合他郷ヲ相手取候様之訴訟、都而大仰成義者御役威等も一段相立不申而者治り方ニ相成不申候義ニ可有之奉存候ニ付、筋方持与御用向御増、尚又金銀出入誰彼与申程之争、惣而身之上之義ニ付而之訴訟等者御代官方調与申様ニ被仰付被下置候者、会得も仕易可有之哉与奉存候、③尤右様被仰付候者、両役共ニ尚以最初ゟ直吟味与不被仰付而者已前之弊風ニ立戻り、上ゟ者初聞込候義ヲ突立、下方ゟも又様々与相欺候義も出来可申哉与奉存候、④右等之義旧臘同役共取詰申談候処、中ニ者筋方江御用向引分之義御願可申上共、御主意通相立不申候

者、矢張御蔵方同様之次第与申者も出来仕、又者直吟味ニ被仰付候義ニ候へハ、何れ之御役方ニ而も同様之義与申見込有之、同役中ニ而も区々相成、此儘指控罷在候義も恐入候義与存、乍恐此段奉申上候、

一、（二条目）筋方御代官方共折々御役替被仰付候処、下役人共ニも御足軽ゟ引人之義ニ付、其時当然宜敷様与之取計ニ相成候而者物毎假成ニ相成、又者再発等出来候義も間々相見へ申候ニ付、（中略）何卒佐野・世田ヶ谷御代官如キ者被仰付候様相成候者難有義、尤右様之処ゟ歟、筋方ニ而ハ付廻り与申唱、奉行御役替被仰付候而も、其儘残り候者壱筋ニ四人、都合拾弐人有之、御代官方ニも旅法遠近宰領共御免ニ相成候者壱人、右御免無之、元〆与申者壱人、三筋ニ六人御座候へ共、是以引人之義一代切ニ相心得勤申候義ニ付、実子相続後難ヲ懸念仕候程之義者有之間敷哉、已前町代官之節、郷手代・蔵手代与歟申、御代官壱人ニ両人ツヽ之手代召抱へ、諸事引請勤居候趣之処、右勤向当時ニ而者多分御代官方下役并御蔵手代等ニ相勤居候義ニ御座候処、当時御蔵手代共義茂已前町御代官程之者共ニも無之、折々者相替り候義も有之、何分引請相勤候者不足仕、御為方ニ相成不申候義与奉存候ニ付、此段奉申上候、

（三条目略）

右件々之義書認申上候程ニ、具ニ申上候義ニ者無之候得共、右之心得ヲ以昨九月言上仕候義ニ御座候

（四条目略）

正月九日　　佐藤孫右衛門

佐藤孫右衛門は、この時点ですでに代官役を十三年近く勤めており、生涯で通算二十三年代官役を勤めることになる人物である。まず、内容を紹介しておこう。

上書冒頭では、享和元年八月の機構改編以降、筋方との調整にもかかわらず享和度の勤向きとなっていないこと、また、公事訴訟が筋奉行、代官ともに「直吟味」（筋奉行や代官役が直接吟味取り調べを行うこと）となり、村方よりの願事が減少する効果が現れたが、以前より手数がかかることもあること、さらに、折々筋方と見込み違いとなることなど問題点を指摘した上で、享和度の勤向をさらに取調べ、「事品」つまり職務としてあつかう事柄の種類の区分けがなされることを提案する（傍線部①）。

次いで一条目では、享和元年以前の町人代官時代からの経緯、制度の変遷を述べる（ⓐ）。代官が町人代官以来、郷中支配を主管（「元持」）していたところ、文化十二年の機構改編により筋奉行が主管することとなり、再び嘉永四年に代官役主管となったが、筋方下役の人数が減少されず、双方が村方を引き受ける形になり、この結果、代官役が筋方の勤向に「入込」むように見える状態になったという。これに対し、「重キ義」は筋方、「諸雑事」は代官方というように、勤向を分けてくれるよう提案し（傍線部②）、寺院格式に関わる件、幕府や他領に関わる件に加え、堺論、村々組合での訴訟など、役威が必要な事柄は筋方持とし、個人レベルでの金銀出入や私的な訴訟は代官持とするよう、さらに具体的な区分を提案する。そして、この区分けとともに、筋奉行、代官役による「直吟味」を行わなければ「以前之弊風」に戻ると、「直吟味」の必要性

を主張する（傍線部③）。

すなわち、享和元年の機構改編では公事訴訟の「直吟味」が唱えられたが、筋奉行と代官方とで勤向に関する理解が異なり、「直吟味」が効果を発揮しえない事態があったということである。

二条目には、筋方・代官方とも役替があり、下役人が足軽からの「引人」であることから、当座の処置となっている問題を指摘し、「何角引請、我物ノ如く相勤候者」として、世襲の地方支配役人が必要であると主張する。

三条目の内容は多岐にわたり、役人の廻村の必要性、村方の放埒者の取締について述べ、検見との関係で佐野・世田ヶ谷代官のような世襲代官が必要であることも述べている。

四条目は、郷中の倹約について、郷中費用や課役を省き、その分を非常手当として除け置くこと、役人廻村費用などの見直しを提案している。

佐藤の上書は、藩の地方支配機構に関し、詳細かつ全般的に意見を述べており、文面を見る限り、代官所の意見に片寄ることなく、バランスのとれた意見であると思われる。

では、佐藤の意見は代官役の中でどのような位置を占めたのであろうか。上申書の記載によれば、他の代官の見解は様々であり、筋方に対する態度も強弱があった（傍線部④）。当時、佐藤が職歴・実力の両面で代官役所の中心的人物であったことは間違いない[51]。佐藤は他の代官役について上申書で、「元町人ニ而相勤居候処、士分江被仰付候義ニ付、筋方ニ而元支配致し来候端々相残り御座候様相見へ、何是与申程之義者無之候へ共、是迄相勤来候者共ニも、先々ゟ之仕形ニ付無拠其儘相勤、先者永相勤候様之心得共不被存様被相察」（三条目）との認識を述べている。当時の代官役は、佐藤など一部に精力的な代官もいたが、全体として必ずしも活発とはいえない低調な雰囲気があったことが、この佐藤の発言からうかがえる。佐藤の意見は、代官役全体の合意の下に作れたものではなかったのである。

以上から佐藤の構想についてまとめておくと、①筋奉行と代官役所双方が百姓公事訴訟・諸願書の「吟味」について取扱範囲を定め、筋奉行と代官がそれぞれ「直吟味」を行い、②世襲の下役を設置し、村方の実務を担わせる、というものであった。筋方元締を「吟味」から切り離し、そのままで筋奉行と代官役が「直吟味」の役割を果たすのが困難であるため、元締に変わり世襲の下役人を設置するという考えであったと思われる。佐藤は、元締を廃止したうえでの新たな下役人体制を構想しているのである。佐藤がこのような下役人構想をもつ理由としては、代官役の現状をふまえ、代官役が「直吟味」を行うことは難しいという現実的な認識を佐藤が持っていたからではなかろうか。

ただし、佐藤が考えたような世襲の代官もしくは地方支配機構の下役は、その後、近江国彦根藩領ではその成立をみなかった。

**小括**　嘉永四年の機構改編は、代官勤向を享和元年のかたちに復するものであった。その意図するところは、当初は代官役による公事訴訟・願書の「直吟味」を実施し、元締を「吟味」から切り離すことにより、当時、問題となっていた筋方元締と郷中用懸りによる公事訴訟における不正問題の解決し、公事訴訟の迅速化、村方への公平性を確保しようとするものであった。

しかし、筋方元締および筋奉行による抵抗があり、嘉永四年・五年の筋奉行・代官役の協議の中で、代官役の「直吟味」を主とする方式から、公事訴訟の内容によって筋奉行・代官役のどちらかが「直吟味」を行う方式へと変化していった。藩主直弼の当初の政策意図は必ずしも全面的には貫徹しなかった。

一方、代官所は代官役佐藤孫右衛門が筋奉行・筋方役所との妥協点を探りながら、筋奉行・代官役の公事訴訟・願書の「直吟味」を確立しようと努めた。ただし、代官役の「直吟味」体制実現には代官役就任者および代官所の体制整備が課題であったようである(52)。後者については、佐藤は元締にかわる世襲下役人による地方支配組織を構想していた。

## おわりに

最後に本論の内容をまとめておく。

井伊直英（直幸）が藩主就任した宝暦五年（一七五五）に本格的に始められた、財政改革は、家中倹約と同時に村方倹約を命じた。家中財政・村方財政を一体と考える藩財政改革であり、これ以降の地方支配政策も財政問題との関係で展開した。

享和元年（一八〇一）四月、町人代官から士代官への制度変更は、知行取藩士を代官役とし、公事訴訟・願書に対する吟味権を持たせることにより、役威を増し、領内百姓の農業出精、村入用の減少など村方財政の倹約・維持が進められた。この変更は機構改編を伴い、代官の支配区域が筋単位となり、支配の効率化もはかられた。

文化期にはいると、領内の河川用水管理を行う川除奉行を兼帯し、かつ地方支配機構の中での地位が上昇した。その結果、筋奉行と代官の職務権限が競合する関係が生じた。

しかし、文化十年（一八一三）の西村助之丞の失脚をきっかけに、同十二年二月、「御代官勤向御定目」が付札で改正され、公事訴訟・願書の吟味をはじめとする百姓仕置にかかわる代官役の職務権限が筋奉行へ吸収され、筋奉行と代官役の競合関係が解消された。代官は年貢徴収、貸付米の運用、川除普請など勧農関係を職務とし、筋奉行との分業関係が進展する。

百姓公事訴訟・願書の吟味が筋奉行へ集中した結果、筋方役所の吟味の実務を担当する元締と郷中用懸りに利権が生じ、嘉永期（一八四八～一八五四）には、元締、郷中用懸り、彦根城下の町宿（公事宿）の三者による恣意的な公事訴訟手続とその利権への吸着が問題視されるようになった。

嘉永四年、藩主就任後の初入部した井伊直弼は、同年八月、代官方の勤向を再び享和の「御代官勤向定目」によることを命じた。この時の政策の主眼は、筋奉行・代官役により公事訴訟・願書の「直吟味」すなわち直接の吟味であり、元締による吟味をなくすことであった。筋方元締と郷中用懸りらの恣意的な公事訴訟手続きを利用した利権の構造を排除するためであったと考えられる。当初は、代官役による「直吟味」体制が制度の基本と考えられていたが、利権を確保しようとする筋方元締と筋奉行の抵抗により、公事訴訟・願書の内容により、筋奉行・代官役のどちらかが「直吟味」する体制に決着した。

以上、近世後期の地方支配機構の変遷を筋奉行と代官役を中心にみた。素描となったが、公事訴訟の取扱が課題となり、その解決への動きが筋奉行（筋方役所）と代官（代官役所）の間で行われた機構改編で一貫して問題となっていたことは確認できた。百姓の公事訴訟・願書への対応、そこにおける公平性の確保は、公儀としての藩の領内支配にとって不可欠であった。同時にこの問題は村財政・地域入用にただちに結びつくものでもあり、藩財政や地域入用にとって大きな問題であった。

また、享和元年以前、代官役が町人であったことが、その後の地方支配機構の変遷に色濃く影響したことも不十分ながら言及した。

機構全体の中での位置づけや、村役人・郷中御用懸り・筋方元締などの諸関係などについては、全て今後の課題としたい。

## 【注】

1 木俣守将宛井伊直幸書付写（「中村達夫氏所蔵文書」『新修彦根市史　第六巻　史料編　近世1』五一二号文書、以下『新修彦根市史』第六巻、五一二号と表記する）。『彦根城博物館叢書　侍中由緒帳』1所収木俣清左衛門家（以下『由緒帳』と表記する）。

2 前掲注『由緒帳』1。

3 前掲注『由緒帳』1。

4 「彦根藩井伊家文書」五二一〇（本書史料編所収）。

5 那覇市所蔵横内家文書（『新修彦根市史』第六巻、四五一号）。

6 寛政元年（一七八九）四月十五日に、藩主井伊直中が直幸の御遺志銀下付を達した御書で「近年打続家中納米仰付」られていたことを述べている（「彦根藩井伊家文書」三一三六八）。

7 天明三年六月十六日に当時江戸詰の目付役であった田中藤十郎が横内次左衛門（筋奉行・元方勘定奉行兼帯）に宛てた書状の内容が興味深い（那覇市所蔵「横内家文書」う―二六八）。

得手隙候故又申上候、本書之趣ニ而者兼而御戒メ被下候御上斗を怨テ、後ニナルト仕様之ナキ所へ行キ腐儒之見識之地へ落着可仕も難斗様ニも相聞候得共、世禄之臣、左様之水クサキものニテ可有之候トハ不奉存候、乍然只今程有志之士、御上之腹心ニ這入り候時節ニ壱事も君之欲ヲ防キ得ぬ事ニテハ、行末無心元被存候、是も君之不埒ニ而も、臣之不器量ニ而も無之、諸侯一統之弊風と被存候、此間も兵部様へ田沼侯之奥方御出、六七日御滞留之由、諸大名ゟ之賄賂夥敷事ニテ、真ニ数日之間ニ山ヲなし候よし、此方様ゟも酒肴菓抔参り候得共、中々肩スボリ候事ノ由、扨又甚敷ハ奥方へ斗り御滞留之御見舞ハ可有之事ニ候得共、諸家ゟ御夫婦様へ参り候由、此方様ゟも琥珀袴地○《三段》・肴等揃へ、田沼侯へも参候よし、惣而ヶ様之事ニ御坐候、右奥方之弟、只今ハ御医者ニテ御さじトヤラニ被仰付候由、一向敗毒散サへ合されぬ人ニテ、魚釣事ハ大名人のよし、田沼侯之弟も近年段々御出世ニテヨキ所ニ御屋敷御拝領有之、大名屋敷ノ如キよし、まだいくらもヶ様なやみ多事共有之候よし、江戸之風、真ニ目も当られぬ事共ニ御坐候、ヶ様之中ニテ吉隼ノあほふに三《とも》田村之柔弱ヲ副へ、荒井之欲深ヲ付ケテ御大老ヲタグリヨセテハ、何程《ゞ》危キ事ノ頂上ニテ無之候ヤ、翁之壱万五千之加増、役料も皆此党ニ吸ひ取ラレテハ、何程翁之寛容ニテも快ク被思召間敷、況ヤ田舎ものニ於テヲヤ、　然リトいへ共、此一事羽翼已ニなりかけ候得者、最早不及力候、江戸ノ金捨場ニ　　君侯ヲ右之三人付ケテ追ヒハナシニ仕置候事、何程君ハ聖人ニハならぬものとあきらめても、コラへ兼申候、今之侭ニテ壱色もスボラズト御大老場迄はなしかけテハ、半知ヲ少しニ而も早ク許スとの美言ハ扨置キ、四半知ニテも足り申間敷候間、何卒御出府も可被成候ハヽ、何ゾ壱色御大老場迄御出被遊候而も無憂事ヲ御建議被成候様、国家ノ為ニ奉祈候、此願之聞クハ翁壱人と相見へ、夫故本書ニも翁ノ掌中ニ国政之帰スル事ヲ申置候、昨今之様子ヲ相考候ニ、御玄関ハ諸候ノ御出、御使者絶間なく干鯛箱・生鯛御賄所ニ弥上へ積上ケ、其生鯛も此迄之御到来トハ大ニ新敷、結構なるよし、諸大名右之勢ニ御坐候得者、此方様ヲ聖人場デ御大老ニ御成り可被遊義ニハ無之候得者、以後之所察し入り候、御部屋入も御招請も御婚礼も首尾能スミ、其上ニ半納迄も首尾能済ミ、助右衛門殿ヲ初メ、平次・三郎左衛門・弥惣、数ならぬ拙者なからも、何之面目あつて切り通□危ク肩ニテ這入り可申ヤ、何卒壱事何角御建議被成、面目ヲ御繕ひ被下候様ニ奉頼候、不面目最上ハ江戸詰ニ留め申候、角中セバ御高恩之江戸詰ヲ忘却仕□以恐入候得共、壱詰すると卅俵ジヤ、百石之渡り方弐百石取ノ渡り方ジヤ、珍敷咄ヲ聞キ、武士之根元ノ江戸ヲ観事ジヤ、善キ馬共ヲ見ル事ジヤト楽しミ居レハ一向此上なき楽国ニ御坐候得共、此御時節御目付役被　仰付候所ヲ難有奉存候而者、只○国へ帰ルニ面白○事ナク愧入申候、

一コロセガ、リノ半知ニテ中々義倉等之事も相成り申間敷よし、力落仕候、年々五千両新御土蔵納り金ヲ柱トシテ、セメテ四十分一ニ而も除ケ置キ申度候、最初者児共タラシノ様ニ候得共、拾年ヲ積ミ候得者善政ニ御坐候、其上ヶ様な事ハ愚人も能ク合点参り、元来善政ニ御坐候ゆへ、人望も得申候事ニテ、聊も　御上へ御損ヲ相懸ケ候筋ニテハ無之候、兼テ心底ハ平六・円次へ申遺置候間、どふか御厚考も可被下候、拾年先之半知之時も、壱年も早ク許スベシ、イヤ許○サぬ代り、御賑救抔と当テハ有之候得共、元来人ハ生物世事万変積之通りニハ相成り不申、泣ク々々七年・拾年相続申候、少々之事ニテモ只今急度除ケ置ク等之事ハ、聊も見当ハはづれ申間敷候、昨年以来向不見ニ面白ク御坐候所、少し向フ相見へ懸り、大ニ遠見仕り候、中上度事共不少候得共、先申残し候、次第向暑、別而当年者不順之気候、万々御自愛可被成候、早々已上、

六月十六日　　　藤十郎

次左衛門様

右の田中藤十郎の意見は、田沼意次を中心とする江戸の武家社会、および藩主と側近家臣に対する強烈な批判を行っており、公正さに欠く点があるかもしれないが、田中が目付役であり、一方の横内が藩財政運営の中心的な役人であったことを考えた場合、彦根藩の当時の財政問題、のみならず機構の運営面での根本的な指摘がされていると見て差し支えなかろう。

8　「御在府御留守江戸常式銀」（「彦根藩井伊家文書」三一六五九）。
9　「彦根藩井伊家文書」三一六五二。
10　従来、翌年七月末であった年貢皆済の最終期限を当年の十二月末に変更する制度。
11　「彦根藩井伊家文書」三一五七三。
12　八木原太郎右衛門家文書（『新修彦根市史』第六巻、四五四号）。
13　寛政十一年二月には、青木角之丞が国産方御用を命じられ、金五千両が与えられ、国産方が設置され、これと連動し皆米札が発行されている。また、文化元年頃より大坂への瀬田川通船による物資輸送を企図するなど、積極的経済政策も行われている。これらの政策と藩財政との関係が問題となるが、今後の課題とせざるを得ない。
14　竹花小右衛門は、寛政四年から文政三年まで元方勘定奉行を勤め、寛政十二年から享和元年に行われた、勝手方取調の担当者であった（『由緒帳』7）。
15　那覇市所蔵「横内家文書」う―二五〇。
16　『由緒帳』1、庵原助右衛門家。「此度被仰出候御憐愍之思召夫々御指紙留」（「彦根藩井伊家文書」三一六五五）。
17　「由緒帳」二九、毛利家。
18　拙稿「十八世紀後半の彦根藩町人代官制度」（『彦根城博物館研究紀要』

八号、彦根城博物館、一九九七年、以下拙稿1）「町人代官」（『近世の身分的周縁』吉川弘文館、二〇〇〇年、以下拙稿2）。

19 「侍中由緒帳」五三（彦根城博物館所蔵「彦根藩井伊家文書」六七七）。

20 歩行身分以上の彦根藩士各家の履歴を記す「侍中由緒帳」の記載書式として、藩主の達書（「御書付之写」）の文言がそのまま引用される事が多く、この享和元年の四月四日の箇条もこの例であると考えられる。

21 「掌中雑記」（西堀文吉氏所蔵文書八、本書史料編所収）。この史料は、「筋方秘録」（彦根市立図書館蔵）にも「享和元酉年御代官勤方被仰出之写」の題で収められ、日付を二月三日とし、筋奉衆・加役衆（筋奉行加役のこと―筆者）・代官役衆となっている。

22 領内の巡見「内考」については、前掲注「掌中雑記」に「内検仕法」の項に、代官が「内考帳」を持ち、不作の村方の作柄を調査し、斗代・年貢率を検討する方法が記されている（本書史料編所収「掌中雑記」参照）。

23 「侍中由緒帳」四九（彦根城博物館所蔵「彦根藩井伊家文書」）、西村権兵衛の享和元年四月四日条。用米蔵の出納業務については不明である。

24 町人代官誓詞（四十九町代官家文書、本書史料編所収）。

25 「彦根市立図書館所蔵郷土資料」（本書史料編所収）。

26 「御台所入仕出シ留帳」（「彦根藩井伊家文書」、本書史料編所収）に、「卯年明所・御代官所御物成極之事」と題し、天明三年（一七八三）十月に筋奉行・元方勘定奉行・勘定小頭から町人代官馬場休介に宛てた文書が収められている。ここでは、「各（＝筋奉行・元方勘定奉行）相談之上」、物成を決め、収納を代官へ命じている。

27 前掲「横内家文書」書籍一五H―九一。

28 前掲拙稿2。

29 前掲拙稿2。

30 前掲拙稿2。

31 「由緒帳」三三、大久保家。

32 享和二年六月二十八日・二十九日の大風雨により、城下町・在方の諸所が洪水となり、田畑への土砂入り、山崩れ、堤の決壊など夥しく、享和二年七月付けの藩から幕府への届では、「古来より無之洪水之趣在所表申越候」と述べている。八月の洪水と合わせ、近江国・武蔵国の領分の損毛高は、八三、三三九石余にのぼった（「御城使寄合留帳」享和二年七月晦日、「同上」十二月二十三日、「彦根藩井伊家文書」四四八・四四九）。

33 本書所収の「彦根藩役職補任表」川除奉行。

34 瀬田川通船一件に関しては、本書所収塚本論文を参照されたい。

35 「由緒帳」五三、西村家。

36 「筋方秘録」（彦根市立図書館所蔵、同館郷土資料目録第一集政治八七）。

37 前掲注「筋方秘録」。この二度目の返答書には、筋奉行の農政に対する心得にはじまり、役所日、裁許日、公事願書の受付方法など、筋奉行の職務を全般的に記す。本書史料編所収の「筋方用務留」と類似の箇条もみられるが、異なる箇条も多い。

38 「由緒帳」三六、野津家、など。

39 那覇市所蔵「横内家文書」う―二五〇。

40 『由緒帳』1、木俣清左衛門家。「御省略一件書抜」（「彦根藩井伊家文書」三一二六〇）。

41 「被仰出之留」（青木家文書、『新修彦根市史』第六巻四五八号・四六一号）。

42 「彦根藩井伊家文書」二四七七二（『大日本維新史料類纂之部　井伊家史料』第二巻六一、東京大学出版会、一九六一年、以下『井伊家文書』二―六一と表記する）。

43 「彦根藩井伊家文書」二五四八二（『井伊家文書』三―四五）。『井伊家文書』では、安政元年二月二十八日と推定しているが、この文書が内容から内目付役の上申書とわかり、かつ六名の発給者の内目付役就役期間から、嘉永四年二月二十八日のものであると推定できる。

44 「内目付役誓詞」（本書史料編所収）。

45 前掲注「筋方秘録」。

46　この部分に史料6を記した紙が帳面に綴じ込まれている。

47　双方の伺書が差し戻されたこと、「御書面」は申渡の形式をとらずに渡されている。このような文書授受の手続きからも、A（2）の申渡の内容を補足するものとして位置づけられていたことがわかる。

48　なお「筋方秘録」では、Cに続く後略部分で、「筋方江願出候筋之事、是迄ニ仕形ヲ書出し見る也」とし、「一、公辺并他所向江拘り候分、都而取計之事」など、筋奉行へ提出されてきた願書を六六項目にわたり列記している。

49　「彦根藩井伊家文書」二五五〇二（『井伊家文書』三―一〇五）。

50　「彦根藩井伊家文書」二四九一四（『井伊家文書』二―二六）。『井伊家文書』では、嘉永五年と推定しているが、文中に「尤亨和度被仰出、尚又去ル子年御伺申上候節迚も右御同様、重キ義者筋方与之御義哉、既寺院格式等ニ拘り候義者筋方与之被仰出も有之」とあり、内容から見てこの子年は嘉永五年を指す。したがって、嘉永六年以降の正月となる。勤向の協議は嘉永五年・六年春ころまでが盛んに行われていた時期のようなので、七年まで降らない可能性が高い。

51　先にみた嘉永六年十月の内目付上申書でも「佐藤孫右衛門儀年数相勤、何角熟得致し生質根気強、俗ニ申ぢり々押之風ニ有之由ニ而、（中略）孫右衛門儀者自分爰与存候義者角不立幾遍与無く押返し、入組事者度数を以飽迄懸合、終ニ利方ニ寄候義間々有之由ニ而」と評されている。

52　嘉永四年の機構改編以降、代官役の就任期間が長期化する。これは、代官役強化の政策の結果を示すものであろう（本書所収役職補任表の代官役参照）。

# 彦根藩法制度史に関する素描

宇佐美　英機

## はじめに

彦根藩政史における法制度の実態は、現在のところほとんど未解明である。基礎的な史実としては、彦根城下町・長浜町中の御法度・御仕置、公事出入の吟味・裁許は町奉行が管掌し、在方については筋奉行が担当したこと、公事沙汰・吟味については、勘定場で裁決が実施されたことが指摘されている[1]。しかし、公事沙汰の内容や吟味筋の実態、それらに対する処分の方法については全く解明されておらず、藩政史を明らかにしていく上で問題が多いといわなければならない。

もっとも、史料の残存状況からくる制約により、現在のところ一部判明するのは、吟味筋にあたる刑事的な犯罪と、それらの実行犯にたいする処分のみである。公事出入については、在方での争論の経過を解明することによりある程度解明が可能であるが、町方については事例が乏しく、全体として今後の研究に委ねざるを得ない。本稿は、現在までに確認できた彦根藩法制史料をもとに、当藩における法制度の大まかな枠組みを明らかにし、併せて吟味筋の犯罪、とりわけ「盗み」と「博奕」の事例における仕置の事例を紹介するものである。このことにより、今後の公事出入を含めた法制の実態を解明する手掛かりを得たいと考えている。

## 1　裁判制度の整備過程

**公事裁許の原則**　彦根藩政史において、最初に裁判に関わる「法度」が出されたのは元和元年（一六一五）九月五日付けで井伊直孝が定めたものであった。そこでは次のように認められていた[2]。

法度

一、公事之場へ当人之外、親兄弟・縁者・近付に至迄一切不可出事、
一、双方誰ニよらす無遠慮糺明有へし、実否之義ハ証文次第ニ可被仕事、
一、百姓之公事、地頭不可取持事、
右之条々於相背輩者、急度曲事可申付者也、
元和元乙卯九月五日　御名乗（井伊直孝）

第一条は、紛争ごとを審理・裁許する場所に当事者以外の参集を禁じたものである。周知のように、類似の規定は元和八年八月二十日に京都所司代板倉重宗が京都町中に発布した「京都町中可令触知条々」にも見られる[3]。しかし、後者では「裁許之時、論訴双方之外奉行所へ不可来、但親子兄弟非制之限、此外一切令停止了」とあり、親子・兄弟は参集することが許されていたことに比すれば、彦根藩においてはより強い制限がなされていたと考えられる。ただ、京都の場合は「裁許之時」とされており、彦根藩では「公事之場」とされていることが異なる。「公事之場」の意味するところが「裁許」の時なのか、それ以前の審理過程なのかは定かではない。とはいえ、このような紛争当事者以外の審理・裁許の場への参集を禁止するのは、個人の揉め事であっても所縁のある関係者・共同体の問題として意識され、所縁関係が互いに関与することが当然とする社会的な通念が背景にあったものと考えられる。しかし、そのような集合意識は、現実の場においては多数の人々が参集することになり、時には新たに規模が拡大した紛争を起しかねないものである以上、そのような行為は為政者の立場からすれば事前に規制する必要があろう。そのことが条文に反映されたものと考えられる。

第二条では、紛争当事者がどのような人間であろうとも公平な審理が実施されること、しかし、事の「実否」すなわち理非の判定は「証文次第」であることを明示している。ここでは、「証文証拠主義」であることが宣言されている。言葉のやり取り、すなわち成文化されていない約束事は、紛争を解決する時には証拠としないという意志を示している。このような姿勢もまた、当時の京都所司代の施政と共通するものである[4]。

第三条は、彦根藩家臣による知行地百姓に対する便宜を禁じたものであろう。「百姓之公事」とは、寛永二十一年（一六四四）八月十八日に井伊直滋が家中に示した「相触候条々」第三条[5]によれば、「田畠之出入、跡式之訴訟、或ハ山林堺論・水論・借物・越米」などであった。これらの公事は、この触を契機に「筋奉行」が担当することになるが、「相触候条々」では「地頭面々之百姓之贔屓仕り取持候儀、兼日ゟ堅く御法度ニ候事」としており、知行主が「筋奉行」に便宜を求めることを規制している。元和元年の「法度」は、彦根藩政において法制機構、裁判組織の整備が十全ではない状況において、いまだ個人的な関係で審理・裁許が左右されるものであったことを反映したものといえよう。

ところで、公事に関しては、寛永二十一年四月に年寄衆の勤め方を定めた「おほへ」[6]では、「在々の義、公事其外なに事も筋奉行三人たん合仕申付候」様に命じられ、「三人ふんへつニおち」ない場合には「年寄衆」に談合するようにしてはどうかと記されている。すなわち、公事に関しては、在方の担当は筋奉行であることはこの時点で確定しようとしており、八月十八日の「相触候条々」で制度的に確定したものと判断できる。しかし、町方の公事の取り捌きに関しては、「町中・在々の儀ハ

町奉行・筋奉行かたく申付候」と記された史料は、正保三年（一六四六）十月二十二日のものが初見である[7]。おそらくは、筋奉行が在方公事を担当することを命じられたと時を同じくして、町方は町奉行が担当するように制度化されたのではないか。そして、これら筋奉行・町奉行の上位には年寄衆（家老衆）が存在し、判断が難しい場合には指図を与えたのであろう。もっとも、正保三年十月十五日に井伊直孝が年寄衆に出した「覚」[8]によれば、この時期には百姓が直孝に直目安を提出することができ、これに直孝自身が応えることもあったと推測できる。

**他領との紛争時の「仕来」**　ただし、これは彦根領内限りでの対応であり、他領との公事に際しては、役所に呼出して詳細を吟味するが、領分に勝ち目がない場合は内済を勧奨し、「公辺」の沙汰にならないようにするのが「仕来」であった。後の仕法では、相手方からの召喚状が到来した時は、吟味の上で上京を許可した。この際には、京都御賄衆へ付状を出し、家老中にも書付を届けた。他領の者が公事・願訴訟で京都町奉行所に出願した時は、領分の者の扱いは許可しなかった。

ここで「公辺」の沙汰にならないようにするのが「仕来」であるというのは、近世初期以来の彦根藩の原則であったと考えられる。例えば、「久昌公御書写」によれば、慶安元年（一六四八）八月十三日に藩主井伊直孝は家老中に宛てた直書のなかで、「数年此方知行所ゟ公儀へ一度も公事なとに不罷出候儀、さりとてハ奇持《ママ》千万成仕置ニ而候と、板倉周防殿を初於殿中も度々御申候」[9]と述べているところからも推測できる。すなわち、直孝によれば、ここ数年来、彦根領の者が幕府へ訴訟に出向いたことはなく、それは奇特千万なことであると京都所司代板倉周防守重宗を初め幕閣からも褒められていたとしている。もちろん、この史料によれば、同年に彦根領の百姓と他領の者が山争いをしたことが分かり、そのことが直孝の耳に達したところから発言に及んだものである。しかし、この場合においても結果としては「相談つく」に解決するように計らわれている。また、承応元年（一六五二）十一月二十一日の記事[10]によれば、五味備前守豊直が彦根領から公事人が一切出てこないことに不審を抱き、「罷出不叶時分ハ如何」するのかと尋ねたところ、彦根領の百姓は「善悪ニ構なく公儀へ罷出候ハヽ、死罪ニ可申付法度ニ而御坐候ハヽ、罷出度而も当分指当迷惑申間、不罷出候」と答えていることは注目される。このことを五味から聞かされた井伊直孝は、このようなとらえ方は「能儀ニて無之候」と述べ、公儀に訴えれば死罪となるのは、「他領之ものと此方のもの一味仕出申」す場合であるから、「公儀へ罷出間敷とわけを能被申聞、不出候様ニ可然候事」と「筋奉行中」や年寄衆に指示を与えている。右の経緯から、確かに彦根領民にも誤解はあったようであるが、直孝自身においても、彦根藩領民が他領の者と訴訟沙汰になることや、公儀へ訴えることは極力回避させる方針であったことが分かる。

**勘定場における勤め**　さて、町奉行・筋奉行の成立については右に触れたが、役職の成立が直ちに制度の確立をもたらしたものではなかった。元禄九年（一六九六）四月、年寄中の勘定場での勤方を定めた条々では、次のような規定が見られる[11]。

一、（二条目）唯今迄之通、役人共方ニ而埒明不申候公事之儀者、月番宅ニ而惣
　寄合、僉議決定之上相済被申可然存候

（三条目）
一、各之内壱人宛月ニ壱度程宛、公事日ニ勘定場江出被申、奉行人等之裁許、器量之品をも被相考候事、諸事之おもり、我等為ニも可罷成義と存候、（下略）

（四条目）
一、向後之儀各出座ニ付、役人共下ニ而相済セ置候公事なと自然起シ返し申様成儀も可有之哉、いか程起し返し申とても、非分ハいつも非分とたち可申候、万一道理有之儀も候ハヽ、それを改申儀正路と存候、其上町人・百姓等之出入者事広ク成候得者、公儀事ニ罷成候、然上にて非道あらハれ申たる時者取返し難成候、手前ニ而顕レ申儀者如何様ニも致よき事ニ候、今迄ハ少々奉行・頭人等非道之さバきも有之候得とも、今程者万念入、各ニも出座有之故、諸事正敷罷成候と他之風聞有之時ハ、我等為宜儀と存候、

（五条目）
一、軽キ事ニも役人中各へつきかけ可申儀、此段者兼而役人共へも相断置、町方・郷方訴訟又目安訴状共ニ、大躰之儀ハ一円取あひ被申間敷候、以上、

右の史料によれば、役人たちでは埒明けられない公事については、従前通り年寄中による僉議決定とされている。それらは、月番宅における物寄合制の形が導入されたのである。また、年寄中は一人ずつ月に一度は公事日に勘定場へ出座することを指示されている。それは、奉行たちの裁許や「器量之品」を見るためであった。第四条で述べられているように、これまでの奉行や頭人たちの裁許には「非道」なものがあり、いったん裁許された公事であっても「道理」からはずれた「非分」なものがあった。そのような「非分」を改めることは「正路」な行為であるゆえに、奉行や頭人の能力を掌握しておく必要があったのである。さもなければ、町人・百姓などの紛争が大きくなり、「公儀事」、すなわち幕府に知られる事件となったさい、吟味過程で「非道」が露見すれば取返しのつかないことになるからである。藩内において理非の修正がきくようになれば、他からの風聞も良くなると考えられていることが明らかである。藩主は右のような指示を与えて奉行たちの監視・指揮を命じたが、一方で「町方・郷方訴訟又目安訴状」については、年寄中に「一円取あひ被申間敷候」と述べ、これらを第一次的に担当するのは町奉行・筋奉行の職務であることを明示したのである。

時は降るものの、「筋方用務留」[12]によれば、裁許日は二・六の日であり、この時、町方・筋方は全員、目付衆も出座することになっていた。また、不時に「公事出入」を取り捌いたり、「吟味筋御仕置」や「重キ申渡」しの節は目付衆が立会い申渡した。公事裁許は当筋奉行両人が必ず出座することになっていたが、軽微のものなどについては一人でも構わなかった。裁許にあたっては、「当筋元〆役・伴役」が全員、「御目付方下役・支配代官」が板縁に罷り出て、「訴訟人・相手」方は「広庇下白州」に揃い、当筋両人が出座して、人定を行い、時に「目安返答書」を元〆役が読み上げ、双方の申し口を吟味した。「筋方用務留」は筋奉行の職務を記しているが、裁許日には、「町方・筋方不残、御目付衆出座仕候」とあるところから、町方もまた筋方と同様な手続きであったと考えられる。元禄十二年（一六九九）閏九月一日、町奉行が勤方を命じられた条々によれば、町奉行は次のように申し付けられている。[13]

（一条目）
一、代々申付候通、城下町中并長浜町仕置急度可申付候、并段々古代之奉行申付来候事共承合セ、尤之儀者用之、時不相応ニ而不宜候

品者除之、　公儀之御仕置等も承伝、随分厳蜜（密）ニ万事を可相斗
候、（下略）
一、（六条目）公事沙汰裁許之儀者不及申、万事ニ付私曲之心得毛頭無之、贔屓ヲ以依怙不仕、道理之当所ニ可相斗候、奉行職ニ候得者他之不可及遠慮候、尤事立候儀者家老中へ伺之、指図次第可申付事
一、（一三条目）町中之公事沙汰、其外吟味之品、少も事立候儀於私宅調之不申、毎度勘定場へ罷出万事可申付事

第一条から、町奉行は彦根城下町と長浜町の仕置を担当する役職とされている。もっとも、長浜町に町奉行が出かけることはなく、実質的には長浜町年寄が日常的な行政を担っていた。民事的な紛争についても、長浜町年寄を通じて藩役所に提出されていた(14)。

第六条では、職責を果たすにあたっての心構えが指示されている。「私曲」「依怙贔屓」をせず「道理」による裁許を命じることは、誓詞文言にも記されることであり、とりたてて新しい事実ではない。ただ、宝暦五年（一七五五）八月二十二日、井伊直英（のち直幸）が代替わりに当って諸役人に仕置方を命じた時、「音物を受け、事によりて公事・訴訟依怙之筋も有之候へハ、下ゟ上を恨申事ニ候間、第一可為不忠、私欲ハ侍之本意ニ無之候条、堅相慎可申候(15)」と述べていることは興味深い。それが直英の個性なのか、時期的な問題なのかは判断しがたいが、情実を交えた裁許は主君への「不忠」であるとし、「私欲ハ侍之本意」ではないと述べて正路な職責遂行を求めている。「忠」「侍之本意」を持ち出さなければならない程に「私曲」が横行していたとは思えないが、藩政の綱紀粛正が必要であったのかも知れない。この点に関しては、宝暦九年（一七五九）三月、彦根藩において目安箱が設置されたが、藩主井伊直幸は「諸役人初下役等」の「依怙ひゐき・私曲・非分」があれば投書すること、また、訴訟が「長々捨置におゐてハ箱訴」するように命じている(16)。さらに、天明二年（一七八二）年九月に井伊直幸が領内の撫育の要務を示した条文のなかでは、「公事・訴訟之曲直判断致候事恩恵之第一、（中略）、従来因修之旧習ニ而厚遂穿儀（僉議）候ニ泥ミ、却而其弊無益之日を費シ、終年月遅滞之中ニハ種々之奸計を企、或村役人其外セ話人等毎々市中へ立込、無益之費用身上毀敗ニ及ひ、下民を撫育致候術ニハ甚疎闊之至ニ候(17)」と述べている。紛争の裁許をするということは、為政者による「恩恵」行為であるがゆえに、旧弊に泥むことなく迅速に対処することが求められているのである。暗黙の前提であった「恩恵」行為をことさらに示す必要が、この時期の藩政が直面した課題を反映しているのだろうか。

第一三条では、問題のある公事沙汰・その他の吟味は勘定場において行うように指示されている。町奉行所という役所の建物は存在せず、町奉行は私宅において一般的な政務を実施していたようである。それは筋奉行においても同様であり、彦根藩の政事向きは勘定場でなされたことが分かる。それゆえにこそ、先述のような年寄中の出座が求められているのである。

さて、在方の公事出入や諸願事がある場合は、領民は支配代官に出願し、代官が筋方へ指出すことになっていた。筋方では訴状を見分し、代官を通じて細部を調べさせ、相手の者に返答書を日限で命じた。この時、内済が成立すれば、双方を呼出し、このような争論は今後起こさないよ

うに申し付けた。役所へ出頭させる場合は、直参であっても帯刀は許されなかった。出入の取扱いを行った者には、品により褒美（米・鳥目）が与えられることもあった。在方における公事、先述の例では「山林堺論・水論」等の土地に係る紛争の場合は、時により筋奉行や目付が見分を行い証拠調べや絵図の作成にあたったことも知られている。町方においてもまた、代官を通した訴願が行われたことに違いはないものと推測されるが、これらを明示する史料を欠いており、今後、個別事例の検討が必要である。

ともあれ、右のような経過を経て筋奉行・町奉行による在方・町方の公事出入の裁許制度は整備されてきた。公事裁許がなされた場合には、どのような軽微なことであっても事件ごとに帳面が仕立てられて後世の備えとされたようである[18]。しかし、この帳面は現在のところ実物は発見されていない。彦根藩領内の公事訴訟に関わる裁許制度の推移は、以上に述べた通りである。次節では、刑事的事件に即して法制度の実態を明らかにしたい。

## 2　重罪と処刑方法

**彦根藩の罪刑名**　彦根藩領内の刑事的な犯罪について、その実態が明らかになる史料は限られている。しかし、全容を解明することは困難であるとはいえ、残された史料から復元できる事実を明らかにしておきたい。まず最初に罪刑の種類から述べる。

さて、彦根藩においては、文政十二年（一八二九）以降に記されたものと思われる「御仕置筋被仰出申上諸事御推糺之義、他領へ掛り向之事共書抜諸事御推糺等[19]」によれば、刑罰は原則として「死罪」と「活罪」の二つに区分されていた。

「死罪」とは文字通り死刑を意味し、「活罪」とはそれ以外のことと なる。また、同年以降の筆になる「本罪御仕置者書抜[20]」によれば、「死罪」は「重罪」と称され、これらの対象事例は「重罪人殺之部」「重罪之部」といった部類に分けられていた。「活罪」は、「軽罪」と「本罪」に部類分けされていた。以上の他に「大赦之部」「赦之部」「大赦助命赦もの、部」「御仕置筋被仰出候部」「幼年者之部」などがあり、いずれにも留書が存在したと考えられるが、現存していない。仕置の申渡しにあたっては、これらの留書に記されたものが先例として参照されたものと考えられる。さらに、時には「官府秘録」なる幕府の法典書を参照していたことも史料から明らかとなっている。それでは、このような「重罪」「本罪」とされた犯罪はどのようなものであったのだろうか。

右に述べたように、彦根藩においては、「重罪」は「死罪」に相当するものであったと考えられる。享保十年（一七二五）ころのものと思われる「雑事記[21]」には、「死刑」という項に貞享二年（一六八五）七月二十五日から享保九年（一七二四）閏四月二十六日の間に五九件の「死刑」の事例が挙げられている。この範疇でとらえられた「死刑」には、家臣による召仕の「手討」「成敗」、家臣の「切腹」が含まれており、また、親による子供の「討捨」「切殺」が見られる。一方、「御仕置」「成敗」

と記されて具体的な方法が不明なものも見られる。しかし、明瞭なものとしては、「討首獄門」「火罪」「磔」「討首」「町引渡シ、討首」「死骸討首」「死骸磔」「縛首」「縛首獄門」が上げられる。これらは一般的に幕府や他藩でも見られたものであるが、「縛首」「縛首獄門」は、寡聞にして知らないものである。事例は二件に過ぎず、なぜそうなったのかは判明しないが、極めて珍しいものといえる。

上記期間（四〇年）の死刑人数は九八人に登り、その内、手討ちなどで落命した者は二四人以上いるが、正確な数を確定することは困難である。この数字によれば、年平均で二・五人弱が「死刑」となっている。

また、年未詳の「御仕置留書抜」(22)には、「重罪者」として宝暦十年（一七六〇）十二月十二日から文化元年（一八〇四）六月六日の間の四二件の「重罪」を載せている。ここでは、「磔」「打捨」「討首獄門」「死骸討首獄門」「町中引廻之上磔」が見られる。これらの記事も、当該期の全ての「重罪」を網羅しているのか定かではないが、一年あたりに一人に満たない仕置が見られる。

前者の史料では、「手討」「打捨」が召仕や子供に対してなされ、それらは屋敷内で実施されていたと見られるが、このような記事は後者では採録されておらず、そのことは、「手討」「打捨」が許されなくなったことを示すのか、採録漏れなのかは断定できない。ただ、処刑場所が前者では屋敷内、在所、籠屋、沼波刑罰場と一定しないが、後者では（恐らく）沼波村の刑罰場で実施されたものと推測される。

**死罪の事例**　近世初期の事例では、「久昌公御書写」の寛永二十年（一六四三）三月七日付けの直書に記されたものが興味深い。この事例は、度々盗みを働いた人物の処刑について記しているものである。ここでは具体的な村名は伏せるが、A村の善助が諸所で盗みを働き、遂にB村庄屋助右衛門宅に盗みに入ったところで捕縛され、それらの事実を白状して処刑されたものである。(23)

覚

一、南之郡B村庄屋助右衛門所へ南之郡A村善介盗ニつき候様子、
　并右之善助度々之盗仕候白状之書□□(付カ)越見分候事、
一、右之善助同類も無之歟と尋候得共、度々之盗ニ同類も無之由申
　候旨、左様ニ候ハヽ、早々B村ニ而善介并女房・子三人、合五人張
　付ニかけさセ可被申候、一度斗之盗ニて候ハヽ、女房・女之子又ハ
　男之子も様子ニゟ死罪ニハ申付間敷候得とも、ふかくにくき儀
　ニ候間、件之如く妻子とも二可被申付候、子共之儀者父母張つけ
　ニかけ、それニくヽり付殺候様ニ可被申付事、
一、右之分死罪ニ申付候時、身類縁者なとさらし候死骸盗ミ抔仕候
　物ニて候間、左様之者急度改死罪ニ可申付候事、
　致事、
一、善助并女房・父母・兄弟・親類抔ニかヽり候儀ハ、無用ニ可被
（後略）

この史料から明らかになることは、善助は居住村のA村ではなく、被害者居住のB村で「張付（磔）」にされていることである。処刑の事実を被害者側の居村で示すことにより解決が図られていることが知られる。また、磔にされた者は善助だけではなく、妻子もそうであった。妻

子は盗みを働いた訳ではなかったが、善助による度重なる盗みの行為は「ふかくにくき」所行とみなされたのである。一度くらいの盗みならば罪人の妻子は死罪を免れるが、善助の場合はそうではなかった。このような、犯罪者の縁者がともに処刑される縁坐制が廃止されるのは、一般的には一八世紀初めの享保改革の頃といわれている。彦根藩領の縁坐制がいつごろ廃止されたのかは定かではないが、現在事例としてはこの一件が知られるに過ぎない。

また、処刑が在方のB村で実施され、藩の刑罰場でなされていないことも明らかである。このように、処刑が在方で実施された例は、「雑事記」によれば元禄十年（一六九七）閏二月十六日の「親殺」しの者が最後である。恐らくは彦根領内における処刑は、牢屋敷または刑罰場で実施されるようになるのであろう。ただし、これらは吟味を受けた上で仕置を実施される場合であることはいうまでもない。在方での処刑という点に関わってもう一つ付け加えるならば、年未詳二月二十九日付け直孝の直書の中に[24]、国奉行小堀政一から彦根藩牢に入牢されていた最上領百姓を「城近辺之道筋ニはり付ニかけ可申」と連絡してきたことに対して、「他領之ものを領分之内ニ申付候儀、我侭なる義候」と批判し、「彼徒者在所か御料所之内ニ可被申付」と返事している。このような発言から判明することは、①国奉行は、直孝に対して死罪執行を命じることができると考えていたこと、しかし、②直孝はそのようなことは「我侭」な指示であり、領内には自分仕置権が優先すると考えたことである。また、③「はり付」は権力の象徴でもある城の近辺道筋で実施されることを、国奉行が指示したことも知られる。城近辺の道筋であれば、当然のごとく衆人が往来する所であり、磔の実態が多くの人々の目に触れることになる。その処刑執行における人々の感性が如何なるものであったかは、現在の価値観だけで判断することはできないが、少なくとも勧善懲悪という観念の浸透には寄与したであろう。それはともあれ、④直孝は、罪人が他領者である以上、公儀による仕置の場合は本人の在所か幕領で実施されるべきであると考えたことも明らかである。それは、磔刑を罪人の在所で執行することも当然のごとく存在するということを前提としている。したがって、衆人の目に触れるような形での罪人の処刑は、一つには公的な刑罰場で実施するとともに、罪人の在所あるいは被害者の在所で実施されたことが分かる。

ところで、善助が過去に起こした所業の処置を巡る過料にも触れておこう。すなわち村において盗難の被害が生じた時、その旨を筋奉行・代官に届けることを怠った庄屋・五人組には、それぞれ過料として銭一貫文・五百文を科すという基準であったことが分かる。この額は、当該時期に一般的に見られたものと共通しており、彦根藩も踏襲していたのであろう。過料額もまた、その罪の軽重に則して金額の変遷があったと思われるが、この点についても現状では史料的に明らかにすることができない。

次に生命を奪われることのない活罪について触れよう。

## 3　本罪と処罰方法

**本罪と「入墨・肆（さらし）」刑**　「本罪御仕置者書抜」には、寛政十二年（一八〇〇）から文政十二年（一八二九）の期間における「入墨、肆、追払」の処分を受けた事例として、総計三九例載せられている。これらの処分は「本罪」に属するものであるが、「軽罪」との違いは「入墨・肆」をともなうか否かにあったと考えられる。これらの事例の年次別数では、文化十四年の二七例が最多で、文化五・六年の四例が最少となっている。

また、右に先立つ寛延四年（一七五一）から明和五年（一七六八）の期間に、家老中が「町奉行・筋奉行・御目付衆」に宛てた裁許指示書が「懲悪類例」[25]に残されている。ここでは六三件の事例が示されている。「御仕置留書抜」と一部時期が重なるものの、詳細な分析はまだできていないが、「御仕置留書抜」には見えない処刑法として、「(親)へ預ケ厳敷内籠補理押込」「永牢」が見られる。また、「籠舎」の方が「領分追払」よりも重い処分であったことが分かる。「町預ケ」もあるが、これは「村預ケ」があったことからみても当然の措置であろう。

注目されるのは、「入墨、七日肆、追放」の事例、すなわち「肆」をともなう事例は、明和元年（一七六四）十月二十六日の「神崎郡C村出生追払立帰者太郎兵衛」が初見となっている。この事例では、死刑を申し付けるべきところ、「格別目出度時節」で軽減されたものである。同日の「愛知郡D村出生行衛不知久治」も家出立帰小盗の犯罪により「入墨・五日肆・御領分追払」となっているが、太郎兵衛の場合は「御黒印」のある直書が家老たちへ宛てて指示されているのに対し、久治のものは家老が連署したもので「黒印」は押されていない。したがって、「重罪」すなわち死罪執行の指示は藩主が行っていたことが明らかとなる。

ともあれ、現時点では確定できないが、「肆」が付加刑として登場するのは、明和元年が取りあえず彦根藩残存史料での初見であるということができる。「本罪御仕置者書抜」においては、寛政十二年の事例によれば、鳥居本で七品を盗み取った者が入墨のうえ領分追払に処されているが、その先例として天明四年（一七八四）の仕置が上げられている。その先例においては、肆が実施されていなかったようで、「此比迄ハ右様軽罪ハ入墨斗ニて肆なく払候事歟」と記している。この先例は、先の初見の年次より二十年も後であるが、七品程度の盗み取りは軽い罪にすぎず、そのような場合には肆を執行しないのが普通であった可能性がある。

さて、本罪の処分方法には「肆」の日数が二～七日あったことが知られている。しかし、七日の事例は、先の明和元年のものしか確認できず、また、慶応四年（一八六八）の「御刑法御改正伺并御下知一件」[26]を見ても、「五・三・二」日の「肆」が通例であったと思われる。その基準原則が奈辺にあったのかは、いまだ判然とはしない。それはともあれ、「本罪御仕置者書抜」に記された処分方法の組み合わせを紹介すると、次のごとく多様に存在した。

**【処罰方法】**

入墨・領分払、二日肆・領分払、入墨・三日肆・溜下し、三日肆・溜下し、入墨・二日肆・領分払、入墨・五日肆・溜下し、入墨・五日肆・領分追払、入墨・五日肆・五郡追払、入墨・二日肆・五郡追払、入墨・三日肆・五郡追払、入墨・三日肆・領分払、入墨・二日肆・縄付にて領分追払、入墨・三日肆・縄付にて領分追払、入墨・五日肆・縄付にて領分払、入墨・五日肆・縄付にて五郡追払、入墨・五日肆・縄付、入墨・五日肆・六郡追払、入墨・五日肆・百敲キ・領分払、御城下追払

ちなみに、彦根藩における入墨は次のように実施されている。(27)

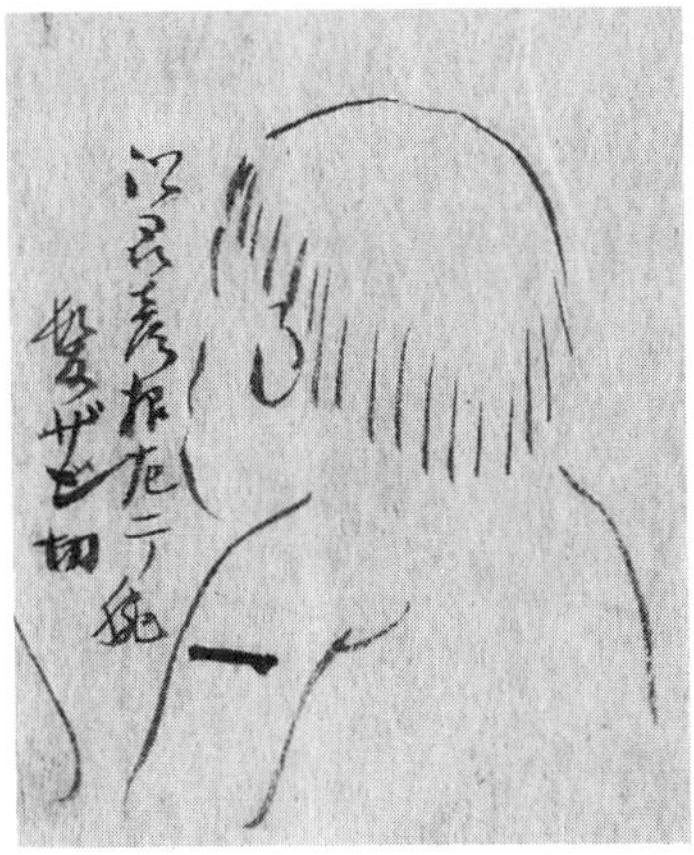

「江州彦根左二ノ腕
髪ザン切」

**五郡追払**　また、「領分追払」の例を検討すると、他領の者が藩領内で罪を犯した場合、ほとんどが「領分追払」となっていることが分かる。しかし、寛政三年からは「盗賊」は領分追払が止められ、長曽根小屋に収容したようである。この場合、彦根領民の盗賊が適用されたのではないかと思われるが、確定するまで調査が至っていない。ただ、享和元年（一八〇一）九月ころからは五郡追払になったようだと推測されている。「五郡」とは、「浅井郡・坂田郡・犬上郡・神崎郡・愛知郡」であった。追放刑は城下町からの遠近を基準に考えるが、藩領村高の多い五郡は以上の諸郡であり、「六郡」の場合は蒲生郡が含まれたのではないだろうか。「五郡」を明示する史料は、「諸事願書留帳」(28)であるが、そこでは次のように記されている。

伝馬町
新屋藤平

順了江御預ケ御道具之内四品、順了ゟ被頼質入口入致候内弐品ハ質夫致迄ニ候得共、銀御風爐釜・御水指、右弐品ニ而三拾三両借請順了ヘ相渡シ、利足月壱割之極引請、順了ヘハ壱割五分と申、五分之益ニ而世話致候処、利足遅滞致シ引替置候処、自分損失過分ニ可相成哉と存、三拾六両弐歩ニ売払、残金三両余ハ引替置候内ヘ請取置候由、御上之品とハ粗乍存、全利欲ニ迷ひ、順了ヘも不申聞売払候段及白状、不届至極ニ候得共、御憐愍ヲ以五郡追払、件之通御仕置被仰出候間、存其旨可申渡候、

（文化十一年、一八一四）
戌三月十一日　老中

町奉行衆
筋奉行衆
同加役衆
御目付衆

五郡
浅井郡
坂田郡
犬上郡
神崎郡
愛知郡

右の史料により、五郡追払の決定は、「老中」が「被仰出」た内容を「町奉行衆」たちにあてて申し渡している事情が知られる。

ところで、右の事件は「本罪御仕置者書抜」にも記されている。重複することになるが、当該史料の記載様式の紹介も兼ねて示しておきたい。

戌三月十一日

五郡払被仰付　伝馬町新屋 藤平

右元御茶道頭順了被相頼四品質入口入、二品ハ質丈斗（ママ）、銀風呂（ママ）・同水指弐品ハ三拾三両ニ質入、順了へ渡ス、利足月壱割之極メ之処、順了へハ八月壱割五分ト申、五分之益ニて世話仕候処、利足滞、自分引替置候処、損失過分可相成ト存、三拾六両ニ売払、残金三両自分引替之内受取、御上之品ト粗乍存利欲ニ迷ひ、順了ニも不申聞売払候、御領分払、

右者郡払之者ニ無之哉御尋有之、必当之御例ハ無之候得共、類例品々申上、御領分払之者と見込之御答有之、翌戌年三月十一日、向後新屋藤平ことき者ハ郡払ニ相伺可申旨、三郎殿被仰渡、小幡与五兵衛承之、

順了ハ重罪書抜ニ有之、永牢々死ニ付、埋捨ニ成、

「本罪御仕置者書抜」自体は、宇津木六之丞が役務の手控えに作成したものと思われるが、右に掲げた記事から幾つかの事実が明らかになる。ただし、「書抜」である以上、全ての事例を網羅したものでないと考えておいた方が良いだろう。それはともあれ、仕置申し渡しにあたっては、まず、町奉行たちが罪人（藤平、順了）が犯した犯罪内容の詳細を書き上げ、申し渡すべき処分案（御領分払）を上げ、それが相当であるかどうか伺いを立てる。これを受けた家老中ないし藩主は、疑問点を指摘して再調査を命じる。この作業を「推糺」と称し、「本罪御仕置者書抜」によれば、文化七年までは「毎度御推糺」があったと伝えている。「推糺」により、改めて奉行たちは類例を調べて意見を再上申することになる。この再上申を受けて申し渡すべき処分方法が家老中から伝達され、処罰が確定するという手続きになっていることが分かる。また、右の例では、藤平は「本罪」とされたが、順了は「重罪」に処されたことも判明する。「御上之品」の質入れを頼んだ順了は、「御茶道頭」であったゆえに、犯した罪が一段と重いと判断されたのであろう。

ところで、「本罪御仕置者書抜」に記録された事例で処罰の対象となっている者は、ほとんど一般庶民であることに留意しておきたい。すなわち、彦根藩家中の侍に対する処罰は別の体系であったと考えられる。例えば、時期は降るが嘉永五年（一八五二）三月の「御咎者有之節指扣覚」[29]によれば、家臣の仕置は「御役被召放・閉門・逼塞・遠慮・指扣・御追放・御暇・立去・御知行或御役儀御取上隠居・御役儀御免減知・永牢・死罪・於宅内牢・隠居後禁足」などの処分を確認することができる。また、享保七年（一七二二）十二月二日に、七十俵六人扶持を貰っていた人物が父子不和・不行跡者であることを咎められて処分を受けているが[30]、その者は「御城下壱里四方御追放」になっている。このような城下から決められた距離の外へ追放刑を科されている事例は、一般の百姓・町人を対象としたものには確認できていない。「本罪御仕置者書抜」には三例の「御城下払」の例があるが、追放された者の肩書きは「元御蔵手代・元牢屋下番下頭・元牢屋小頭」とされており、これらの

人物は侍ではないものの藩役所に関わりをもった者であった。近世では一般的に、百姓・町人たちに「何里追放」の刑は科されているため、もし「御城下何里四方御追放」という刑が家臣や藩役所に関わりのあった者にのみ適用されたとすれば、彦根藩特有にみられる処分方法だといえるが、この点の解明も今後の課題としておきたい。

## 4　「本罪」の事例・・・盗みと博奕

**盗みの事例**　さて、近世に生きた人々にとって、日常的に体験する「犯罪」としては「盗」と「博奕」が代表的なものであった。それらの事例を幾つか紹介したい。全体としてこれらの犯罪については、幕府法に基づく処罰に比して、彦根藩の処罰は寛大であったと思われる。例えば、寛保元年（一七四一）極めになる幕府法規定（「棠蔭秘鑑」＝「御定書下巻巻五十六」）では、「手元ニ有之品を輿風盗取候類」は、金子十両以上であれば「死罪」、それ以下ならば「入墨敲」とされている。(31) しかし、「本罪御仕置者書抜」に載せられた文化元年（一八〇四）の例では、ある村の「三次郎」なる者が「入墨・三日肆・御領分払」に処されている。ところが、この人物の所業は次のように記されている。

伊香郡E村
権九郎弟　三次郎

同断（子十二月廿三日伺之通）

右、当町弥三郎方江村方ゟ人足ニ参り止宿之内、小箪司（ママ）ニ入有之金子拾六両弐歩弐朱・金札弐両弐歩・銀札百三拾匁盗取、

入墨・三日肆・五郡払

これによれば、三次郎は小箪笥の中の金子一六両二分二朱、金札二両二分、銀札一三〇匁を盗み取っているにも関わらず「死罪」にはされていないのである。一体、どれくらいの金子を盗んだら死罪になるのか、その限度額は分からない。もっとも、「御家中屋敷」に盗み入った者に対しては、文化十年に仕置方法が定められ、「都而出有之品盗取候共、品物代ニ積り拾両以上之品盗取候者、死罪」(32)とされた。ここでは十両以上の盗みは死罪とされるようになったことが知られるが、あくまでも家中屋敷での盗みに限られていたものと思われる。また、幕府法には「敲」が盗みの仕置には付きものであったが、彦根藩における「敲」刑が当初からあったのかどうかは定かではない。上記史料には、御家中屋敷に忍び込み品物を盗んだ場合には、「入墨・敲キ之上追放」とあるが、これはこの年正月以来、「敲キ之刑法一等ニ相増、御家中盗賊之内、軽キ罪状之者は敲キ之上、入墨・肆・追払被仰付」（「御仕置筋」）れたことによるもので、家中屋敷盗賊のみの改正であると思われる。恐らく「敲」刑は「軽罪」に属する犯罪に適用された仕置方法ではなかったかと思われるが、「軽罪留」が残されていないので推測の域を出ない。

ただ、「御刑法御改正伺并御下知一件」の内、盗みを行い入墨・肆・追払に処された者が、立帰り再び盗みをした例について記した項によれば、これは死刑になる罪であるが大赦の節には助命され、「入墨・五日肆・百敲之上、御領分追払」とされている。すなわち、盗み立帰り者の

再犯者助命に際しては、敲刑が新たに実施されることになっていたのではないかと思われる。また、「軽罪」とは、「御刑法御改正伺并御下知一件」の記述から判断すると、「入牢・居村払・居町払・郡払・御城下払・御領分払」となるも入墨・肆を伴わないものや、「手鎖・叱り・過料」などの処分を受けるものであったと考えて良いだろう。

さて、盗んだ金子の額に関しては右のような実態が明らかとなるが、品数についても文化八年の例を「本罪御仕置者書抜」により見ておこう。

　三日肆と相伺候処、御推糺有之、　　愛知郡F村
　五日肆ニ被仰付、　　　　　　　　　宇八

右、同村伝兵衛居宅妻戸口尻指を外し忍入、皮籠ニ有之着類反物五十四品盗取、入墨・三日肆ニ伺候所、御推糺之上、五日肆ニ成ル、

　御推糺之上、　　大橋町甚左衛門借屋
　伺之通　　　　　長次事　喜兵衛

右、郷町十ケ所ニて赤かねぢうのう一・茶釜一・木綿綿入二・木綿かせ十二・赤かねちろり一・木綿嶋引解一・斧壱丁・鍋一・鏡一・木綿綿入一・秤一・古桐油一・古男帯一・古手覆一盗取、入墨・三日肆・五郡追払、

「本罪御仕置者書抜」によれば、二十、三十品を盗んだ者は「三日肆」の前例があったため、そのことを先例に伺いを立てた。しかし、五四品も盗んだ先例はなかったため、「推糺」がなされ「五日肆」が決定したのである。ところが、盗んだ品数の少ない喜兵衛の方が処分が重くなっているのは何故であろうか。幸い、これについては、「御仕置筋」に関連記事が残されている。それによれば、「定八《（ママ）》義ハ品数ハ多く候得共、壱ケ所へ這入候義、喜兵衛ハ品数者少く候へとも、数ケ所へ這入候者は同等之御仕置に御伺申上候」とある。このように、盗んだ代物の多寡や盗みを実行した場所数が肆日数や追放などの処分時に勘案されることが判明する。盗品が多いからといって「重罪」になるわけではなかったのである。盗みにたいする仕置を細部で見るならば、ふとした出来心であったのか、意図的であったのか、初犯であるか再犯であるか、あるいは盗品を取り戻せたかどうかなどで差があったことが分かる。また、文化元年十一月には、盗取られた物は逐一認めて家老中へ提出することが確認されている。盗みに対する細々とした規定も含めて、刑罰についての変化は文化年間に進められたことが残された史料から推測できるが詳細は省略し、次に博奕について少し触れておきたい。

**博奕と盗賊**　さて、博奕については、次代は降るものの「御仕置留書抜」が最も詳しい内容を記している。次に該当する箇所を引用しておきたい。

一、町々之者博奕仕候得ハ、初度手鎖、二度目入牢、三度目追払、尤宿仕候者ハ一等重ク、初度入牢、二度目追払ニ申付候由形ニ候得共、領分者減シ候義ハ不好義ニ有之、近比博奕仕、手鎖ヲ抜候者御憐愍ニ而百日新小屋入申付候様被仰渡候義も有之、訳合ハ違候得共、仕置方之義近比御憐愍之被仰出も有之ニ付、博奕ニ而追払候者も今一度者百日新小屋入に申付候様可仕と奉存候、仕形も相変り候義ニ付、此段一応申上候、思召も無御座候ハヽ、其節之遣ひ方ハ御役方へ懸合可申と奉存候、

寅《（天保十三年）》十月十三日　　　　町筋方

（天保十五年）

一、博奕三度同宿二度又ハ博奕致シ吟味中同業致候者御領分払ニ申渡候

朱書　右以来五郡払ニ可申付候

博奕を禁止する法令は、藩政初期から多く発布されている。違反者に対する仕置を時系列でたどることはできないが、右の史料によれば、博奕を行う者よりも、むしろ博奕宿をした者の方が一等重く処罰されることとなっている。これは、幕府法においても同様であった。史料のなかで追放刑に処すると藩内の人口が減少することになり、それは好ましくないとしている。そのため、人口減少の防止策として「百日新小屋入」に処することにしたことが分かる。

ところで、「御家中屋敷」での盗みについては前述した。しかし、文化十年の当該史料は、「御家中屋敷へ這入候盗賊御仕置之事」と題する事書をもつ五か条の一部を引用したものである。盗賊は、それが殺人や傷害事件ともなれば「重罪」として処罰されるが、「本罪」として処罰されればほとんどが追放処分とされている。それは博奕であっても同様である。これらに関わっては、文化十四年三月二十八日の「御仕置筋」の次の記述が興味深い。

先年従　公儀追払之義ハ容易ニ致間敷旨被仰出候ニ付、御領分之者致盗賊、活罪ニ相成候者共ハ、長曽根溜下しニ被仰付候所、其後溜下し止メニ相成候ニ付、七郡之内六郡又ハ五郡追払ニ被仰付候、然ル所、盗賊ニハ罪之軽キ者共御領分追払ニ相成候ニ付、御仕置方軽重振違候様ニも思召候ニ付、是迄盗賊ニ無之、外之科ニて郡払ニ相成候者も可有之、右様之所も相糺可申上旨被仰渡、云々、

一、御領分之者盗賊致候而五郡払ニ被仰付候者者、出生之村方ゟ送り切手不指遣無宿者ゆへ、御構無之、二郡之内々住居之、内々住居者勿論、立込居候義も相成不申故、五郡払と申義者畢竟名斗之義ニて、実者御領分払ニ成候も同様之義ニ御座候、乍然先年従公儀溜之義被仰出候御時節と当時之御振合、自然相違之義も無御座哉、御城吏中ゟ内向被仰渡、以後盗賊御領分者ニても御領分払ニ仕度、云々、

一、博奕仕候者手鎖入牢等申付、相嗜不申候者御領分追払申付候、其後心底相改、大赦之節立入越出候へハ、年数先例等と相糺、御免申渡候、此外悪業仕者又者不法者御領分払之者、是又罪之次第并年数相考、御免申渡候、云々、

右の史料の意味するところは、寛政元年（一七八九）十一月の幕府からの追放刑規制に関する達書を受けて、彦根藩においては、同三年より「活罪」仕置の盗賊追放を停止し、長曽根村に「溜小屋」を建築して追放刑相当者を「溜下し」とすることにした。しかし、享和元年（一八〇一）九月ころより、この「溜下し」を廃止することになり、「五郡追払」になったことを承けているようである。(33)「溜下し」廃止の理由は、「溜下し」の処分にしても実際は名目だけであり、そのまま入牢させていたため追放処分になっていなかった。このため、「溜下し」という手続きを経て後に郡払を伺うという形式を止め、直ちに郡払の仕置を伺うことに

したのである。[34] しかし、右は彦根藩領民についての内規ともいえるものであり、領民については追放処分後の還住が配慮されていることが知られる。その一方で他領の者が当該の罪を犯した場合は、「本罪御仕置者書抜」の事例を見る限り、ことごとく「領分追払」に処されているのである。この限りにおいて、彦根藩の「本罪」仕置は、自領民にたいしては寛刑である一方、他領民については藩領域から追放するという方針で臨んでいたといえよう。

## 5　「御刑法改正伺」と「御下知」

**重罪の改正**　慶応四年（一八六八）二月八日、「御刑法御改正」にともない、従来の彦根藩における処罰規定の書抜きを提出するように求められた筋方・町方は、付札を付して新しい処罰方法を家老中に提出した。同月十七日、伺いに対して朱書で下知を記した書抜きが御用番を通じて返却され、以後、処罰方法の変更が行われることとなった。これらの伺いと下知は多数にわたり、少なくとも慶応四年時点でどのような処罰方法が実施されていたのか判明する。しかし、それら全ての内容を記すことは紙幅の関係で不可能なため、本論で述べてきた主題に限って一部明らかにしておく。ただ、博奕については煩瑣なため割愛せざるを得ない。ここで利用する史料は「御刑法御改正伺并御下知一件」である。

まず、「死罪」として残されているものは、「磔罪、火罪、討首獄門、討捨」であった。

これらはすべてこれまで通りの「刑法」とされており、新たに廃止された処刑方法はなかった。しかし、「磔罪、討首獄門」の者が牢死した場合は、これまで通り「石灰詰」を申し付けるという奉行の意見に対して、「御付札承知ニ候、刑罰場御仕置年一ケ度ニ不限、数人ニ成候ハヽ、何度ニ而も可被申聞候」と下知しているところから、刑罰場における処刑は年に一度実施するようになっていたものと推測される。また、「火罪、討捨」の罪科の者が牢死した場合は、捨札を建てて刑罰場に死骸を仮埋とし、正式に罪科の仰せ付けがなされてから埋捨とされていたものが、直ちに捨札・埋捨の処置とされることとなった。

これら「重罪」に関わって、次のようなやり取りが残されている。すなわち、「重罪者」は「沼波刑罰場」で処刑してきたが、費用が嵩むため「討首獄門・討捨」などは牢屋敷内で執行し、「獄門」と「捨札」だけを刑罰場に掲示することにする。それゆえ、「磔罪・火罪」だけを刑罰場で執行することにするというのが、改正の方針であった。しかし、町筋役方の意向は、「懲悪之為ニハ矢張刑罰場」で執行する方が効果があるという考えであった。そのような「付札」意見に対しては、「懲悪」のためには公開処刑を刑罰場で執行することが効果的であることを認めるものの、「御物入多分」という事実の前では、費用対効果を勘案しなければ結論を出せない、という「御答下ケ札」がなされている。結果的にどのようになったのかは史料がなく分からないが、興味を惹く問題ではある。

**本罪の改正**　次に「盗致候ニ付、墨・肆・追払立返」「忍入盗賊仕業不重者」については、これまで「大赦之節ニ助命、入墨・五日肆・百敲之上、御領分追払」であったが、今後は「肆」は止めることとなった。しかし、大赦に関わらず仕置方は伺うように指示され、また、「死刑ニ可被仰付罪ニ候得共」という文言は、これまで通り「御仕置き伺」に書き加えるように下知されている。この文言を残すことにしているのは、藩主の「慈悲」を示すためであろう。このことは「土蔵破盗賊」の者に対しても同様である（ただし、百敲は科されていない）。

さらに、「入墨・五日肆・追払、入墨・三日肆・追払、入墨・二日肆・追払」の罪科の者に対しても、「肆」は廃止されることとなった。今後は、これに同等の罪人は「入墨縄付ニ而御領分追払」とすることとし、自領・他領の帳付け者は仕置伺いを行うものの、無宿人は直ちに処罰を実施することに改められた。改正以前には、仕置伺いに対しては、「指紙」で指示が与えられ、処分申し渡しのさいには「御目付中」が立ち会ったが、これ以後は奉行の立会のみで済まされるようになった。

## 6　おわりに代えて

以上、彦根藩における裁判制度の整備過程と「重罪」「本罪」を中心にして、現在知られることの概要を述べてきた。裁判にともなう細々とした細則は、その時々の時勢に即して改正されたものと思われるが、現在判明するところでは文化年間に幾つかが確認できるものの、全容を解明することは現時点では困難である。また、「重罪」「本罪」についても、慶応四年に改正が行われたことは確認できるが、版籍奉還を経て、明治新政府による「新律」（明治二年）、新律綱領（同三年）、改定律令（同六年）と全国的な統一法典へと収斂させられて行った過程については定かではない。もちろん、彦根藩独自の慣習法が直ちに新政府の法律の前でまったく効力がなくなったとは考えられないが、近代の統一的法体系の中で旧彦根藩領民も規制されるようになったことは、疑いを入れないものである。

彦根藩における法制度は、刑事的な事件とその処罰法については、本論で用いた史料などにより大まかな実態を把握することができる。本稿ではこのような刑事罰については、「軽罪」や家中の事例を取り上げることはできなかったが、これらに対する処罰についても、幾分か明らかにできる史料も残されている。しかし、民事的な事件・紛争に対する審理・裁許の実態を明らかにすることができる、まとまった法曹史料は残されていないため、在方・町方に残された係争史料から分析を加える必要があろう。さらに、彦根藩の江戸屋敷や佐野領で生じた事件とそれに対する処罰については、全く触れることができなかった。この意味では、本稿は彦根藩法制度史のごく一斑を明らかにしたに過ぎない。今後とも史料発掘につとめ、藩役所がどのように法的に対処し、人々はその仕置についてどのように考えたのか明らかにしていく必要があろう。

【注】

1　『彦根市史』上冊（彦根市役所、一九六〇年）第三章「政治」第二節「藩政」のなかで「七　法制」として項目立てられた記述（五四九～五六〇頁）が、現在のところ拠るべき成果でしかない。
2　「御法度并風俗ニ付御示留帳」（『新修彦根市史』第六巻史料編近世一、三〇〇号、彦根市、二〇〇二年）。以下、同書に収められている史料については、『新修彦根市史』第六巻、三〇〇号、のごとく略記する。
3　京都町触研究会編『京都町触集成』別巻二、三一〇号（岩波書店、一九八九年）。
4　拙稿「近世都市の権力と公事訴訟」（『日本史研究』二八二、一九八六年）を参照されたい。
5　『新修彦根市史』第六巻、三八三号。
6　『新修彦根市史』第六巻、三〇七号。
7　「久昌公御書写」（東京大学法学部法制史資料室所蔵）。『久昌公御書写―井伊直孝書下留―』（彦根市教育委員会、二〇〇三年）六八号。以下『久昌公』六二号などと略記。『新修彦根市史』第六巻に所収されている史料については、同書の掲載番号を記した。
8　『久昌公』六二号。
9　『久昌公』九五号。
10　『久昌公』一七七号。
11　『新修彦根市史』第六巻、三二一号。
12　彦根市立図書館所蔵。本書史料編所収。
13　『新修彦根市史』第六巻、三三六号。
14　長浜町年寄については、『長浜市史　3　町人の時代』第二章第二節参照（長浜市史編さん委員会編集、一九九九年）。
15　『新修彦根市史』第六巻、三三九号。
16　『新修彦根市史』第六巻、四四八号。
17　『新修彦根市史』第六巻、四五二号。
18　「三浦記録」一、年未詳十月二十九日付け「覚」参照（中村達夫氏所蔵文書）。
19　「宇津木三右衛門家文書」B3―7（彦根城博物館寄託）。以下の叙述では「御仕置筋」と略記する。
20　「宇津木三右衛門家文書」B3―6。
21　彦根市立図書館所蔵。
22　「岡嶋家文書」治安4（滋賀大学経済学部附属史料館所蔵）。
23　『久昌公』二三号。
24　「直孝様直興様　御書付之写」（「彦根藩井伊家文書」二七四三三、彦根城博物館所蔵）。
25　「天明六年七月、横内写」、彦根市立図書館所蔵。
26　「岡嶋家文書」治安3。
27　「諸向御役所并私領入墨之図」（「岡嶋家文書」治安5）。
28　「伝馬町文書」五六（彦根城博物館所蔵）。
29　「岡嶋家文書」治安1。
30　「侍中由緒帳（跡絶帳）」六九（「彦根藩井伊家文書」六九七）、永末昌賢の項。
31　『徳川禁令考』別巻、九九頁（創文社、一九七八年）。
32　注19に同じ。
33　「前川家御用留（仮題）」（滋賀大学経済学部附属史料館所蔵）。ただし、右の記述は弘化三年（一八四六）十一月時点での調査によるものである。
34　注9に同じ。

# 史料編

# 凡例

1 本史料編は、江戸時代の彦根藩の藩政機構および各役職に関する史料・記録を掲載した。

2 史料編は、1役職誓詞、2被仰出候事共留、3筋方用務留、4諸事願書留記、5元方勘定方記録、6御台所仕出シ諸事留、7掌中雑記、8彦根藩役付帳、9彦根藩切米扶持書上、の諸史料により構成した。

3 本史料編の史料採択の範囲・方法や掲載史料の概要については、「史料解題」で説明した。

4 掲載史料には史料番号をつけた。役職誓詞については、さらに個々の役職誓詞に番号をつけた。

5 各史料の冒頭には、史料名を記した。史料名は、冊子形態の史料については、表紙の題名を採用した。ただし、表題記載のない冊子および、役職誓詞については、内容・形態により史料名をつけた。

6 史料の表記にあたっては、次のように表記した。

(1) 原則として常用漢字を用い、一部の固有名詞および以下に掲げる文字は原文の文字をそのまま使用した。
忰（倅） 伜（倅） 曽（曾） 麁（粗） 龍（竜） 躰（体） 嶋・嶌（島） 斗（計） 桧（檜） 侭（儘） 出情（出精） 百性（百姓） ゟ（より） 〆（しめ）

(2) かなは現行のひらがな・カタカナに改めたが、者（は）・茂（も）・而（て）・与（と）などについては、もとの字体のままとし、文中では活字の級数を落として記した。

(3) 史料には読点「、」や並列点「・」をつけた。

(4) 執筆者による校訂や補注は、丸括弧に入れ、傍注とした。誤記・意味不明などの場合には、正しい字を傍注するか、（ママ）を付した。脱字は（脱）、衍字は（衍）と注記した。疑念が残る場合は（カ）を加えた。

(5) 本文以外の部分は、上下にカギ括弧を付し、その右肩に（表紙）（端裏書）（包紙ウハ書）など、傍注を付した。原本に貼紙追記など異筆・後筆がある場合も同様にした。

(6) 原本に改変のある場合には、その箇所の左傍に「〻」を付し、右傍に改変した文字を付記した。抹消のため判読できない文字はママで示した。虫損・汚損・破損などで解読が不能な場合には、字数の判明できるものは□□で、字数が判明できないものは［ ］で示した。

(7) 合点は「⌝」、挿入・目印などの黒圏は「○」で示した。
(8) 編集上の配慮により略した場合には、省略した旨を(略)などと表記した。
(9) 敬意を示す欠字は一字空きとし、平出は二字空きとした。
(10) 史料文末に、必要に応じて「＊」を付して注記をほどこし、推定年代、史料の現状にあたっての特記事項などを記した。

7 本史料編は、彦根の歴史的事実を正しく理解するために、史料原文をそのまま掲載することを原則とした。この趣旨を理解され、人権尊重の視点にもとづき、本書を活用していただきたい。ただし、現市民の人権をそこなう恐れのある表現を含む史料については、該当個所を省略した。

8 本史料編の構成および掲載史料の選択は、彦根藩資料調査研究委員会「彦根藩の藩政機構」研究班研究員が行い、史料翻刻・校正は東幸代・東谷智・藤井譲治・渡辺恒一・齊藤祐司・母利美和が行い、岩上直子・小倉宗・藤田和敏・瀬島宏計の協力を得た。史料解題は渡辺が書いた。

# 史料解題

史料編には、彦根藩の藩政機構関係史料・記録の内、諸役人の構成を俯瞰できる史料、および各役職の職務内容について記した史料を収録した。

史料編の構成は、冒頭には、各役職の職務に関する基本史料である1役職誓詞を配置し、次に、個々の役職の職務を詳細に記した記録・マニュアルの史料を配列した。2から7の史料がこれに当たる。2は家老役、3は筋奉行、4は目付役、5は元方勘定奉行、6は元方勘定奉行・町人代官、7は代官役（士代官）に関するもので、6以外は、役職の役列に従い、上位の役職から下位の役職の順に配列した（役列は「彦根藩井伊家文書」の文政十三年（一八三〇）「家中役付帳」による）。続く8と9では、役職の全体構成が俯瞰できる史料を配置した。8は知行取藩士のもの、9は切米扶持取に関するものである。

なお、『新修彦根市史』第六巻史料編近世一（彦根市、二〇〇二年）には彦根藩の藩政機構に関する重要史料を多数収める。本史料編とあわせて利用していただきたい。

以下、収録史料について、若干の説明を加えておく。

**1　役職誓詞**　彦根藩の役職誓詞八〇点を収録した。同藩では、役職に就役した家臣は、藩主もしくは家老に宛て誓詞を提出した。近世後期では、彦根における誓詞は、家老の場合は表御殿の御座之間次、中老以下は御用部屋にて家老役へ対し提出された。この場には、側役・目付役・右筆頭各一名が出座した。ただし、誓詞を提出するのは役方の役職ばかりで、軍事職である武役（番方）は、誓詞を提出しない（彦根藩井伊家文書「彦根藩職制覚書」）。また、藩役所の下役も、役頭へ提出する場合があった。

本史料編では、「彦根藩井伊家文書」や旧藩士家伝来文書などから、彦根藩の役職誓詞を現在可能な限り集め収録した。「彦根藩井伊家文書」には、正徳四年（一七一四）から慶応四年（一八六六）までの期間の誓詞七〇〇点余りが伝来している。これは提出原本であり、誓詞の形式を知る上で重要である。ただ、家老役・中老役・用人役のほか、側役、小納戸役、小姓など日常的に藩主の側近くで仕えた家臣の誓詞で占められており、役職に偏りがある。一方、各藩士家伝来文書は、当該家の人物が役職に就いたときの提出誓詞の控が伝来する。町奉行・筋奉行をはじめとする領内統治実務にかかわる役職などについては、ここから採録した。

個々の役職誓詞の収録順序は、これも文政十三年の「家中役付帳」の役列により配列している。同じ役職でも時期により誓約内容に変化がある場合は、複数収録した。

誓詞の形式について触れておくと、各役職の具体的な誓約内容を記した前書に、熊野牛玉宝印を裏返し記載した起請文を貼り継ぐ。宛名は「上」と「家老中」宛の二種類が確認でき、機構内での各役職の位置づけを知る上でも注目される。また、「彦根藩井伊家文書」の誓詞は、包紙が附属するが、これは、提出後のものであり、封（〆を記載）がなされている。包紙の上書に「出座」として記される三名は右側から側役・目付役・右筆頭となっている。

　年代推定は、年月日記載がないものが多い藩士家文書伝来の誓詞で行っている。伝来した藩士家の当主の履歴を「侍中由緒帳」で確認し、当該役就任年を誓詞の年と推定した。ただし、誓詞提出は就任後に行われるので、厳密なものではない。

　内容は、ほとんどの役職で共通する一般規定と各役職の職務内容に即した特殊規定からなる。内容は役職改編などで職務内容に変化があった時には変化するが、基本的には時代による変化はない。

　役職誓詞は以下の各文書群から採録した。

　「彦根藩井伊家文書」、「四十九町代官家文書」（以上、彦根城博物館所蔵）、「宇津木三右衛門家文書」（彦根城博物館寄託資料）、「彦根市立図書館郷土資料」、「平石家文書」、「奈越江家文書」（以上、彦根市立図書館所蔵）、「岡嶋家文書」、「青木家文書」（以上、滋賀大学経済学部附属史料館所蔵）、「喜久川家文書」（同館寄託資料）、「横内家文書」（那覇市市民文化部歴史資料室所蔵）、「願成寺所蔵旧植田家文書」、「花木家文書」（花木正氏所蔵）、「椎橋文雄氏所蔵旧上坂家文書」。

　蒐集史料である喜久川家文書、城下町人家伝来の四十九町代官家文書以外は旧藩士家伝来史料である。

**2　被仰出候事共之留**　「彦根藩井伊家文書」のうち。竪帳。一冊。年代記載がないが、史料中に宝暦九年（一七五九）閏七月の記事が確認できる。また、同十年二月に没する前藩主井伊直定の記事があるので、宝暦九年から十年頃の成立と推定される。藩主が命じた（仰出）内容を、「献上之式」、「御礼之式」、「被仰出候事共留」、「勤方」、「申渡」、「伺筋」、「雑」、「御咎之事」に分類する。記載内容から見て、家老役の立場でまとめられている考えられる。

**3　筋方用務留**　「彦根市立図書館所蔵郷土資料」のうち。横帳。一冊。もとは藩士家の史料であった思われるが、伝来は不明である。年代は、冒頭の四条目・五条目に中老役中野小三郎が筋方役所の裁許に出席する記事があり、これが宝暦九年四月十六日以降、同十二年四月十四日以前である（彦根藩井伊家文書「侍中由緒帳」）ので、宝暦九年から十二年の間の内容であると考えられる。筋奉行が職務を勤める要点を記したマニュアルであり、筋奉行就役者の間で筆写され用いられた。下役を含む筋方役所の職務が詳細にわかる。

**4　諸事願書留記**　「八木原太郎右衛門家文書」のうち。横半帳。一冊。天保十五年（一八四四）。旧藩士家の伝来史料である。馬手形・養子願など、家臣が藩（家老役、目付役など）へ提出する諸願・諸届の雛形を記したもの。また、提出手続きや注意点も書かれてある。末尾には、嘉永年間（一八四八～一八五三）の追加記事がある。このような願書・届書の雛形集は他の藩士家にも伝来しており、多くの家臣が所持していたと思われる。

**5　元方勘定方記録**　「彦根藩井伊家文書」のうち。横半帳。一冊。一年間の元方勘定の業務を月別に書き上げたもの。関係役職との文書手続がよくわかる。掲載した箇所は、元方勘定方の下役である勘定人が作成した帳面の一部である。この帳面の表紙には二枚の貼り紙がなされ、それぞれ「町筋方御借用方減知断施捨《ママ》り割」、「臨時拝借御指紙并月々見合

文政七申　寺倉」と記載する。寺倉は勘定人である。掲載部分は「月々見合」にあたる。作成年月日は確定できないが、月に閏八月が含まれており、前後の記事から文政七年（一八二四）と推定され、表紙の貼紙に記載の年とも合致するので、文政七年頃に作成され、その後、記事が追加されていったと考えられる。

なお、勘定人は世襲で同役を勤めた。切米扶持取であり、勘定人小頭が歩行に取り立てられる場合があった。城下勘定人町に居住した（本書口絵の城下町絵図参照）。「彦根藩井伊家文書」には勘定人の手になる元方勘定関係の帳面がまとまって伝来している。

**6　御台所入仕出シ諸事留**　「彦根藩井伊家文書」のうち。横半帳。一冊。天明三年（一七八三）。表紙に記名のある横野は勘定人である。本史料も5と同様、勘定人が作成した帳面である。内容は、「御台所入」すなわち藩主蔵入地の年貢収納に関するもので、村方への年貢免定の作成過程など、年貢賦課にいたるまでの元方勘定所における作業を知ることができる。また、史料中に「代官」としてあらわれるのは、町人代官であり、個々の村には、彼らが年貢免定を発給した。町人代官の年貢からの収入である「口米」の形態も知ることができる。

**7　掌中雑記**　「西堀文吉氏所蔵文書」のうち。横帳。一冊。記載内容から文政年間（文政三年以降）の成立と推定される。その名の通り、手のひらサイズの帳面に、細密で丁寧な文字が書き込まれている。史料作成者は不明である。内容は、代官役（士代官）の勤方全般に関する基礎情報を記す。代官役は、文化十二年（一八一五）に川除奉行が廃止となり、領内河川用水管理の職務を吸収した。川除普請・用水に関する記載が多くあるのはこのためである。

**8　彦根藩役付帳**　「宇津木三右衛門家文書」のうち。横帳。一冊。彦根藩の役職就任者一覧である。記載されている就役者の名前から、安政三年（一八五六）七月から八月の間の内容と推定できる。同様の史料は、文政十三年の「家中役付帳」がある（『新修彦根市史』第六巻史料編近世一　六八六頁）。この「家中役付帳」に較べ、本史料は、藩校弘道館の役人、および定府役人（江戸抱えの家臣）の記載がなく、役職の全体像を示すものではない。しかし、この種類の史料は例が少ないので、本史料編に掲載した。

**9　彦根藩切米扶持書上**　「彦根藩井伊家文書」のうち。横帳。一冊。小姓以下、彦根藩の切米扶持取の支給高を書き上げたもの。「農兵」が挙げられていることから、最幕末期のものと推定される。藩の各役所の手代・下役などの構成が、支給高とともに知ることができ貴重である。

# 1　役職誓詞

万延元年（一八六〇）

彦根藩井伊家文書

## 1　執権役誓詞

（包紙ウハ書）
「万延元年庚申八月十五日　出座（宇津木左近 中村右膳 小島悦太郎）

執権役誓詞　木俣清左衛門」

（懸紙ウハ書）
「執権役誓詞　木俣清左衛門」

起請文前書

一、拙者儀、今度執権役被　仰付難有奉存候、依之御奉公御役儀大切仕、重　御前御為第一ニ存、　公儀御用者不及申　御自分之御用向万事之義及心申程者随分念入相勤、御後闇不忠之覚悟聊存間敷候、并御家中諸士不依誰以悪心一味徒党之仕合無之、尤件之族於有之者早速可申上事、

一、壱人立被仰付候御用者勿論、諸事御隠密之儀并御仕置方相談之品、他人者不及申、親子・兄弟・親類・縁者・身寄之者ヲ初、一切他言不仕、惣而御用向之義被　仰出無之内者堅取沙汰仕間敷候事、

一、御家老始対　御為不宜与存寄候儀於有之者、再応申談、若承引無之上者言上可致事、

一、諸傍輩中善悪之義　御尋之節、親子・兄弟者不及申、親類・縁者等ヲ始、御家中之面々不依誰存知候通有躰ニ申上、少も讒言仕間敷候、附、御家中上下人柄御僉議之刻、聊依怙ヲ以贔屓不仕、毛頭無遠慮存寄之旨不指控及相談可申上候、御役人等御吟味之節者別而念入可申事、

一、御法度相背候者并御僉議事之刻、対諸人少も贔屓ヲ以依怙不仕、惣而御家中・御城下町・郷中御仕置方之義賞罰程能旨ヲ考専正路ヲ守、万事廉直ニ可申付候、勿論御法度之筋目ヲ相立致喧嘩候者之荷担抔不致、附、町人・百姓公事出入等之節者少之儀ニ而も大切ニ仕、全不及非分之沙汰、古例当然ヲ相考事立候義者猶以幾度も念入吟味遂相談、重き品者達　御耳軽き儀者下ニ而其埒可申付事、

一、惣而御仕置向并御用相談之節無覆蔵申談、不及了簡儀者各別、存寄之旨者不残心底申出し、少も我意ヲ不相立再応其理之僉議ヲ詰、専正道ニ随ひ御用相達可申候、若道理区々ニ而難相分品者伺之　御下知次第ニ可仕事、

一、御威光ヲ以身之威勢奢之覚悟ヲ不存、御家風ヲ相守、毛頭虚妄・私曲有之間敷事、

右之条々於相背者、

（熊野牛玉宝印貼継）

梵天・帝釈・四大天王、総而日本国中六十余州大小神祇、殊伊豆・箱根両所権現、三嶌大明神、八幡大菩薩、天満大自在天神、部類・眷属神罰・冥罰各可罷蒙者也、仍起請如件、

万延元庚申年

八月十五日　木俣清左衛門（花押 血判）

上

## 2　家老役誓詞

正徳四年（一七一四）

彦根藩井伊家文書

（包紙ウハ書）
「御代替ニ付
誓詞
正徳四甲午年六月十二日
木俣清左衛門
」

起請文前書

一、拙者儀、代々御家老役被　仰付難有奉存候、御奉公御役儀大切ニ仕、重　御前御為第一ニ存、公儀御用者不及申御自分御用向万事之儀、及心申程者随分念入相勤、御後闇不忠之覚悟聊存間敷候、并御家中諸士不依誰、悪心を以一味徒党仕合無之、尤件之族於在之者仲ケ間申談可達　御耳候、相願可申御訴訟之品者壱人立同役を以可申上之事、

一、壱人立被　仰付候御用者勿論、諸事御隠密之儀并御仕置方相談之品、他人者不申及、悴子・兄弟・親類・縁者・身寄之ものを初、一切他言不仕、惣而　御用向之儀被　仰出無之内ハ、堅ク取沙汰仕間敷事、

一、諸事対　御為存寄候儀者其品ニゟ前後を考、同役申談可達　御耳候、或一人立申上度様子茂有之刻、御機嫌□□（を憚りカ）身構之仕合無之、心底之趣遠慮不仕可申上事、

一、諸傍輩中善悪之儀　御尋之節、悴子・兄弟ハ不及申、親類・縁者等ヲ初御家中之面々不依誰、存候通有躰ニ申上、少茂讒言仕間敷候、附、御家中上下人柄御詮儀之刻、聊依怙を以贔屓不仕、仲ケ間相互ニ毛頭無遠慮、存寄之旨不指控及相談可申上候、御役人等御吟味之節者別而念入可申事、

一、御法度相背候もの并御詮儀事之刻、対諸人少茂贔屓ヲ以依怙不仕、惣而御家中・御城下町人・郷中御仕置方之義賞罰程能キ旨を考、専正路を守、万事廉直ニ可申付候、勿論御法度之筋目ヲ相立、致喧嘩候者之荷担抔不致、附、町人・百姓公事出入等之節者少之儀ニ而も大切ニ仕、全不及非分之沙汰、古例当然ヲ相考、事立候義者猶以幾度茂念入吟味遂相談、重キ品者達　御耳、軽キ儀者下ニ而其埒可申付事、

一、惣而御仕置向并御用相談之節、同役中万無腹蔵申談、了簡ニ不及儀者格別、存寄之旨者不残心底申出シ、少茂我意を不相立再往其理之詮儀を詰、専正道ニ随ヒ御用相達可申候、若道理区〳〵ニ而難相分品者伺之、　御下知次第ニ可仕事、

一、御威光を以身之威勢奢之覚悟を不存、御家風を相守毛頭虚妄・私曲有之間敷事、

右之条々於相背者、

（熊野牛玉宝印貼継）

（神文省略）

正徳四甲午年

六月十二日　　木俣清左衛門（花押・血判）

上

## 3　大殿様御用向頭取・家老役兼帯誓詞

文政三年（一八二〇）

彦根藩井伊家文書

（包紙ウハ書）
「文政三庚辰年二月五日　　出座（大久保権内・川手藤三郎・真野善次）

大殿様（井伊直中）御用向頭取并御家老帰役兼帯誓詞　長野美濃」

起請文前書

一、拙者儀、旧冬　大殿様御用向頭取被　仰付、今度御家老帰役、御用向頭取も兼帯ニ相勤候様被　仰付難有奉存候、依之御奉公御役儀大切仕、重　御前御為第一存、公儀御用者不及申、御自分御用向万事之儀、及心中程者随分念入相務、御後闇不忠之覚悟聊存間敷候、并御家中諸士不依誰、以悪心一味徒党之仕合無之、尤件之族於有之者仲ケ間申談可達御聞候、相願可申御訴訟之品者壱人立以同役可申上之事、

一、壱人立被　仰付候御用者勿論、諸事御隠密之儀并御仕置方相談之品、他人者不及申、親子・兄弟・親類・縁者・身寄之者を初、一切他言不仕、惣而御用向之儀被　仰出無之内者堅取沙汰仕間敷候事、

一、諸事対御為存寄候儀者其品ニより前後を考、同役申談可達　御聞候、或壱人立申上度様子も有之刻、　御機嫌を憚り身構之仕合無之、心底之趣遠慮不仕可申上之事、

一、諸傍輩中善悪之儀　御尋之節、親子・兄弟者不及申、親類・縁者等を初御家中之面々不依誰、存知候通有躰ニ申上、少茂讒言仕間敷候、附、御家中上下人柄御僉議之刻、聊依怙を以贔屓不仕、仲ケ間相互ニ毛頭無遠慮、存寄之旨不指控之及相談可申上候、御役人等御吟味之節者別而念入可申事、

一、御法度相背候者并御僉議事之刻、対諸人少茂贔屓を以依怙不仕、惣而御家中・　御城下町・郷中御仕置方之儀賞罰程能旨を考、専正路を守、万事廉直ニ可申付候、勿論御法度之筋目を相立、致喧嘩候者之荷担なと不致、附、町人・百姓公事出入等之節者少之儀ニ而も大切ニ仕、全不及非分之沙汰、古例当然を相考、事立候儀者猶以幾度も念入吟味遂相談、重キ品者達御聞、軽キ儀者下ニ而其埒可申付事、

一、惣而御仕置向并御用相談之節、同役中無覆蔵申談、不及了簡儀者各別、存寄之旨者不残心底申出シ、少も我意を不相立再往其理之僉議を詰、専正道ニ随ひ御用相達可申候、若道理区々ニ而難相分品者伺之、　御下知次第可仕事、

一、惣而　大殿様御用向之儀、前件同様念入相勤可申事、

一、御威光を以身之威勢奢之覚悟を不存、御家風を相守毛頭虚妄・私曲有之間敷事、

右之条々於相背者、

（熊野牛玉宝印貼継）

（神文省略）

文政三庚辰年二月五日　長野美濃（花押 血判）

上

## 4　家老役見習誓詞

文久二年（一八六二）　彦根藩井伊家文書

（包紙ウハ書）
「文久二壬戌年三月廿日

出座（安中半右衛門 多賀谷左内 松野又右衛門）

御家老役見習誓詞　宇津木兵庫」

起請文前書

一、拙者儀、今度御家老役見習被　仰付難有奉存候、依之御奉公大切ニ仕、重　御前御為第一存、　公儀御用者不及申、御自分御用向万事老中江相加り相談仕、及心申程者随分念入相勤、御後闇覚悟存間敷候、并諸傍輩中不依誰、以悪心申合一味徒党仕間敷候、尤件之族於有之者早速可申上事、

一、壱人立被　仰付候御用者勿論、諸事御隠密之儀并御仕置方相談之品、他人者不申及、親子・兄弟・親類・縁者・身寄之者を初、一切他言不仕、惣而　御前向之儀堅取沙汰仕間敷事、

一、対御為存寄之儀、不依何事可申上候、并親子・兄弟者不及申、親類・縁者・身寄之者を初御家中之面々、不依誰　御尋之刻者、存知候通有躰達　御聞、少茂讒言仕間敷候、附、大身・小身諸傍輩中対　御為如何与存候儀致見聞候者、指控不申、其品可申上之事、

一、御家中御仕置向、并町人・百姓公事出入等之節者少之儀ニ而も大切ニ仕、無依怙贔屓、存寄不貽心底申之、我意を不相立、古例当然相兼候多分正当之理を以相談可仕候、并不及了簡事者格別、少茂存寄之儀者不指控面々江申出し、再往其理之僉儀承之、宜道ニ随ひ我意を立申間敷候、併老中申事にても不致得心候儀者、無遠慮幾度も相尋、正理を以万事之御用相達可申事、

一、惣而御用之儀、老中者勿論、御用人中・御近習・外様諸役人等ニ至迄不致遠慮、万事無覆蔵可申談候、并喧嘩仕候者之荷担無之、御法度之筋目を相立可申事、

一、御威光を以身之威勢奢之覚悟を不存、御家風を相守可申事、

右之条々於相背者、

（熊野牛玉宝印貼継）

（神文省略）

文久二壬戌年三月廿日　宇津木兵庫（花押）（血判）

上

---

宝暦六年（一七五六）　彦根藩井伊家文書

## 5 老中用向之加判誓詞

（包紙ウハ書）

「宝暦六丙子年十二月九日　出座（吉川軍左衛門 百々久弥 三田村万右衛門）

御家老加判誓詞　宇津木兵庫」

起請文前書

一、拙者儀、今度老中　御用向之加判被　仰付難有奉存候、因茲御奉公大切ニ仕、重　御前御為第一奉存、公儀御用者不及申、　御自分御用向万事老中江相加り相談仕、及心申程者随分念入相勤、御後闇覚悟存間鋪候、并諸傍輩中不依誰、以悪心申合一味徒党仕間鋪候、尤件之族於有之者早速可申上事、

一、壱人立被　仰付候　御用者勿論、諸事御隠密之儀并御仕置方相談之品、他人者不及申、親子・兄弟・親類・縁者・身寄之者ヲ初、一切他言不仕、惣而御前向之儀堅取沙汰仕間鋪事、

一、対　御為存寄之儀、不依何事可申上候、并親子・兄弟者不及申、親

類・縁者・身寄之者ヲ初御家中之面々不依誰　御尋之刻者、存知候通り有躰達御耳、少茂讒言仕間鋪候、附、大身・小身諸傍輩中対　御為如何与存候儀致見聞候者、指控不申其品可申上之事、

一、御家中御仕置向、并町人・百姓公事出入等之節者少之儀ニ而茂大切ニ仕、無依怙贔屓存寄不貽心底申之、我意ヲ不相立、古例当然ヲ相兼候多分正当之理ヲ以相談可仕候、并不及了簡事者格別、少茂存寄之儀者不指控面々江申出シ、再往其理之僉儀承之、宜道ニ随ひ我意ヲ立申間鋪候、併道理まち〳〵にて難相分品者両様ヲ以伺之、　御下知次第ニ可仕候、尤老中仲間申事ニ而茂不致得心候儀者、無遠慮幾度茂相尋、正理ヲ以万事之御用相達可申事、

一、惣而御用之儀、連判仲間者勿論、御用人中・御近習・外様諸役人等ニ至迄不致遠慮、万事無覆蔵可申談候、并喧嘩仕候もの、荷担無之、御法度之筋目ヲ相立可申事、

一、御威光ヲ以身之威勢奢之覚悟ヲ不存、御家風ヲ相守可申事、

右之条々於相背者、

（熊野牛玉宝印貼継）

（神文省略）

宝暦六丙子年

十二月九日　宇津木兵庫（花押）（血判）

上

## 6　家老格誓詞

宝暦六年（一七五六）　彦根藩井伊家文書

（包紙ウハ書）

「宝暦六丙子年十二月九日　出座（吉川軍左衛門 百々久弥 三田村万右衛門）

御家老格誓詞　岡本半助」

起請文前書

一、拙者儀、今度御家老格被　仰付候御書面之趣奉畏難有奉存候、因茲御奉公大切ニ仕、重　御前御為第一存、惣而御用向万事之儀御後闇不忠之覚悟聊存間敷候、并御家中諸士不依誰、悪心を以一味徒党之仕合無之、件之族於有之者可達　御耳候、

一、壱人立被　仰付候御用者勿論、諸事御隠密之儀并御仕置方見聞之品、他人者不及申、悴子・兄弟・親類・縁者・身寄之者を始、一切他言不仕、惣而御用向之儀被　仰出無之内者堅取沙汰仕間敷候、

一、諸事対　御為存寄候儀者何事ニよらす可達御耳候、尤申上度様子茂有之刻、御機嫌を憚身構之仕合無之、心底之趣遠慮不仕可申上之事、

一、同席中相談之儀　御尋之節者、有躰ニ可申上候、

一、諸事善悪見聞之儀、毛頭身構之所存無之、有躰ニ申上之、少茂讒言仕間敷候、

一、諸傍輩中善悪之儀　御尋之節、悴子・兄弟者不及申、親類・縁者等を始御家中之面々不依誰、存候通有躰ニ申上、少茂讒言仕間敷候、

一、御威光を以身之威勢奢之覚悟を不存、御家風を相守、毛頭虚妄・私曲有之間敷事、

右之条々於相背者、

---

（熊野牛玉宝印貼継）

（神文省略）

宝暦六丙子年

十二月九日　　岡本半介（花押／血判）

上

## 7　御用部屋江出席誓詞

宝暦九年（一七五九）　彦根藩井伊家文書

（包紙ウハ書）

「宝暦九己卯年七月十八日　　出座（西堀才助／小沢太兵衛／石原弥藤次）

今度江戸江被　召下御用部屋江出席ニ付誓詞　　脇　内記」

起請文前書

一、拙者儀、今度江戸江被召下、御用部屋江出席仕候様ニ被　仰付難有奉存候、弥奉重　御前御奉公大切ニ仕、　御為第一ニ奉存、　公儀御用者不及申御自分御用向万事心ニ及申程者随分念入相勤、御後闇覚悟存間敷候、并諸傍輩中不依誰、以悪心申合一味徒党仕間敷候、尤件之族於有之者早速可申上事、

一、御用向御隠密之儀、他人者不申及、親子・兄弟・親類・縁者・身寄之者を初一切他言不仕、惣而　御前向之儀堅取沙汰仕間敷事、

一、対　御為存寄候儀者不依何事可申上候、并親子・兄弟者不及申、親類・縁者・身寄之者を初御家中之面々不依誰　御尋之刻者、存候通有躰ニ申上之、少茂讒言など仕間敷事、

一、在江戸中御仕置方之儀ニ付、御用部屋中及相談候儀有之候ハヽ、無依怙贔屓存寄候儀者不指控、勿論我意を不立、正路之筋を以可申談事、

一、御威光を以身之威勢奢之覚悟不存、尤御家風を相守可申事、

右之条々於相背者、

---

（熊野牛玉宝印貼継）

（神文省略）

宝暦九己卯年七月十八日　　脇　内記（花押／血判）

上

## 8　中老役誓詞

正徳四年（一七一四）　彦根藩井伊家文書

（包紙ウハ書）

出座（八木原太郎右衛門／喜多山勘六／朝倉進弥）

「正徳四甲午年十二月廿三日　誓詞　　三浦内膳」

起請文前書

一、拙者儀、不相替御中老役被　仰付難有奉存候、今度　直興様御隠居被遊、　御代替之時節候得者、別而御奉公御役儀大切仕、重　御前御為第一ニ奉存、　公儀御用者不申及、御自分御用向万事之儀、心ニ及申程者随分念入相勤、御後闇覚悟存間敷候、并諸傍輩中不依誰、以悪心申合一味徒党仕間敷候、尤件之族於有之者早速可申上事、

一、壱人立被　仰付候御用之品者勿論、諸事御隠密之儀、他人者不及申、親子・兄弟・親類・縁者・身寄之者を初一切他言仕間敷候、惣而　御前向之儀堅取沙汰仕間敷候事、

一、対御為存寄儀者、不依何事可申上候、并江戸御留守ニ罷有候節、御仕置方之儀、毛頭無依怙贔屓正路ニ可申付候、附、御家老衆を初、御近習・外様御役人等ニ至迄遠慮不仕、万事無覆蔵申談、一分之我意を立不申、道理相立候多分之品ニ付、御用事相達可申事、

一、親子・兄弟を初、親類・縁者・身寄之者ハ不及申、惣而御家中衆之儀不依誰人御尋之刻者、存知候通有躰ニ申之、少も讒言抔申上間敷事、

一、御威光を以身之威勢奢之覚悟を不存、尤御家風を相守可申事、

右之条々於相背者、

（熊野牛玉宝印貼継）

（神文省略）

正徳四甲午年

十二月廿三日　　三浦内膳元旭（花押・血判）

上

## 9　御門支配誓詞

彦根藩井伊家文書　享保二年（一七一七）

（包紙ウハ書）

「享保二丁酉年十二月十二日

出座（犬塚十左衛門・岡武左衛門・朝倉進弥）

誓詞　　横地刑部」

起請文前書

一、拙者儀、此度被　召下、御門支配被　仰付難有奉存候、尤御奉公大切ニ仕、重　御前御為第一奉存、　公儀御用者不及申、御自分御用向万事之儀、及心中程者随分念入相務、御後闇覚悟存間敷候、并諸傍輩中不依誰、悪心を以申合一味徒党仕間敷候、尤件之族於有之者早速可申上事、

一、壱人立被　仰付候御用之品者勿論、諸事御隠密之儀、他人者不及申、親子・兄弟・親類・縁者・身寄之者を初、一切他言仕間敷事、

一、対　御為存寄之儀者、不依何事可申上候、并江戸御留守罷在候節、御仕置方之儀、毛頭無依怙贔屓正路可申付候、附、御家老衆を初、御近習・外様諸御役人等ニ至迄遠慮不仕、万事無覆蔵申談、一分之我意を立不申、道理相立多分之品ニ付、御用事相達可申事、

一、親子・兄弟を始、親類・縁者・身寄之儀者不及申、惣而御家中衆之儀、不依誰人　御尋之刻者、存知候通有躰に申上、少も讒言なと申上間敷事、

一、御威光を以身之威勢奢之覚悟を不存、尤御家風を相守可申事、

右之条々於相背者、

（熊野牛玉宝印貼継）

（神文省略）

享保二丁酉年

十二月十二日　　横地刑部　義孝（花押・血判）

上

## 10　用人役誓詞

正徳四年（一七一四）

彦根藩井伊家文書

（包紙ウハ書）
「御代替ニ付
誓詞　沢村角右衛門」

正徳四年甲午六月十二日

起請文前書

一、拙者儀、不相替御用人役被　仰付難在奉存候、御奉公御役儀大切ニ仕、重　御前御為第一ニ奉存、　公儀御用者不及申、御自分御用向万事之義、及心申程者随分念入相勤、御後闇覚語（悟）存間敷候、并諸傍輩中不依誰、悪心を以申合一味徒党仕間敷候、尤件之族於在之者早速可申上事、

一、壱人立被　仰付候御用之品者勿輪（論）、諸事御隠蜜（密）之儀、他人者不及申、親子・兄弟・親類・縁者・身寄之者を初、一切他言仕間敷候、常式御用向共ニ同役之儀ハ各別、被　仰出無之内ハむさと口外不仕、惣而御前向之義堅取沙汰仕間敷事、

一、対　御為存寄之儀ハ、不依何事可申上候、并御用向之儀同役仲ケ間ハ不及申、御家老衆を初、御近習・外様諸役人等ニ至迄遠慮不仕、万事無覆蔵可申談候、尤一分之我意を立不申、道理相立候多分之品ニ付、諸事御用向相達可申候、尤支配方之者共無依怙贔屓、御仕置向之品正路ニ可仕候事、

一、親子・兄弟を以（初）、親類・縁者・好身之義ハ不及申、物而御家中衆之儀、不依誰人　御尋之刻者、善悪之品存之通無依怙贔屓有躰ニ申之、少も讒言なと申上間敷候、附、大身・小身・諸傍輩中、対御為如何与存候儀致見聞候者指控不申、御尋之節ハ其品可申上事、

一、御威光を以身之威勢奢之覚悟を不存、御家風を相守、尤御奥方向御法度之品相背申間敷候、附、不依誰於御奥方向自然　御為ニ不宜儀承届候ハヽ、無遠慮可申上事、

右之条々於相背者、

（熊野牛玉宝印貼継）

（神文省略）

正徳四甲午年
六月十二日　沢村角右衛門（花押 血判）

上

## 11　用人方用向当分勤誓詞

享保九年（一七二四）

彦根市立図書館郷土資料

起請文前書

一、拙者儀、御用人方御用向当分相勤候様ニ被仰付難有奉畏候、依之御奉公大切ニ仕、重　御前御為第一奉存、　公儀御用ハ不及申、御自分之御用向万事之儀、及心申程ハ随分念入相勤、御後闇覚悟存間敷候、并諸傍輩中不依誰、以悪心申合一味徒党仕間敷候、尤件之族於有之ハ早速可申上事、

一、壱人立被　仰付候御用之品ハ勿論、　諸事御隠密之儀并御奥方向之儀、他人ハ不及申、親子・兄弟・親類・縁者・身寄之ものを初、一切他言仕間敷候、常式　御用向共ニ被　仰出無之内ハ口外不仕、惣而　御前向之儀堅取沙汰仕間敷事、

一、御威光を以身之威勢奢之覚悟を不存、御家風を相守、尤御奥方向御法度之品相背申間敷候、附、不依誰於御奥方向自然御為ニ不宜儀承届候ハヽ、無遠慮可申上事、

右之条々於相背者、

牛王血判ヲ以指上ル

享保九甲辰三月十八日、於木俣清左衛門宅相認ル、尤自筆ニ而書之、

## 12　当分用人加役誓詞

享保十五年（一七三〇）
彦根藩井伊家文書

（包紙ウハ書）
「享保十五年戌八月九日　出座（沢村左平太　横田与左衛門　高宮九介）

御用人加役誓詞　吉用隼之丞
今村源右衛門」

起請文前書

一、拙者共儀、今度当分御用人加役被　仰付難有奉存候、因茲御奉公御役儀大切仕、重　御前御為第一奉存、公儀御用者不及申、御自分之御用向万事之儀、心及申程者随分念入相勤、御後闇覚悟存間鋪候、并諸傍輩中不依誰、悪心を以申合一味徒党仕間敷候、尤件之族於有之者早速可申上事、

一、壱人立被　仰付候御用之品者勿論、諸事御隠密之儀、他人者不及申、親子・兄弟・親類・縁者・身寄之者を初、一切他言仕間敷候、常式御用向共ニ同役之儀者格別、被　仰出無之内者むさと口外不仕、物而御前向之儀堅取沙汰仕間鋪事、

一、御威光を以身之威勢奢之覚悟を不存、御家風を相守、御奥方向御法度之品相背申間敷候、附、不依誰於御奥方向自然　御為ニ不宜儀承届候ハヽ、無遠慮可申上事、

右条々於相背者、

---

（熊野牛玉宝印貼継）

（神文省略）

享保十五庚戌年八月九日　吉用隼之丞（花押　血判）
今村源右衛門（花押　血判）

上

## 13　側用人役誓詞

文化五年（一八〇八）
彦根藩井伊家文書

（包紙ウハ書）
「文化五年戊辰閏六月六日　出座（河北勝兵衛　百々又介　山崎右衛門治）

御側御用人役誓詞　小野田織之丞」

起請文前書

一、拙者儀、今度御側御用人役被　仰付難有奉存候、依之御奉公・御役儀大切ニ仕、重　御前御為第一奉存、公儀御用者不及申、御自分之御用向万事之儀、及心申程者随分念入相勤、御後闇覚悟存間敷候、并諸傍

輩中不依誰、以悪心申合一味徒党仕間敷候、尤件之族於有之者早速可
申上事、
一、御用御取次被　仰付、評定御目付江も御密用申談候ニ付而者、諸事御
隠密之儀、他人者不及申、親子・兄弟・親類・縁者・見寄之者を初、
一切他言仕間敷候、惣而御用向被　仰出無之内むさと口外不仕、
御前向之儀堅取沙汰仕間敷事、
一、対　御為存寄之儀、不依何事可申上候、并御用向之儀御用人中者不及
申、御家老中を初、御近習・外様諸御役人等ニ至迄遠慮不仕、万事無
覆蔵可申談候、尤一分之我意を立不申、道理相立候多分之品ニ付、諸
事御用向相達可申候、尤支配方之もの共無依怙贔屓、御仕置向之品正
路ニ可仕之事、
一、親子・兄弟を初、親類・縁者・好身之儀者不及申、惣而御家中衆之儀
不依誰　御尋之刻、善悪之品存知候通無依怙贔屓有躰ニ申之、少も讒
言なと申上間敷候、附、大身・小身諸傍輩中対　御為如何と存候儀見
聞いたし候ハヽ、差控不申　御尋之節者其品可申上事、
一、御威光を以身之威勢奢之覚悟を不存、御家風を相守、尤御奥方向御法
度之品相背申間敷候、附、不依誰於御奥方向自然御為ニ不宜儀承届候
ハヽ、無遠慮可申上事、
右之条々於相背者、

---

（熊野牛玉宝印貼継）
（神文省略）
文化五戊辰年閏六月六日　小野田織之丞（花押 血判）

## 14 公用人役誓詞　上　安政五年（一八五八）

宇津木三右衛門家文書

（包紙ウハ書）「安政五戊午十月七日
公用人誓詞案
起請文前書　宇六」

一、拙者儀、当御役之上公用人御役被　仰付難有奉存候、依之御奉公御役
儀大切ニ仕、重　御前御為第一奉存、　公儀御用者不及申、御自分
之御用向万事之儀、及心申程者随分念入相務、御後闇覚語（悟）存間敷候、
并諸傍輩中不依誰、悪心を以申合一味徒党仕間敷候、尤件之族於有之
者早速御家老中迄可申上事、
一、公儀御用別而大切成儀ニ有之間、万事毛頭麁抹無之様相務、第一御隠
密之儀者不及申、縦世上流布仕候儀迚も一切取沙汰不仕、達　御耳可
然儀者御直ニも申上之、又者御家老中を以成共随其品早々可申上事、
一、御前御用向不依何事壱人立被　仰付候品ハ勿論、御隠密ケ間敷義他人
ハ不及申、親子・兄弟・親類・縁者・身寄之者を初、一切他言仕間敷
事、
一、御案詞奉行、其外公用方懸り候御役方者勿論之儀、御部屋番中江も無
覆蔵可申談事、
一、公儀御用者勿論、常式御用向対　御為存寄之儀者不依何事同役無覆蔵
申談、尤一分之我意を立不申、道理相立候多分ニ付相務可申候、并御

家老中・御用人中・御側役中・御右筆方江申談可然儀者、少も無遠慮相違之可申事、

一、御大名様方を初、御直参軽キ方々ニ候とも、毛頭忽(惣)体ケ間敷儀不仕、并諸家陪臣等ニ対し候而も　御役儀之御威光を自分受、不礼之仕形一切不仕、弥慇懃ニ可仕候事、

一、御老中様初、御役人様方之御家来并御城坊主衆、何レによらす御用向ニ対し候親ミ之儀者格別、自分之参会遊興かましき儀不仕、并大酒給申間敷事、

一、御城坊主衆其外御用承候衆江被下候もの丶儀、自然被　仰出候節ハ少も無依怙贔屓可申上候事、勿論奢之覚悟を不存、対諸傍輩中不礼不儀之仕形なく、第一何方ゟも不儀之音信・礼物堅受用仕間敷事、

右之条々於相背者、

正徳四年（一七一四）

彦根藩井伊家文書

(神文欠)

## 15　近習奉公側向御用（側役）誓詞

(包紙ウハ書)

「継誓詞　　出座（八木原太郎右衛門　戸次権左衛門　高野八平）

正徳五乙未年十月十一日

御側役誓詞　　今村源之進」

起請文前書

一、拙者共儀、御近習御奉公御側向之御用相務難有奉存候、因茲御奉公御役儀大切仕、重　御前御為第一奉存、　公儀御用者不及申、御自分之御用向万事之儀、及心中程者随分念入相務、御後闇覚悟存間敷候、并諸傍輩中不依誰、悪心を以申合一味徒党仕間敷候、尤件之族於有之者早速可申上事、

一、御判紙不沙汰無之様念入可申候、并一人立被仰付候御用之品者勿論、諸事御隠密之儀、他人者不及申、親子・兄弟・親類・縁者・身寄之者を初、一切他言仕間敷候、常式御用向共同役之儀者格別、被　仰出無之内者むさと口外不仕、惣而　御前向之儀堅ク取沙汰仕間敷候、附、御書付等火中被仰付候節、人伝ニ不申付之、直ニ火所へ持参、付罷在火中焼捨之可申事、

一、対　御為存寄儀者不依何事可申上候、并御用向之儀同役仲間者勿論、御家老衆・御用人中・御城使・御奏者・御右筆所諸御役人等ニ至迄遠慮不仕、万事無覆蔵可申談候、尤一分之我意を立不申、道理相立候多分之品ニ付、諸事御用向相立可申候、并御役儀ニ付、以　御威光身之威勢奢之覚悟を不存、対諸傍輩不礼不儀之仕形仕間敷事、

一、親子・兄弟を初、親類・縁者・好身たる者之儀者不及申、惣而御家中衆之儀、不依誰人御尋之刻者、善悪之品存知候通を無依怙贔屓有躰申之、少も讒言なと申上間敷候、尤御家老衆・御用人中を初、其外大身・小身・諸傍輩中、対　御為如何と存候儀見聞致候者指控不申、　御尋之節者其品可申上候、附、他人者不及申、親子・兄弟・親類・縁者・身寄たるもの丶儀ニ而も、平生行跡等嗜、御奉公大切相務候者共者、是又遠慮不仕、　御尋之刻其品可申上候、并御使付御役割等被　仰付候節、

無依怙贔屓相応之人柄吟味可仕事、
一、対児小姓衆御後闇儀仕間敷候、并御奥方江被為　召候刻、対女中衆是又御後闇所存御法度之品一切相背申間敷候、附、不依誰自然　御為ニ不宜儀有之女中見聞仕候ハヽ、其品無遠慮可申上候、并御近習・外様向共ニ児小姓衆・女中衆へ対し御法度向相背候者見届候者、早速可申上事、
右条々於相背者、
（熊野牛玉宝印貼継）
（神文省略）

---

（熊野牛玉宝印貼継）
正徳四甲午年六月十八日　杉原惣左衛門
□□（花押血判）
上

（熊野牛玉宝印貼継）

---

正徳四甲午歳十二月十九日　犬塚十左衛門
正印（花押血判）
上

正徳五乙未年十月十一日　今村源之進
（花押血判）
上

## 16　側役并鷹用向兼誓詞　元文三年（一七三八）

彦根藩井伊家文書

（包紙ウハ書）
「元文三戊午年九月廿九日　出座　鈴木平兵衛
本城善左衛門
高宮九介
御側役誓詞　酒居三郎兵衛」

起請文前書

一、拙者儀、今度御側役并御鷹御用向相兼可相勤旨被　仰付難有奉存候、因茲御奉公御役儀大切ニ仕、重　御前御為第一ニ奉存、公儀御用者不及申、御自分之御用向万事之儀、及心申程者随分念入相勤、御後闇覚悟存間敷候、并諸傍輩中不依誰、以悪心申合一味徒党仕間敷候、尤件之族於有之者早速可申上事、
一、御近習向御奉公相勤候内、及心候程者別而行跡相慎、麁抹之覚悟存間敷候、附、御家老中・御用人中、其外大身・小身たりとも、法外・不行跡之輩と見請候ハヽ、一分之覚悟を相立、其輩与馴合不申、尤一味仕間敷候、然共其者之善悪者不致口外、何となく参会指控可申候、此段仲ケ間・諸傍輩なと、申談、件之仕合毛頭無之、他ニ不相構一分之了簡考を以、参会指控可申事、
一、御判紙不沙汰無之様念入可申候、并一人立被　仰付候御用之品者勿論、諸事御隠密之儀、他人者不及申、親子・兄弟・親類・縁者・身寄之者を初、一切他言仕間敷候、常式御用向共ニ同役之儀者各別、被　仰出無之内者むさと口外不仕、惣而　御前向之儀堅取沙汰仕間敷候、附、御書付等火中被　仰付候節、人伝ニ不申付之、直ニ火所江持参、附罷在火中焼捨之可申事、
一、対　御為存寄候儀者、不依何事可申上候、并御用向之儀同役仲ケ間者勿論、御家老衆・御用人中・御城使・御奏者・御右筆方諸役人等ニ至

迄遠慮不仕、万事無覆蔵可申談候、尤一分之我意を立不申、道理相立候多分之品ニ付、諸事御用向相達可申候、并御役儀ニ付、御威光を以身之威勢奢之覚悟を不存、対諸傍輩不礼不儀之仕形仕間敷事、

一、親子・兄弟を初、親類・縁者・好身たるもの〻儀ハ不及申、惣而御家中衆之儀、不依誰人御尋之刻者、善悪之品存知候通を無依怙贔屓有躰ニ申之、少も讒言なと申上間敷候、尤御家老衆・御用人中を初、其外大身・小身・諸傍輩中、対　御為如何と存候儀致見分候ハ〻、指控不申、御尋之節ハ其品可申上候、附、他人者不及申、親子・兄弟・親類・縁者・身寄たるもの〻儀ニ而も平生行跡等嗜、御奉公大切ニ相勤候もの共ハ、是又遠慮不仕、　御尋之刻者其品可申上候、并御使付御役割等被　仰付候節、無依怙贔屓相応之人柄吟味可仕事、

一、対児小姓衆御後闇儀仕間布候、并御奥方へ被為　召候刻、対女中衆是又御後闇所存御法度之品一切相背申間敷候、附、不依誰自然　御為ニ不宜儀有之、女中見分仕候ハ〻、其品無遠慮可申上候、并御近習・外様向共児小姓衆・女中衆江対し、御法度向相背候もの見届候ハ〻、早速可申上事、

右之条々於相背者、

（熊野牛玉宝印貼継）

（神文省略）

元文三戊午歳九月廿九日　　酒居三郎兵衛（花押血判）

上

## 17　若殿様側役誓詞　文化三年（一八〇六）

彦根藩井伊家文書

（包紙ウハ書）

「文化三丙寅年五月二日　出座（河北勝兵衛 西脇弥兵衛 山崎右衛門治）

若殿様御側役誓詞　西尾隆治

起請文前書」

一、拙者儀、今度　若殿様御側役被　仰付難有奉存候、依之御奉公御役儀大切ニ仕、重　御前御為第一ニ奉存、公儀御用者不及申、御自分之御用向万事之儀、及心申程者随分念入相勤、御後闇覚悟存間敷候、并諸傍輩中不依誰、悪心を以申合一味徒党仕間敷候、尤件之族於有之者早速可申上事、

一、御幼年被遊御座候得者、万端細ニ心を附、御徳業御成育被遊候様奉補佐、御為方存寄候儀者当座之御機嫌を不憚、幾応も可申上候、子細ニ依而者　御前江茂可申上候、且又御近習向御抱守等之面々勤向、又者御為方ニ不宜儀見聞仕候ハ〻、無遠慮毎度相示し、様子ニ寄御家老中江茂可申達候事、

一、御近習向御奉公相勤候内、及心候程者別而行跡相慎、麁相之覚悟存間敷候、附、御家老中・御用人中、其外大身・小身たり共法外・不行跡之輩と見請候ハ〻、一分之覚悟を相立、其輩と馴合不申、尤一味仕間敷候、然共其者之善悪者不致口外、何となく参会指控可申候、此段仲ケ間・諸傍輩なと〻申談、件之仕合毛頭無之、他ニ不相構一分之了簡考を以、参会指控可申事、

一、御判紙不沙汰無之様念入可申候、并壱人立被　仰付候御用之品者勿論、諸事御隠密之儀、他人者不及申、親子・兄弟・親類・縁者・身寄之者を始、一切他言仕間敷候、常式御用向共ニ同役之儀者格別、被　仰出無之内者むさと口外不仕、惣而　御前向之儀堅取沙汰仕間敷候、附、御書付等火中被　仰付候節、人伝ニ不申付之、直ニ火所江持参、附罷在焼捨之可申事、

一、対御為存寄候儀者、不依何事可申上候、并御用向之儀同役者勿論、御家老中・御用人中・御城使・御奏者・御右筆方諸御役人等ニ至迄遠慮不仕、万事無覆蔵可申談候、尤一分之我意を立不申、道理相立候多分之品ニ付、諸事御用向相達可申候、并御役儀ニ付、以　御威光身之威勢奢之覚悟を不存、対諸傍輩不礼不義之仕形仕間敷事、

一、親子・兄弟を始、親類・縁者・好身たる者之儀者不及申、惣而御家中衆之儀、不依誰御尋之刻者、善悪之品存知候通を無依怙贔屓有躰申之、少も讒言なと申上間敷候、尤御家老中・御用人中を初、其外大身・小身・諸傍輩中、対御為如何と存候儀致見聞候ハヽ、指控不申、　御尋之節者其品可申上候、附、他人者不及申、親子・兄弟・親類・縁者・身寄たる者之儀にても平生行跡等嗜、御奉公大切ニ相勤候者共者、是又遠慮不仕、　御尋之刻其品可申上候、

一、対児小姓衆御後闇儀仕間敷候、并御奥方江被為　召候刻、対女中衆是又御後闇所存御法度之品一切相背申間敷候、附、不依誰自然御為ニ不宜儀有之、女中見聞仕候者其品無遠慮可申上候、并御近習・外様向共ニ児小姓衆・女中衆江対し御法度向相背候者見届候ハヽ、早速可申上事、

　右之条々於相背者、

---

（熊野牛玉宝印貼継）

（神文省略）

　文化三丙寅年五月二日　　　西尾隆治（花押）（血判）

上

## 18　鷹用向頭取并近習誓詞　元文元年（一七三六）　彦根藩井伊家文書

（包紙ウハ書）

「御鷹御用向頭取誓詞　　酒居三郎兵衛」

元文元年辰九月廿七日　　出座　鈴木平兵衛　藤田平右衛門　上田八右衛門

　起請文前書

一、拙者儀、今度御鷹御用向頭取并御近習江茂相詰可申旨被　仰付難有奉存候、依之御奉公御役儀大切ニ仕、重　御前御為第一ニ奉存、御用向万事之儀、及心中程者随分念入相勤、　御後闇覚悟存間敷候、并諸傍輩中不依誰人、悪心を以申合一味徒党仕間敷候、尤件之族於有之者早速可申上之事、

一、壱人立被　仰付候御用之品者勿論、諸事御隠密之儀、他人者不及申、親子・兄弟・親類・縁者・身寄之者を初、一切他言仕間敷候、附、御書付等火中被　仰付候節、人伝ニ不申付、直ニ火所江持参、付罷在焼捨之可申事、

一、御家中衆之儀、不依誰人　御尋之刻者、善悪之品有躰申上、少茂讒言

など申上間敷候、且亦御奥方江被為　召候節見聞仕候儀堅口外仕間敷候、尤対女中衆　御後閣所存無之、御法度之品一切相背申間敷事、
一、御鷹御用向之儀、万事同役無覆蔵申談、念入可相勤事、
一、餌割役中を初、御鷹役・御餌指・御犬引等迄茂無依怙贔屓諸事可申付候事、
右之条々於相背者、
(熊野牛玉宝印貼継)
(神文省略)
元文元丙辰年九月廿七日　酒居三郎兵衛（花押）（血判）
上

---

## 19　鷹用向頭取兼帯誓詞

天明六年（一七八六）
彦根藩井伊家文書

(包紙ウハ書)
「御鷹方頭取兼帯誓詞
但、右宛所御家老中与出来可致処、間違ひニ而、此度上与相認り候、以後者勿論、御家老中与出来可致事、
奥平源八」

(包紙ウハ書)
「天明六丙午年八月廿六日　出座（三浦九右衛門／岡見半大夫／竹花小右衛門）
御鷹方頭取兼帯誓詞
起請文前書
奥平源八」

一、拙者儀、今度当御役儀之上、御鷹御用向頭取兼帯被　仰付奉畏候、因茲御鷹御用向之儀、万事同役無覆蔵申談、念入可相勤事、
一、御餌割役中を始、御鷹役之面々江茂万事細ニ申談、御餌指・御犬牽等ニ至迄無依怙贔屓諸事可申付事、
右之条々於相背者、
(熊野牛玉宝印貼継)
(神文省略)
天明六丙午年八月廿六日　奥平源八（花押）（血判）
上

---

## 20　鷹頭取側役格誓詞

寛政七年（一七九五）
彦根藩井伊家文書

(包紙ウハ書)
「寛政七乙卯年六月廿六日　出座（今村市之進／川手藤兵衛／木村半八）
御鷹頭取御側役格誓詞
起請文前書
今村十郎右衛門」

一、拙者儀、此度御鷹頭取御側役格ニ被　仰付難有奉存候、依之御奉公御役儀大切ニ仕、重　御前御為方第一ニ奉存、随分念入相務、御後閣覚悟存間敷候、并諸傍輩中不依誰、以悪心申合一味徒党仕間敷候、尤件之族於有之者早速可申上事、
一、御鷹御用向之儀、同役無覆蔵申談、念入可相勤事、

一、御餌割役中を初、御鷹役之面々江茂万事細ニ申談、御餌指・御犬牽ニ
至迄無依怙贔屓諸事可申付候事、
一、御近習向御奉公相勤候内、及心候程者別而行跡相慎、麁抹之覚悟存間
敷候、附、御前向之儀、他人者不及申、親類・縁者・身寄之者たりと
いへ共、一切他言仕間敷事、
一、御威光を以身之威勢奢之覚悟不存、対諸傍輩不礼不儀之仕形仕間敷事、
右之条々於相背者、

(熊野牛玉宝印貼継)
(神文省略)

寛政七乙卯年六月廿六日　　今村十郎右衛門（花押）（血判）

御家老中

## 21　町奉行・寺社支配誓詞　　文化十二年（一八一五）

横内家文書

（包紙ウハ書）
「文化十二乙亥年九月廿六日
町奉行・寺社方兼帯被仰付候
誓詞前書
横内次左衛門」

起請文前書

一、拙者儀、今度町奉行・寺社方支配被　仰付難有奉存候、依之御奉公御
役義大切ニ仕、重　御前御為第一奉存、　公儀御用者不及申、御自
分之御用向万事之儀、及心申程者随分念入相勤、御後闇覚悟存間敷候、
并諸傍輩中不依誰、以悪心申合一味徒党仕間敷候、尤件之族於有之者
早速御家老中迄可申達事、
一、彦根御城下之町中・長浜町中御法度・御仕置向之儀、常々無油断相役
申談念入申付、諸事廉直ニ支配可申付候、并町人公事・出入等之節者
毛頭無依怙贔屓、双方申分細ニ承届、縦少之儀ニ而も大切ニ仕、穿鑿
遂吟味裁許可仕候、私成心底を以訴訟等押ヘ置申間敷候、尤了簡ニ難
落品者御家老中江窺之可申事、
一、御天守ニ有之候　公儀渡り之鳥目手置念入可申候、并御預ケ之金銀麁
抹不念無之様ニ、出入之節者御金奉行立会、前々奉行中仕来り候通念
入可申事、附、兼役ニ被　仰付候町・郷中寺社方支配之儀、是又万事
不念無之様ニ相勤可申事、
一、御隠密御用之儀者不及申、惣而同役相談之品、親子・兄弟を始、親
類・縁者・身□〔寄〕之者江も一切他言仕間敷候、并御用向相談之剋、相役
者勿論、筋奉行其外御役人中江無覆蔵申談、少も我意を立不申、其理
宜道ニ随ひ御用事相達可申候、附、火事之節ハ早速其場所江罷出、町
役之者共無油断定之通出させ可申候、万一　御天守なと風筋無心元
節者、壱人者早々御城内へ罷越御家老中指図を請、御物頭衆申合、火
之かこひ等油断仕間敷事、
一、御威光を以身之威勢奢之覚悟を不存、対御役義私曲不仕、附、郷方之
儀者格別、於町方借米・借銀等仕間敷候、勿論金銀米銭者不及申、肴
以下軽き野菜ニ而も一切音信・礼物請申間敷候、御足軽・町御同心、
於町方かさつかましく無理成事申、人足等召仕ハす、猥酒給不申、金
銭代物其外何ニても町人手前より一切受用之不仕、馳走をも不請候様

ニ急度可申付候、并面々召仕ニ至迄、右之段惣而御法度之趣堅相守候様ニ可申付候、尤御用相勤候下役人之分者急度誓詞致させ可申事、

右之条於相背者、

（神文欠）

## 22　筋奉行誓詞

年未詳　横内家文書

起請文前書

一、拙者儀今度筋奉行御役被　仰付難有奉存候、依之御奉公御役儀大切ニ仕、重　御前御為第一奉存、　公儀御用者不及申、御自分之御用向万事之儀及心申程者随分念入相勤、御後闇覚悟存間敷候、并諸傍輩中不依誰以悪心申合一味徒党仕間敷候、尤件之族於有之者早速御家老中迄可申達事、

一、郷中支配常々無油断可申付候、江戸・彦根諸事御世帯方年々御入用之大格大積り之儀、御勘定奉行申談承置、弐拾八万石之御物成毎年少もぬけ無之様ニ何も立会僉儀を詰、御損益之考第一ニ仕之、又者御百姓之痛ニも不罷成候様ニ指当ル所者勿論、前後之儀迄を互ニ無遠慮存寄之旨幾度も無覆蔵申達、段々吟味可仕候、尤其村々田地之善悪斗代付之高下、荒地等之儀改之、其上数ケ年之内御年貢納方、当立毛之様子旁考合セ御取付相極可申候、附、郷中小物成又者年々改出し少之所迄も毛頭無用捨吟味可仕候、

一、郷中巡見之儀麁抹無之様ニ随分念入可申候、并毎年検見之御役人吟味之刻、委細ニ遂詮儀相応之者とも撰出し候様ニ可仕候、尤其年之貧富損亡立毛之善悪を相考、御免合之高下差引、人々了簡之趣不残申之、同役中其外同道見廻り候面々江無覆蔵互之存念を致相談、細ニ僉儀之上相極可申候、惣而御用向申談ル刻、少も一分之我意を立不申、道理詮儀之上宜ニ随ひ、面々之沙汰ニ及間敷候、何時も評儀一同之上可守正路候、自然郷中之儀付対　御為存寄候儀ハ不依何事御家老中迄相窺、品ニより　御直ニも可申上事、

一、御百姓共公事出入裁許之儀、毛頭依怙贔屓仕ましく候、少之品ニ而も麁末不仕、何茂立会双方申分念入承届、尤証文・証跡を糺し穿鑿吟味仕、理非正道ニ落着之上其埒可申付候、惣而面々筋下ニ出入有之刻、当筋斗之了簡ニ而事を相極不申、何時も同役打寄軽キ品も委細相談遂僉儀、証文等出し申儀も同役連判を以可申渡候、尤拙者共了簡ニ難落公事等之儀、御家老中江相窺指図を請可申付候、附、私成心底を以御百姓之訴訟抔押留置申間敷候事、

一、他領と御領内御百姓出入有之候ハヽ、其品ニより何も罷越、所をも見分仕、証文・証拠等委吟味之上ニも理非不分明候ハヽ、御百姓共ニ誓詞をも致させ、或ハ隣郷之者もひそかに相尋、随分下ニて念入僉儀仕、道理も相立候ハヽ、其旨御家老中江相窺、差図次第御奉行所江出し候様ニ可仕候、非分も乍存手を入、此方之理潤ニ可仕なと申様成覚悟聊存寄申間敷事、

一、御物成極之節者不及申、惣而御家中給人大身・小身并親子・兄弟・親類・縁者、尤自分之知行所たり共、毛頭無依怙諸事御百姓之御仕置方正路ニ可申付候、惣而御代官共并手代ニ至迄常々務方無油断心を付、少も依怙贔屓用捨無之致吟味、郷中差引御蔵米等不届成様子有之候

ハ、同役中申談、御役義取上替之儀申上、入替、又者品ニよつて御家老中迄申達御仕置ニも被　仰付候様可仕候、并御領内郷中ニ而侍中不依誰不作法之儀承届候歟、又者面々知行方之儀ニ付非分我侭之仕方及毎度、御百姓沈論（淪）難儀仕様成族於有之者、少茂指控不申御家老中江相届可申候事、

一、郷中堤川除之儀奉行人次第ニ仕置不申、常々御普請之致方をも相考、川除奉行申談互之了簡致僉義、宜方ニ相極御普請可申付候、不入所ニ大勢人足費不申候様可仕候、又者井水之論出来仕節者、御為方をも相考、兎角順道可申付候、附、町方之儀者各別、於郷中借米・借銀等仕間鋪候、勿論金銀米銭者不及申、肴以下軽キ野菜にても一切音信・礼物請不申、尤郷中江参候節宿銭如御定相渡可申候、并御用ニ付郷中江差越候御足軽、先々ニ而かさつかましく無理成事申人足等不召仕、纔之竹木にても私用ニ切取申義無之、猥ニ酒給不申、金銀代物其外何ニ而も御百姓方ゟ一切受用之不仕、馳走をも不請候様ニ急度可申付候、此段召仕之者迄も誓詞致させ、不義之仕形堅無之様毎度無油断可申付事、

右之条々於相背者、

（神文欠）

＊横内頼母家歴代当主の役職履歴により天明二年（一七八二）か寛政十一年（一七九九）のいずれかのものと推定される。

## 23　筋奉行誓詞

文政元年（一八一八）

宇津木三右衛門家文書

起請文前書

一、拙者儀、今度筋奉行御役被　仰付難有奉存候、依之御奉公御役義大切ニ仕、重　御前御為第一奉存、　公儀御用者不及申、御自分之御用向万事之儀、及心中程者随分念入相勤、御後闇覚悟存間敷候、并諸傍輩中不依誰、以悪心申合一味徒党仕間敷候、尤件之族於有之者、早速御家老中迄可申達事、

一、郷中支配常々無油断可申付候、江戸・彦根諸事御世帯方年々御入用之大格大積り之儀、御勘定奉行・御代官申談承置、弐拾八万石之御物成毎年少もぬけ無之様ニ何茂立会僉議を詰、御損益之考第一ニ仕之、又者御百姓之痛ニ茂不罷成候様ニ指当ル所者勿論、前後之儀迄を互ニ無遠慮存寄之旨幾度も無覆蔵申達、段々吟味可仕候、尤其村々田地之善悪、斗代付之高下、荒地等之儀改之、其上数ケ年之内之（衍カ）御年貢納方、当立毛之様子旁考合せ御取附相極可申候、附、郷中小物成、又者年々改出し少之所迄も毛頭無用捨吟味可仕事、

一、郷中巡見之儀、麁抹無之様ニ随分念入可申候、并毎年検見之御役人吟味之刻、委細ニ遂詮議、相応之者共撰出し候様ニ可仕候、尤其年之貧富・損亡・立毛之善悪を相考、御免合之高下指引、人々了簡之趣不残申之、同役中其外同道見廻り候面々江無覆蔵互之存念を致相談、細ニ僉議之上相極可申候、惣而御用向申談ル刻、少茂一分之我意を立不申、道理詮議之上、宜ニ随ひ面々之沙汰ニ及間敷候、何時茂評議一同之上可守正路候、自然郷中之義ニ付、対　御為存寄候義者、不依何事御家老中迄相伺、品ニより　御直ニ茂可申上事、

一、御百姓共公事出入裁許之儀、毛頭依怙贔屓仕間鋪候、少之品ニても麁

抹ニ不仕、何茂立会双方申分念入承届、尤証文・証跡を糺し穿鑿吟味仕、理非正道ニ落着之上其埒可申付候、惣而面々筋下ニ出入有之刻、当筋斗之了簡ニ而事を相極不申、何時茂同役打寄、軽キ品も委細相談遂僉議、証文等出し申儀も同役連判を以可申渡候、尤拙者共了簡ニ難落公事等之儀者、御家老中江相窺指図を請可申付候、附、私成心底を以、御百姓之訴訟抔押留置申間敷事、

一、他領与御領内御百姓出入有之候者、其品ニより何茂罷越、所をも見分仕、証文・証拠等委吟味之上ニも理非不分明候者、御百姓共ニ誓詞をも為致、或者隣郷之者ニもひそかに相尋、随分下ニ而念入僉議仕、道理も相立候者其旨御家老中江相窺、指図次第御奉行所江出し候様ニ可仕候、非分与乍存手を入、此方之理潤ニ可仕なとゝ申様成覚悟聊存寄申間敷事、

一、御物成極之節者不及申、惣而御家中給人大身・小身并親子・兄弟・親類・縁者、尤自分之知行所たり共、毛頭無依怙諸事御百姓之御仕置方正路ニ可申付候、并御領内郷中ニ而、侍中不依誰不作法之儀承届候歟、又者面々知行方之義ニ付非分我侭之仕方及毎度、御百姓沈論(淪)難儀仕様成族於有之者、少も指控不申御家老中江相届可申事、

一、郷中堤川除之儀、奉行人次第ニ仕置不申、常々御普請之致方を茂相考、川除奉行申談、互之了簡致僉議、宜方ニ相極御普請可申付候、不入所ニ大勢人足費不申候様可仕候、又者井水之論出来仕節者、御為方をも相考、兎角順道可申付候、附、町方之儀者各別、於郷中借米・借銀等仕間敷候、勿論金銀米銭者不及申、肴以下軽キ野菜ニても一切音信・礼物請不申、尤郷中江参候節宿銭如御定相渡可申候、并御用ニ付郷中江差越候御足軽、先々ニ而かさつかましく無理成事申人足等不召仕、纔之竹木にても私用ニ切取申儀無之、猥ニ酒給不申、金銀代物其外何ニても御百姓方ゟ一切受用之不仕、馳走をも不請候様ニ急度可申付候、此段召仕之ものまても誓詞致させ、不儀之仕形堅無之様毎度無油断可申付事、

右之条々於相背者、

(神文欠)

*本文書は、藩主が筋奉行就役を申し渡した御書付之写と包紙で一括され、包紙ウハ書に「同(文政元年)十一月十八日誓詞被仰付」と記されているので、文政元年のものと推定した。

## 24 評定目付役誓詞　安永十年(一七八一)

彦根藩井伊家文書

(包紙ウハ書)
「安永十辛丑年三月二日　出座(加藤彦兵衛　宍戸善左衛門　加田孫兵衛)

評定御目付役誓詞　田中三郎左衛門　大久保藤介」

起請文前書

一、拙者共儀、評定御目付役被　仰付難有奉存候、依之御奉公御役義大切仕、重　御前御為第一奉存、御用向万事之儀及心中程者精勤仕、御後闇覚悟存間敷候、并諸傍輩中不依誰、以悪心申合一味徒党仕間敷候、尤件之族於有之者早速可申上事、

一、御隠密御用之儀、他人者不及申、親子・兄弟・親類・縁者・見寄之者を初、一切他言不仕、惣而御用向共同役之儀者格別、被　仰出無之内者口外仕間敷候、乍然評議可仕筋江懸り向候御役人中江、其筋斗之儀者及相談可申事、

一、親子・兄弟を初、親類・縁者・好身たるもの、儀者勿論、惣而御家中衆之儀　御尋之刻、善悪之品存候通無依怙贔屓有躰ニ申上、讒言なと不申上、尤大身・小身諸傍輩中不依何事　御為如何与奉存候儀見聞仕候ハヽ、諸方当り障り等少し茂無用捨、道理之宜ニ随ひ、御家老中迄申達、其筋ニより　御直ニ申上、諸事正路を守、廉直ニ相勤可申事、

一、此度被　仰付候　御大業之御主意相立候儀を第一ニ奉存、御勝手方ニ至迄無等閑御為方を一途ニ奉存評定可仕事、

一、惣而　御上ゟ被　仰出候儀者勿論、御家老中より被申渡候儀ニ而□（もカ）得心難仕義者幾応も存寄申之、聊阿順之了簡不挿、実儀を第一ニ奉存、等閑之覚悟存間敷事、

一、御家中初、郷・町共第一奢侈を被制、并御家中勝手取続方を初として、追々御勝手向御元払符合之御取〆方御倹約筋普行届候様之儀、御役人中新古之考を被取調候付諸御役方ゟ申出候筋、御政事向共、御家老中被申渡候御用筋、至而御大切之儀ニ御座候得者、猶以自己を慎、毛頭我意を不押立評議仕、聊茂無遠慮存寄候儀可申上事、

一、諸傍輩中并町人・百姓ニ至迄、万事　御為不宜儀一切取持たて不仕、何方ゟも不義之礼物・音信等受之申間敷候、附、御役義ニ付　御威光を以身之威勢奢之覚悟を不存、対諸傍輩中不礼不義之仕形仕間敷事、

右之条々於相背者、

（熊野牛玉宝印貼継）

（神文省略）

安永十辛丑年三月二日　田中三郎左衛門（花押）（血判）

大久保藤助（花押）（血判）

御家老中

## 25　評定役加役誓詞　慶応三年（一八六七）　彦根藩井伊家文書

（包紙ウハ書）

「（虫損）□□□□卯年九月七日　出座（安中半右衛門／水上勘兵衛／上林吉左衛門）

評定役加役誓詞　閑野惣太夫／石黒伝右衛門／渡辺九郎左衛門」

起請文前書

一、拙者共儀、今度評定御役加役被　仰付難有奉存候、弥以御奉公御役儀大切ニ仕、重　御前御為第一ニ奉存、公儀御用者不及申、御自分之御用向万事之儀及心中程者随分念入相勤、御後闇覚悟存間敷候、并諸傍輩中不依誰、悪心を以申合一味徒党仕間敷候、尤件之族於有之者早速可申上事、

一、諸事御隠密之儀、他人者不及申、親子・兄弟・親類・縁者・見寄之者を初、一切他言仕間敷候、惣而御用向被　仰出無之内むさと口外不

仕、　御前向之儀堅取沙汰仕間敷事、
一、親子・兄弟・親類・縁者・好身之儀者不及申、惣而御家中衆之儀不依誰御尋之刻者、善悪之品存知候通依怙無贔屓有躰ニ申之、少も讒言なと申上間敷候、附、大身・小身・諸傍輩中対　御上如何と存候儀見聞仕候ハヽ、指控不申　御尋之刻者其品可申上候、
一、諸傍輩中并町人・百姓ニ至迄、万事御為不宜儀一切取持たて不仕、非義之音物受用不仕、御威光を以身之威勢奢之覚悟を不存、御家風を相守、対諸傍輩中無礼不義之仕形仕間敷事、
　右之条々於相背者、
（熊野牛玉宝印貼継）
（神文省略）
慶応三丁卯年六月七日
閑野惣太夫（花押 血判）
石黒伝左衛門（花押 血判）
渡辺九郎左衛門（花押 血判）

---

## 26　小納戸役誓詞

享保元年（一七一六）
彦根藩井伊家文書

（包紙ウハ書）
「
御家老中
出座（犬塚十左衛門
戸次権左衛門
朝倉進弥
三田村新左衛門
今村軍八郎
」
享保元丙申年十一月廿二日
誓詞

起請文前書

一、拙者儀、今度御小納戸役被　仰付難有奉存候、依之御奉公御役儀大切ニ仕、重　御前御為第一ニ奉存、及心申程者万事念入無油断相勤、御後闇覚悟毛頭存間鋪候、并不依誰人悪心を以申合一味徒党仕間敷候、尤件之族於有之者早速可申上事、
一、御小納戸方御預ケ万事之御道具別而不沙汰無之様ニ可仕候、并御用立不申候諸色致御払物ニ候刻、御役人申談、宜様ニ相考、毛頭麁末成義仕間鋪候、附、惣而諸役所より御用向之諸事請払不念無之様ニ仕、第一同役中無覆蔵申談、少も我意を立不申、道理相立候多分ニ付御用相達、尤品々御用之御調物有之節ハ、それ〳〵の御役人手前致吟味、猥御費無之様ニ可仕事、
一、御膳等被　召上物不依何、御役人にをにを致させ、少も麁末不念成義仕間鋪候、并御前向ニ有之万事之御書付内見不致之、御書付火中仕候刻人伝ニ不申付、尤自分を初、堅他見無之様ニ仕、火所へ持参付罷在焼捨之可申候、惣而　御前向御用之儀、御隠密之品ハ勿論、善悪大小諸事不依何事、他人ハ不及申、親子・兄弟・親類・縁者・身寄之ものを初、於外様堅ク取沙汰仕間敷事、
一、於御前向万事之品取散シ有之儀及見候刻ハ、何時も不沙汰無之様ニ仕、指置可申候、并親子・兄弟・親類・縁者・身寄之もの共之儀ハ不及申、御家老中を初、御近習・外様、惣而御家中侍中、大身・小身不依誰、

善悪之品　御尋之刻ハ、少も無依怙贔屓譏言不申上、存候通有躰ニ申上之、或ハ親子・兄弟・身近キもの共之儀ニ而も常々行跡等嗜、御奉公大切ニ相勤候もの共之儀　御尋も有之節ハ遠慮不仕、存候ほとの儀ハ是又其品可申上候、附、対児小姓衆衆道之御法度堅ク相守之、町等之湯風呂江入不申、猥傾城狂ひ仕間敷事、

右之条々於相背者、

（熊野牛玉宝印貼継）

（神文省略）

享保元丙申歳十一月廿二日　　今村軍八郎（花押 血判）

御家老中

## 27　小納戸役見習誓詞　元文五年（一七四〇）

彦根藩井伊家文書

（包紙ウハ書）
「元文五庚申年十月廿六日　出座（酒居三郎兵衛 佐成源五兵衛 朝倉孫十郎）

御小納戸見習誓詞　木俣多門」

起請文前書

一、拙者儀、今度御小納戸役見習被　仰付難有奉存候、因茲御奉公御役儀大切ニ仕、重　御前御為第一奉存、及心中程者万事念入無油断相勤、御後闇覚悟毛頭存間鋪候、并不依誰人以悪心申合一味徒党仕（間脱）敷候、尤件之族於有之者早速可申上事、

一、御近習向御奉公相勤候内、及心申候程者別而行跡相慎、麁抹之覚悟存間鋪候、附、御家老中・御用人其外大身・小身たり共法外不行跡之輩と見請候ハヽ、一分之覚悟を相立、其輩と馴合不申、尤一味仕間敷候、然とも其者之善悪者不致口外、何となく参会指控可申候、此段仲ヶ間・諸傍輩なとヽ申談、件之仕合毛頭無之、他ニ不相構一分之了簡考を以、参会指控可申事、

一、御小納戸方御預ケ万事之御道具別而不沙汰無之様可仕候、并御用立不申候諸色御払物にいたし候刻者、御役人申談、宜様相考、毛頭麁抹成義仕間敷候、附、惣而御役所より御用向之諸事請払不念無之様仕、第一同役中無覆蔵申談、少茂我意を立不申、道理相立候多分ニ付御用相達、尤品々御用之御調物有之節者夫々之御役人手前致吟味、猥御費無之様可仕事、

一、御膳等被　召上物不依何、御役人ニおにを致させ、少茂麁末無念成儀仕間敷候、并御前向に有之万事之御書付内見不致之、御書付火中仕候刻、人伝ニ不申付、尤自分を初、堅他見無之様ニ仕、火所江持参附罷在焼捨之可申候、惣而　御前向御用之儀、御隠密之品者勿論、善悪大小諸事不依何事、他人者不及申、親子・兄弟・親類・縁者・身寄之ものを初、於外様堅取沙汰仕間敷事、

一、於　御前向万事之品取散シ有之儀及見候刻者、何時も不沙汰無之様ニ仕、指置可申候、并親子・兄弟・親類・縁者・身寄之もの共之義ハ不及申、御家老中を初、御近習・外様、惣而御家中侍中、大身・小身不依誰、善悪之品御尋之刻者、少も無依怙贔屓譏言不申上、存候通有躰ニ申上之、或者親子・兄弟・身近き者共之儀ニても常々行跡等嗜、御奉公大切ニ相勤候もの共之儀　御尋も有之節者遠慮不仕、存候程之儀

ハ是又其品可申上候、附、対児小姓衆衆道之御法度堅相守之、町等之
湯風呂江入不申、猥傾城狂ひ仕間敷事、
右之条々於相背者、
（熊野牛玉宝印貼継）
（神文省略）
元文五庚申年十月廿六日　木俣多門（花押 血判）
御家老中

## 28　城使役誓詞

天保十三年（一八四二）
宇津木三右衛門家文書

（包紙ウハ書）「天保十三壬寅十月十一日
御城使役制《（ママ）》詞写」

起請文前書

一、拙者儀、御城使御役被　仰付難有奉存候、依之御奉公御役儀大切ニ仕、重　御前御為第一奉存、　公儀御用者不及申、御自分之御用向万事之儀、及心中程者随分念入相務、御後闇覚悟存間敷候、并諸傍輩中不依誰、悪心を以申合一味徒党仕間敷候、尤件之族於有之者早速御家老中迄可申上事、
一、公儀御用別而大切成儀ニ有之間、万事毛頭麁末無之様ニ相務、第一御隠密之儀、縦世間遍流布仕候共、一切何角与取沙汰不仕、達　御耳可然儀者　御直ニも申上之、又者御家老中を以成共随其品早々可申上事、
一、御前御用向不依何事、　壱人立被　仰付候品者勿論、御隠密ケ間敷儀他人者不及申、親子・兄弟・親類・縁者・身寄之者を初、一切他言不仕、常式御用向共ニ被　仰出無之内者むさと口外仕間敷事、
一、常式御用向者不及申、殊　公儀御用対　御為存寄之儀者不依何事同役無覆蔵申談、尤一分之我意を立不申、道理立候品ニ付相務可申候、并御家老中・御用人中・御側役中・御右筆方江申談可然儀者、少も無遠慮相達之可申事、
一、御城坊主衆其外御用承候衆江自然被下物之儀被　仰出候節者、少も無依怙贔屓可申上之候、御役儀ニ付　御威光を以身之威勢奢之覚悟不存、対諸傍輩中不礼・不儀之仕形仕間敷事、
一、御城坊主衆を初、いつれによらす御為対御用向候親ミ之儀者各別、自分之出合遊興ケ間敷儀不致、附、大酒堅仕間敷事、
右之条々於相背者、
（神文欠）

## 29　城代役并留守居組誓詞

宝暦十二年（一七六二）
彦根藩井伊家文書

（包紙ウハ書）「宝暦十二壬午年八月廿七日　出座（宇津木武兵衛 堀部源蔵 佐藤宗兵衛）
御城代役誓詞　小野田小一郎」

起請文前書

一、拙者儀、此度御城代役并御留守居組迄被　仰付難有奉存候、依之御奉公御役儀大切仕、重　御前御為第一ニ奉存、公儀御用者不及申、御

自分御用向万事、及心中程者随分念入相勤、御後闇覚悟存間敷候、并諸傍輩中不依誰、以悪心申合一味徒党仕間敷候、尤件之族於有之者早速可申上之事、

一、壱人立被　仰付候御用者勿論、諸事御隠密之儀、他人者不及申、親子・兄弟・親類・縁者・身寄之者を初、一切他言仕間敷候、常式御用共被　仰出無之内者一切口外不仕、惣而　御前向御奥方之儀堅取沙汰仕間敷事、

一、対御為存寄候儀不依何事可申上候、并親子・兄弟者不及申、親類・縁者・身寄之者を初、御家中之面々不依誰　御尋之刻者、存候通有躰達　御耳、少茂讒言仕間敷候、附、大身・小身・諸傍輩中、対御為如何与存候儀致見聞候ハヽ、其品可申上之事、

一、御家老中参会之席江被相招罷出候節者、御用之品不依何事無依怙贔屓可申談候、我意を不相立、古例当然相兼候多分ニ付、正当之理を以相談可仕候、并了簡不及事者格別、少茂存寄之儀者不指控面々江申出シ、再応其理之僉議承之、道理宜ニ随ひ、我意を立申間敷候、併道理区〳〵ニ而難相分品者両様を以伺之、御下知次第ニ可仕候、不致得心候儀者無遠慮幾度茂相尋、正道を以万事之御用相達可申事、

一、御威光を以身之威勢奢之覚悟を不存、　御家風を相守、尤、御奥方女中江対し、御法度之品相守之可申候、附、不依誰於御奥方向自然御為ニ不宜儀見聞候ハヽ、無遠慮可申上事、

一、御子様方并御奥方万事御用向念入相勤、御仕置・御法度之品常々不相背候様無油断夫々可申付候、并惣而御用向之儀、御家老衆・御用人中を始、御近習・外様諸役人等ニ至迄、諸事無覆蔵可申談候、尤、組下支配之儀少茂依怙贔屓仕間敷事、

右之条々於相背者、

（熊野牛玉宝印貼継）

（神文省略）

宝暦十二壬午年八月廿七日　小野田小一郎（花押／血判）

上

## 30　目付役誓詞　正徳五年（一七一五）　彦根藩井伊家文書

（包紙ウハ書）
「正徳五乙未年四月廿五日　御目付役　箕形惣左衛門誓詞」

出座（岡武左衛門／高原八平）

起請文前書

一、拙者儀、今度御目付御役被　仰付難有奉存候、依之御奉公御役儀大切仕、重　御前御為第一ニ奉存、御用向万事之儀、及心中程者随分念入相勤、御後闇覚悟存間敷候、并諸傍輩中不依誰人、以悪心申合一味徒党仕間敷候、尤件之族於有之者早速可申上事、

一、壱人立被　仰付候御用之品者勿論、御隠密御用之儀、他人者不及申、親子・兄弟・親類・縁者・身寄之ものを初、一切他言不仕、惣而常式御用向共ニ同役之儀者各別、被　仰出無之内者口外仕間敷候、并諸事御作法向猥成儀無之様毎度相考、不依誰其品々指控不申毎度相違、不作法無之様可仕事、

一、親子・兄弟を初、親類・縁者・好身たるもの丶儀者勿論、惣而御家中衆之儀、不依誰人　御尋之刻者、善悪之品存知候通無依怙贔屓有躰ニ申上之、少も讒言なと申上間敷候、尤大身・小身・諸傍輩中、不依何事御為如何と奉存候儀、又ハ不宜風説等見聞仕候者指控不申、御家老中迄内証申達、品により御直ニ可申上事、附、他人者不及申、親子・兄弟・親類・縁者・身寄たるもの丶儀ニ而も、常々行跡等相嗜御奉公大切相勤候ものは、是又　御尋之節ハ遠慮不仕其品可申上事、

一、御勘定所并諸御役所江罷出候刻、不依誰毛頭無依怙贔屓善悪見聞仕置、御尋之節者可申上候、惣而万事御用向之儀、同役中存寄候品者相互遠慮不仕無覆蔵申談、少も我意を立不申、道理相立候多分ニ付相勤可申事、

一、諸傍輩中并末々町人・百姓ニ至迄、万事御為不宜儀一切取持たて不仕、何方ゟも不儀之礼物・音信等受之申間敷候、附、御役儀ニ付　御威光を以身之威勢奢之覚悟を不存、諸傍輩中対シ不礼・不儀之仕形仕間敷事、

右之条々於相背者、

---

（熊野牛玉宝印貼継）

（神文省略）

正徳五乙未年四月廿五日　　箕形惣左衛門（花押 血判）

御家老中

## 31　普請奉行誓詞　享保三年（一七一八）

願成寺文書

植田長左衛門控　起請文前書

一、拙者儀、御普請奉行御役被　仰付難有奉存候、依之御奉公御役儀大切仕、重御前御為第一奉存、　公儀御用者不及申、御自分之御用向万事御損益相考、及心申程者随分念入相勤、御後闇覚悟存間敷候、并諸傍輩中不依誰人、以悪心申合一味徒党仕間敷候、尤件之族於有之者早速御家老中迄可申上事、

一、御足軽・御中間并御家中役人毛頭無依怙贔屓召仕可申候、御足軽・御中間御普請免し、むさと不入所江奉行人なとにかけ置申ましく候、附、御普請場ニ而御足軽・御中間・御家中役人等不参仕ものハ相役立会、御着到付中致相談、少茂無油断急度相改可申候、尤風雨強無心元節者何時茂早速罷出、御城中・外輪迄見廻り、諸事宜様ニ可申付候、尤御奥方御普請ニ付参候刻、御奥向及見申儀於外様一切取沙汰仕間敷事、

一、御領内御用木并御山之木・柴草以下迄全私曲之旨を不存、何ニ而も御払物有之刻者相役立合、夫々之御役人中江致相談直段相考、払之代銀急度取立差上ケ可申候、勿論右之金銀私用ハ不及申、親子・兄弟・親類・縁者・身寄之ものたり共、借用なと致させ申間敷候、附、在々江罷出候節、御用之外自分ニ御百姓召仕不申、少も非道成儀申懸間敷候、御普請手代并召連候御足軽・御中間・御家中役人自分召仕ニ至迄、右之旨かたく申付、不作法我ま丶仕せ申間敷候、其上ニ茂若不届もの候ハ丶、無用捨組頭又ハ其主人へ可申届事、

一、御百姓その外不依何者、御山・御林惣而御法度之場所江立入、竹木草并御作之物なと荒し、御法度相背候ハ丶、急度遂吟味、筋奉行中・御代

官、或ハ其支配人等江相断、籠舎致させ候か又ハ過料相極取可申候、毛頭みのかし聞遁しに仕間敷候、附、対御役儀音信・礼物請申間敷事、

一、諸役所ニ差置候支配下之もの共、誓詞申付置、それ〳〵御役儀大切ニ相勤させ、御後闇儀仕せ申間敷候、下役之内見届不申候もの有之候ハ、委細遂吟味、御家老中江申上、依品曲事にも被仰付、又ハ御入替被成候様可仕候、組頭有之分者頭々江急度相断可申事、

右条々於相背者、

(神文欠)

＊植田長左衛門の役職履歴により享保三年と推定。

## 32 作事奉行役并江戸普請作事奉行兼帯誓詞　年未詳

奈越江家文書

起請文前書

一、拙者儀、今度御作事奉行役并江戸御普請作事奉行兼帯被　仰付難有奉存候、依之御奉公御役義大切ニ仕、重　御前御為第一奉存、御用向万事御損益相考、及心申程者随分念入相勤、御後闇覚悟存間敷候、并諸傍輩中不依誰、悪心を以申合一味徒党仕間敷候、尤件之族於有之者早速御家老中迄可申上事、

一、大工・屋ね葺・木挽之儀、油断無之様召仕可申候、勿論細工之上中下・棟梁共立会毛頭無依怙吟味可仕候、附、工手間之儀念入日帳ニ付させ、作料無相違相渡し、少も非道成儀仕間敷候、尤大工・屋ね葺・木挽・鍛冶共之御国役銀其外諸色御払物過料等、何ニ而も納候金銀代物私用ニ遣不申、親子・兄弟・親類・縁者・身寄之者たり共依怙贔屓不仕、急度取置可申候、こけら屑・古材木・古板等諸色払申節者、御損益之考仕、大工・棟梁并下奉行之者立合吟味仕、直段相極可申候、入札ニ仕節者、落札を以払之、少茂依怙ヶ間敷義仕間敷事、

一、万御作事方之儀、当座切之様不仕、御破損之致考念入可申付候、并御材木其外諸色相調申刻、少も無依怙贔屓直段之高下承合、御役人中吟味之上、御損得を考調之可申候、御材木請取候節も、御用之品相応之御材木吟味仕、請取可申候、附、御材木・縄・竹・釘・かなもの其外諸色共ニ遣方之儀御費麁抹無之様ニ夫々之御役人共江可申付事、

一、御足軽・御中間其外御役人共、不入所ニ人多召遣ひ不申、勿論油断不仕候様見計ひ召仕之、若不作法ものも有之候ハヽ、急度可申付候、并支配下之者共何も誓詞申付置、少も御後闇儀仕せ申間敷候、其上ニも見届不申候者委細遂吟味、御家老中江申上、品ニより曲事ニも被　仰付、又者御入替被成候様ニ可仕候、組頭有之分者尤其頭々江急度相断可申事、

一、風雨強ク無心元節者、何時も早速罷出、御城中・外輪迄見廻り、諸事宜様ニ可申付候、附、御奥方御作事ニ付参候刻、御奥方向及見申儀於外様一切取沙汰仕間敷候、惣而対御役儀私曲之旨不存、尤不義之音信・礼物請申間敷事、

一、江戸勤番之節者、御長屋奉行兼帯大組御中間支配被　仰付奉畏候、右ニ付、御家中衆御長屋破損之節、御修覆之儀定之外成儀致させ申間敷、若不致候而不叶儀者相窺、御差図次第可仕事、

一、於江戸表者品ニより御元方勘定奉行中改証判役中江も及対談、御用相弁可申事、

右之条々於相背者、

（神文欠）

＊奈越江忠蔵家歴代当主の役職履歴から宝暦二年（一七五二）・慶応四年（一八六八）のいずれかの年のものと推定される。

## 33　普請着到付役誓詞

寛政十年（一七九八）

花木家文書

（端裏付箋）
「花木伝蔵」

起請文前書

一、拙者儀、御普請着到付御役被　仰付難有奉存候、依之御奉公御役義大切ニ仕、重　御前御為第一奉存、御用向万事之儀、及心申程者随分念入相勤、御後闇覚悟存間敷候、并諸傍輩中不依誰、以悪心一味徒党仕間敷候、尤件之族於有之者早速御家老中迄可申上事、

一、御普請着到付申儀、毛頭無依怙贔屓厳密ニ仕、新知御加増・親跡職・父母之忌中、其外江戸上下御用引等、御家老中御証文之通念入御帳面ニ記置、御定之日数を以御役米指引仕、御帳ニ書記、御勘定所江指出可申候、尤御勘定之儀麁抹無之様ニ可仕候、附、御普請出人過・不参之儀無油断相改、毎月勘定致し、少もぬけ無之様吟味之上夫々江相届、不依誰無用捨不参銀急度取立、御金方江相納、御勘定可仕候、右之銀子、他人ハ不及申、親子・兄弟・親類・縁者・身寄之ものたり共、一切借し不申、勿論私用引替用之申間敷候、若御普請場ニ而あやまち仕候もの有之節、罷出申迄ハ無油断度々吟味可仕事、

一、町大工・屋ね葺・木挽、毎日三度ニ相改可申候、并御足軽、御旗指・長柄・鳥毛之御中間等、他所江之暇・家破損なとの節者組頭之証文を取、御帳ニ付可申候、若日数相違仕、頭者ゟ其理りも無之時者急度相改可申候、勿論対御役義不義之音信・礼物請申間敷候、若御奥方向御普請ニ而参候刻、御奥方向ニ而及見或承之、万事之儀於外様親子・兄弟を初一切口外仕間敷候、尤下役之者共誓詞仕らせ置、御後闇儀無之様ニ可申付事、

右之条々於相背者、

（神文欠）

＊花木伝蔵家歴代当主の役職履歴により寛政十年と推定。

## 34　元方勘定奉行誓詞

宝暦六年（一七五六）

横内家文書

（端裏付箋）
「横内治左衛門控」

起請文前書

一、拙者儀、今度御元方御勘定奉行御役被　仰付難有奉存候、依之御奉公御役儀大切ニ仕、重　御前御為第一奉存、御用向万事之儀、及心申程者随分念を入相務、御後闇覚悟存間敷候、并諸傍輩中不依誰人、悪心を以申合一味徒党仕間敷候、尤件之族於有之者早速御家中迄可申上事、

一、御台所入・給所共ニ弐拾八万石之御物成相極、御役人中立会御勘定仕候節、随分ぬけ無之様念入、若如何と存候品も有之候者、無遠慮筋奉行中江存寄之旨遂相談、御損益之考第一ニ可仕候、并郷中小物成又ハ年々の改出し少之所迄も無用捨吟味可仕候、附り、御借り銀之儀万事念を入、御返済之刻も滞不申候様ニ仕、惣而御世帯方之儀、常々無油

断相考可申事、

一、御代官又ハ対地頭御百姓毛頭依怙贔屓不仕、并大身・小身・親子・兄弟・親類・縁者、尤自分之知行所之儀たり共、聊非儀之沙汰仕間敷候、惣而御用向之儀相談之刻、相役を初諸役人中江無覆蔵申談、一分之我意を立不申、道理詮儀之上、宜ニ随ひ面々の沙汰ニ仕間敷候、何時も評儀一同之上本道之可守正路候、自然郷中之儀、対　御為存寄候品者、不依何事御家老中迄相窺、品により　御直ニ茂可申上事、

一、諸御勘定、御損徳之所細ニ相考、ぬけ無之様ニ可仕候、并御勘定ニ相立申物、何之品にても以来　御尋之時分、夫々御勘定ニ相立候通、急度書付差上ケ可申候、　御尋之時ニ至毛頭指引なと仕間敷事、

一、諸御勘定通し不申急度穿鑿仕、御勘定致し立可申候、勿論御勘定小頭・平御勘定人共江ニ誓詞仕罷在得共、若御役儀ニ付見届不申候もの有之候ハヽ、少も無依怙贔屓吟味仕、御家老中江申上御入替被成、又ハ御仕置ニも被　仰付候様可仕候、并御代官・御百姓・町人等、其外御勘定持之面々より金銀米銭は不及申、何にても音信・礼物一切請申間鋪事、

右条々於相背者、

（神文欠）

＊横内次左衛門の役職履歴により宝暦六年と推定。

## 35　金奉行誓詞

年未詳

花木家文書

起請文前書

一、拙者儀、御金奉行被　仰付難有奉存候、依之及心申程者御奉公御役儀大切相勤、重　御前為第一奉存、御後闇覚悟存間敷候、并諸傍輩不依誰、悪心を以申合一味徒党仕間敷候、尤件之族於有之者早速御家老中・御用人中迄達之可申事、

一、御代官并諸役人より例年納候金銀代物遅々仕候ハヽ、無油断急度催促仕、相納させ可申事、

一、為御替銀之納方其外万事之納方・金銀払方・出目・入目之上ニおゐて毛頭無私曲御勘定相立可申候、惣而金銀代物等之有高御役人中之外ハむさと外様向江不申聞、勿論入レ物・鎖前符等念入麁抹無之様致し、金銀下々ニ手かけさせ不申置所抔猥見せ置候様成儀仕間敷事、

一、山中より納候わた之儀、無依怙贔屓上中之吟味仕相納、尤払方念入可申事、

一、御用之金銀代物等之儀、他人者不及申親子・兄弟・親類・縁者・身寄之者を初、自分之心入を以一切借シ申間敷候、尤私用ニ引替用之申間敷候、第一金銀手廻し御所帯方之儀、万事諸役所江遠慮不仕無覆蔵申談、我意を立不申、道理相立候多分ニ付、御為宜様ニ御用相勤可申候、附対御役儀従何方も不義之礼物・音信請申間敷事、

右之条々於相背者、

（神文欠）

＊花木伝蔵家歴代当主の役職履歴により、正徳五年（一七一一）・天保六年（一八三五）・安政三年（一八五六）のいずれかのものと推定される。

## 36　大津蔵目付役誓詞　天明四年（一七八四）

岡嶋家文書

起請文前書

一、拙者儀、大津御蔵御目付役被　仰付難有奉存候、依之御奉公御役儀大切ニ仕、重　御前御為第一奉存、　公儀御用者不及申、御自分御用向万事之儀、心ニ及申程者随分念を入相勤、御後闇覚悟存間敷候、并諸傍輩中不依誰、悪心を以一味徒党仕間敷候、尤件之族於有之者早速御家老中迄可申上事、

一、御米・大豆御蔵并金銀等御蔵奉行立会毎度相対を付置、他人者不及申、親子・兄弟・親類・縁者・身寄之者を始、自分之心入を以少も借し不申、尤私用ニ引替用之申間敷候、惣而兼而被　仰付之趣急度相守、証人判等無油断可仕候、御蔵奉行并手代其外之者共迄自然不届之儀於有之ハ、吟味之上無用捨御家老中・御用人中夫々之御役人中江早々可申届候、勿論自分之儀聊も私曲之旨を不存、諸事念入相勤可申候、附、年々ニ御勘定仕候時、残米・大豆・金銀相改相対仕置書付致、御勘定場江越可申候、御米・大豆買人等となれあひ不申、御蔵奉行をはしめ、問屋・御代官其外惣而御用承候もの共より馳走ヶ間敷義、又者不義之音信・礼物等請申間敷事、

一、彦根より之上り米大粒小粒之上中并大豆之目利、本表軽表之升目、大津水廻し等、少も依怙贔屓不仕証人判可仕候、上り米・大豆水廻し御代官前村切ニ仕、本俵軽表之升目何程と有之儀、すあひ之者請取帳ニ当座々々印を致させ、則其帳を以遂御勘定させ、是又証人判可仕候、附、上り米・大豆本表軽表、大豆之上中、米之大粒小粒、上乗之者も立会相改、請取帳之ことく彦根御蔵奉行江御代官切ニ手形出し可申候、勿論上り米・大豆売申候直段、月日無相違売帳当座々ニすあひのものニ証人判為致可申候、買人ニも御米・大豆売申候、当座ニ判形仕らせ、以其帳御勘定致させ、尤証人判可仕事、

一、こほれ米・同大豆毎度相改、有次第不残銀子ニ売立、別格ニ御勘定相立させ可申候、并差米・指大豆是又可為右同断候、附、御米・大豆売申候代銀五拾貫目とも納り候ハ、御蔵奉行申談、早々彦根江申越、御家老中御差図次第御金奉行衆江相渡可申候、江戸御替せ銀被　仰付候節、御銀大津ニ不足之時分ハ、彦根より御上せ候御銀御蔵奉行立合、急度請取手形之埒仕、御金奉行中江指越可申候、両替又ハ御替せ之銀子ニ付随分無油断念を入可申候、勿論京都御賄方其外諸払之金銀渡し申節者、請取手形御家老中・御用人中夫々御役人之証判を請渡し可申事、

一、万御蔵奉行申談詮議仕、ぬけ無之様ニ念入可申候、手代共其外自然不届之族有之節者、御蔵奉行立会無依怙贔屓遂吟味、奉行人自分ニ暇取セ候様成義仕らせ不申、御家老中江急度可申上事、

右之条々於相背者、

（神文欠）

＊岡嶋七右衛門家歴代当主の役職履歴により天明四年と推定。

## 37　京賄役并上方筋之目付役兼誓詞　寛政十一年（一七九九）

奈越江家文書

起請文前書

一、拙者義、今度京御賄并上方筋之御目付役相兼被仰付難有奉存候、依之

御奉公御役義大切ニ仕、重　御前御為第一奉存、　公儀御用者不及申、御自分之御用向万事之義、及心中程者随分念入相勤、御後闇覚悟存間敷候、附、諸傍輩中不依誰、以悪心申合一味徒党仕間敷候、尤件之族於有之者早速御家老中迄可申上事、

一、御献上物并　御召之御衣類、其外　　上方様御召等之義念入可申付候、尤御用相達候者共仕上ヶ候品、直段・地合・染色等、毎度不沙汰無之様ニ申付、無滞御勘定相立申様ニ可仕候、勿論御呉服もの・巻物其外諸事御買物之義、御損益専に相考調之、縦町人之内知音・近付・親類・縁者たりとも、少も無依怙贔屓善悪吟味之上、代之高下等所々承合、麁末之仕形無之様ニ念入可申付事、

一、御調物之代銀請払之義、毛頭私曲・虚妄不仕、惣而御用之金銀代物等之義、他人者不及申、親子・兄弟・身寄之者を初、自分之心入を以一切借し不申、尤私用ニ仕替用之申間敷候、第一同役中万無覆蔵申談、少も我意を不相立、幾度も道理之僉議を詰、宜多分之品ニ付御用相達可申事、

一、御家中之面々、御用・私用或病気養生なとに上家江罷越候刻、常々心懸又者折節御用之透ニ者旅宿辺をも見廻り、自然御為ニ如何与存候不作法成義見聞仕候ハヽ、侍中者不及申、下々之義迄も急度御家老中江相届、品ニより　御直ニも以書付可申上候、毛頭隠し置申間敷事、

一、下役之者者誓詞申付置、御用被　仰付候町人、其外当分之御買物仕候売人等と馴合、御後闇義不仕候様ニ急度可申付候、若見届不申者は少も無用捨御家老中江申上、入替候やう可仕候、附、京都ニ相詰罷在候下役人并加人・御足軽・御中間・自分召仕等迄、万事不作法成義無之様ニ常々念入可申付事、

一、対御役義御威光を以奢之覚悟を不存、在京之内猥成遊興等一切仕間敷候、尤御出入之町人、其外御用承候もの共より馳走かましき品請不申、不義之音信・礼物受用仕間敷事、

右之条々於相背者、

（神文欠）

＊奈越江忠蔵家歴代当主の役職履歴により寛政十一年と推定。

## 38　彦根賄役誓詞　　明和三年（一七六六）

花木家文書

起請文前書

一、拙者儀、彦根御賄役被　仰付難有奉存候、依之御奉公御役儀大切ニ仕、重　御前御為第一奉存、公儀御用者不及申、御自分之御用向万事之儀、及心中程者随分念入相勤、御後闇覚悟存間鋪候、并諸傍輩中不依誰、悪心を以一味徒党仕間敷候、尤件之族於有之者早速御家老中まて可申上事、

一、御賄方諸事御所帯之儀、無油断御損益相考ぬけ無之様可仕候、諸色御買物善悪直段等之儀細ニ吟味仕、縦町人之内知音・近付・親類・縁者たりとも、毛頭依怙贔屓無用捨相改、代之高下等所々承合、麁末之仕形無之様念入相調可申候、并御音信物支度申付候刻、下役人任セニ不仕、念入可申候、第一同役無覆蔵申談、我意を立不申、道理之宜随ひ御用相達可申候、勿論聊毛頭私曲之旨を不存、御役儀ニ対し不義之音信・礼物請申間敷事、

一、御膳方之儀、常々御料理人申談、大事ニ心を付可申候、尤御奥方向御所帯方之儀、御費かましく無沙汰成儀無之様ニ御奥方御年寄衆可申談候、并御用之金銀米銭等其外諸色、他人者不及申、親子・兄弟・親類・縁者・身寄之者を初、自分之心入を以一切借不申、尤私用ニ引替用之申間敷候、附、町在々共ニ少も押買なと不仕、御家中上下町人・御百姓以下之儀ニ付而も、毛頭依怙沙汰有之間敷事、

一、御奥方ニ而兼而御法度之品堅相守、対女中衆御後闇儀有之間敷候、自然御為ニ不宜儀有之、女中見分仕候ハヽ、其品可申上候、尤御奥方向之儀、諸事他人者不及申、親子・兄弟を始一切口外仕間敷候、并御番人又者御台所辺ニ罷在候面々其外とも御法度向相背候歟、不届之様子見届候ハヽ、早速御家老中・御用人中へ申達、又者品ニより　御直ニ茂可申上事、

一、納方・払方之儀、如御定非分成儀無之様、自分ハ不及申、御用申付候下役人之手前をも吟味可仕候、尤支配之者共誓詞致させ、夫々御役儀大切ニ相勤、御後闇儀無之様度々可申付候、若不届之族有之候ハヽ、御家老中・御用人中迄有躰ニ申達、品ニより曲事ニも被　仰付、又者御入替被成候様可仕候、附、諸色御手作物之儀積り相考、御役人とも私欲不仕候様可申付候、并下々江非分成儀不申懸、大切成御役儀ニ候間大酒仕間鋪事、

右之条々於相背者、

（神文欠）

*花木伝蔵家当主の役職履歴より明和三年と推定。

## 39　江戸彦根納戸役誓詞　年未詳　奈越江家文書

起請文前書

一、拙者儀、今度江戸彦根御納戸役被　仰付難有奉存候、依之御奉公御役儀大切ニ仕、重　御前御為第一ニ奉存、公儀御用者不及申、御自分之御用向万事之儀、及心申程者随分念入相務、御後闇覚悟存間敷候、并諸傍輩中不依誰、以悪心申合一味徒党仕間敷候、尤件之族於有之者早速御家老中・御用人中迄相達可申事、

一、諸色請払之儀并不依何御買物・御払物等有之節、同役者不及申御役人中立会、専御損益考、町人之手前入札なと致させ候刻、少も無依怙贔屓夫々之品を改、落札を以可申付候、万事私曲・虚妄不仕、同役無覆蔵申談、我意を立不申、道理相立候方ニ付相勤可申事、

一、御預ケ之諸色無沙汰ニ不仕、手置以下念入可申候、不依何事御内証向御用被　仰付候節者、其品被　仰出無之内ハむさと口外仕間敷候事、

一、於江戸表為御替銀之納方、其外万事之納方金銀払方出目・入目之上におゐて毛頭無私曲御勘定相立可申候、惣而金銀代物等之有高御役人中之外者むさと外様向へ不申聞、勿論入レ物・鎖前符等念入麁抹無之様ニいたし、金銀下々ニ手懸させ不申、置所なと猥見せ置候様成儀不仕、尤御用之金銀代物等之儀、他人者不及申、親子・兄弟・親類・縁者・身寄之者を始、自分之心入を以一切借申間敷候、尤私用ニ引替用之申間敷候、第一金銀手廻し御所帯方之儀、万事諸役所江遠慮不仕、無覆蔵申談、我意を立不申、道理相立候方ニ付、御為宜様ニ御用相勤可申候、附、対御役義何方ゟも不儀之礼物・音信請申間敷事、

右之条々於相背者、

(神文欠)

＊奈越江忠蔵家歴代当主の役職履歴により享保十六年（一七三一）か文化十四年（一八一七）のいずれかと推定される。

## 40 塩硝奉行誓詞

年未詳

起請文前書

岡嶋家文書

一、拙者儀、塩硝奉行御役被　仰付難有奉存候、依之御奉公御役義大切ニ仕、重　御前御為第一ニ奉存、御用向万事之儀、及心申程者随分念入相務、御後闇覚悟存間敷候、并諸傍輩中不依誰人、悪心ヲ以一味徒党仕間敷候、尤件之族於有之者早速御家老中迄可申上事、

一、御鉄炮之御薬手置之儀、常々念入はたかせ候時分も麁末成義無之様ニ可申付候、最御薬請取かけ入并納申節者、御用番御家老中ゟ証人ヲ請、御薬之減貫目等相改可申候、勿論火之用心第一ニ申付、毛頭無沙汰成儀仕らせ申間敷事、

一、御薬合せ又者手置仕らせ時分、御中間之積相考、御費無之様ニ召仕可申候、附、右之御用ニ入申物請払之義、不依何少茂ぬけ無之様ニ念ヲ入、諸事同役無覆蔵申談、我意を立不申、道理之宜にしたかひ御用相達可申候、尤対御役義私曲之旨存間敷事、

右之条々於相背者、

(神文欠)

＊岡嶋七右衛門家歴代当主の役職履歴から宝暦八年（一七五八）か明和二年（一七六五）のいずれかと推定される。

## 41 用米蔵奉行

年未詳

起請文前書

平石家文書

一、拙者儀、御用米御蔵奉行御役被　仰付難有奉存候、依之御奉公御役儀大切ニ仕、重御前御為第一ニ奉存、御用向万事之儀及心申程者随分念入相勤、御後闇覚悟存間敷候、并諸傍輩中不依誰人、悪心を以一味徒党仕間敷候、尤件之族於有之者早速御家老中迄可申上事、

一、御用米無油断急度御代官前催促仕納可申候、御米并升目吟味念入可申候、他人者不及申、親子・兄弟・親類・縁者・身寄之ものたりとも、少茂依怙贔屓仕間敷候、附、御代官・御百姓等ニ非分申兼(懸力)間敷候、勿論御損徳之考第一ニ仕、若御為ニ宜儀存寄候ハヽ、一分之我意を立不申相役無覆蔵申談、道理能方江相談相究、或其品ニより御家老中迄伺之候様ニ可仕事、

一、御蔵米請払之節者相奉行申合、所々之御蔵見廻り万念入御米吟味仕、悪敷分者御蔵へ納させ申間敷候、御米廻させ申刻者相奉行立会見分仕、五拾表迄ハ壱表ツヽ、五拾壱表ゟ百俵迄ハ弐表ツヽ、百表ゟ上者右之積りを以表数を廻させ、升取者御百姓ニ可申付候、尤相奉行申合、計方細ニ念入可申付候、勿論払候刻も不吟味成儀仕間敷候、附、御手前蔵江相納候御米廻シ之欠、又ハ古来御定之欠米等少もぬけ無之様ニ念入可申候、御百姓前ゟ御米納候節之指米念入帳ニ付置、御代官・御勘定之元ニ持セ可申候、日々手前ニ而付申場帳・御代官前之帳面引合、

証判仕刻も念入相改、麁末・不念無之様ニ可仕候、并御切米・御扶持方相渡候時分、毛頭無依怙贔屓升目念入少も無理成儀仕セ申間敷候、尤御切米相渡シ候刻者御用番御家老中ゟ証人を請、猥成儀仕間敷候事、

一、同役立会御蔵江相封付申節并封切申時分も不念無之様ニ可仕候、勿論御役米・利米年々相改請取納可申候、方々催促随分油断不仕、御勘定之儀毛頭無私曲急度相立可申候、附、大津上り米相役并御代官立会廻シ以下念入相改指上セ可申候、尤指米之儀少も麁抹ニ不仕、御代官御勘定ニ相立させ可申候、惣而於御蔵不依何少ニ而も御払物有之候ハ、、代銀急度指上ヶ可申候、右之代銀等親子・兄弟を初自分之心入を以一切借シ不申、尤私用ニ引替用之申間敷候事、

一、御代官并下代、御百姓等ニ親類・縁者抔有之候共、毛頭依怙贔屓仕間敷候、相役を始、手代其外御蔵方之御役人之内ニ、自然誓詞相背、我侭不届之族及見候ハ、、御家老中迄有躰ニ申之、少も偽・讒言申上間敷候、附、手代升取之者共誓詞申付置、御後闇儀無之様ニ相勤させ、召仕之者共迄不作法不仕候様ニ急度可申付候、勿論自分之儀対御役儀無虚妄・私曲、不儀之音信・礼物一切請申間敷事、

右之条々於相背者、

（神文欠）

＊平石弥右衛門家歴代当主の役職履歴により、享保十八年（一七三三）か宝暦二年（一七五二）のいずれかと推定される。

## 42　用米蔵奉行

天明六年（一七八六）

岡嶋家文書

（端裏書）「岡嶋惣八郎控」

起請文前書

一、拙者儀、御用米御蔵奉行御役被　仰付難有奉存候、依之御奉公御役儀大切ニ仕、重　御前御為第一奉存、御用向万事之儀及心中程者随分念入相勤、御後闇覚悟存間敷候、并諸傍輩中不依誰、悪心を以一味徒党仕間敷候、尤件之族於有之ハ早速御家老中迄可申上事、

一、御米升目吟味念入可申候、他人者不及申、親子・兄弟・親類・縁者・身寄之ものたりとも、少も依怙贔屓仕間敷候、附、御代官・御百姓等ニ非分申懸間敷候、勿論御損得之考第一ニ仕、若御為ニ宜儀存寄候ハ、、一分之我意を立不申、相役無覆蔵申談、道理能方江相談相究、或ハ品ニより御家老中迄伺之候様ニ可仕事、

一、御蔵米請払之節者相奉行申合、所々之御蔵見廻り万念入御米吟味仕、悪敷分者御蔵江納させ申間鋪候、御米廻させ申刻者相奉行立会見分仕、五拾表まてハ壱表ツ、、五拾壱表より百表迄ハ弐表ツ、、百表より上ハ右之積を以表数を廻させ、升取ハ御百姓ニ可申付候、尤相奉行申合、計方細ニ念入可申候、勿論払候刻も不吟味成儀仕間敷候、附、御手前蔵江相納候御米廻し之欠ン、又者古来より御定之欠ン米等少もぬけ無之様念入可申候、御百姓前より御米納候節者指米念入帳付置、御勘定元ニ持可申候、日々手前ニ而付申候場帳・御蔵手代前之帳面引合、証判仕刻も念入相改、麁抹・不念無之様可仕候、并御切米・御扶持方相渡候時分、毛頭無依怙贔屓升目念入少も無理成儀仕せ申間敷候、尤御切米相渡候刻者御用番御家老中より証人を請、猥成儀仕間敷事、

一、同役立会御蔵江相封付申節并封切申時分不念無之様ニ可仕候、勿論御

役米・利米年々相改請取納メ可申候、方々催促随分油断不仕、御勘定之儀毛頭無私曲急度相立可申候、附、大津上り米相役并御蔵手代立会廻し、以下念入相改指上セ可申候、尤差米之儀少も麁抹不仕、御蔵手代御勘定ニ相立させ可申候、惣而於御蔵不依何少ニ而も御払物有之候ハヽ、代銀急度差上ヶ可申候、右之代銀等親子・兄弟を始メ自分之心入を以一切借シ不申、尤私用引替用之申間敷事、

一、御代官并御蔵手代、御百姓等ニ親類・縁者なと有之候とも、毛頭依怙贔屓仕間敷候、相役を初、手代之外御蔵方之御役人之内、自然誓詞相背、我侭不届之族及見候ハヽ、御家老中迄有躰申之、少も偽・讒言申上間敷候、附、手代升取之ものとも誓詞申付置、御後闇儀無之様ニ相勤させ、召仕之もの共まて不作法不仕候様急度可申付候、勿論自分之儀対御役儀無虚妄・私曲、不義之音信・礼物一切請申間敷事、

右之条々於相背者、

（神文欠）

＊岡嶋惣八郎の役職履歴により天明六年と推定される。

## 43　松原蔵奉行誓詞

天保十年（一八三九）

椎橋文雄氏所蔵旧上坂家文書

起請文前書

一、拙者儀今度松原御蔵奉行被　仰付難有奉存候、依之御蔵米引受御奉公御役儀大切ニ仕、重　御前御為第一奉存、御用向万事之儀及心中程者随分念入相勤、御後闇覚悟存間敷候、并諸傍㊥輩事不依誰、悪心ヲ以申合一味徒党仕間敷候、尤件之族於有之ハ早速御家老中迄可申上事、

一、御蔵米・大豆請払之節者、所々之御蔵米見廻り万念入米・大豆吟味仕、悪敷分者御蔵江納させ申間敷候、米・大豆廻させ申刻ハ見分仕、五拾表迄ハ壱表ツヽ、五拾壱表より百俵迄ハ弐俵ツヽ、百俵ゟ上者右之積を以表数を廻させ、升取ハ御百姓ニ可申付候、尤計方細ニ念入可申候、勿論払候刻も不吟味成儀仕間敷候事、

一、御百姓前ゟ相納候米・大豆廻し之欠ン、或御蔵米之直ク入等度々納り之元米并古来ゟ御定之欠ン米等、少もぬけ無之様万端念入遂吟味可申候、附、御百姓ゟ米・大豆納候節者指米念入帳ニ付置、御蔵手代勘定之元ニ持せ可申候、尤御損得之考第一ニ仕、若御為ニ宜儀存寄候ハヽ一分之我意ヲ立不申、相役無覆蔵申談道理能方ニ相談相極、或其品ニゟ御家老中迄伺之候様可仕候、并御蔵手代手前ゟ横折勘定之帳指出し候ハヽ、日々手前ニ附置候場帳引合、念入相改相違無之様証判仕、御勘定所江指上させ、大津上せ御米・大豆吟味仕、上米・上大豆を撰指上せ可申候、勿論さし米之儀不残米・大豆さヽせ、其米・大豆少も麁抹ニ不仕、御蔵手代御勘定相立させ可申事、

一、御蔵江封付ケ申節并封切申時分も麁抹不念無之様ニ可仕候、附、御切米御扶持方相渡り候刻、毛頭無依怙贔屓升目念入少も無理成儀仕らせ申間敷候、尤三度之御切米并馬扶持相渡り申刻、御用番御家老中ゟ証人ヲ請、猥成儀致間敷事、

一、御蔵手代・御百姓等ニ親類・縁者抔有之候共、毛頭依怙贔屓仕間敷候、相役を初其外御蔵方之御役人之内ニ、自然誓詞相背、我侭不届之族及見候ハヽ、御家老中迄有躰ニ申之、少も偽・讒言申上間敷候、附、御蔵

手代并手伝升取之もの共誓詞申付置、御後闇儀無之様相勤させ、召仕之もの共迄不作法不仕候様ニ急度可申付候、勿論自分之儀対御役儀無虚妄・私曲、不義之音信・礼物一切請申間敷事、

右之条々於相背者、

（神文欠）

＊上坂丈右衛門家の歴代の役職履歴から天保十年と推定される。

## 44　佐野・世田谷御用（佐野奉行）誓詞　弘化二年（一八四五）　青木家文書

（端裏書）「弘化二乙巳二月九日　佐野奉行被仰付　頼徳」

起請文前書

一、拙者儀、佐野・世田谷御用被　仰付難有奉存候、依之御奉公御役儀大切ニ仕、重　御前御為第一奉存、御用向万事之儀、及心申程者随分念を入相勤、御後闇覚悟存間敷候、并諸傍輩中不依誰人、悪心を以一味徒党仕間鋪候、尤件之族於有之者早速御家老中迄可申上事、

一、両所之御物成附、何茂巡見之上少茂ぬけ無之様ニ立会、僉議を詰、御損益之考第一ニ仕、又者御百姓痛にも不罷成候様ニ可仕候、自然郷中之儀ニ付、対御為存寄候儀者不依何事御家老中迄相窺可申候、尤　御尋之刻、善悪之儀有躰ニ可申上事、

一、御所務ニ成可申儀見立候ハヽ、役人相談御家老中迄可申上候、尤御百姓費ニ成候儀不依何一切仕間鋪候、并対御役儀不義之音信・礼物少ニ而茂受用仕間敷事、

一、御百姓共公事出入裁許之儀、依怙贔屓仕間敷候、少之品ニ而も麁抹ニ不仕、何茂立会双方之申分念入承届、勿論証文・証跡を糺し、穿鑿・吟味仕、理非正道に落着之上、其埒可申付事、

一、両所之御役人・御足軽共迄勤方無油断心を付相勤させ可申候、其上御奉公之品善悪共ニ御家老中迄可申上候、郷中江参候節、宿銭如御定相渡し可申候、附、於両所御法度之通堅相守、召仕之下々迄少も猥ケ間敷儀仕らせ申間敷事、

右之条々於相背者、

（神文欠）

## 45　佐野・世田谷御用兼役誓詞　元文四年（一七三九）　花木家文書

起請文前書

一、拙者儀、当御役儀之上佐野・世田谷御用兼役被　仰付難有奉畏候、依之猶以御役義大切ニ仕、御為第一奉存、及心申程者随分念入相務可申事、

一、佐野・世田谷御物成附、何も順見之上少茂ぬけ無之様立会、詮議を詰、御損益之考第一仕、又は御百姓痛ニ茂不罷成候様可仕候、万事相役無覆蔵申談、自然郷中之儀、対　御為存寄候義者不依何事御家老中迄相窺可申候、尤　御尋之刻、善悪之儀有躰ニ可申上候、并御所務ニ成可申儀見立候ハヽ、役人相談、御家老中又者在府御留守居中へ茂相窺可申事、

一、佐野・世田谷御百姓共公事出入裁許之儀、依怙贔屓仕間敷候、少之品ニ而も麁抹不仕、何も立会双方之申分念入承届、勿論証文・証跡を糺し、穿鑿・吟味理非正道落着之上、其埒可申付事、

一、佐野・世田谷御役人・御足軽共迄も勤方無油断心を付相務させ可申

候、其上御奉公之品善悪共ニ御家老中迄可申上候、郷中江参候節、宿
銭如御定相渡可申候、附、於両所御法度之通堅相守、対御役義不義之
音信・礼物少ニ而茂受納仕間敷候、并召仕之下々迄少も猥ヶ間敷儀仕
せ申間敷事、
右之条々於相背者、

（神文欠）

＊花木伝蔵家歴代当主の役職履歴により元文四年と推定。

## 46　借銀御用役（借用役）誓詞　嘉永七年（一八五四）

青木家文書

（包紙）「嘉永七寅四月朔日　借用役被仰付
御書付之写　一通
青木　」

（端裏書）「御借用役」

起請文前書

一、拙者儀、御借銀御用役被　仰付難有奉存候、依之御奉公御役儀大切仕、
重　御前御為第一ニ奉存、御用向万事之儀、及心中程者随分念入相勤、
御後闇覚悟存間敷候、并諸傍輩中不依誰、悪心を以一味徒党仕間敷候、
尤件之族於有之者早速御家老中・御用人中迄可申上事、
一、於京都・大坂金銀御借用仕候節者、京御留守居衆申談承立無油断相調、
尤御借り手形等之儀者御勘定奉行中申談、少も不念・麁抹無之様ニ可
仕候、借シ方之もの共之内、他人者不及申、自然親類・縁者なと有之、
如何様ニ頼候共、利合等其外之儀ニ付御為悪敷儀なと毛頭仕間敷候、
勿論対身少も私欲・虚妄之儀堅無之、御用承候もの共より馳走かまし
き品請不申、御役儀ニ付不義之音信・礼物受用仕間敷事、
一、御用ニ付、他所江罷越候刻、兼日之御法度を相守、猥成遊興等一切不
仕、少茂不作法か間敷儀無之様相慎可申候、惣而町人等へ非分かさつ
かましき儀不申懸、尤はたこ代銭無相違相すまし可申候付、召連候御
中間其外召仕之もの迄堅申付、不届之仕合無之様ニ可仕事、
右之条々於相背者、

（神文欠）

## 47　皆米札役誓詞　宝暦五年（一七五五）

横内家文書

（端裏付箋）「横内治左衛門控」

起請文前書

一、拙者儀、今度皆米札御役被　仰付難有奉存候、依之御奉公御役儀大切
ニ仕、重　御前御為第一奉存、及心中程者随分念入相務、御後闇覚
悟存間敷候、并諸傍輩中不依誰、悪心を以申合一味徒党仕間敷候、尤
件之族於有之者早速御家老中迄可申上事、
一、皆米札金銀通用工面之儀、万端無滞様ニ相考、同役者不及申諸御役人
中無覆蔵申談、少茂我意を立不申、幾度も遂穿議、道理宜ニ随ひ、御
用筋相滞不申候様ニ可仕候、附、諸事下役任に不仕、少も不念・麁末
之儀無之様仕、尤私欲・虚妄之儀仕間敷候、并他人者不及申、親子・
兄弟・親類・縁者たり共、米札少分之儀ニ而も当分之引替なと不仕、
私用ニも引替申間敷事、

一、下役人末々ニ至迄、親子・兄弟・親類・好身之者たり共、毛頭無依怙贔屓夫々心を附、不念・麁抹無之、私欲・虚妄不仕候様ニ急度可申付候、尤下手之御役人之内、人柄如何と存候者、或者難見届族於有之者早速御家老中迄申上、御入替ニも仕、又者品により御仕置ニも被　仰付候様ニ可仕事、

一、御役筋ニ付、不儀之音信・礼物毛頭受用仕間敷事、

右之条々於相背者、

（神文欠）

＊横内次左衛門の役職履歴により宝暦五年と推定。

## 48　代官役誓詞

天保六年（一八三五）　青木家文書

（端裏書）「天保六乙未年四月十六日　御代官役誓詞　（青木）頼徳」

起請文前書

一、拙者儀、今度御代官役被　仰付難有奉存候、依之及心申程者御役儀大切ニ相勤、毛頭御後闇覚悟存間敷候、并諸傍輩中不依誰、悪心を以一味徒党仕間敷候、尤件之族於有之者早速御家老中迄可申上候事、

一、御所務納方其年之豊凶を相考、御免合之儀随分念入御損益遂吟味、郷中内検之時分も細ニ相考、諸事抜目無之様ニ可仕候、勿論少しも依怙贔屓不仕、存寄之通筋方江可申談候事、

一、惣而御領分御百姓男女共ニ他国江奉公ニ罷越候儀、一切為仕申間敷候、若指遣シ不申候而不叶節者筋方申談候上取斗可申、其外惣而御法度之趣堅相守候様ニ申付、若徒者又者悪事仕候もの承候ハ、隠置不申、筋方江可申達候事、

一、於郷中、私用ニ付御百姓一切遣ひ申間敷、勿論音信・礼物・馳走ケ間敷義不依何請之不申、召連候下役并召仕候者迄も不義之挙働（動）為仕申間敷候事、

右之条々於相背者、

（神文欠）

## 49　検見役誓詞

年未詳　岡嶋家文書

（端裏書）「勝長誓詞控」

記（ママ）証文前書

一、拙者共儀、今度検見御役義被仰付畏奉存候、依之及心申程ハ御役義念入相勤、御後闇覚悟存間敷事、

一、検見ニ罷出、立毛見分随分念入御損益之考第一ニ仕、田面上中下所ニより下々田迄も微細ニ見分仕、帳ニ付たて可申候、他人ハ不及申、親子・兄弟・親類・縁者を初、身寄之者如何様ニも相頼候共、毛頭依怙贔屓者無用捨可為正路事、

一、立毛検見之義、組合之両人立会見分仕、位付之帳面ニ見立候趣有躰ニ相談仕認可申候、尤壱人立相極候義仕間敷候、郷中不依何事御百性之馳走請申間敷候、野菜等并召仕之草履・草鞋迄、其所之直段代物相渡し、売上ヶ手形取可申候、万事之御法度不相背、勿論不作法成義無之様ニ召仕之者共江も急度可申付候事、

右之条々於相背者、

（神文欠）

## 50　川除奉行誓詞　　年未詳　　岡嶋家文書

（端裏書付箋）「岡嶋惣八郎控」

起請文前書

一、拙者儀、今度川除奉行御役被　仰付難有奉存候、依之御奉公御役儀大切ニ仕、重　御前御為第一奉存、及心申程者御役儀念入相勤、御後闇覚悟存間敷候、并諸傍輩中不依誰人、以悪心申合一味徒党仕間敷候、尤件之族於有之者早速御家老中迄可申上事、

一、川除御普請之儀、御損益之考肝要ニ仕、杭木・竹入用之儀積りいたし、御普請奉行・御竹奉行へ手形を遣シ請取之、木・竹・縄万つかひ方之儀麁抹費無之様ニ仕、可入所ニハ丈夫につかひ、大水之節も堤損不申河かけ等出来不致候様ニ及了簡申程ハ随分相考、筋奉行中へも申談、念入可申付候、少も田畑なと捨り無之様ニ可仕候、尤風雨強ク川筋無心元節者、骨を不惜何時も早速罷出致見分、宜様ニ可申付事、

一、御普請入用之人足割之儀、従筋奉行村々へ申付候通、壱人もぬけ無之様ニ召仕無油断御普請可申付候、他人者勿論、親子・兄弟・親類・縁者・身寄之者抔頼候共、毛頭依怙贔屓用捨仕間敷候、尤用事無之ニ人足留置申間敷事、

一、川除検地・検見等ニ被遣候時分、在々ニ而金銀米銭者不及申、何ニ而も借用仕間布候、并野菜或草履・草鞋等相調申刻者、彦根ニ而商売仕ル直段之格を以御百姓共相対之上代を極、当座ニ相渡し、少茂押買なと仕間敷候、附、於在々山川之殺生不仕、勿論竹木等代取私事ニ少も用申間布候、其上親類又者傍輩中なと呼寄、遊興かましき儀不仕、尤法外不作法之仕形有之間鋪候、勿論対御役儀毛頭私曲之旨不存、在々ニ而馳走ヶ間敷儀、其外軽キ品ニ而も音信・礼物等一切請申間敷事、

一、在々ニ而之御法度之趣、下役之御足軽并召仕之者共迄堅相守せ、郷中ニ而女狂・転（博カ）奕等其外猥成儀無之様ニ急度申付、御足軽之儀少も依怙贔屓不仕油断無之様ニ召仕可申候、若不作法もの有之者、無用捨早速組頭へ相届、召仕候儀者曲事ニ可申付候、自然下役御足軽之内、人柄如何と存候族者当筋奉行へ申談、入替候様ニ可仕事、

右之条々於相背者、

（神文欠）

＊岡嶋惣八郎の役職履歴から享保五年（一七二〇）、延享五年（一七四八）、安永九年（一七八〇）のいずれの年かと推定される。

## 51　侍着到付役誓詞　　寛政三年（一七九一）　　花木家文書

（端裏書）「寛政三辛亥年九月十三日、内膳殿ニ而誓詞被仰付候　花木伝蔵控」

起請文前書

一、拙者儀、侍着到付御役被　仰付難有奉存候、依之御奉公御役義大切ニ仕、重　御前御為第一奉存、御用向万事之儀及心申程者随分念入相勤、御後闇覚悟存間鋪候、并諸傍輩中不依誰、以悪心申合一味徒党仕間鋪候、尤件之族於有之者早速御家老中迄可申上事、

一、御着到前之儀、毛頭無依怙贔屓相改、煩・指合等ニ而不罷出候節ハ、

御家老中又ハ組頭支配方より断有之候ハヽ、御目付中申談、御帳ニ記置可申候、断も無之御着到不罷出候ハヽ、面々宿所江参、直ニ様子見届、若虚病之躰候歟、或ハ宿ニも居不申候様成族者急度其子細承届、御帳ニ付置可申事、

一、御暇被下置他出仕候ものハ、尤御家老中・組頭支配方より之証文を取、御帳ニ付可申候、勿論他出之日数自然相違致し、支配方より之断も無之候ハヽ、急度吟味仕、其旨御帳ニ記置可申候、并対御役儀不義之音信・礼物一切請申間鋪事、

右之条々於相背者、

（神文欠）

## 52　十一口御門着到付役誓詞

寛保二年（一七四二）

岡嶋家文書

（端裏書）「岡嶋惣八郎控」

起請文前書

一、拙者儀、十一口御門着到付御役被　仰付難有奉存候、依之御奉公御役儀大切仕、重　御前御為第一奉存、及心中程者随分念入相勤、御後闇覚悟存間敷候、并諸傍輩中不依誰、悪心を以一味徒党仕間鋪候、尤件之族於有之者早速御家老中迄可申上事、

一、御着到之儀、無依怙贔屓相改可申候、煩人之儀、組頭より断有之候ハヽ、御帳ニ記置可申候、断も無之不罷出候者面々宿へ参、直々煩之様子見届、若作病之躰候歟、又者宿ニも不罷在候様成節者吟味仕、其旨御帳ニ付置可申事、

一、組頭より暇を請、他出仕候ものハ頭衆之証文を取、御帳ニ付置、若暇之日数相違仕、尤組頭よりの断も無之候者、其段御帳ニ急度相記置可申候、附、対御役儀不義之音信・礼物請申間敷事、

右之条々於相背者、

（神文欠）

＊岡嶋惣八郎の役職履歴により寛保二年と推定。

## 53　小役人着到付役誓詞

宝暦二年（一七五二）

横内家文書

起請文前書

一、拙者儀、小役人着到付御役被　仰付難有奉存候、依之御奉公御役儀大切仕、重　御前御為第一奉存、及心中程ハ随分念入相勤、御後闇覚悟存間敷候、并諸傍輩中不依誰人、悪心を以一味徒党仕間敷候、尤件之族於有之ハ早速御家老中迄可申上事、

一、御着到之儀、無依怙贔屓相改可申候、煩人之儀、支配方ゟ断有之候ハヽ、御帳ニ記置可申候、断も無之不罷出候者面々宿へ参、直々煩之様子見届、若作病之躰候歟、又ハ宿ニも不罷有候様成節ハ吟味仕、其旨御帳ニ付置可申事、

一、支配方ゟ暇を請、他出仕候ものハ支配人之証文を取、御帳ニ付置、若暇之日数相違仕、尤支配人ゟ之断も無之候ハヽ、其段御帳ニ急度記置可申候、附、対御役儀不儀之音信・礼物請申間敷事、

右之条々於相背者、

（神文欠）

＊横内頼母家歴代当主の役職履歴により宝暦二年と推定。

## 54　買物改証判役誓詞

文政十二年（一八二九）
青木家文書

（端裏書）「文政十二丑年八月十五日、於江戸表証判役誓詞被仰付
頼徳　」

起請文前書

一、拙者儀、今度御買物改証判役被　仰付難有奉存候、依之御役儀大切ニ仕、重　御前御為第一ニ奉存、及心申程者念入相勤、御後闇覚悟存間敷候、并諸傍輩中不依誰人、以悪心申合一味徒党不仕、諸役人之手前難得其意御為ニ不宜儀於有之者、御家老衆・御用人中迄可申上事、

一、諸事御買物之儀ニ付、同役無覆蔵申談、少も我意を立不申、御為宜方ニ可仕候、御出入又者御用申付候町人方ゟ祝儀・礼物請不申、金銀米銭一切借用仕間敷候、附、町人同道遊山慰事仕間敷事、

一、御用ニ而他国江罷越候刻、不作法ヶ間敷儀仕間敷候、諸職人ニ対し非分ヶ間敷儀不申懸ケ、召連候御中間召仕之者迄も左様之吟味急度可仕事、

一、御役儀ニ付、私欲・虚妄之儀者勿論、たとひ親子・兄弟・親類・縁者・身寄之者ニ至迄依怙贔屓仕間敷候、尤　御用向見分仕候儀共少も他言不仕、猥大酒仕間敷事、

右之条々於相背者、

（神文欠）

## 55　内目付役誓詞

文政十一年（一八二八）
青木家文書

（包紙）「文政十一戊子年二月九日、御用番於伊予（西郷）殿御宅
御内目付役ニ御役替被　仰付、
六代頼徳
御書付之写
青木　」

（端裏書）「文政十一戊子二月九日御内目付役被　仰付　頼徳」

起請文前書

一、拙者儀、今度御内目付役被　仰付難有奉存候、依之御奉公御役儀大切ニ仕、重　御前御為第一奉存、御用向万事之儀及心申程者随分念入相勤、御後闇覚悟存間鋪候、并諸傍輩中不依誰、以悪心申合一味徒党仕間鋪候、尤件之族於有之者早速可申上事、

一、壱人立被　仰付候御用之品勿論、御隠密之御用之儀、他人者不及申、親子・兄弟・親類・縁者・見寄之者を始、一切他言不仕、惣而常式御用向共ニ同役之儀ハ格別被　仰出無之内口外仕間敷候事、

一、親子・兄弟を始、親類・縁者・好身たる者之儀者勿論、惣而御家中衆之儀不依誰　御尋之刻、善悪之品存知候通無依怙贔屓有躰ニ申上之、少も讒言なと申上間敷候、尤大身・小身諸傍輩中不依何事御為如何と奉存候儀、又者町・郷中之儀不宜取沙汰有之候者弥心懸承届、御家老中迄可申達候、諸傍輩中并末々町人・百姓ニ至迄万事御為ニ不宜儀一切取持たて不仕、何方よりも不義之礼物・音信等請之申間敷候、附、御役儀ニ付、御威光を以身之威勢奢之覚悟を不存、対諸傍輩中不礼・

不義之仕形仕間敷事、

右之条々於相背者、

(神文欠)

## 56　鷹方目付・餌割役誓詞　宝暦五年（一七五五）

花木家文書

起請文前書

一、拙者儀、今度御鷹方御目付并餌割御役被　仰付難有奉存候、依之及心中程者御奉公御役儀大切ニ相務、重　御前御為第一ニ奉存、御後闇覚悟毛頭不奉存、諸傍輩中不依誰人以悪心一味徒党仕間敷候、尤件之族於有之者御家老衆・御用人中迄其向を以早速可申達候、附、御鷹役を初、御餌方・御餌指・御犬牽等迄も御役儀之勤方其外何事ニ而も善悪　御尋之刻無依怙贔屓有躰ニ可申上事、

一、御鷹之餌割并上ヶ鳥之儀麁末ニ不仕、急度御勘定等可仕候、并対御役儀不礼・奢之心底有間敷事、

一、御鷹役を初、其外御役人共并御鷹部屋御番人・小使等迄無依怙贔屓諸事可申付候、并泊鷹野御鷹尋ニ罷出候時分、於郷中御法度之通相守、不依何事無作法ヶ間敷儀仕間鋪候、附、惣而自何方茂非分之音物・賄賂等受申間敷候、尤替儀御座候ハ、御鷹御支配衆へ相窺可申事、

右之条々於相背者、

(神文欠)

＊花木伝蔵家歴代当主の役職履歴により宝暦五年と推定。

## 57　鳥札奉行兼帯誓詞　年未詳

花木家文書

起請文前書

一、拙者儀、当御役之上今度鳥札奉行御役兼帯被　仰付難有奉存候、依之御奉公御役儀大切ニ仕、重　御前御為第一ニ奉存、御用向万事之儀及心申程者随分念入相勤、御後闇覚悟存間敷候、并諸傍輩中不依誰人、以悪心一味徒党仕間敷候、尤件之族於有之者早速御家老中迄可申上事、

一、鳥札之儀ニ付、毛頭依怙ヶ間敷非義成儀なと仕間敷候、第一同役無覆蔵申談、尤御運上之儀無油断取立、御勘定可仕候、并鳥札望申もの有之候ハヽ、承届相渡し可申候、附、猟師手前より私用ハ勿論、御用ニ而鳥調申刻、少も押買仕間敷事、

一、札なしに鳥猟致し候もの、其外御法度相背候者承出し候ハヽ、早速遂吟味、籠舎申付可然族者御家老中江相伺之可申候、過料之儀ハ其科之軽重次第如御定急度過銭出させ可申候、何之科を以何と申者いかほと過銭出し候と有之儀、其村之庄屋・肝煎に証人判致させ取置、重而其様子可申上候、納申候過銭之儀、他人者不及申、親子・兄弟・親類・縁者・身寄之ものたりとも一切借し不申、勿論私用ニ引替用之申間敷事、

一、従前之御定之通、白鳥・雁・菱喰等之大鳥猟師とも持参仕候刻、　御在城之時分ハ早速達　御耳、　御意次第ニ可仕候、御留守之節者前々之通見分致候上、手形致させ持参仕候、大鳥猟師江遣し可申事、

一、在々廻り申節、自分之儀者勿論召仕之もの共迄堅申付、不作法猥かましき儀無之様ニ可仕候、尤対御役儀私曲之旨を不存、不義之音信・礼

物等一切請申間敷事、
　右之条々於相背者、
（神文欠）
＊花木伝蔵家歴代当主の役職履歴により、宝暦五年（一七五五）・元治元年（一八六四）のいずれかの年のものと推定される。

## 58　因幡守様附人誓詞

享保八年（一七二三）　彦根藩井伊家文書

（包紙ウハ書）
「出座　因幡守様御小納戸（浅村理兵衛　中村彦左衛門　荒川八左衛門　高野八平）
享保八癸卯年十月廿三日　因幡守様御附人　因幡守様ニ而者御家老御役　中居十次兵衛誓詞」

起請文前書

一、拙者儀、今度　因幡守様御附人ニ被　仰付難有奉存候、御奉公大切ニ仕、及心中程者念入相勤、御後闇不忠之覚悟聊存間敷候、悪心を以一味徒党仕間敷候、件之族於有之者早速御家老中迄可申達事、

一、於　因幡守様御家老御役并内外御用事頭取被　仰付奉畏候、依之　公私之御用事者不及申、勿論御勝手向之儀をも細ニ相考可申候、別心を差挟不申、　御双方御為第一ニ可奉存事、

一、壱人立被　仰付候御用者不及申、御仕置方并御隠密之儀、悴子・兄弟・親類・縁者たりとも一切他言不仕、惣而　御用向之儀被仰出無之内堅取沙汰仕間敷事、

一、不依何事　因幡守様対　御為存寄之儀者、其品により前後を考、可達御耳候、御機嫌を憚身構之仕合無之、心底之趣遠慮不仕可申上之事、

一、因幡守様御家中衆上下共善悪之儀御尋之節者、他人者不及申、親類・縁者等ニ至迄有躰を申上、少も讒言仕間敷候、附、御家中上下人柄御詮議之刻、依怙之贔屓を不仕、是又有躰可申上候、御役人等御吟味之砌者別而念入可申事、

一、惣而御仕置向并御用之筋ニゟ　御本家御家老中へも申達、少茂我意を不相立、正道ニしたかひ御用相達可申候、品により達　御耳可申候、尤御勝手向之義ニ付可遂対談義者、大橋惣右衛門江茂申談、又者御本家御役人中へも無覆蔵及相談、御費無之　御双方之御為相考可申事、

一、以御威光身之威勢奢之覚悟を不存、不礼之仕形無之、御家風を相守毛頭虚妄私曲仕間敷事、

　右条々於相背者、
（神文省略）
　享保八癸卯歳十月廿三日　中居十次兵衛（花押・血判）
　　御家老中
（熊野牛玉宝印貼継）

---

## 59　金之助様側役・附人誓詞

元文二年（一七三七）　彦根藩井伊家文書

（包紙ウハ書）
「元文二年丁巳年十二月十九日　出座（横田与左衛門　朝倉孫十郎

金之助様御側役誓詞　　　青木平左衛門　」

起請文前書

一、今度拙者儀、　金之助様御側役・御附人被　仰付難有奉存候、依之御奉公大切仕、　御幼年被成御座候とて諸事不奉軽、毛頭　御後闇覚悟を不存、及心中程者大切御奉公可仕候、尤常々奉対　御為候儀者勿論、御近習向之御作法旁不依何事、如何与存寄候儀者御家老中・御用人中迄内意申達、指図を請、品により達　御聴可然儀者身構不仕其趣を申上、万事奉重　御前、御為第一相勤、申上可然儀者身構不仕、万端可申上候、并悪心を以傍輩中申合一味徒党仕間敷候、若件之族於有之者、御家老中迄可申達事、

一、被　召上物等随分念入大切仕、毎度おにを致させ指上可申候、少も麁抹之儀無之様念入可申事、

一、御部屋御入用之儀、万端御台所向諸事之儀迄麁抹無之様夫々承届、諸事御役人可申談事、

一、御奥方対女中衆不作法之所存有之間敷候、若不依誰末々至迄作法不宜様子及見候者、御家老中・御用人中江可申達事、

一、御前向御隠蜜（密）并御奥方向之儀、他人者不及申、親子・兄弟・親類・縁者たりとも一切口外仕間敷事、

一、対御役儀　御威光を以身之威勢奢を不存、惣而不儀之音信・礼物請申間敷候、尤猥大酒等不仕、別而行跡相嗜御奉公可仕事、

右条々於相背者、

---

（熊野牛玉宝印貼継）

（神文省略）

元文二丁巳年十二月十九日　　　　青木平左衛門（花押 血判）

上

## 60　民部様傍役・附人誓詞　　　　宝暦四年（一七五四）

彦根藩井伊家文書

（包紙ウハ書）
「民部様御傍役御附人御誓詞　　鈴木平兵衛　」

宝暦四甲戌十一月六日　　出座（酒居三郎兵衛　百々久弥　大堀小右衛門）

起請文前書

一、拙者儀今度、　民部様御傍役御附人被　仰付難有奉存候、依之御奉公御役儀大切ニ仕、御為第一奉存、及心中程者随分念入相勤、御後闇覚悟聊存間敷候、勿論悪心を以諸傍輩中申合一味徒党仕間敷候、尤件之族於有之者早速御家老中其品ニより御用人中江も可申達事、

一、御部屋内外御用之筋念入相勤、万端御勝手向之儀迄も委細に心を附、御賄へも無覆蔵可申談事、

一、壱人立被　仰付候御用之品々不及申、御隠密之儀、親子・兄弟・親類・縁者・身寄之ものを初一切他言不仕、惣而御用向被　仰出無之内堅取沙汰仕間敷事、

一、不依何事　民部様対　御為存寄之儀者、其品により前後を考可達御耳候、御機嫌を軽身構之仕合無之、心底之趣遠慮不仕可申上之事、

一、御部屋附之面々上下共、御尋之節者其者之善悪有躰ニ申上、毛頭依怙贔屓不仕、尤讒言なと申上間敷候、若不届者なと御座候ハヽ、御家老

中・御用人中江達之可申事、

一、御威光を以身之威勢奢之覚悟を不存、不礼・不義之仕形無之、御家風を相専、毛頭私曲虚妄不仕、不儀之音信・礼物請之申間敷事、

右条々於相背者、

（熊野牛玉宝印貼継）

（神文省略）

宝暦四甲戌年十一月六日　鈴木平兵衛（花押／血判）

上

## 61　中務様附人誓詞　文政三年（一八二〇）　彦根藩井伊家文書

（包紙ウハ書）

「文政三庚辰年八月十八日　出座（西郷五郎右衛門／川手藤三郎／真野善次）

中務様御附人誓詞　勝野五太夫／西堀伝之丞」

起請文前書

一、拙者儀今度、中務様御附人被　仰付難有奉存候、依之御奉公御役儀大切ニ仕、御為第一ニ奉存、及心申程者随分念入相勤、御後闇覚悟存間敷候、并諸傍輩中不依誰悪心を以申合一味徒党仕間敷候、尤件之族於有之者、早速御家老中其品ニより御用人中江茂可申達事、

一、御部屋内外御用之筋念入相勤、万端御勝手向之儀迄茂委細心を附、御賄江茂無覆蔵可申談事、

一、御役儀相勤候内、及心候程者別而行跡相慎、麁相之覚悟存間敷候、附、御家老中・御用人中其外大身・小身たりとも法外不行跡之輩と見請候ハヽ、一分之覚悟を相立、其輩と馴合不申、尤一味仕間敷候、然共其者之善悪者不致口外、何となく参会指控可申候、此段仲ヶ間諸傍輩抔と申談、件之仕合毛頭無之、他不相構一分之了簡を以参会指控可申事、

一、壱人立被　仰付候御用之品者勿論、諸事御隠密之儀、他人者不及申、親子・兄弟・親類・縁者・身寄之者を始一切他言仕間敷候、常式御用向共ニ同役之儀者格別被　仰出無之内ハむさと口外不仕、惣而御近習向之儀堅取沙汰仕間敷候事、

一、御若年様之御事故、万端御為宜敷様申上、御機嫌憚身構之仕合無之、心底之趣不指控可申上候、并御用向之儀、同役并　両殿様御側役江万事無覆蔵可申談候、尤一分之我意を立不申、道理相立候多分之品ニ付、諸事御用向相違可申候、并御役義ニ付、以　御威光身之威勢奢之覚悟を不存、対諸傍輩不礼・不儀之仕形無之、御家風を相守、毛頭私曲・虚忘・不義之音信・礼物請之申間敷事、

一、於御奥方兼日御法度堅相守、対女中衆御後闇所存有之間敷候、尤不依何事於御奥方見聞仕候義、他人者不及申、親子・兄弟・親類・縁者・身寄之者を初一切口外不仕、諸事大切ニ相勤可申事、

右条々於相背者、

（熊野牛玉宝印貼継）

（神文省略）

文政三庚辰年八月十八日

勝野五太夫（花押血判）

西堀伝之丞（花押血判）

上

## 62　金之助様小納戸役誓詞

寛保元年（一七四一）

彦根藩井伊家文書

（包紙ウハ書）
「寛保元辛酉年十二月十六日　出座（鈴木平兵衛 内山治右衛門 高宮九介）

金之助様御小納戸誓詞　沢村軍六　」

起請文前書

一、拙者儀、今度　金之助様御小納戸役被　仰付難有奉存候、依之御奉公御役儀大切ニ仕、重　御前御為第一ニ奉存、及心申程者万事念入無油断相務、御後闇覚悟毛頭存間敷候、并不依誰人以悪心申合一味徒党仕間鋪候、尤件之族於有之者早速可申上事、

一、御近習向御奉公相勤候内、及心候程者別而行跡相慎、麁末之覚悟存間敷候、附、御家老中・御用人、其外大身・小身たり共、法外・不行跡之輩と見請候ハヽ、一分之覚悟を相立、其輩と馴合不申、尤一味仕間敷候、然共其者之善悪者不致口外、何となく参会指控可申候、此段仲ヶ間・諸傍輩なと、申談、件之仕合毛頭無之、他ニ不相構一分之了簡考を以、参会さし控可申事、

一、御小納戸方御預ケ万事之御道具別而無沙汰無之様可仕候、并御用立不申候諸色致御払物ニ候刻、御役人申談、宜様相考、毛頭麁末成儀仕間敷候、附、惣而諸役所より御用向之諸事請払不念無之様仕、第一同役中無覆蔵申談、少も我意を立不申、道理相立候多分ニ付御用相達、尤品々御用之御調物有之節者夫々之御役人手□（前）致吟味、猥御費無之様可仕事、

一、御膳等被　召上物不依何、御役人ニおにを致させ、少茂麁末不念成儀仕間敷候、并御前向ニ有之、万事之御書付内見不致之、御書付火中仕候刻、人伝ニ不申付、尤自分を初、堅他見無之様ニ仕、火所へ持参付罷在焼捨之可申候、惣而　御前向御用之儀、御隠密之品者勿論、善悪大小諸事不依何事、他人者不及申、親子・兄弟・親類・縁者・身寄之者を始、於外様堅取沙汰仕間敷事、

一、於御前向万事之品取散シ有之儀及見候刻者、不沙汰無之様仕差置可申候、并親子・兄弟・親類・縁者・身寄之者共之儀者不及申、御家老中を初、御近習・外様、惣而御家中侍中、大身・小身不依誰、善悪之品　御尋之刻者少も無依怙贔屓讒言不申上、存候通有躰ニ申上之、或者親子・兄弟・身近き者共之儀ニ而も常々行跡等相嗜、御奉公大切ニ相勤候者共之儀　御尋茂有之節者、遠慮不仕、存候程之儀者是又其品可申上候、附、対児小姓衆衆道之御法度堅相守之、町等之湯風呂江入不申、猥ニ傾城狂ひ仕間敷事、

右之条々於相背者、

（熊野牛玉宝印貼継）

（神文省略）

寛保元辛酉年十二月十六日　沢村軍六（花押血判）

御家老中

## 63 守真院様賄役誓詞　寛政七年（一七九五）

花木家文書

起請文前書

一、拙者儀今度、　守真院様御賄役被　仰付難有奉存候、依之及心申程者御奉公大切ニ仕、重　御前御為第一奉存、御用向万事之儀随分念入相勤、御後闇覚悟存間敷候、并諸傍輩中不依誰、以悪心申合一味徒党仕間敷候、尤件之族於有之者早速御家老中・御用人中迄可申上事、

一、御賄方諸事御所帯之儀無油断御損益相考、ぬけ并御費無之様可申談候、但御音物支度等申付候刻、下役任せニ不仕附罷在念入可申候、尤一分之我意を立不申、道理宜方ニ随ひ、御用相達可申候、勿論私曲之旨を不存、御出入之町人より馳走ヶ間敷儀、又ハ不義之音信・礼物一切受申間敷事、

一、御膳部之儀、常々御料理人申談、大事ニ心を付可申候、并御用之金銀米銭其外諸色他人者不及申、親子・兄弟・親類・縁者・身寄之者を初自分之了簡を以一切借し不申、尤私用ニ引替用之申間敷事、

一、御奥方向御法度之品堅相守、対惣女中衆御後闇覚悟仕間敷候、自然御為不宜儀有之女中見聞仕候ハヽ、其品可申上候、尤御奥方向万事之儀、他人者不及申親子・兄弟を初、一切口外仕間敷候、并御番人又ハ御台所辺ニ罷在候者共、御法度向相背候歟不届之様子見届候ハヽ、早速御家老中・御用人中江申達、品ニより　御直ニも可申上事、

一、請払之儀、如御定少も非分成儀不仕、自分ハ不及申、御用申付候下役人之手前をも吟味可仕候、支配之者共夫々誓詞致させ、御役義大切ニ相勤、私曲・虚妄無之様度々可申付候、若不届之族有之候ハヽ、御用人中迄有躰ニ申達之、品ニより御入替被成候様ニも可仕候、附、下々江非分成儀不申懸、猥大酒仕間敷事、

一、御奥方御庭御掃除其外万事御用等被　仰付候節、毛頭御後闇覚悟奉存間敷事、

一、所々しまり之鎰御預ケ之上、自分之用事ニ明ケたて仕間敷候、并下々不作法ヶ間敷義仕らせ申間敷事、

一、御奥方ニ而被　仰付候御用之品、外様ニ而一切取沙汰仕間敷事、

一、守真院様御附其外江も諸事無覆蔵申談相勤可申事、

右之条々於相背者、

（神文欠）

＊花木伝蔵家歴代当主の役職履歴により寛政七年と推定。

## 64 虎之助様守役誓詞　享保二十年（一七三五）

彦根藩井伊家文書

（包紙ウハ書）

「享保二十年卯九月十五日　出座（鈴木平兵衛 山角弥左衛門 石原善兵衛）

虎之助様御守役誓詞　内田源大夫」

起請文前書

一、今度拙者儀、　虎之助様御守御役被　仰付難有奉存候、依之御奉公大切ニ仕、御幼年ニ被成御座候とて諸事不奉軽、毛頭御後闇覚悟を不存、及心中程者御大切ニ御守可仕候、尤常々奉対御為候儀者勿論、御近習向之御作法旁不依何事、如何与存寄候儀者御家老中・御用人中迄内意申達、指図を請、品により達　御聴可然儀者身構不仕其趣を申上、万事奉重　御前、御為第一ニ相勤候様ニ可仕候、并以悪心傍輩中申合一味徒党仕間敷候、若件之族於有之者早々御家老中江可申達事、

一、被召上物等随分念入大切ニ仕、毎度おにを致させ指上可申候、少茂麁抹之儀無之様念入可申事、

一、対御役儀御威光を以身之奢を不存、惣躰不義之音信・礼物請申間敷候、尤猥ニ大酒仕間敷候事、

右之条々於相背者、

---

（熊野牛玉宝印貼継）

（神文省略）

享保廿乙卯年九月十五日　　内田源大夫（花押・血判）

御家老中

### 65　卯之次郎様守役誓詞　　元文五年（一七四〇）

彦根藩井伊家文書

（包紙ウハ書）

「元文五庚申年五月五日　　出座（鈴木平兵衛・堀部十右衛門・朝倉孫十郎）

卯之次郎様御守役誓詞　　松永彦右衛門」

起請文前書

一、今度拙者儀、　卯之次郎様御守御役被　仰付難有奉存候、依之御奉公大切ニ仕、御幼年ニ被成御座候とて諸事不奉軽、毛頭御後闇覚悟を不存、及心中程者御大切ニ御守可仕候、尤常々奉対御為候儀者勿論、御近習向之御作法旁不依何事、如何と存寄候儀者御家老中・御用人中迄内意申達、指図を請、品により達　御聴可然儀者身構不仕其趣を申上、万事奉重　御前、御為第一ニ相勤候様ニ可仕候、并以悪心傍輩中申合一味徒党仕間鋪候、若件之族於有之者早々御家老中江可申上事、

一、被　召上物等随分念入大切ニ仕、毎度おにを致させ指上可申候、少も麁末之義無之様念入可申事、

一、諸事　御奥方向之儀他人者不及申、親子・兄弟・親類・縁者・身寄之者たり共一切口外仕間布候、尤対女中衆不作法成所存有之間敷候、若御附之之（衍カ）面々末々迄件之族於有之者、御家老中・御用人中迄可申上事、

一、対御役義　御威光を以身之奢を不存、惣躰不義之音信・礼物請申間敷候、尤猥ニ大酒仕間敷候事、

右之条々於相背者、

---

（熊野牛玉宝印貼継）

（神文省略）

元文五庚申年五月五日　　松永彦右衛門

重利（花押・血判）

御家老中

## 66　欽次郎様伽役誓詞　文化十年（一八一三）

青木家文書

（端裏書）「文化十癸酉九月　欽次郎様御伽役ニ御雇被仰付　頼徳　木俣鐸之介ノ中」

起請文前書

一、拙者儀今度、　欽次郎様御伽役ニ御雇被　仰付難有奉存候、依之御奉公弥大切ニ仕、殊ニ不奉軽御用向万事之儀、及心申程者随分念入相勤、御後闇覚悟存間敷候、并諸傍輩中不依誰、以悪心申合一味徒党仕間敷候、

一、御威光を以身之威勢驕之覚悟存間敷事、

一、御前向之儀、不依何事見聞之儀、他人者不及申、親子・兄弟・親類・縁者たりとも聊口外仕間敷候、大切成御役義ニ候間、猥大酒仕間敷事、

一、御役前勤向ニ付、御奥方へ罷出候節、兼而之御法度堅相守、対御女中衆不作法かましき儀無之、御後闇儀毛頭仕間敷候、尤何事ニ不依見聞仕候御奥方向之儀、他人者不及申、親子・兄弟・親類・縁者・身寄之者初、一切口外仕間敷事、

右之条々於相背者、

## 67　当分近習誓詞　延享二年（一七四五）

彦根藩井伊家文書

（包紙ウハ書）

「
延享三丙寅年二月廿七日　出座（酒居三郎兵衛　内山次右衛門　上田八右衛門）

当分御近習誓詞　日下部善太郎」

起請文前書

一、拙者共儀、此度当分御近習ニ被　仰付難有奉存候、依之重　御前御為第一奉存、及心申程者御傍向之御奉公無油断念入相勤、御後闇覚悟毛頭存間敷候、并不依誰人以悪心申合一味徒党仕間敷候、尤件之族於有之者早速可申上事、

一、御近習向御奉公相勤候内、及心候程者別而行跡相慎、麁抹之覚悟存間敷候、附り、御家老中・御用人其外大身・小身たり共法外・不行跡之輩と見請候者、一分之覚悟を相立、其輩と馴合不申、尤一味仕間敷候、然共其者之善悪者不致口外、何となく参会指控可申候、此段仲ヶ間・諸傍輩なと、申談、件之仕合毛頭無之、他に不相構一分之了簡考を以、参会指控可申事、

一、御膳等被　召上物不依何、御役人にをにを致させ、少も麁末不念成儀仕間敷候、并　御前向ニ有之万事之御書付内見不致之、御書付等火中仕候刻、人伝ニ不申付、尤自分を初、かたく他見無之様に仕、火所江持参付罷在、焼捨之可申候、物而　御前向御用之儀、御隠密之品ハ勿論、善悪大小諸事不依何事、他人者不及申、親子・兄弟・親類・縁者・身寄之者を初、於外様堅取沙汰仕間敷事、

一、於　御前向万事之品取散し有之儀及見候刻者、何時も不沙汰無之様ニ仕差置可申候、并親子・兄弟・親類・縁者・身寄之者之儀者不及申、御家老中を初、御近習・外様、物而御家中侍中、大身・小身不依誰、善悪之品　御尋之刻者、少も無依怙贔屓讒言不申上、存候通有躰ニ申上之、或親子・兄弟・身近きもの共之儀ニ而も常々行跡等嗜、御奉公

大切ニ相勤候者共之儀　御尋も有之節者、遠慮不仕、存候程之儀者是又其品可申上候、附、対児小姓衆ニ衆道之御法度堅相守之、町等之湯風呂江入不申、猥傾城狂ひ仕間敷事、

右之条々於相背者、

（熊野牛玉宝印貼継）

（神文省略）

延享二乙丑年正月廿三日

今村長次郎
勝安（花押/血判）

八田源太
知□（花押/血判）

今村熊次郎
正為（花押/血判）

河西源五左衛門
良資（花押/血判）

杉原三十郎
守□（花押/血判）

御家老中

延享三丙寅年二月廿七日

日下部善太郎（花押/血判）

御家老中

## 68　当分近習誓詞

安永五年（一七七六）

彦根藩井伊家文書

（包紙ウハ書）
「安永五丙申年十一月七日　出座（三浦左膳／本城善右衛門／高宮兵右衛門）
当分御近習誓詞　奥平外衛」

起請文前書

一、拙者儀、今度当分御近習ニ被　仰付難有奉存候、依之重　御前御為第一奉存、心ニ及申程者御傍向之御奉公無油断念入相勤、御後闇覚悟毛頭存間敷候、并不依誰以悪心申合一味徒党仕間鋪候、尤件之族於有之者早速可申上事、

一、御膳等被　召上物不依何、御役人ニおにを致させ、少茂麁抹不念成儀仕間敷候、并　御前向に有之万事之御書付内見不致之、御書付等火中仕候刻、人伝ニ不申付、尤自分を始、堅他見無之様ニ仕、火所江持参附罷在焼捨之可申候、惣而　御前向御用之儀、御隠密之品勿論、善悪大小諸事不依何事、他人者不及申、親子・兄弟・親類・縁者・身寄之者を初、外様ニおゐて堅取沙汰仕間敷事、

一、於　御前向万事之品取散し有之儀及見候刻者、何時も不沙汰無之様ニ仕差置可申候、并親子・兄弟・親類・縁者・身寄之者共之儀者不及申、御家老中を初、御近習・外様、惣而御家中侍中、大身・小身不依誰、善悪之品御尋之刻者、少茂無依怙贔屓讒言不申上、存候通有躰ニ申上之、或者親子・兄弟・身近キもの共之儀ニ而も常々行跡等嗜、御奉公大切ニ相勤候者共之儀　御尋茂有之節ハ、遠慮不仕、存候程之儀者是又其品可申上候、附、対児小姓衆江衆道之御法度堅相守之、町等之湯風呂江入不申、猥傾城狂ひ仕間敷事、

右之条々於相背者、

（熊野牛玉宝印貼継）

（神文省略）

安永五丙申年十一月七日　　奥平外衛（花押・血判）

御家老中

正徳四年（一七一四）　　彦根藩井伊家文書

## 69 扈従役（小姓役）誓詞

（包紙ウハ書）

「寛延元戊辰年十二月廿七日　出座（山本伝八郎・山根安右衛門）

御小姓誓詞　　荻原源次郎　」

起請文前書

一、拙者共儀、御扈従役御近習御奉公相勤難有奉存候、依之重　御前御為第一ニ奉存、及心申程者御傍向之御奉公無油断念入相勤、御後闇覚悟毛頭存間鋪候、并不依誰人、悪心を以申合一味徒党仕間敷候、尤件之族於有之者早速可申上事、

一、御膳等被　召上物不依何、御役人ニおにを致させ、少も麁末不念成儀仕間敷候、并御前向ニ有之万事之御書付内見不致之、御書付等火中仕刻、人伝ニ不申付、尤自分を初、堅他見無之様ニ仕、火所へ持参附罷在焼捨之可申候、惣而　御前向御用之儀、御隠蜜（密）之品者勿論、善悪大小諸事不依何事、他人者不及申、親子・兄弟・親類・縁者・身寄之者を初、於外様堅取沙汰仕間敷事、

一、於御前向万事之品取散有之儀及見候刻者、何時茂無沙汰無之様ニ差置可申候、并親子・兄弟・親類・縁者・身寄之者共之儀者不及申、御家老中を初、御近習・外様、惣而御家中士中、大身・小身不依誰、善悪之品御尋之刻者、少茂無依怙贔屓讒言不申上、存候通有躰ニ申上之、或者親子・兄弟・身近き者共之儀ニ而も常々行跡嗜、御奉公大切ニ相勤候者共之儀　御尋も有之節者、遠慮不仕、存候程之儀者是又其品可申上候、附、対児小姓衆衆道之御法度堅相守之、町等之湯風呂江入不申、猥傾城狂ひ仕間敷事、

右之条々於相背者、

（熊野牛玉宝印貼継）

（神文省略）

正徳四甲午歳十二月

西郷軍次（花押・血判）

今村源介（花押・血判）

正木左門（花押・血判）

奥山又市（花押・血判）

青木松之丞（花押・血判）

御衆中

正徳六丙申歳三月廿一日

今村丹蔵（花押血判）
正木忠次郎（花押血判）
大塚百之助（花押血判）

御家老中

享保元丙申年七月十二日

奥山弾蔵（花押血判）
荻原源次郎（花押血判）

御家老中

寛延元戊辰年十二月廿七日

荻原源次郎（花押血判）

御家老中

＊児小姓役誓詞は扈従役のものと同一文言。

## 70　勘定小頭誓詞

文化八年（一八一一）
彦根藩井伊家文書

起請文前書

一、拙者義、御勘定小頭被仰付難有奉存候、依之及心申程者御奉公御役義随分大切ニ相勤、御後闇覚語(悟)毛頭存間敷候、并諸傍輩中不依誰、悪心を以申合一味徒党仕間敷候、尤件之族於有之者御支配方迄可申上事、

一、弐拾八万石御台所入并給所御物成、其年之豊凶に随ひ相極り候時分、御筋奉行衆・御勘定奉行衆・御代官役衆立会御勘定之上、御取附仕候節、万ぬけ無之様ニ御損益ヲ相考、右両御奉行方へ御相談可申上事、

一、郷中小物成又者年々改出しの所ぬけ無之様ニ念入可申候、并地頭方御百性ニ対し御勘定合之義、他人ハ不及申、親子・兄弟・親類・縁者・身寄之ものを初、少も依怙贔屓仕間敷候、縦親類・縁者之知行所有之候共、是又依怙贔屓不仕、又者自分と不和成もの御勘定持出候而出申候共、無理非道成義仕間敷事、

一、惣而御勘定之義、細ニ念入御損益ヲ相考、麁抹無之様ニ御勘定為仕可申候、尤御百性・町人万御勘定持候者之方ゟ金銀米銭ハ不及申、音信・礼物一切受申間敷候、并諸勘定持衆之内、御勘定一巻ニおゐて御後闇不儀之仕方見出候ハヽ、指控不申吟味、若御役義不相応之者と見届候ハヽ、早速御勘定奉行衆へ可申上候、讒言抔仕間敷事、

一、御勘定ニ相立候もの不依何事、以後御尋之時分ハそれ〳〵に御勘定ニ相立申候通、委細ニ書付指出可申候、至(ママ)、

一、御尋之節、指引なと仕間敷候、附、御勘定所之御帳者不及申、御用御書物等誰人望頼候共、一切借し申間敷事、

横野藤右衛門
名乗なし（花押血判）

文化八未年二月十四日

御元方勘定奉行衆

## 71　筋方引ケ人誓詞

天明二年（一七八二）
横内家文書

起請文前書之事

一、拙者共御筋方御引ケ人相勤候ニ付、郷中万事之勤方被　仰付畏奉存候、依之及心申程者御奉公大切ニ相勤、毛頭御後闇覚語（悟）存間敷候、并諸傍輩中悪心ヲ以申合一味徒党仕間鋪候、尤件之族於有之者早速可申上事、

一、兼日被　仰出御法度之趣急度相守、御勘定所并郷中何事ニ而茂御筋御用向麁抹ニ不仕随分念入相勤可申候、第一於郷中宅ニ茂御百姓対シ御用之御威光を以少もかさつケ間敷儀不仕、於郷中借銀借米不致之、金銀米銭者不及申、軽キ野菜等ニ至迄音信・礼物・振舞・馳走ケ間鋪儀、自分之儀者不及申、妻子・兄弟等ニも急度申付置、一切請申間敷事、

一、公事御裁許之時分、如何様之御相談承候而も、外ニ而取沙汰口外仕間敷候、勿論公事人之内、親子・兄弟・親類・縁者・身寄之者御座候共、内通依怙贔屓仕間敷候、不依何事筋御用ニ付御書物相認候共、他言申間鋪事、

一、郷中川除・馬割・道作り・山廻り、或者諸御大名方御通り之刻川越之御用等、諸事奉行ニ参候共、少も油断麁抹ニ不仕之、人馬之指引竹木万事之諸払念入我侭不儀之仕形無之、御百姓痛費ニ成候儀仕間鋪候、勿論女欲・衆道事、其外遊興ケ間鋪義有之間鋪候、

一、炭黒木焼出候時分随分念入、駄賃人足之運賃少も無滞依怙贔屓不仕相渡シ、御入用米之内、尤升取之者江念入可申候、并炭黒木地払之刻、代銀等ニ至迄私欲・虚妄毛頭仕間鋪事、

一、田畑山林検地・検見、并論所之検使、又ハ家作見分其外諸事検使ニ参候節、町反畝歩之縄竿打申ニ付、随分廉直ニ有躰ニ可仕候、惣而不寄何事郷中御用ニ参候共、御百姓私用ニ遣申間敷候、尤伝馬旅籠出させ申間鋪候、若俄ニ煩出シ行歩不任心底時者、旅駕、軽尻馬借り申候共、其代物を遣シ手形取指上、少茂偽り申上間鋪候、附、押買仕間敷事、

一、公事目安等他人之儀者不及申、親子・兄弟・親類・縁者・身寄之者たりとも、一切取持申間敷候、

一、惣御引ケ人之内不宜仕方有之候ハヽ、其ものニ申聞せ相改候様ニ可仕候、其儀不得心ニ候ハヽ、早速可申上候、并勤方万事善悪之儀相互ニ見聞仕置、御尋候時分有躰ニ可申上候事、

一、御筋方御用向万事於勤方ニ者御本役様方御組下同様ニ仕、少も相違成義存間鋪事、

一、御改筋宗旨之儀者勿論、諸事疑敷筋者随分念入遂吟味ヲ、少も麁抹ニ不仕之、尤依怙贔屓之沙汰一切仕間鋪事、

一、御帳元者勿論、夫々持前御役割厚ク心懸、御吟味筋少も手抜無之様一切油断仕間鋪事、

右之条々於相背者、

（熊野牛玉宝印貼継）

（神文省略）

天明二壬寅年十一月

山口六右衛門（花押）（血判）

（以下二十四名略）

## 72　筋組誓詞

天明四年（一七八四）

横内家文書

起請文前書之事

一、拙者共御筋組ニ罷有候ニ付、郷中万事之勤方被　仰付畏奉存候、依之及心ニ申程者御奉公大切ニ相勤、毛頭御後闇覚語(悟)存間敷候、并諸傍輩中悪心ヲ以申合一味徒党仕間敷候、尤件之族於有之者早速可申上事、

一、兼日被　仰出候御法度之趣急度相守、御勘定所并郷中何事ニ而茂御筋御用向麁抹ニ不仕、随分念入相勤可申候、第一於郷中宅ニ茂御百姓ニ対シ御用之御威光ヲ以少もかさつケ間敷義不仕、於郷中借銀借米等不致之、金銀米銭者不申及、軽キ野菜等ニ至迄音信・礼物・振舞・馳走ケ間敷儀、自分之儀者不及申、妻子・兄弟等ニ茂急度申付置、一切請申間敷事、

一、公事御裁許之時分如何様之御相談承候而も、外ニ而取沙汰口外仕間敷候、勿論公事人之内、親子・兄弟・親類・縁者・身寄之者御座候共、内通依怙贔屓仕間敷候、不依何事御筋御用ニ付御書物相認候共、他言申間敷候、猶又御役所御用紙之類麁抹仕間敷事、

一、郷中川除・馬割・道作り・山廻り、或者諸大名方御通之刻川越之御用等、諸事奉行ニ参候共少も油断麁抹不仕、人馬之指引竹木万事之諸払念入、我侭不儀之仕形無之、御百姓痛責(費カ)ニ成候儀仕間敷、勿論女欲・衆道事、其外遊興ケ間敷儀有之間鋪候、

一、炭黒木焼出候時分随分念入、駄賃人馬之運賃少も無滞依怙贔屓不仕相渡し、御入用米之内、尤升取之もの江念入可申付候、并炭黒木地払之刻、代銀等ニ至迄私欲・虚妄毛頭仕間敷事、

一、田畑山林検地、并論所之検使、又ハ家作見分其外諸事検使ニ参候節、町反畝歩之縄竿打申ニ付、随分廉直ニ有躰ニ可仕候、惣而不寄何事郷中御用ニ参候共、御百姓私用ニ遺(遣カ)申間敷候、若俄ニ煩出し行歩不任心底時者、旅籠軽尻馬借申候共其代物を遣し手形取差上、少茂偽申上間敷候、附、押買仕間敷事、

一、公事目安等他人之儀者不及申、親子・兄弟・親類・縁者・身寄之ものたりとも、一切取持申間敷候、

一、御改筋宗旨之儀者勿論、諸事疑敷筋者随分念入遂吟味、少も麁抹ニ不仕、尤依怙贔屓之沙汰一切(仕脱カ)間敷事、

一、御帳元其外夫々持前御役割厚ク心懸、御吟味筋少も手抜無之様一切油断仕間敷事、

一、両手代之分者組中万事勤方善悪共無依怙贔屓、御尋之節者有躰申上、不宜仕形有之候ハ、其者ニ申聞せ相改候様ニ可仕候、其儀無得心者於有之者早速可申上候、自分之儀者猶以右ケ条之趣急度相慎可申事、

右条々於相背者、

(熊野牛玉宝印貼継)

(神文省略)

天明四甲辰年

正月

中村由太夫

吉政(花押)(血判)

(以下、十五名略)

中西良蔵

義道(花押)(血判)

手代

林文左衛門

重良(花押)(血判)

## 73 代官（町人代官）誓詞

安永十年（一七八一）
四十九町代官家文書

（包紙ウハ書）
「写
上
安永十辛丑年正月
天明元改元
宮田彦左衛門」

下書

起請文前書

一、拙者儀、御代官御役被　仰付難有奉存候、依之及心申程者御役義大切ニ相勤、毛頭御後闇覚語（悟）存間鋪候、并御代官中ケ間以悪心申合一味徒党仕間敷候、尤件之族於有之者早速御奉行方迄可申上事、

一、御所務納方、其年之豊凶を相考、御免合之儀随分念入御損益遂吟味、郷中内検之時分茂細ニ相考、諸事ぬけ無之様ニ可仕候、縦御百姓之内、親子・兄弟・親類・縁者・身寄之もの有之候共、少も依怙贔屓不仕、存寄候通御筋方江可申上候、并御百姓与勘定合、納方少茂非分成儀を不申懸、細ニ念入御勘定相立可申候、附、御代官所・夫米所共御年貢ニ可罷成義見逃シ聞逃シ成次第ニ不仕、御所務宜可罷成道理も候ハヽ、委遂吟味可申上事、

一、御用米・松原両御蔵、毎秋御物成納候時分ハ不及申、常々何事も手代任ニ指置不申、面々御預ケ之御蔵江罷出、急度御用向自分ニ相勤可申候、并大津江御米上り候節、又者御家中三度之御切米・御足米・馬大豆等出候刻、又者毎月御扶持方米出候時分も、手代壱人指越不申面々ニ罷出、御蔵奉行衆御役人方立合、麁抹無之様ニ可仕候、或者手形を以御蔵入、或者当分預り手形等ニ至迄、毛頭虚妄紛敷仕形有之間敷候、御勘定所御用之筋者御蔵ニかこつけ、御蔵御用之節者御勘定所御用ニ申延抔、我侭不儀之仕形少茂仕間敷事、

一、面々御預ケ之御代官所并夫米所ニ御百姓公事出入有之節者、双方之申分委細承届ケ遂吟味、少も依怙贔屓なく其訳有躰ニ御筋方江可申上候、并御百姓男女共他国江奉公ニ罷越候義、一切仕らせ申間敷候、若指遣シ不申候而不叶節者御奉行方江訴、御指図次第ニ可仕候、御代官所・夫米所共御法度之趣堅ク相守候様ニ申付、若徒もの又ハ悪事仕候もの承候ハヽ、隠置不申、早速可申上候、惣而御筋奉行・御町奉行方御指図を急度相守、毛頭違背仕間鋪事、

一、於郷中、私用ニ付御百姓一切遣申間敷候、尤御百姓又者御蔵ニ而出合候者共方ゟ音信・礼物不依何請之不申、勿論押買仕間鋪候、手代・召仕之者迄茂申附、件之不儀仕らせ申間鋪事、

一、於郷中、自分者不及申、手代并召仕之者ニ至迄、御百姓之手前ゟ借銀・借米堅ク不仕、并他領ニ而御百姓ニ金銀米銭才覚為致借り申間敷候、尤御用ニ付出候節、伝馬・旅駕等乗申間敷候、万一煩出シ行歩不任心底時者、駕籠・から尻馬代物相極罷乗、手形を取、御筋方迄出シ可申候、勿論郷中ニ而女欲・遊興・不作法仕間鋪事、

一、手代之者人柄吟味仕、急度誓詞致させ、毛頭不儀候ハヽ、仕形無之様ニ可申付候、尤召仕之下人ニも誓詞為仕可申事、

右之条々於相背者、

牛王裏ニ　　　　継目之上

（神文省略）

安永十辛丑年　　　　宮田彦左衛門

正月　　判

御役人中

## 74　米札方下役誓詞　年未詳　喜久川家文書

起請文前書之事

一、拙者儀、此度米札方下役ニ被仰付難有奉存候、依之御役義大切仕、御用向万事之義及心中程ハ随分念入相勤、御後闇覚悟毛頭存間敷候、并同役中誰人ニ不寄悪心ヲ以一味徒党仕間敷事、

一、於引替所金銀并米札日々出入指引帳面ニ印形可致候、尤其時々之米札有高・正金銀有高、其外不依何事右御用向之儀一切他言仕間敷事、

一、長浜町・高宮宿両所へ相詰候節、并旅宿ニおいても、無用之夜行又ハ男女ニ対し不作法かましき儀仕間敷事、

一、於御領内正金銀取遣ひ勿論、内証ニ而相対ヲ以引替又ハ売買等仕候義及見聞候ハヽ、御内意可申上事、

一、会所物を初メ手代・小もの等迄不届猥成儀及見聞候ハヽ、早速可申上候、尤右之もの共方ゟ金銀米銭ハ不及申、音信・礼物等一切受申間敷事、

一、於引替所兼日御条目之御趣急度相守、転奕（博カ）惣而諸勝負事并遊興かましき儀仕間敷事、

一、同役之中、右之旨相背、不届・不作法仕ものも候ハヽ、見届内証可申上候、中あしく候とてさらへ申間敷事、

右之条々於相背者、

（神文欠）

## 75　奥入誓詞　元文五年（一七四〇）　彦根藩井伊家文書

（包紙ウハ書）

「元文五庚申年十一月十一日　（沢村小平太／高野市兵衛／上田八右衛門）

奥入被　仰付候付誓詞　木俣多門」

起請文前書

一、拙者儀、今度御用ニ付御奥方江被為　召難有奉畏候、依之諸事大切ニ相心得、被　仰付候御用之筋者勿論、奥方向之儀不依何事、聊以口外仕間敷事、

一、於御奥方対御女中衆不作法之仕方無之、御後闇儀毛頭仕間敷候、并御法度向自然相背候者有之候歟、其外不宜筋見聞仕候ハヽ、早速御用人中迄達可申事、

一、御小納戸役見習被　仰付候節、相認差上候起請文前書之趣堅相守、万端念入御奉公大切ニ相勤可申事、

右之条々於相背者、

（熊野牛玉宝印貼継）

---

（神文省略）

元文五庚申年十一月十一日　木俣多門（花押／血判）

御用人中

## 76　章蔵様小納戸役奥入誓詞

宝暦十二年（一七六二）
彦根藩井伊家文書

（包紙ウハ書）
「宝暦十二壬午年十一月二日　出座（大嶋五大夫
三田村万右衛門）

章蔵様御小納戸役奥入誓詞　所善之助
西堀源蔵」

起請文前書

一、拙者共、此度　章蔵様御小納戸役被　仰付候付、御用有之、自然御奥方江罷出候節、兼日之御法度堅相守、御女中ニ対し不作法ケ間敷儀無之、御後闇儀毛頭不仕、諸事大切ニ相心得可申事、
一、不依何事見聞仕候御奥方向之儀、他人者不及申、親子・兄弟・親類・縁者・見寄之者を初、一切口外仕間敷事、
右之条々於相背者、

（熊野牛玉宝印貼継）

（神文省略）

宝暦十二壬午年十一月二日　所善之助（花押）（血判）
西堀源蔵（花押）（血判）

御用人中

## 77　鷹頭取奥入誓詞

天明六年（一七八六）
彦根藩井伊家文書

（包紙ウハ書）
「天明六丙午年九月十一日　出座（藤田弥五右衛門
岡見半大夫
竹花小右衛門）

御鷹頭取御奥入誓詞　鈴木佐殿」

起請文前書

一、拙者儀、以来者奥方向より　御出之節茂御側役同様ニ御供可相勤旨被　仰付奉畏候、依之不依何事於御奥方向見聞仕候儀、他人者不及申、親子・兄弟・親類・縁者・見寄之者を初、一切口外仕間敷事、
一、対女中衆御後闇所存御法度之品一切相背申間敷候、附、自然　御為ニ不宜儀有之女中見聞仕候ハヽ、其品無遠慮可申上事、
右之条々於相背者、

（熊野牛玉宝印貼継）

（神文省略）

天明六丙午年九月十一日　鈴木佐殿（花押）（血判）

御家老中

## 78　評定目付側役詰所出座誓詞

寛政三年（一七九一）
彦根藩井伊家文書

（包紙ウハ書）
「寛政三辛亥年四月十九日　出座（後閑新兵衛
中村助左衛門）

「竹花小右衛門
評定御目付於江戸表詰所之儀ニ付誓詞　小沢作左衛門」

起請文前書

一、拙者儀、今度江戸詰被　仰付候付、御表方計ニ相詰候而者御用向茂不弁候付、御側役詰所江罷出、御用向可相勤被　仰付奉畏候、御近習同様御張紙内江罷出候ニ付、御側向之儀見聞仕候御用筋、親子・兄弟始一切他言不仕、別而相慎可申事、

右之条々於相背者、

（熊野牛玉宝印貼継）

（神文省略）

寛政三辛亥年四月十九日　小沢作左衛門（花押）（血判）

御家老中

## 79　直勤御用助誓詞　寛政六年（一七九四）

彦根藩井伊家文書

（包紙ウハ書）

「寛政六甲寅年七月十八日　出座（酒居三郎兵衛／相馬右平次／大堀藤蔵）

御直勤御用助誓詞　瀬下八郎」

起請文前書

一、拙者儀、今度　御直勤御用助被　仰付難有奉存候、依之御役儀大切仕、重　御前御為第一奉存、　公儀御用者不及申、　御自分御用向万事之儀及心中程者随分念入相勤、御後闇覚悟存間鋪候、并諸傍輩中不依誰以悪心申合一味徒党仕間敷候、尤件之族於有之者早速可申上事、

一、御直勤御用之儀他人者勿論、親子・兄弟・親類・縁者・身寄之者を初、一切他言仕間鋪候、

一、御直勤御用認物之儀、御用懸り之面々江無覆蔵申談、我意立申間鋪事、

右之条々於相背者、

（熊野牛玉宝印貼継）

（神文省略）

寛政六甲寅年七月十八日　瀬下八郎（花押）（血判）

御家老中

## 80　普請場勤誓詞　年未詳

願成寺文書

起請文前書之事

一、御普請場無油断慥ニ相勤可申候、御普請方諸奉行人之内、御為ニ悪敷不作法者於有之ハ早速可申上事、

一、御普請方御払物仕候刻者少之物も入札ニ仕可申候、定来候直段之物払候刻に能々吟味仕、払代銀取立上納可申候、右之代銀壱銭ニ而も私用ニ毛頭遣申間敷候事、

一、旅御用ニ参候者、宿銭払候而手形取可申候、諸事不作法無之様ニ嗜、大酒仕、女狂ひ又者勝負ケ間敷儀不仕、勤場所少もはなれ申間敷候事、

一、御用達申ニ付、礼物・音信かりそめ之物も申請間敷候、附り、御家中役人・郷人足共私用ニ壱人も召遣申間敷事、
一、中間之内、御為ニ御後闇者有之候者、互ニ無遠慮急度可申上候事、
右之条々於相背者、
（神文欠）

## 2 被仰出候事共之留

宝暦九年（一七五九）から同十年頃
彦根藩井伊家文書

（表紙）
「被　仰出候事共之留」

献上之式

御在府之節、於江戸表指上物之覚
一、年頭　御着府　御暇
右、御用部屋中組合ニ而干鯛一折
一、寒暑
右、御用部屋中組合、生御肴一折
一、事立候御祝儀之節者伺可申事
一、御用部屋中出府之節者生御肴一折宛
御在城之節、於彦根指上物之覚
一、御着城　年頭　御発駕前
右、御家老　御中老　御用人　小溜各席々組合、干鯛一折宛、
但、彦根　御発駕之節者右之外ニ御家老中銘々ニ干鯛一折・御扇子以使者指上ル
一、寒暑
右、前段組合之通ニ而生御肴一折宛、
一、江戸ニ而御用部屋相勤候面々彦根着之節、　御在城之節者生御肴一折、

一、自分御礼之節者相伺可申事、
一、三隠居
御着城之時分、干鯛一折宛、其余　御在城中ニ一度一種宛之事、
右之通被　仰出、
一、彦根江戸共常式　御定被遊候得共、　御在府之節、従彦根年頭之外指上候ニ不及事、
一、由緒有之代々指上来候品有之面々者、只今迄之通ニ可相心得事、
一、御献上之雁・鴨、最初鴨　御手ニ入候而茂先御悦申上、追而雁　御手ニ入候節、猶又御悦可申上候、且最初雁　御手ニ入候ハヽ、御悦申上、追而鴨之節ハ御悦不及候事、御肴指上候者御物数揃候上可指上事、
但、御物数揃候と申ハ、雁一ツ鴨一ツ出来候得ハ御物数揃ニ立候事、
一、御着府御祝儀上ケ肴江戸御用部屋中一組、御供之者共干鯛一折、御家老中同一組、御中老中同断、御用人中同断、

御礼之式

一、御側医者・奥入御医師之分江戸上下　御目見等、常式御目見場所ニ而可被　仰付候、表向御医師之分ハ是迄之通ニ候事、
一、於御書院御礼事有之節、御書院相済候而松之間江御出被遊、一統之　御目見可被為請事、但、御目付中江指紙ヲ以申渡置候事
一、婚姻之礼、母衣以上忰ハ親可申上、家督取ハ自分可申上事、
一、隠居之礼、物頭以上名代ヲ以可申上事、
右、可申上事、

一、家督之御礼申上候、
一、隠居之御礼申上候、
一、跡式相続被　仰付候御礼申上候、
一、役儀之御礼申上候、武役ハ役名申之、
一、役替之御礼申上候、武役右同断、
一、従江戸罷登候、
一、江戸江罷下候、
右之通取合可申候、外准之事、但、右之分御直筆御覚書也
一、町奉行ゟ武川源左衛門当分筋方兼帯被　仰付候御礼之儀、先例不相知候ニ付相伺候所、向後右之類御礼者被　仰付間鋪旨被　仰出候事、
一、於　御前御取合、事短ニ仕候様被　仰出候事、
一、婚姻之御礼、笹之間詰・小溜詰・御物頭・母衣御役、右之面々可申上候、右格之外面々不及御礼事、家督ニ而之婚姻者当人御礼、部屋住之者婚姻ハ親々御礼之事、
一、隠居之御礼、御物頭以上可申上事、
一、従(井伊直定息女、三条季晴室)　三穂君様山路藤九郎為御使者罷下候、　御目見之儀相伺候処、向後御使者ニ而罷下候者ハ　御目見被為請間敷旨被　仰出候事、
一、在府之節役儀申付候衆書状ヲ以御礼申上候得ハ、在城ニ成御礼直ニ可請候也、以名代或以使者申上候分ハ右ニ而相済候、但、(虫損)□差別も家々格式之通、指出物初ニ上候得ハ、直ニ請候節指上物不及事、江戸表江指上物不仕礼一通り申候者ハ、直請候節指出物可有候、尤指出物之有無ハ唯今迄之格式之通也、先以書状御礼申、使名代等之差別是以格式之通也、先只

今右之通可被相心得候、追而定可申事、右、御直筆御覚書也、

一、江戸上下御礼、御家老　御中老　御用人　御座之間ニ而可被為請事、但、事ニゟ於　御書院可被為請事、

一、御家老役之者　御座之間又者御書院ニ而も御礼申上候儀有之節者、同席中一統ニ被為　召候節者罷出候ニ不及事、但、御役人等被　仰付候儀有之、一統着座之儀有之節者罷出可申事、

被　仰出事

御家老
御中老
御用人
御旗奉行
御鑓奉行
御物頭
母衣御役
御城中御番頭
十一口御門番頭
御側役
御鷹頭取役
町奉行
筋奉行
同　加役
侍宗門改役
御武具預
御弓矢預
御馳走奉行
御小納戸
御城使
江戸御中屋敷
御留守居役
御普請奉行
御目付
御作事奉行
御普請御着到附役
御元方勘定奉行
御金奉行
大津御蔵屋敷奉行
大津御目付
京御賄
彦根御賄
江戸御賄
御納戸役
江戸御普請奉行
御鳥毛中間頭
御船奉行
御鉄炮奉行

御鉄炮玉薬奉行
御鉄炮薬煮合奉行
御玉薬中間頭
御竹奉行
御細工奉行
御用米御蔵奉行
松原御蔵奉行
御借用役
米札役
検地役
川除役
士御着到附役
御城中御着到附役
十一口御着到附役
御内目付
御鷹餌割鳥札奉行
御匕(匙)役
御右筆頭
御馬屋頭取
御部屋附
新知并加増
右之分　御直ニ可被　仰付段被　仰出候事、
一、御直ニ被　仰付候面々熕ニ而名代之分ハ　御直ニ被　仰付間敷候、

至而重キ被　仰付事ニ而　御直ニ茂不被　仰付候而者不叶儀者、其
節々伺可申候、右之通相心得可申旨被　仰出、
一、御役儀被　仰付候面々　御前江出候節、外様之面々ニ而も対鈒(帯)ニ而
罷出候様被　仰出候事、
一、向後江戸表ゟ被　仰下御家中江相触候程之義ハ、直ニ御書面之写致、
御中老衆・御用人衆江遣候様被　仰出候事、則右之衆中江も申達置、
一、　　　　　　　　　　　　　　　　御側医者
右、彦根ニ而ハ御時計下、江戸表ニ而者御廊下、御筆並之通着座、
御奥入医者
御表医者
右、彦根ニ而ハ中之間・羽目之間、年始　御盃頂戴之列ニ着座、
但、御夜詰相勤候者ハ御側医者之末着座、
江戸表も右ニ准シ是迄之通、但、御中屋敷詰之御医師、御側医之末ニ着座、御夜詰医者之上也、
定府御側医者
定府御奥入医者
定府御表医者
右、彦根表ニ准シ其格々之末座ニ着、
但、定府ニ而も御側医ニ成候得ハ、御夜詰勤候彦根医者之上ニ着座、此外准之、
一、年頭　御盃頂戴之順ハ只今迄之通、
但、御夜詰・御奥入・御表之差別なく只今迄之通り、
一、御書院着座ハ御側医ゟ三人宛可相勤候、
一、自分御礼之席ハ、御側医者彦根ニ而ハ御時計之間、江戸ニ而ハ御廊下、
右之外者何茂御表ニ而可申上事、

件之通可申渡段　御直筆ヲ以被　仰出、尤御目付江も可申渡儀と被
思召候由、是又被　仰出、則勤番三浦(家老役)与右衛門ゟ申来ル、
一、御用米御蔵手代見習被　仰出、直ニ御扶持方被下置候と申儀、是迄御
格も無之儀ニ候得共、此度之儀ハ新御抱ニ而も不被　仰付候ハ而ハ不
相成時節之儀故被　仰付候得共、重而之格ニ不相成事ニ被　思召候間、
何茂相心得居り、諸御役所共ケ様之義出来不申候様ニ被　仰出、此段
三浦与右衛門ゟ申来ル、右者広田孫右衛門倅子ニ付而被　仰出候事、
一、諸小頭病死跡、倅子十六歳ゟハ小頭相勤可申者ニ候ハヽ、為済可申事、
いか程年頃ニ而も指働無之者ハ為済申間敷段被仰出候事、勤番三浦与
右衛門ゟ申来ル、
一、町医ゟ養子仕候義容易被　仰付間鋪候、右者山本(藩医)元叔聟養子之儀ニ付
被　仰出候事、
一、是迄寺方江縁組之儀ハ口達ニ而申渡候様兼而被　仰出候得共、御家
老・御中老・御用人・小溜中者　御書御出シ可被遊候、尤　御書ニ
而被　仰付候と申義ニ而無之、　御承知被遊候旨　御書ヲ以可被　仰
出事、
一、御上ゟ組入被　仰付候者共、家付借金等有之者之儀ハ、不依多少此度
之通御米可被下置段、小一郎(小野田、用人役)ヲ以被　仰出、但、御足軽江之組入ニ無之分ハ其節々吟味可有事、
一、筋方ゟ人足遣方之帳面出候ハヽ、封之侭指上候様被　仰出候事、
一、盗賊改当分　御用懸り之面々　御城下近辺之儀ニ茂有之間、向後松原
村江茂相廻り候様可仕旨被　仰出候事、
御直筆之写

中小姓

右ゟ小姓江格式取立候儀容易ニハ申付間敷候、依品切米加増、勤功年
数次第新知之事、

騎馬徒

右ゟ格式中小姓ニ容易ニ取立申間鋪候、勤功次第如何程ニ而も切米ニ
而増可申候、依之向後中小姓ニ取立無之候而も、中小姓ニ可罷成程之
者ニ而只今迄之年数ニ成候ハヽ、新知之沙汰可致間、書上可有事、仮
ハ何年相勤功有之ニ付中小姓ニ可相成処、依此定加増斗ニ候得者、此
加増ヲ只今迄之中小姓ニ取立候所と存、是迄之仕来り之通り新知書上
可有事也、

歩行

右面々格式騎馬徒ニ取立候儀容易致申間敷候、依功切米如何程ニ而も
増可申候、
一、都而扶持ニ而格相立、切米ニ而増可申事、抜群之勤功ニ而ハ如何程軽
者ニ而も新知沙汰可有事ハ勿論也、此事右之条々ニ付而申出候儀ニハ
無之候得共書加へ候、
一、容易とハ認候得共、先ツハかたく取立申間敷心得ニ而候、此儀者各承
知被致候而可済也、誠ニ無拠ハ格外也、依之容易と認候、尚此類追而
制度潤色ニ定、細目出可申候、
一、歩行軽者ゟ取立候儀ニハ存寄有之ニ付、先不申出候、追而可申出候、
御別紙御直筆之写
一通り之加増を格式之所と存、年数書上ニ入可申儀ニハ無之、是迄格
式取立候程之場ニ而之加増を格式取立之場と存候而書上可有也、相知
候儀ニ候得共為念候、

（先刻之書付共も也、）此類も向後留ニ記可被申候、
目付へ申候事
一、本代的之口達写可被指出候、右之類口達留なと丶申留有之哉、一緒ニ記可被申候、官府日記有之哉承置事、
一、御扶持方斗被　下置候面々ハ分段之事也、勿論ニ候得共被　仰出候由也、

右両通之　御書と同時ニ被　仰出、

御小姓
御中小姓
御騎馬徒

右、次男弟被　召出候節者都而一代切ニ被　召出候儀、急度後々御格たるへき事、御歩行勿論之事、

御騎馬徒

右ゟ格式御中小姓ニ容易ニ御取立被　仰付間敷事、勤功次第如何程ニ而も御切米ニ而御増可被下置事、依之向後御中小姓ニ御取立無之候而も、御中小姓ニ可相成程之者ニ而只今迄之年数ニ成候ハ丶、新知之御沙汰可有之間書上可有之事、仮ハ何年相勤功有之ニ付御中小姓可相成処、依此御定御加増斗候得共、此御加増を只今迄御中小姓ニ御取立之処と存、是迄之仕来り之通新知書上可有之事、
一通り之御加増を格式之所と存、年数書上ニ入可申儀ニ者無之、是迄格式御取立被　仰付候程之場ニ而之御加増ヲ格式御取立之場と存候而書上可被申候、相知候儀ニ候得共為念申達置候、尤御騎馬徒ゟ御中小姓へ御取立之事也、

右、御目付中へ被　仰出之趣申渡候覚書之写也、
一、向後御用ニ付文通致候節、事短可仕候、可被成と有之処を可有之抔と認メ候様小一郎を以被　仰出、
一、小野田小一郎承りニ而　御書被下置候節者、御請宛所ニ向後小一郎名前相認メ候様被　仰出候、
一、大堀小右衛門不埒之筋ニ付御留書役　御免、隠居被　仰付、返り誓詞外並之通小右衛門宅へ御目付被指越被　仰付ル、

但、公辺之趣　御聞合も有之被　仰出候間、已後右之類者本文之通ニ可相心得旨被仰出候事、

申上

一、江戸上下之面々有之節、幾日発足仕候・爰許江着仕候段、度々ニ可申上候事、尤出立帰着共被申聞候様御目付中江申渡置、
一、同席中　御中老衆　御用人衆ハ産穢・病気引込・病死共早速可申上事、
一、御役人病死之節ハ不依御役儀之軽重誰病死仕候段、勤番同席中江紙面を以可申事、尤跡式跡役等之伺者是迄致来候通可仕事、但、御在城之節ハ其節々口上ニ而可申上事、丑三月、
一、雖為無足之面々出奔仕候ハ丶、可申上事、
一、郷士無足之悴子遁世等雖有之不及申上候段被　仰出、但、子細有之節ハ別段之事、
一、林六右衛門娘浅井郡向（香）花寺村林伝太夫と申者方江指越置候処、病気大切ニ付罷越度段、尤前後三日御暇相願候ニ付申渡、江戸表江も申上候事、丑四月
一、大身衆病死之節ハ可申上事、

一、御代官見習之儀者外見習と者違候間、向後申渡候段申上候様被　仰出候事、

但、早崎吉兵衛悴御代官見習町方・筋方ニ而申渡候節被　仰出、尤已後者町方・筋方ゟ申聞、老中指図之上申渡候事ニ而御役江申渡置、

勤方

一、御通ニ付同席中致宿詰候節ハ、右御用向宿詰之者引請可相勤事、

一、御在城之節、御代拝相勤候御請不及致登城可申上事、

付、御在府之節ハ御請ヲ以可申上事、

一、家督　新知　武役

右之取合披露、麻上下着可仕事、

一、物頭以上諸礼召出可申付事、召出候分ハ取合披露、麻上下之事、

右二件
御覚書之趣也、

一、同席中病死之節ハ、同席中・御用人・御近習迄ハ可相伺　御機嫌事、

但、槻御門同様之事、

一、出火之節人数多候者壱両人可相残候、人数少ク候時者御用番一人可相残候、附、右之節焼失之軒数其支配頭ゟ相届候様被　仰出候ニ付、夫々申渡置、

一、同役不快ニ而引込居候時者其日之御用談不残可申遣候、此儀只今迄右之通ニ可在之と　思召候得共被　仰出候事、

一、御発駕　御着城共同席中末へ御中老衆罷出候様被　仰出、

一、雷　御城内或ハ　御殿近辺江余り候ハヽ、可相伺　御機嫌事、

一、地震小壁又者屋上之物落候程之儀ニ候ハヽ、可伺　御機嫌事、

一、火事之節、兼被　仰出候通、但、居宅四隣之内ゟ出火候ハヽ、罷出候ニ不及事、

一、自筆御請之儀、御用多節者御右筆頭ニ為認候様被仰出、勿論為案文共外人ニ認為致間敷事、

一、毎月廿五日過候而も、無其限願書請取可申事、

一、御厩・御祐筆方御徒之分、御目付方ゟ御番入替共御徒不足之時は、何人不足と名指不致被伺候ハヽ、其上ニ而同席中ゟ御用人中江人柄吟味可被申越旨可申遣事、

一、御書を以被　仰越、於此御地申渡候上御請指出候節、幾日ニ申渡候と申儀向後御請ニ認候様、江戸表勤番三浦与右衛門江被　仰出、則申来ル、

一、諸事被　仰出候　御書付共不残帳ニ留、御用番代りに渡合可申候、私之留と不相成、官府之留と相成候様相心得可申事、

一、只今迄御通りニ付同席中宿詰致候得共、向後御中老中廻りニ可被　仰付候、尤御老中様御通り之節者、自然御尋事等有之候而も御中老中ハ不案内之筋可有之間、同席中可被　仰付候由、

一、御留守之中、外々様方御領分御通行之節、御途中ゟ御馳走所迄御使者被指出候、右為挨拶此度御中老衆御馳走所へ被指出候、尤子細有之御口上之趣ニより御家老役之者可罷出由、小野田小一郎を以被　仰出、依之御中老衆・御馳走奉行衆へ指紙を以申達置、

申渡

一、御家中衆木本馬市ニ罷越度段相願候ハヽ、前之通承届指越、　御在城之節ハ指越候上ニ一通達　御聴候事、

一、末々御扶持人之忰子病身ニ而、末々御奉公難相勤躰之者出家為仕度之旨願出候ハヽ、実否得と吟味之上承届可申渡候、相伺候ニ者不及段被　仰出候事、

一、御物頭被　仰付候　御書御文言ニ、預之候と有之跡江諸事厚心懸組下仕置等念入可申付段書入可申由被　仰出、則御右筆頭江申渡置候事、

一、他所江之御使者御代拝等　御在城之節ハ控ニ不及候段被　仰出候得共、向後者旅懸之儀ニも候へハ控ヲも相伺、被仰出候上控之者江ハ口上ニ而申渡候様被　仰出候事、

一、出火之節、御殿ニ御目付三人相詰可申候、場所御目付ゟ火勢之様子委時々注進可仕旨被　仰出、則御目付中江申渡置、

一、御老中様方御通之節、御家中町郷共火ノ本念入候様可申渡候、御三家様方御通り同前也、尤火消当番御物頭ハ御城下たり共他出不仕、組下之者も一切外江散シ不申候様可致旨被　仰出候事、

一、御役人不依上下御追放之節ハ、役筋之書付留類其頭々ゟ不残様ニ急度取上可申旨被　仰出、則申渡置候事、

一、家督　御書御文言ニ、養子之儀ニもと有之御文言、向後ハ養子誰江跡式被下置候と相認メ可申候、則御右筆方江申渡置、

一、隠居相願候面々年久敷無滞相勤メ候ニ付御褒美被下候ハヽ、御書御一紙ニ其御訳相認メ可申由被　仰出候事、

木本元意

田中懌庵

芝原杏庵

中嶋祐全

草山隆庵

清瀬宗軒

山上升貞

右御側医者、以来此列ニ被　仰付候面々者御知行取・御切米取之差別無之、段々御筆末ニ可被　仰付事、是迄ハ江戸一詰仕候得ハ奥医者之趣ニ候得共、向後御側医者と不被　仰付候得ハ、表医師と心得可申事、

一、巡見之節御勘定人前々之通別宿不致候様可申渡旨被　仰出、則申渡置、

一、松平美濃守様御通り愛智川宿御泊ニ付、御使者有之候ハヽ、御返答御馳走奉行ヲ以直ニ御返答可被　仰出哉と相伺候処、右御格合之方々様江ハ向後右之通りニ可仕旨、武兵衛ヲ以被　仰出、

伺筋

一、赦之儀相伺候処、赦之儀ハ重事ニ候間自筆御請ヲ以相伺可申候、尤文言ニ前々不届不調法之筋抔も有之、且御当地立入　御免ニ付又住宅　御免伺等之節、前々之不届不調法如何様之事と夫迄吟味之上可相伺事、江戸表ゟ申来候共、御当地同様ニ書付伺之旨被　仰出、

一、朔日　十五日

右両日養子縁組願之儀可相伺事、但、同席中・御中老衆・御用人衆、此面々願ハ右之日限ニ不抱相伺可申事、極月ハ廿四日相伺可申事、

一、町医師印鑑之儀願出候ハヽ、伺候上可申渡事、

一、御物頭忌　御免、其外名替等相伺可申事、

一、封養子指出置候面々、四十歳以前之実子御帳ニ付候儀願出候ハヽ、相

伺可申事、

一、参宮・湯治等ニ他所へ御家中衆参候儀十人迄ハ不苦候、十人ニ余り候ハ、、先達而之面々帰着之上可指越候、併病気之筋ニゟ指懸り不罷越候而ハ難儀仕候者之儀ハ格別之事、但、此儀御目付中ゟ御用番(目付役)江伺候而、其節々埒合可仕段被　仰出候事、則藤田平右衛門へ申渡置候事、

一、参宮・湯治御暇願書集置、十日・廿日・晦日相伺可申事、

一、御法事之儀依遠近考可在之与被　思召候、御遠忌程軽ク可被　仰付候間、其考仕相伺候様被　仰出候事、

一、参宮・養子縁組都而相知候　御書之分ハ、願書入御覧、被　仰出候上、御清書ニ而可指上候、御案文ニ而相伺候ニ不及候、尤御文言入組一通りニ無之ハ御案文ニ而可相伺候事、

一、御法事ニ付清凉寺ゟ赦之儀願出候ハ、、町方・筋方江申渡、吟味之上一緒ニ可申上事、

一、雖一夜泊候御他領江罷越候儀ハ、印附書付証人ニ而可相願候、御暇ハ伺之上可申渡候事、

一、御番頭被　仰付候節ハ上午ハ上手、下午ハ下手之御門御預ニ相掛候様、最初ゟ組替共ニ可相伺候、御物頭御門固同断ニ候事、

一、月代歩行相願候ハ、、笹之間・御近習・御物頭ハ願書入御覧相伺候上可申渡候、其外之面々ハ承届申渡、其上可達　御聴事、於江戸者残らす可相伺事、

一、御側医者・奥入御医者之分名替可相伺事、

其余ハ申渡候上可達　御聴事、

一、御中老衆・御用人衆・御近習誓詞ハ伺之上可申渡事、

其余ハ伺ニ不及事、

一、御近習之面々退役相願候節、御指留之儀者御書ヲ以可被　仰付候、尤御小姓ニ而も御近習ハ同前之事、

一、御家中衆御加増・御役料・御切米本高又者御褒美等之儀　御在城之節者十二月朔日相伺可申事、御在府之節ハ十一月初之御便ニ江戸表江相伺可申事、

一、諸役所支配下之者同断之願是又同様之事、

一、御近習御免者伺之上可申渡事、

一、下役等御褒美之願書指出候時節、先達而被　仰出候へ共、引込等致候ニ付御褒美之儀相願候趣之願者時節ニ不相構伺候様ニ、向後之儀被　仰出候事、

一、明屋敷在之、同席中・御用人中双方ゟ伺候節者、連名ニ而相伺候様被　仰出候事、

## 雑

一、願書印形消候様成薄キハ請取申間敷事、

一、横超院(大通寺第五代住職)ゟ願頼之筋有之候共、先格無之儀ハ不及申上、取合不申候様、尤先格有之儀ヲ取合不申候様ニと之　思召ニ者無之候、此段相心得居り候様被　仰出、

一、直定様(井伊家八代)為御保養何方之下屋敷江被為　入、御滞留被遊候とも、其内者右屋敷御上江御借請被遊候儀ニ候間、御滞留中者諸事槻御門御殿同様ニ相心得、屋敷主ヲ初伺　御機嫌等之儀ハ、槻御門御殿ニ被為　入候節之通り可相心得候、尤家内有之者ハ御滞留中家内居屋敷江当分引取

可申候、且又同席中・御用人中・御近習・御医師之外ハ御滞留中　御
機嫌伺ニ罷出候ニ不及候、但、別段ニ被　仰出候面々格別之事、
一、屋敷入口番人可指置事、
一、夜中屋敷中拍子木打廻し可申事、
一、屋敷近辺御足軽夜廻り可被　仰付事、
一、屋敷江近キ組之御物頭三組火消可被　仰付事、
一、屋敷江槻御門詰之御目付御番可相勤事、
一、御近習御番ハ従　直定様可被仰付事、
一、件之通吉用隼之丞(用人役、直定様御用向物主)申談可申渡旨被　仰出候事、
一、右之通外屋敷ニ　直定様御滞留之内、万一出火有之節ハ、近辺ニ無
之共早速　御前ニも御出可被遊候、上下之違ニ而余程之場所違候
ハヽ、御見合も可被遊哉、此儀ハ其節々時宜ニ為被遊由、先御伺　御機
嫌ニ者御出可被遊候、右ニ付下屋敷主早速駈付可申候、万一此者御用
番ニ候ハヽ、右代り同席中之内申合、一人御殿江御用番代り早速可罷
出由、御用人之内ニ而も一人早速駈付候様被　仰出、盗賊改有之節ハ屋敷近辺廻り候様可申渡事、
一、陪臣之娘を諸士江娶候事御停止ニ候、且又娘ヲ指越候儀も、夫々相当
之縁組可仕事勿論候得共、男子ヲ養子ニ指越候とハ道理違候間、女子
数多持候者、又ハ其訳も有之候ハヽ、娘陪臣へ指越候儀不苦候事、右
願出候ハヽ、申渡候後可申上事、
一、玉薬拝領之儀願出候節、次第を以可被下置候、同人江続而被下置候儀
ハ此後願出候共承届申間敷候、弟子取立者何も同事ニ候間、平均可被
下置段被　仰出、
一、御留筒之事御鉄炮奉行中申聞候ニ付相談之上相伺候処、弥是迄之通り
御留筒と可相心得候、格別之子細も有之節ハ御聞届可被遊由被　仰出、

御留筒之数左之通

一、箱入
玉目五拾目　長御筒
滝不動象眼入
一、箱入
玉目百五拾目　短御筒
龍象眼入
一、玉目七拾五文目　長御筒
一、玉目弐百五拾目　長御筒
一、玉目三百目　唐(カ)金御筒

屋鋪明渡候節覚書　此一件夫々触置、

一、前々ゟ有来候建前之分其侭可指置候事、
一、拝領以後建候建前別棟之分ハ被下置候事、土蔵同前之事、但、本家ニ建続候分ハ其侭可指置事、
一、門戸ハ勿論惣而外輪之分、拝領以後修補之儀にても其侭可指置事、自
然外輪ニ懸り候別棟之建前土蔵等有之取払ニ者、其跡並之通塀又ハ垣
等致見苦敷無之様致し置可申事、右之外子細も有之節ハ可被申聞候事、
一、向後江戸ゟ之御飛脚、御在城之節ハ爰元江極月廿六日迄ニ到着之積ヲ
以御飛脚遣し可申候、尤指懸候儀者其御用斗ヲ申越候様被　仰出、則
江戸江申遣置、
一、海道筋御馳走向御帳御名前毎度ニ相改可申候事、尤筋方へも御名改り
候節々為知、御用番へも被相届候様御城使中江申渡置、
一、軽者共江是迄　御書御出被遊候へ共、同席中証文ニ而相済可申候、尤

追而ハ　御定可被　仰出候へ共、当節ゟ右之通ニて可然候ハヽ、相改候様被　仰出、則連印証文ニ相極ル、
御水主吉左衛門手代りニ被　仰付、壱表御加増之儀也、
寅八月十九日

一、御直筆之写

歩行からとハ存候、然共全躰之義ハ支配頭書付可指出事と存候へ共、向後歩行之者ゟ書付出候分用人共江指出、其書付各へハ用人共ゟ指出相済候儀と存候、供方之儀ニ付而も入替等抔(ママ)願候節も用人共江願出、其願各江出候へハ相済候事と存候、只今迄之仕来りニ而ハ支配またき候様ニ存候、右ニ而相済可申事と存候、

但、急度格違ニ付請取かたきと被申付候而ハ、只今迄と相違候様ニ可聞候、格ニよりて之事ニ而ハ無之、支配ニよつて之事ニ候、用人共江も申付候事ニ而候、右ニ而相済候也、格ニよつて之事ニ而無之験ニ者祓役等ニ而知候也、

一、北浅井郡大路村市左衛門兄兵右衛門を致殺害候ニ付、沼波於刑罰場討首獄門ニ被　仰付候事、
但、公儀ニ而も当時兄殺御仕置之儀打首獄門ニ被　仰付候由被　仰出候事、

一、海老江勝右衛門(鉄炮足軽三十人組支配)組丸山儀左衛門と申者、佐成左太右衛門(鉄炮足軽四十人組支配)組出火之節、働過チ仕候ニ付、金子百疋為御褒美被下之候事、

御咎事

宝暦四戊(一七五四)(戌)
一、公儀御触書之写
惣而御咎被　仰付候者一類共ゟ指控伺指出候覚
御役儀被召放候者　父子　兄弟　祖父　孫
閉門　同断
逼塞　同断
遠慮被　仰付候者悴子
右之通相心得、此外之一類共ゟハ伺指出候ニ不及候、尤養子抔ニ相成続遠成か、又者続無之候共実書面之通之続有之候ハヽ、伺書可指出候、

一、重御仕置等被　仰付候節ハ唯今迄之通り可相心得候、
右之通寄々可被達候、

(貼紙、剥離)
「千田吉右衛門(騎馬徒)不届之儀在之ニ付、御扶持切米御取上、逼塞被　仰付候ニ付、親類指控□□(破損)此条例ニも可相当候得共、此度者五日ヲ十日、其外親類従弟等ハ二日指控候様被　仰付候事、
但、思召之趣者、今度吉右衛門義、遁世之悴之実子嫡孫ヲ自己之実子と相偽り候、乍然老耄之筋故御憐愍を以本文之通御仕置被　仰付、相続者親類相願候様被　仰付候、外之義と違、右躰之義ハ親類共不存義も有間敷訳之義ニ候、強而御吟味被　仰付候得者事広ク相成候ニ付、枝葉之御吟味者不被　仰付候得共、右之訳故親類之指控日数多被　仰付候、以来共此度吉右衛門同類之品在之節者右之趣を以取捌可申候、自然博奕なと仕、一己之不行跡ニ而御仕置被　仰付、雖親類不存躰之義者此条例を以取捌可申事、尤本人指控之義者逼塞之義ニ候得共不及貪着事、」

同年　閏二月
同写
悴出奔仕候節父遠慮之儀、唯今迄不相伺者も有之、奉公相勤候悴致出奔候ハヽ、向後父指控相伺可申候、

右之通寄々可被達置候、

七月

御追放被　仰付候親類指控左之通

祖父母　父子　兄弟　孫　十日

叔父　甥　五日

従弟　三日

御暇被下置候親類指控左之通

祖父母　父子　兄弟　孫　七日

叔父　甥　三日

従弟　二日

御知行或御役儀御取上、隠居被　仰付候親類指控左之通

祖父母　父子　兄弟　孫　五日

本人　十五日

御役儀　御免、減知被　仰付候面々親類指控左之通

祖父母　父子　兄弟　孫　三日

本人　十日

一、御役人軽重共御追放・御暇等被　仰付候節者、役筋之書付共不残様ニ取上可申事、

失火之者指控之覚

一、付火手過チ早速もミ消候程之儀者不及指控事、

但、付火之趣ニ候ハヽ、不及指控段早速可申渡事、手過チ之趣ニ候ハヽ、各申談候上、不及指扣段可申渡事、

一、本家・長屋等ニ而も一棟焼候ハヽ、　三日

一、建前不残焼失、類焼無之節ハ　五日

一、其家丸焼・半焼不論、類焼有之節

一軒ゟ五軒迄　七日

六軒ゟ十軒迄　十日

拾一軒ゟ以上拾軒毎ニ二日宛相増

百軒以上　三十日

但、棟数也、

右居宅之分、

一、付火手過チ早速もミ消候程之儀ハ不及指控事、

但、不及指控段即刻可申渡事、

一、本家ニ而も長屋ニ而も一棟斗焼候ハヽ、　一日

一、建前不残焼失、類焼無之節ハ　三日

一、其家丸焼・半焼不論、類焼有之節

一軒ゟ五軒迄　五日

六軒ゟ十軒迄　七日

拾一軒以上拾軒毎ニ一日ツヽ相増

百軒以上　三十日

右別宅之方、

一、居宅ニ而も別宅ニ而も大火者勿論小火ニ而も、万一大切之場所類焼之節ハ、其節可有沙汰事、

一、屋敷を人ニ借置、其屋敷出火之時者、屋敷主不致同居候ハヽ、不及指控、借候者右之趣ヲ以指控之事、

一、屋鋪之内ヲ借、屋敷主も一屋敷之内ニ同居ニ而借居候者之建前ゟ出火之節ハ、借り居候者・屋敷主共右之通指控之事、但、借候者之建前ゟ出火ニ無之候ハヽ、屋敷主斗指控

事、之

一、江戸・京詰、其外他所江罷越留守之内ニ出火候ハヽ、右之趣ヲ以焼跡囲仕候儀、夫々日数之通指控可申事、亭主ハ於他所承候日ゟ夫々日数之通半減指控之事、

一、町宅ニ指置候家来火ヲ出候節ハ主人不及指控、但、類焼百軒ニ及候ハヽ、七日指控之事

一、失火ニ付人死有之候ハヽ、軒数之外焼死人壱人毎ニ三日宛増、

一、雷火ニ而も家作焼失及騒働候ハヽ、三日相慎可申事、

以上

閉門被　仰付候面々御預之覚

一、親類并近隣都合八人ゟ十人迄之高ニ相極可申事、

但、諸御用御着到御免之事、

一、親類之続者忌懸り之親類斗之事、

但、忌懸り之親類斗ニ而ハ右人高不足ニ候ハヽ、遠類之内を不足之分程加へ可申事、忌懸之親類右人高ニ余り候ハヽ、忌懸り之内ニ而遠続之者ヲ省可申事、同続ニ而相省候も如何之節者一両人之過分ハ可附時宜事、

一、遠近之親類致都合候而も右之数不足之節者、近隣之者相増、都合八人ゟ十人之高合可申事、

一、壱人も親類無之者ハ、近隣斗八人ゟ拾人之高合可申事、

但、居宅之場所ニ寄、近隣右之高ニ不足有之節ハ、其節々可有沙汰事、

一、御近習之面々ハ忌懸りニ候共、父子・兄弟之続之外ハ御預　御免之事、

但、御側医者ハ右ニ准候事、

一、御用多御役人者忌懸りニ候共、父子・兄弟之続之外ハ御預と申処ハ親類一統候得共、御用之透々心ヲ付候様ニと斗可申渡事、

一、御家老・御中老・御用人・御目付者御役柄ニ付、忌懸之親類ニ而も御預　御免之事、

但、父子ハ勿論、兄弟等之続ニ候ハヽ、其節々可有沙汰事、

一、以来御預之儀有之節、御目付中ヲ以御預、外之親類中江御預無之候ても親類之分何疎意無之、内外世話可致旨、其節々可申達事、

一、閉門・遠慮・役儀召放・咎申付置候者共、親類目見指控ニ不及候程之肉類ハ構無之事、たとへ預候者ハ出仕諸用免候、忰子構無事、右之外仕置申付候者共親類者一統之事、

一、雖主殺・親殺、致自殺乱心ニ於無紛者、死骸不及塩詰取捨之事、

但、石原金五兵衛節(ママ)　御聞合之趣也、猶別帳ニ委記し置候事、

# 3　筋方用務留

宝暦九年（一七五九）から同十二年頃

彦根市立図書館所蔵

（表紙）
「用務留
筋方用務留
〃〃〃
早乙目ゟ借写之
三浦」

一、正月十一日御役所初ニ而、服紗小袖・麻上下着出座仕候、

但、元〆役并御代官共不残麻上下着仕罷出候、

一、常式ハ筋方不残五ツ半時出座、御用済次第退散仕候、元〆本役両人・加役壱人ツヽ・供役壱人宛御代官不残罷出申候、尤御用多節ハ元〆役共不残罷出申候、并元〆共之内相互ニ申合御役所鎰番定置候而、預り之者早朝ゟ罷出申候、

但、戌年迄ハ供役両人ツヽ、召連候得共、同年人数減少被　仰付候故、裁許日之外ハ壱人宛召連申候、

一、裁許日二・六、町方・筋方不残、御目付衆出座仕候、尤不時ニ公事出入取捌・御吟味筋御仕置并重キ申渡シ有之節者、御目付衆立会申渡候、尤目安返答書出座御目付衆江見せ申候、

一、公事裁許ハ決而当筋両人裁許所へ罷出申付候、指懸り候申付事又ハ軽キ義、或ハ咎メ置候者指免候節ハ、煩差合ニ而壱人闕座有之候而茂申付候事、

但、裁許無之節ハ中野小三郎（中老役）罷出不被申候、

一、中野小三郎被罷出候節、町方・筋方壱人ツヽ、板縁迄出迎、元〆役・御代官共ハ白洲江罷出申候、尤退散之節も夫々右之場所へ罷出申候、

一、裁許有之節、当筋元〆役并供役不残、御目付方下役・支配御代官板縁江罷出、訴訟人・相手方広庇下白洲へ呼出し、双方相揃候上、当筋両人其席へ罷出、名前相尋、品ニより目安返答書元〆役之者読之、其上猶又双方申口遂吟味、裁許埒合申付候、

一、御役所休日、毎月朔日・四日・八日・十日・十五日・十七日・廿日・廿一日・廿五日・廿八日・晦日、

一、月並休日之外指懸り御用無之候ヘハ、左之通出座不仕候、

正月十六日、節句、七月十三日ゟ同十六日迄、

極月廿五日頃御用向見合御役所仕舞、指懸候御用向無之候得ハ、翌正月十一日迄出座不仕候、

一、同役内寄合一ヶ月六日、但し一・五、

一、郷中公事出入・諸願事有之節ハ、支配御代官へ願書持参仕、御代官請取当筋へ指出シ申候、右訴状見分仕候上、御代官ヲ以子細承せ、相手之者へ日限相定返答書申付候、

但、御代官江御百性共願書指出候得ハ、其趣当筋番所へ申届候、

一、右之通訴状見分仕、御代官ヲ以子細相尋、相手之者へ返答書申付候上、双方相対下ケ候得ハ、猶又吟味仕承届願書差戻し、追而右躰之争論ニ及候義向後仕間敷旨呼出し急度申付候、品ニより御代官共ゟ為申渡候義も御座候、

一、公事裁許ヲ始御吟味筋ニ付御役所へ呼出シ候節、縦御直参ニ而も帯刀致させ不申候、
一、公事人呼出シ候節、極老・幼年并病人之分ハ介添相願候へハ指免申候、
一、山論又ハ境目之論其外取上地等之義、当筋見分ニ罷越申候、品ニゟ元〆役之者并支配御代官検使ニ指遣シ、其上呼出し遂吟味裁許仕候、
一、出入下済取嗳候者へ品ニより為御褒美御米・鳥目等頂戴為仕候、
一、御他領与公事出入之義相訴候節、御役所へ呼出し委細を吟味、御領分非分之義相決候へハ内済ニ仕候様申渡し、公辺之不及御沙汰候様仕来り候、相手方ゟ相願召状到来仕候得ハ猶又呼出し、得与吟味之上指免、上京申付候、尤於公辺不礼・麁抹不仕候様急度申付、其上京都御賄衆へ附状指越申候、品ニゟ近江屋喜兵衛方へも同様之趣申遣候、其上御家老中へ以書付御届申候、
一、御他領之者公事并願訴訟ニ付京都御奉行所へ罷出候節、御領分之者取持申度旨願出候而も、指免不申候、
一、都而入籠申付候節、町方へ無印書付遣シ、当筋御足軽両人附添参、籠屋門内ニおいて町同心并牢番頭江相渡シ、入牢見届ケ罷帰相届申候、尤出牢申付候節ハ、町方へ印付切手指遣シ候上、当筋両組御足軽両人罷越、町同心并牢番頭ゟ請取、御役所へ罷出申候、
　但、牢舎出入共子細相認、御家老中へ御届申候、
一、御百性不届有之入牢申付候節ハ、当筋御足軽へ申付縄懸させ申候、并手鎖申付候節、是又当筋両組御足軽江申付手鎖懸させ、鎰ハ当筋方ニ指置申候、
　但、手鎖之者日数茂相延候内、寒暑之時節ニも向申候へ者、衣類着替させ度段、村役人願出候へハ、当筋御足軽両人指越封印相改、於相違無ニハ願之通着替させ、又々封印仕候、
一、御百性不届ニ付手鎖申付候節者、追而口上ニ而御家老中へ御届申候、
一、軽キ科ニ付入牢或手鎖申付候節、追而当村役人又ハ品ニゟ近在役人共御免願書差出シ申度旨、御代官迄相願候趣申聞候へハ、時節相考願書取上ケ呼出し、以後之義急度申渡指免申候、
一、科人於村方内牢ニ申付候得者、其節当筋元〆役両人・支配御代官指越入牢為致、鎖前何茂立会封印仕、鍵者急火為用心是又立会封印仕、村役人へ預ケ置申候、
　但、寒暑之時節ニ相成衣類着替させ度段、村役人願出候へハ承届、当筋元〆役両人・支配御代官指越、錠前封印相改させ、於無相違ニハ着替させ候上、何も立会封印仕置候、
一、於村方乱心者有之節、内牢補理入申度旨相願候得ハ指免申候、追而本復仕出籠為致度旨村役人并親類共ゟ相願申候へハ、承届指免申候、尤病死仕候節ハ是又相届候ニ付、勝手次第相弔候様申渡候、
一、不届者ニ付勘当願出候へハ、委細遂吟味候上、願書ニ裏書当筋印形仕相渡勘当申付候、吟味為致疑敷筋相聞へ候へハ入牢申付置、追而呼出し遂吟味候上、猶又申口疑敷有之候へハ御家老中へ相伺、於拷問所ニ責問仕候、
　但、拷問所へ町方・筋方不残、御目付中出座仕候、
一、盗賊召捕吟味、白状之上夫々御仕置被　仰付候へハ、所持仕候品々闕所ニ申付候、
　但、召捕候者巾着切又ハ無宿胡乱者与申斗ニ而、為指申立候盗賊ニ而無之、

直追立遣候得者、所持之品取せ遣し申候、

一、御百性於村方盗賊召捕候へハ、様子吟味之上、品ニゟ御褒美頂戴申付候、

但、村方番太之者茂御百性同様ニ頂戴為致候、

一、乱心・酒狂人有之、致打擲人ニ疵付候歟、其外無躰之働仕候節、押留候得ハ、品ニより為御褒美御米・鳥目等頂戴為仕候、

一、御百性之内御直参奉公、又ハ御家中奉公相勤罷在候者取逃欠落仕候節、支配頭或ハ主人ゟ相届候得ハ、請人へ取逃候品相償ひ候様申渡、尤親・兄弟其外身寄之者請人并村方之者ニ至迄、通路介抱不仕候様申渡、証文為差出、本人ハ御帳除ニ申付候、

一、於江戸表ニ欠落并取逃等仕候へハ、夫々より御目付方へ被相達候由、御目付方ゟ通達有之候へハ、埒方右同様申付候、

但、親・兄弟・親類共、勘当・義絶之義相願候へハ、其段承届申付候、

一、於御家中郷中之者召仕、盗賊或ハ不届之義有之候歟、又ハ郷中之者御家中屋敷へ忍入、盗賊并不届之筋有之ニ付、先方ゟ請取呉候様申来候得ハ、御家老中被仰渡次第請取可申旨申遣、追而被仰渡有之候へハ、筋方御役所江件之不届もの指越被申候様先方江相達シ、御家中召仕之不届ニ候へハ、猶御役所当筋御足軽罷出請取申候、郷中之者於御家中ニ不届ニ候へハ、是又於御役所当筋御足軽罷出、手木之者へ申付請取せ申候、

一、於御家中ニ郷中之もの成敗仕候間、死骸請取らせ呉候様先方ゟ申来候へハ、御家老中ゟ被仰渡次第請取可申旨申遣シ、追而被仰渡有之候へハ、当村役人并親類共江請取せ申候、

一、欠落者□□（立帰《タチカエリ》）り候儀、支配頭并主人指免候趣届有之候へハ、村役人（方江）申渡、村帰り為致御帳載申付候、

一、於郷中ニ御百性相手取及刃傷、或刀・脇指其外刃物等ニ而疵ヲ付候歟、又ハ自殺仕候節、注進次第当筋両人罷越見分吟味仕候、追而死骸取置候義親類・村役人願出、外ニ子細も無之候へハ指免、土葬ニ取置候様ニ申付候、縊死・溺死之類ハ両組御足軽・支配御代官指遣し見分吟味仕、疑敷義も無之候得ハ直ニ埒方致させ、死骸取置之儀ハ前条之通申付候、若疑敷義有之候へハ、申越次第当筋両人罷越申候、右夫々証文取之一件相済義御家老中江書付ヲ以御届申上候、

一、諸御家中衆御領分於宿ニ病気ニ付、逗留之趣相訴候へハ、当宿馬割役・支配御代官指越、宿役人ヲ以病気之様子相尋、尚又療養ニ付先方好も有之候ハヽ、如何様ニも取斗可申旨、此方御役人中ゟ叮嚀ニ申遣候趣相達させ、医師其外食物等不自由無之様取斗せ申候、尤追而御家老中へ御届申上候、

一、於郷中御他領之者相煩候趣訴出候へハ、相応之旅宿申付、医師指遣し療治為致、両組御足軽・支配御代官指遣し病躰見分致、重キ様子ニ候へハ国元へ飛脚指遣シ申候、尤同道之者有之、不及其義段達而相願候得ハ、任其意指越し不申候、

一、右之病人養生不相叶病死仕候へハ、猶又検使指越、何疑敷義無之上者、同道之者相願候歟、又者往来証文所持仕候得ハ、当所ニおいて土葬ニ取置弔申付候、

但、同道并往来証文も無之候へハ石灰詰ニ為致、人相書札建させ申候、尤在所

相知レ有之候へハ、右之趣以飛脚先方役人へ此方村役人ゟ書状ニ而申越させ候、

一、右病死人同道有之候へハ、以後何之申分無之趣夫々証文取之、出立為致候、

但、大人之同道無之幼少之忰なと有之、在所相知候へ者、早速迎ニ罷越候様飛脚ヲ以申越せ候、大概五六歳以下何之弁も無之在所不相知もの、三歳以下女子ニ候へハ壱ケ月御米壱斗ツヽ、男子ニ候得ハ壱斗五升ツヽ、長曽根乞食之内乳持之者へ件之小児三歳ニ罷成候暮迄預之、為養育料右之御米毎月被下置候、四歳ニ罷成候得ハ右月々之御米不被下置、別段御米三表被下置、同所乞食小屋入ニ致させ候、尤四歳以上ニ候得者御米三表被下置小屋入ニ致させ候、七八歳以上ニ而在所相知候もの於御領分袖乞ニ而も仕度段相願候得者、十四五歳迄之者ニ(手脱カ)候へハ是又御米三表被下置、小屋入ニ致させ候、右何茂町方へ対談之上御勝御頭取方へ相伺、御差□(紙)ヲ以御本米ニ而被下置候、右之者御領分之内養子ニも仕度段相望候趣願出候へハ、双方於相違ニ者証文取之、願之通申渡候、若又出所も相知候者在所へ罷帰り度段相願候へハ、承届証文致させ、当村役人ゟ宿並役人へ送り状ヲ以在所へ相送せ申候、右両様とも追而御家老中へ御届申上候、

一、於御領分旅人相煩候得者、其所ニ止置為致養生、快気致出立之儀相願候へハ、証文致させ出立為仕候上、一通り御家老中へ口上書ヲ以御届申上候、

一、右同様之趣ニ而病気過半快罷成候へ共、行歩不自由ニ而出立難相成候ニ付、宿送りニ而国元へ罷帰申度段相願候へハ、承届証文致させ、其村方へ役人ゟ宿並役人宛之送り状相送せ申候、是又追而御家老中江口上書ヲ以御届申上候、

一、於郷中御他領之者同道有之、刃傷及、或刀・脇指并刃物ニ而疵ヲ付自殺仕候節ハ、両組御足軽・支配御代官指越、村役人を以彼是取斗せ申候、品ニより当筋両人も罷越、臨時之埒方是又村役人へ申付候、同道之者無之候へハ、当筋罷越見分、委細遂吟味埒方為致候、尤死骸片付并在所等へ通達之義ハ病死人同様之趣御座候、尤埒方相済候後、御家老中へ御届申上候、

一、於郷中行倒者有之段村役人相訴候へハ、両組御足軽・支配御代官指越、見分吟味仕候上、何之疑敷義無之、御領分者ニ候へハ、双方為取替証文為致、死骸為相渡申候、尤懐中書付等有之御他領者ニ候得者、死骸石灰詰ニ仕置、先方役人中へ当村役人共ゟ以飛脚申越させ、彼方ゟ請取人罷越候へハ、是又双方取替せ証文為致、死骸相渡させ申候、若死骸片付之儀相頼候へハ承届土葬ニ取置申候、

一、出生相知不申候へハ、近在村々相触させ、猶又相知於不申ニ者、石灰詰ニ致当村葬所ニ埋させ、人相書建させ申候、

右何茂埒方申付候上、御家老中へ御届申上候、

一、往来証文所持仕候へハ、先方へ相知せ候ニ不及、土葬ニ取置せ弔申付候、

一、於宿並ニ御他領之者病死・変死有之候へハ、道中両御奉行所へ宿証文指出させ申候、尤右証文宿方ゟ指出候へハ得与見分仕、箱ニ入油紙包ニ致、宿次を以指出させ候、

但、北国海道之義ハ宿証文指出し不申候、

一、御普請方支配境ニ変□(事)有之候へハ、当筋御足軽両人指越、夫々立会埒合申付候、

一、於村方途中ニ捨物有之、村役人持参相訴候へハ、近在村々相触させ、其主相知吟味之上於無相違ハ、為取替証文為致相渡させ申候、主相知不申候へハ当村役人へ預ケ置、壱ケ年も過相知レ不申候へハ、闕所ニ

申付候、
一、於郷中捨子有之候趣相訴候へハ、当筋両組御足軽両人・支配御代官指越、見知候者も無之哉之趣近在相触申候、其村方并近在乳物(持カ)相尋当分預之相労り養育為致、追而養子仕度者有之候ハヽ可申出旨村々相触、願出候者有之候へハ御家老中へ申上、為養育料御救米三表被下置候趣御指紙ヲ以被仰渡候へハ、右願人并預り人・捨子呼出し、実子同前大切ニ養育可仕旨申付、則預り人ゟ願人へ捨子相渡させ、証文為指出申候、追而右之捨子病気或ハ病死仕候へハ其趣相届申候、尤病死之節ハ当組(筋)両組御足軽両人・支配御代官差越、見分吟味之上、何レ子細も無之候得者、死骸勝手次第取置候様申付候、
但、当分預り人へも養育仕候為賃米、大概一日壱升ツヽ之積り御家老中江申上、御救米之内ヲ以被下置候、
一、右之捨子預置候村方へ御他領之者養子仕度段頼来候趣相訴候節、先方之様子一通り吟味仕、相応之者ニ有之候へハ御家老中へ申上、御救米之内三表捨子ニ指添、右預置候村方ゟ先方へ相渡させ候、尤以後件之捨子ニ付如何様之義有之候而も取合不申候趣、手形取置せ申候、
一、右捨子望之者無之候へハ、大概四歳以上之者へハ御米三表被下置、長曽根小屋入ニ致させ候、三歳以上(下)之者女子ニ候へハ一ケ月御米壱斗ツヽ、男子(ニ脱)候へハ壱斗五升ツヽ、長曽根乞食之内乳持之者(カ)件之小児三歳ニ罷成候暮迄、為養育料右之御米月々ニ被下置候、四歳ニ罷成候へ共(者)、右月々之御米不被下置、別段御米三表被下置、小屋入ニ致させ候、尤町方へ対談之上御勝手頭取方へ相伺、御指紙ヲ以御本米ハ(ニ而)被下置候、
一、於郷中三ツ子出生仕候へハ、村役人ゟ注進仕、御代官添書ヲ以相訴申候ニ付、御足軽・支配御代官指越見分為致、相違無之候得ハ御家老中へ申上、当分為養育料御救米之内ヲ以御米三表被下置、其上日柄も相立候得ハ、御指紙ヲ以御本米ニ而一日壱人ニ弐合五勺ツヽ為御扶助米被下置、則月々当人并村役人請取証文ニ御代官証印仕、当筋裏印ヲ以請取為相渡申候、尤三ツ子之内壱人ニ而も相果候得ハ、其分御扶助米相減り申候、依之異変之義御座候へハ、早速注進仕候度毎ニ御用番へ以書付御届申上候、且成人自然養子ニ望人も有之候へ者願出、其節ハ為御慈非(悲)米御米五表被下置候、
一、於郷中百歳余ニ罷成者有之訴出候へハ、其者筋方御役所へ呼出し、年頃見分仕候上、年久敷事も相尋、其上近在江聞合指越、相違も無之候得者、其訳御家老中へ申上、御差紙ヲ以御本米ニ而壱人扶持存命之内被下置候、尤月々当人并村役人印付請取証文ニ御代官証印仕、当筋裏印ヲ以請取為相渡申候、
一、御百性共川除御普請場所ヲ初、其外都而於御用先大過チ仕、即死仕候か、段々療治仕候へ共養生不相叶追而死去仕候もの、又ハ快気仕候者有之候得ハ、委細遂吟味、相違於無之ニハ、其段御勝手御頭取方江申上、御救米之内ヲ以御米被下置候、右表数之儀其者過チ之様躰、又ハ眷属之者共之多少貧福をも相考申上候、尤頂戴為致候節ハ当人或者眷属之者共御役所へ呼出し申渡候、
一、御百性御年貢上納難仕身帯及潰埒合之儀、小前帳ヲ以願書差出候へハ、委細吟味仕、当筋両組御足軽両人・支配御代官差越、村役人立会せ、田畑・山林・家財付立させ夫々埒合申付、村迷ひ等相懸候へハ、猶又得と遂吟味、村方追払ニ申付候、併様子ニより双方存念承之、吟味仕

候上、村住居指免候義も御座候、

一、御百性下潰之義、親類加印村役人江任証文指出し、村役人添書ヲ以願出候へハ、委細吟味之上御代官へ申渡し、郷手代差越、村役人立会せ埒合仕候、

但、御百姓御年貢上納難仕候ニ付、親類并村役人相対之上身帯分散仕、不足之分親類・村方之者共相弁、双方申分無之ヲ下潰と申唱候、

一、村方ニより屋敷地耕作之勝手悪敷、或ハ水押之節其外村方及難義候筋有之地面ニ付、地替之儀願出候へハ、吟味之上当筋元〆役・支配御代官指遣し、間数相改、水帳名請書替、屋敷地惣囲ニ定杭木為打、夫々証文取之、尤最前之屋敷地是又反畝歩遂吟味、御田畑ニ申付候、

一、御領分中人別之義、子・午之年ハ御届御座候ニ付、宗門御改方ゟ人数指出し申候、尤関東御領分人別之義ハ佐野奉行中ゟ書付指出し申候、右都而人数書之義ハ町方・筋方ニ而帳面相認メ指上申候、

一、郷中宗門御改去寅年ゟ当分筋方兼帯ニ被仰付候ニ付、当年御改〔相勤〕候名前相認メ御家老中へ指上申候上、正月十一日御指紙ヲ以被仰渡、其上御改帳面共請取渡し仕候、

一、新屋・新土蔵其外都而新建前并地替等之願有候へ者承届、当筋御足軽検使指遣シ、水帳面相改指障之義無之上指免申候、

一、古家朽損候へハ、建替願出候類ハ不及指使(検)指免申候、

一、養子取遣り并縁取・縁付等、同筋之内ハ願出ニ不及候、筋違之分ハ相願候ニ付指免申候、

一、御他領江養子・縁付之義願出候へハ再応遂吟味、外ニ相応之者無血脈及断絶之趣□〔再〕願出候へハ承届、御家老中へ相伺候上申渡、尚又追而御帳除之義願出候ニ付指免申候、

一、御他領ゟ養子・縁取等仕候得者、先方役人并宗旨之寺ゟ証文指添御帳載願出候ニ付、承届指免申候、

一、御他領ゟ養子・縁付等ニ罷越居候者、不縁ニ而親元へ罷帰度段相願候へハ、承届指免、御帳除ケ申候、若御領分ニ而出生仕候子共有之候得ハ、其者共者相残させ申候、

但、件之者共幼年ニ而母難離ニ付、当分召連罷帰度段願出候へハ承届、年限相極、御家老中へ相伺候上指免申候、御改之義ハ庄屋代判ニ而相済させ申候、

一、貧窮ニ而子共多養ひ兼候もの、又ハ病身者ニ而御百性業難相成候ニ付出家仕度段願出候へハ、再応遂吟味、弥於相違(無脱)ハ御家老中へ相伺候上申渡、追而御帳除之義願出候ニ付差免申候、

一、貧窮者幼年之子共多養ひ兼候ニ付、御他領親類共方へ当分指越度段願出候へハ、遂吟味、弥於無拠ハ年限相極、御家老中江相伺候上指免申候、御改節ハ庄屋代判ニ而相済させ申候、

一、御家中長屋出之分者其主人ゟ直印之書付村方へ指出候へハ、右之書付指添御帳載之義願出候ニ付、承届指免申候、

但、右長屋出之切手家来之者ゟ村方へ指越候へハ、主人ゟ当筋方へ其趣印付書付指出申候、

一、御家中長屋入并諸士以下御切米取、其外寺社方へ引越者有之候へハ、引取候者ゟ御他領指越候義致間敷趣、村役人へ印付書付請取、件之書付指添村方ゟ御帳除願書指出候へハ、承届指免申候、

但、御家中衆之分、村方へ家来ゟ書付ニ有之候へハ、主人ゟ其趣印付書付当筋方指出し申候、

一、御直参之内苗字持ニ被召抱候者、并養子・縁付等ニ指越候者共之義ハ、支配頭又其組手代小頭ゟ之切手指添願出候へハ、承届指免申候、

一、郷中ゟ町方へ養子・縁付・借宅等其外都而引越候得者、其村方役人共ゟ右引越送□(切)手指添、御帳除之義願出候ニ付、指免申候、

一、郷中ゟ町方へ養子・縁付、(ママ)

　但、町方ゟ郷中へ右同様ニ而引越候へハ、其町方役人共ゟ右引越候村役人へ指越候送り切手指添、御帳載之義願出候ニ付、指免申候、

一、長浜町宗門御改之義ハ北筋御改帳之内ニ有之ニ付、御帳載除之義ハ北筋郷中並之通ニ仕候、

一、中・南両筋へ長浜町ゟ養子・縁付御帳載除之義願出候へハ、筋方筋違之通ニ承届指免申候、

　但、中・南両筋ゟ長浜町江養子・縁付・借宅等其外都而引越候へハ、御帳除之義願出候ニ付指免申候、長浜町ゟ中・南両筋へ右同様ニ而引越来候へハ、其引越候村方ゟ御帳載之義願出候ニ付、是又指免申候、

一、不届有之入籠・手鎖并行衛不知・他所商・他所奉公・乱心・内籠等ハ、宗門御改之節庄屋代判願出候ニ付、指免申候、

右十四件之願書夫々支配之御代官共裏書印形ヲ以指出候、尤右何茂御改方へ切手指越申候、

一、宗門御改方へ村次人足八人相渡し、此外無益之人足指出不申候様、筋方連印之人足証文御改方へ相渡申候、

一、御改方ゟ泊り村々ニ而飯米買上致シ度段申来候へハ、御代官へ申渡、其段先達而村々へ申付候、

一、前年之宗門御改帳、霜月、御改方ゟ筋方御役所へ相納申候、

一、先達而申上置候通、改宗・改派之義、一向宗之外ハ双方相対ヲ以申聞候上承届申候、一向宗之義ハ先達而相届方ヲ承届申候、尤寛延三午年ゟ押書一ケ年限申渡、正月五日ニ指出候様町方申談相定申候、

一、一向宗之外改宗之義、寺方不得心ニ御座候へハ一両年見合申候、其上ニも不信向之者共寺方ゟ押留置候へハ、町方申談承届改宗申渡候、

一、先達而相伺候上被　仰出候通、引寺替之義俗地之分ハ願書取上ケ不申候、堂守・宮守等之坊主住居仕候地面願出候へハ、得と遂吟味相伺候様仕候、

一、高札有之寺院ゟ年久敷相成文字難見分、又者損シ候節、寺社方・筋方へ書替之儀相願、承届指免申候上、高札文言写、古札御役所へ持参仕候ニ付、書改相渡候節、慥ニ請取候趣并麁抹仕間敷段証文取置申候、

一、御朱印寺社へ　公儀御触有之節ハ、町方ゟ御足軽ニ為持指越申候、右御触書箱持人足相渡申候、

一、公儀ゟ郡切御触到来仕候へ者、御請書帳於筋方御役所相認させ、其上日割ヲ以村々役人呼寄せ、元〆役并支配御代官立会御帳面読聞せ、村方調印仕、不残相済候上、御他領村々相残り候方相達シ、請取書取之申候、御他領相済御領分納りニ相成候へハ、京都御奉行所并大津・信楽御代官所へ村役人持参返上仕候、

一、公儀御尋者、若村方ニ罷有候段相訴候へハ、御家老中へ相伺候上、当筋御足軽・支配御代官へ申付、手木之者召連罷越、様子吟味之上召捕せ申候、品ニゟ当筋方罷越夫々埒方申付候、

　但、手木之者ハ町方へ申談呼寄せ申候、

一、公儀御用之御鉄炮荷物国友村ゟ出立之義兵四郎罷越申聞候得者、宿馬

并一駄ニ口附人足弐人宛出シ御荷物大切ニ附添可申趣、当筋印付之書付直ニ相渡申候、追而藤川宿ゟ件之書付指戻し申候、

一、郷中へ指急キ申渡し候触書者一筋ゟ八触ツヽニ認、不指急義ハ四触ツヽニ仕、村次ヲ以順達為仕、納之村方ゟ御役所又ハ当筋番所へ指戻し申候、尤当筋筆頭其次御筆並相認、同役連印仕指出シ、郷中寺社方江相達候触ハ当筋次ニ寺社方書加へ申候、□〔且ヵ〕又村名ヲ認遣候下ニ村役人名前ハ於村方ニ相認メ、触之軽重不限印形為調申候、越前奉書屋三田村忠兵衛方江、御納戸方・御賄方ゟ御用状〔書〕遣候趣筋方へ申来候へハ、村次を以中河内宿迄指越相届させ申候、

一、御他領ニ而芝居・相撲等致興行候節、兼日申付置候通、御領分近在ゟ訴出候得ハ、見物ニ参候義者勿論、商等ニも堅罷越申間敷段、近在へ触出申候、右之段御家老中へ書付ヲ以御届申候、追而当筋御足軽両人指越見廻せ申候、

一、六月木之本宿馬市之節ハ浄信寺地蔵祭礼ニ相兼、万事為示、当筋方馬割四人鋲り弐本掃除中間ニ持せ指越申候、十月馬市之節ハ馬割両人指出し申候、

一、木之本宿馬市へ御馬役中御用ニ付罷越候節、御荷物持人足之義申来候ハヽ、当筋方印付書付ニ而申渡候、

但、御家中衆馬求メニ参候節、宿仕候村ゟ相届候様、兼而申付置名前指出し候ニ付、本紙以御家老中へ申上候、

一、正月十一日、掃除小頭并中間共呼出し、海道筋掃除念入候様申付候、翌十二日、北筋掃除小頭・中間共是又同様之趣申付候、并土倉山升取両人呼出し、米斗念入相勤候様申付候、

一、海道筋常掃除小頭并中間、御切米請取手形裏筋方連印仕候、

一、右中間へ相渡候箒笹請取証文、掃除小頭指出シ申候ニ付、筋方連印之裏書仕、御竹方ニ而請取申候、北筋海道箒笹之義者遠方之処請取ニ参候義却而失墜も有之ニ付、掃除人共ゟ指出申度趣相願候故、先達而申上箒笹相渡候義相止メ申候、

一、同小頭明キ有之節、相応之人柄相撰、見分之上召抱候、尤請状為指出申候、并右中間召抱候節ハ、小頭ゟ相応之者撰願出候故、是又見分之上召抱申候、請状之義ハ小頭之者取置申候、

一、宿々并村方有之候御高札御認替之節ハ、御作事方・御右筆方へ其趣被仰渡、筋方ゟも申談、筋方ニ一ケ宿分程之御高札板有之ニ付、御普請方ゟ御役夫ヲ請取、御作作（マヽ）事方へ遣し、白削候上、御祐筆方へ為持遣、認出来仕候段案内有之候へハ、筋方元〆役之者御普請方御役夫召連罷越請取、宿方・村方へ右御高札可致持参候、新御高札可相渡段申遣シ、追而役人共持参仕候得者相渡越申候、右之通之埒方ニ仕、段々操越ニ出来仕候、

一、宿々御本陣ヲ初、都而於郷中御作事方ゟ御繕有之節、材木・諸道具指越候ニ付、村次人足申来候へハ、道筋村々へ触出し申候、并於場所手元手伝人足申来候へハ、是又指出し申候、尤当筋ゟ人足割渡御足軽両人指越申候、

一、大津御代官所ニ而中山道四ケ□〔宿ヵ〕へ伝馬次飛脚米被　下置候ニ付、例年大津へ宿々問屋共請取ニ参頂戴仕候、尤其節御家老中へ御届申上候、

一、中仙道四ケ宿馬扶持、壱疋ニ三表ツヽ、米原宿并北国海道九ケ宿へハ壱疋ニ壱表半被下置、請取証文筋方連印ニ而、於松原御蔵頂戴為仕候、

一、中筋・南筋之宿々并海道筋村並へ火之本大切ニ仕役人夜々見廻り候様、年々正月触書指出申候、尤七月極月兼日御法度之御触并火之本触御領分中へ相触申候、

但、風烈敷時節ニ付火之本念入候様、尤十月御指紙ヲ以被　仰渡候ニ付、御城下続之村々へ其段相触申候、

一、宿々火之本有之候ヘハ家数不依多少、并村方之内火事之節ハ拾軒以上焼失仕候ヘハ、御家老中へ御届申上候、尤火元之者ハ囲ひ等不為致急度押込置、追而類焼之多少・日数相考指免申候、宿並之義ハ火元共囲ひ一統ニ申付候、

一、中仙道四ケ宿并多賀村及大火ニ候節ハ、当筋両人共罷出（越）申候、早速鎮火仕候ヘハ、馬割役・支配御代官指越申候、尤北筋九ケ宿之義ハ馬割・御代官申渡指越申候、

一、宿並出火及大火馬持之者、飼葉・沓致焼失候ヘハ、吟味之上御勝手御頭取方へ申上、御指紙ヲ以壱人ニ為御救米御米壱表ツヽ被下置候、

一、伝馬勘定之儀ハ十一月馬割役之者宿々へ指出シ勘定為仕候、追而筋方於御役所勘定相改させ、指引過銀、翌春於御封屋元〆役之者立会之上寄合、村々江相渡させ申候、

一、宿々御本陣・問屋表立候御用ニ付他所へ罷越候節ハ、帯刀之義依願指免置申候、

一、正月二日郷士・柳ケ瀬御関守并御銀調達人御目見仕候ニ付、筋方不残登　城仕候、

一、正月十一日、京都御所司代ゟ前年中被指出候女通り切手有之候ヘハ、御関守持参仕候ニ付、於御役所留等申付、当筋壱人御関守召連御家老中へ罷出返上仕候、尤御請取書御渡被成候、

一、同日、諸御方様御印鑑前年中返上仕候分、書記御帳面御関守持参仕候ニ付、於御役所夫々遂吟味、一件毎奥書当筋両人印形相調指越候、

一、柳ケ瀬御関所へ御出シ被成候御印鑑、御家老中御渡被成候節、請取書指上、即刻当筋両組御足軽ニ持せ、昼夜ニ不限柳ケ瀬へ指越、御関守ゟ請取証文指出申候、

一、御関所へ御出し被成候御印鑑返上仕候砌ハ、御家老中へ当筋持参指上候得ハ、御家老中ゟも御請取書御渡し被成候、

一、郷中女加州山中へ之湯治或ハ北国筋へ罷越候節、其村方ゟ願書指出候ニ付、吟味之上承届、右願書裏書当筋印形仕、町方へ指出させ申候、御関所通り切手之義ハ町方ゟ指出シ申候、

一、柳瀬弥兵衛・柳瀬三太夫実子出生仕候ヘハ、当筋方へ相届申候、追而成長　御目見之義、并年頃ニも相成候上親勤方見習之義、当筋宛相願候ニ付、添書ヲ以御家老中へ相願候ヘハ、御指紙ヲ以被　仰渡候、

但、見習誓詞之義ハ親同様ニ被　仰付候、

一、柳瀬弥兵衛・柳瀬三太夫蜜（密）封本養子仕候年限御定等御座候哉之義吟味仕候へ共、相知レ不申候、

但、元禄年中格式御取立、御知行不被下置候以前ハ、養子之義、当筋宛ニ願書指出シ、添書を以御家老中へ申上、追而御指紙ヲ以被仰渡候、尤格式御取立以後、養子相願候例格無御座候、蜜封指出候義ハ前後共例格無御座候、

一、柳瀬両人病死仕候得者当筋方へ相届候ニ付、添書を以御家老中へ御届申上候、

一、追而跡相続之義当筋方へ相願候ニ付、添書ヲ以御家老中へ御願申上候、

追而　御書ヲ以家督被下置候節、右之　御書当筋方へ御渡被成候ニ付、於御役所ニ跡式被　仰付候段申渡、　御書頂戴致させ、御礼之義ハ御家老中へ当筋召連罷出申候、

一、老年病身ニ罷成難相勤候ニ付御役義御免、跡式忰子へ被下置候様当筋方へ相願候へハ、添書ヲ以御家老中へ御願申上候、跡式之義ハ右同様ニ被　仰付候、

但、御役義誓詞之義、於御用番ニ被　仰付候、当筋壱人出座、其外例之御役人罷出申候、

一、名相改申度段当筋方へ相願候へハ、承届候上、御家老中江御届申上候、

但、右願書指出し候へハ、添書ヲ以御家老中へ相伺、被　仰渡之趣申渡候義も御座候、

一、伊勢参宮・湯治御暇之義、当筋方へ相願候へハ、本紙ヲ以御家老中へ相伺被　仰渡之御趣申渡候、

一、柳瀬御関所御番人之内不届之義有之候へハ、相当之咎メ申付并御領分追払申付候へハ、其趣御家老中へ御届申上候、追而跡役之義相伺申上候上、召抱申候、

一、病身ニ相成難相勤節、忰子へ跡役被　仰付被下置候様柳沢（瀬）両人へ願書指出候へハ、右両人添書ヲ以当筋方へ相願候ニ付、猶又当筋方添書致、御家老中へ相伺、追而召抱可申旨御指紙ヲ以被　仰渡候ニ付、御役所へ呼出申渡、誓詞之義ハ明見院ニ而柳瀬両人之内壱人・当筋元〆役之者立会申渡候、

一、柳瀬御関所御番人并下番、長病人入替等無之哉之義、御賄方ゟ申来候節、支配御代官へ申渡、御代官ゟ柳ケ瀬へ申越、御関守両人印付之書付指出候ニ付、御賄方へ指出シ申候、

一、柳瀬御関所御番人并下番御切米請取配符御賄方ゟ認来、御関守両人印形仕、当筋両人裏印相調申候、尤毎月御扶持方之義者柳瀬弥兵衛・柳瀬三太夫印形ニ而請取申候、

一、鈴木六郎左衛門実子出生仕候へハ、当筋方へ相届申候、追々致成長　御目見之義当筋方へ相願候ニ付、添書ヲ以御家老中へ相願候へハ、御指紙ヲ以被　仰渡候、

一、蜜封本養子仕候年限御定等御座候哉之義吟味仕候へ共、相知レ不申候、

但、養子仕候節当筋方江相願候ニ付、添書ヲ以御家老中へ申上、追而御指紙ヲ以被　仰渡候、先年大病相煩候節、蜜封指出シ申度旨当筋方へ申聞候ニ付、其節御家老中へ相伺候之処、筋方へ請取置可申旨被仰渡候ニ付、御役所納置申候、

一、病死或ハ老年病気ニ付難相勤節、跡相続等御届願并被　仰渡方柳瀬両人同様ニ御座候、

一、名相改申度段当筋方へ相願候へハ承届候上、追而御家老中へ御届申上候、

一、伊勢参宮・湯治御暇之義当筋へ相願候へハ、例格之通承届指免申候、

一、鈴木六郎左衛門御切米請取配符御賄方ゟ認来、六郎左衛門表印・当筋両人裏印相調申候、毎月御扶持方ハ自分印形ニ而請取申候、

一、郷士実子出生仕候へハ当筋方へ相届申候、追而年比ニも相成　御目見相願候節、当筋宛願書指出候ニ付、添書ヲ以御家老中へ相願候へハ、御口達又ハ御指紙を以被　仰渡候上、於御役所申渡候、

一、蜜封本養子仕候年限吟味仕候へ共、是迄御定等無御座候、

一、右、養子仕候節当筋方宛ニ願書指出候ニ付、当筋方添書ヲ以御家老中

江相願候ヘハ、願之通　御書ヲ以被仰付、当筋へ　御書御渡被成候ニ
付、於御役所ニ申渡候、
一、隠居仕度段願書指出候ヘハ、当筋方添書ヲ以御家老中へ相願、家督
被　下置候節、御書当筋方へ御渡被成、於御役所へ《ニ》申渡候処、近来者
御家老中御宅へ召連参広間ニ指控させ置、当筋方へ　御書御渡被
成候ニ付、　御書頂戴為仕候上召連罷出、御家老中へ直ニ御礼申
上候、
　但、病死仕候節者当筋方へ相届候ニ付、其趣御家老中へ以書付御届申上候、追
　而家督被　下置候へハ、隠居家督被　仰付候節之通ニ御座候、
一、右、伊勢参宮・湯治等仕候節ハ、前々ゟ何方へも相届不申罷越候、
一、右名替等仕候節、当筋方へ以書付相届申候ニ付、追而当筋方ゟ以書付
御家老中へ御届申上候、

# 4　諸事願書留記

天保十五年（一八四四）

八木原太郎左衛門家文書

(表紙)　(一八四四)
「天保十五辰年
　諸事願書留記
　　附、届書証文案文
五月　　八木原　」

　　目録
一、馬手形之事、
一、養子願之事、
　　附、封養子本苗帰り、
一、勘当届之事、
一、縁組願之事、
一、産穢引届之事、
一、忰子御帳附之事、
一、無足人替名之事、
一、忰子御目見之事、
一、親在京或在大津ニ付対面之御暇願之事、
一、湯治願之事、
一、月代歩行願之事、

一、隠居願家督之届之事、
一、隠居替名之届之事、
○替
附、名○願之事、
一、忌引届之事、
附、出勤届之事、
一、替名願并届之事、
一、役夫出入届之事、
一、妻離縁届之事、
一、義絶届之事、
一、御帳除退身二男御帳附之事、
一、伊勢参宮願之事、
一、他所之者止宿之届之事、
但、願下ケも有之、
一、明屋敷替屋敷願之事、
一、家来欠落之届之事、
一、五畝替届之事、
一、木之本宿馬市願之事、
一、病気ニ付引込届之事、
一、長屋出宗門改之節届之事、
一、役夫出入御用引米請取手形、
一、御検見御用懸り届之事、
一、高野永源寺参詣伺之事、
一、持馬御代見届之事、

一、御足米証文之事、
一、馬扶持請取手形之事、
一、役人米御用引手形之事、
一、伊勢参宮願下ケ文言、
一、新知拝領ニ付求メ馬手形之事、
畑○
一、○預ケ馬手形之事、
一、新知拝領ニ付五畝畑請取手形、
附、諸役所届之事、
一、病気ニ付江戸日延願之文言、
一、本屋建候節之伺文言、

○仕替馬手形之事

一、何之誰是迄持来り候何毛馬、当何之何月幾日ニ払、同日何毛馬求持申候、為其以証人手形依而如件、

年号月日

何之誰印

証人
同　印

御目付衆中

○殞馬手形之事

一、何之誰持来り候何毛馬、何郡何村誰与申者方江預ケ置候処、何月幾日何之刻ゟ相煩、同月幾日ニ殞申候、為其以証人手形依而如件、

年号月日

何之誰印

証人
同　印

御目付衆中

右者村方江ゟ預ケ置申時之証文御目付方江出し候へ者、御目付方下役村方江見分ニ参ル、其節召仕之者指越、見分相済候ハヽ、片付申事、手前ニ有之節も准之、

閉門・指控抔被　仰付、御免之節馬証文之事、左之通、

○馬手形之事

一、何之誰、何月幾日ゟ閉門或者指控被　仰付、何月幾日ニ御赦免被　仰付、右之内馬持罷在候、為其証人ヲ以手形依而如件、

年号月日

何之誰印

証人

同　印

御目付衆中

家督之節親持来り候馬直ニ持手形

○馬手形之事

一、親誰、当何之何月幾日願之通り隠居被　仰付、同幾日拙者江家督無相違被下置、依之親持来り候何毛馬直ニ持申候、為其証人手形依而如件、

年号月日

何之誰印

証人

同　印

御目付衆中

親病死之節忌明後文言可准之、

○養子致ス節養方願之事

一、何ニ幾歳

誰何男或弟

何之誰

右者拙者実子無御座候ニ付、誰何男何之誰与申者、双方相対之上養子ニ仕度奉存候、何卒願之通り被　仰付被下置候ハヽ、難有仕合可奉存候、依而之以証人奉願上候、以上、

月日

何之誰印

証人

同　印

御家老中様

但、頭有之面々者頭江御願可申事、実方ゟ之願書年附、右之者何之誰実子無御坐候ニ付、双方相対之上養ニ指越申度奉存候と相認メ、其余養方願書ニ准ス、

○封養子願書文言

覚

一、拙者儀、未男子無御坐候、就夫不慮ニ病死仕候ハヽ、何之誰何男何与申者養子ニ被仰付被下置、名字致相続、御奉公仕候様ニ奉願候、男子出生仕候ハヽ、御断可申上候間、其刻此書付御返シ被遊可被下置候、以上、

年号月日

何之誰印書判

御家老中様

右封し候而表ニ

封養子願書何之誰

裏ニ年号月日封印判

右者不慮ニ病死致し候ハヽ、其節近親類病死届仕并開封御願申上ル事、御用番ニ而弥開き可申哉之御挨拶之上、御目付衆立合之上ニ而御開封之上、養子被　仰付候也、右願書指上ル節、御逢直ニ御請取、目出度重而返進可致由御挨拶有之、一礼之上退出致ス、実子出生致候ハヽ、其段申上封養子願書御下ケ被下置候様相願、則御逢又者御用達指出ル、外ニ名書之書付出ル、是者願書請取与申文言也、

此書付ニ印形致、願書請取相済申候、

○旅詰之節并他国行之節封養案文左之通

一、拙者儀、此度何ニ候処未男子無御座、不慮ニ病死仕候ハヽ、何之誰何男何与申者養子ニ被　仰付被下置、名字致相続、御奉公仕候様奉願候、已上、

年号月日　　何之誰印書判

御家老中様

右封し候而前同断、

○養子養方ゟ年附之文言

一、何幾歳　　誰養子惣領 何之誰

右者実何之誰何男拙者実子無御坐候ニ付、今度養子奉願上候処、願之通養子惣領ニ被　仰付、難有仕合奉存候、依之当何之年附ニ仕、以証人書付指上申候、以上、

年号月日　　証人 何之誰印
　　　　　　同　　印

御目付衆中

○養子本苗帰り実家ゟ

一、　　誰養子惣領 何之誰

右者何之誰方江養子ニ指越置申候処、気合不仕候ニ付、此度双方相対之上取戻シ申度、則証人ヲ以奉願候、願之通被　仰付被下置候ハヽ、難有仕合可奉存候、以上、

月日　　証人 何之誰印
　　　　同　　印

御家老中様

上書御用番御名宛、頭有之面々者御頭江指出ス、

○同御目付方江届文言

一、拙者何男誰儀、何之誰方江養〇子ニ差越申候処、気合不仕候ニ付、双方相対之上本苗帰り之儀御願申上候処、今日願之通被　仰付、尤年附之儀先達而指上置候間書記不申候、右為御届如此ニ御坐候、以上、

月日　　何之誰印

御目付衆中

但、養方ゟも願書届書等大概准之、

○男子不所(存脱カ)ニ付勘当届文言

一、拙者何男何之誰儀、不所存者ニ御坐候間ニ付、此度勘当仕他所江指越申候、此段御届奉申上候、以上、

月日　　証人 何之誰印
　　　　同　　印

御家老中様

但し、女子之分、外江遣し置候離縁之後勘当仕候節者、此度何之誰方離縁仕候拙者娘と認メル、其余男子同断、△此度久離勘当と認置候者、勘当指免難申由聞居候歟、此文言如何哉可考、

○同御目付方江届文言
一、拙者何男何之誰儀、不所存者ニ御坐候ニ付、此度勘当仕、他所江指越申
候、右為御届如此ニ御坐候、以上、
年号月日
何之誰印
証人 同 印
御目付衆中

○同勘当免候節願書
一、拙者悴子何ヶ年以前ニ勘当仕、他所江指越置申候処、所存も相直り申
候ニ付、此度指免出入申為仕度奉存候、何卒　御憐愍ヲ以願之通被　仰
付被下置候ハヽ、難有仕合ニ可奉存候、以上、
月日
何之誰印
御家老中様
但し、頭有之面々者御頭江御願可申事、願之通被　仰付候ハヽ、御用番江届之
文言之分者願書ニ同シ、出入仕らせ申度奉存候、右之段御届奉申上候と相認、
届計ニ而相願申候ニ者不及、御目付方江も同様相届可申事、

○縁組呼方願書文言
一、何之誰娘拙者妻ニ縁組仕度奉存候、依之双方相対之上、証人ヲ以奉願
上候、何卒願之通被　仰付被下置(候脱カ)ハヽ、難有仕合ニ可奉存候、以上、
月日
何之誰印
証人 同 印

御家老中様
但し、頭有之面々者御(頭)御願可申上事、遣し方ゟも願書拙者娘或姉妹何之誰妻
ニ縁組仕度と相認計、其余者文言呼方と同様、引越之節拙者娘或者姉妹先達而
誰妻ニ縁組仕置候、今晩引越セ申候、此段御承知被置可被下候と御目付方江罷
出申述置事、

○産穢引届文言
一、拙者妻、今日出産仕候ニ付、御定之通産穢引仕候、右為御届如此ニ御
座候、以上、
月日
何之誰印
御目付衆中
但し、御用番頭有之面々ハ御頭江出入とも口上届可申事、

産穢明届文言
一、拙者儀、産穢明申候ニ付、今日ゟ罷出申候、右為御届如此ニ御坐候、
以上、
月日
何之誰印
御目付衆中

悴子御帳ニ附ル文言
誰実子惣領二三男弟
何之誰
一、当何ニ幾歳
右者拙者実子惣領ニ御坐候、当何之年附ニ仕、証人ヲ以書付指上申候、
以上
年号月日
何之誰印
証人 同 印

御目付衆中

○無足改名届之文言

一、　　　　誰事　何之誰

右者拙者悴子改名仕仕(ママ)候、右為御届如斯御坐候、以上、

月日　　　　何之誰

御目付衆中

○悴子御目見願文言

一、当何幾歳　　　　何之誰

右者拙者悴子御序ヲ以　御目見被　仰付被下置候様奉願上候、以上、

月日　　　　何之誰

御目付衆中

但、前方ニ御目付(見)相願可申候様ニ御目付方ゟ御達し有之、則右之願書御目(付脱)方江持参致ス、追而幾日ニ被　仰付候趣御触有之候ハヽ、御用番・御目付方江御礼ニ罷出ル、着用上下羽織袴不同也、

○親在京又者在大津之節対面願

一、拙者儀、親誰上京仕候後、御奉公ニ被召出、其上御参勤之御供被　仰付、難有仕合ニ奉存候、就夫、親誰御奉公之筋万事申含度由申越候、拙者儀も下り前暇乞をも仕度奉存候ニ付、出入五日之御暇被下置候様奉願上候、何卒願之通被　仰付被下置候ハヽ、難有仕合可奉存候、依之証人ヲ以奉願上候、以上、

月日　　　　何之誰印
　　　　証人　同　印

御家老中様

○湯治之願文

一、拙者儀、何ヶ年以前ゟ何病相煩、何之誰療治ニ而過半快気仕候へ共、未聢与快気不仕、毎々指引御坐候而難義仕候、此上何州何所温泉江入湯仕、此節取仕切養生仕候ハヽ、可然旨誰指図仕候、何卒以　御憐愍三廻り湯治之御暇被下置候ハヽ、難有仕合可奉存候、依之御医師証文并証人ヲ以奉願上候、以上、

月日　　　　何之誰印
　　　　親類証人　同　印
　　　　証人　同　印

御家老中様

但し、頭有之面々ハ御頭江相願可申事、証人弐人とも同道、御医師[　](虫損)ハ御の字ヲ付る事、

○同跡証文

一、何之誰儀、何州何所江湯治之御暇被下置、難有仕合奉存候、則明幾日ゟ出立仕、入湯三廻り往返幾日・出入幾日之日数ヲ以罷(奉)帰り可申候、尤湯治之外一切他所江立寄申間敷候、依之証人を以書付指上候、以上、

月日　　　　何之誰印
　　　　親類証人　同　印

証人
同　印

御家老中様

右出立前日ゟ《ニ》指出し可申事、頭有之面々ハ頭江出ス、入湯相応致候ハヽ、増願ハ彼地ゟ証人方江書状遣し申趣ニ而、入湯相応仕候ニ付、今二廻り御暇被下置候様ニ可然御願可被下段申遣ス、証人共江申来り之趣を以御用番江増御暇相願申候得ハ、願之通増御暇被　仰付候節御礼申上、并被　仰付候趣早速彼地江可申越段御請申上相済也、兼而増御暇御願可申積りニ御坐候ハヽ、右願書状出立前ニ相認、日附日数積り合、先ハ入湯一廻り半過之日附ニ致し、書状認残し置、証人両人江相頼渡し置事也、証人とも右日附届たけ之日数過候頃、証人とも同道ニ而相願可申事、則到来之書状御用番江証人とも持参致ス事、文言左ニ記ス、

一筆啓上仕候、各様弥御平安ニ可被成御勤、目出度奉存候、然者拙者儀、此節入湯仕候処、相応之方ニ而次第ニ快気或者平喩(癒)仕候ニ付、此上二廻り増御暇奉願上度奉存候、何卒今二廻り増御暇被下置候様ニ御願被仰上被下候様仕度奉頼候、此段得御意度如此ニ御座候、以上、

月日
何之誰印

証人両人名宛

上書同様裏ニ月日、封し目ニ印、下ニ従何州何所、

一、願人四十歳以下、御帳ニ付候実子無之候へハ、当当(ママ)分封養子指上置事、帰り候節無失念封養子願書願下ケ可申事、封養子前文有之通不相替、

○御目付方江届書

一、拙者儀、何州何所江湯治之御暇御願申上候処、願之通被　仰付、難有奉存候、則明幾日ゟ出立仕、湯治三廻り往返幾日・出入幾日之日数を以罷帰り可申候、右為御届如此ニ御座候、以上、

月日
何之誰印

御目付衆中

但し、出立前日ニ指出ス事、

○同増願被　仰付候節

一、何之誰義、何州何所温泉江此節入湯仕罷在候処、相応仕候様子ニ御坐候段申越、此上合二廻り増御暇奉願上候処、願之通被　仰付被下置、難有奉存候、依之拙者共ゟ為御届如此ニ御坐候、以上、

月日
証人両人印

御目付衆中

○帰り候節届文言

一、拙者儀、何州何所江湯治御暇被下置候之処、御定之日限ヲ以今日罷帰り申候、右為御届如此ニ御座候、已上、

月日
何之誰印

御目付衆中

但、御用番江者口上ニ而右之趣御届可申上事、頭有之面々ハ御頭江も同様、

○月額歩行願文言

一、拙者儀、従先達而何病相煩、何之誰療治相頼服薬養生仕候処、過半快方ニ御坐候へ共、未聢与不仕鬱滞強不食仕候ニ付、此上月額歩行仕候ハヽ、可然段誰指図仕候間、月代歩行之儀奉願上候、何卒願之通被　仰

付被下置候ハヽ、難有仕合可奉存候、依之御医師証文并証人ヲ以奉願
上候、已上、

月日　何之誰印
証人　同　印

御家老中様

御頭有之面々ハ御頭江指出ス、被　仰付候ハヽ、直ニ名代御礼申上ル事、

○御目付方江届文言

一、拙者儀、従先達而何病相煩、只今過半快方ニ御座候へ共、未聢与不仕
候ニ付、月代歩行御願申上候処、今日願之通被　仰付被下置、難有仕
合奉存候、右為御届如此ニ御坐候、已上、

月日　何之誰印

御目付衆中

○隠居願書大概文言

一、拙者儀、段々以　御憐愍結構ニ被　仰付被下置、其上御大切之御役
儀被　仰付、重々冥加至極難有仕合奉存候、然ル処、今年何十歳ニ
罷成、次第ニ老衰仕、乍恐歩行等不自由ニ罷成候ニ付、御奉公難相勤
奉存候、依之御役儀・御知行指上、隠居仕度奉願上候、何卒此上以
御憐愍忰子誰儀如何様共御奉公相勤候様ニ被為　仰付被下置候ハヽ、
重々難有仕合可奉存候、依之以証人奉願上候、以上、

月日　何之誰印
親類証人　同　印

御家老中様
証人　同　印

但し、隠居願書ハ面々違ひ可申事故荒増記ス、御番頭ハ御預ケ之何口御番頭ト、
十一口なラハ御門番頭并御知行指上ルト相認ル、大概可准之事、

○家督之節届書

一、同苗誰儀、願之通隠居被　仰付、家督無相違拙者江被下置、難有仕
合奉存候、右為御届如斯御坐候、以上、

月日　何之誰印

御元方御勘定奉行衆中
御用米御蔵奉行衆中
松原御蔵奉行衆中
御普請御着到附衆中
士御着到附衆中
右五通文言同様認

右、被召出罷在候ハヽ、御扶持・切米指引有之ニ付、御賄方江届書指出ス、

○隠居名相改候節届書文言

一、親誰儀、何与名相改申候、右為御届如此御坐候、以上、

月　何之誰印

御目付衆中

○忌引出引届書

一、何之誰儀、今日病死仕候、拙者何方何ニ相当り申候ニ付、御定之通忌引仕候、右為御届如此ニ御坐候、以上、

月日　何之誰印

御目付衆中

一、拙者儀、忌引明申候ニ付、今日ゟ罷出申候、右為御届如此ニ御坐候、以上、

月日　何之誰印

御目付衆中

但し、出引とも御用番又者御頭之者口上ニ而届可申事、忌引之節者届ニ参候者手扣書付相認メ持参可被致事、忌御免之節者忌御免ニ而と相認事、

改名之願書

一、拙者何与改名仕度奉願候、何卒願之通被　仰付被下置候ハヽ、難有仕合可奉存候、以上、

月日　何之誰印

御家老中様

但し、頭有之面々ハ御頭江相願可申事、願書ニ願之通可為候と張札ニ而被　仰付候、御礼上下袴羽織不同也、

○諸御役所江届文言

一、拙者誰与改名仕度御願申候処、願之通被　仰付、難有奉存候、右為御届如此御坐候、已上、

月日　誰事　何之誰印

御目付衆中

御元方勘定奉行衆中

御普請御着到付衆中

士御着到付衆中

右四通文言同様

御役義相勤罷在候ヘハ御目付方・御元方計ニ而よし、

○役夫出入文言

一、拙者儀、当何之何月幾日ゟ同何月幾日迄何之御用も相勤不申候、右為御届如此ニ御座候、以上、

何ノ　何月幾日　何之誰印

御普請　御着到附衆中

但し、前方ニ幾日迄ニ書付指出し候様御触相廻ル、若御用相勤候ハ、何月幾日ゟ同幾日迄何御用相勤、或御城中御番等相勤候ハヽ、其趣書付相認指出シ可申事、父母之忌引仕候ハヽ、其段相認指出し可申事、

○妻離縁届文言

一、拙者妻気合不仕候ニ付離縁仕候、此段御届奉申上候、以上、

月日　何之誰印

御家老中様

但し、頭有之面々ハ御頭江届ル、御用番江者口上ニ而御届可申事、御目付方江者書付ニ而届可申事、

○実方ゟ届文言

一、拙者娘、何之誰妻ニ指越置申候処、此度離縁仕候ニ付、拙者方江引取申候、此段御届奉申上候、以上、

月日　何之誰印

御家老中様

但し、御頭有之面々者御頭江御届可申事、御目付方江も同様相届可申事、

○義絶之届文言

一、何之誰儀、子細御坐候付義絶仕候、右為御届如此ニ御座候、以上、

年号月日　何之誰印
証人　同　印

御目付衆中

但し、御用番江者口上ニ而相届可申事、

○同和談届之文言

一、拙者儀、何之何年何之誰と義絶仕罷在候処、此度双方和談仕候、右為御届如斯御座候、以上、

年号月日　何之誰印
証人　同　印

御目付衆中

但し、御用番江者口上ニ而御届可申事、入組ハ手控持参致而よし、

○御帳除ケ願書文言

一、拙者惣領誰儀、近年病身ニ罷成、急ニ全快も難仕病症ニ罷在候故、末々御奉公も難仕様子ニ付、引籠御帳除ニ仕度奉存候、依之証人ヲ以奉願上候、以上、

月日　何之誰印
証人　同　印

御家老中様

但し、御頭有之面々ハ御頭江御願可申事、願之通被　仰付候ハヽ、此趣ヲ御目付方江も届書指出可申事、文言右ニ准ス、

○二男惣領ニ仕願文言

一、何ニ何歳　何之誰

右者拙者二男ニ御座候処惣領ニ仕度、則以証人奉願上候、願之通被仰付被下置候ハヽ、難有仕合可奉存候、以上、

月日　何之誰印
証人　同　印

御家老中様

但し、御頭有之面々ハ御頭江御願可申事、右ニハ惣領病死後抔ニ二男惣領ニ願之通書也、又者病身ニ而退身御帳除願書ニ者、口ニ年附も無之、右之通退身被仰付候後、二男惣領ニ願之文言左ニ記ス、

○拙者惣領誰儀、急ニ全快難仕病症ニ罷在候ニ付、御帳除之儀奉願上候処、願之通被　仰付難有奉存候、就夫二男誰儀惣領ニ仕度奉存候、願之通被　仰付被下置候ハヽ、難有仕合可奉存候、依之証人ヲ以奉願上候、以上、

月日
証人　何之誰印
同　印
御家老中様

〇同御目付方江届

一、右者拙者二男ニ御座候処、今度惣領ニ仕度段御願申上候処、願之通被
仰付、難有仕合ニ奉存候、年附之儀者先達而書付指上候通ニ御座候、
右為御届如此ニ御座候、以上、
何之誰
月日
何之誰印
御目付衆中

〇伊勢参宮願書

一、拙者儀、宿願之義御坐候ニ付、伊勢参宮仕度奉存候、何卒出入七日之
御暇被下置候ハヽ、難有仕合可奉存候、依之証人ヲ以奉願上候、已上、
月日
証人　何之誰印
同　印
御家老中様

〇同跡証文

一、此度拙者儀、願之通伊勢参宮之御暇被下置、難有奉存候、則明幾日
ゟ出入（立《タツ》）御定之通七日之日切ヲ以下向可仕候、参宮之外一切何方江も立
寄申間敷候、依之以証人書付指上申候、以上、
月日
証人　何之誰印
同　印
御家老中様

但し、御頭有之面々ハ御頭江御願可申事、出立前日ニ証人同道持参致事、但し、
桑名廻り致候ハヽ、其趣宵立相願可申事、四十歳以下男子無之者ハ当分封養子
指出し置事、下向之節無失念封養子願下ケ可致事、

拙者儀、願之通伊勢参宮之御暇被下置、難有奉存候、則明幾日ゟ出立
仕、御定之通七日之日限ヲ以下向可仕候、右為御届如此ニ御坐候、已
上、
月日
何之誰印
御家老衆中（目付）

但、下向致候節御用番・御頭江ハ口上届ニ而よし、

拙者儀、伊勢参宮仕候処、御定之日限ヲ以今日罷帰申候、右為御届如
此ニ御坐候、以上、
月日
何之誰印
御目付衆中

〇従他所親類参り止宿届

拙者身寄之者、従何州何表ゟ（衍カ）今日参り申候、依之四五日止宿為仕申候、
尤御用番江も御届申上候、此段為御届如此ニ御坐候、已上、
月日
何之誰印
御目付衆中

但し、御用番・御頭江ハ往還とも口上ニ而御届可申事、

○同帰候節届文言

此間御届申上置候何州何表身寄之者、今日罷帰り申候、右為御届如此
ニ御坐候、已上、

月日　　何之誰印

御目付衆中

○明屋敷拝領致ス願文言

拙者儀、屋鋪拝領不仕候ニ付、当分何之誰方江一所ニ罷在候得共、場
挟ニ而第一馬繋可申場所も無御坐難儀仕候、依之今度御取上被　仰付
候何町何之誰跡明屋敷拝領被　仰付被下置候ハヽ、難有仕合可奉存候、
依之以証人奉願上候、以上、

月日　　証人　何之誰印
　　　　　　　同　　印

御家老中様

○明屋鋪と替屋敷願文言

拙者何町拝領屋敷――ニ而年来難渋罷在候、依之此度何之誰明屋敷と
替屋敷被　仰付被下置候様仕度奉願上候、何卒願之通被　仰付被下置
候ハヽ、難有仕合可奉存候、依之証人ヲ以奉願上候、以上、

月日　　証人　何之誰印
　　　　　　　同　　印

御家老中様

○屋鋪替願文言

一、何町何之誰屋敷江　何之誰
一、同　同

右者双方相対之上、屋敷替仕度奉存候、何卒願之通被　仰付被下置候
ハヽ、難有仕合可奉存候、以上、

月日　　証人　何之誰印
　　　　　　　同
　　　　証人　何之誰印
　　　　　　　同

御家老中様

但、屋敷替人数何程ニ而も一紙ニ而願可申事、尤壱人ニ壱人ツヽ、証人可有之事、
上書御用番宛、下ニ皆人数名前認ル、願之通被　仰付候上御目付方江届可申事、

○家来欠落届文言

一、何州何郡何村　誰
一、請人御当地何町何屋　誰

右者拙者召仕罷在候処、当何月幾日之夜罷出、翌朝迄罷帰り不申候ニ
付、早速請人江申付、今日迄方々為相尋申候処、行衛相知レ不申欠落
ニ相極申候、尤取逃之品無御坐候、此段為御届如斯御座候、以上、

年号月日　　何之誰印

御目付衆中

町御奉行衆中

右両所江同様相届可申事、御用番江者相届ニ不及、早速相届申候而も不苦候得共、吟味之上相届可申事、万一取逃之品有之候ハヽ、別段紙ニ右取逃之品相認メ御届可申事、御用番御頭有之面々、右之趣手控持参致し、御用達ニ逢、此段御目付方江も御届申候間、御座候ハヽ、此段可然被　仰上可被下候由申述よし、

○五畝畑替之節御普請方江届

一、何村領之内五畝畑　何之誰

一、右同様　同

右者拙者共拝領五畝畑双方相対を以替畑仕候、御帳面御改メ被仰渡可被下候、右為御届如此御座候、以上、

何ノ
月日　何之誰印
　　　何之誰印

御普請奉行衆中

右両人一紙之届ニ而相済也、

○木之本宿馬市御暇願

拙者儀、木之本宿馬市江罷越、持馬相求申度奉存候、依之明後幾日ゟ幾日迄出入四日之御暇被下置候様奉願上候、以上、

月日　何之誰印

御家老中様

但し、御頭有之面々ハ御頭江願可申事、証人者不入、出立前日迄ニ而幾日ゟ出立仕候段、御用番・御頭へも御届可申事、

拙者儀、木之本宿馬市江罷越、持馬相求申度、依之明廿三日ゟ廿六日迄出入四日之御暇奉願上候処、願之通被　仰付難有奉存候、則明幾日ゟ罷越申候、右為御届如此御坐候、以上、

月日　何之誰印

御目付衆中

士御着到附衆中

同帰り候節届

一、拙者儀、木之本宿馬市ゟ今日罷帰り申候、右為御届如此ニ御座候、以上、

月日　何之誰印

御目付衆中

但、御用番・御頭江者口上届ニ而よし、御役人者士着到江者不入、

風邪又者痛所ニ而引籠届

拙者儀、風邪或者痛所ニ付、従今日引込養生仕度、依之御医師証文ヲ以御届奉申上候、以上、

月日　何之誰印

御家老中様

但し、頭有之面々ハ御頭江届可申事、御用番江も口上ニ而御届可申事、尤　御在城ニハ医師証文不入、口上届ニ而出勤之節御用番・御頭江口上届ニ而よし、御城中御番等相勤罷在候ハヽ、御用番・御頭江医師証文指出し候ニ不及、手控書付ニ而御届可申事、尤御城中御着到方江十一月頃指図次第医師証文出し可申事、

拙者儀、風邪或ハ痛所ニ付、今日ゟ引込養生仕候、右為御届如此ニ御座候、以上、

月日　何之誰印

御目付衆中

但し、出勤之節拙者儀風邪或者痛所快気仕候ニ付、従今日ゟ（ママ）出勤仕候、右為御届如此ニ御座候、以上、士着到も入、右者惣而無役者之届之文言、御役義勤罷在候ハ、御用番又者御頭江者口上届ニ而よし、医師証文も不入、

出入或者長屋借之者無拠子細有之長屋出ニ致ス届

覚

一、右〔之〕者譜代召仕ニ御坐候処、此度何町誰借屋江借宅致度段相願承届候ニ付、町役人共方江送り手形・寺手形指添遣之段為取申候、右為御届如此御坐候、以上、

年号月日　　譜代家来 誰

何之誰印

町御奉行衆中

筋御奉行衆中

但し、一紙ニ而相済、引越申候町役人ゟ者送り案紙取、其趣相認遣ス、并家持ニ而請人入ル事、右町奉行衆ニ而云渡し相済候得共、右同様之文言ニ而御目付方江届可申事、右〔近〕家来之形也、御用番江者届不入、右引越候町役人ゟ之願と引合セ云渡し有之趣ニ候得者、町役人ゟ願出ス、同日比此方ゟも届出ス事、届出し不申内ハ言渡し無之手間取申候、此所可相考事、

〇宗門改之節出入之者雇置、又者無拠子細ニ而相頼候書付

一、　　何町 誰

右之者今日雇、遠方江指越申候之間、当何ノ宗門御改宜敷御引合〔セ〕可〔被〕下候、已上、

月日

〔宗門〕御改奉行衆中　　何之誰印

御検見御用届文言

拙者共儀、御検見御用ニ付、明幾日ゟ出郷仕候、右為御届如此ニ御坐候、以上、

月日　　何之誰印

御目付衆中　　何之誰印

右両人一紙ニ而届可申事、御用番江者口上届、

拙者共御検見御用ニ付出郷仕罷在候処、今日帰郷仕候、右為御届如斯ニ御坐候、以上、

月日　　両人名印

御目付衆中

但し、御用番江者口上届ニ而よし、

拙者共御検見御用ニ付明幾日ゟ出郷仕候ニ付、御着到前江罷出不申候、右為御届如斯ニ御座候、以上、

月日　　何之誰印

御着到附衆中

帰郷仕候ハヽ、幾日ゟ御着到前江罷出候趣相届ル、尤御帳筋方江差出候ハヽ、右之届可致事、御帳筋方江差出し候ハヽ、御用番又者御頭江も今日御検見御用相済申候段、口上ニ而相届可申事、

拙者共儀、御検見御用ニ付何月幾日ゟ同幾日迄出郷仕候、右為御届如

此ニ御坐候、以上、

月日　　　　　　　　　　　　両人
何之誰印

南或者中又者北筋方

右者御帳上ケ候節指出し可申事、人足書付同様、

拙者共儀、御検見御用ニ付今日ゟ出郷仕候趣御届申置候処、雨天故右御用指問申候ニ付延引仕候、右為御届如此ニ御坐候、以上、

月日　　　　　　　　　　　　両人名印

御目付衆中

右者、俄ニ雨天ニ相成出郷難成時御断之届、御用番又者御頭江者口上届、

○御検見被　仰付候節指問ニ而御断之文言

拙者儀、従先比何病相煩申候処、何之誰療治仕候へ共、未碇与全快不仕候ニ付、当秋御検見御用難相勤奉存候、何卒以　御憐愍御赦免被　仰付被下置候ハヽ、難有仕合可奉存候、依之医師証文并証人ヲ以奉願上候、以上、

月日　　　　　　　　　　　　何之誰印
証人
同　　印

御家老中様

但、御頭有之面々ハ御頭へ御願可申事、尤御赦免被　仰付候ハヽ、御用番・御頭江以名代御礼可申上事、御目付方江も相届可申事、

○高野永源寺江参詣詞(伺カ)

拙者儀、高野永源寺　御廟江一夜懸ケニ今夕ゟ参詣仕度奉存候ニ付、此段奉詞候、以上、

月日　　　　　　　　　　　　何之誰印

御家老中様

但し、頭有之面々ハ御頭へ御詞可申事、

拙者儀、高野永源寺　御廟江一夜懸ケニ今夕ゟ参詣仕度奉詞候処、詞之通被　仰付候、右為御届如此ニ御坐候、以上、

月日　　　　　　　　　　　　何之誰印

御目付衆中

○持馬御代見之届

右者拙者持馬　　　　　　　　何毛馬

御代見ニ指出シ申候ニ付、右為御届如此御座候、以上、

月日　　　　　　　　　　　　何之誰印

御目付衆中

一、何毛馬　　　　　　　　　乗人
何之誰

右者此度　御代見ニ指出し申候、右為御届如此ニ御坐候、以上、

月日　　　　　　　　　　　　何之誰印

御馬頭取衆中

○御足米証文書様

請取申御足米之事

一、何石何斗何升何合　米原升数廿分一大豆入

右者当何ノ年拝知郷四ツ物成不足ニ付、為御足米被下置請取申処実正
也、依而手形如件、
年号月日　何之誰印
松原
御蔵奉行衆中
但、前方ニ御元方ゟ配符来ル、右配符一所ニ指出ス、正米出し度候ハヽ、其段
別紙ニ如何程正米出しと願書遣ス事、

○馬扶持請取手形
拝領請取申馬扶持大豆之事
一、何石何斗　大豆也
右者当何年中為馬扶持被下置請取申処実正也、仍而手形如件、
年号月日　何之誰印
松原
御蔵奉行衆中

○同代米出ル節之事
拝領請取申馬扶持大豆并代米之事
一、何石何斗何合　大豆也
一、同　代米也
右者当何年中為馬扶持被下置、請取申所実正也、依而手形如件、
年号月日　何之誰印
松原
御蔵奉行衆中

○役人米御用引手形認様

請取申御用引米手形之事
一、何石斗何升何才　米
右者当何年御普請役人米上納之内、何月幾日以後御用引之分被下置、
請取申所実正也、仍而手形如件、
年号月日　何之誰印
松原御蔵奉行衆中
但し、御元方ゟ別ニ来ル書付添請取可申事、

○伊勢参宮願置被　仰付指問有之願下ケ文言
拙者儀、当春伊勢参宮之御暇願之通被下置、難有仕合奉存候、然ル処、
其後打続指問出来仕、未参宮不仕候処、最早日数も無御坐候間、参宮
難仕奉存候ニ付御断奉申上候、以上、
月日　何之誰印
御家老中様

○馬手形之事
一、拙者儀、何之年何月幾日新知何百石或者何十石被下置、当何ノ何月幾
日ゟ何毛馬求メ持申候、為其証人ヲ以手形仍而如件、
年号月日　何之誰印
証人　同　印
御目付衆中
畑上ケ馬預り手形之事
預り申馬手形之事

一、何之誰殿、此度江戸御詰ニ付、御所持之何毛馬、何之何月幾日ゟ御留主中拙者方ニ預り申〔候〕処実正也、随分念入飼置可申候、何時成共御用之節者牽懸御目可申候、為其証人ヲ以手形仍而如件、

年号月日

何郡何村馬預り主
誰印
証人
同印

御目付衆中様

右証文裏書左之通、

表書之通念入申付、慥ニ預ケ申所実正也、

月日并　但し、包紙ニ御目付衆中、下ニ者馬預り主或者馬送り名前ニも也、

何之誰印
証人
同　印

宛なし

○新知拝領ニ付諸御役所届

拙者儀、旧臘幾日新知何石被下置、難有仕合奉存候、右為御届如此ニ御坐候、以上、

月日

何之誰印

御用米御蔵奉行衆中
御元方勘定奉行衆中
松原御蔵奉行衆中
御賄方

右四御役所同文ニ而届書指出し可申事、

覚

一、壱ヶ所　五畝畑

但、何村領

右新知頂戴仕候ニ付、件之通五畝畑御渡し被下、正ニ請取申所実正也、為念如此ニ御座候、以上、

年号月日

何之誰印

御普請奉行衆中

但し、右之通美〔の〕紙竪紙ニ相認可申事、

○歩行願之文言

拙者儀、先比ゟ何之症相煩、何ノ誰江療治相頼、段々快方ニ御坐候へ共、毎度指引有之鬱滞強食事不進ニ御座候間、此上額〔月〕歩行仕候ハ、可然段誰指図仕候、何卒御憐愍ヲ以月額歩行御免被仰付被下置(候脱カ)ハ、、難有仕合可奉存候、依之証文并証人ヲ以奉願上候、以上、

月日

何之誰印
証人
同　印

御家老中様

被仰付候ハ、直ニ名代ヲ以御礼申上ル事、

○江戸出立之病気ニ付延〔日〕願之文言

拙者儀、何之症相煩候ニ付、何之誰江療治相頼養生仕候処、兎角指引強食餌不進ニ付、指懸り今暫之内旅行難仕段誰被申聞候ニ付、明幾日立ニ而江戸表江罷下り候義日延被　仰付被下置候様奉願上候、依之御医師証文并証人ヲ以奉願上候、何卒以　御憐愍願之通被　仰付被下置候ハ、、難有仕合可奉存候、以上、

何之誰印

月日　　　　　　　　　　証人
　　　　　　　　　　　　同　　印

御家老中様

但し、右願書指出候ヘハ、御家老中御達之趣ニ而御目付衆両人様躰見分被参候、其節袴ニ而罷出、病躰一通申事、尤平伏ニ候ハヽ、寝間迄見分被参候、其節乍伏病躰申述ル事、但し、袴・脇指側ニ置事、其節御目付衆病躰書付指出し候事、

病躰書付之文言

拙者儀、何之症相煩、何之誰江療治相頼養生仕候処、（兎）角指引強食餌不進ニ付、指懸り今暫之内旅行難仕段誰被申聞候ニ付、明幾日立ニ而江戸表江罷下り（候脱カ）義日延被　仰付被下置候様奉願上候、右様躰之儀者各方御見分被下候通ニ御坐候間、此段宜敷被仰上ケ可被下候此〻、以上、

　　　　　　　　　　　　　　　　何之誰印
　　　　　　　　　　　　証人
　　　　　　　　　　　　　同　　印

両人名宛

○新知拝領仕候節取続米願之文言

拙者義、不存寄昨冬御知行被下置難有仕合ニ奉存候、然ル処、当冬納り近候処難取続渋難仕候ニ付、御割合ヲ以此節拝借仕度奉願候、何卒願之通被　仰付被下置候ハヽ、難有仕合奉存候、已上、

月日　　　　　　　　　　名印

御家老中様

○御知行被下置候節上納米多難渋願之文言

拙者義、昨冬御知行被下置難有仕合ニ奉存候、然ル処、御役方ニ而上納員数之義承り申候処、別紙之通諸上納米多御座候ニ付、暮方甚難渋仕候ニ付、如何様共取続相成候様格別之　御憐愍ヲ以永年賦御取立被下置候様仕度奉願候、何卒願之通被　仰付被下置候ハヽ、難有仕合ニ可奉存候、依之別紙相添願書奉指上候、已上、

月日　　　　　　　　　　名印

御家老中様　尤八月三日〻〻〻〻

覚

一、高弐百四拾八表弐斗九升八合　　所務

内

三拾六表三斗弐升　　米札返納

五表三斗　　役人米

壱表三斗五升九合　　猿楽米

拾三表弐斗八升　　御筋方返納

百弐拾五表弐斗　　御借用方返納

〆百八拾三表弐斗五升九合

残り六拾五表三升九合　　屋敷入

別紙与申者右之通也

覚

一、栗毛馬

拙者義、今日新御知行被下置候ニ付、右之馬求メ持申候、右為御届如此御坐候、已上、

月日　　　　　　　　　　名印

御目付衆中

覚

一、弐斗　米

右者当分拝借仕度候ニ付、御貸渡し可被下候、已上、

月日　名印

御椿屋方

拙者共義、御用済ニ付今日帰府仕候、右為御届如此ニ御坐候、已上、

月日　名印

御目付衆中

一、拙者共義、明幾日ゟ御用ニ付泊懸御門出仕候、右《(ママ)》

右同断

拙者義、去月廿四日《御用ニ付歟》相州三崎表江罷越申候処、昨三日《昼後》帰府仕候、右為

御届如此ニ御坐候、已上、

四月四日　名印

御元方勘定奉行衆中

拙者共義、《明幾日ゟ》御用ニ付相《刕》表泊懸ニ出郷仕候、此段御届奉申上候、已上、

月日　両《勤番》人宛印

御勤番宛封書ニ而指出

尤帰府之節者口上届

御門方江者出入共口上届

○小手分年番被仰付候夫々届之文言

覚

一、駄馬　壱疋

右者拙者共組合ニ仕候間、此段御承知可被下候、右為御届如此ニ御坐

候、以上、

月日　両人名印

《年番》御賄方

覚

一、三人　家来

一、弐人　郷夫

右者出発之節召連候人数ニ御坐候、以上、

月日　名印

《年番》御賄方

口取　主人《鑓持》　具足櫃　飼桶沓籠　合羽籠

郷夫除供立

口取　主人《鑓》　具足櫃

右者出発并郷夫除立《供》ニ御坐候、尤支度相揃申候間、何時ニ而も出発可

仕候、此段御届奉申上候、以上、

月日　名印

隊長名宛

婚姻祝式之伺文言

別紙縁組願之通被　仰付被下置候者、婚姻之節仲人并《又者伯父》叔母従弟等相招、

鰭吸物・台肴二種三献相祝、時節ニ相成候ハヽ、壱汁一菜ニ而膳部指出

申度、御時節柄之義ニ付此段奉伺候、

月日　名印
宛なし
御頭有之面々者御頭、又者御頭無之面々者御用番、尤手控ニ而指出ス事、
拙者義、此度江戸表江罷下り候処、未男子無御坐候、不慮ニ病死仕候者、西尾治部助三男留蔵与申者養子ニ被　仰付被下置、名字致相続御奉公仕候様奉願上候、以上、
年号
月日　名印書判
此度
御上屋敷御類焼仕奉恐入候、右ニ付為冥加上米仕度、此段奉願上候、以上、
月日　名
土佐様
右者嘉永三戊(戌)年三月五日御上屋(敷脱)御類焼ニ付願書指出ス、
彦根用物并家中荷物とも、宿々人馬半高迄之内ニ候者、御継立可給候、若右ゟ壱人壱疋ニ而茂過ニ相成候分者相対雇可致間、稼人馬出し過馬遣ひニ不相成候様御心得可給候、尤指出置候印鑑与引合御継立可給候、以上、
江戸彦根屋敷
道中方印
彦根家中
八木原太郎右衛門
木曽路登り
継人馬賃銭払帳

浦賀奉行交代之節為歓御使者被仰付候一件
一、弐人　御足軽　一、四人　人足
右者此度浦賀奉行御交代ニ付、御使者被仰付候間、件之通御貸拝借仕度奉願上候、御許容被下置候ハヽ、御役方江夫々被仰渡被下置候様奉願上候、已上、
月日　名印
宛、又者手控ニ而も宜敷哉可考事
一、三人　駕　一、壱人　合羽籠(手)　一、壱人　鑓持
一、壱人　草履取　一、御足軽弐人両若党都合上下九人也、御足軽随分本役立高ニ致候様達ス事、
一、出懸帰り共御勤番江者口上届、尤帰り候節御使者相勤只今罷帰り候趣申述也、尚又御目付方江者出懸斗書付候而届候事、
一、此方手札弐枚持参、先方取次名前承ル、
一、御城使江口上振承ル、帰り候ハヽ右取次名前書指出ス、○浦賀御用聞倉田太之介江何角相頼候者都合能セ話致呉候事、尤昼飯申請度相頼候ハヽ、支度為致呉候、御足軽弐人此方上下三人都合五人前也、人足四人者弁当持参致候ニ付、支度為致候ニ不及、然かし遅ク□□刻ニ相成候ハヽ、支度為致候事、尤壱人前ニ壱匁斗、尚又書付致呉候様申候ハヽ、書付指出ス、大体壱匁位、茶料ニ者不及、
一、酒肴致し貰相給跡ニ御足軽江も振舞、尤勤先之事故七八分目位ニ而仕舞也、馳走者大体三種位ニ而宜敷、大底入用弐貫四(五)百斗也、
一、着用服沙小袖上下、御足軽者羽織袴也、其趣御答参り候者相達、尚又人足参り候刻限御尋方江何時ニ参り候様との書付指出ス、

海岸出張之節心得

一、出張之節御賄方焼出延□(引カ)ニ相成候ハヽ、此方宿陣ニ而飯為焼支度為致、菜香物位ニ而宜敷、帰陣之上ニ而汁ニ而も為致振舞事、其節神酒備候趣ヲ以、御籏指之面々江二種位ニ而酒振舞事、

一、出張之節、夜中半人数宿陣江休足、尤籏鑓代々休足中什吏江助被仰付候趣御目付衆被達候事、

井伊掃部頭使者
何之誰

一、御使者被仰付候節手札認メ方也、

旅詰先ニ而封養子病死ニ付願書御下ケ御断之文言、

拙者義、昨七月当地詰被　仰付候処、男子無御坐候ニ付石原甚内二男鉄二郎与申者封養子ニ相願詰居候処、去ル六日病死仕候趣申越候ニ付、似□□(合敷カ)者御坐候迄御猶予被下置候様御断奉申上候、尤奉指上置候封養子願書御下ケ被下置様奉願候、

七月十三日　八木原太郎右衛門

右ハ手控ニ而清左衛門殿御長屋江指出ス書、

右願書御下ケニ相成候節受取之文言

拙者義、先達而奉指上置候封養子願書封中之者病死仕候ニ付、御下ケ被下置候様奉願上候処、則御下ケ被下置、慥ニ奉受取候、以上、

八月十五日　八木原太郎右衛門

清左衛門様

(以下省略)

## 5　元方勘定方記録

文政年間（一八一八〜一八二九）　彦根藩井伊家文書

正月　松原御蔵・御用米共、当時御有米尋ニ遣ス、

一、御廻米相伺有之処、弐千表相廻候様被仰渡、

右、松原御蔵方へ案内、大津御蔵所・大坂御蔵所へ申遣ス、

懸り物江戸送壱表ニ付、
日串御細工方へ申遣ス　三匁八分六厘五毛　江戸へも申遣ス、
御余り之分、手紙ニ而御金方へ申遣ス、

一、大殿様御入用之分諸御役所へ尋ニ遣シ、江戸表御音信方其外共申遣シ、壱万表代銀与指引申上候事、前帳有之、

江戸ニ而武鑑なとハ臨時払ニ出候由、

一、馬扶持時節ニ付御蔵手代へ申遣シ、大豆積取之、大豆不足之時者代米入ル事、尤御賄方ゟ申来ル、代米入候時ハ御指紙下御元方ゟ上ル、大豆斗之節ハ御賄方ゟ上ル、

一、(正月)廿九日・晦日切ニ而送り被成、　御封所

代米入時、米大豆共相場書申遣シ、売買平均ニ而極ル、

二月

一、二月朔日、御封所江相場出ル、売買平均シテ小雑用方ゟ通ひ持せ来候ハ、金銭共付遣ス、御金方正月分申参りニ付、前月分通ひへ付遣ス、

一、御金方元持証文遣シ候時、判取帳ニ不載、
一、江戸詰米、三月朔日立之衆青田米配符極遣ス、四月朔日立之衆当米相
極置渡ス、
一、毎月二日、大津ゟ米相場金相場共来ル候（ママ）ハヽ、江戸御用状可申遣事、
右、二日相場を以　御舎弟様方被進米之内、好来り候ハヽ、相極遣ス事、
御同所御賄方申来ル、
二月八日
一、弐千五百表　午納御用米御除米之内、
右、御扶持方積り引残り余米ニ付大津御登せ、御指紙下上ル、御指紙御
出ニ付御蔵方へ証文遣ス、
一、御用米御蔵方へ御有米書付申遣ス、
但、大津御登せ指引、
一、大殿様（井伊直中）御余り御除物、御金方ゟ配符来り、
一、御金方百貫目御余り、
右二行裏書致遣ス、留不申事、
一、雅四郎（早崎）ゟ納切手御金方ゟ来り候ニ付留ル、御米代与引合裏書致遣ス、
一、二月廿一日、御飛脚ニ付、昨未十月ゟ当正月迄御下し金割書進シ候間、
御引合之上出入も御座候ハヽ、御書かへ御戻し可被下候、追而御指紙
相願可申趣申遣ス、
二月
一、松原御蔵方へ来月分御扶持方、午納ニ而御払可被成趣申遣ス、
一、御飛脚御延引ニ付添書得御意旨申遣ス、
一、大坂御屋敷ゟ御廻米運送賃銀申来り、大津御蔵へ御米代之内弐〆九百
目京都御屋敷へ為替埒御差廻し可被成旨、京御屋敷へ者相廻り候ハヽ、
例之通御埒合可被成旨、大坂御蔵へも申遣ス、不足之分追而埒合、

一、御金方へ右大津米代之内を以大坂へ廻シ、為替案内申遣ス、
一、雅四郎へも御米代内を以引可申趣申遣ス、
一、京大坂ニ而九拾貫目御借り入有之、御借用方へ員数・利足・何月借・
何年賦、又者当年十二月限委相認、御指紙御願可被成趣申遣ス、
一、奥平貞之丞馬扶持代、御金方ゟ受取御封所へ持せ遣し、納切手ふり候
ハヽ、御借用方へ何之口へ返済之趣申遣ス、
（以下の二条墨引にて抹消）
未十二月有之百弐拾貫目、此分止メ、
一、御仕送方元入銀月延御指紙願、当御役所ゟ無案内上ル、御指紙出候
ハヽ、御仕送り方へ申遣ス、
未四月借
一、百弐拾貫目
右元入銀松原御蔵方手形米引当、国産方ニ而当二月返済可被致処、未御
払米代出来不致ニ付月延、
一、大積り帳出来ニ付御勝手方御用番へ壱冊斗上ル、上包有之、
二月廿五日御借用留
一、弐百両　　御返済
一、弐両　　利金　　尾本次三郎
但、元金弐百両申正月ゟ二月迄月五朱之利
一、上方筋へ奉行衆被罷越、九日夕ニ被罷帰候得共、十二日帰り之趣書付
を以申遣ス、御物頭衆へ手紙遣ス、
二月
一、松原・御用米共、正月御扶持方払後、御有米申遣ス事、
二月朔日
一、御金方へ御有金申遣ス事、
二月十五日
一、去暮江戸・彦根諸御役所御入用并御定式御入越申上、

文政七申（一八二四）二月ニハ無之候へ共、馬扶持大豆不足之時、
大豆　三拾壱匁四分
米　　弐拾四匁三分　平均也

一、米壱表
代り三斗三升九合七勺三才三
此仕様米直段ヲ大豆直段ニ而割　七七三八八三ニ成
是ニ四斗三升九合掛ル
右代米弐表分　此大豆六斗七升九合四勺六才六
一、七石六斗八升　馬壱疋分大豆閏月共
三百八十四日
内六石九斗九升九合、（貼紙）「七石壱合端ハ不附」大豆渡り
残六斗七升九合　六斗八升トスル也、
此壱表五分四厘六毛六九　六斗七升九合ヲ四斗三升九合ニ而割、三拾壱匁四分かける、
此代四拾八匁五分六厘六毛
此代り米弐表也、
右、御賄方ゟ馬ふち之事申来ルニ付、御蔵ゟ大豆書付取極ル、代米入時ハ御指紙下御元方ゟ、不入時ハ御賄方ゟ、
一、二月ゟ十月迄御金大積り、二月朔日御有物、松原御蔵・御用米御蔵御有米、但、大津御米代二月納之分指引、諸臨時江戸御下シ・御知行代・御切米代・御扶持方・御買上代、其外共諸色積ル、別帳ニ有之、
馬扶持　大豆　弐拾七匁
　　　　米　　弐拾三匁弐分

米直段ヲ大豆直段ニ而割、四斗三升九合掛ル、
三斗七升七合弐勺　大豆之代り
一、七石壱斗　正月朔日ゟ十二月晦日迄
三百五十五日、一日弐升ツヽ、
内
五石七斗七合　大豆渡り
壱石三斗九升三合　米手形渡り
右仕様壱石三斗九升三合ヲ四斗三升九合ニ而割、三表壱分七三二ニ成、是ニ大豆直段懸ル、
此代八拾五匁六分六厘、是ヲ米直段弐拾三匁弐分ニ而割ハ三表弐斗七升七合ニ成、此代八拾五匁六分六リン、米大豆共同シ代銀ニ成ル、
一、諸御役所臨時御操越共書付被差出候様申遣ス、

代米積り之時　売買平均相場
大豆　弐拾七匁
米　　弐拾三匁弐分
米直段ヲ大豆《直段》ニ而割八五九弐五九、是ニ四斗三升九合かける、（貼紙）「米」大豆壱表之代り大豆ニ成、
三斗七升七合弐勺
一、七石八升　三百五十四日、一日弐升ツヽ、
此大豆弐百人分
千四百拾六石也、
一、松原御蔵積り大豆引残有高
千弐百石斗有之
指引　弐百拾六石　大豆不時（貼紙）「足」

右弐百拾六石ヲ三斗七升七合弐勺割
五百七拾弐表六分四厘ニ成
是ヲ弐百人ニ割
弐表八分六三ニ成
右之処江代米三表入ル積
一、七石八升　馬ふち渡方
内壱石壱斗三升弐合　手形ニ而三表渡シ之分
残五石九斗四升八合　大豆渡し
一、六拾九匁六分　壱石壱斗三升弐合之代米 米手形三表之代
一、六拾九匁六分壱リン　壱石壱斗三升弐合、四斗三升九合ニ而割、弐表五分七厘八毛ニ成、是ニ弐拾七匁かける
文政五午二有之七石六斗八升之内　五石五斗弐升四合　大豆
大豆　弐拾六匁四分
米　弐拾壱匁六分

三月

一、御仕送引当御指紙下上ル、
一、御賄方ゟ当春御借米御引越無之哉之義相尋来り、御引越無之趣返書遣ス、
一、弐千五百両　金子
右、御路用当ニ候間、御便次第江戸御納戸方へ例之通御差下し可被成候、以上、
右御金方へ案内申遣ス、

一、九百五拾両ゟ余慶差下シ候時
左之通申遣ス、
以書付得御意候、然者明晩立江戸表へ御飛脚被遣候節、御金方ゟ弐千五百両御下シ金仕候間、御飛脚増人之義御賄方へ被仰渡被下置候様仕度奉存候、此段宜被仰上可被下候、右得御意度如此御座候、以上、
三月五日　御元方勘定方
御勝手方御用番
御用達衆中
一、柳ケ瀬両人御借米受取筋方ゟ来ル、春御借米出候日限ゟ二三日前ニ配符相極、北筋方へ持せ遣ス、奉行衆へ見せ候上遣ス、
一、寺倉宗太夫小頭役誓詞申来候ニ付、前書御右筆頭衆へ為持遣ス、御在城ニ候得者、御殿御右筆方へ為持遣ス事、御留主ニ付槻御殿御右筆方へ為持遣ス、夕方頭衆ゟ取ニ参り候ニ付、其訳申遣ス、御用番伊予様（西郷）へ罷出控居候処、御知らせ被下候ニ付席へ出ル、御右筆方ニ而年号認有之、日ヲ入レ、名前書判宛御元方勘定奉行衆ト認ル、直様御礼ニ門口迄出申上ル、御目付衆・御右筆衆御礼ニ廻ル、御奉行衆へハ御役所ニ而申上ル、
一、御飛脚御延引之節ハ添書得御意候（マヽ）申遣ス、
一、十六日ニ筒川幾右衛門出立ニ付、御附状之義十八日、出立海道筋之義申上相願、表御用番上ル、見合留ニ有之、
一、松原御蔵方へ御払餅米指引如何程御払ニ可相成哉之義尋ニ遣ス事、大豆之義も申遣ス事、
一、種借御蔵御給所之分晦日皆済ニ付、地払役へ上、正米直段申遣ス、高

直段ニ而極ル、松原御蔵米上売弐拾五匁弐分ニ而極ル、買ハ弐拾四匁弐分也、奉行衆へ見せ候上遣ス、
一、御用米ゟ御引越米手紙来り、御指紙下上ル、
一、御仕送り元入百弐拾貫目、御指紙下二通、

四月

一、四月朔日、地払役ゟ御用米端米表高書付差出候ニ付、御指紙下御勝手方へ上ル、
△一、餅米大豆ハ入用凡積残し置御払申上、
一、地払役へ餅米大豆共御払ニ付入札案内、町方手紙ハ地払へ相渡ス、
一、入札日限御目付方・松原御蔵方へ申遣ス、地払入札留ニ有之、
一、入札相極候ハヽ、御指紙下御勝手方へ上ル、
一、江戸表ゟ西郷五郎右衛門彦根詰米相渡申候ニ付、相場書申来ルニ付、地払方へ未納申納相場申遣シ、買直段申遣ス、金相場者米会所来り相場申遣事、
一、正木舎人当秋迄詰越被仰付候趣、御目付方ゟ御達書相廻ニ付、半分青田米、半分当米配符相極遣ス、
丑年ゟ止メ
一、百弐拾貫目　月延
一、六千表
右、御仕送方へ尋ニ遣シ、御指紙下認メ、御勝手方御用番へ上ル、御仕送方へハ御指紙下持せ遣し候而も宜敷事、
一、御代官方ゟ畑銀例之通相触可申哉之義相尋来り、例之通御触可被成趣申遣ス、
一、御納戸方ゟ江戸御買上配符持せ来り、相場書金壱両ニ付六拾目極遣ス、御奉(行脱カ)所へ申上ル
尤万覚留ニ有之、
一、廿一日、御飛脚ニ付弐千両御下シ、案内増人之義申上ル、
一、江戸ゟ御知行代・御切米代・御切符金等相渡り候時節ニ有之、御金不足致候趣申来ル、
一、江戸臨時御入用申上下ル、
一、京ニ而御借入有之節者御借状相廻り候迄ハ、京御留主居衆ゟ仮手形被遣、大坂之分ハ仮証文御元方ゟ認御蔵へ遣し置、尤京御屋敷へ相納候ニ付京へ遣し置、
一、廿八日、畑銀納之義、凡何程相納哉之義尋ニ遣し候処、凡書出ル、
一、例年少々ツヽ大豆御払有之処、当年者無之、有之節者四月ニ餅米と一緒ニ可致事、
一、畑銀早納、月五朱、四月五月斗也、
一、御小姓御雇其外百石取並被下置候分、御指紙下上ケ可申事、
申年八閏八月ニ上ル
一、御道中方ゟ御封所金銭相場書付持せ来り、御印極呉候様申来り、見合留ニ留置、裏書致相場之処ニ御印極遣ス、
一、同所ゟ御金方御金受取、元持配符其外とも為持参り候ハヽ、裏彦根御元方勘定所印極遣ス、
一、御道中方ゟ返し人馬書付被差出、裏書御元方御印極遣ス、配符も同断、

五月

一、呈書御暇御飛脚着恐悦触相廻り候ハヽ、御道中御側役衆迄壱通入状箱ニ入上封シ手紙添、御賄方へ被遣候様相頼遣ス、御発駕同断、御便次第御道中御側役衆へ御便次第被遣被下候様申遣ス、

奉行所
私ニ病気之節名前抜ク、出勤之上御飛脚被遣候時御触日附ニ致候事ニ候へ共、引籠中ニ有之候共、出勤之上御飛脚被遣候時ハ名前認上ル、

一、御用米御除米之内五月之伺、文化十二亥年（一八一五）
夫迄ハ六月伺、文政九戌年（一八二六）

一、十七八日比、種借相場之事、

上正米売買直段申遣相極ル事、万覚留ニ有之、

一、同十五日比、畑銀証文極ルニ付、高直段大津相場又御売米高直ニ而極ル、御売米弐拾四匁なれハ壱石ニ付六拾目、此六拾目ニ而壱石ヲ割レハ拾匁ニ壱斗六升六合、勺捨り、此米ニ而四斗壱升五合を割レハ弐拾六匁六分五厘ニ成、右ニ而極ル、

一、畑大豆・上大豆・下大豆直段地払へ相場申遣シ、下大豆ニ而極ル、右、奉行衆へ見せ筋方へ為持遣シ、其上ニ而御代官方へ遣ス、尤松原御蔵方之判取帳へ載遣ス、証文留ニ有之、

一、畑銀早納四朱〔月〕五月利足附、〔月〕五朱
四月五月二ヶ月斗

一、佐野触申上、御指紙下村田加平次

廿六日
一、西村善吾替屋敷願之通被仰付、上下ニ而御礼吹聴　御用番助右衛門様（庵原）、

一、松原御蔵方ゟ御元方・御仕送方宛ニ而、当月取かへニ付御売大豆・御仕送蔵欠大豆御払之義申来候ハヽ、覚留ニ有之、御代官方・御仕送方へ書付遣ス、

六月

一、種借五月晦日皆済ニ付、端米大豆共御売米相定候ニ付、地払役書付持参ニ付、表数御指紙下認上ル、

一、御用米・御除米之内御登御指紙下并申上共上ル、二度目ゟ御指紙下斗ニ而相願可申事、

一、御賄方ゟ夏借米案内来り、御指紙下之義申来り、御用米御引越相交候時ハ御指紙下御役所ゟ上ル、不交時ハ御賄方ゟ上ルニ付返書致遣ス、

一、御用米御登せ御指紙御出シニ付、切手支度致置、猶又御用米御蔵方へ登せ証文遣ス、右之内弐千表大津ニ而別米ニ有之ニ付、早々被積登候様申遣ス、右指登し候上ニ而切手御払付ニ相成、松原与ハ直段も宜ニ付右取計也、

一、大津ニ而御用米売レ候ハヽ、直ニ米出しニ参り、翌日ゟ米代相納候趣申来り、直ニ御封所次三郎へ相達、添状致遣ス、

一、御金方へ御有金并此後盆前迄御払、〔凡〕猶又当時御有金欠数御申越可被下旨相尋ニ遣ス、御払者例年之処ニ而大積、右御払又ハ下シ等ニ如何ニ付尋遣ス、尤大津へ壱万表御用米切手参り有之候へ共、下料ニ付御払無之大積致ス、

一、土用入御使者ニハ御書相廻不申ニ而ハ渡し方不渡、

七月

一、畑銀早納利足御指紙下、

四月納二ヶ月　五月納壱ヶ月
月五朱也

十八日比
一、南郡売附米、地払役へ大豆相場昨年ゟ高直段申遣シ、十月ゟ此節迄証文相極、筋方
へ見せニ遣シ、御代官方へ為持遣ス、判取帳ニ付ル、地払役、
覚留ニ有之、
一、廿日比、松原御蔵御仕送皆済ニ付、地払ゟ相場取之、何レニ而も高直段ニ而極
メ、御代官方・御仕送方・地払方へ直段申遣ス、地払へハ判取なし、
地払役中ト認、手紙遣ス、
一、廿三日、筋方有之日ニ地方書付入封シ見せニ遣ス、
廿六日ニ渡ル、
一、新知加増村割相極置申上ハ筋方へ見せニ遣ス、廿五日ニ上ル也、
一、新高拾石以下ニ不相成様、明所之処ニ而割渡ス也、
一、新知加増書付御奉行衆へ相渡置、筋方へ罷越御筆頭之筋奉行衆へ

(貼紙下)
御渡、又御元方御奉行衆へ受取小頭へ御渡、夫々割渡帳へ名前書入、
又ハ御元方御奉行衆へ渡ス、又奉行衆ゟ筋奉行へ相渡、筋奉行衆ゟ
御当人へ御渡被下候事、
小頭両人筋方へ参ル小前帳ト給郷封シ遣ス也、
但、廿三日ニ筋方へ見せニ遣ス、

(貼紙)
「御渡、夫ゟ拝領人へ御渡ニ成、拝領人ゟ御元方御奉行所へ受取、小頭
へ御渡、続(給カ)郷御奉行所へ相渡ス、　」
一、七月廿七八日比、御代官方ゟ畑銀納書付来ルニ付、写諸役所届入袋ニ
入置、
(貼紙下)
一、御金方へ御有金并盆前迄、(ママ)
(貼紙)
「一、御種借米蔵之内、勺上ケ米松原御蔵方諸払之内へ内へ御引越、御指
紙下上ル」

(追筆)
「天保八酉年八月廿四日(一八三七)
一、弐千百拾弐石　申納収納米之内
但、昨申十一月御届済之外
右之石数江戸屋敷扶持米当之内、大坂表へ廻米、江戸屋敷へ相廻シ申
候、右之趣大坂表ニ而御届御座候而可然義ト奉存候間、京御留主居衆
ゟ取斗被申候様御達御座候様仕度奉存候、尤昨申十一月御届済之義ハ、
例年指定候石数之事故、其節江戸表へハ不被仰渡御義ト奉存候間、此
度大坂表ニ而御届済之上、右之趣を以江戸表へ被仰渡候様仕度奉存候、
此段奉申上候、以上、　」

八月　閏八月共

一、二日、地払役ゟ御仕送蔵端米売書付持参ニ付、前々之処引合、御指紙
下上ル、
一、御用米御除米五千表、八月七日、御指紙下上ル、
一、八月ゟ江戸詰米青田斗ニ而渡ル、
一、八月十三日出江戸ゟ御飛脚大判四枚御買上、弐拾両弐朱御下シ、代金
御下シ、御金方へ大判元持申遣ス、私ニ右両替江戸ゟ取次之埒合ニ成、
閏八月二日
一、御仕送方ゟ八月分臨時米申来り、相認御勝方へ上ル、(手脱カ)　△古米御振替拝借
米引越、
文政九戌八月廿日
閏八月十二日改ニ付、御指紙四五日前御門出入前日、
一、御蔵改ニ付御指紙下、御勝手方へ持せ遣ス、山崎御門出入申上者表御
用番持せ上ル、
閏八月
一、当暮利払積り立掛ル、
閏八月
一、御奉行所順見持参免附帳、奥之嶋有之年無之年巡村違ニ付さし替ル、

尤北南共泊り違候也、
一、閏八月六日弐千両御下シ、内千両ハ日光御用、
一、御代官方・筋方へ御検見割御出シ有之様申遣ス、
一、同十六日、御代官方ゟ検見振鬮之義、十八日ニ致度趣筋方ゟも申来り候付、検見郷書付両役所ゟ取之、両方共引合、猶又検見帳ニ而高筋方ゟ来り候成様も得と引合、半紙横帳ニ認ル、弐通り也、内壱通ハ御目付方、壱通ハ筋方貸遣ス、又筋方ニ而鬮之衆名前立紙共認ル、尤御代官方ゟ出候帳ニ而認ル也、
一、筋方へ罷越、壱二三四五其ゟ次第振鬮取候衆名前両人半紙横帳立紙共認、立紙之分御奉行所へ相渡候ハヽ、当人へ御渡被成候事、罷帰り候上ニ而名前又壱冊ニ書入、筋方へ遣ス、小頭三人硯箱持参、
一、同日、順見割申上、名前附候ハヽ、筋方へ遣ス、土用三日前廿三日ゟ廿六日土用、
一、寛政十二(一八〇〇)御奉行所御両人ニ付、御目付衆両人・御元方壱人例有之、(文政七年)当年も
△文政十二(一八二九)丑九月十五日両人ニ付伺書、
天保元(一八三〇)寅一瀬伴次□
伺書差上候処、(八月)廿一日太右衛門様(石尾)御元方ニ被仰付、
文政七申日記留り有之候へ共、御用番へハ不出、
一、順見飯米直段、地払役御封所ゟ銭相場取之相極、筋方御目付方御役頭へも上ル、
一、御参勤御賦り大判御買上、当地同様御指紙下上ケ被申候趣、御金方へ相達ス、尤江戸御納戸取次之埒合也、
一、高野山清涼院御当地へ罷越候趣御尋、願之義有之候へハ御馳走奉行衆人相廻り候趣申上ル、
一、(文政七年カ)閏八月廿三日ゟ順見届、表御用番
順見十四日ゟ十一日検見鬮取

浜筋　加藤権蔵　荒木庄吉
　　細野嘉久次　(貼紙)「村田加平治」寺倉宗太夫
　　寺村兵蔵
北筋　加藤権蔵　荒木庄吉
　　細野嘉久次　寺倉宗太夫
　　寺村兵蔵
南筋　加藤権蔵　荒木庄吉
　　寺倉宗太夫　村田加平治
　　寺村兵蔵

右之通書付認、鬮取帰りニ筋方へ遣し置、
一、検見割御代官方へ申遣シ、横帳来り候ハヽ、検見帳引合二通り認ル、壱通り竪紙ニ認、筋方ニ而鬮取名前書入相渡ス、尤盛付ハ筋方へ申遣ス事、　免附帳直ス事、
一、其砌順見割筋方ニ而書入、元〆衆へ相渡ス、
一、　九月
一、九月十九日、御取附ニ付、去年免付帳ト村々よみ合、前年ニ無之分検見くすれニ付、高付有之帳ニ米何ツ何分何厘ト付札致置、筋方へ持参、前年之免よむ也、

一、検見帳并出郷日数書付差出候ハ、袋ヲ拵入置、後御賄方へ申遣ス事、
一、検見帳ニ取掛り候ニ付、前年ニ無之候ハヽ、何村与札附置見合、当年帳ニ認ル事、奉行衆免付帳ニも右同断、
一、御仕送方ゟ臨時米相渡候趣申来候ハヽ、御役所ゟ御指紙下上ル、御勝手方也、

十月

一、御取附始　昨年検見村々之免置帳ニ下ケ札ニ而認ル事、左無候へハ、前免不相知ニ付如此、

御台所　北一　中一　南壱　北弐
二日目　中二　南弐　北三　中三
三日目　南三　中四　給所北一　中一
四日目　南一　北二　中二　南二
五日め　北三　中三　南三　中四

自是検見

一、検見出郷之衆・御代官衆出郷届被差出候ハヽ、半紙横帳ニ差出シ、出郷認届共手紙添、御賄方へ持せ遣ス、
一、御仕送蔵手代ゟ元持書差出、御指紙引合元持証文遣ス、
一、御代官方ゟ中筋山中綿書付出ル、受取置、
一、十一月分御扶持方払御引越御指紙下、御勝手方へ為持上ル、
一、十月廿三日出新穀直段相場、来月二日相場之節一緒ニ可被遣趣大津へ申遣ス、九条様被進米持ル、
一、大津御扶持米当年登せ見合申候ニ付、余米無之哉之義申遣ス、五百表也、
一、御賄方ゟ増減帳又江戸ゟ同九月中迄申来り、十月壱ヶ月ハ跡ゟ可申参趣ニ付、増減帳下ニ掛ル、
一、御仕送蔵ゟ元持書付来ルニ付、御指紙引合、元持証文遣ス、
一、当暮御払方大積奉行所へ差出ス、
一、御褒美其外江戸ニ被遊御座候節ハ十月上旬ニ相願、御在城ニハ十一月上旬相願可申事、御勝手御用番へ上ル、
一、寒入御使者御書相廻り不申而ハ渡し方不相渡候事、
一、壱万表　大津御登せ伺、
追而一緒ニ伺候へ共先申上ル、

十一月　十二月

一、槻御賄方百両之利御飛脚前ニ遣ス事、
一、御代官方ゟ川除壱歩米書付来候ハヽ、御指紙下上ル、
一、御仕送蔵ゟ欠指其外共御払申来、地払其外共安（案）内
（十月十八日比伺可申事
一、大津御登せ米新穀壱万表伺之上切手遣ス、尤右御払米直段見合ニ致度候間、右之内両三度斗ニ早々御払付有之様致度存候趣申遣ス、
十一月九日
一、百四拾弐〆目　大坂ニ而御借り入仮証文認遣ス、
一、弐拾貫目　京都ニ而
右来月十日比迄ニ御借り入掛合、
一、御売米御指紙下、筋方ゟ願相下り候節上ル、
一、御廻米減石御届、籾御囲ひ御売米其外有之、

一、御引越米壱万表
一、仲ケ間焼其外共
一、大津御登せ米伺之通被仰付候ハヽ、松原御蔵方へ弐三千表早々御積登
有之様申遣ス、
一、千五百両　中川修理大夫様（豊後岡藩主、久教）御口入金
一、千両　宮内少輔様（越後与板藩主、井伊直暉カ）
〆弐千五百両　此銀凡百六拾弐〆目
日光御調達之内、高三百五拾〆目之内百六拾弐〆目、残百八拾八〆目、
来酉年日光ニ付御調達之積、
一、七百両　江畑　一、七百両　米勘
一、四百両　半七　一、三百五十両　のとせ七右衛門
一、三百両　湯次　一、弐百両　円常寺
〆弐千三百五十両　六朱之処、十一月ゟ月四朱ニ成
一、七百両　久右衛門　一、三百両　八幡菊や
〆七百両　月四朱半之処、月四朱ニ利下ケ
一、十一月廿一日御売米直段相究り候ニ付、廿日ニ明日相場書差出可申趣、
地払役・御封所へ申遣候処、大雪ニ付大津ゟ相場不来ニ付廿三日相場、
尤今日相場少々下直ニ付差略有之、
一、御売米直段相定地払方へ直段書致遣ス、例代銀七日納之処御売米廿三
日ニ相成、十二日納相違ス、
一、置居利米御扶持方当松原御蔵方へ証文遣ス、尤大津へも申遣ス事、
一、例年京大坂御返済、大津御米代内を以為替埒ニ相成候へ共、当年御調
達銀有之、京井筒やゟ弐拾貫目、右之内ニ而拾八〆目払有之相納り候
銀子御預り置可被下与申遣ス、
一、御代官方ゟ表数書付来り候ハヽ、御指紙下上り、川除壱歩米趣売斗也、
一、西本願寺・中川様・庵原共元済有之候ハヽ、御調達方へ返済、拾八両
斗不足有之処、大殿様御仕法金之内出シ、都合七百両、御借用元〆相
見へ候節方々割遣ス、
一、増減帳出来ニ付御勝手方御用番上ル、
一、御代官衆出郷届出候ハヽ、通ひニ其通り記し、御賄方へ遣ス、
一、松原御蔵方餅・古餅・同大豆入札案内有之、支度地払方ニ有之、
一、大津両度御払米売レ来り候ニ付、諸御役所相場書前格見合遣ス事、
一、筋方へも御救相場遣ス事、
一、西本願寺へ催促、明性寺宛ニテ京御屋敷へ相納り候様申遣ス、
一、九条様十二月二日相場ニ而被進米代指引、京御留主居方へ遣ス、
一、京大坂古借御返済、大津鍵屋佐七御米代之内ニ而御渡可被成趣申遣ス、
一、十二月二日、御代官方へ御売米高聞合ニ遣ス、
一、御取斗衆借財方相極、配符渡ス、御知行米ニ而不足之時、御国産方五
朱物之内御振替、又ハ松原御蔵方ニ而振替歟、奉行所へ相伺候事、
一、広小路御預り銀利足相極、御金方へ持せ遣シ、御封所預り切手受取、
元〆役呼ニ遣シ相渡、以書付御附衆御賄衆迄申遣ス、
一、安藤九郎右衛門渡り、
一、町筋御貸付方ゟ御金方へ案内申来ル、
一、庵原・宇津木・横地・位田村久三郎出金、御金方ゟ御封所切手受取、
御封所へ持せ遣シ、久三郎へ渡ル金高歩合共引落シ、残り銀預り手形
三枚ニ好ミ遣シ受取、三家之御家来衆へ相渡ス、

来酉年ゟハ御売米ニ相成、地払方へ預り置埒合之由、
一、御物成米を以払方大積、御賄方へ遣ス事、

口上覚

江戸御廻米之義、御損益ニ不拘差廻候様被仰出御座候、然ル処当時江戸大津両地相場見競仕申候へハ、指引別紙之通御損失ニ相見へ申候、来戌年御廻米俵高之義如何可被仰付哉、御伺奉申上候、尤昨申年弐千表当酉年春千表、十月ニ至り三千表、御廻米被仰付候義ニ御座候、此段奉申上候、已上、

十二月廿五日　御元方勘定方

十二月江戸御扶持米御買上相場
金壱両ニ付七斗弐升がへ
同朔日大津金相場
壱両ニ付六拾五匁四厘ニ割かへハ
米壱表ニ代三拾六匁壱分三厘ニ当ル、
江戸直段ニ成、
右同日大津米相場
壱石ニ付七拾七匁八分
壱表代三拾壱匁壱分弐厘ニ成、
一、三匁八分七厘　大津ゟ江戸迄運賃銀
一、三匁六分壱リン　欠米平均四升代
〆三拾八匁六分　大津直段ニ成ル

江戸大津見競指引
弐匁四分七厘　壱表ニ付御廻米之方御損失
一、御廻米高壱万弐千五百表ニシテハ凡金子五百両斗之御損失ニ相見へ申候、尤米相場高下ニゟ増減御座候、且又当冬御廻米之内江戸着廻し米壱表ニ付三斗弐升七合ゟ、又ハ三斗五六升余ニ相成り御座候ニ付、欠米五升ニ仕候へハ、六百五拾両斗御損失ニ相見へ申候、
戌之春弐千表御廻米被仰付、
一、御下ケ金今暮も其侭之伺　日記ニ有之
一、利倍金御指紙下　同
文政十一子暮申上
一、米江戸相場壱両七斗七升　十二月□候
一、大津金相場六拾四匁六厘　米壱表代三拾三匁弐分八厘当ル
同日大津米相場壱石ニ付七拾九匁四分
壱表代　三拾壱匁七分六厘ニ成
三匁八分七厘　大津ゟ江戸迄運賃
壱匁五分八厘　欠米平均弐升積り代
〆三拾七匁弐分壱厘　御廻米壱表ニ当ル
江戸大津直段見競差引
三匁九分三厘　御廻米之方御損失

＊本史料には貼紙が付されているが、明らかに後年の貼紙は翻刻にあたって省略した。

# 6 御台所入仕出シ諸事留

天明三年（一七八三）

彦根藩井伊家文書

（表紙）
「天明三卯歳

御台所入仕出シ諸事留

天明元丑年
中引十八冊仕出し覚留　　横野」

御台所帳之事

高
一、何千何百石　　何村

物成何百石

（内、何石　大豆
私ニ検見大豆有之時ハ如此記ス、）

一、御免合相極り、取付候時、勺ハ上ケ、才ハ捨ル也、

一、御検見帳之内ニ犬上寺村同所古川跡三反六畝五歩、但、高四石三斗四升、見立取有之、御台所帳之内五僧田村同所同日夏八ヶ村分と有之、取附時心得へシ、

古沢領葭御払入札之事

壱番ゟ六番迄
一、壱石壱斗三升八合

此直納壱石五升三合、

右、（私ニ此石開方帳へ取）筋方元〆壱人・村田求次郎（代官役）持参、入札如此相極候時、右米高ニ九二四　六四ヲ懸ケ勺付候時上ル也、

一、相撲村葭入札

右、同断相極候上中村御帳奥ニ外立記ス、

（虫損）
□出しニ一打ニ入遣ス、上帳ニハ不書、

一、弐拾八石八斗六升五合　　坂田 野田山村　御代官 早崎

右、物成高之内ニ而年々諸入用前々ゟ引有之、

高拾四石四斗壱升七合
一、壱町七反歩　　瀬田村　御代官早崎

右、検見帳ゟ物成取候時開方ニ有之、

高五拾五石弐斗六升弐合分
検見帳ニ四拾五石弐斗六升弐合と有、

一、七町五反壱畝壱歩　新田　長浜町　御代官早崎

内

四反弐畝弐拾四歩定納、葭地成持主市右衛門 （一六八八）元禄元辰ゟ
取壱石

壱反四畝拾弐歩　同　（一七三一）享保十六亥ゟ 吟味之上起畑
取壱斗

私ニ此二口定納、

六町九反三畝弐拾五歩　同所惣中
検見帳ニ六町九反九畝弐拾五歩と有、
（取八石六斗四升五合
私ニ此取年々増減有之、尤検見帳ニハ物成高一緒ニ有之、開方帳へ取時内分如此、但、右小書之通前々ゟ高之内ニ少々違ひ有之、心得へし、

一、明所帳之内、成願寺村物成ハ御台所帳本郷之免ヲ取り物成極ルコト、
一、開方之内、古沢村川除役米ハ古沢村物成高ニ壱分取、
一、北津田・岩脇ニ前々ゟ不作畑、豊凶ニ不構有之事、
一、惣躰小物成之内当取ハ高辻ニよむへし、
一、丁銀茂当取有之ハ同断、
一、前免と同免ニ而も、検見なれハ余米有之ニ付、増減有之へし、心得之事、
一、御台所帳ニ検見之御免合用ハ寅ニ同しと書、
一、御免合相極次第、先赤巻ニ認メ、夫ゟ下帳へ取、御物成附、直ニ増減指引書付置へし、夫ゟ手廻し次第ニ三筋分帳へ取、検見帳ハ赤巻ニ不写直ニ取ル、其時増減落無之様第一ニ心得へし、
一、御台（所脱）帳検見村方ハ其積りニ而認様可心得コト、
一、御台所帳出来上り次第、御代官前へかし遣ス、尤相違之所も有之ハ申達極候様申遣ス、御帳上り前ニ申聞有之様申遣置可然事、
一、御帳上り候ニ三日前ニ御細工方へ申遣シ綴ニ来ル、表之封印ハ筋奉行筆頭印形也、
一、三筋分目録早ク認置、筋方へかし遣スコト、
御帳出来之上、筋方へ下ケ札認ニ遣品、左之通、
一、中引帳　四冊
一、検見帳不残
一、三筋分ケ帳
一、上直紙　弐帖
一、筆　壱封
一、墨　壱挺
〆六行

一、何百何拾目　丁銀　蒲生 奥之嶋村 同所々
札数　何枚前山札　壱枚ニ付拾匁弐分
何枚奥山札　壱枚ニ付九匁弐分
右札数年々替ルものなれハ丁銀員数定かたし、

一、四拾五石四斗五升四合、　西山丹次上ケ知　浅 八嶋村内
物成拾五石九斗壱升七合、私ニ御帳上り候後ニ付、寄高辻物成奥ニ不入、辰年可心得コト
（外弐石弐斗六升五合　給人先納
私ニ此外米物成之内ニ而引認ル、尤不残先納ニ候得者物成ノ下ニ皆済ト書也、
右西山丹次殿（側役）弐百石上ケ知有之処、御帳上ケ候後ニ付、下帳斗如此直し置、上帳ハ其侭、尤寄帳之処ニも辰年可心得書入致し置コトよし、

高辻――
一、――　明所御物成
外何石何斗　給人先納
奥寄ニも如此、外立致ス、御代官指出ニも明所帳之通、

一、百済寺郷　（代官役）雨森伝兵衛
一、北畑五ヶ村　（野）（代官役）藤の新蔵
一、南畑六ヶ村　（代官役）中村与左衛門
一、北畑拾六ヶ村　馬場休介
右之通夫々御物成相極、件之四人ゟ証文出ス、尤算入高辻物成御台所帳へ見合へし、又右証文指出シニ認様奥ニ委記ス、

御代官中へ遣ス指出帳認之事

上書左之通
卯歳御台所入明所　御代官所御物成指出シ帳

卯歳御代官所御物成極之事

高千百弐拾五石三斗壱升弐合　犬上 平田村
一、六百五拾弐石六斗八升壱合　五ツ八分
一、五石　定納　同所
高七百九拾六石七斗三升九合
外弐斗三升、貞享三寅年ゟ鍛冶役仕ニ付、鍛冶弐人屋敷高引、
一、五百七石五斗壱升八合　犬上 大橋村
右之内
高五百五拾七石壱斗五升四合　本郷分
物成三百五拾六石五斗七升九合　六ツ四分
高弐百三拾九石五斗八升五合　外町分
物成百五拾石九斗三升九合　六ツ三分
高三斗
一、壱斗九升五合　小物成　犬上 大橋村

高――　六ツ五分
一、――　何　村　何ツ何分
私ニ是ゟ開方
一、九石四斗三升三合　後三条山畠
一、七拾石七升九合　西沼波・大橋・中村・外町・里根開

高辻九千五百九拾六石弐斗四升弐合
私ニ七拾九石五斗壱升弐合開方之分、尤高無之もの二付高辻へ入、
物成合五千百八拾七石七斗弐升九合、米京升納
私ニ七拾九石五斗壱升弐合、開方之分
銀子合百拾三匁八分　丁銀
一、弐百四拾壱石弐斗六升八合　御台所入夫米・御中間米
私ニ夫米・御中間米帳ゟ取
一、三百三拾三石壱斗三升九合　御給所右同断
私ニ右同断
一、三百五拾壱匁五分　御蔵敷入草銀
私ニ御明所蔵敷入草帳合之処ゟ見合書、

卯年明所・御代官所御物成極之事

高弐拾五石九斗三升三合　坂田 小沢村之内
一、拾弐石七斗七合　四ツ九分
高――　何郡 何村之内
一、――　何ツ何分
私給人先納有之村方ハ、下帳之通
外立認遣ス、
高辻――
物成合――　米京升納

外何石何斗　　給人先納
（私ニ給人先納有之時如此）

右者当卯年御台所入御物成・明所御物成并北畑拾六ヶ村共各相談之上
如此相極候条、来ル霜月廿日以前急度皆済仕候様可被相納者也、

筆頭ゟ諸名字
筋奉行五人印
御元方奉行四人
天明三年卯十月
私ニ在江戸不認
小頭三人印

馬場休介殿
（此当奉行衆ゟ一字上位ニ認ル、）

北畑拾六ヶ村之割
高九百四拾六石壱斗三合
一、四百弐石九升四合　　北畑拾六ヶ村
四ツ弐分五厘

右之割
高五拾弐石三斗弐升弐合
一、弐拾四石八斗五升三合　　後谷村
四つ七分五厘

高――
一、――　　何村
高辻――　　――
物成合――

右之割無之分ハ文言ニ并北畑拾六ヶ村と申事抜ケ候コト、
一、右指出シ帳出来之上、拾弐冊共算入〆候所ニて、開方等指引いたし、
夫米入草抔も御帳ゟ取直シ再見可致事、尤御帳夫々綴印・御蔵印致し、
小頭衆へ相渡ス、

夫米・御中間米并蔵敷銀等御免割
一、壱厘ゟ（ママ）

一、夫米帳と入草銀帳と高引方相違有之、年々指引別々ニ極メ可申事、此
訳ハ入草銀ハ御免有之村ニ而も夫米御免無之村有之ゆへ也、

高四百七拾八石壱斗九升　　神福堂村
右之内
高九拾石五斗九升八合　　乙女浜村
物成五拾三石四斗五升三合　　五ツ九分
高三百八拾七石五斗九升二合　　本郷坪入
物成百七拾石五斗四升壱合　　四ツ四分
二口物成合弐百弐拾三石九斗九升四合
右様ニ内高有之村々御免合壱ツ七分以下。役米御免相極候節、本郷ニ而も乙
女浜村ニ而も御免合下キ時、二口物成ヲ惣高ニ平均免シテ壱ツ七分以下
ニ成候ハヽ、役米御免外々内分有之村々順之、

開方御物成小分覚

一、七拾九石五斗壱升弐合　馬場休助（以下、代官役）
一、五拾弐石弐斗三升九合　当分支配　中村与左衛門
一、七斗四升　右同人
一、壱石九斗四升　片木弥次兵衛
一、五石弐斗三升八合　当分支配　小武半四郎
一、拾五石四斗壱升五合　右同人
一、四拾弐石八斗五升壱合　雨森伝兵衛
一、四拾五石壱斗弐升六合　村田求次郎
一、弐拾四石四斗八升八合　早崎吉兵衛
一、壱石八升五合　藤野新蔵
一、五拾壱石五斗九升三合　宮田彦左衛門
一、なし　広セ（瀬）小左衛門
〆三百弐拾石弐斗弐升七合　開方帳面之通
右之通小分書付致し、指出シ帳相究候時、夫々御台所高辻物成合江入へし、尤高有之分ハ指引入へし、高無之分ハ高辻江も入候事、
一、御代官口米割相究候時、右之小分ニ御台所入御物成・明所御物成三口合テ高相極メ、壱石ニ弐升ツ、之定かけ口米相極候事、尤搾様口ニ委記ス、

卯納御代官口米割　馬場休介

一、六千五拾八石四斗八升弐合　私ニ御台所御物成明所物成開方〆三口指出シ高

此口米百弐拾壱石壱斗六升九合
私ニ右高江百石ニ付弐升ツ、懸ル、

内

三拾九石弐斗五合　御用米詰分
是ハ御代官印付書付出ル、弐千百弐拾石ヲ指口ヲ取、弐升ヲ懸、

三拾弐石七斗八升六合　納米
是ハ御証文留ニ而見合百表ニ付四拾表割、右口米高ニ而御用米詰引残り高ニ懸ル、

三拾九石　冬渡り
是ハ右口米高ニ而御用米詰納米共引、残りヲ八分冬渡ト定、尤石留ニシテ残り秋渡りト定、

拾石壱斗七升八合　秋渡り

当分支配　中村与左衛門

一、弐千七百弐拾六石七斗四合　私ニ右同断
此米五拾四石五斗三升四合
是ハ右同断、

内

拾七石六斗四升三合　御用米詰分
是ハ同断

拾四石七斗五升七合　納米
是ハ同断

弐拾弐石壱斗三升四合　冬渡
（此米八分之分なし、小武当分共車戸償ニ成、）

余之人数略之、

口米〆
千三百七拾三石七斗五升五合
　内
（口弐升ヲ壱八壱五ニ割、壱八四九二八三トナル、是ヲ詰高ニ懸もよし、
四百四拾三石八斗三升弐合　御用米詰分
（私ニ是八年々居りもの也、詰高弐万四千石
三百七拾壱石九斗七升五合　納米
四百石　冬渡
百四石九斗三升壱合　秋渡り
五拾三石壱升七合　当分支配両人分

右半紙横折ニシテ如此相極、年々小頭前へ遣シ置、

覚
私ニ高
一、五拾六束　稲藁　馬場休介
一、六拾六束　同　中村与左衛門
当分右同人
一、三拾壱束　片木弥次兵衛
一、六拾九束　小武半四郎
当分右同人
一、七拾三束　雨森伝兵衛
一、四拾束　村田求次郎
一、六拾八束　早崎吉兵衛
一、五拾七束　藤野新蔵
一、六拾弐束
一、七拾弐束
一、六拾六束　宮田彦左衛門
一、七拾六束　広瀬小左衛門
〆七百三拾六束
右者当卯年御馬髪巻藁之割如此御代官中へ申渡候間、御請取可有之候、以上、
天明三卯年（一七八三）
　十二月　御元方勘定所印
　御厩方
私ニ右赤巻ニ認遣ス、
（御代官中へ遣ス文言左之通、
右者当卯御馬髪巻藁之割、件之通ニ候間、割渡し可被申候、尤納ル方ゟ書付戻し可被申候、以上、
月日　御元方勘定所印
　御代官当なし
私ニ此割ハ○御台所入夫米・御中間米帳之高辻ニ明所之高辻ヲ入〆、夫江百石ニ五把ツ、之割かけ、但、六分ゟ上ケ五分九厘迄捨る、
広セ小左衛門帳之内
一、葭地田ニ成分　薩摩村　同所
　壱町五反八セ九分、反ニ六斗五升
右、以来共検見不入年ハ六斗五升ニ而取、戌年ゟ相談之上極ル、
検見入候年ハ検見帳取心得へシ、

大橋村之内改出し外町分物成極之事

戌年分
一、拾六石九升五合改出外町分

内　拾石五斗九升八合　大橋中村分（外町免、此所へ五ツ壱分、六郷分）

壱石三斗九升九合　外町分　七ツ　此七ツ年々定納也

五石四斗九升七合（如此検見入候時ハ点）　外町分、但本高之内畑方田ニ成分米出目共

外四石九升八合　外町分畑方田ニ成斗代上ル分、外町本高之内検見入ニ付前々ゟ如此引

物成六石四斗五升五合

右之通御帳ニ有之、検見帳ゟ取時、検見物成高ニ右之外町分壱石三斗九升九合ニ七ツかけ取極、一緒ニ詰物成六石四斗五升九合也、御検見帳ニ外町分除有之候得共難分ニ付記ス、

一、高六拾壱石五斗七升八合　蒲 円山村

寛文八申検地改出し、

物成拾四石壱斗六升三合　弐ツ三分

右物成取様検見不入候年ハ右之通弐ツ三分取

＊本帳は「天明元辛丑歳中引拾八冊仕出万覚留」と合綴されている。

## 7　掌中雑記

文政年間（一八一八〜一八二九）

西堀文吉氏所蔵文書

（表紙）「掌中雑記　全」

御代官方御常式銀　文政三辰春御省略、

四ヶ宿高札場并御本陣・脇本陣・問屋・摺針茶屋共

一、二貫弐百目　元三貫目

御役所雑用郷中御貸附紙筆料ノ内

一、百八拾匁　元弐百目

同紙筆墨御常式

一、八百八拾匁　元壱貫百匁

御延銀　宿方御常式之内

一、拾六貫六百三匁　文政二（一八一九）卯迄

御茶壺并紀州様御通り臨時渡

紀州

一、員数不定　二百三四拾匁前後

右、御本陣飾付・肴・音物・障子紙・畳刺手間・御仮湯殿・御厩等大工諸入用、

此外御細工方手ノ物ハ臨時ニ而出来、

但、藁縄等ハ小立物ニテ御元方江好請取、莚簀ハ御蔵へ入置、不足ノ分ハ臨時ニテ

買上也、

御茶壺

一、員数不足(定カ)　　三拾匁前後

右、障子紙・畳刺手間等也、

但、下宿畳替等ハ欠取銀ニテ出来ル也、

御役形替ル事

享和元酉年(一八〇一)、町代宦(官)御止、当役被仰付、

文化十二亥(一八一五)五月廿三日、川除欠役、御代宦方引受ニ被　仰付、

前々ハ川方御入用筋方ゟ願、正徳四年(一七一四)ゟ川除方直願ニ成、

壱歩米、寛政十二申(一八〇〇)十月朔日ゟ川方へ御振向ニ成、

溜池樋鳥居木、天明三卯(一七八三)九月ヨリ川方引受ニ成ル、溜池御入用ハ御救米也、

享和三亥ゟ四ヶ宿御本陣・脇本陣并高札物御修覆御代官方持ニ成、

但、北筋ノ向ハ御救米ニテ出来也、

一、川方兼帯文化三寅(一八〇六)八月十九日ニ被命、

一、御代官方下役元十二人、川方下役元十一人兼帯ニ成ル、廿三人ニ成取十二人ニテ弁シ候様被仰付候得共難相弁、達テ相願、拾六人高ニ成ル、春秋冬加人三人宛ワタル、

一、文化三辰年四月廿日、御指紙ヲ以下役四人減、十二人高ニ被仰付、右ニテハ難相弁、尚又相願候処、八月十三日願之通十六人高ニ被仰付、以後春秋加人ハ不被仰付旨御指紙出ル、

勘定

一、宿方御常式御修覆之節々、御裏印受候テ御金方ニテ受取相払、指引元ヲ以申上ル、

一、同臨時ハ其節々御指紙受候上受取相払、其節々御入用高御家老衆へ相届ル、

一、川除御定式、春御普請御入用七月ニ至リ御裏印受請払致、秋御普請ハ十二月ニ至リ御常式高不残受取、残銀有之節ハ御金方へ預ケ置、尤受取手形御裏印受ルナリ、七月・十二月両度指引申上ル、

一、壱歩米ハ日雇人足遣候員数指引年尾ニ御指紙相願、於松原御蔵方ニ御年貢指継ニ為致、残リ有之節者御元方対談之上御指紙相願、御売米ニ成、代金御金方へ預ケ置、御残物御勘定ニ相立ル、

御家中親類御預ケ閉門等之節

右様之砌、収納時節ニ相懸り候ハヽ、知行取之年貢通御代官方へ取上置候様被仰渡、

諸郡御知行高

一、壱万九千百弐拾五石八斗一升弐合　伊香郡　三拾九ヶ村

一、弐万四千五百五拾五石弐斗壱合　浅井郡　四拾一ヶ村

一、六万七千弐拾八石三斗六升六合　坂田郡　百三拾四ヶ村

一、六万千弐拾弐石六斗四升　愛知郡　百四ヶ村

一、六万四百六拾四石五斗九升五合　犬上郡　百十九ヶ村

一、三万五百六拾七石四斗九升弐合　神崎郡　五十五ヶ村

一、壱万七千弐百三拾五石八斗九升三合　蒲生郡 三拾七ヶ村

合二拾七万六千九拾八石五斗四升七合　五百弐拾九ヶ村

内拾二万七千五百七拾五石三斗三合　御蔵所入

拾四万八千五百弐拾九石弐斗四升四合　給所

一、壱万七千六百九拾三石四斗一合　下野国 安蘇郡佐野

一、千四百五十九石六斗五升八合　武蔵国 荏原郡

一、八百四十六石九斗九升一合　同 多麻(摩)郡

合弐万石五升

都合二拾九万六千九十八石五斗九升七合

三筋村数

一、百九拾六ヶ村　南筋

一、弐百廿一ヶ村　中筋

一、百九拾九ヶ村　北筋

合六百拾六ヶ村　枝郷共

外ニ五百六十石八升　彦根村分

但、御城下敷地ニ成、

御領分無地高

一、六千八百四拾九石八斗一升弐合六勺三才

右、江州御領分廿八万石村々水帳面元無地高如此、

享保七年(一七二二)寅正月廿七日

辻武右エ門(勘定奉行)・秋山源十郎(同上)

三浦軍介(勘定奉行)申上、

此外川欠・海欠モ猶有ベシ、

御代官勤向御定目

一、公事出入訴訟事ハ、吟味之上筋奉行ニ申達及厚談、奉行前ニて埒方可被申渡、尤御代官侍坐可被致事、惣而奉行前申渡筋有之節ハ御代官出席可被致事、

付札ニ、此件以来ハ筋奉行取斗ニ被　仰付、御代官指構候義無之事、尤侍坐ニモ不及候事、

一、万願事ハ御代官役所へ為指出可被申、時刻ニ依指置候事ハ宅へモ可為指出事、尤筋奉行前へ指出候願書ハ御代官目印ヲ押、目印無之願書ハ奉行取上申間鋪事、

付札ニ、此件筋奉行へ直ニ指出シ、御代官目印不及候事、

一、毎秋御物成極候上節(ママ)、御取付之席へ出坐及熟談相極可被申事、御救之義ハ不録(碌)無之様遂吟味、筋奉行へ申談熟談之上、於奉行前ニ配当頂戴為致可被申事、

一、触示之義ハ、事立候事ハ筋奉行、小細之義ハ御代官前ニテ可被相触事、

付札ニ、此件触示之義ハ都而筋奉行ゟ相触候事、

一、牢舎・手鎖等ハ筋奉行被申渡、叱り或ハ戸〆等之事ハ御代官前勝手ニ取斗可被申事、勿論様子次第奉行へ及相談可被申事、

付札ニ、此件都而各筋ハ筋奉行取斗可被申事、

一、諸貸付之義ハ、筋奉行熟談之上御代官方ニテ取斗可被申事、

一、御年貢初小立物等惣而御取立物引受世話可被致候事、

一、庄屋・横目等申付候刻ハ御代官其人ヲ撰、筋奉行へ申達、奉行前ニテ役義可被申付事、

付札ニ、此件庄屋・横目等申付候刻ハ御代官其人ヲ下撰致、尚筋奉行前ニテ推糺之上、奉行前ニテ役義可被申付事、

一、秋順見之時節ハ年々御代官御領分立毛見分内考可有之事、

一、宿詰并検使等ニ可被罷越事、

件之趣被　仰出候条、違乱無之大切ニ可被相心得事、

享和元年(一八〇一)

酉四月　　老中

筋方

御代官方

先達而御代官方勤方之義ニ付、件之書付ヲ以被仰出候趣申渡置候内、此度別紙付札之通り、以来両役共相心得可被相勤旨被仰出候事、

二月

右ハ文化十二亥年(一八一五)

一、宿方御修覆之義、臨時ハ筋方へ願出、御常式ハ是迄之通り相心得可被申事、

一、年番軍夫申渡シ之義、万事是迄之通り相心得可申事、

春秋巡郷之節申渡

春廻り

一、村方相替義無之哉相尋候上、兼而申出置候御法度向堅相守候様末々小百性共迄急度可申渡、格別農業出情致候者、或ハ孝行奇特成者有之歟、又ハ格別村為ニ相成候者有之候ハ、可申出事、又農業怠り且村之妨ニ相成候者有之候ハ、早速可申出事、

一、追々植付時節ニも相成候得者、末々之者迄農業無油断出情(精)致候様可申付事、

秋廻り

一、当年作方如何哉相尋候上、格別相替義無之趣答候ハヽ、別ニ田方見分ハ不致、不録(稔)も有之見分相願候ハヽ、作方見分可致事、

一、例年申出候通、大切成御年貢之義ニ候へハ、第一干仕成能シ青并もミ等無之様念入申付、縄俵ニ至迄麁抹無之様念入米見役之者ハ不申及、村役人共も毎々心を添、随分宜敷米ヲ見立、表振宜仕立堅ク為メ、十一月中ニ者大体八分通相納候様可致、尤御年貢米不済内ハ自分用ニ米を遣ひ候事少も不相成候間、右之赴(ママ)末々小百性ニ至迄堅ク申渡、大切ニ可相心得、尚又夜仕事之義も無油断出情致候様可申渡、且畔木切払之儀も夫々可申事、

右之趣村役人呼出シ可申渡事、

内検仕法

一、可考村方ニ至リ、立毛悪敷所ヲ尋内考帳ニ写、并町反歩ヲ書、夫ゟ畝引為致、領内悪敷所之下々フヲ拾フ也、

右ヲ畝寄シテ下々何町何反フ何程ト書、右ノ下々ヲ二ツ割、一ツ分ヲフニ切、フ都合何町何反ト記、夫々中斗代ヲ掛レハ分米何拾何石ト出ル、

但、村方ニ依上田多、下田少、或ハ下田多、上田少キ所等ハ中斗代ニ不抱、大抵ノ所ヲ考、斗代可定事、

一、分米ニ中引ノ幾ツ何分ヲ掛レハ取何石何ト出ル也、其取ヲ村高ニテ割ハ何ツ何分ト出ル也、右ニ不作畑等ノ引モノ何分何厘ヲ合見レハ、高

ニ幾ツ何分ト云コト見ル也、是ヲ以当年ハ中引ニ何ツ何分下り、当免幾ツ何分ト成ト云事知ル也、

一、村方ニ依、領内中検見スル事アリ、其時ハ先内考帳ニ字并町反畝歩ト ヲ書、夫ヨリ畝引為致立毛ノ上・中・下・下々フヲ委細ニ付立、右ヲ畝割シ、畝寄ヲナシ、上毛・中毛・下毛・下々毛フ夫々何町何反ツ、ト云コトヲ記シ、右ニ夫々ノ盛ヲ掛レハ取何石何斗ト云コト知ル也、

但、畝ヨリ以下ヲ三ニテ割置掛ヘシ、位ノ見ヨウハ石盛ヲ掛レハ畝ノ所石ト読、上斗十百トカソヘベシ、又斗盛ヲ掛レハ畝ノ所ヲ斗ト読、上石十百トカソヘ上ル也、

第一ニ上・中・下・下々等ノ取ヲ書シ、

第二ニ木原取・畑取・屋敷取等ヲ記シ、

第三ニ当付荒ヲ書シ、

第四ニ物成合何百何十石ト書シ、

第五ニ村高ヲ目安ニ置テ其物成ヲ割ハ当免幾ツ何分ト云ヲ知也、凡三四段割テ吉、

三段目ニテ幾ツ何分何厘ト見ヘ、四段目ニテ余ノ処見ユル也、

一、分米ハ斗代ヲ寄タル高ト心得ヘシ、

一、斗代ハ一反ノ地ヨリ上ル高ト心得ヘシ、

一、畑ノ取ヲ取事、分米ニ畑免ヲ掛レハ取米知ル也、

一、取米ヲ町反ニ直シヤウテ段ニテ割ハ知也、

一、壱町二反三畝アリ、此高廿二石一斗四升ナリ、

是ハ何石代ニ当ルト問、一石八斗ニ当ルト答、右ハ高廿弐石一斗四升ヲ一町二反三畝ニ割ハ一石八斗ト知ルナリ、

一、村々ノ当盛ヲ知ルニハ、其村高ニ上田三斗代ニ畑免ヲ一寸増ニシテ掛レハ、当盛知ル也、譬ハ五ツ三分アレハ六ツ三ト一寸増テ目安ニシテカクレハ知ル、ナリ、

一、千石代ノ村高ニ物成百石ヲ一ツト云、十石ヲ一分、壱石ヲ一厘ト心得ベシ、

一、百石代ノ村高ニ物成壱石ヲ一ツ、一斗ヲ一分、一升ヲ一厘ト心得ベシ

一、拾石代ノ村高ニ物成壱石ヲ一ツ、一斗ヲ壱分、一升ヲ一厘ト云、村高ノ一割ヲ一ツト心得テヨシ、

御蔵方出人足賃米

都合六百五十三石壱升　　三筋人足米

右、御本蔵分　但、年々増減アリ、

都合五拾四表七升五合　　同

右、御仕送分　但、右ニ同

三千五百四拾壱人　　年々出人足

卯七月指引余人足　　但、年々遣高二千人内外ナリ、

二万五千百四拾七人

黒木代米ノ事

一、弐拾壱表　　河合村

一、弐百三拾九表三斗三升九合　（金居原 杉野四ヶ村

内拾八表　金居原分

右、毎年七月御蔵方ニテ払ニ成ル、

御初納郷十三ヶ村

泉村　小泉　世継　常喜　金屋　久徳

大薮　高宮　野田山　富ノ尾　米原　平　多賀

川除賃米ノ払

前年暮御切米平均廻シ、弐合増ナリ、廻シヲ以御蔵方ニ而相渡ス例ナリ、

御蔵戸前惣詰高

一、七万二千五百表斗　　御本蔵

但、三拾戸前

一、七万八千五百表斗　　新御蔵

但、二拾二戸前

一、(ママ)

但、(ママ)

合

端米・欠米・大豆皆済

川相　樋田　一瀬　萱原　仏後　大杉

右六ヶ畑米・大豆共五月皆済、

一、拾六ヶ畑

右、米ノ分不残七月皆済、大豆八五月

南筋山中六ヶ畑

一、株瀬(九居瀬)　君ヶ畑　政所　箕川　蛭谷　黄和田

右、六月米・大豆・端米・大豆トモ皆済、

一、山中郷之分、冬御救米被仰付候得者、其節々直ニ村方江頂戴致郷也、

一、惣端米・欠米七月ニ至リ御ウリ米出小立物御定之上、夫々指引以皆済致ス、尤給所村々之内三月・五月ニ皆済之村方モ有之、

御領分舟高

一、九百六十三艘　　三筋舟高

内五百四十六艘　　南筋

内一ソウ丸子、十一ソウ小丸子、八ソウ山舟、一ソウ猟船、四ソウ網伝馬艘艜

出郷扶持之事

千石以上　十三人扶持　千石　十二人扶持

八百石　九人扶持　七百石ゟ五百石迄八人扶持

四百石ゟ三百石迄七人　二百五十石ゟ二百石迄六人扶持

百五十石ゟ五拾石迄五人扶持

下役昼扶持一日一人三合　木銭四文

塩才才　味噌一勺五才

木銭払方之事

上　山方四文　里方六文

下　山二文　里三文

馬　山四文　里六文

御出之節野留舟留之事

御鷹野其外御出之節申来候得ハ、野止舟留之義村々へ触出シ可申事、中筋持也、

出郷先飯米掛之事

朝夕上下トモ一人ニ二合五勺ツ、、昼弐合ツ、、菜代三度ニ一人壱分ツ、

下役ハ飯米不入、一宿十二文ツ、掛コトナリ、

下役人数之事

一、享和元酉年（一八〇一）以前ハ、筋方下役之内三筋合弐拾七人御用中受取置、其余算役・物書役郷中ニテ功者成者相撰、三拾人余申付置、一人ニ拾表・弐拾表程ツ、遣シ置、下役とも二五十人余ニテ川一色御用弁致居、

一、享和元御改正後、一筋三人ツ、川方定下役被仰付、郷方物書役・算役とも相止、其秋中筋ハ川数多御用多ニ付、加人弐人受取相勤、加人ニテハ御不為之筋有之、翌年ゟ定下役相増、都合十一人高ニテ相勤ル、

一、川引受ニ相成節、両役合廿三人之処、戌年中ハ拾九人高、翌亥年ゟ拾六人高ニ被仰付候処、御用指問ニ付、秋川ゟ加人四人宛受取、

一、文政三辰（一八二〇）四月御指紙ヲ以四人減少被仰付候処、御用指問ニ付、押テ拾六人高ニ相願候得共、急ニ埒明不申候様子ニ付、先当分四人共元帰り相願受取置、

古来足役出方之事

一、以前ハ足役人足百石ニ一人ツ、、毎年春秋川除普請多少ニヨリ日数増減致ス、壱年切ニ取斗来候処、享和元酉年御改正ニ付、定下役ニ相成候、以来出人足日取モ定日取ニ致、川々御普請行届、残ル人足有之時ハ天災川荒ノ手当ニ除置、一人ニ壱匁又ハ八分・七分其川々ニテ相究立替、銀納ニ申付、御金方へ御除金ニ預置、

御本陣御修覆手元手伝之事

一、以前ハ筋方馬割役へ銀ニテ取立、此方ニテ入用丈人ヲ雇遣イ候事ナリ、

中北三分一竹高

一、三千六百八十本六分　犬上川上ノ手
一、四千二十三本四分四厘　同　下ノ手
一、千百十二本　宇曽川上
一、千百六十六本八分　善利川手
一、五百七本四分　矢倉川手
一、千四百三十八本弐分　天ノ川手
一、千七百七拾六本弐分　姉川手
一、九百六十六本四分　布施手
一、八百二十四本八分　高月手

右ニ愛知川・佐久良川トモ惣合

三万弐百弐拾九本七分　四寸廻竹ニ直シ高也、

変事取計

一、郷中之者、当地宿屋ニテ病死致候趣届出候ハ、、服薬為致医師等ニモ

カケ候哉、養生之趣遂吟味、弥病死ニ無相違、死体村方へ連帰度赴（ママ）申出、外ニ疑敷筋無之候ハヽ、筋方申談、帰村申付ル也、御門切手願出候ハヽ、認事、

一、釼難事届出候ハヽ、筋奉行同道下役召連早速罷越、見分之上子細遂吟味、夫々口書取之、帰郷之上御用番御家老衆へ相届ル、

一、水死・縊死人等ハ筋方元〆・御代官方元〆見分ニ遣ス也、変死人他領之者ニ候ハヽ、村役人ニ懸合為致、先方役人へ相渡ス、尤元〆他領村役人等直掛合ハ為致間鋪事、

　但、御領分者変死之節ハ吟味済ノ上、弔之儀願出候ハヽ、寺社方ゟ通指紙出有之ニ付、検使之者直ニ寺呼出シ申渡ス事、

一、寺院内ニテ村方之者変死、又ハ町方ノ者郷中ニテ変死、或ハ郷中之者町方ニテ御普請方持場ニテ変死等之節ハ、夫々御役方立会見分埒合可致事、

　但、右変死吟味之上、御家老衆へ申上、筋方・御代官方両役名ニテ書付出ス也、

一、乞食体之者、村方ニテ行（倒カ）例送立申候節ハ、村送也、尤向寄ニ宿方問屋加判之上送出可申事、

一、乞食体之者、郷中村方領ニテ行（倒カ）例相果候節、同道も無之候ハヽ、往来切手無之哉雑物等相改候上村方ゟ届出候ハヽ、委様子相尋、弥乞食ニ相違無之、往来も無之候ハヽ、隣村立会死体相改、不審之筋無之候ハヽ、其侭桶ニ入、其村廟所へ仮埋為致、人相書札立置候様申遣事、

一、旅人相果候節、往来切手所持同道無之者、是又持所之品吟味之上隣村立会吟味致、其村寺院へ弔申渡、廟所へ土葬ニ致、尤国所へ書状指越候様申付候事、

愛知川宿大助郷十八ヶ村

簗瀬　長野中　河原　大門　沓掛　中宿　土橋　豊満　市村　東円堂

矢守　礒部　栗田　野々目　嶋川　平居　畑田　苅間

北ノ庄　五位田　和田三郷ハ他領ナリ

論村六ヶ村

愛知川　長野中　川原　八鳥　簗瀬　川曲

御救米被下難郷

一番

上平流（十三）　下岡部（二十）　北菩提寺（五十）　栗見出在家（二十）　彦留（二十）　八鳥（十五）

市原ノ（五十二十）　石塚（十五）　中村（八）　高木（三十）　籠村（五）　上山本（十）　下山本（十）

高野（二十）　北小屋（二）　北坂本（七）　田原（十五）　石谷（七）　南出路（十五）　簗瀬（十五）

二番

愛知川（七十）　論村六（七十）　大門（十）　市田（二十）　川原（十五）　岡田（八）　小幡　中村

簗セ　野部（二十）　長野中（五十）　川曲（六十）　山路（五）　川合（十）　小倉（十）　市場（七）

三番

林田（十）　横居（十五）　金田（十五）　上岡部（二十）　野良田（十五）　香ノ庄（七）　論場下九（七十）

論村水下九ヶ村

野良田　野辺　金田　上平流　上岡部　下岡部　田原　出路　彦留

水場廿五ヶ村
薩摩　甲崎　西川　下岡部　西川　普光寺　本庄　三津屋　田付　柳川
新海　新田　福堂　乙女浜　宮西　新村　小川　躰光寺　山路　丸山
白部　王ノ浜　中ノ庄　奥ノ嶋　北津田
高合壱万四千五百七石六斗八升一合

水場村々
ア　田村　尾上　今西　早崎　益田　難波　細江
サ　相撲　祇園　三ツ屋　長浜新田　宮村コシ高　古澱町　瀬田　平方
高橋　田村
犬　松原越高　古沢　石ヶ崎　中薮

川方御定式銀
一、五貫百七拾匁　元六貫五百匁
内壱貫四拾匁　愛知川上手
九百拾匁　同　下ノ手
一貫百七拾匁　中筋諸川
壱貫二百七拾匁　三筋臨時当、運送川トモ
五百三拾匁　諸川樋鳥井木、北筋トモ
二百弐拾匁　紙筆墨料

足役歩米　但、日数積高ヲ記ス、

三十五日
一、二千二百七十五人　春秋同　愛上ノ手
同
一、三千六百五拾八人　同断　同下ノ手
一、千八百四拾壱人　春三十五日　佐久良川手
一、二千百五拾壱人　秋四十日
一、四千三百四拾五人　春秋同卅五日　宇曽川上
一、二千四百四十五人　春秋同卅日　同下
一、六千四百弐拾五人　春秋同卅四日
一、四千七百五十八人　同断　上下犬上川
一、千三百三拾人　畑方春計
一、二千九百廿二人　春秋同四十三日　善利川手
一、千八百八十三人　春秋同四十日　矢倉川
一、五千八百四拾八人　春秋同四十日　天ノ川
一、壱万七千七百十六人　春六十五日　高月手
一、壱万九千六十八人　秋七十日
一、五百七拾壱表弐斗壱升七合　愛知川上
一、六百三表弐斗五升　同　下
一、百九拾七表壱斗四升八合　宇曽川上南分
一、六拾九表九合　同中分
一、四拾七表三斗七合　同下ノ手
一、四拾表壱斗八升壱合　善利川
一、弐拾表壱斗壱升九合　犬上川上
一、拾四表五升四合　同　下

一、六拾七表壱斗六升八合　布施手
〆千六百三拾壱表弐斗五升五合

御救米御増貸

南筋
卯　一八百六拾壱表壱斗三升壱合（御救）
辰　一八百六拾三表弐斗六升六合
卯　一八百五表三升七合（御増）
辰　一七百九拾九表

北筋
卯　一八百六拾壱表壱斗三升弐合（御救）
辰　一八百六拾三表弐斗六升七合
卯　一四百拾表（御増）
辰　一四百拾壱表

中筋
卯　一八百六拾壱表壱斗三升壱合
辰　一八百六拾三表弐斗六升七合
卯　一七百表三斗六升九合
辰　一六百九拾九表

御増貸米ニ割利斗ニ年御取立、三年目被下切ニ相成、

籠組竹入用

大五間籠指渡二尺五寸
一、壱間ニ九寸竹　一本　五間ニ　五本懸り
一、同　八寸一本四分　同　七本
一、同七寸一本六分　同　八本
一、同六寸二本四分　同　十二本
一、同五寸三本九分　同　十七本五分
一、同四寸四本四分　同　二十二本

並(五カ)□間籠指渡一尺五寸
一、壱間ニ五寸五本五分　五間ニ　七本五分
同　四寸二本五分　同　十二本五分
同　三寸四本四分　同　二十二本

拾間籠指渡一尺五寸竹卅五本掛り
右、海道馬出ニ入
大十間籠　大五間籠六本ニ当ル、
右、愛知川上之手斗近来出来、

籠組村方并組賃

上ノ手・佐久良手ハ村組、下ノ手ハ簗瀬原七・川原勘平・長野中原次ナリ、
大五間籠組賃　上ノ手・佐久良九分、下ノ手　七分五リン
小籠ハ何処ニテモ一間ニ付壱分ツヽ、
上ノ手大十間籠ハ何角モ大五間九本向也、
四匁二分

三分一竹内　六千三百卅七本上ノ手、六千百十七本　下ノ手

一、八百三拾九本四寸ゟ下竹迄　　神崎郡
一、六千弐百六拾本六寸ゟ下竹迄　　蒲生郡
一、壱万四拾四本八寸ゟ下竹迄　　愛知郡
〆壱万七千三百五十一本
一、六千三百三拾七本　愛知上ノ手定渡、竹四寸竹ニ直シ高(カ)
内弐拾七本分上ケ過
一、六千九百六十四本　同下ノ手同断
内弐拾七本分上過
四百八拾七本　奥ノ嶋郷銀納、御元方へ勘定見合届、
此銀八拾七匁六分六厘ツ、
一、千四百六拾七本　佐久良手同断、
内三本分上過
一、百八本　九寸ゟ三寸迄　高野村御藪竹 貢(カ)竹
〆壱万七千二百五十一本
内
九寸二本　八寸二十本　七寸三十二本
六寸百本　五寸百七十六本　四寸二百廿三本
三寸四百六十九本　上竹二百廿七本　中竹三百六十五本
下竹一万五千六百卅七本
一、三万二百廿九本七分、三筋惣高、四寸ニ直タル数ナリ、

竹御買上直段

一、九寸　拾本　拾五匁　一、八寸　拾本　拾匁
一、七寸　同　七匁　一、六寸　同　四匁
一、五寸　同　弐匁　一、四寸　同　上ノ手壱匁 下ノ手九分
一、三寸　同　六分　一、上竹　三匁弐分
一、中竹　弐匁六分　一、下竹　壱匁

杭木直段

一、松大杭十本ニ付五匁
一、上杭同　上手壱匁　下手二匁四分　サクラ一匁五分
一、中杭同　上手不入　同一匁六分　同一匁二分
竹杭天明三(一七八三)卯ゟ御普請有之村方ゟ御買上ニ成、

常例割入物

一、千三百十三人　上ノ井浚人足
一、九百六十六人　下ノ井浚人足
一、四拾本　同上杭
一、百三拾四本　同中杭
一、千九百三拾四本　同下竹

宇曽川手ゟ愛知川上ノ手へ三分一竹納ル村

北花沢　上山本　下山本　北坂本　平柳
右享和三(一八〇三)亥春ゟ依願半分銀納、年ノ相場ヲ以納、此銀御普請御入用ニ遣
ナリ、
中里　下里　小八木　湯屋　下一色　本持　香之庄　沖村　僧坊　今在家

右之分、川除ハ宇曽川手ニ属ス、三分一竹ハ愛知川上ノ手ニ納ルナリ、

御免合ニ付人足引割

一歩ヨリ九分迄　皆引

一ツヨリ一ツ四分四リン迄　半引

一ツ五分ゟ一ツ六分九厘迄　三分一引

一ツ七分ゟハ極ノ通リ出ルナリ、

日雇賃米手□(挺カ)ハ一人半ナリ、

一日一人米二升宛　子共　半人分

但シ、足役ハ子供ニテモ憐愍ニテ壱人ニ立ル、

愛知川筋井水

川北ノ分
安壺井　五千石ノ用水、他領小神田村ニ有、東円堂　豊満　矢守　市村

野々目　愛知川

黒内井　千五百石余ノ用水、同小神田村領ニ有、

小田苅　大清水　南清水　北清水

愛知井　一万石ノ用水、上岸本領ニ有、

小田苅　小池　長村　横溝　三菩提寺　畑田　清水中　勝堂　刈間

平居　栗田以上十六ヶ村

右三井水ノ外ハ関籠不可入、以下皆石セキ也、

愛知・黒内末ニテ落合・安壺井へ一ツニ成、宇曽川へ入、

鮎江井　神子井トモ鮎江五ヶ村ノ用水、曽根村領ニ有、

曽根　妹村　中戸　上岸本　森村

青山曽根井　小倉・青山領堺ニ有、

曽根・青山両村立会ナリ、

小倉井　外村領ニ有、外村・小倉立会ナリ、

川南分
池田井　山上村領ニ有　五百石ノ用水

池田村・他領山上村両村立会ナリ、一ノ井呂池田、二ノ井呂ハ山上持ナリ、井浚此方斗、

高井　保内井一所也、池田領ニアリ、

今代　南村　二俣　寺村　上大森　下大森　岡田　他西村　林田

他尻無　上村　横居

小脇井　駒井ト云、寺村領ニアリ、

小脇　中小路　妙法寺　他内野　他糟塚　他野村

吉田井　妹村領南堤ニ有、

他領立合自普請井下ニテ神田井・建部井ト分ル、神田井ハ他領吉田・建部御領分ナリ、八日市　上中村　北村　宿村　他堺村　同日吉

同浜野

自普請村

上大森　□　布施　相谷　和南　八日市　九居瀬　黄和田

政所　箕川　君ヶ畑　蛭谷

右村々足役一歩米御免ナリ、

割入ニ禁スル所

安壷　黒内　愛知　此三井ノ外ハセキ籠不可入、石セギニスベシ、
長野中　川原　八島（鳥）　此三村領大川堤笠置腹付ノ外、別ニ張出スヘカラス、下仏立ノ辺ゟハ論外ノ場故苦シカラス、他領向堤モ此通ナリ、

御普請場上下ノ堺

円正平ノ次南清水領見通也、河南上ノ手是切ナリ、川北ハ南清水領迄上ノ手、東円堂ヨリ下ノ手ナリ、

佐久良手割入

籠杭竹トモ人ニ直シ、皆人ニテ割入ル、コト也、樋・鳥居木・溜池等モ可成丈ハ足役ニテ弁シ、不足ノ向御救ニテ致ス事ナリ、故ニ伺ニテスル例ト云コト定カタシ、

褒賞

一、元〆江戸指次・遠近宰領御免、
一、並下役遠近宰領斗御免、
一、元〆・下役共拾ヶ年相勤弐表御役料、弐拾年相勤弐表御加増、

手形入　欠米取立

五月中三合欠　六月朔日ゟ一升五合欠
七月一日ゟ二升欠

手形通用限月

御本米三年目四月中通用
但、閏四月有之年ハ閏四月卅日切也、尤限月ニハ廿九日・卅日ニモ米出有之、
御仕送切手翌年十一月廿八日切

指口米割

一、一石ニ付指米五升、口米三升一合五勺
百表ニ指米二石、口米一石二斗六升
故ニ百石取　百八表六升納ル也、

六ヶ畑

九居瀬　黄和田　政所　箕川　蛭谷　君ヶ畑

千石夫米割　五百石中間米トモ

本高千石ニ付　十六石四升宛

御蔵敷入草銀割

百石ニ付　三匁二分宛

五ヶ村

今村　河南　小川　躰光寺　新村
右ノ内、今村・小川・躰光寺ヲ別ニ三ヶ村ト云、

十分一大豆取立方

畑方ノ高ヲ引、田方ノ納高ノ十分一ヲ御取立ニ成ナリ、

御情貸・御増貸惣高

一、二万六千百七拾四表三斗九升四合
内八千弐百八拾八表弐斗弐合　北
九千五百七拾弐表一斗九升弐合　中
八千三百拾四表　南

三筋御増貸米高
三千八百弐拾五表六合
右利足六千表年々御救ニ成ナリ、

御種貸元米　壱表ニ五合七勺ツ、欠溢付納ル
六千百八拾九表　御種借
内千三百五拾九表　南筋分
弐千四百拾四表　中筋分
弐千四百拾六表　北筋分
此利千弐百三拾七表三斗弐升　年々御取立ニナル、

籠割入方

上ノ手
一、大五間籠　水刎ハ杭六本打　根籠ハ五本打　大籠ハ不入杭
右詰人足二人掛リ、三人掛リ之処、享和二戌年ヨリ二人ニ改、
並籠ハ右ノ割合ヲ以可申付事、

一、砂持一坪ニ付三人掛リ
一、大石持積リトモ一坪ニ付
六人掛り　小倉　青山　外村
五人掛り　高野　池田　今代　高井
四人掛リ　川北ハ曽根村ヨリ下　川南ハ寺村ヨリ下

下ノ手
一、大五間籠　東円堂　奥村　小幡　越川　中村
右詰人足二人掛リ
一、並籠一間ニ詰人足三分ツ、
一、大五間籠　簗瀬村二人半
一、並籠一間ニ三分ツ、
大五間籠　長野中　川原村
右詰人足四人掛リ
一、並籠ハ壱間ニ五分
一、大五間籠　八鳥　今村
右詰夫四人半
一、並籠ハ一間ニ六分宛
一、大五間籠　下海道ゟ下村々
右詰夫拾人カ、リ　石舟詰
一、並籠一間ニ一人五分

諸御取立割

髪巻藁　　百石ニ付五抱
百人組郷中間米　百石ニ付三斗六升六合
海道掃除米　　百石ニ付九升壱合五才

夫米入艸銀引高

一ツ＄九分九厘迄　　　　皆引
一ツ＄一ツ四分九厘迄　　半分引
一ツ五分＄一ツ六分九厘迄　三分一引
一ツ七分＄上ハ　　　　　引なし

猿楽米

百石ニ付　　　三斗三升
内　三升　　　猿楽米
内　三升　　　登リ米

是ハ御旗指切米ナリ、

廻シ

十月＄五月迄　　一番廻し
六月＄八月迄　　二番廻し
九月　　　　　　三番廻し

但、米払切次第一番廻ニナル、

溢米

弐合七勺　内弐合 上コボシ、七勺 下コボシ
右へ三合欠入
〆五合七勺　壱表ニ付相納ルナリ、
右、種貸蔵斗ナリ、

郷中家建米被下割

焼失ノ節ハ火本相除、本役ニ壱石、半役壱表半被下候、
風潰ハ本役弐表、半役壱表ナリ、
右、筋方＄相願、
雷火焼失ハ火本タリトモ家建米被下也、

火元戸〆

火元戸〆、類焼無之者五日、類焼有之ハ模様ニ依七日・十日或ハ十五日ト相考、戸〆申渡ス、尤筋方取斗ナリ、

御城下近村出火之節之事

松原　長曽根　中藪　後三条　両大橋　平田　大藪　礒
右村々出火ノ節ハ目印為持出ルナリ、
但、中筋・北筋持、近来ハ小火ニハ不出、

皆済届之事

七月卅日・十二月廿五日両度皆済届、御蔵方＄申来次第御用番へ申上ル

ナリ、
五月大豆皆済ハ不及届事、

御下金取斗方
元五千両　文化十三子五月十五日、御直書ヲ以被仰付、筋方へ下ル、
利三朱
右、困窮ノ村々為御救御貸付利金ハ極難渋之者へ被下切ニ相成候事、

畑銀納直シ之仕様
石高ニ一令（零）三七五ヲ掛ル也、右ニ壱石ニ付三升七合五勺之廻シニ成也、

南郡御売付米之事
右、御元方極直段ニ道ノ遠近ニ依上打ヲカケ、七月皆済ナリ、
一、高野・相谷弐匁立、小倉・外村一匁五分
一、野村・奥之池・池之脇壱匁高
一、瓜生津五分高　南六ヶ畑　壱匁高
右之通上打カケ御取立成、
但、小倉・池ノ脇・南六ヶ畑ハ今時ハ御免ニ成、
百一表　当時六ヶ村納高ナリ、

論所豆作御救割
一、壱反ニ付一表九升五合
一、壱歩ニ付壱合六勺五才
右、川筋水論等有之田地養水無之、無拠豆仕付候節御救割ナリ、
右、一定ノ法ニ非ス、併是程ノ割ニテ可然ナリ、

御蔵人足并賃米納之極
一、高百石ニ付　人足九人宛
米納ハ壱斗八升ツヽ、
但、御蔵・明所同断、御免合引方ニ不拘、明所増減有之時ハ指引有之コト、
高二万九千九百拾壱石弐升七合
返納米ハ壱表ニ付一合五勺宛之割合也、
御蔵所斗
一、弐千七百弐拾六人　中筋分出人足
同
一、五百四拾弐人　北筋分出人足
高
六千七拾七石弐斗弐升三合
〆三千弐百六拾八人
高合
三万五千九百八拾八石弐斗五升

坪割積リ物
平坪ハ平横掛合ナリ、
又ハ間ノ末ニ尺寸有ハ五六ニ割掛ナリ、
但、六尺五寸坪・六尺坪ナレハ六ニテ割、
又一方間、一方尺寸ノ時ハ直ニ掛合、後ニ五六ニテ割、
但、右同断

又両方丈ノ時ハ其侭ニ懸合、後ニ平坪ノ法四二二五ヲ以割ハ坪ニ成也、

但、此四二二五ト云ハ、田方一間ノ内ノ坪数ナリ、才坪ハ立横高三方ヲ掛レハ坪ナリ、

又間ト尺ト有時ハ五六ニ割コト右ニ同、

又三方皆尺寸ノ時ハ其侭掛合、後ニ才坪ノ法二七四六五ト成ハ、一間四面ノ内才坪ノ数ナリ、

又一方広ク、一方狭キハ両方ニ置掛合二ツニワリ、夫ニ長サヲカクルナリ、

坪数堤ニ築、長サヲ知事

土三千坪有ヲ堤ニツク時、巾二間・根走六間・高五間ニシテ何程ト問、均ト根走ト置二ツニ割、夫ニ高サヲ掛レハ二十トナル、夫ヲ目安ニシテ土ノ有坪ヲ割ナリ、百五十間トナル也、

同堤ノ大坪数ヲ知事

長百五拾間・均二間・根走六間・高廿(サ)五間有、此坪数ヲ間(問カ)、

右ハ弐間ニ六置合二ツニ割ハ四ト成、是ニ高五間ヲ掛レハ三千坪トナル、

堤根走不知坪積ノ事

長七拾間・高弐間半・根走不打時、四寸ノリニシテ根走何程有ト問、根走三間・坪数三百七十五坪ト答、

右、高ニ規(矩)ヲカケ、夫ヲ倍シテ均一間トカクレハ、三間根走リト知ルナリ、坪積ハ今知タル根走ト均ノ間ヲ置合二ツニ割、夫ニ高サヲカケ、又長サヲ掛ルナリ、

平均馬踏不知坪積ノ事

長弐百間・高四間・根走八間・均不打・五寸ノリ、此坪四千八百坪、均四間ト云、此積リ前ニ同、

右ハ高ニノリヲ掛二ツ割、根走八間ノ内ヲ引ハ残リ四間也、是均ナリ、

高不知坪積リ事

長二百五十間・均三間・根走十一間・矩八寸・間坪数八千七百五十坪、高五間ト云、ツモリ様同シコト、

右ハ根走十一間内ナラシ三間引ハ残リ八間、是ハ弐ツニ割ハ四間トナル、是ヲノリ八寸ニテ割ハ高五間ト知ナリ、

場築立根短ヲ究知コト

根走九間半・均巾五間・高四間半築時、根ゟ何寸ノリニ築上テナラシト高ニ取合ト云、

右ハ根置ノ間ノ内ナラシノ間ヲ引、残リヲ二ツニ割、夫ヲ高サヲ以ワレハ矩知ル、ナリ、

堤下埋樋堀埋坪割

壁(譬カ)土ハ馬踏三間半・根走六間半右一所ニ置、合十トナルヲ二ツニ割ハ五トナル、又上巾三間・下巾壱間右一所ニ置、合四トナルヲ二ツニ割ハ二トナル、扨前ノ五ニ此二ヲ掛ル、十トナル、

又高二間半ヲ件ノ十二掛ルナリ、
此坪廿五坪ナリ、何レニテモ如斯、

堤築立坪割

譬ハ馬フミ一間半・根走五間半右一所ニ置、合セ七トナル、高弐間半ヲ右之七ヘ掛ル、一七五トナルヲ二ツニ割、八七五トナル、長三拾五間ヲ件ノ八七五ニカクル、此坪三百六坪二分五リントナル、

砂取坪割

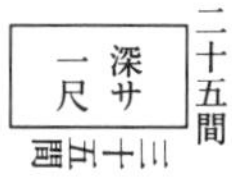


巾廿五間ニ長卅五間ヲ懸ル、平坪八百七十五坪トナル、是ヲ六ニテ割ハ本坪百四十五坪八分三厘三毛二トナル、

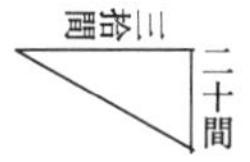


巾二十間・長三拾間ヲ掛ル、四方坪六百坪トナル、二ツニワレハ三角坪トシルヘシ、

竹割

一寸廻リノ竹ヲ下竹ニ直シ置テ、五ニテワレハ、四寸竹トナル、四寸ニ五ヲカクレハ下竹トナル、

四寸ニ直ス定法

一、三寸廻リ一本ニ六ヲ掛ル四寸竹六分ニ成、
一、五寸　二ヲ掛ル同二本
一、六寸　四ヲ掛ル同四本
一、七寸　七ヲ掛ル同七本
一、八寸　一ヲ掛ル同拾本
一、上竹十本ニ　三三ヲ掛ル同三本二分
一、中竹十本ニ　二六ヲ掛ル同二本六分
一、下竹十本ニ　二ヲ掛ル同二本
但、四寸一本ニ下竹五本カヘナリ、

川越人足之事

愛知川ニテ大名方其外御馳走人足賃米ハ、小幡・中村・越川・簗せ四ヶ村川役相勤居故、南筋九万石ヘ割付、年尾ニ右四村ヘ取立人足出方村々ヘ勘定面之通割渡スナリ、人足多入時ハ川郷ヘフレ(触)遣シ呼集ルコト也、大抵ノ時ハ右四ヶ村人足ニテ越立致シ居ナリ、

小立物代米

| | | | |
|---|---|---|---|
| 上葭三尺〆 | 一升六合 | 上葭五拾本 | 八合 |
| 中同 | 一升弐合 | 中 | 六合四勺 |
| 下同 | 八合 | 下 | 四合八勺 |
| 縄一束 | 八合八勺 | 御馬藁 | 八合 |
| 鯖巻ワラ十把 | 七合 | 茆ワラ | 二合六勺 |
| 畳菰八対一枚 | 八合七勺 | 苫菰ワラ | 八合 |
| 同　六対 | 六合五勺 | 小菱(麦カ)ワラ三尺〆 | 八合 |
| 同フクミ菰 | 六合五勺 | 籾一升 | 五合 |
| 小豆　壱升 | 一升 | 大麦白一升 | 一升 |

小麦　壱升　六合三勺六才　稗一表五斗入　一斗
赤キビ一升　五合　芋ガラ一通　一合五勺
干菜一連　二合　豆葉一連　二合
真菰一〆　五合　同　二升
渋柿一貫　三升八合五勺　杉葉一荷　二升
萩柴一束　二升　卯木三尺〆　二升
青草一束　二合五勺　上糖《ワタラシキ》五斗入　八合
煤　なし　同中　六合四勺
抜穂六寸廻五八　二升　同下　四合八勺
筵　一枚　二升　箕　一升三合
右、元禄元(一六八八)丑十二月ヨリ定置、
五升ハ　コミ(込)米
是ハ古来ゟ四斗弐升表ニテ納ル所、金切四斗表ニ成ニ付、一石ニ五升ツ、米別ニ納ム、
三升　口米　一合五勺　指米
〆八升一合五勺

宿方被下物之事

一、問屋給トシテ年々拾一石ツ、大津御代官ゟ渡ル、
一、宿方剣銭利足公義へ筋方ゟ御城使へ指出シ上納ス、内二分通本陣・問屋へ被下、普請宿入用ニアテル、
一、御足銭ハ公儀御役人并公家衆御馳走之義宿払ニテ不足之向、御上ゟ被下、別御金ニテ御金方ゟ出ルナリ、

小谷御山請所七ヶ村
尊勝寺　巣ヶ谷　伊部　郡上　下野枝　脇坂　下山田　上山田　何モ浅井郡也
運上五貫五百八匁一分八厘　御普請方へ納、
御山廻リ　速見七郎　片桐作太夫　大橋重太夫　杉山茂市

縮緬職織元
難波村林介　庄九郎

宿詰之事
●合印　筋方・御代官方出
○　御代官斗出ル
▲　御馳走御断

御両敬御通行之方々
播姫路　●○　酒井雅楽頭様
天明八(一七八八)申ヨリナシ、文化三(一八〇六)午高宮宿御泊、両役出、
同　河内守様
愛知川御泊リ之節、宿詰御音物有之、
阿徳嶋　○　松平(蜂須賀)阿波守様
寛政六(一七九四)午ゟ御代官斗、
伊宇和嶋　伊達遠江守様
寛政六ヨリ御断、御使者斗、
肥佐賀　松平(鍋島)肥前守様
文化七午三月ゟ御代官斗、
筑後柳川　立花左近将監様

文政三（一八二〇）辰ヨリ御断ニ付止、

肥嶋原　松平主殿頭様

越前大野　土井甲斐守様

文化九申御通行御泊有之、出候様被仰付、

丹後（波）園部　小出信濃守様

寛政六御断、

石浜田　●△　松平周防守様

筑久留米　●　有馬中務太輔様

若小浜　酒井若狭守様

豊前中ツ　奥平大膳太夫様

作津山　松平越後守様

雲松江　松平出羽守様

大和郡山　▲　松平（柳沢）甲斐守様

備福山　●　阿部伊勢守様

越前鯖江　▲　間部若狭守様

摂麻田　▲　青木甲斐守様

伊予吉田　●馬　伊達紀伊守様

播竜野　馬　脇坂淡路守様

讃丸亀　▲　京極能登守様

和高取　馬　植村駿河守様

但出石　仙石越前守様

雲広瀬　松平上野介様

播林田　▲馬　建部内匠頭様

作勝山　馬　三浦志摩守様

泉岸和田　岡部美濃守様

江山上　馬　稲垣若狭守様

播小の　一柳土佐守様

丹後田辺　馬　牧野佐渡守様

日延岡　○　内藤備後守様

奥湯長谷　内藤播磨守様

豊佐伯　毛利若狭守様

讃高松　松平讃岐守様

三挙母　●　内藤山城守様

豊岡　●　中川修理太夫様

下総多古　松平大蔵少輔様

御馳走有之方々

●　紀州様

●　加賀様

●　松平（島津）薩摩守様

▲　松平越前守様

○　細川越中守様

▲　松平（黒田）筑前守様

▲　松平（浅野）安芸守様

長萩　●　松平（毛利）大膳太夫様

因鳥取　▲　松平（池田）因幡守様

土高知　▲　松平（山内）土佐守様

備岡山　▲松平(池田)上総介様
伊松山　使▲松平隠岐守様
豊小倉　▲小笠原左近少(将)監様
山城淀　馬　稲葉丹後守様
対府中　　宗　対馬守様
総生実　●森川兵部少輔様
筑柳川　▲立花左近将監様
御門跡方　　奈良奉行
勅使　　駿府御城番
例幣使　　同町奉行
高家上使　　山田御奉行
御茶壷　　堺御奉行
御老中方　　日光御奉行
大坂御城代　　浦賀御奉行
京所司代　　佐渡御奉行
右御子兄弟方　　京大坂御目付
若御老中　　日光御門主様
御例御用人　　東西本願寺
寺社御奉行　　増上寺
御奏者衆一通ナシ　　観理院　山王
菊間御縁側衆　　上野増上寺　御宿坊
高家衆　　永平寺
御側衆　　長谷小池坊

御留主居方　　石原庄三郎殿
駿河御城代　　多羅尾靱負殿
道中御奉行　　安藤帯刀殿
大御目付　　吉川左京殿
町御奉行　　成瀬隼人正殿
御勘定奉行
御作事奉行
御普請奉行
御使番
禁裏仙洞御附
伏見御奉行
京大坂町奉行
甲府御勤番
長崎奉行
御蔵手代(ママ)

# 8　彦根藩役付帳

安政三年（一八五六）

宇津木三右衛門家文書

御家老衆

木俣清左衛門
庵原助右衛門
長野伊豆
新野左馬助
岡本半介
三浦内膳
脇五右衛門
中野小三郎

御中老

横地佐平太
宇津木兵庫
松平倉之介
西郷藤左衛門
小野田小一郎
広瀬美濃
沢村角右衛門

御用人

内藤権平
三浦五郎右衛門
藤田隼人
椋原主馬
増田啓次郎
今村源右衛門
犬塚求之介
西尾治部助
西山内蔵允
奥山右膳

御籏奉行

三浦五郎右衛門
内藤権平

御鐙奉行

藤田隼人
横地佐平太

御弓御鉄炮組頭

浅居庄太夫
高橋新五左衛門
片桐権之丞
渥美平八郎
柏原与兵衛
今村十郎右衛門
武笠魚兵衛
宇津木六之丞
小林仁左衛門
中居弥五八
青木十郎次
杉原惣左衛門
増田啓次郎
椋原主馬
細江次郎右衛門
吉川軍左衛門

今村源右衛門
日下部三郎右衛門
村山丹宮
安中半右衛門
木俣亘理
庵原奥左衛門
酒居三郎兵衛
大久保藤助
杉原十之進
奥山右膳
大久保権内
沢村佐平太
今村源之進
西尾治部助
山田甚五右衛門
藤田四郎左衛門
中野平馬
杉原此面
荒居治太夫
舟橋杢
石原甚五左衛門

母衣役

大久保小膳

吉用茂助
犬塚求之介
田中雄助
安藤長三郎
石居三郎左衛門
増田雅四郎
三浦半蔵
小泉弥一右衛門
河西八左衛門
犬塚源之丞
渡辺弥五左衛門
西堀源蔵
向坂縫殿介
藤田庄右衛門
西山内蔵允
三浦九右衛門
朝比奈左近
西堀才介
夏目記外（外記）
黒柳孫左衛門
今村忠右衛門
田中左門
小幡二郎八

御城中御番頭

河村万右衛門
横田層九郎
北川万右衛門
加田孫兵衛

十一口御門番頭

荒木半右衛門
松浦牧太
黒屋長之丞
宇多一郎右衛門
加藤信（カ）右衛門
長浜八平
中川久介
加藤庄九郎
渡辺与左衛門
大川権右衛門
朝比奈弥大夫

御側役 兼帯

椋原主馬
浅居庄大夫
柏原与兵衛
宇津木六之丞
田中雄助

御鷹御用向頭取
柏原与兵衛
酒居三郎兵衛
御町奉行
青木十郎次
細江次郎右衛門
御筋奉行
南 中居弥五八
北 高橋新五左衛門
中 安中半右衛門
南 渥美平八郎
北 杉原此面
中 今村十郎右衛門
御仕送奉行
武笠魚兵衛
添役 坪岡順次郎
侍宗門御改奉行
御武具御預相兼
片桐権之丞
小林仁左衛門
御弓矢預
同加役
兼帯 伊丹介内
同 平石弥右衛門
郷中宗門御改奉行
安政三丙辰年
中筋 中居弥五八
北筋 安中半右衛門
南筋 渥美平八郎
御馳走奉行
兼帯 片桐権之丞
同 小林仁左衛門
御小納戸
大久保小膳
宇津木幹之進
杉原惣左衛門
村山丹宮
山田甚五右衛門
御城使役
武藤信左衛門
大久保権内
今村忠右衛門
御供頭
酒居三郎兵衛
黒柳孫左衛門
御目付
安藤長三郎
田中藤十郎
寺嶋弥七郎
植田長左衛門
池田二郎八
大久保繁八
横内平右衛門
向山次郎太夫
高野瀬喜介
岡嶋七右衛門
林六右衛門
湯本原太郎
奥平源八
八木新太郎
御普請奉行
大鳥居彦六
浅居喜三郎
御作事奉行
山県新右衛門
渡辺弥次左衛門
宍戸四郎左衛門
湯本与市

西堀太郎左衛門
閑野惣太夫
松居安次郎
青木津右衛門
御普請着到付
堀部正次
植田良治
大西与九郎
御元方御勘定奉行
武笠七郎右衛門
竹岡衛士
竹中喜八
山中宗十郎
兼帯 永田権右衛門
百々喜八郎
御金奉行
奈越江忠蔵
大久保平介
花木伝蔵
大津御蔵屋敷奉行
犬塚源之丞
田中惣右衛門
同所御目付

喜多山十蔵
大嶋五太夫
京都御留守居役
山下兵五郎
後閑弥太郎
岡真次
御地方御旅方兼帯 御賄
永田権右衛門
小野源太右衛門
孕石又七郎
高野与惣右衛門
宇津木小左衛門
脇十郎兵衛
三居孫太夫
彦根江戸御納戸
石原甚内
西村半太夫
青木矢柄
上松祐左衛門
渡辺九郎左衛門
庵原三郎右衛門
橋本軍八郎
皆米札御奉行

平岡十郎兵衛
御鳥毛中間頭
高橋義兵衛
松本猪兵衛
戸次権左衛門
山本権左衛門
御船奉行
田中喜兵衛
青木伴右衛門
加役 片岡一郎兵衛
御鉄炮奉行
稲垣弥十郎
舟越三十郎
御鉄炮玉薬奉行
真壁林平
只木鑵蔵
御玉薬中間頭
村山弥平次
岡見太郎左衛門
御竹奉行
秋山十兵衛
今村平次
御細工奉行

伊丹介内
平石弥右衛門
御用米御蔵奉行
但、御代官役ゟ兼帯
佐藤孫右衛門
西村又次郎
小野二蔵
松沢新四郎
岡嶋丹蔵
勝廉介
今泉源八郎
辻岡千右衛門
橋本勘左衛門
長野二郎右衛門
五十嵐半次
佐藤半左衛門
松原御蔵奉行
但、御代官役ゟ兼帯
佐藤孫右衛門
西村又次良
小野二蔵
松沢新四郎
岡嶋丹蔵
勝廉介
今泉源八郎

辻岡千右衛門
橋本勘左衛門
長野宇右衛門
五十嵐半次
佐藤半左衛門
佐野御奉行
田中喜兵衛
多賀善左衛門
御借用役
小幡甲助
丸山一太夫
中村郷右衛門
皆米札御奉行
平岡十郎兵衛
西村文太夫
後藤弥三右衛門
御代官役
北　佐藤孫右衛門
中　西村又次良
南　小野二蔵
同　松沢新四郎
北　岡嶋丹蔵
中　勝廉介

南　今泉源八郎
中　辻岡千右衛門
北　橋本勘左衛門
中　長野宇右衛門
北　五十嵐半次
中　佐藤半左衛門
侍御着到付
相馬彦右衛門
佐成源五兵衛
功刀千右衛門
上田忠兵衛
御城中十一口御着到付
安中甲次郎
田辺釘三郎
鶴見杢次
一瀬九左衛門
御足軽着到付
礒嶋与五兵衛
浅居忠兵衛
中堀仁左衛門
松居佐平次
小役人御着到付
兼帯
村山弥平次

同 岡見太左衛門
加田剛次郎

御庭奉行
渡辺勘之丞
渡辺十右衛門

御買上物御改証判役
成瀬九右衛門
兼帯 山根太右衛門
松原庄七郎
小原春平
吉原藤八郎
細野加藤次

御内目付
三岡平五郎
花木伝之丞
竹原七郎平
斎藤惣三郎
石尾太右衛門
山口十次兵衛
今村八郎右衛門
林田縫殿
(埴)植谷助八郎
岡野弥藤太

石原右平次
佐藤貞之丞
中山文太郎
岩崎喜代(千)介

御鷹餌割役
福村八郎左衛門
神谷市郎右衛門
高橋五郎左衛門
嶋田左次右衛門

御鷹役
朽見三平
水谷甲之介
林勘八郎
松村善介
村田庄右衛門
金子織兵衛
武藤加左衛門
山口小兵衛
藤本次左衛門
山口善九郎
正木外弥
小森作兵衛
林久五郎

水谷繁次郎
水谷市之進
朽見三右衛門
朽見助六
藤本濤太郎

儒者
大菅権之丞
南部要
中嶋忠右衛門
伴只七

国学方
長野主馬

奉薬役
中嶋宗達

奉薬 奉針 奉膏 加役
小県清庵
上田文脩
堀田道策

奥医師
稲川梁策
坂宗謙
西沢道益

河村能(純)碩
中嶋良庵
飯嶋三太夫
田中懌庵
浜田自庵
堤栄順
岡嶋(愿)遁達

## 表医師

山上周碩
津田見意
清瀬宗伴
芝原杏庵
三上長庵
石原純章
綺田守源庵
永末昇全
草山太敬
山本隆達
坂良達
稲川周庵
上田鉉策
河村純達
山上江庵
池田愿同
西山文策
三浦北庵

## 御祐筆頭

高宮銃象
大堀小右衛門
松野又右衛門
上田八右衛門

## 御祐筆

留書役　高宮兵右衛門
同　小滝善六
同　木村一学
同　三田村岡之丞
石原弥藤次
真野朝右衛門
駒居万五郎
山崎半大夫
松岡弾右衛門
真野善次
御留書役　上松(吉)善左衛門
山根安右衛門
同　西辻作左衛門
上田八兵衛
松野源吾
高宮慶助
古田作介
大堀寿太郎

## 御馬役頭取

神尾惣左衛門
桃居嘉三
薬袋藤太
伊藤弥兵衛

## 御馬役

臼居安之丞
古沢六右衛門
神尾主守
佐藤新五右衛門
土田甚兵衛
栗林新左衛門
佐藤宗兵衛
横尾七太夫
渡辺一郎兵衛
吉田清太夫
江坂伴右衛門
岡嶋久米八郎
曽根全之丞

御鷹野先払
仙波久右衛門
金田勘ケ由
河村又左衛門
浦上源六
水谷鍛次郎
御用使
青山与五左衛門
兼帯 臼居安之丞
橋本太右衛門
御櫛役
奥野藤兵衛
村田大輔
今村他門次
加役 本上太平
御装束附役
山根太右衛門
大岡次郎左衛門
大岡小弥太
御客有之節給仕役
木俣十蔵
桜居彦太夫
大鳥居次介

吉川晴次部
内藤喜右衛門
河手四方左衛門
安東七郎右衛門
石原善太右衛門
嶋礒千太郎
河手藤一郎
今村市十郎
御系譜御用掛り
河村万右衛門
勝廉介
長野主馬
伴只七
中嶋忠右衛門
香取権次郎
奥御内用達役
高田新右衛門
西村孫左衛門
中村久次
佐野御代官役
元持喜三郎
鹿取喜平太
江戸桶畳奉行

関佐七
水谷治太夫
田部録之介
富永平太
御小納戸方御取調役
長浜春喜
御作事方元〆役証判役
服部護一
林龍左衛門
富永十介
松居権之丞
御畳奉行
兼帯 服部護一
同 林龍左衛門
同 冨永十介
同 松居権之丞
御馳走御道具預
鯰江介之進
松居兵介
御作事方御門改役
岩坪源兵衛
青木平弥
堀口佐右衛門

亘理新兵衛
御堀見廻り役
服部安太夫
園川丑太郎
奥方御附人
細居広太
宮崎惣右衛門
耀鏡院様御附人
堀九平太
宮崎銀右衛門
御同所様御賄
万沢六郎
松宮十之進
俊操院殿御附人
宇津木隼太
木代又右衛門

# 9　彦根藩切米扶持扶持書上

幕末期

彦根藩井伊家文書

一、百表　　御小性（姓）

七分、此米七拾表　　米札返納三分弐

内　七表壱斗三升四合　此度上納米

弐拾三表弐斗

残三拾九表六升六合　　御切米

下部（付箋）
「百表三人扶持取

一、五拾弐表弐斗六升六合　御小姓」

一、七拾表　　御中小性（姓）

一、六人扶持

七分、此米六拾七表三斗六升　　米札三分弐

内　四表八升　此度上納米

弐拾五表壱斗九升弐合

残三拾八表八升八合

内　拾壱表八升八合　　御切米

弐拾七表　　六人扶持

一、四拾表　　御中小姓

一、六人扶持

七分、此米四拾六表三斗六升　　米札三分弐

内　弐表五升四合　此度上納米

拾表弐斗九升八合

残三拾四表八合

内　七表八合　　御切米

弐拾七表　　六人扶持

下部（付箋）
「七拾表五人扶持

一、三拾三表弐斗八升八合　御中小姓」

一、弐拾六表　　御中小姓

一、六人扶持

七分、此米三拾七表八升　　米札三分弐

内　壱表壱斗五升五合　此度上納米

七表三斗五升弐合

残弐拾七表三斗七升弐合

内　三斗七升弐合　　御切米

弐拾七表　　六人扶持

一、四拾表　　御騎馬徒

一、四人扶持

七分、此米四拾表弐斗四升　　米札三分弐

内　弐表五升四合　此度上納米

五表三斗八合

残三拾弐表弐斗九升八合

内　拾四表弐斗九升八合　　御切米

拾八表　　四人扶持

一、弐拾六表
一、四人扶持　　御騎馬徒
七分、此米三拾表三斗弐升
内　壱表壱斗五升五合
　　三表弐斗七升壱合　　米札三分弐
　　　　　　　　　　　　此度上納米
残弐拾五表弐斗九升四合
内　七表弐斗九升弐合　　御切米
　　拾八表　　四人扶持

一、三拾五表
一、四人扶持　　御騎馬徒
七分、此米三拾七表四升
内　壱表三斗四升七合
　　四表壱斗六升弐合　　米札三分弐
　　　　　　　　　　　　此度上納米
残三拾表三斗三升壱合
内　拾弐表三斗三升壱合　　御切米
　　拾八表　　四人扶持

一、弐拾九表
一、四人扶持　　御騎馬徒
七分、此米三拾弐表三斗六升
内　壱表弐斗壱升九合
　　三表三斗六升八合　　米札三分弐
　　　　　　　　　　　　此度上納米
残弐拾七表壱斗七升三合
内　九表壱斗七升三合　　御切米
　　拾八表　　四人扶持

一、弐拾六表
一、三人扶持　　御歩行
七分、此米弐拾七表弐斗六升
内　壱表壱斗五升五合
　　三表壱斗壱升四合　　米札三分弐
　　　　　　　　　　　　此度上納米
残弐拾弐表三斗九升壱合
内　九表壱斗九升壱合　　御切米
　　拾三表弐斗　　三人扶持

一、弐拾四表
一、三人扶持　　七十人
　　　　　　　　御歩行
七分、此米弐拾六表壱斗
内　壱表壱斗壱升弐合
　　三表四升九合　　米札三分弐
　　　　　　　　　　此度上納米
残弐拾壱表三斗三升九合
内　八表壱斗三升九合　　御切米
　　拾三表弐斗　　三人扶持

一、拾表　　三御歩行
一、三人扶持　　幼年
七分、此米拾六表壱斗八升
内　三斗弐升九合　　此度上納米

残拾五表弐斗五升壱合
内　弐表五升壱合　　御切米
　　拾三表弐斗　　三人扶持

伊賀御歩行
御足軽手代
大筒懸り
同

一、四拾表
一、三人扶持
七分、此米三拾七表壱斗八升　　米札三分弐 此度上納米
内　弐表五升四合
　　五表壱斗壱升九合
残三拾表七合
内　拾六表弐斗七合　　御切米
　　拾三表弐斗　　三人扶持

御籏小頭

一、三拾表
一、三人扶持
七分、此米三拾表壱斗八升　　米札三分弐 此度上納米
内　壱表弐斗四升
　　三表弐斗四升三合
残弐拾五表九升七合
内　拾壱表弐斗九升七合　　御切米
　　拾三表弐斗　　三人扶持

御勘定小頭

一、三拾表
一、四人扶持
七分、此米三拾三表弐斗四升
内　壱表弐斗四升
　　四表　　米札三分弐 此度上納米
残弐拾八表
内　拾表　　御切米
　　拾八表　　四人ふち

御勘定人
御普請手代

一、弐拾四表
一、三人扶持
七分、此米弐拾六表壱斗　　米札返納三分弐 此度上納米
内　壱表壱斗壱升弐合
　　三表四升九合
残弐拾壱表三斗三升九合
内　八表壱斗三升九合　　御切米
　　拾三表弐斗　　三人扶持

御茶道

一、弐拾五表
一、三人扶持
七分、此米弐拾六表三斗八升　　米札返納三分二 此度上納米
内　壱表壱斗三升四合
　　三表八升壱合
残弐拾弐表壱斗六升五合
内　八表三斗六升五合　　御切米
　　拾三表弐斗　　三人扶持

御坊主

一、拾四表
一、三人扶持

七分、此米拾九表壱斗
内　三斗八升五合　此度上納米
残拾八表壱斗壱升五合
内　四表三斗壱升五合　御切米
拾三表弐斗　三人扶持

一、拾四表
一、弐人扶持
御坊主
御草履取
御水主小頭加役
七分、此米拾六表四升
内　三斗弐升弐合　此度上納米
残拾五表壱斗壱升八合
内　六表壱斗壱升八合　御切米
九表　弐人扶持

一、弐拾弐表
一、三人扶持
七分、此米弐拾四表三斗四升
内　壱表七升　米札返納三分弐
（貼紙）「三」
弐表弐斗八升四合　此度上納米
残弐拾表弐斗八升六合
内　七表八升六合　御切米
拾三表弐斗　三人扶持
御足軽
大筒懸り
御目付方下役御番上り
御代官方手代
御城使方下役
大坂御蔵手代
京御留守居手代

一、弐拾表
一、弐人扶持
七分、此米弐拾表壱斗弐升
内　壱表弐升七合　米札三分弐
壱表三斗七升　此度上納米
残拾七表壱斗弐升三合
内　八表壱斗弐升三合　御切米
九表　弐人扶持
御納戸方元〆
御賄手代
三人幼年三人扶持成
小雑用役
大津元〆
諸御中間小頭
町同心
西沢敬輔
鈴木八郎

一、弐拾表　御板頭
一、三人扶持　大工棟梁
七分、此米弐拾三表壱斗八升　米札三分弐 此度上納米
内　壱表弐升七合 弐表九升六合
残弐拾表五升七合
内　六表弐斗五升七合　御切米
拾三表弐斗　三人扶持

一、拾七表
一、弐人扶持　まとひ指
七分、此米拾八表八升
内　壱表三斗弐升八合　此度上納米
残拾六表壱斗五升弐合
内　七表壱斗五升弐合　御切米
九表　弐人扶持

一、拾六表
一、弐人扶持
七分、此米拾七表弐斗
内　壱表三斗　此度上納米
残拾五表三斗
内　六表三斗　御切米
九表　弐人扶持

幼年一人弐人半口
御鉄炮方下役
御用米御蔵手代
御料理人
御餌指　塩噌役
御城中十一口御番人
御玉薬小頭
御細工人
御水主小頭
漬物方鉋(カ)作園役
籠や小頭

一、拾表　御勘定人 御雇
一、三人扶持
七分、此米拾六表壱斗八升
内　三斗弐升九合　此度上納米
残拾五表弐斗五升壱合
内　弐表五升壱合　御切米
拾三表弐斗　三人扶持

一、拾五表
一、弐人扶持　大坂御蔵 下役
七分、此米拾六表三斗弐升
内　三斗三升六合　此度上納米

残拾五表三斗八升四合
内　六表三斗八升四合　御切米
　　九表　弐人扶持

一、拾三表
一、弐人扶持
七分、此米拾五表壱斗六升
内　三斗八合　此度上納米
残拾四表弐斗五升弐合
内　五表弐斗五升弐合　御切米
　　九表　弐人扶持

御水主元〆
柳ヶ瀬口留番
大津御蔵手代

一、拾弐表
一、弐人扶持
七分、此米拾四表弐斗八升
内　弐斗九升四合
残拾三表三斗八升六合
内　四表三斗八升六合　御切米
　　九表　弐人扶持
（此件半減中是迄通
弐人扶持被下候、

御足軽御番上り

此件御足軽並
大筒懸り御番上り
御犬牽
御水主
大津御蔵門番
行徳役・塩噌木具肴役
京御屋敷門番
大工棟梁見習
幼年二人弐人扶持ニ成
柳ヶ瀬口留番
諸御役方見習
幼年とも
大洞番人

一、拾表
一、弐人扶持
七分、此米拾三表壱斗弐升
内　弐斗六升六合　此度上納米
残拾弐表弐斗五升四合
内　三表弐斗五升四合　御切米
　　九表　弐人扶持

御簱指
一、拾三表
一、弐人扶持
七分、此米拾五表壱斗六升
内　三斗八合　此度上納米
残拾四表弐斗五升弐合
内　五表弐斗五升弐合　御切米
　　九表　弐人扶持

一、拾弐表
一、壱人扶持
七分、此米拾壱表弐斗弐升
内　弐斗三升壱合　此度上納米
残拾表三斗八升九合
内　六表壱斗八升九合　御切米
四表弐斗　壱人扶持
(付箋)「御止メ　」
〃〃〃御物方番　御魚焼役
元触(カ)　御改役　(付箋)「此件伺中壱人扶持」
壱人扶持ニ成、新御蔵入口番　〃〃〃舟留番
御長柄中間　御鳥毛同
新参中間　御玉薬
新参御馬取格　百人組　(付箋)「御止メ、舟留番へ指加へ、」
江戸御土蔵番　〃〃〃尾末町門番
一、拾四表　小道具中間
一、壱人扶持　早飛脚之者
七分、此米拾弐表三斗八升
内　弐斗九升五合　此度上納米

残拾弐表壱斗弐升壱合
内　七表三斗弐升壱合　御切米
四表弐斗　一人扶持
一、拾三表　本参馬取
一、壱人扶持　新参　同
七分、此米拾弐表壱斗
内　弐斗四升五合　此度上納米
残拾弐表壱斗弐升壱合
内　七表五升五合　御切米
四表弐斗　壱人扶持
一、拾表
一、壱人扶持
七分、此米拾表六升
内　弐斗三合　此度上納米
残九表弐斗五升七合
内　五表五升七合　御切米
四表弐斗　壱人扶持
幼年六人弐人扶持　九人高　御鎖前番諸色役
御擬八表ニ成　九人高　花畑番
同壱人半扶持ニ成　御宮番
御飯役

一、八表
一、壱人扶持
七分、此米八表三斗
是迄通弐人扶持

江戸丈夫、老人強由之者 壱人扶持
（付箋）「伺中」御賄方定渡り小使
〃〃〃〃〃〃〃
御膳方板之間定夫
（付箋）「御止メ」大工棟梁飯焼定夫
〃〃〃〃〃〃〃
御中間飯焼
馬屋下男

此件壱人扶持ニ成、

大津御屋敷定夫
御賄方新抱中間
（付箋）「伺中 」亀堀松原御蔵
〃〃〃〃〃
屋敷守
〃〃〃
籠屋下男
舟留番
仕法方抱中間
（白紙貼紙にて抹消）吉原又次郎
〃〃〃〃〃
下男

一、七表
一、壱人扶持
七分、此米八表弐升
是迄通弐人扶持

筋方小使
御勘定所小使
御用米御蔵小使
御代官方小使

一、六表　壱人半扶持成　所々門番
一、壱人扶持　老人強由之者 壱人扶持　彦根定夫
七分、此米七表壱斗四升
是迄通弐人扶持
（付箋）「御いとま伺中」御通ひ中間
〃〃〃〃

御擬是迄通り、
一、六表
（付箋）「伺中 」所々御山廻り
〃〃〃〃〃〃

一、九表　御擬壱人扶持ニ成　八人高 御殿御控番
一、壱人扶持
七分、此米九表壱斗八升
内 四表三斗八升
四表弐斗
（付箋）「御いとま申上置」御賄方定渡り
〃〃〃〃〃
小使飯焼
〃〃〃〃

御擬是迄通り、
一、四表　御切米 壱人扶持
一、壱人扶持
〆八表弐斗
柳ヶ瀬口下番

一、五表　御目付方小使
一、壱人扶持
（付箋）「壱人扶持ニ成」御宮番
〃〃〃
七分、此米
六表弐斗六升
謹(護カ)国殿番

是迄通り弐人扶持

（付箋）「壱人扶持成」
舟留番

（付箋）「壱人半ふち二成」
所々門番

（付箋）「止メ　」
御物方番

（付箋）「御止メ、舟留番へ指加へ、壱人扶持」
留所内

火之本見廻り役

一、拾表　大坂御蔵門番
七分、此米七表

是迄通弐人扶持

御擬是迄通り、
一、五表　（農兵歩兵
外、七表割当相勤候節日割ヲ以被下、

一、弐表弐斗　歩兵
外、右同断

一、五表　太鼓打
一、壱人扶持
〆九表弐斗
七分、此米六表弐斗六升

是迄通弐人扶持

御擬是迄通り、
一、五表　千日道庵

拾表壱人扶持取
一、九表弐斗五升七合　御仕法方下役

# 彦根藩の藩政機構研究班の活動記録

## 研究班の構成員

班長　藤井　譲治　彦根市史編さん編集委員・京都大学大学院教授

研究員　宇佐美英機　彦根市史編さん専門部会委員・滋賀大学教授

塚本　明　彦根市史編さん専門部会委員・三重大学助教授

東　幸代　滋賀県立大学助手

三浦　泰之　平成九年六月まで
当時京都大学大学院、現在北海道開拓記念館学芸員

東谷　智　平成九年十二月より
京都造形芸術大学講師

学芸員　渡辺　恒一　彦根城博物館史料課学芸員

齊藤　祐司　彦根市教育委員会市史編さん室職員

母利　美和　彦根城博物館史料課学芸員

## 研究活動の概要

「彦根藩の藩政機構研究班」は、平成七年十月に発足した彦根藩資料調査研究員会において、「幕末政治史研究班」、「彦根藩の茶湯研究班」に続き研究を開始した研究班である。藤井譲治委員を班長として、平成九年三月に準備調査を開始し、同十年度から三年間を研究期間、同十三年度から二年間を報告書原稿作成期間として、五回の準備調査、十五回の研究会、六回の報告書原稿作成準備会を開催した。活動内容は、研究活動一覧の通りである。

一年目の準備調査では、次年度以降の研究計画を考えるとともに、彦根藩役職補任表作成のための役職データを「侍中由緒帳」からカードに採録する作業を実施した。また、従来の研究の検討により研究の到達点を確認し、研究方針を決定した。

この準備調査の結果、基礎データを集積すると同時に、藩政機構・個別の役職の改編などに関する知見も得られた。また、従来の研究史については、『彦根市史』が触れているが、近世全期にわたる分析ではなく、また各職務分析についても不十分であると現状を把握した。

その上で研究目的は、①藩政の主軸、ポイントとなる役職について分析し、職務・権限の内容および変化、就職者の階層、各役職の関係などから藩政機構の構造を明らかにすること、②それに加え藩政改革の分析から、藩政の時代的変遷を明らかにすること、③今回の研究班では、国元（彦根）の藩政機構を対象とし、江戸での機構（幕府との関係）などは次回以降の課題とすることとした。

研究期間の一年目（平成十年度）は、各研究委員が分担し、「侍中由

緒帳」の採録データから彦根藩役職補任表を作成し、報告した。その結果、藩政機構の改編が行われるいくつかの時期があること、また、各役職が連動して機構改編が行われていることがわかってきた。

研究期間二年目（平成十一年度）は、役職補任表作成作業で各研究員が分担した役職を中心に、史料調査を含め、個別研究を進めた。

研究期間三年目（平成十二年度）は、各役職の解題を作成するために、個別役職の制度的概要に関する各研究員の報告を実施した。各役職関連資料は、断片的・部分的であっても網羅的に収集し、役職補任表の分析結果と突き合わせ、各役職の制度的変遷を検討することとした。

結果、藩政機構内での各役職間の分掌のあり方や、各役職の制度改正が相互に連動している様子が具体的に明らかとなり、研究員相互に共通の具体的論点が共有され、研究が進められるようになった。また、足軽層が藩の各役所の下役人となり実務を担っている様子や、目付役の人事管理の具体的内容が明らかになり、藩の組織の人的構成や編成に関する基本的な認識が深まった。

報告書原稿作成期間は、報告書の内容構成の協議、役職解題の報告、個別研究論文の報告などを行った。

講演会は三回開催し、彦根市民をはじめ、多くの参加者を得た。参加者からは、アンケートや質疑などで本研究班の活動に貴重なご意見をお寄せいただいた。本書論文編所収の東論文・塚本論文・宇佐美論文は、ここでの講演内容をベースとしている。

（渡辺）

## 研究活動一覧

第1回準備調査：平成9年3月10日　於彦根城博物館
　協議　彦根藩資料調査研究委員会の概要、研究方針・調査方針の検討。

第2回準備調査：平成9年5月31日・6月1日　於彦根城博物館
　調査・協議　役職補任表作成作業（「侍中由緒帳」データの採録）

第3回準備調査：平成9年9月27日・28日　於彦根城博物館
　調査　役職補任表作成作業（「侍中由緒帳」データの採録）
　報告　藤井「彦根藩領の変遷（近世前期）」
　　渡辺「「此度被仰出候御憐愍之思召夫々御指紙留」について」

第4回準備調査：平成9年12月21日・22日　於彦根城博物館
　調査　役職補任表作成作業（「侍中由緒帳」データ採録）
　報告　宇佐美「彦根藩領の「出世証文」」

第5回準備調査：平成10年3月9日　於彦根城博物館
　報告　東谷「矢守一彦氏「彦根藩地方知行について」へのコメント」

第1回研究会：平成10年5月17日　於彦根城博物館
　報告　渡辺「彦根藩の町人代官」

第2回研究会：平成10年7月4・5日　於彦根城博物館

調査　役職補任表作成（「侍中由緒帳」の内容点検）
第3回研究会‥平成10年8月6・7日　於彦根城博物館
報告　研究員全員「役職補任表作成結果」
調査　役職補任表作成（「侍中由緒帳」内容点検）
第4回研究会‥平成10年11月1日　於彦根城博物館
報告　藤井「彦根藩の家臣団」
渡辺「町人代官」
第5回研究会‥平成10年11月28日　於彦根城博物館 能舞台見所
第1回講演会　テーマ「彦根藩をになう人々」
講演　藤井「彦根藩の家臣団」
講演　渡辺「町人代官」
（一般参加者）124名
第6回研究会‥平成11年3月8日　於彦根城博物館
資料調査　「彦根藩井伊家文書」・「宇津木三右衛門家文書」・彦根市立図書館所蔵文書
第7回研究会‥平成11年7月30日・31日　於彦根城博物館
報告　東谷「筋奉行の職掌—筋方秘録などの史料について—」
渡辺「彦根藩主要役職補任表の作成結果について」
調査　「彦根藩井伊家文書」、彦根市立図書館所蔵文書
資料調査……平成11年8月27・28日　於彦根城博物館
調査者　塚本　「彦根藩井伊家文書」城使寄合留帳など
第8回研究会‥平成11年10月11日　於彦根城博物館
報告　東谷「弘化二年の最上領一揆と筋奉行」
塚本「京都町奉行所と彦根藩」
母利「彦根藩の湖上支配権と近江」
資料調査……平成11年10月29日
調査先　八日市市教育委員会
鳥越家文書など八日市市史編さん室収集資料
第9回研究会‥平成11年12月4日　於彦根城博物館 能舞台見所
第2回講演会　テーマ「近江の中の彦根藩」
講演　東谷「彦根藩筋奉行と最上領百姓一揆」
塚本「彦根藩と京都町奉行」
母利「湖上水運をめぐる幕府と彦根藩」
（一般参加者）99名
資料調査……平成12年1月31日・2月1日・29日
調査先　滋賀大学経済学部附属史料館
吉川文書・福永文書など
資料調査……平成12年2月21日
調査先　長浜市史編さん室
長浜市史編さん室収集資料
資料調査……平成12年3月2日　於彦根城博物館
四十九町代官家文書
第10回研究会‥平成12年3月30日・31日　於彦根城博物館
報告　齊藤「彦根藩の皆米札奉行」
東　「彦根藩舟奉行の職掌について」

藤井「元和九年越前行知行取交名について」

宇佐美「彦根藩の刑罰について」

調査　「彦根藩井伊家文書」など関係資料

第11回研究会：平成12年6月4日　於彦根城博物館

報告　渡辺「享和元年以降の代官制度について」

調査　役職の関連資料

第12回研究会：平成12年8月30日・31日　於彦根城博物館

報告　東谷「筋奉行について―解説編に向けて―」

渡辺「享和元年以降の代官制度について（2）」

塚本「松原蔵奉行・用米蔵奉行について」

母利「彦根藩目付役の職制と職分」

藤井「勘定奉行・元方勘定奉行について」

齊藤「彦根藩の皆米札奉行について」

宇佐美「町奉行」

東　「近世期の湖水の鳥猟について」

第13回研究会：平成12年12月9日・10日　於彦根城博物館

報告　母利「彦根藩用人の職制と職分」

藤井「勘定奉行・元方勘定奉行について（追加）」

調査　役職補任表作成作業（「侍中由緒帳」のデータ採録）

第14回研究会：平成13年2月23日・24日　於彦根城博物館

報告　東　「彦根藩の舟奉行と鳥札奉行―琵琶湖の支配と彦根藩―」

齊藤「彦根藩の「皆米札」政策」

宇佐美「彦根藩における犯罪仕置」

調査　役職補任表作成作業（「侍中由緒帳」のデータ採録）

第15回研究会：平成13年3月31日　於彦根城博物館 能舞台見所

第3回講演会　テーマ「藩の機構と民衆」

講演　東　「彦根藩の舟奉行」

齊藤「彦根藩の「皆米札」政策」

宇佐美「彦根藩領における犯罪と処罰」

（一般参加者）76名

第1回報告書原稿作成準備会：平成13年10月13日　於彦根城博物館

協議　役職解題の内容・作成方法

調査　横内家文書

第2回報告書原稿作成準備会：平成14年3月31日・4月1日

於彦根城博物館

報告（役職解題）

母利「彦根藩目付役の職制と職分」

宇佐美「町奉行」

藤井「勘定奉行・元方勘定奉行について」

塚本「松原蔵奉行」・「用米蔵奉行」

東　「舟奉行」

東谷「筋奉行」

渡辺「川除奉行」

齊藤「皆米札奉行」

第3回報告書原稿作成準備会：平成14年5月26日　於彦根城博物館

協議　研究班報告書『彦根城博物館叢書4　彦根藩の藩政機構』の内容構成案・書式の検討。

報告　研究員全員「役職概要文」

第4回報告書原稿作成準備会：平成14年9月7日・8日　於彦根城博物館

報告（役職解題）

母利「用人」

宇佐美「町奉行」

塚本「松原蔵奉行」「用米蔵奉行」

藤井「元方勘定奉行」

報告（論文）

東　「彦根藩の湖上政策」

東谷「藩政機構班解題編・論文編」

藤井「彦根藩正保二年の「四つならし」について」

第5回報告書原稿作成準備会：平成14年10月27日　於彦根城博物館

報告（役職解題）

母利「家老役の職制と職分」

母利「彦根藩用人の職制と職分」

東　「中老役について」

東谷「筋奉行」

宇佐美「町奉行」

齊藤「皆米札奉行」

第6回報告書原稿作成準備会：平成14年11月3日　於彦根城博物館

調査　報告書所収論文作成のため、「彦根藩井伊家文書」などの関連史料を調査した。

＊各研究会の詳細は、『彦根藩資料調査研究委員会年次報告書Ⅰ～Ⅶ』（彦根城博物館　一九九七～二〇〇三年）を参照。

## 1　家老役

藩主のもとにあって、藩の政務を総覧する彦根藩の最重職。家老評議により藩の政策が決定され、その申し渡しを行った。また、家中統制においては用人と分掌し、中小姓以上と勘定方・賄方・蔵方・作事方・鉄砲方などの小役人を支配する。木俣清左衛門家の歴代はすべて当役に任命され、その他は笹の間席の大身から任命され、通常は５人～６人、幕末期には８人～10人に増員された。その内、１人～２人が江戸詰となる。日常の執務は、天和２年(1682)からは月番制となり、表御殿の御用部屋に詰めた。知行高は950石～10000石の藩士が就任した。

| 姓　　名 | 代 | 就任年月日 | 退任年月日 | ①前役 ②後役 ③知行高 ④兼役<br>⑤その他（改称、役料など） |
|---|---|---|---|---|
| 椋原治右衛門 | 1 | 天正10 | 慶長 3 | ①徳川家康家臣 ②隠居 ③2000 ⑤直政へ付属 |
| 鈴木平兵衛 | 1 | 天正10 | 慶長10 | ①徳川家康家臣 ②隠居追放 ③4000<br>⑤(改)石見守 |
| 木俣清三郎 | 1 | 天正10 | 慶長15 | ①徳川家康家臣 ②没 ③2000→4000<br>⑤(改)清左衛門→土佐 |
| 河手主水 | 1 | 天正11 | 慶長 6. 8.16 | ①徳川家康家臣 ②没 ③2500→4000 |
| 西郷伊予 | 1 | 天正16 | 慶長 4 | ①徳川家康家臣 ②隠居 ③3500 |
| 河手主水 | 2 | 慶長 6. 8.16 | 慶長20. 5. 5 | ①不明 ②討死 ③4000 |
| 鈴木主馬 | 2 | 慶長10 | 元和 1 | ①不明 ②直継付にて安中へ ③4000 |
| 中野助太夫 | 1 | (慶長19) | 元和 1 | ①－ ②隠居 ③(1500) ⑤(役)城代 |
| 木俣右京 | 2 | 慶長20. 3.16 | 寛文 1.10 | ①－ ②隠居 ③4000→5000 ⑤(改)清左衛門 |
| 庵原主税 | 2 | (元和 1) | 寛永16 | ①－ ②家老 ③400→2000 ⑤家老同前 |
| 庵原助右衛門 | 1 | (元和 1) | 寛永16 | ①－ ②隠居 ③2000→4000 |
| 長野伝蔵 | 1 | (元和 1) | 慶安 2.10 | ①－ ②没 ③2000→3000 ⑤(改)民部 |
| 岡本半介 | 1 | (元和 1以降) | (承応 2以前) | ①用人 ②隠居 ③3000 |
| 中野助太夫 | 2 | (元和 1) | 寛文11. 9.21 | ①－ ②隠居 ③2000→2500 ⑤(役)城代 |
| 奥山六左衛門 | 1 | 元和 4 | 寛永 6 | ①不明 ②城代 ③2000 ⑤老中 |
| 脇五右衛門 | 1 | 元和 5 | 寛永 3 | ①筋 ②没 ③2000 |
| 脇五右衛門 | 2 | 寛永 3 | 寛文 4 | ①小姓 ②没 ③2000→4000 ⑤(役)家老同前 |
| 長野伊豆 | 2 | 寛永 4 | 承応 3. 6.23 | ①－ ②没 ③2000→5000 ⑤(改)与惣兵衛→十郎左衛門 |
| 庵原主税 | 2 | 寛永16 | 寛文 3.11. 2 | ①家老同前 ②没 ③6000→7000 |
| 木俣半弥 | 3 | 慶安 3 | 寛文 3.11 | ①－ ②家老(執権) ③1000→2000 ⑤(改)清左衛門、(役)家老加判 |
| 岡本織部 | 2 | (承応 2以前) | 承応 2 | ①不明 ②没 ③3000 |
| 庵原主税 | 3 | 万治 3 | 寛文 3.12.23 | ①－ ②家老 ③1000 ⑤(役)家老加判 |
| 西郷藤左衛門 | 4 | 寛文 1 | 寛文12. 6.19 | ①－ ②没 ③3000→3500 |
| 三浦与右衛門 | 3 | 寛文 1 | 貞享 5 | ①－ ②没 ③2500→3500 |
| 木俣清左衛門 | 3 | 寛文 3.11 | 天和 1.11.20 | ①家老加判 ②隠居 ③7000→8000 ⑤(役)執権職 |
| 庵原主税 | 3 | 寛文 3.12.23 | 延宝 8.11.11 | ①家老加判 ②没 ③7000 |
| 脇五右衛門 | 3 | 寛文 4 | 寛文12 | ①－ ②没 ③4000 |
| 脇五右衛門 | 4 | 延宝 1 | 延宝 6. 9.13 | ①－ ②没 ③3500 |
| 木俣半弥 | 4 | 延宝 1 | 天和 1.11.20 | ①－ ②家老 ③1000 ⑤(役)家老加判 |
| 長野十郎左衛門 | 3 | 延宝 3 | 宝永 4. 2.11 | ①－ ②隠居 ③3000→5000 |
| 中野助太夫 | 3 | 延宝 4. 3. 2 | 元禄12. 8.29 | ①－ ②隠居 ③2500→3500 |
| 木俣清左衛門 | 4 | 天和 1.11.20 | 宝永 7.11.25 | ①家老加判 ②隠居 ③8000→9000 |

| 姓　　名 | 代 | 就任年月日 | 退任年月日 | ①前役 ②後役 ③知行高 ④兼役 ⑤その他（改称、役料など） |
|---|---|---|---|---|
| 庵原助右衛門 | 4 | 天和 1 | 宝永 2. 6.25 | ①― ②没 ③7000→8000 |
| 木俣半弥 | 5 | 元禄 7. 8.22 | 宝永 7.11.25 | ①― ②家老 ③0→1000 ⑤(役)家老加判 |
| 西郷藤左衛門 | 5 | 元禄 9.11. 1 | 正徳 6. 1. 2 | ①― ②没 ③3000→3500 |
| 長野民部 | 4 | 元禄12. 7. 7 | 宝永 4. 2.11 | ①― ②家老 ③1000 ⑤(役)家老加判 |
| 三浦与右衛門 | 4 | 元禄14.12. 6 | 元禄15.⑧.13 | ①中老･門支配 ②没 ③3500 |
| 中野助太夫 | 4 | 元禄16. 1.27 | 享保 7. 6. 8 | ①中老 ②隠居 ③3500 ⑤享保1.12.28病身につき加判御免 |
| 長野民部 | 4 | 宝永 4. 2.11 | 享保 6.12.12 | ①家老加判 ②没 ③5000 ⑤(改)十郎左衛門 |
| 脇五右衛門 | 5 | 宝永 7. 8.10 | 宝永 7. 9. 5 | ①中老･門支配 ②家老 ③2000 ⑤(役)家老見習 |
| 脇五右衛門 | 5 | 宝永 7. 9. 5 | 享保 4. 5. 3 | ①家老見習 ②没 ③2000→3500 |
| 木俣清左衛門 | 5 | 宝永 7.11.25 | 享保 3. 6.28 | ①家老加判 ②家老執権職 ③9000 |
| 庵原主税 | 5 | 正徳 6.②. 1 | 享保 6. 3. 5 | ①― ②役儀取上 ③8000 |
| 三浦内膳 | 5 | 享保 3. 6. 1 | 享保 6. 6.26 | ①中老 ②役儀取上･逼塞 ③3500 |
| 木俣清左衛門 | 5 | 享保 3. 6.28 | 享保19. 9.10 | ①家老 ②没 ③9000→10000 ⑤(役)執権職 |
| 宇津木治部右衛門 | 5 | 享保 5. 7.28 | 享保19. 6. 4 | ①中老 ②隠居 ③3000→4000 |
| 西郷藤左衛門 | 6 | 享保 5. 9.28 | 享保19.11.27 | ①― ②隠居 ③3500 |
| 木俣清太郎 | 6 | 享保 7. 5.15 | 享保19.10.12 | ①― ②家老 ③0→1000 ⑤(改)半弥、(役)家老加判 |
| 中野助太夫 | 5 | 享保11.10. 1 | 寛保 2. 5.22 | ①― ②没 ③3500 |
| 戸塚左大夫 | 5 | 享保15. 7.13 | 享保16. 6.30 | ①中老 ②没 ③1600→2600 |
| 木俣半弥 | 6 | 享保19.10.12 | 寛延 1. 7.19 | ①家老加判 ②没 ③10000 ⑤(改)清左衛門 |
| 横地刑部 | 4 | 享保19.11.26 | 元文 3.12.10 | ①― ②願免 ③1600→2600 ⑤(改)修理 |
| 長野民部 | 5 | 享保19.11.26 | 宝暦 4. 6. 5 | ①― ②免 ③5000 ⑤(改)十郎左衛門 |
| 脇内記 | 6 | 元文 2. 7.21 | 明和 5. 6.15 | ①― ②隠居 ③3500 ⑤(改)五右衛門 |
| 西郷縫殿 | 7 | 寛保 2. 7.21 | 寛延 3.11.20 | ①― ②没 ③3500 ⑤(改)藤左衛門 |
| 三浦与右衛門 | 7 | 延享 3.11. 8 | 宝暦 8. 9. 6 | ①門支配 ②免 ③2500→3500 |
| 庵原助右衛門 | 6 | 延享 3.11. 8 | 天明 2.11. 1 | ①― ②隠居 ③6000 |
| 木俣亀之丞 | 7 | 寛延 1. 8.21 | 寛政 9. 1.28 | ①― ②没 ③10000 ⑤(改)右京→清左衛門→土佐 |
| 宇津木弥平太 | 6 | 宝暦 4. 5.28 | 宝暦 6.11. 6 | ①中老 ②没 ③4000 ⑤(改)治部右衛門 |
| 岡本半介 | 8 | 宝暦 6. 1.19 | 宝暦11. 2.27 | ①門支配 ②家老 ③1000 ⑤(役)家老格にて無言の勤 |
| 宇津木兵庫 | 7 | 宝暦 6.⑪.11 | 宝暦11. 2.27 | ①― ②家老 ③4000 ⑤家老加判 |
| 岡本半介 | 8 | 宝暦11. 2.27 | 宝暦11.11.30 | ①家老格 ②免 ③1000 ⑤雑用米500俵 |
| 宇津木兵庫 | 7 | 宝暦11. 2.27 | 天明 2. 7.20 | ①家老加判 ②願免 ③4000 |
| 横地佐平太 | 5 | 宝暦11. 9.15 | 宝暦13. 1. 2 | ①門支配 ②没 ③2600 |
| 中野小三郎 | 6 | 宝暦12. 4.14 | 安永 5. 9.27 | ①中老 ②没 ③3500 |
| 西郷軍之助 | 8 | 明和 2. 5.18 | 天明 4. 9.11 | ①中老 ②没 ③3500 |
| 庵原斎宮 | 7 | 安永 2.③. 1 | 天明 2.12.27 | ①― ②家老 ③500→6000 ⑤(改)助右衛門(役)家老加判 |
| 長野百次郎 | 7 | 安永 5.11.15 | 文化 4.10.19 | ①中老 ②没 ③4000 ⑤(改)十郎左衛門 |
| 木俣吉之進 | 8 | 安永 8. 1.15 | 天明 2.11.14 | ①― ②家老加判 ③0 ⑤(役)家老加判同意心得 |
| 脇伊織 | 7 | 天明 2. 4.18 | 文化 7. 7.10 | ①中老 ②願免 ③3500 ⑤(改)内記 |
| 木俣半弥 | 8 | 天明 2.11.14 | 寛政 9. 2.29 | ①家老加判同意心得 ②家老 ③0→1000 ⑤(役)家老加判 |

| 姓　　名 | 代 | 就任年月日 | 退任年月日 | ①前役 ②後役 ③知行高 ④兼役<br>⑤その他（改称、役料など） |
|---|---|---|---|---|
| 庵原助右衛門 | 7 | 天明 2.12.27 | 寛政12.12. 2 | ①家老加判 ②役儀取上・隠居 ③6000 |
| 三浦内膳 | 8 | 天明 4. 1.20 | 寛政11. 7.27 | ①中老 ②免 ③2500 ⑤役料500俵 |
| 庵原主税助 | 1 | 天明 8. 8. 9 | 天明 8. 9.15 | ①－ ②家老 ③1000 ⑤７代庵原朝郁養子家老加判 |
| 庵原主税助 | 1 | 天明 8. 9.15 | 寛政12.12. 2 | ①家老加判 ②役儀取上 ③1000 ⑤７代庵原朝郁養子 |
| 木俣土佐 | 8 | 寛政 9. 2.29 | 文政 3. 2.15 | ①家老加判 ②隠居 ③10000 |
| 西郷藤左衛門 | 9 | 寛政11. 7.28 | 文政 1. 4.27 | ①中老 ②没 ③3500 ⑤(改)和泉 |
| 中野助太夫 | 9 | 享和 1. 3. 8 | 文化13.10. 9 | ①中老・稽古館頭取 ②免 ③3500 ⑤(改)井伊三郎→中野三郎 |
| 三浦与右衛門 | 8 | 文化 3. 6.25 | 文化 8.②.30 | ①－ ②隠居 ③2500 ③役料500俵 |
| 長野十郎左衛門 | 8 | 文化 4.12. 3 | 文化 5.12. 7 | ①－ ②没 ③4000 |
| 長野治部 | 9 | 文化 7. 8.15 | 文化13. 7.10 | ①－ ②免 ③4000 ⑤(改)民部→美濃 |
| 木俣式部 | 9 | 文化 9. 9.28 | 文化11. 9.26 | ①－ ②家老加判 ③0 ⑤(役)家老加判同意心得 |
| 庵原斎宮 | 8 | 文化11. 8.13 | 文政 1. 7. 3 | ①稽古館頭取 ②免 ③5000 ⑤(改)助右衛門 |
| 木俣式部 | 9 | 文化11. 9.26 | 文政 3. 2.15 | ①家老加判同意心得 ②家老 ③0→1000 ⑤(改)大隅、(役)家老加判 |
| 小野田織之丞 | 9 | 文化13. 6. 8 | 文化13.10. 8 | ①(大殿様用向頭取) ②家老 ③1500 ④大殿様用向頭取 ⑤(役)家老格 |
| 小野田織之丞 | 9 | 文化13.10. 8 | 文政 3.11.12 | ①家老格・(大殿様用向頭取) ②願免 ③1500 ④大殿様用向頭取 ⑤(改)小一郎、役料500俵→1000俵 |
| 宇津木兵庫 | 9 | 文化14. 8. 6 | 弘化 1.12.10 | ①中老 ②免 ③3500 ⑤(改)下総→対馬 |
| 横地佐平太 | 7 | 文政 1.10.21 | 天保 3. 9.29 | ①中老 ②没 ③2300 ⑤役料500俵 |
| 長野美濃 | 9 | 文政 3. 1.10 | 文政 3. 1.28 | ①－ ②家老 ③4000 ⑤(役)家老役助 |
| 長野美濃 | 9 | 文政 3. 1.28 | 文政 3.12.19 | ①家老役助 ②免 ③4000 |
| 庵原助右衛門 | 8 | 文政 3. 1.28 | 文政11. 6.10 | ①－ ②没 ③5000 |
| 木俣大隅 | 9 | 文政 3. 2.15 | 嘉永 4. 2. 2 | ①家老加判 ②役儀取上 ③10000 ⑤(改)土佐 |
| 小野田小一郎 | 9 | 文政 3.12.15 | 天保11.11. 9 | ①－ ②隠居 ③1500→3000 |
| 木俣民之進 |  | 文政 5.11.15 | 文政 8.12.14 | ①－ ②家老加判 ③1000 ⑤９代目の子、(役)家老加判同意心得 |
| 西郷伊予 | 10 | 文政 6.12.30 | 嘉永 5. 4.26 | ①中老 ②隠居 ③3500 |
| 木俣民之進 | 9 | 文政 8.12.14 | 文政13.10.15 | ①家老加判同意心得 ②免 ③1000 ⑤(改)大隅 ⑤(役)家老加判 |
| 長野美濃 | 10 | 文政13. 8. 1 | 天保 3. 7. 7 | ①稽古館頭取 ②家老 ③4000 ⑤(改)伊豆 ⑤(役)見習 |
| 三浦内膳 | 10 | 文政13. 8.24 | 嘉永 2. 6. 1 | ①中老 ②隠居 ③2500 ⑤(改)泉→和泉→与右衛門、役料500俵 |
| 長野伊豆 | 10 | 天保 3. 7. 7 | 弘化 2.10. 1 | ①家老見習 ②隠居 ③4000 |
| 庵原主税助 | 9 | 天保 4. 7.30 | 天保11.12.20 | ①稽古館頭取 ②没 ③5000 ⑤(改)助右衛門 |
| 中野若狭 | 10 | 天保11. 1.20 | 嘉永 2.10. 2 | ①中老 ②没 ③3500 ⑤(改)越後→助太夫 |
| 木俣懿次郎 | 10 | 天保13.12.27 | 弘化 2.12.19 | ①－ ②家老加判 ③0 ⑤(役)家老加判同意心得 |
| 小野田甚之介 | 10 | 弘化 2. 9.15 | 嘉永 2. 3.25 | ①中老 ②家老 ③3000 ⑤(改)小一郎、(役)家老見習 |

| 姓　　名 | 代 | 就任年月日 | 退任年月日 | ①前役 ②後役 ③知行高 ④兼役<br>⑤その他（改称、役料など） |
|---|---|---|---|---|
| 木俣半弥 | 10 | 弘化 2.12.19 | 嘉永 4. 2. 2 | ①家老加判同意心得 ②家老 ③0<br>⑤嘉永1.12.20当分御用番、(役)家老加判 |
| 西山内蔵允 | 8 | 嘉永 1. 7. 8 | 嘉永 2. 3. 4 | ①中老 ②没 ③1400 ⑤(役)備場家老 |
| 宇津木対馬 | 9 | 嘉永 1. 7.18 | 嘉永 3. 9. 1 | ①－ ②役儀取上 ③3500 |
| 松平倉之介 | 8 | 嘉永 1.12.26 | 嘉永 2.11. 8 | ①側勤評定・中老 ②家老 ③1200 ⑤(役)家老格 |
| 小野田小一郎 | 10 | 嘉永 2. 3.25 | 安政 2. 6.15 | ①家老見習 ②隠居 ③3000 |
| 長野治部 | 11 | 嘉永 2. 7.22 | 文久 1. 9.26 | ①中老 ②免 ③4000 ⑤(改)伊豆 |
| 松平倉之介 | 8 | 嘉永 2.11. 8 | 嘉永 4. 4.14 | ①家老格 ②没 ③1200 ⑤役料500俵 |
| 庵原助右衛門 | 10 | 嘉永 4. 1. 1 | 文久 2. 8.27 | ①弘道館頭取 ②役儀取上・隠居慎 ③5000 |
| 新野左馬助 | 1 | 嘉永 4. 1. 1 | 年月日未詳 | ①－ ②不明 ③1000→2000 |
| 木俣半弥 | 10 | 嘉永 4. 2. 2 | 万延 1. 7. 1 | ①家老加判 ②執権職 ③10000 ⑤(改)清左衛門 |
| 西郷蔵之進 | 11 | 嘉永 4.10. 1 | 嘉永 5. 4.26 | ①弘道館頭取・用番手伝 ②家老 ③0<br>⑤(改)軍之助 ⑤(役)家老見習 |
| 岡本半介 | 12 | 嘉永 4.10. 1 | 嘉永 5. 4.26 | ①中老・弘道館頭取 ②家老 ③950 ⑤家老格、雑用米1000俵 |
| 西郷軍之助 | 11 | 嘉永 5. 4.26 | 嘉永 6. 4. 6 | ①家老見習 ②没 ③3500 |
| 岡本半介 | 12 | 嘉永 5. 4.26 | 慶応 4. 3.12 | ①家老格 ②隠居 ③950→1950 ⑤雑用米500俵 |
| 三浦内膳 | 11 | 嘉永 6. 1.20 | 文久 2. 7.22 | ①中老 ②隠居 ③2500 ⑤役料500俵 |
| 脇五右衛門 | 9 | 安政 2. 2.21 | 安政 2. 7. 1 | ①中老・弘道館頭取 ②家老 ③2000<br>⑤(役)家老見習 |
| 中野小三郎 | 11 | 安政 2. 7. 1 | 文久 2.⑧. 1 | ①中老 ②没 ③3500 |
| 脇五右衛門 | 9 | 安政 2. 7. 1 | 慶応 3. 3.10 | ①家老見習 ②隠居 ③2000 ⑤役料500俵 |
| 木俣清左衛門 | 10 | 万延 1. 7. 1 | 文久 2. 8.27 | ①家老 ②隠居慎・役儀取上 ③10000<br>⑤(役)執権職 |
| 小野田小一郎 | 11 | 万延 1.10.14 | 文久 3. 3.16 | ①中老 ②免 ③3000 |
| 宇津木兵庫 | 10 | 文久 2. 3.12 | 文久 2.11.15 | ①中老・弘道館頭取 ②家老 ③2500 ⑤(役)家老見習 |
| 三浦与右衛門 | 11 | 文久 2. 8.25 | 慶応 1. 6.25 | ①－ ②不明 ③0 ⑤隠居ながら家老再役、雑用米1000俵 |
| 木俣繁之進 | 11 | 文久 2. 8.27 | 慶応 4. 4.17 | ①－ ②民事頭取 ③10000 ⑤(改)土佐 |
| 貫名筑後 | 1 | 文久 2.⑧. 3 | 文久 3. 8. 5 | ①中老役上席 ②家老 ③1000 ⑤(役)家老見習、雑用米1000俵 |
| 宇津木兵庫 | 10 | 文久 2.11.15 | 慶応 4.④.15 | ①家老見習 ②隠居 ③2500 ⑤役料500俵 |
| 長野伊豆 | 11 | 文久 3. 8. 5 | 慶応 1.11.24 | ①－ ②隠居 ③4000 ⑤(改)十郎左衛門 |
| 貫名筑後 | 1 | 文久 3. 8. 5 | 年月日未詳 | ①家老見習 ②不明 ③1000→2000、⑤雑用米1000俵→役料米500俵 |
| 小野田小一郎 | 11 | 文久 3.12.14 | 慶応 4. 5.12 | ①－ ②神社・寺院事務・民事頭取 ③3000 |
| 戸塚左大夫 | 11 | 慶応 2.10. 1 | 慶応 4. 2.11 | ①中老 ②家老 ③1600 ⑤(役)家老格 |
| 河手主水 | 1 | 慶応 2.10. 1 | 慶応 4. 2.11 | ①中老 ②家老 ③1000 ⑤(役)家老格 |
| 脇伊織 | 10 | 慶応 4. 2.11 | 慶応 4. 3.27 | ①士組指図役頭・中老 ②免 ③2000 |
| 戸塚左大夫 | 11 | 慶応 4. 2.11 | 慶応 4. 4.17 | ①家老格 ②軍事頭取 ③1600 |
| 河手主水 | 1 | 慶応 4. 2.11 | 明治 1.11.20 | ①家老格 ②軍務局一等執事兼刑法局一等執事 ③1000 |
| 長野治部 | 12 | 慶応 4.④. 5 | 明治 2. 1.10 | ①－ ②免 ③4000 ⑤(役)家老次席 |

| 姓　　　名 | 代 | 就任年月日 | 退任年月日 | ①前役 ②後役 ③知行高 ④兼役<br>⑤その他（改称、役料など） |
|---|---|---|---|---|
| 脇伊織 | 10 | 慶応 4. 8. 8 | 明治 1.11.25 | ①(学館頭取) ②軍務局一等執事 ③2000<br>④学館頭取・軍事頭取 |

## 2　中老役

中老役は、家老の次席、用人の上席に位置し、家老の職務を補佐する役職である。人員は前期、及び中期の初め頃までは０人もしくは１人の時期があるが、２人以上を基本とし、最多は幕末の９人である。知行高2000、3000石クラスを中心とする1000石～4000石までの21家が就役する。家老役の前役、或いは最終役として位置づけられている。

| 姓　　名 | 代 | 就任年月日 | 退任年月日 | ①前役 ②後役 ③知行高 ④兼役<br>⑤その他（改称、役料など） |
|---|---|---|---|---|
| 宇津木治部右衛門 | 2 | （慶長 6） | （寛永12） | ①－ ②－ ③2000 ⑤(役)中老分 |
| 宇津木治部右衛門 | 3 | （寛永12） | 天和 3.12. 8 | ①－ ②隠居 ③2000→2500 ④江戸門支配 |
| 沢村角右衛門 | 2 | （万治 2以降） | （寛文 5以降） | ①城代 ②不明 ③2000 |
| 宇津木治部右衛門 | 4 | 貞享 3. 3 | 宝永 3. 8.24 | ①江戸奏者番 ②没 ③2500→3000 ④門役 |
| 三浦内膳 | 4 | 元禄 4. 6 | 元禄14.12. 6 | ①－ ②家老 ③3500 ④元禄5.7まで門支配、同11.5門支配 |
| 岡本半介 | 4 | 元禄12.11.29 | 元禄13. 4.14 | ①－ ②没 ③2000 |
| 中野三季之介 | 4 | 元禄12.11.29 | 元禄16. 1.27 | ①－ ②家老 ③3500 |
| 広瀬郷左衛門 | 5 | 元禄12.11.29 | 享保 5. 8. 4 | ①－ ②隠居 ③2000 |
| 印具徳右衛門 | 4 | 宝永 1.10.26 | 享保15. 9.19 | ①－ ②没 ③2000 ④宝永1.10.27門支配 |
| 脇五右衛門 | 5 | 宝永 2. 7.22 | 宝永 7. 8.10 | ①－ ②家老見習 ③2000 ④宝永2.7.23門支配 |
| 三浦内膳 | 5 | 宝永 5. 8 | 享保 3. 6. 1 | ①門支配 ②家老 ③3500 |
| 宇津木治部右衛門 | 5 | 宝永 6. 7.18 | 享保 5. 7.28 | ①江戸奏者番 ②家老 ③3000 |
| 藤田徹翁斎 | 1 | 正徳 1.10. 7 | 正徳 4. 2.25 | ①近習 ②隠居 ③1000→1500 ⑤(役)中老の格式 |
| 戸塚左大夫 | 5 | 正徳 3. 3. 7 | 享保15. 7.13 | ①当分用人 ②家老 ③1600 |
| 沢村角右衛門 | 6 | 元文 5. 4.28 | 宝暦 9. 4. 8 | ①用人 ②免 ③2000 ④門支配 |
| 宇津木弥平太 | 6 | 寛保 3. 2. 8 | 宝暦 4. 5.28 | ①－ ②家老 ③4000 ④門支配 |
| 中野小三郎 | 6 | 宝暦 6.12. 8 | 宝暦12. 4.14 | ①－ ②家老 ③3500 |
| 西郷軍之助 | 8 | 宝暦12. 3. 1 | 明和 2. 5.18 | ①－ ②家老 ③3500 |
| 印具徳右衛門 | 6 | 宝暦12. 8. 1 | 安永10. 2.30 | ①－ ②隠居 ③2000 |
| 沢村弾正 | 7 | 明和 1.12. 1 | 明和 8. 5.15 | ①用人 ②没 ③2000 |
| 広瀬平馬 | 8 | 明和 3.11. 1 | 寛政11. 3. 4 | ①－ ②隠居 ③1500 ⑤(改)郷左衛門 |
| 横地修理 | 6 | 明和 5.11.11 | 天明 3. 2.13 | ①－ ②没 ③2000 ⑤(改)刑部 |
| 戸塚左馬之進 | 7 | 明和 7. 9.15 | 安永 4.12.14 | ①－ ②免 ③2000 |
| 長野百次郎 | 7 | 安永 3.11.15 | 安永 5.11.15 | ①－ ②家老 ③4000 |
| 脇　善太郎 | 7 | 安永 5.11.15 | 天明 2. 4.18 | ①－ ②家老 ③3500 ⑤(改)伊織 |
| 三浦内膳 | 8 | 安永 5.11.15 | 天明 4. 1.20 | ①－ ②家老 ③2500 |
| 沢村角右衛門 | 8 | 天明 2. 4.18 | 文化 9.10. 3 | ①用人 ②隠居 ③2000 |
| 中野三季介 | 8 | 天明 2.11.15 | 寛政 4.11.18 | ①－ ②没 ③3500 |
| 増田治右衛門 | 5 | 天明 4. 1.11 | 寛政 3. 8.25 | ①用人 ②隠居 ③2000 |
| 岡本半介 | 9 | 天明 4. 1.20 | 文化 1.12.22 | ①－ ②隠居 ③1000 |
| 吉用隼丞 | 5 | 天明 4.12.16 | 寛政 5. 9.25 | ①用人 ②没 ③1700 |
| 西郷勘兵衛 | 9 | 寛政 2. 7.26 | 寛政11. 7.28 | ①－ ②家老 ③3500 ⑤(改)藤左衛門 |
| 印具友之進 | 7 | 寛政 4.11. 8 | 文化 1. 8. 2 | ①－ ②没 ③2000 ⑤(改)徳右衛門 |
| 戸塚左馬之進 | 7 | 寛政 7. 2.15 | 寛政 9. 5. 6 | ①－ ②隠居 ③2000 |
| 横地熊吉 | 7 | 寛政 7. 2.15 | 文政 1.10.21 | ①－ ②家老 ③2300 ⑤(改)佐平太 |
| 中野助大夫 | 9 | 寛政 8. 9. 1 | 享和 1. 3. 8 | ①－ ②家老 ③3500 ④寛政11.8.4稽古館頭取 |

| 姓　　名 | 代 | 就任年月日 | 退任年月日 | ①前役 ②後役 ③知行高 ④兼役<br>⑤その他（改称、役料など） |
|---|---|---|---|---|
| 宇津木兵庫 | 8 | 寛政11. 3. 3 | 文化 1. 2.26 | ①－ ②願免 ③4000 ④寛政11.8.4稽古館頭取 |
| 戸塚左大夫 | 8 | 寛政12.12. 8 | 文化 9. 3. 7 | ①－ ②免 ③2000 |
| 広瀬左馬助 | 10 | 文化 4. 1.21 | 文化13. 3.29 | ①－ ②役儀取上 ③1500 |
| 岡本半介 | 10 | 文化 5.11.21 | 文政 2. 4.22 | ①稽古 ②没 ③1000 |
| 宇津木主馬介 | 9 | 文化 8. 5. 8 | 文化14. 8. 6 | ①稽古館頭取 ②家老 ③3500 ⑤(改)兵庫 |
| 三浦松五郎 | 10 | 文化 9.12.15 | 文化13. 4.28 | ①－ ②免 ③2500 ⑤(改)内膳 |
| 脇伊織 | 8 | 文化13. 6. 8 | 文政 2.④.29 | ①－ ②免 ③2000 ④稽古館頭取 |
| 沢村外記 | 9 | 文化15. 3.15 | 文政13. 8.22 | ①用人 ②没 ③2000 ⑤(改)角右衛門 |
| 印具文庫 | 8 | 文政 1.10.21 | 文政 4.10. 2 | ①－ ②没 ③2000 |
| 西郷孫太郎 | 10 | 文政 1.10.21 | 文政 6.12.30 | ①－ ②家老 ③3500 ⑤(改)伊予 |
| 岡本半介 | 11 | 文政 4. 3. 8 | 文政 4. 3. 8 | ①－ ②稽古館頭取 ③1000 |
| 三浦内膳 | 10 | 文政 4. 3. 8 | 文政 4.12.28 | ①－ ②免 ③2500 ④稽古館頭取 |
| 戸塚佐太夫 | 8 | 文政 5. 8.13 | 天保 9.④. 3 | ①－ ②没 ③2000 ⑤(改)左太夫 |
| 脇伊織 | 8 | 文政 5. 8.13 | 天保15. 8.28 | ①－ ②没 ③2000 |
| 三浦内膳 | 10 | 文政 7.12.15 | 文政13. 8.24 | ①稽古館頭取 ②家老 ③2500 ④稽古館頭取 |
| 広瀬美濃 | 11 | 文政13. 7.21 | 天保 8. 1. 2 | ①－ ②役儀取上 ③1300 |
| 中野三季介 | 10 | 天保 1.12.28 | 天保11. 1.20 | ①稽古館頭取 ②家老 ③3500 ⑤(改)若狭 |
| 松平倉之介 | 8 | 天保 4.12.16 | 嘉永 1.12.26 | ①－ ②家老格 ③1200 ④弘化2.9.15側勤評定 |
| 岡本半介 | 12 | 天保 7. 2.17 | 嘉永 4.10. 1 | ①－ ②家老格 ③950 ④弘化2.9.15弘道館頭取 ⑤雑用米1000俵 |
| 小野田甚之介 | 10 | 天保12. 4. 1 | 弘化 2. 9.15 | ①－ ②家老見習 ③3000 |
| 西山内蔵允 | 8 | 天保15.10.21 | 嘉永 1. 7. 8 | ①用人 ②備場家老 ③1400 |
| 脇蔵人 | 9 | 弘化 2. 9.15 | 安政 2. 2.21 | ①－ ②家老役見習 ③2000 ④弘化2.9.15～嘉永3.12.6弘道館頭取、嘉永3.1.15～同3.12.6側勤評定 ⑤(改)五右衛門 |
| 長野堅之進 | 11 | 弘化 2.10. 1 | 嘉永 2. 7.22 | ①－ ②家老 ③4000 ⑤(改)治部 |
| 三浦内膳 | 11 | 嘉永 2. 7.22 | 嘉永 6. 1.20 | ①－ ②家老 ③2500 |
| 中野小三郎 | 11 | 嘉永 3. 6.22 | 安政 2. 7. 1 | ①－ ②家老 ③3500 |
| 宇津木兵庫 | 10 | 嘉永 4.10. 1 | 文久 2. 3.12 | ①－ ②家老見習 ③2500 ④嘉永5.1.20弘道館頭取 |
| 横地尚蔵 | 9 | 嘉永 4.10. 1 | 元治 1. 9.25 | ①－ ②隠居 ③2300 ④嘉永5.1.21弘道館頭取 ⑤(改)左平太 |
| 松平倉之介 | 9 | 嘉永 5. 4.26 | 元治 1. 3.15 | ①－ ②没 ③1200 ④文久2.7.12まで弘道館頭取 |
| 貫名茂代治 | 1 | 嘉永 5.10. 2 | 文久 2.⑧. 3 | ①－ ②家老見習 ③1000 ⑤(役)中老役上席、生涯米300俵 |
| 西郷孫太郎 | 12 | 嘉永 7. 8.25 | 安政 3.12.24 | ①(弘道館頭取) ②没 ③3500 ④弘道館頭取 ⑤(改)藤左衛門 |
| 小野田小一郎 | 11 | 安政 2.10. 3 | 万延 1.10.14 | ①－ ②家老 ③3000 |
| 広瀬美濃 | 12 | 安政 3. 2. 1 | 明治 1.11.29 | ①－ ②免 ③1000 ④安政3.8.21～文久2.7.12弘道館頭取 ⑤(改)郷左衛門 |
| 沢村角右衛門 | 11 | 安政 3. 3.16 | 明治 1.11.29 | ①用人 ②免 ③2000 |
| 内藤権平 | 7 | 安政 3. 9. 1 | 安政 4. 3.26 | ①用人 ②没 ③1000 |
| 印具徳右衛門 | 11 | 万延 1. 6. 2 | 明治 1.11.29 | ①－ ②軍務局二等執事大砲組頭 ③1500 |
| 戸塚左大夫 | 11 | 文久 2. 5.29 | 慶応 2.10. 1 | ①－ ②家老格 ③1600 |

| 姓　　名 | 代 | 就任年月日 | 退任年月日 | ①前役 ②後役 ③知行高 ④兼役<br>⑤その他（改称、役料など） |
|---|---|---|---|---|
| 河手主水 | 1 | 元治 1. 8.17 | 慶応 2.10. 1 | ①－ ②家老格 ③1000 ⑤再興初代 |
| 西郷縫殿 | 14 | 元治 1. 8.17 | 慶応 4. 4. 5 | ①(弘道館頭取) ②免 ③3500 ④慶応4.2.28まで弘道館頭取 ⑤(改)藤左衛門 |
| 中野三季介 | 12 | 慶応 2.10. 1 | 慶応 3. 6.15 | ①(弘道館頭取) ②没 ③3500 ④弘道館頭取 |
| 脇伊織 | 10 | 慶応 3.10.15 | 慶応 4. 2.11 | ①(士組指図役頭) ②家老 ③2000 ④士組指図役頭 |

## 3　用人役

家老役・中老役の次に位置し評議に参画し、奥方・諸屋敷奥方を支配した。また歩行、能役者、茶道、小道具役・厩役・草履取、賄役手先や、百人組中間なども支配する。人員は近世初期は２人であるが、前期以降６人～10人前後となる。知行高は 300石～2000石まで幅があるが、笹の間席および物頭・母衣役の士より選ばれた。彦根・江戸にそれぞれ３人～４人程度配置された。勤務は、近世後期には月番制をとり、殿中での詰所は表御殿内の用人詰所、江戸上屋敷の詰所であった。

| 姓　　名 | 代 | 就任年月日 | 退任年月日 | ①前役　②後役　③知行高　④兼役<br>⑤その他（改称、役名、役料など） |
|---|---|---|---|---|
| 中村内記 | 2 | 元和 1 | 元和 3 | ①近習使番 ②没 ③1200 |
| 岡本半介 | 1 | 元和 1 | (承応 2以前) | ①直政近習カ ②老中(家老) ③2500 |
| 犬塚求之介 | 2 | (元和 1以降) | (寛文 8以前) | ①－ ②没 ③1500 |
| 今村源右衛門 | 2 | 元和8 | 寛永 4 | ①不明 ②不明 ③1000 |
| 西山内蔵丞 | 1 | (寛永 4以降) | 延宝 7 | ①小納戸 ②隠居 ③1000→2000 |
| 増田次右衛門 | 1 | 寛永 5 | 万治 2. 6.24 | ①－ ②隠居 ③1000 |
| 木俣長介 | 1 | (寛永11以降) | (天和2以前) | ①－ ②－ ③500→1000 |
| 今村源右衛門 | 3 | 寛永15以降 | (延宝2以前) | ①不明 ②不明 ③1100 |
| 沢村角右衛門 | 2 | (万治 2以降) | (寛文 5以降) | ①不明 ②城代 ③2000 |
| 吉用隼之丞 | 2 | 寛文 9 | 天和 1 | ①右筆 ②隠居 ③1000→1300 |
| 増田与八郎 | 2 | 延宝 1.12 | 貞享 5. 4 | ①小姓 ②没 ③1000→1500 |
| 三浦半蔵 | 1 | 延宝 1 | 天和 3 | ①－ ②没 ③700→1200 |
| 今村忠右衛門 | 1 | (延宝 4) | 天和 3 | ①不明 ②隠居 ③600 |
| 石居半平 | 2 | 延宝 5. 3 | 宝永 1. 9.21 | ①－ ②免 ③500→1500 |
| 西山隼人 | 2 | 延宝 8 | 元禄10. 4.25 | ①－ ②没 ③2000 |
| 大久保新右衛門 | 3 | 天和 2. 3 | 元禄12. 7. 7 | ①－ ②城代 ③1400→1600 |
| 犬塚求之介 | 3 | 天和 2 | 元禄12.⑨.24 | ①取次 ②没 ③1500 |
| 吉用隼之丞 | 3 | 貞享 4. 4 | 宝永 5.①.30 | ①－ ②没 ③1300 |
| 沢村角右衛門 | 4 | 元禄 3.12 | 元禄14. 1.23 | ①取次 ②御子様方・奥方用物主 ③2000 |
| 西山内蔵丞 | 3 | 元禄12. 3.17 | 元禄12. 4.25 | ①－ ②用人 ③1300 ⑥用人勤方見習 |
| 西山内蔵丞 | 3 | 元禄12. 4.25 | 宝永 7.10. 7 | ①用人勤方見習 ②没 ③1500 |
| 今村源右衛門 | 5 | 元禄12. 7. 1 | 宝永 6. 3. 3 | ①－ ②没 ③1100 |
| 小野田小一郎 | 4 | 元禄12.⑨. 1 | 宝永 2. 3.11 | ①町 ②隠居 ③1000 |
| 増田平蔵 | 3 | 元禄14.11.27 | 享保 3. 3. 9 | ①－ ②没 ③2000 |
| 戸塚左大夫 | 5 | 宝永 1. 9.21 | 正徳 3. 3. 7 | ①－ ②中老 ③1600 ⑤当分用人 |
| 石居市之丞 | 3 | 宝永 1. 9.21 | 正徳 4. 2.11 | ①江戸奏者番 ②免 ③300→2000 ⑤(改)半平、役料300俵 |
| 沢村新平 | 5 | 宝永 5. 4. 7 | 享保10. 8. 2 | ①－ ②没 ③200→2000 ⑤(改)角右衛門、役料500俵 |
| 大久保新右衛門 | 4 | 宝永 5. 5.10 | 享保 7. 2. 4 | ①江戸奏者番 ②江戸門支配 ③1400→2000 |
| 勝平次右衛門 | 4 | 正徳 1.10. 7 | 正徳 4. 2.25 | ①小納戸 ②願免　③600→1000 ⑤用人之格式 |
| 正木舎人 | 3 | 正徳 3.⑤.23 | 享保 8. 8. 5 | ①奥詰 ②没 ③600→1000 ⑤役料300俵→200俵 |
| 小野田織之丞 | 5 | 正徳 4. 9.10 | 享保15. 8.25 | ①－ ②免 ③1000→1200 ⑤(改)小一郎 |
| 三浦五郎右衛門 | 4 | 享保 1. 8.22 | 享保19. 6.21 | ①備中守様付 ②隠居 ③600→1300 ④側 ⑤役料300俵→0 |
| 犬塚求之介 | 4 | 享保 2.11.10 | 享保13. 6. 8 | ①－ ②免 ③1200 |
| 勝平次右衛門 | 5 | 享保 4. 4.21 | 享保 9.12.12 | ①－ ②願免 ③1000 |

| 姓　　名 | 代 | 就任年月日 | 退任年月日 | ①前役　②後役　③知行高　④兼役<br>⑤その他（改称、役名、役料など） |
|---|---|---|---|---|
| 藤田四郎左衛門 | 4 | 享保 8. 1.28 | 享保 9.12.15 | ①町 ②隠居 ③500 ⑤役料100俵→300俵 |
| 奥山六左衛門 | 5 | 享保 8. 1.28 | 享保17. 1.24 | ①武具預り・家中宗門改 ②隠居 ③500→700 ⑤役料200俵 |
| 三浦半蔵 | 2 | 享保 9. 7. 7 | 享保20.12. 5 | ①－ ②没 ③1200 ⑤(改)与三右衛門、(役)用人加 |
| 杉原左近次 | 1 | 享保 9.12.28 | 享保21. 2.11 | ①側 ②役儀取上　③300→1000 ⑤(改)伊織→族→三右衛門、役料300俵 |
| ＊平山忠左衛門 | 3 | 享保11.11.28 | 享保19.10. 8 | ①(因幡守様小納戸・側) ②小納戸 ③100②因幡守様側・虎之助様傅役 ⑤(役)用人格(因幡守様) |
| ＊中村彦左衛門 | 1 | 享保11.11.28 | 享保19.10. 8 | ①(因幡守様小納戸・側) ②小納戸・(虎之助様傅役) ③100 ④因幡守様小納戸・側・虎之介様傅 ⑤用人格(新田藩) |
| ＊山本運平 | 1 | 享保11.11.28 | 享保19.10. 8 | ①(直定様小納戸・側) ②小納戸 ③100石・5人 ④直定様小納戸・側 ⑤用人格(新田藩) |
| ＊藤田右衛門次 | 2 | 享保13.10.24 | 享保20. 7. 6 | ①－ ②没 ③1000 ⑤(改)次左衛門 |
| 今村源右衛門 | 6 | 享保15. 8. 5 | 享保15.10. 6 | ①－ ②用人 ③1100 ⑤(役)当分用人加 |
| 吉用隼之丞 | 4 | 享保15. 8. 5 | 享保15.10. 6 | ①－ ②没 ③1000 ⑤(役)当分用人加 |
| 今村源右衛門 | 6 | 享保15.10. 6 | 享保20. 4.20 | ①当分用人加 ②没 ③1100 |
| 吉用隼之丞 | 4 | 享保15.10. 6 | 宝暦11. 9.13 | ①－ ②没 ③1000→1500 |
| 増田平蔵 | 4 | 享保20. 2.23 | 寛延 4. 5. 8 | ①－ ②没 ③2000 |
| 小野田織之丞 | 6 | 享保20. 2.23 | 宝暦12. 8. 1 | ①－ ②城代役 ③1200 ④宝暦 4.10. 1～宝暦 5. 7.25民部様附 ⑤(改)小一郎 |
| 西尾治部之介 | 3 | 享保20. 9.26 | 元文 4. 6. 9 | ①－ ②没 ③700 ⑤役料300俵 |
| 沢村新平 | 6 | 享保20. 9.26 | 元文 5. 4.28 | ①－ ②中老 ③2000 ⑤(改)角右衛門 |
| 沢村小平太 | 2 | 享保21. 2.11 | 延享 4. 4.18 | ①側 ②隠居 ③450 ⑤役料300俵 |
| 西山内蔵丞 | 5 | 享保21. 3.11 | 宝暦 4.10. 6 | ①－ ②免 ③1000→1300 ⑤(改)内蔵丞 |
| 大久保新右衛門 | 5 | 元文 4. 7. 1 | 宝暦 8. 2.15 | ①－ ②没 ③1500 |
| 今村源右衛門 | 7 | 元文 5. 7. 1 | 延享 5. 1.20 | ①－ ②没 ③1000 |
| 三浦数馬 | 5 | 元文 5. 7. 1 | 明和 8.12.16 | ①－ ②没 ③1300→1500 ⑤(改)五郎右衛門 |
| 石居市之丞 | 5 | 元文 5. 7. 1 | 安永 8. 3. 3 | ①－ ②隠居 ③1000→1500 ⑤(改)半平 |
| 勝平次右衛門 | 6 | 宝暦 4. 9.29 | 明和 6. 5. 1 | ①町・寺社 ②没 ③800→1000 ⑤役料200俵 |
| 正木舎人 | 5 | 宝暦 4.12.28 | 天明 4. 1.25 | ①－ ②隠居 ③1000 |
| 増田治右衛門 | 5 | 宝暦 6. 7. 1 | 天明 4. 1.11 | ①－ ②中老 ③2000 |
| 椋原治右衛門 | 7 | 宝暦 6.11.26 | 安永 5. 7.27 | ①－ ②没 ③800→1200 ⑤(改)主馬、役料200俵 |
| 犬塚求之介 | 5 | 宝暦11. 9. 1 | 明和 8. 5.27 | ①－ ②願免 ③1200 |
| 今村平次 | 3 | 宝暦12. 8. 8 | 明和 1.12.21 | ①民部様側・付人 ②用人格 ③450 ⑤役料300俵 |
| 沢村弾正 | 7 | 明和 1. 7. 1 | 明和 1.12. 1 | ①－ ②中老 ③2000 |
| 今村源吾 | 8 | 明和 1. 7. 1 | 明和 8. 9. 4 | ①－ ②没 ③1000 |
| 木俣亘理 | 5 | 明和 1.12. 1 | 安永 5.10. 7 | ①－ ②隠居 ③1000 |
| 今村平次 | 3 | 明和 1.12.21 | 明和 3. 8.23 | ①用人 ②隠居 ③450→550 ⑤(役)用人格 |
| 宇津木武兵衛 | 5 | 明和 1.⑫.21 | 安永 6. 9.29 | ①民部様側・付人 ②没 ③600→800 ⑤(改)蔵人、役料200俵 |
| 小野田織之丞 | 7 | 明和 6. 7. 5 | 天明 6. 3.24 | ①－ ②隠居 ③1500 ⑤(改)小一郎 |
| 西山内蔵允 | 6 | 明和 8. 5.27 | 天明 3.10. 3 | ①－ ②没 ③1300 |

| 姓　　名 | 代 | 就任年月日 | 退任年月日 | ①前役　②後役　③知行高　④兼役<br>⑤その他（改称、役名、役料など） |
|---|---|---|---|---|
| 吉用隼丞 | 5 | 明和 9. 2.13 | 天明 4.12.16 | ①－ ②中老 ③1500→1700 |
| 西尾治部之介 | 4 | 明和 9. 2.13 | 天明 7. 1.20 | ①－ ②隠居 ③600 ⑤役料200俵→400俵 |
| 勝平次右衛門 | 7 | 安永 8.12.13 | 天明 6.12.18 | ①－ ②没 ③1000 |
| 沢村角右衛門 | 8 | 安永 9.11. 1 | 天明 2. 4.18 | ①－ ②中老 ③2000 |
| 三浦五郎右衛門 | 6 | 安永 9.11. 1 | 天明 2.12. 9 | ①－ ②役儀取上　③1500 |
| 西山丹治 | 7 | 天明 3.10.27 | 寛政10. 3.13 | ①側 ②隠居 ③1300 ⑤(改)内蔵允 |
| 椋原主馬 | 8 | 天明 4. 1.20 | 寛政 6.⑪.17 | ①－ ②願免 ③1200 |
| 鈴木平兵衛 | 6 | 天明 4.①. 1 | 天明 5.10. 3 | ①(鷹頭取) ②隠居 ③500 ④鷹頭取 ⑤役料50俵 |
| 内藤五郎左衛門 | 6 | 天明 4.10. 1 | 文化 5.⑥.18 | ①－ ②隠居 ③800→900 ⑤役料200俵 |
| 正木舎人 | 6 | 天明 4.10. 1 | 文化12.11.12 | ①－ ②没 ③1000 |
| 今村源右衛門 | 9 | 天明 6. 8.21 | 文政 4. 2.26 | ①－ ②没 ③1000 ⑤(改)主水 |
| 西尾平太郎 | 5 | 天明 7. 2. 2 | 文化 7.12.11 | ①－ ②隠居 ③600→700 ⑤(改)治部之介、役料200俵→400俵 |
| 犬塚求馬 | 6 | 天明 8. 3.14 | 寛政 4. 5.30 | ①－ ②願免 ③1200 |
| 三浦九右衛門 | 6 | 寛政 1. 4.24 | 寛政 6.11.25 | ①側 ②没 ③700 ⑤役料100俵→200俵 |
| 小野田小一郎 | 8 | 寛政 1 | 寛政 6.⑪.15 | ①－ ②用人 ③1500 ⑤(役)用人勤向助 |
| 後閑新兵衛 | 7 | 寛政 4. 7. 1 | 寛政11. 1.28 | ①－ ②願免 ③300 ⑤(役)用人添、役料200俵 |
| 増田平蔵 | 6 | 寛政 4. 7. 1 | 寛政11. 4.13 | ①－ ②没 ③2000 ⑤(改)治右衛門 |
| 木俣亘理 | 6 | 寛政 6.⑪.15 | 寛政 7. 5. 4 | ①－ ②願免 ③1000 |
| 小野田小一郎 | 8 | 寛政 6.⑪.15 | 享和 1.12.28 | ①用人勤向助 ②免 ③1500 |
| 石居市丞 | 6 | 寛政 7. 5.21 | 文化 1.12.11 | ①－ ②役儀取上 ③1500 |
| 勝平次右衛門 | 8 | 寛政 7. 5.21 | 文政10. 3.18 | ①－ ②隠居 ③1000 |
| 青木角之丞 | 5 | 寛政10.12.25 | 享和 2. 6. 2 | ①町・寺社 ②免 ③350 ④寺社・町方当分本役同様心得勤める ⑤(役)表方懸り用人 |
| 椋原治右衛門 | 9 | 寛政12. 6.15 | 文化 3. 9.23 | ①－ ②免 ③1200 |
| 西山内蔵允 | 8 | 享和 2. 8.15 | 天保15.10.21 | ①－ ②中老 ③1300→1400 |
| 吉用隼丞 | 6 | 文化 1.12. 1 | 文化 7. 1. 9 | ①－ ②免 ③1700 |
| 小野田小一郎 | 8 | 文化 3.12.15 | 文化 5. 6.10 | ①－ ②没 ③1500 |
| 小野田織之丞 | 9 | 文化 5.⑥. 1 | 文化 9. 6.20 | ①側 ②(大殿様用向頭取) ③1500 ④文化9.2.15大殿様用向頭取 ⑥(役)側用人 |
| 椋原治右衛門 | 9 | 文化 5.12.10 | 文化 8. 7.28 | ①－ ②没 ③1200 |
| 内藤熊次郎 | 7 | 文化 7. 3. 8 | 文化 8. 7.19 | ①－ ②免 ③900 ⑤(改)五郎左衛門 |
| 藤田治部左衛門 | 5 | 文化 7. 3. 8 | 文化 9. 8. 8 | ①－ ②免 ③800 |
| 中野平馬 | 5 | 文化 8. 8.15 | 文化10. 5.15 | ①(稽古) ②用人・(稽古) ③400 ④稽古 ⑥用人加 |
| 吉用隼丞 | 6 | 文化 8. 9. 8 | 文化13. 7.14 | ①－ ②役儀取上 ③1700 |
| 木俣源次郎 | 6 | 文化10. 4.21 | 文政 9. 9. 3 | ①－ ②没 ③800 ⑤(改)多十左衛門→多宮、役料200俵 |
| 犬塚求之介 | 7 | 文化10. 4.21 | 文政11.10. 3 | ①－ ②没 ③1200 |
| 中野平馬 | 5 | 文化10. 5.15 | 文化11. 4.22 | ①用人加・(稽古) ②(稽古) ③400 ④稽古 |
| 朝比奈左近 | 8 | 文化11. 8.13 | 文化11.12.23 | ①側 ②願免 ③700 ⑤(役)用人加 |
| 沢村外記 | 9 | 文化11. 8.13 | 文化15. 3.15 | ①－ ②中老 ③2000 |
| 正木此面 | 7 | 文化12.12.22 | 文化14.12. 2 | ①－ ②免 ③1000 ⑤(改)舎人 |
| 藤田衛門次 | 5 | 文化13.12. 8 | 文化14. 5. 3 | ①－ ②願免 ③800 |
| 内藤権平 | 7 | 文化13.12. 8 | 嘉永 5. 4.28 | ①－ ②願免 ③900→1000、⑤役料100俵 |
| 西尾淳蔵 | 6 | 文化15. 1.16 | 文政 4. 2. 6 | ①稽古 ②稽古 ③700 ⑤(改)治部助 |

| 姓　　名 | 代 | 就任年月日 | 退任年月日 | ①前役　②後役　③知行高　④兼役<br>⑤その他（改称、役名、役料など） |
|---|---|---|---|---|
| 河北庄介 | 6 | 文化15. 4.17 | 文政 2. 3.21 | ①大殿様側 ②町・寺社 ③450 ⑤用人添、役料50俵 |
| 増田縫殿介 | 7 | 文政 2. 5.21 | 文政 3. 1.27 | ①－ ②免 ③2000 |
| 中野平馬 | 5 | 文政 2. 5.21 | 文政 3. 7.20 | ①町・寺社 ②免 ③400 ⑤役料200俵 |
| 椋原治右衛門 | 10 | 文政 3. 8.21 | 天保15.11.22 | ①－ ②隠居 ③1200 ④天保10.3.22稽古奉行 |
| 正木舎人 | 7 | 文政 4. 3. 8 | 文政12. 2.12 | ①稽古 ②没 ③1000 |
| 小野田権之助 | 5 | 文政 4. 6. 2 | 文政 7. 3.11 | ①大殿様側・中務様付人 ②没 ③400 ⑤(役)用人添、役料100俵 |
| 朝比奈藤右衛門 | 8 | 文政 4. 6. 2 | 文政 8. 3. 3 | ①北筋 ②用人 ③700 ⑤(役)用人添 |
| 西尾治部助 | 6 | 文政 7. 6. 1 | 嘉永 2. 7.11 | ①稽古 ②願免 ③700→800 ④天保3.2.17～同8.1.21稽古、同7.10.7～同13.6.21北筋奉行、同13.6.21～弘化3.12.28町・寺社、弘化3.12.28稽古 ⑤役料100俵→200俵 |
| 朝比奈藤右衛門 | 8 | 文政 8. 3. 3 | 天保10. 4.14 | ①用人添 ②免 ③700 ⑤役料100俵→200俵 |
| 増田縫殿介 | 7 | 文政 9. 9.21 | 天保 3.12.24 | ①－ ②没 ③2000 |
| 西堀才介 | 6 | 文政10. 8. 5 | 天保 2.12.24 | ①若殿様側 ②隠居 ③650 ④文政12.12.8稽古添 ⑤(役)用人添 |
| 中野平馬 | 5 | 文政11. 4. 9 | 文政11. 7.16 | ①(稽古) ②用人 ③400 ④稽古 ⑤(役)用人助 |
| 中野平馬 | 5 | 文政11. 7.16 | 天保 3.12.15 | ①稽古・用人助 ②免 ③400 ④稽古 ⑤役料200俵 |
| 三浦五郎右衛門 | 9 | 文政12. 4. 3 | 慶応 1.⑤.27 | ①－ ②隠居 ③800→900 ⑤役料100俵→200俵 |
| 今村忠右衛門 | 7 | 天保 4. 3. 1 | 天保 6. 7.23 | ①(側・鷹頭取) ②用人・(側・鷹取頭) ②350 ④側・鷹頭取 ⑤(役)用人添、役料50俵→150俵 |
| 犬塚求之介 | 8 | 天保 6. 1. 9 | 天保 9. 7. 9 | ①－ ②願免 ③1200 ④天保6.7.23側 |
| 今村忠右衛門 | 7 | 天保 6. 7.23 | 嘉永 7.⑦.29 | ①用人添・(鷹頭取・側) ②隠居 ③350→450 ④鷹頭取、嘉永3.12.6まで側、弘化3.2.18～嘉永3.12.6若殿様側 ⑤役料150俵→200俵 |
| 藤田隼人 | 7 | 天保11. 3. 4 | 弘化 4. 3. 7 | ①－ ②稽古 ③800 |
| 椋原算三郎 | 11 | 天保15.12. 1 | 文久 3.10. 7 | ①－ ②没 ③1200 ④安政1.12.10～万延1.8.1側 ⑤(改)主馬 |
| 朝比奈篤右衛門 | 8 | 弘化 2. 9.15 | 嘉永 3. 9.29 | ①－ ②没 ③700 |
| 増田啓次郎 | 8 | 弘化 3. 7. 7 | 安政 4. 9. 2 | ①－ ②没 ③2000 |
| 中野平馬 | 6 | 弘化 3. 9.15 | 弘化 4.10. 9 | ①(稽古) ②表用人・(稽古) ③400 ④稽古 ⑤(役)用人助 |
| 中野平馬 | 6 | 弘化 4.10. 9 | 嘉永 4. 1.22 | ①(稽古)・用人助 ②(稽古) ③400 ④稽古 ⑤(役)表用人 |
| 今村俊二 | 12 | 弘化 4. 3. 7 | 文久 3. 7.28 | ①－ ②没 ③800 ⑤(改)源右衛門、役料100俵 |
| 荒木儀太夫 | 5 | 嘉永 2. 8.15 | 嘉永 3.11.14 | ①南筋加・元方勘定・佐野 ②南筋加 ③100 ⑤(役)表用人 |
| 西山内蔵允 | 9 | 嘉永 2.11. 1 | 嘉永 4.11.23 | ①(稽古) ②没 ③1400 ④嘉永3.1.16まで稽古 |
| 河北主水 | 7 | 嘉永 3.12. 6 | 嘉永 7.⑦.20 | ①側・若殿様側・鷹頭取 ②隠居 ③450→500 ⑤(役)用人添、役料100俵 |
| 犬塚求之介 | 9 | 嘉永 4. 1. 3 | 明治 1.11.26 | ①稽古 ②三等執事 ③1200 ④慶応4.閏4.19側 |

| 姓　　名 | 代 | 就任年月日 | 退任年月日 | ①前役　②後役　③知行高　④兼役<br>⑤その他（改称、役名、役料など） |
| --- | --- | --- | --- | --- |
| 勝藤次 | 9 | 嘉永 4.10. 1 | 嘉永 5.②.20 | ①－ ②願免 ③1000 |
| 藤田隼人 | 7 | 嘉永 5. 4.15 | 明治 1.11.29 | ①稽古 ②免 ③800 ⑤(改)治衛門、役料100俵→200俵 |
| 沢村角右衛門 | 11 | 嘉永 6. 7. 8 | 安政 3. 3.16 | ①－ ②中老 ③2000 |
| 内藤権平 | 7 | 嘉永 6. 7. 8 | 安政 3. 9. 1 | ①－ ②中老 ③1000 |
| 西尾治部助 | 7 | 嘉永 7. 7.21 | 明治 1.11.29 | ①稽古 ②三等家執事 ③800 ⑤役料100俵 |
| 奥山右膳 | 10 | 安政 3. 7. 7 | 元治 1. 9.19 | ①－ ②願免 ③700 ⑤(改)六左衛門、役料100俵 |
| 西山内蔵允 | 10 | 安政 3. 7. 7 | 慶応 4. 4.14 | ①－ ②没 ③1300 ⑤(改)内蔵丞 |
| 吉用隼丞 | 8 | 安政 5. 6. 1 | 明治 1.11.26 | ①稽古 ②三等家執事供頭兼 ③1000 |
| 勝平次右衛門 | 10 | 文久 3.12. 5 | 慶応 3. 9.18 | ①－ ②願免 ③1000 |
| 椋原主馬 | 12 | 元治 1.10.15 | 慶応 3. 2. 7 | ①－ ②願免 ③1200 |
| 増田捨作 | 9 | 元治 1.10.15 | 明治 1.11.29 | ①－ ②議行局公用方四等京公用人試補 ③2000 ⑤(改)平蔵 |
| 内藤五郎左衛門 | 8 | 慶応 3. 3. 1 | 明治 1.11.29 | ①－ ②免 ③1000 |

## 4　側役

家老役・内目付役をはじめ諸役から藩主への上申を取り次ぎ、藩主政務の補佐をおこなう役職。藩主の諮問に対し意見を述べ、藩主作成文書の起草に関与する。また藩主の日常行動・諸儀礼に御側供として随行する。天和3年(1683)から職名としてあらわれ、200石～700石の士分から4人～10人が任命される。また藩主世子にも藩主側役が兼務するか、あるいは別途若殿様側役が任命された。殿中での詰所は表御座の間付近の側役詰所であった。

| 姓　　名 | 代 | 就任年月日 | 退任年月日 | ①前役 ②後役 ③知行高　④兼役<br>⑤その他（改称、役料など） |
|---|---|---|---|---|
| 小野田小介 | 1 | 元禄10. 8.19 | 正徳 4.10.17 | ①(西堀才介只今迄勤来候通之御役儀) ②隠居 ③350→400 ④西堀才介只今迄勤来候通之御役儀(祐筆所御用ｶ ⑤(役)奥詰並 |
| 杉原惣左衛門 | 1 | 元禄10. 8.29 | 正徳 5. 1. 6 | ①城使 ②隠居 ③300→350 ⑤(役)奥詰並并祐筆所御用 |
| 落合勘左衛門 | 3 | 元禄11. 7.10 | 元禄14. 3. 4 | ①目付 ②免 ③150→200 |
| 犬塚十左衛門 | 1 | 元禄15.⑧. 9 | 享保 3. 6.14 | ①城使 ②没 ③300→400 ⑤(役)元禄15.閏8.9時点では近習 |
| 今村忠右衛門 | 2 | 正徳 2. 3. 6 | 享保 1.10.21 | ①奏者番役 ②願免 ③600 ⑤(役)奥詰役、享保1.11.21退役時には側 |
| 八木原半六 | 4 | 正徳 3. 5.25 | 元文 4. 2.12 | ①－ ②隠居 ③400 |
| 今村源之進 | 1 | 正徳 5. 1.10 | 享保 2.12.29 | ①筋 ②願免 ③350 ⑤役料100俵 |
| 三浦五郎右衛門 | 4 | 享保 1. 8.22 | 享保19. 6.21 | ①備中守様付 ②隠居 ③600→1300 ④用人 ⑤役料300俵→0 |
| 浅村理兵衛 | 3 | 享保 4. 4.21 | 享保15.12. 2 | ①筋 ②没 ③400 ④享保7.8.15元方同前に心得 ⑤役料100俵 |
| 杉原左近次 | 1 | 享保 6. 3.15 | 享保 9.12.28 | ①小納戸 ②用人 ③300 |
| 三浦九右衛門 | 4 | 享保 6.⑦. 4 | 元文 3.11.30 | ①－ ②隠居 ③500→600 |
| *中村彦左衛門 | 1 | 享保 8.12.23 | 享保19.10. 8 | ①(因幡守様小納戸) ②小納戸(・虎之助様傳) ③100 ④因幡守様小納戸、享保11.11.28用人格・虎之介様傳 ⑤(役)因幡守様側 |
| *平山忠左衛門 | 3 | 享保 8.12.23 | 享保19.10. 8 | ①(因幡守様小納戸) ②小納戸 ③100 ④享保11.11.28虎之助様傳・用人格 ⑤(役)因幡守様側 |
| *山本運平 | 1 | 享保 8.12.26 | 享保19.10. 8 | ①(直定様小納戸) ②小納戸 ③100石・5人 ④直定様小納戸、享保11.11.28用人格 ⑤(役)直定様側 |
| 沢村左平太 | 2 | 享保 9.12.28 | 享保21. 2.11 | ①備中守様小納戸 ②用人 ③400→450 ⑤(改)平太右衛門→小平太 |
| 柏原忠右衛門 | 4 | 享保20. 6. 6 | 延享 3. 7.21 | ①小納戸 ②町・寺社 ③300→400 ④嘉永4.3.21鷹用向頭取 |
| 鈴木平兵衛 | 5 | 享保20. 6. 6 | 寛延 2.12.15 | ①小納戸 ②(若様側・付人) ③300→400 ④延享1.12.28若殿様側付人 |
| 海老江勝右衛門 | 4 | 元文 1. 5.12 | 元文 3. 8.28 | ①奏者役 ②願免 ③400 |
| 八田金十郎 | 5 | 元文 3. 9.28 | 寛保 2.10. 4 | ①筋 ②没 ③300 |
| 酒居三郎兵衛 | 4 | 元文 3. 9.28 | 宝暦 4. 6.21 | ①(鷹用向頭取) ②(鷹用向頭取) ③350→450 ④鷹用向頭取 |
| 鈴木平兵衛 | 5 | 延享 1.12.28 | 寛延 3.10. 4 | ①(側) ②隠居 ③400 ④寛延2.2.15まで側 ⑤(役)若殿様側・付人 |

| 姓　　名 | 代 | 就任年月日 | 退任年月日 | ①前役 ②後役 ③知行高 ④兼役<br>⑤その他（改称、役料など） |
|---|---|---|---|---|
| 三浦九右衛門 | 5 | 延享 1.12.28 | 宝暦10. 4. 9 | ①－ ②免 ③600→700 |
| 朝比奈藤右衛門 | 5 | 延享 3. 8.15 | 寛延 2. 2.25 | ①－ ②願免 ③700 ⑤(改)金太夫 |
| 三浦弥平次 | 1 | 延享 5. 1. 1 | 宝暦 4. 9.20 | ①－ ②免 ③300 ⑤(役)若殿様側・付人 |
| 小林二左衛門 | 6 | 延享 5. 5. 1 | 宝暦10. 4. 9 | ①小納戸 ②免 ③400→500 ⑤役料300俵→0 |
| 今村平次 | 3 | 寛延 1.⑩、21 | 宝暦12. 8, 8 | ①若殿様小納戸 ②用人 ③300 ④宝暦4.9.20民部様側、同6.7.3鷹方頭取 ⑤(役)若殿様側・付人 |
| 宇津木武兵衛 | 5 | 宝暦 3.11.30 | 明和 1.⑫.21 | ①若殿様小納戸 ②用人 ③600 ④宝暦4.1.20民部様側、同11.9.9鷹用向頭取 ⑤(役)若殿様側役付人 |
| 鈴木平兵衛 | 6 | 宝暦 4. 8.16 | 宝暦 4. 9.29 | ①若殿様小納戸 ②民部様側・付人 ③400 |
| 鈴木平兵衛 | 6 | 宝暦 4. 9.29 | 宝暦 8. 7.21 | ①側 ②鷹頭取 ③400 ④民部様付人 ⑤(役)民部様側 |
| 酒居三郎兵衛 | 4 | 宝暦 4. 9.29 | 宝暦10. 4. 9 | ①(鷹用向頭取) ②免 ③450 ④宝暦10.1.18まで鷹用向頭取 |
| 吉川軍左衛門 | 6 | 宝暦 5. 9. 1 | 明和 1. 6.17 | ①若殿様小納戸 ②願免 ③400 |
| 西堀才助 | 4 | 宝暦 7. 7. 2 | 宝暦12.11. 1 | ①小納戸 ②章蔵様付人 ③700 |
| 青木平左衛門 | 4 | 宝暦 8. 7.21 | 宝暦10. 4. 9 | ①－ ②免 ③650 ⑤(役)直定様側 |
| 奥平伝蔵 | 4 | 宝暦 8. 7.21 | 安永 5. 8.10 | ①民部様小納戸 ②没 ③200→350 |
| 酒居三郎兵衛 | 5 | 宝暦12.11. 1 | 宝暦12.11. 1 | ①－ ②章蔵様付人・殿様鷹用向 ③450 ④鷹用頭取 |
| 石居次郎兵衛 | 3 | 宝暦12.11.21 | 寛政 3. 2.15 | ①民部様小納戸 ②隠居 ③400→450 ⑤役料50俵 |
| 酒居三郎兵衛 | 5 | 明和 1. 8.15 | 安永 7. 8.14 | ①若殿様付人 ②隠居 ③450 |
| 奥平源八 | 3 | 明和 1. 8.21 | 明和 1. 8.21 | ①筋加 ②若殿様付人 ③300 |
| 西堀才助 | 4 | 明和 3. 8. 6 | 安永 3.10. 3 | ①－ ②隠居 ③700 |
| 三浦九右衛門 | 6 | 明和 5.12. 1 | 寛政 1. 4.24 | ①小納戸 ②用人 ③700 |
| 朝比奈金太夫 | 6 | 明和 9. 7. 1 | 安永 5.11.25 | ①－ ②願免 ③700 ⑤(改)藤右衛門 |
| 三浦左膳 | 1 | 安永 5. 9.15 | 天明 4. 2.13 | ①小納戸 ②隠居 ③200→300 |
| 中野佐介 | 8 | 安永 5.10. 1 | 安永 7.12.23 | ①小納戸 ②免 ③300 |
| 加藤彦兵衛 | 8 | 安永 5.12.15 | 寛政 1. 5.13 | ①小納戸 ②士宗門改・武具預 ③300 ⑤役料50俵 |
| 今村平次 | 4 | 天明 2. 8.28 | 寛政 3. 1.18 | ①町・寺社 ②願免 ③550 ⑤役料200俵 |
| 小野田小助 | 3 | 天明 2. 9.21 | 天明 5. 2. 6 | ①筋 ②側 ③400 ⑤(役)側役格 |
| 西山丹治 | 7 | 天明 3. 6. 1 | 天明 3.10.27 | ①若殿様小納戸 ②用人 ③200→1300 |
| 藤田平六 | 5 | 天明 4.①. 1 | 天明 8. 9. 6 | ①評定目付 ②筋 ③300 ④評定目付当分 ⑤(改)弥五右衛門 |
| 田中三郎左衛門 | 4 | 天明 4.①.12 | 天明 8. 8.13 | ①(評定目付) ②没 ③300 ④評定目付 |
| 今村十郎右衛門 | 4 | 天明 5. 1.15 | 天明 7. 6. 4 | ①小納戸・御城部屋番 ②筋 ③300 |
| 小野田小助 | 3 | 天明 5. 2. 6 | 天明 6. 2.10 | ①側役格 ②没 ③400 |
| 鈴木佐殿 | 7 | 天明 5.10. 3 | 天明 8.12.28 | ①小納戸 ②側・(鷹頭取) ③500 ④鷹頭取・側役格 ⑤(改)平兵衛 |
| 奥平源八 | 3 | 天明 6. 8.21 | 天明 7. 9.30 | ①町・寺社 ②隠居 ③300 ④鷹方頭取 |
| 後閑新兵衛 | 7 | 天明 7. 9. 3 | 寛政 4. 5.28 | ①評定目付 ②願免 ③300 ④寛政2.8.24まで評定目付当分 ⑤(役)庭五郎様側 |
| 今村市之進 | 5 | 天明 8. 9. 6 | 享和 2. 6. 2 | ①小納戸 ②役儀取上 ③300→350 ⑤役料50俵 |

| 姓　　名 | 代 | 就任年月日 | 退任年月日 | ①前役 ②後役 ③知行高 ④兼役<br>⑤その他（改称、役料など） |
|---|---|---|---|---|
| 鈴木平兵衛 | 7 | 天明 8.12.28 | 寛政 6. 4. 1 | ①(鷹頭取)･側役格 ②隠居 ③500 ④鷹頭取 |
| 八木原太郎右衛門 | 6 | 寛政 1. 4.24 | 寛政 2.12.21 | ①両殿様小納戸 ②馳走 ③400 |
| 酒居三郎兵衛 | 6 | 寛政 2.12.21 | 享和 1. 7. 5 | ①両殿様小納戸 ②没 ③450 ④寛政4.6.13鷹方用頭取 |
| 今村平次 | 4 | 寛政 3. 3.21 | 寛政 4.11. 1 | ①－ ②評定･御用取次 ③550 |
| 小沢作左衛門 | 6 | 寛政 4. 5.21 | 文化 9.11.14 | ①(評定目付) ②免 ③150→350 ④文化9.2.13両殿様側 ⑤役料100俵 |
| 西尾隆治 | 5 | 寛政 4. 6.13 | 寛政 7. 7.21 | ①評定目付 ②願免 ③150 ④城使 ⑤役料100俵 |
| 横内円次 | 6 | 寛政 4. 6.13 | 寛政11. 3.21 | ①(評定目付) ②南筋 ③200 ④評定目付⑤役料50俵 |
| 今村十郎右衛門 | 4 | 寛政 7. 6.21 | 寛政 8. 7. 1 | ①－ ②側･鷹頭取 ③300 ④鷹方頭取⑤(役)側役格 |
| 今村十郎右衛門 | 4 | 寛政 8. 7. 1 | 寛政10. 3.25 | ①(鷹方頭取)･側役格 ②没 ③300 ④鷹頭取 ⑤役料50俵 |
| 藤田勝右衛門 | 8 | 寛政 8. 8.21 | 寛政11. 1.11 | ①小納戸 ②馳走 ③400 |
| 本多七左衛門 | 6 | 寛政11. 3. 8 | 享和 2. 7.26 | ①－ ②隠居 ③500 ④鷹頭取 ⑤(役)側役格 |
| 今村平吾 | 5 | 寛政11. 3. 8 | 享和 2. 8.21 | ①小納戸 ②願免 ③200→550 |
| 日下部主膳 | 7 | 寛政13. 1.21 | 文化 5.11. 1 | ①小納戸 ②馳走･中屋敷留守居 ③500 ①享和2.12.1～文化1.8.26鷹頭取 ⑤(改)三郎右衛門 |
| 西堀才介 | 6 | 享和 2. 7.18 | 文化 5.⑥.21 | ①稽古館物主并書物 ②若殿様側･(鷹頭取) ③600 ④文化3.11.8鷹頭取 |
| 河北勝兵衛 | 6 | 享和 2. 7.18 | 文化13. 4.30 | ①城使 ②(城使) ③400→450 ④文化1.9.21鷹用向頭取、文化7.10.5城使 ⑤(改)庄兵衛→寛平 ⑤役料50俵 |
| 高橋新五左衛門 | 6 | 享和 4. 1. 9 | 文化 4. 3. 1 | ①－ ②若殿様(直亮)側 ③350 ⑤(役)若殿様(直清)側 |
| 藤田勝右衛門 | 8 | 享和 4. 1. 9 | 文化 5. 2.11 | ①馳走 ②免 ③400 ⑤(役)若殿様側 |
| 今村源左衛門 | 1 | 文化 2. 3.15 | 文化 4. 3. 1 | ①－ ②若殿様(直亮)側 ③200 ⑤(役)若殿様(直清)側 |
| 西郷源兵衛 | 1 | 文化 2.12.26 | 文政10. 8. 4 | ①弁之介様付人 ②没 ③300→350 ⑤(改)原兵衛→五郎右衛門、(役)若殿様側、役料50俵 |
| 西尾隆治 | 5 | 文化 3. 4. 8 | 文化 7.11.23 | ①城使 ②隠居 ③200 ④文化5.2.11～文化7.6.13城使 ⑤(役)若殿様側、役料100俵 |
| 小野田織之丞 | 9 | 文化 3.11. 8 | 文化 5.⑥. 1 | ①小納戸 ②側用人 ③200→1500 |
| 今村源左衛門 | 1 | 文化 4. 3. 1 | 文化 5. 4.14 | ①若殿(直清)様側 ②馳走･中屋敷留守居 ③200 ⑤(役)若殿様側 |
| 高橋新五左衛門 | 6 | 文化 4. 3. 1 | 文化 9. 3.21 | ①若殿様(直清)側 ②城使 ③350 ④文化5.10.1鷹頭取 ⑤(役)若殿様側 |
| 朝比奈左近 | 8 | 文化 5.⑥.21 | 文化 6. 9.21 | ①－ ②願免 ③700 |
| 西堀才介 | 6 | 文化 5.⑥.21 | 文政10. 8. 5 | ①側･(鷹頭取) ②用人添 ③600→650 ④文政9.9.1まで鷹頭取 ⑤(役)若殿様側 |
| 今村源之進 | 6 | 文化 5.11.13 | 文化 6. 5.15 | ①南筋 ②願免 ③300 |
| 宇津木三右衛門 | 8 | 文化 6. 7.18 | 文政 1.11.15 | ①－ ②南筋 ③400 |
| 木俣亘理 | 8 | 文化 7. 1.21 | 文化11. 9.11 | ①－ ②稽古館物主并書物 ③250 ⑤(役)若殿様側 |

| 姓　　名 | 代 | 就任年月日 | 退任年月日 | ①前役 ②後役 ③知行高 ④兼役 ⑤その他（改称、役料など） |
|---|---|---|---|---|
| 朝比奈左近 | 8 | 文化 7. 6.15 | 文化11. 8.13 | ①－ ②用人加役 ③700 |
| 日下部三郎右衛門 | 7 | 文化 9.12. 8 | 文政11. 1.14 | ①馳走・中屋敷留守居 ②没 ③500→550 ⑤(役)大殿様側、役料50俵 |
| 大久保権内 | 7 | 文化10. 2. 9 | 文政 7.12.18 | ①北筋 ②没 ③300→350 ⑤役料50俵 |
| 大久保藤助 | 9 | 文化11. 8.13 | 文化13. 1.27 | ①普請 ②願免 ③200 ⑤(役)大殿様側、役料50俵 |
| 西堀伝蔵 | 3 | 文化13. 4.24 | 文政 2. 7.21 | ①小納戸 ②没 ③200 ⑤(役)大殿様側、役料50俵 |
| 木俣亘理 | 8 | 文化13. 7. 1 | 文政 8. 4. 5 | ①稽古館物主并書物 ②若殿様側・(鷹頭取) ③300 ④鷹頭取、文政4.8.18中務様付人 ⑤(役)側役格 |
| 河北庄介 | 6 | 文化14. 1.16 | 文化15. 4.17 | ①城使 ②用人添 ③450 ④御用取次 ⑤(役)大殿様側、役料50俵 |
| 小野田権之助 | 5 | 文化14. 2. 2 | 文政 4. 6. 2 | ①(小納戸) ②用人添 ③400 ④文政1.10.1まで小納戸、文政3.7.11中務様付人 ⑤(役)大殿様側 |
| 酒居右膳 | 7 | 文政 1.10.26 | 天保 2. 8. 7 | ①－ ②免 ③450 ⑤(役)大殿様側 |
| 横内次右衛門 | 7 | 文政 1.11.15 | 文政 5. 3.29 | ①町・寺社 ②願免 ③200→250 ⑤(改)頼母 ⑤役料50俵 |
| 勝野五太夫 | 8 | 文政 4. 8.17 | 天保 2. 8. 7 | ①中務様付人 ②免 ③450 ⑤(役)大殿様側 |
| 青木信右衛門 | 3 | 文政 5.11. 1 | 文政11.11.30 | ①南筋 ②北筋 ③250 ⑤役料50俵 |
| 今村忠右衛門 | 7 | 文政 5.12. 1 | 嘉永 3.12. 6 | ①小納戸 ②(用人・鷹頭取) ③300→450 ②文政9.9.2鷹頭取、天保4.3.1～同6.7.23用人添、天保6.7.23用人、弘化3.2.18若殿様側 ⑤役料50俵→200俵 |
| 木俣亘理 | 8 | 文政 8. 4. 5 | 文政 9.12. 1 | ①(鷹頭取・側役格)・中務様付人 ②側 ③300 ④鷹頭取・側役格 ⑤(役)若殿様側 |
| 杉原数馬 | 7 | 文政 8. 4. 5 | 文政12. 9.19 | ①中務様付人 ②稽古館物主并書物 ③400 ④文政8.6.5～同9.5.24若殿様小納戸 ⑤(役)若殿様側 |
| 西堀伝之丞 | 4 | 文政 8. 4. 5 | 文政13.11. 8 | ①中務様付人 ②弘道館物主并書物兼帯添 ③200 ⑤(役)若殿様側 |
| 西郷精太 | 1 | 文政 9. 8.15 | 文政 9.12.24 | ①(若殿様小納戸) ②側・小納戸 ③100 ④若殿様小納戸 ⑤(役)若殿様側、役料50俵 |
| 高橋新五右衛門 | 6 | 文政 9. 9. 2 | 文政13. 4.11 | ①(城使) ②侍宗門改・武具預并馳走 ③350 ④城使 ⑤役料50俵 |
| 木俣亘理 | 8 | 文政 9.12. 1 | 天保 8.10.24 | ①若殿様側・(鷹頭取) ②稽古加・(鷹頭取) ③300 ④鷹頭取 ⑤役料50俵 |
| 西郷精太 | 1 | 文政 9.12.24 | 天保 3. 6. 5 | ①若殿様側・若殿様小納戸 ②没 ③100 ④小納戸 ⑤役料50俵 |
| 大塚権弥 | 6 | 文政 9.12.24 | 天保13. 8. 8 | ①(小納戸) ②弘道館物主并書物 ③400 ④小納戸 ⑤(役)若殿様側 |
| 加藤勘八郎 | 10 | 文政10. 1.11 | 天保 2. 8. 7 | ①大殿様小納戸 ②免 ③300 ⑤(役)大殿様側 |
| 川手主馬 | 8 | 文政10. 3.20 | 弘化 2. 6. 1 | ①中屋敷留守居 ②没 ③300→350 ④天保15.11.27鷹頭取 ⑤(改)河手文左衛門、(役)若殿様側 |

| 姓　　名 | 代 | 就任年月日 | 退任年月日 | ①前役 ②後役 ③知行高 ④兼役<br>⑤その他（改称、役料など） |
|---|---|---|---|---|
| 犬塚外記 | 5 | 文政11. 1. 2 | 嘉永 3. 9. 1 | ①町・寺社 ②役儀取上 ③300→400 ④天保13.3.7評定目付 ⑤役料50俵→80俵→50俵 |
| 杉原縫殿 | 6 | 文政13. 8. 8 | 天保 7. 5. 2 | ①(小納戸) ②没 ③400 ④小納戸 ⑤(改)惣左衛門、役料50俵 |
| 西尾隆治 | 6 | 文政13. 9.21 | 天保 3. 4.15 | ①若殿様小納戸 ②城使 ③200 ⑤(役)若殿様側 |
| 大久保小膳 | 5 | 天保 2. 1.24 | 天保10.11. 1 | ①(若殿様小納戸) ②大津蔵 ③300 ④若殿様小納戸 ⑤(役)若殿様側 |
| 舟橋音門 | 6 | 天保 3. 1.21 | 嘉永 1.12.11 | ①町・寺社 ②隠居　③250→300 ④天保3.2.22～同12.6.12寺社・町方 ⑤(改)右仲、役料50俵 |
| 三浦九右衛門 | 9 | 天保 3.11. 3 | 嘉永 3. 2.22 | ①中屋敷留守居 ②稽古加 ③500 ④弘化3.2.18側役並 ⑤(役)若殿様側 |
| 高橋要人 | 7 | 天保 4. 3. 1 | 天保 7. 2. 5 | ①(小納戸) ②免 ③350 ④小納戸 |
| 河北主水 | 7 | 天保 4. 3. 1 | 天保14. 3.13 | ①(小納戸) ②免 ③450 ④小納戸、天保7.3.1公用人、天保13.8.21鷹頭取 ⑤役料50俵 |
| 犬塚求之介 | 8 | 天保 6. 7.23 | 天保 9. 7. 9 | ①(用人) ②願免 ③1200 ④用人 |
| 加藤勘八郎 | 10 | 天保 7. 8. 4 | 嘉永 3.12. 6 | ①普請 ②士宗門改・武具預り・馳走奉行 ③300→360 ④天保12.閏4.24鷹頭取 ⑤(改)彦兵衛、役料50俵 |
| 大久保藤助 | 9 | 天保 8.11.24 | 天保11. 6. 2 | ①城使 ②中筋 ③250 ⑤役料50俵 |
| 藤堂次郎太夫 | 6 | 天保 9. 8.19 | 嘉永 4. 1.20 | ①城使 ②没 ③200　④弘化3.2.18若殿様側、嘉永2.5.12～同3.5.13中屋敷留守居 ⑤役料100俵 |
| 沢村左平太 | 6 | 天保11. 1.21 | 天保12. 3.30 | ①中屋敷留守居・弘道館物主并書物 ②没 ③350 ⑤(役)若殿様側 |
| 西尾隆治 | 6 | 天保12. 5.26 | 弘化 2. 4. 8 | ①普請 ②側 ③200　④天保13.9.15若殿様小納戸 ⑤(役)若殿様側、役料50俵 |
| 渡辺蔵人 | 9 | 天保13. 8. 8 | 弘化 3. 5.21 | ①仕送・士宗門改・武具預・馳走 ②側 ③350 ④弘化3.2.18側役並 ⑤(改)弥五左衛門、(役)若殿様側 |
| 横山彦左衛門 | 7 | 天保14. 3. 8 | 嘉永 3. 7.13 | ①(小納戸) ②没 ③130 ④小納戸、弘化3.2.16若殿様側向勤、弘化3.2.18若殿様小納戸向御用 ⑤役料70俵 |
| 石原甚五左衛門 | 8 | 天保15.12. 1 | 弘化 3.⑤.24 | ①(供頭・鷹頭取) ②没 ③400 ④鷹頭取、弘化2.10.2まで供頭、弘化2.10.1より普請 ⑤(役)側役格 |
| 石居三郎次 | 5 | 弘化 2. 2.25 | 弘化 3. 3. 9 | ①大津蔵 ②－ ③300 ⑤(役)若殿様側 |
| 西尾隆治 | 6 | 弘化 2. 4. 8 | 安政 1.12. 7 | ①若殿様側 ②没 ③200→250 ④弘化3.2.18若殿様側 ⑤役料50俵 |
| 河北主水 | 7 | 弘化 2. 9.15 | 嘉永 3.12. 6 | ①士宗門改・武具預・馳走 ②用人添 ③450 ④弘化3.2.18若殿様側、弘化4.4.1～嘉永3.1.11普請、嘉永3.1.11鷹頭取 ⑤役料50俵 |
| 横山彦左衛門 | 7 | 弘化 3. 2.16 | 嘉永 3. 7.13 | ①(側・小納戸) ②没 ③130 ④側・小納戸弘化3.2.18若殿様小納戸向御用 ⑤(役)若殿様側向勤、役料70俵 |

| 姓　　名 | 代 | 就任年月日 | 退任年月日 | ①前役 ②後役 ③知行高 ④兼役<br>⑤その他（改称、役料など） |
|---|---|---|---|---|
| 渡辺弥五左衛門 | 9 | 弘化 3. 2.18 | 弘化 3. 5.21 | ①(若殿様側) ②側・(若殿様側) ③350 ④若殿様側 ⑤(役)側役並 |
| 三浦九右衛門 | 9 | 弘化 3. 2.18 | 嘉永 3. 2.22 | ①(若殿様側) ②稽古奉行加 ③500 ④若殿様側 ⑤(役)側役並 |
| 河北主水 | 7 | 弘化 3. 2.18 | 嘉永 3.12. 6 | ①(側) ②用人添 ③450 ④側、弘化4.4.1～嘉永3.1.11普請、嘉永3.1.11鷹頭取 ⑤(役)若殿様側、役料50俵 |
| 今村忠右衛門 | 7 | 弘化 3. 2.18 | 嘉永 3.12. 6 | ①(用人・側・鷹頭取) ②(用人・鷹頭取) ③350→450 ④用人・側・鷹頭取 ⑤(役)若殿様側役料200俵 |
| 藤堂次郎太夫 | 6 | 弘化 3. 2.18 | 嘉永 3.12. 7 | ①(側) ②(側) ③200 ④側、嘉永2.5.12～同3.5.13中屋敷留守居 ⑤(役)若殿様側、役料100俵 |
| 西尾隆治 | 6 | 弘化 3. 2.18 | 安政 1.12. 7 | ①(側) ②没 ③200→250 ⑤(役)若殿様側、役料50俵 |
| 渡辺弥五左衛門 | 9 | 弘化 3. 5.21 | 弘化 3. 8. 5 | ①(若殿様側)・側並 ②没 ③350 |
| 今村十郎右衛門 | 6 | 弘化 3. 9. 9 | 嘉永 3. 1.11 | ①(小納戸) ②弘道館物主并書物 ③300 ④小納戸・鷹頭取 ⑤(役)側役格 |
| 高橋要人 | 7 | 弘化 4. 3. 1 | 嘉永 3.12. 6 | ①(小納戸・表用人) ②(表用人) ③350 ④表用人・小納戸 |
| 細江次郎右衛門 | 8 | 嘉永 1. 7. 7 | 嘉永 7. 1.15 | ①小納戸・表用人 ②町・神社 ③350 ⑤(役)若殿様側 |
| 青木十郎次 | 4 | 嘉永 3. 3. 8 | 嘉永 4.10. 1 | ①侍宗門改・武具預・馳走 ②町・寺社 ③250 ⑤(役)若殿様側 |
| 浅居庄太夫 | 10 | 嘉永 3.11. 3 | 安政 3.12.13 | ①町・寺社・南筋当分 ②隠居 ③350 ⑤役料50俵 |
| 三浦十左衛門 | 9 | 嘉永 4. 1.11 | 安政 3. 6.19 | ①目付 ②没 ③180→230 ⑤役料50俵 |
| 柏原織之進 | 10 | 嘉永 4. 4.24 | 嘉永 6.12.15 | ①(小納戸) ②側 ③300 ④小納戸・鷹頭取 ⑤(改)与兵衛、(役)側役格、役料50俵 |
| 安藤長三郎 | 9 | 嘉永 4.10.25 | 嘉永 7. 1.29 | ①目付 ②中筋 ③180 ⑤役料30俵→50俵 |
| 柏原与兵衛 | 10 | 嘉永 6.12.15 | 文久 2.10.27 | ①(鷹頭取)・側役格 ②役儀取上 ③300→350 ④鷹頭取 ⑤役料50俵 |
| 宇津木六之丞 | 9 | 嘉永 7. 3.22 | 文久 2.⑧.14 | ①預所奉行 ②家名断絶・苗字帯刀取上 ③350→450 ④安政5.6.1～万延1.閏3.25公用人 ⑤役料50俵 |
| 椋原主馬 | 11 | 安政 1.12.10 | 万延 1. 8. 1 | ①(用人) ②(用人) ③1200 ④用人 |
| 田中雄助 | 7 | 安政 2. 1.11 | 万延 1. 6.15 | ①北筋 ②北筋 ③150 ⑤役料50俵 |
| 酒居三郎兵衛 | 8 | 安政 4. 3.15 | 安政 6.12.23 | ①供頭・鷹頭取 ②没 ③450 ④安政4.3.15愛麿様付人 |
| 大久保小膳 | 6 | 安政 4. 3.15 | 明治 1.11.26 | ①若殿様小納戸 ②三等家執事供頭 ③300→350 ④愛麿様付人、万延1.3.23～慶応4.2.16鷹頭取 ⑤役料50俵 |
| 今村忠右衛門 | 8 | 安政 6.10.27 | 万延 1. 6.15 | ①取次頭取 ②城使 ③450 ④愛麿様付人 |
| 杉原惣左衛門 | 7 | 安政 7. 2.22 | 万延 1. 6.15 | ①小納戸・御城部屋番 ②弘道館物主并書物 ③400 ④愛麿様付人 |
| 安中半右衛門 | 7 | 万延 1.11.23 | 慶応 4. 4. 3 | ①中筋 ②裁判所掛市中取締役 ③350→400 ⑤役料50俵 |

| 姓　　名 | 代 | 就任年月日 | 退任年月日 | ①前役 ②後役 ③知行高 ④兼役<br>⑤その他（改称、役料など） |
|---|---|---|---|---|
| 中居弥五八 | 9 | 文久 2. 8.25 | 元治 1. 8.21 | ①弘道館奉行 ②町・寺社 ③300→350 ⑤役料50俵 |
| 田中雄助 | 7 | 文久 3.10. 1 | 元治 2. 3. 9 | ①筋助 ②免 ③0 ⑤雑用米200俵 |
| 田中三郎左衛門 | 7 | 元治 1. 9. 9 | 慶応 3. 5.28 | ①北筋 ②評定 ③250 ④慶応2.7.19城使 |
| 武笠清右衛門 | 10 | 慶応 3. 6. 1 | 慶応 4.④.19 | ①稽古加 ②町・神社 ③300 ④慶応4.2.28稽古、慶応4.4.22評定 |
| 田中三郎左衛門 | 7 | 慶応 4. 1.21 | 慶応 4.④.18 | ①(評定) ②参政 ③250 ④慶応4.3.19まで評定 ⑤役料100俵 |
| 渋谷騮太郎 | 1 | 慶応 4. 4. 5 | 慶応 4.④.18 | ①侍読 ②参政 ③100 |
| 岡嶋七右衛門 | 10 | 慶応 4. 4.29 | 明治 1.11.15 | ①目付 ②目付 ③90 ⑤役料10俵 |
| 犬塚求之介 | 9 | 慶応 4.④.19 | 明治 1.11.26 | ①(用人) ②三等家執事 ③1200 ④用人 |
| 大久保与左衛門 | 9 | 慶応 4.④.19 | 明治 1.11.29 | ①町・神社 ②免 ③350 |
| 大久保藤助 | 10 | 慶応 4. 8.11 | 明治 1.11.26 | ①－ ②四等家執事・小納戸・(供頭) ③250 ④供方頭 ⑤(役)側役格 |

## 5　町奉行

町奉行は、彦根城下町・長浜町の仕置を担当する役務であった。商人・職人の正路な営業行為に配慮して町方の繁昌を考え、紛争の審理・調停、秩序の維持のために中心的役割を担った。元禄12年(1699) 閏9月からは、原則2人による月番交代制となり、毎月寄合日を設け、双方の役宅で協議を行った。また、裁許などの職務は勘定場にて遂行した。知行高250石～1500石の藩士が就任した。

| 姓　　名 | 代 | 就任年月日 | 退任年月日 | ①前役 ②後役 ③知行高 ④兼役 ⑤その他（改称、役料など） |
|---|---|---|---|---|
| 大久保新右衛門 | 1 | 慶長 7. 3. 7 | 元和 1. 8 | ①－ ②没 ③800 |
| 秋山忠兵衛 | 1 | (元和 2) | (寛永20) | ①－ ②－ ③600→1500 |
| 大久保式部 | 2 | (寛永 4以降) | 寛文 8. 1.29 | ①筋ヵ ②隠居 ③1200 ⑤(改)新右衛門ヵ |
| 松居小左衛門 | 2 | 正保 1 | 慶安 2 | ①(筋) ②町 ③800 ④筋、(役)町奉行当分 |
| 松居小左衛門 | 2 | 慶安 2 | 慶安 4. 3.28 | ①筋･町奉行当分 ②没 ③1000 |
| 内山太左衛門 | 3 | 寛文 8 | 延宝 7 | ①筋 ②免 ③700ヵ |
| 内山太左衛門 | 4 | 延宝 7 | 元禄 1 | ①－ ②没 ③1000 |
| 小野田小一郎 | 4 | 元禄 2 | 元禄 8. 4.14 | ①取次 ②免 ③1000 ⑥当分町支配役 |
| 藤田勝右衛門 | 3 | 元禄 8. 4.15 | 元禄 8. 8.24 | ①取次 ②免 ③500 ⑥(役)小野田小一郎病気ニ付町方支配の儀当分勤 |
| 宇津木三右衛門 | 3 | 元禄 8. 4.15 | 元禄 8. 8.24 | ①－ ②－ ③500 ⑤(役)小野田病気ニ付町方支配当分 |
| 小野田小一郎 | 4 | 元禄 8. 8.24 | 元禄12. ⑨. 1 | ①－ ②用人 ③1000 |
| 一瀬九左衛門 | 3 | 元禄12. ⑨. 1 | 元禄15. 2.29 | ①－ ②隠居 ③300 ④寺社 ⑤役料100俵 |
| 宇津木三右衛門 | 3 | 元禄12. ⑨. 1 | 宝永 2. 7.18 | ①－ ②隠居 ③500 ④寺社 ⑤役料100俵 |
| 藤田四郎左衛門 | 4 | 宝永 2. 7.18 | 享保 8. 1.28 | ①筋 ②用人 ③450→500 ⑤役料100俵 |
| 一瀬九左衛門 | 4 | 享保 2.12.29 | 享保 8. 2.15 | ①(筋) ②町･寺社･(筋) ③300 ④筋 ⑤(役)町当分加 |
| 一瀬九左衛門 | 4 | 享保 8. 2.15 | 享保10. 5.27 | ①(筋) ②願免 ③350 ④享保9.12.29まで筋･寺社 |
| 石原甚五左衛門 | 4 | 享保 8. 2.15 | 享保11.12.21 | ①－ ②願免 ③500 ④寺社 |
| 青木平左衛門 | 3 | 享保10. 8.15 | 元文 2.⑪.15 | ①－ ②金之助様側付人 ③600 ④寺社 |
| 海老江門平 | 2 | 享保11.12.28 | 享保15.12.15 | ①筋 ②願免 ③300→350 ④享保15.8.24当分仕送り方頭取 ⑤役料50俵 |
| 丸山八郎左衛門 | 5 | 享保15.12.15 | 延享 3. 6.26 | ①筋･仕送方頭取 ②隠居 ③400 ⑤役料100俵 |
| 今村平次 | 2 | 元文 2.12.22 | 寛保 1.12. 4 | ①因幡守様付人 ②金之助様側・付人 ③350 |
| 高橋新五左衛門 | 3 | 寛保 2. 1.29 | 延享 1. 9. 2 | ①(筋) ②没 ③350 ④寺社、寛保3.8.22まで筋 |
| 加藤彦兵衛 | 6 | 延享 1.10. 8 | 延享 4.10. 4 | ①筋 ②没 ③300 ④寺社 |
| 柏原忠右衛門 | 4 | 延享 3. 7.21 | 寛延 4. 1.18 | ①側･鷹用向頭取 ②願免 ③400 |
| 渡辺弥五左衛門 | 6 | 延享 4.11. 3 | 宝暦 3. 1. 5 | ①(筋) ②没 ③300→350 ④寺社、寛延1.7.17まで筋 |
| 庵原半九郎 | 2 | 寛延 4. 1.28 | 宝暦 2. 9.17 | ①－ ②没 ③400 ④寺社 ⑤(改)奥左衛門 |
| 武川源左衛門 | 3 | 宝暦 2.11.23 | 宝暦12.12.20 | ①筋 ②没 ③350 ④宝暦8.8.21まで寺社、宝暦7.2.21～宝暦8.8.21筋当分 |
| 勝平次右衛門 | 6 | 宝暦 3. 3. 3 | 宝暦 4. 9.29 | ①－ ②用人 ③800 ④寺社 |
| 西尾治部之介 | 4 | 宝暦 6. 1.29 | 宝暦 8. 8.21 | ①－ ②免 ③600 ④寺社 |
| 浅村理兵衛 | 4 | 宝暦11. 4. 2 | 宝暦12. 7.21 | ①(筋) ②(筋) ③400 ④筋 ⑤役料50俵 |
| 長野十之丞 | 1 | 宝暦12. 7.21 | 明和 3.10.16 | ①士宗門改･武具預 ②願免 ③400 ④寺社 |
| 浅村理兵衛 | 4 | 宝暦13. 2.18 | 安永 8.10.17 | ①筋 ②隠居 ③400→450 ④寺社 ⑤役料50俵 |

| 姓　　名 | 代 | 就任年月日 | 退任年月日 | ①前役 ②後役 ③知行高 ④兼役 ⑤その他（改称、役料など） |
|---|---|---|---|---|
| 沢村小平太 | 3 | 明和 3.11. 1 | 安永 3. 9.27 | ①筋 ②隠居 ③450 ④寺社 |
| 本多七左衛門 | 5 | 安永 3.10.15 | 安永 5. 6.28 | ①城使・取次 ②没 ③500 ④寺社 |
| 今村冑右衛門 | 4 | 安永 5. 8. 1 | 安永 7. 8. 7 | ①(筋) ②役儀取上 ③500 ④寺社・筋 |
| 今村平次 | 4 | 安永 7. 8. 7 | 天明 2. 8.28 | ①― ②側 ③550 ④寺社 |
| 後閑新兵衛 | 6 | 安永10. 3.22 | 天明 3.10.27 | ①城使 ②隠居 ③300 ④寺社 |
| 奥平源八 | 3 | 天明 2. 9.21 | 天明 6. 8.21 | ①― ②側・鷹方頭取 ③300 ④寺社 |
| 青木角之丞 | 5 | 天明 4. 3.13 | 寛政10.12.25 | ①小納戸 ②表方懸り用人 ③300→350 ④寺社 ⑤役料50俵 |
| 荒居治太夫 | 4 | 天明 6. 8.14 | 寛政 2. 7.11 | ①公用 ②隠居 ③400 ④寺社 ⑤役料100俵 |
| 武笠魚兵衛 | 6 | 寛政 2. 7.26 | 寛政 4. 6. 5 | ①筋 ②隠居 ③300 |
| 中野平吉 | 5 | 寛政 4. 6.13 | 寛政 7. 3.11 | ①― ②願免 ③400 ④寺社 |
| 浅村理兵衛 | 5 | 寛政 8. 7. 1 | 寛政10. 4. 3 | ①― ②没 ③450 ④寺社 |
| 藤田弥五右衛門 | 5 | 寛政10.12.25 | 寛政11.11.24 | ①(筋) ②(町・寺社)・中筋当分 ③300 ④寺社・筋 ⑤(役)寺社・町方当分 |
| 青木角之丞 | 5 | 寛政10.12.25 | 享和 2. 6. 2 | ①寺社・町 ②免 ③350 ④表方懸り用人 ⑤(役)寺社・町方当分本役同様心得勤める |
| 藤田弥五右衛門 | 5 | 寛政11.11.24 | 享和 2. 6. 2 | ①筋・(寺社・町当分) ②免 ③300 ④寺社、寛政12.3.24まで中筋当分、同12.3.24北筋当分 |
| 石原甚五左衛門 | 7 | 享和 2. 9.21 | 文化 4. 1.21 | ①― ②免 ③500 ④寺社 |
| 早乙女八郎左衛門 | 6 | 享和 2. 9.21 | 文化12.10. 1 | ①(中筋) ②没 ③300→350 ④寺社、文化10.8.7まで中筋当分 ⑤役料50俵 |
| 小幡与五兵衛 | 7 | 文化 4. 2.15 | 文化 7. 5.21 | ①南筋 ②稽古館物主并書物 ③300 ④寺社 |
| 向坂忠左衛門 | 7 | 文化 7. 7.21 | 文化 9.11.30 | ①大津蔵 ②願免 ③600 ④寺社 |
| 小幡与五兵衛 | 7 | 文化10. 1.21 | 文化12. 9.19 | ①稽古館物主并書物 ②南筋 ③300 ④寺社 |
| 横内次左衛門 | 7 | 文化12. 9.19 | 文政 1.11.15 | ①筋 ②側 ③200 ④寺社 ⑤(改)次右衛門、役料50俵 |
| 中野平馬 | 5 | 文化12.11.13 | 文政 2. 5.21 | ①稽古 ②用人 ③400 ④寺社 |
| 河北庄介 | 6 | 文政 2. 3.21 | 文政 3.12.19 | ①用人添 ②隠居 ③450 ④寺社方 ⑤役料50俵 |
| 舟橋宮内 | 6 | 文政 2. 7.28 | 天保 3. 1.21 | ①(中筋) ②側③250 ④寺社、文政13.6.27まで中筋当分 ⑤(改)音門、役料50俵 |
| 中居弥五八 | 8 | 文政 4. 4.26 | 文政 5. 1. 8 | ①仕送 ②仕送 ③300 ④寺社 |
| 犬塚原之丞 | 5 | 文政 5. 5. 2 | 文政11. 1. 2 | ①北筋 ②側 ③300 ④寺社 ⑤(改)外記 |
| 横内頼母 | 7 | 文政11. 2. 9 | 天保13. 3.21 | ①(南筋当分) ②隠居 ③250 ④寺社、文政13.3.10まで南筋当分 ⑤役料50俵 |
| 舟橋音門 | 6 | 天保 3. 2.22 | 天保12. 6.12 | ①(側) ②(側) ③250→300 ④寺社・側 ⑤(改)右仲、役料50俵 |
| 黒柳孫右衛門 | 7 | 天保 3. 3.19 | 天保11. 9.19 | ①(筋) ②没 ③250 ④筋 ⑤(改)孫左衛門、役料50俵 |
| 大久保藤助 | 9 | 天保11.10.19 | 天保13. 5. 4 | ①(中筋) ②隠居 ③250 ④天保11.12.20まで筋 |
| 浅居庄太夫 | 10 | 天保13. 3. 8 | 天保14. 2.29 | ①(北筋) ②願免 ③300 ④寺社、天保13.11.12まで北筋当分、天保13.11.12南筋当分 |
| 西尾治部助 | 6 | 天保13. 6.21 | 弘化 3.12.28 | ①(用人)・北筋 ②(用人)・稽古 ③700→800 ④寺社・用人 ⑤役料200俵 |
| 杉原数馬 | 7 | 天保14. 3. 9 | 嘉永 3.11.14 | ①北筋 ②没 ③400 ④寺社、弘化2.8.15まで当分筋 ⑤役料50俵 |

| 姓　　名 | 代 | 就任年月日 | 退任年月日 | ①前役 ②後役 ③知行高 ④兼役<br>⑤その他（改称、役料など） |
|---|---|---|---|---|
| 浅居庄太夫 | 10 | 弘化 3.12.28 | 嘉永 3.11. 3 | ①(南筋) ②側 ③300→350 ④寺社・南筋当分 ⑤役料50俵 |
| 早乙女多司馬 | 7 | 嘉永 3.12.11 | 嘉永 4. 8. 8 | ①(中筋) ②城使 ③350 ④寺社・中筋当分 |
| 勝野五太夫 | 8 | 嘉永 3.12.11 | 嘉永 5. 7.20 | ①北筋 ②没 ③450 ④寺社、嘉永4.1.30まで当分南筋 ⑤役料50俵 |
| 青木十郎次 | 4 | 嘉永 4.10. 1 | 万延 1. 8. 9 | ①若殿様側 ②没 ③250 ④寺社 ⑤役料50俵 |
| 田中三郎左衛門 | 6 | 嘉永 5. 9.15 | 嘉永 6.11. 9 | ①(南筋) ②没 ③250 ④寺社、嘉永6.2.2まで南筋当分 ⑤役料50俵 |
| 細江次郎右衛門 | 8 | 嘉永 7. 1.15 | 慶応 3. 9.16 | ①若殿様側 ②隠居 ③350→400 ④寺社 ⑤役料50俵 |
| 浅居朋道 | 10 | 万延 1.③.15 | 万延 1. 5. 8 | ①－ ②没 ③0 ⑥(役)寺社・町・筋の助、南筋重に勤める、雑用米50俵 |
| 高橋新五左衛門 | 7 | 万延 1. 9.16 | 元治 1. 8.26 | ①北筋 ②士宗門改・武具預り・馳走 ③400 ④寺社 |
| 中居弥五八 | 9 | 元治 1. 8.21 | 慶応 3. 5.28 | ①側 ②評定 ③350 ④寺社、元治1.9.10南筋、慶応1.11.15預所奉行 |
| 大久保与左衛門 | 9 | 慶応 3. 6. 1 | 慶応 4.④.19 | ①(中筋) ②側 ③350 ④慶応4.4.25まで寺社方、同4.4.25神社、同4.3.3まで中筋当分 |
| 武笠清右衛門 | 10 | 慶応 4.④.19 | 明治 1.11.29 | ①側・稽古・評定 ②総教局三等執事 ③300 ④神社、慶応4.5.15当分筋 |

## 6　筋奉行

筋奉行は、郷中の検見と物成高の決定、百姓の公事出入の裁許、郷中川除普請の指示など、郷中の支配を行う役職である。中後期には、就任者は６人が原則であり、郷中を三筋（中筋－彦根を中心、北筋－天野川以北、南筋－宇曽川以南）に分け、各筋を２人ずつが担当した。彦根藩初期の筋奉行は、職掌や定員が中後期とは異なる。近世中期には、知行高300石～800石の藩士が就いた。

| 管轄 | 姓　名 | 代 | 就任年月日 | 退任年月日 | ①前役 ②後役 ③知行高 ④兼役 ⑤その他（改称、役料など） |
|---|---|---|---|---|---|
| | 脇五右衛門 | 1 | （慶長 5） | 元和 5 | ①－ ②家老 ③700→2000 |
| | 石原甚五左衛門 | 2 | （元和 1以降） | （寛文 7以前） | ①－ ②－ ③500 ④小納戸 |
| | 河野六兵衛 | 3 | （元和 2以前） | （元禄4. 3. 15） | ①－ ②－ ③450→650 ⑤貞享異譜では万治2～延宝8筋 |
| | 柏原与兵衛 | 2 | 元和 4 | 寛永 3 | ①－ ②没 ③1000 |
| | 佐成三郎左衛門 | 1 | （元和 9以降） | 寛永 5 | ①不明 ②没 ③500 |
| | 大久保将監 | 1 | 寛永 4 | 寛永 5 | ①－ ②没 ③500 |
| | 大鳥居玄蕃 | 2 | 寛永 4 | 寛永 8 | ①－ ②没 ③1000 ④賄 |
| | 大鳥居玄番 | 2 | （寛永 4） | 年月日未詳 | ①－ ②不明 ③1000 ④賄 ⑤数年勤める |
| | 大久保勘兵衛 | | （寛永 4以降） | （寛文 3） | ①－ ②没 ③500 ⑤3代目新右衛門の兄 |
| | 大久保式部 | 2 | （寛永 4以降） | （寛文8. 1） | ①－ ②町ヵ ③1200 ⑤(改)新右衛門ヵ |
| | 松居小左衛門 | 2 | 寛永13 | 慶安 2 | ①普請 ②町 ③800 ④寛永21. 10. 5勘定、正保１町当分 |
| | 成島彦左衛門 | 2 | 寛永16 | 明暦 1. 7 | ①－ ②没 ③450 |
| | 菅沼郷左衛門 | 2 | 寛永19 | （寛文2） | ①不明 ②不明 ③500 ④寛永21. 10. 5勘定 |
| | 松居九郎兵衛 | 2 | 寛永21. 10. 5 | （明暦 3） | ①－ ②没 ③400 |
| | 山下市左衛門 | 1 | 寛永21. 10. 5 | 万治 3 | ①－ ②没 ③300 |
| | 藤田四郎左衛門 | 2 | 寛永21. 10. 5 | 寛文 1 | ①－ ②隠居 ③400 |
| | 大久保新右衛門 | | 寛永21. 10. 5 | 年月日未詳 | ①－ ②－ ③1200 ④寛永21. 10. 5勘定 |
| | 吉川軍左衛門 | 2 | 慶安 1 | 明暦 2 | ①馳走 ②没 ③500 |
| | 大久保弥五右衛門 | 2 | 慶安 4 | 承応 3 | ①－ ②没 ③300 |
| | 太田甚左衛門 | 1 | 承応 3 | 寛文 9. 9 | ①－ ②没 ③300 |
| | 河手四方左衛門 | 1 | 万治 1 | 寛文 3 | ①－ ②役儀取上 ③300 |
| | 大鳥居杢右衛門 | 2 | 万治 3 | 寛文 1 | ①賄 ②閉門 ③500 |
| | 富上喜太夫 | 2 | 寛文 1 | 寛文 2 | ①－ ②－ ③700 |
| | 内山太左衛門 | 3 | 寛文 2 | 寛文 8 | ①－ ②町 ③500ヵ |
| | 大久保弥五右衛門 | 3 | 寛文 3. 11 | 元禄 4. 4. 20 | ①取次 ②隠居 ③300 |
| | 山下弥惣兵衛 | 2 | 寛文 4 | 寛文10 | ①勘定 ②没 ③300 |
| | 三浦熊之介 | 3 | 寛文 4 | 寛文12 | ①－ ②没 ③450 |
| | 藤田四郎左衛門 | 3 | 寛文 7 | 寛文10 | ①－ ②没 ③450 |
| | 宇津木武兵衛 | 2 | （寛文 8以降） | （貞享4以前） | ①－ ②免 ③500 ⑤寛文8以降に就任、12年間在役 |
| | 宇津木六之丞 | 2 | 寛文 9 | （貞享1. 10以前） | ①城使 ②隠居 ③400→500 |
| | 中野伴左衛門 | 2 | 寛文12 | 天和 1 | ①－ ②免 ③700 |
| | 山田甚五右衛門 | 2 | 寛文12 | （天和2. 10以前） | ①－ ②願免 ③300 |
| | 浅居勝太夫 | 4 | （延宝 4以降） | （元禄2. 10以前） | ①大津蔵 ②没 ③350→400 |
| | 太田甚左衛門 | 2 | 延宝 9. 4 | 元禄 4. 2 | ①－ ②免 ③400 |

| 管轄 | 姓　　名 | 代 | 就任年月日 | 退任年月日 | ①前役 ②後役 ③知行高 ④兼役<br>⑤その他（改称、役料など） |
|---|---|---|---|---|---|
| | 岡頼母 | 1 | 天和 1.11 | 元禄 5. 1.16 | ①－ ②－ ③400→450 |
| | 勝野五太夫 | 3 | 天和 2 | 貞享 3 | ①－ ②没 ③400 |
| | 青木平左衛門 | 2 | 天和 2 | 元禄 3.12 | ①取次 ②免 ③600 |
| | 宇津木六之丞 | 2 | 天和 3.10 | 貞享 3 | ①南筋 ②隠居 ③400→500 |
| | 山田甚五右衛門 | 3 | 貞享 3 | 元禄 7 | ①勘定 ②役儀取上 ③350 |
| | 富上九兵衛 | 1 | 元禄 2 | 元禄 5.12.26 | ①城使 ②家中恩借銀之支配 ③350 |
| | 後閑新兵衛 | 2 | 元禄 2 | 元禄12. 9.14 | ①彦根普請 ②閉門・免 ③300<br>⑤役料100俵 |
| | 大根田猪右衛門 | 3 | 元禄 4 | 宝永 4.12.21 | ①－ ②隠居 ③300 ⑤役料100俵 |
| | 藤田四郎左衛門 | 4 | 元禄 4 | 宝永 2. 7.18 | ①－ ②町 ③450 ⑤役料100俵 |
| | 閑野源左衛門 | 2 | 元禄 7. 7.21 | 元禄 7. 8. 8 | ①普請 ②中筋 ③300<br>⑤(役)筋奉行三手へ加り勤める |
| 中筋 | 閑野源左衛門 | 2 | 元禄 7. 8. 8 | 元禄12. 9.14 | ①筋奉行三手へ加わる ②閉門・免<br>③300 ⑤役料100俵 |
| | 久野角兵衛 | 3 | 元禄12. 9. 1 | 元禄14. 1.29 | ①普請 ②願免 ③200 ⑤(役)加役、役料50俵 |
| | 正木舎人 | 3 | 元禄12. 9. 1 | 元禄16. 3.21 | ①－ ②願免 ③500 ⑤役料100俵 |
| | 石黒伝右衛門 | 3 | 元禄12. 9. 1 | 宝永 8. 3.21 | ①目付 ②筋 ③250<br>⑤(役)加役、役料50俵 |
| | 湯本弥五介 | 3 | 元禄12. 9. 1 | 宝永 8. 3.21 | ①目付 ②筋 ③200<br>⑤(役)加役、役料50俵 |
| | 稲垣弥五右衛門 | 2 | 元禄14. 1.29 | 宝永 8. 3.21 | ①佐野・世田谷 ②筋 ③200<br>⑤(役)加役、役料50俵 |
| | 竹原与惣左衛門 | 3 | 元禄16. 3.21 | 宝永 7. 6.14 | ①恩借 ②没 ③300 ⑤役料100俵 |
| | 山下弥惣兵衛 | 3 | 宝永 2. 7.18 | 正徳 1. 4.21 | ①－ ②免 ③300 ⑤役料100俵 |
| | 加藤彦兵衛 | 5 | 宝永 5. 3. 2 | 宝永 6.11.16 | ①在中宗旨改 ②願免 ③300 ⑤役料100俵 |
| | 一瀬九左衛門 | 4 | 宝永 8. 3.16 | 享保 9.12.29 | ①－ ②(町) ③300→350<br>④享保2.12.29～享保8.2.15町当分加、享保8.2.15町・寺社 ⑤役料100俵 |
| | 今村源之進 | 1 | 宝永 8. 3.21 | 正徳 5. 1.10 | ①小納戸 ②側 ③350 ⑤役料100俵 |
| | 稲垣弥五右衛門 | 2 | 宝永 8. 3.21 | 正徳 5. 2.23 | ①筋加 ②隠居 ③200→250<br>⑤役料50俵 |
| | 石黒伝右衛門 | 3 | 宝永 8. 3.21 | 正徳 5. 7.21 | ①筋加 ②－ ③300 ⑤役料50俵 |
| | 湯本弥五介 | 3 | 宝永 8. 3.21 | 正徳 5. 7.27 | ①筋加 ②免 ③350 ⑤役料50俵 |
| | 浅村理兵衛 | 3 | 宝永 8. 3.21 | 享保 4. 4.21 | ①－ ②側 ③400 ⑤役料100俵 |
| | 渡辺弥五左衛門 | 5 | 正徳 5. 1.10 | 正徳 6. 4. 2 | ①－ ②没 ③250 ⑤役料100俵 |
| | 海老江門平 | 2 | 正徳 5. 2.23 | 享保11.12.28 | ①勘定 ②町 ③200→300 ⑤役料100俵 |
| | 青木平左衛門 | 3 | 正徳 5. 7.27 | 享保 8. 2.15 | ①近習 ②願免 ③600 ⑤役料100俵 |
| | 丸山八郎左衛門 | 5 | 正徳 5. 7.27 | 享保15.12.15 | ①－ ②町 ③350<br>④享保15.8.29仕送方頭取当分加 |
| | 丸山一大夫 | 4 | 享保 1. 6.23 | 享保 8. 2.15 | ①－ ②免 ③400 ⑤役料100俵 |
| | 勝野五太夫 | 4 | 享保 4. 4.25 | 享保21. 3.29 | ①－ ②隠居 ③400→450 ⑤役料50俵 |
| | 水上六郎右衛門 | 3 | 享保 8. 2.15 | 享保 9.12.10 | ①大津蔵 ②願免 ③200 |
| | 成島彦左衛門 | 5 | 享保 8. 2.15 | 享保19. 4.16 | ①－ ②没 ③400<br>④享保15.8.29仕送方頭取当分加役 |

| 管轄 | 姓　　名 | 代 | 就任年月日 | 退任年月日 | ①前役 ②後役 ③知行高 ④兼役<br>⑤その他（改称、役料など） |
|---|---|---|---|---|---|
| | 高橋新五左衛門 | 3 | 享保 8. 2.15 | 寛保 3. 8.22 | ①－ ②(町) ③300→350<br>④寛保2.1.29町・寺社 |
| | 渥美平八郎 | 4 | 享保 9.12.28 | 享保15.12.15 | ①－ ②(仕送方頭取) ③300→350<br>④享保15.8.29仕送方頭取 |
| | 三浦軍介 | 5 | 享保11.12.28 | 享保13.12.12 | ①元方勘定 ②願免 ③200 |
| | 河西忠左衛門 | 2 | 享保13.12.14 | 享保21. 3.26 | ①佐野 ②没 ③250 |
| | 岡武左衛門 | 2 | 享保15.12.15 | 元文 5.⑦.28 | ①京賄 ②隠居 ③300 |
| | 渥美平八郎 | 4 | 享保17.12.15 | 享保20. 9.26 | ①(仕送方頭取) ②(仕送方頭取)<br>③350 ④仕送方頭取 |
| | 松居助内 | 5 | 享保19. 7. 8 | 元文 2.12.22 | ①(元方勘定) ②免 ③200→250<br>④元方勘定 |
| | 八田弥惣八 | 5 | 享保20. 9.26 | 元文 3. 9.28 | ①－ ②側 ③300 ⑤(改)金十郎 |
| | 犬塚十左衛門 | 2 | 享保21. 3.29 | 元文 2.⑪.15 | ①－ ②金之助様側・付人 ③400 |
| | 大根田猪右衛門 | 4 | 享保21. 3.29 | 寛保 2. 2. 5 | ①－ ②願免 ③300 |
| | 加藤彦兵衛 | 6 | 元文 2.12.22 | 延享 1.10. 8 | ①馳走 ②町・寺社 ③300 |
| | 一瀬九左衛門 | 5 | 元文 3. 1.28 | 寛保 1. 3. 1 | ①－ ②願免 ③350 |
| | 渡辺弥五左衛門 | 6 | 元文 3.10.21 | 寛延 1. 7.17 | ①－ ②(町・寺社) ③300<br>④延享4.11.3町・寺社 |
| | 弓削田弥惣太 | 4 | 元文 5.⑦.28 | 延享 3. 9. 8 | ①普請 ②没 ③200 |
| | 湯本弥五介 | 4 | 寛保 1. 3. 1 | 延享 4.11.16 | ①京賄 ②願免 ③200 |
| | 溝江彦之右衛門 | 4 | 寛保 2. 2. 5 | 宝暦 5. 2.15 | ①城使 ②隠居 ③300→350 |
| | 庵原半九郎 | 2 | 寛保 3. 8.22 | 延享 3. 4. 3 | ①－ ②願免 ③400 |
| | 浅村隼人 | 4 | 延享 1.10.15 | 宝暦13. 2.18 | ①－ ②町・寺社 ③400 ④宝暦11.4.2～同12.7.21町 ⑤(改)理兵衛、役料50俵 |
| | 山田甚五右衛門 | 5 | 延享 3. 4. 3 | 寛延 3. 2.13 | ①－ ②没 ③300 |
| | 小野田小助 | 2 | 延享 3.10. 1 | 延享 5. 3.17 | ①－ ②没 ③400 |
| | 石黒伝右衛門 | 4 | 延享 4.12. 4 | 宝暦 6.⑪.28 | ①京大坂借用筋用向見習 ②免 ③200<br>⑤役料50俵 |
| | 武川源左衛門 | 3 | 延享 5. 4.15 | 宝暦 2.11.23 | ①－ ②町・寺社 ③350 |
| | 村山宮内 | 4 | 寛延 1. 8. 1 | 寛延 4. 2.11 | ①馳走 ②隠居 ③400 |
| | 石原甚五左衛門 | 5 | 寛延 3. 3.28 | 寛延 3.12. 9 | ①－ ②願免 ③500 |
| | 吉川軍左衛門 | 5 | 寛延 3.12.28 | 寛延 4. 1. 5 | ①－ ②没 ③400 |
| | 加藤彦兵衛 | 7 | 寛延 4. 1.28 | 宝暦 2. 6.23 | ①－ ②願免 ③300 |
| | 渥美与五左衛門 | 5 | 寛延 4. 3. 3 | 宝暦 6.⑪.28 | ①－ ②免 ③350 |
| | 長野十之丞 | 1 | 宝暦 2. 7.28 | 宝暦 5. 7.10 | ①取次 ②願免 ③400 |
| | 佐成左太右衛門 | 5 | 宝暦 2.12.21 | 宝暦 6.⑪.28 | ①－ ②免 ③400 |
| | 夏目外記 | 3 | 宝暦 5. 2. 8 | 宝暦 7. 2. 4 | ①城使 ②没 ③300 |
| | 小泉弥一右衛門 | 5 | 宝暦 5. 8.19 | 宝暦 7. 9. 5 | ①－ ②願免 ③300 |
| | 斎藤一之丞 | 6 | 宝暦 6.12.15 | 宝暦10. 8. 1 | ①普請 ②没 ③150<br>⑤(役)加役、役料50俵 |
| | 佐成源五兵衛 | 4 | 宝暦 6.12.15 | 宝暦10. 8.25 | ①(元方勘定) ②筋 ③200<br>④宝暦8.2.20まで元方勘定、同8.2.20郷中宗門改、同8.12.15新田開発用懸り<br>⑤(役)加役、役料50俵 |
| | 青山与五左衛門 | 4 | 宝暦 6.12.15 | 宝暦13. 2.18 | ①目付 ②筋 ③150<br>⑤(役)加役、役料50俵 |

| 管轄 | 姓　　名 | 代 | 就任年月日 | 退任年月日 | ①前役 ②後役 ③知行高 ④兼役<br>⑤その他（改称、役料など） |
|---|---|---|---|---|---|
| | 武川源左衛門 | 3 | 宝暦 7. 2.21 | 宝暦 8. 8.21 | ①(町・寺社) ②(町) ③350 ④町・寺社 ⑤(役)当分 |
| | 田中三郎左衛門 | 3 | 宝暦 8. 8.21 | 宝暦11.12.30 | ①普請 ②役儀取上 ③300 ⑤(役)加役 |
| | 沢村小平太 | 3 | 宝暦 8. 8.21 | 明和 3.11. 1 | ①－ ②町・寺社 ③450 |
| | 佐成源五兵衛 | 4 | 宝暦10. 8.25 | 宝暦11.12.30 | ①筋加・郷中宗門改・新田開発用懸り ②役儀取上 ③200 ⑤役料50俵 |
| | 奥平源八 | 3 | 宝暦10. 8.25 | 明和 1. 8.21 | ①中屋敷留守居 ②側 ③300 ⑤(役)加役 |
| | 中村清八 | 7 | 宝暦11.12.30 | 宝暦12.12.13 | ①－ ②没 ③300 ⑤(役)加役 |
| | 今村忠右衛門 | 4 | 宝暦11.12.30 | 安永 7. 8. 7 | ①－ ②役儀取上 ③500 ④安永5.8.1町・寺社 ⑤(改)胄右衛門 |
| | 藤田弥五右衛門 | 4 | 宝暦13. 2.18 | 安永 3.12. 1 | ①目付 ②筋 ③250→300 ⑤(役)加役 |
| | 青山与五左衛門 | 4 | 宝暦13. 2.18 | 安永 7. 8. 7 | ①筋加 ②役儀取上 ③150→200 ⑤役料50俵 |
| | 中村郷右衛門 | 6 | 宝暦13. 2.20 | 安永 3.11.15 | ①大津蔵 ②免 ③250 ⑤(役)加役 |
| | 佐原善右衛門 | 4 | 明和 1. 9. 1 | 安永 5. 7.10 | ①元方勘定・佐野 ②筋 ③250 ⑤(役)加役 |
| | 奥平源八 | 3 | 明和 3.12.28 | 安永 7. 8. 7 | ①－ ②役儀取上 ③300 |
| | 秋山源十郎 | 6 | 安永 3.12. 1 | 安永 7. 8. 7 | ①目付 ②役儀取上 ③200 ⑤(役)加役 |
| | 藤田弥五右衛門 | 4 | 安永 3.12. 1 | 安永 7. 8. 7 | ①筋加 ②役儀取上 ③300 |
| | 佐原善右衛門 | 4 | 安永 5. 7.10 | 安永 7. 8. 7 | ①筋加 ②役儀取上 ③250 |
| | 河北勝兵衛 | 5 | 安永 7. 8. 7 | 安永 9.11.24 | ①城使 ②隠居 ③400 |
| | 大野清兵衛 | 6 | 安永 7. 8. 7 | 安永 9.12.28 | ①中屋敷留守居 ②筋 ③450 ⑤(役)加役 |
| | 細江次郎右衛門 | 6 | 安永 7. 8. 7 | 天明 2. 7.21 | ①－ ②仕送 ③350 ⑤(役)加役 |
| | 小野田小助 | 3 | 安永 7. 8. 7 | 天明 2. 9.21 | ①－ ②鷹頭取・側役格 ③400 |
| | 本城善右衛門 | 6 | 安永 7. 8. 7 | 天明 2.10. 1 | ①目付 ②筋 ③250 ⑤(役)加役 |
| | 佐成源五兵衛 | 4 | 安永 7. 8. 7 | 天明 3. 1.28 | ①馳走 ②隠居 ③200 ⑤役料50俵 |
| | 武笠魚兵衛 | 6 | 安永 9.12.28 | 天明 2.10. 1 | ①－ ②筋 ③300 ⑤(役)加役 |
| | 大野清兵衛 | 6 | 安永 9.12.28 | 寛政 4. 6. 4 | ①筋加 ②隠居 ③450 |
| | 本城善右衛門 | 6 | 天明 2.10. 1 | 天明 8.12. 2 | ①筋加 ②隠居 ③250 ⑤役料50俵 |
| | 中川次郎左衛門 | 6 | 天明 2.10. 1 | 寛政 1. 7. 3 | ①川除 ②筋・(元方勘定・佐野) ③80→120 ④天明7.6.4元方勘定・佐野 ⑤(役)加役、役料100俵 |
| | 武笠魚兵衛 | 6 | 天明 2.10. 1 | 寛政 2. 7.26 | ①筋加 ②町・寺社 ③300 |
| | 横内次左衛門 | 5 | 天明 2.10. 1 | 寛政 2. 7.28 | ①(元方勘定・佐野)・皆米札 ②隠居 ③150→200 ④元方勘定 ⑤役料50俵 |
| | 今村十郎右衛門 | 4 | 天明 7. 6. 4 | 天明 8. 9. 6 | ①側 ②馳走 ③300 |
| | 藤田弥五右衛門 | 5 | 天明 8. 9. 6 | 寛政12. 3.24 | ①側・評定目付当分 ②町・寺社)・北筋当分 ③300 ④寛政10.12.25～同11.11.24寺社方・町方当分、同11.24町・寺社 ⑤(役)寛政11.11.24当分、役料50俵 |
| | 中川次郎左衛門 | 6 | 寛政 1. 7. 3 | 寛政11. 3. 9 | ①筋加・(元方勘定・佐野) ②役儀取上 ③120→150 ④元方勘定・佐野 ⑤役料100俵 |
| | 早乙女八郎左衛門 | 6 | 寛政 1. 7. 3 | 寛政11. 3.21 | ①普請 ②南筋 ③300 |
| | 溝江彦之右衛門 | 6 | 寛政 2. 8. 8 | 寛政 7. 5.11 | ①－ ②願免 ③300 |

| 管轄 | 姓　　名 | 代 | 就任年月日 | 退任年月日 | ①前役 ②後役 ③知行高 ④兼役 ⑤その他（改称、役料など） |
|---|---|---|---|---|---|
| | 宮崎甚太夫 | 7 | 寛政 2.12. 1 | 寛政12. 3.24 | ①城使 ②城使 ③350 |
| | 毛利十兵衛 | 5 | 寛政 4. 6.13 | 寛政 6. 9. 8 | ①大津蔵 ②隠居 ③(役)加役 |
| 南筋 | 所藤内 | 8 | 寛政 7. 4.21 | 寛政11. 3. 9 | ①普請 ②役儀取上 ③300 |
| 中筋 | 小幡与五兵衛 | 7 | 寛政 8. 7. 1 | 寛政10. 7. 1 | ①－ ②筋 ③300 ⑤(役)加役 |
| 中筋 | 小幡与五兵衛 | 7 | 寛政10. 7. 1 | 寛政12. 3.24 | ①筋加 ②南筋 ③300 |
| 南筋 | 早乙女八郎左衛門 | 6 | 寛政11. 3.21 | 寛政12. 3.24 | ①筋 ②中筋 ③300 |
| 南筋 | 横内円次 | 6 | 寛政11. 3.21 | 享和 3.12. 5 | ①側・評定目付 ②没 ③200 |
| 北筋 | 大久保権内 | 7 | 寛政11. 3.21 | 文化10. 2. 9 | ①目付 ②側 ③250→300 ⑤役料50俵 |
| 北筋 | 藤田弥五右衛門 | 5 | 寛政12. 3.24 | 享和 2. 6. 2 | ①(町・寺社)・中筋当分 ②－ ③300 ④町・寺社方 ⑤(役)当分 |
| 中筋 | 青木角次 | 3 | 寛政12. 3.24 | 享和 2. 8. 4 | ①目付 ②免 ③200 ⑤(役)加役 |
| 南筋 | 小幡与五兵衛 | 7 | 寛政12. 3.24 | 享和 3. 2.15 | ①筋 ②北筋 ③300 |
| 中筋 | 早乙女八郎左衛門 | 6 | 寛政12. 3.24 | 文化10. 8. 7 | ①南筋 ②(町・寺社) ③300→350 ④享和2.9.21町・寺社、⑤(役)享和2.9.21当分、役料50俵 |
| 中筋 | 浅居勝太夫 | 9 | 享和 2. 8.15 | 文化 1. 6. 1 | ①稽古館物主并書物 ②北筋 ③300 |
| 南筋 | 三浦与惣右衛門 | 6 | 享和 3. 2.15 | 文化 1. 2.23 | ①馳走 ②馳走 ③350 |
| 北筋 | 小幡与五兵衛 | 7 | 享和 3. 2.15 | 文化 1. 6. 1 | ①南筋 ②南筋 ③300 |
| 中筋 | 所藤内 | 8 | 文化 1. 6. 1 | 文化 2. 4.27 | ①城使 ②役儀取上 ③300 |
| 南筋 | 小幡与五兵衛 | 7 | 文化 1. 6. 1 | 文化 4. 2.15 | ①北筋 ②町・寺社 ③300 |
| 北筋 | 浅居勝太夫 | 9 | 文化 1. 6. 1 | 文化 8. 6. 1 | ①中筋 ②稽古館物主并書物 ③300 ⑤(改)庄太夫 |
| 南筋 | 横内巻太郎 | 7 | 文化 1. 6. 8 | 文化 5.⑥.15 | ①黒門前舎弟様方付人 ②筋 ③200 ⑤(改)次左衛門、(役)加役 |
| 中筋 | 小泉弥一右衛門 | 7 | 文化 2. 6.21 | 文化 4. 2.15 | ①稽古館物主并書物 ②南筋 ③300 |
| 南筋 | 小泉弥一右衛門 | 7 | 文化 4. 2.15 | 文化 4. 7. 8 | ①中筋 ②稽古館物主并書物 ③300 |
| 中筋 | 舟橋源左衛門 | 6 | 文化 4. 2.15 | 文化13.10. 8 | ①中筋代官・元方勘定・川除・大坂蔵留守居 ②中筋・(船) ③200 ④文化7.12.18船・水主支配・浜方魚猟支配 ⑤(改)半左衛門→宮内、(役)加役、役料50俵 |
| 南筋 | 今村源之進 | 6 | 文化 4.10.27 | 文化 5.11.13 | ①城使 ②側 ③300 |
| | 横内次左衛門 | 7 | 文化 5.⑥.15 | 文化12. 9.19 | ①筋加 ②町・寺社 ③200 ⑤役料50俵 |
| | 今村源之進 | 6 | 文化 7. 4. 8 | 文化10. 2.21 | ①－ ②稽古館物主并書物 ③300 |
| 北筋 | 山下藤兵衛 | 7 | 文化10. 2.21 | 文政 2. 2.18 | ①代官・三筋川除 ②作事 ③130 ⑤(改)藤太夫、(役)加役、役料50俵 |
| 南筋 | 黒柳孫左衛門 | 7 | 文化10. 2.21 | 文政 3. 8.30 | ①目付 ②免 ③200 ④文化10.12.10船 ⑤(改)孫右衛門、(役)加役、役料50俵 |
| 中筋 | 石原甚五左衛門 | 7 | 文化10. 9.22 | 文政 2. 4. 9 | ①士宗門改・武具預り ②隠居 ③500 ⑤(改)主膳 |
| 北筋 | 高橋新五左衛門 | 6 | 文化10. 9.22 | 文政 4. 1.11 | ①城使 ②中屋敷留守居・馳走 ③350 ⑤(改)新五右衛門 |
| 南筋 | 小幡与五兵衛 | 7 | 文化12. 9.19 | 文政 1. 4.26 | ①町・寺社 ②没 ③300 ⑤(改)与茂八、役料50俵 |
| 北筋 | 青木信左衛門 | 3 | 文化12.11.13 | 文化14. 1.28 | ①普請 ②城使 ③200 ④文化13.11.1船 ⑤(改)信右衛門(役)加役、役料30俵→50俵 |

| 管轄 | 姓　　名 | 代 | 就任年月日 | 退任年月日 | ①前役 ②後役 ③知行高 ④兼役 ⑤その他（改称、役料など） |
|---|---|---|---|---|---|
| 中筋 | 舟橋宮内 | 6 | 文化13. 10.  8 | 文政13.  6. 27 | ①中筋加・（船・水主支配・兵方漁猟支配） ②（町・寺社） ③200→250 ④文化13. 10. 20まで船、文政2. 7. 28町・寺社 ⑤（役）文政2. 7. 28当分、役料50俵 |
| 北筋 | 犬塚原之丞 | 5 | 文化14.  2. 15 | 文政 5.  5.  2 | ①普請 ②町・寺社 ③300 |
| 南筋 | 宇津木三右衛門 | 8 | 文政 1. 11. 15 | 文政 4.  8. 24 | ①側 ②没 ③400 |
| 中筋 | 大久保藤助 | 9 | 文政 2.  4. 15 | 文政 8.  6. 16 | ①大津蔵 ②北筋 ③200→250 ⑤役料50俵 |
| 南筋 | 本多七右衛門 | 7 | 文政 3. 12. 21 | 文政 4.  3. 21 | ①大殿様小納戸 ②筋 ③500 ⑤（役）加役 |
| 北筋 | 朝比奈藤右衛門 | 8 | 文政 4.  1. 15 | 文政 4.  6.  2 | ①馳走・中屋敷留守居 ②用人添 ③700 |
| 南筋 | 本多七右衛門 | 7 | 文政 4.  3. 21 | 文政 7.  8. 21 | ①南筋加 ②士宗門改・武具預・馳走 ③500 |
| 北筋 | 大久保弥七郎 | 7 | 文政 4.  7.  3 | 文政 8.  3. 30 | ①目付 ②没 ③170 ④文政5. 8. 5船 ⑤（役）加役、役料30俵 |
| 南筋 | 青木信右衛門 | 3 | 文政 4.  9. 29 | 文政 5. 11.  1 | ①城使 ②側 ③250 |
| 北筋 | 柏原衛門 | 9 | 文政 5.  6. 29 | 天保 3. ⑪. 20 | ①普請 ②隠居 ③250→300 ⑤役料50俵 |
| 南筋 | 横内頼母 | 7 | 文政 5. 12.  8 | 文政13.  3. 10 | ①－ ②（町・寺社） ③250 ④文政11. 2. 9町・寺社 ⑤（役）当分、役料50俵 |
| 南筋 | 黒柳孫右衛門 | 7 | 文政 7. ⑧.  8 | 文政10. 10. 17 | ①目付 ②筋 ③250 ⑤（役）加役、役料50俵 |
| 北筋 | 安中半右衛門 | 6 | 文政 8.  5.  3 | 文政 8.  6. 16 | ①普請 ②中筋 ③300 |
| 北筋 | 大久保藤助 | 9 | 文政 8.  6. 16 | 文政11. 11. 30 | ①中筋 ②城使 ③250 ⑤役料50俵 |
| 中筋 | 安中半右衛門 | 6 | 文政 8.  6. 16 | 天保 4. 12. 19 | ①北筋 ②没 ③300 |
|  | 黒柳孫右衛門 | 7 | 文政10. 10. 17 | 天保11.  9. 19 | ①南筋加 ②没 ③250 ④天保3. 3. 19町・寺社 ⑤（改）孫左衛門、（役）当分、役料50俵 |
| 北筋 | 青木信右衛門 | 3 | 文政11. 11. 30 | 文政12.  2. 30 | ①側 ②南筋 ③250 ⑤役料50俵 |
| 南筋 | 青木信右衛門 | 3 | 文政12.  2. 30 | 文政13.  8. 17 | ①北筋 ②隠居 ③250 ⑤役料50俵 |
| 中筋 | 八木新太郎 | 6 | 文政12.  2. 30 | 天保 5. 12.  4 | ①目付 ②没 ③150 ⑤役料30俵→50俵 |
| 南筋 | 杉原数馬 | 7 | 文政13.  9. 21 | 天保 6.  1.  9 | ①仕送 ②中筋 ③400 |
| 北筋 | 浅居庄太夫 | 10 | 文政13.  9. 21 | 天保13.  3.  8 | ①城使 ②町・寺社・（筋） ③300 |
| 北筋 | 吉川九郎太夫 | 8 | 天保 4.  2. 15 | 天保 4.  7.  1 | ①仕送 ②願免 ③400 |
| 北筋 | 松居助内 | 8 | 天保 5.  6. 16 | 天保 7.  7. 21 | ①普請 ②没 ③250 |
| 南筋 | 日下部三郎右衛門 | 8 | 天保 6.  1.  9 | 天保 8.  4. 10 | ①－ ②没 ③550 |
| 中筋 | 杉原数馬 | 7 | 天保 6.  1.  9 | 天保13. 11. 12 | ①南筋 ②北筋 ③400 |
| 中筋 | 田中治郎右衛門 | 6 | 天保 6.  4.  8 | 天保 7.  1. 21 | ①中屋敷留守居 ②小納戸 ③250 ⑤（役）当分 |
| 中筋 | 川手藤三郎 | 4 | 天保 7.  3. 19 | 天保 7.  4. 28 | ①目付 ②没 ③150 ⑤（役）加役 |
| 中筋 | 中野平馬 | 5 | 天保 7. 10.  7 | 天保11.  3. 25 | ①（稽古） ②没 ③400 ④稽古 ⑤役料50俵 |
| 北筋 | 西尾治部助 | 6 | 天保 7. 10.  7 | 天保13.  6. 21 | ①（用人・稽古） ②（用人）・町・寺社 ③700 ④用人、天保8. 1. 21まで稽古 ⑤役料200俵 |
| 南筋 | 荒居治太夫 | 6 | 天保 8.  7.  3 | 天保 9. 12. 30 | ①仕送 ②取次頭取 ③400 |

| 管轄 | 姓　　名 | 代 | 就任年月日 | 退任年月日 | ①前役 ②後役 ③知行高 ④兼役 ⑤その他（改称、役料など） |
|---|---|---|---|---|---|
| 南筋 | 山下兵五郎 | 7 | 天保10. 1.22 | 天保10. 6.12 | ①京都留守居 ②没 ③150 ⑤(役)加役、役料30俵 |
| 南筋 | 湯本原太郎 | 6 | 天保10. 8.17 | 天保11. 5.20 | ①弘道館物主并書物 ②没 ③170 |
| 中筋 | 大久保藤助 | 9 | 天保11. 6. 2 | 天保11.12.20 | ①側 ②(町・寺社) ③250 ④天保11.10.19町・寺社 ⑤役料50俵 |
| 南筋 | 大家長兵衛 | 8 | 天保11. 7.10 | 弘化 2.12.21 | ①目付 ②隠居 ③150 ⑤役料30俵 |
| 南筋 | 早乙女多司馬 | 7 | 天保11.10.10 | 天保12.①.19 | ①－ ②中筋 ③350 |
| 中筋 | 薬袋主計 | 7 | 天保11.12.20 | 天保12.①.19 | ①中筋代官 ②南筋添 ③150 ⑤(役)添役 |
| 南筋 | 薬袋主計 | 7 | 天保12.①.19 | 天保13.11.12 | ①中筋添 ②中筋 ③150 ④天保13.10.9船 ⑤(役)添役 |
| 中筋 | 早乙女多司馬 | 7 | 天保12.①.19 | 嘉永 4. 8. 8 | ①南筋 ②城使 ③350 ④嘉永3.12.11町・寺社 ⑤(役)嘉永3.12.11当分 |
| 北筋 | 浅居庄太夫 | 10 | 天保13. 3. 8 | 天保13.11.12 | ①(北筋) ②(町・寺社)・南筋当分 ③300 ④町・寺社 ⑤(役)当分 |
| 北筋 | 小塙喜平太 | 7 | 天保13. 6. 8 | 嘉永 2.12.12 | ①目付 ②隠居 ③150→180⑤(役)加役 |
| 南筋 | 浅居庄太夫 | 10 | 天保13.11.12 | 天保14. 2.29 | ①(町・寺社)・北筋当分 ②願免 ③300 ④町・寺社 ⑤(役)当分 |
| 北筋 | 杉原数馬 | 7 | 天保13.11.12 | 天保14. 3. 9 | ①中筋 ②町・寺社・当分筋 ③400 |
| 中筋 | 薬袋主計 | 7 | 天保13.11.12 | 天保15. 6.22 | ①南筋添・(船) ②筋加・(船) ③150 ⑤(役)添役 |
|  | 杉原数馬 | 7 | 天保14. 3. 9 | 弘化 2. 8.15 | ①北筋 ②(町・寺社) ③400 ④町・寺社 ⑤(役)当分 |
| 南筋 | 荒木儀平 | 5 | 天保14. 5. 5 | 嘉永 2. 8.15 | ①(元方勘定・佐野) ②表用人 ③160 ⑤(改)儀太夫、(役)加役 |
|  | 薬袋主計 | 7 | 天保15. 6.22 | 嘉永 3. 7.22 | ①中筋添・(船) ②筋・(船) ③150 ④船 ⑤(役)加役 |
| 北筋 | 勝野五太夫 | 8 | 弘化 2. 8.15 | 嘉永 3.12.11 | ①城使・表用人 ②町・寺社・当分南筋 ③450 |
| 南筋 | 浅居庄太夫 | 10 | 弘化 3. 9. 9 | 嘉永 3.11. 3 | ①士宗門改・武具預・馳走 ②側 ③300→350 ④弘化3.12.28町・寺社 ⑤役料50俵 |
| 南筋 | 中居弥五八 | 9 | 弘化 4. 8.24 | 嘉永 2. 1.26 | ①城使・表用人 ②免 ③300 ⑤(役)弘化4.8.28南筋に仰付 |
| 南筋 | 田中惣右衛門 | 6 | 嘉永 2. 9.15 | 嘉永 3.12. 3 | ①士宗門改・武具預・馳走・弘道館物主并書物 ②預所 ③250 |
| 北筋 | 中居弥五八 | 9 | 嘉永 3. 4. 8 | 嘉永 3.12.20 | ①－ ②城使 ③300 |
|  | 薬袋主計 | 7 | 嘉永 3. 7.22 | 嘉永 5. 1.21 | ①筋加・(船) ②隠居 ③150 ④嘉永3.8.13まで船 ⑤役料50俵 |
| 南筋 | 荒木儀太夫 | 5 | 嘉永 3.11.14 | 嘉永 6. 8.29 | ①表用人 ②大津蔵 ③160 ④元方勘定・佐野 ⑤(役)加役 |
| 預所 | 田中惣右衛門 | 6 | 嘉永 3.12. 3 | 嘉永 7. 7.18 | ①南筋 ②隠居 ③250 ⑤役料50俵 |
| 南筋 | 勝野五太夫 | 8 | 嘉永 3.12.11 | 嘉永 4. 1.30 | ①北筋 ②(町・寺社) ③450 ④町・寺社 ⑤(役)当分、役料50俵 |
| 北筋 | 田中雄助 | 7 | 嘉永 3.12.11 | 安政 2. 1.11 | ①目付 ②側 ③150 ⑤役料30俵→50俵 |

| 管轄 | 姓　　名 | 代 | 就任年月日 | 退任年月日 | ①前役 ②後役 ③知行高 ④兼役 ⑤その他（改称、役料など） |
|---|---|---|---|---|---|
| 南筋 | 田中三郎左衛門 | 6 | 嘉永 4. 1.21 | 嘉永 6. 2. 2 | ①表用人 ②(町・寺社方) ③250 ④嘉永5.9.15町・寺社 ⑤(役)嘉永5.9.15当分、役料50俵 |
| 北筋 | 高橋要人 | 7 | 嘉永 4. 2. 2 | 万延 1. 9.16 | ①表用人 ②町・寺社 ③350→400 ⑤(改)新五左衛門、役料50俵 |
| 中筋 | 岡本半右衛門 | 8 | 嘉永 4.11.28 | 嘉永 6.12.13 | ①元方勘定・佐野 ②没 ③150 ⑤(役)加役、役料30俵 |
| 中筋 | 安中半右衛門 | 7 | 嘉永 5.②. 1 | 万延 1.11.23 | ①弘道館物主并書物 ②側 ③300 ⑤役料50俵 |
| 南筋 | 大久保与左衛門 | 9 | 嘉永 6. 2. 2 | 嘉永 7. 6.21 | ①普請 ②城使 ③350 |
| 南筋 | 渥美平八郎 | 8 | 嘉永 6.12.30 | 安政 6. 2. 4 | ①稽古加 ②没 ③300 |
| 中筋 | 安藤長三郎 | 9 | 嘉永 7. 1.29 | 安政 2. 5. 1 | ①側 ②目付 ③180 ⑤役料50俵 |
| 南筋 | 中居弥五八 | 9 | 嘉永 7. 6.30 | 文久 2. 7.28 | ①城使 ②弘道館 ③300 ⑤役料50俵 |
| 北筋 | 杉原此面 | 8 | 安政 2. 2. 4 | 文久 1. 8.17 | ①小納戸 ②中筋 ③400 |
| 中筋 | 今村十郎右衛門 | 6 | 安政 2. 6.11 | 安政 5. 4.15 | ①仕送 ②役儀取上 ③300 |
| 中筋 | 浅居喜三郎 | 1 | 安政 5. 6.15 | 文久 1. 5.18 | ①普請 ②没 ③350 |
| 南筋 | 吉用茂助 | 19 | 安政 6. 3.16 | 元治 1. 6.26 | ①稽古加 ②没 ③350 ⑤(改)兵助 |
|  | 浅居朋道 | 10 | 万延 1.③.15 | 万延 1. 5. 8 | ①－ ②没 ③0 ⑤(役)寺社方并町・筋方の役助、南筋重に勤、雑用米50俵 |
| 北筋 | 田中雄助 | 7 | 万延 1. 6.15 | 文久 2. 8.10 | ①側 ②隠居 ③150 ⑤役料50俵 |
| 北筋 | 犬塚源之丞 | 6 | 文久 1. 8.15 | 元治 1. 6.21 | ①大津蔵 ②馳走 ③400 |
| 中筋 | 杉原此面 | 8 | 文久 1. 8.17 | 元治 1.11.21 | ①北筋 ②北筋 ③400 |
| 中筋 | 武藤信左衛門 | 6 | 文久 2. 1.22 | 文久 3. 5.24 | ①城使 ②城使 ③250 |
| 南筋 | 武笠七郎右衛門 | 4 | 文久 2. 8.21 | 文久 2.10.15 | ①－ ②稽古加 ③150 |
| 北筋 | 田中左門 | 7 | 文久 2.⑧. 3 | 元治 1. 9. 9 | ①普請 ②側 ③250 ⑤(改)三郎左衛門 |
| 南筋 | 渡辺弥五左衛門 | 11 | 文久 2.10.15 | 慶応 3.10.15 | ①普請 ②北筋・(預所) ③300 ④慶応1.11.15預所奉行 |
|  | 田中雄助 | 7 | 文久 3. 3. 4 | 文久 3.10. 1 | ①軍事 ②側 ③0 ⑤(役)筋助、雑用米100俵→200俵 |
| 中筋 | 大久保権内 | 9 | 文久 3. 5.27 | 慶応 4. 3. 3 | ①城使 ②(町・寺社) ③350 ④慶応3.6.1町・寺社方 ⑤(改)与左衛門、(役)慶応3.6.1中筋当分 |
| 北筋 | 武笠清右衛門 | 10 | 元治 1. 6.21 | 慶応 1. 8.29 | ①稽古加 ②稽古加 ③300 |
| 北筋 | 三浦半蔵 | 9 | 元治 1. 9.10 | 元治 1.11.21 | ①小納戸 ②中筋 ③300 |
| 南筋 | 中居弥五八 | 9 | 元治 1. 9.10 | 慶応 3. 5.28 | ①(町・寺社) ②評定 ③350 ④町・寺社、慶応1.11.15預所奉行 |
| 北筋 | 杉原此面 | 8 | 元治 1.11.21 | 慶応 3.10.15 | ①中筋 ②南筋・(預所) ③400 ④慶応3.6.1預所奉行 |
| 中筋 | 三浦半蔵 | 9 | 元治 1.11.21 | 慶応 4. 3.29 | ①北筋 ②願免 ③300 |
| 預所 | 中居弥五八 | 9 | 慶応 1.11.15 | 慶応 3. 5.28 | ①(町・寺社・南筋) ②評定 ③350 ④町・寺社・南筋 |
| 預所 | 渡辺弥五左衛門 | 11 | 慶応 1.11.15 | 慶応 4. 5.15 | ①(南筋) ②(北筋・預所) ③300 ①南筋、慶応3.10.15北筋、同4.4.25寺院奉行 |
| 預所 | 杉原此面 | 8 | 慶応 3. 6. 1 | 明治 1.11.29 | ①(北筋) ②議行局三等執事社寺郡市治掛 ③400 ④慶応3.10.15まで北筋、同3.10.15南筋、慶応4.4.22評定 |

| 管轄 | 姓　　名 | 代 | 就任年月日 | 退任年月日 | ①前役 ②後役 ③知行高 ④兼役<br>⑤その他（改称、役料など） |
|---|---|---|---|---|---|
| 北筋 | 西堀才介 | 8 | 慶応 3. 6. 8 | 慶応 4. 3.29 | ①稽古加 ②願免 ③650 |
| 北筋 | 渡辺弥五左衛門 | 11 | 慶応 3.10.15 | 慶応 4. 5.15 | ①南筋・(預所) ②中筋 ③300 ④預所・慶応4.4.5寺院 |
| 南筋 | 杉原此面 | 8 | 慶応 3.10.15 | 明治 1.11.29 | ①北筋・(預所) ②議行局三等執事社寺郡市治掛 ③400 ④預所奉行、慶応4.4.22評定 |
| 南筋 | 石原甚五右衛門 | 9 | 慶応 3.10.15 | 明治 1.11.29 | ①稽古加 ②議行局四等執事社寺郡市治掛り ③400 ④預所奉行 |
| 預所 | 石原甚五右衛門 | 9 | 慶応 3.10.15 | 明治 1.11.29 | ①稽古加 ②議行局四等執事社寺郡市治掛り ③400 ④南筋 |
| 中筋 | 橋本勘左衛門 | 4 | 慶応 4. 4.22 | 慶応 4. 7.26 | ①元方勘定・佐野 ②佐野世田谷 ③120 ⑤(役)加役、役料30俵 |
| 中筋 | 山下兵五郎 | 8 | 慶応 4.④. 3 | 慶応 4. 5.15 | ①大津蔵 ②北筋 ③180 |
| 中筋 | 渡辺弥五左衛門 | 11 | 慶応 4. 5.15 | 明治 1.11.29 | ①北筋・預所 ②刑法局三等執事鞫獄補亡掛 ③300 ④慶応4.8.8会計用掛 |
|  | 武笠清右衛門 | 10 | 慶応 4. 5.15 | 明治 1.11.29 | ①(神社・町) ②総教局三等執事 ③300 ④神社・町 ⑤(役)当分 |
| 北筋 | 山下兵五郎 | 8 | 慶応 4. 5.15 | 年月日未詳 | ①中筋 ②不明 ③180 |

## 7　目付役

家老役の支配下にあって、家中の監察・人事管理、および勘定所・諸役所の監察、家中への触伝達を職務とした。人員は、近世初期には２人～４人、前期には８人～10人、中期から後期にかけては一時的に16人～21人となることがあるが、ほぼ12人前後で推移する。１人～２人は定江戸藩士または江戸詰で「定府目付」とも呼ばれた。役所は京橋口御門櫓内。知行高50石～300石の家臣が就いた。

| 姓　名 | 代 | 就任年月日 | 退任年月日 | ①前役 ②後役 ③知行高 ④兼役<br>⑤その他（改称、役料など） |
|---|---|---|---|---|
| 松居善太夫 | 1 | （慶長5以降） | （元和 1） | ①－ ②－ ③200→300⑤大坂帰陣以前に就役 |
| 山崎作左衛門 | 1 | （慶長） | （慶長） | ①－ ②－ ③150 |
| 中嶋平太 | 1 | （慶長17以降） | 寛永 4. 6. 6 | ①－ ②－ ③300直孝 ⑤(役)伏見在番御立所目付→目付 |
| 大嶋弥右衛門 | 1 | （寛永 1以降） | （寛永17以前） | ①－ ②不明 ③200 |
| 中村太郎右衛門 | 2 | （元和 1以降） | 正保 3 | ①－ ②－ ③200（正保3～明暦3） |
| 八田金十郎 | 2 | 元和 1 | （寛永 4.12） | ①－ ②没 ③300→500 |
| 黒沢忠右衛門 | 1 | （元和 1以降） | （寛永19） | ①－ ②－ ③200 |
| 礒貝長左衛門 | 1 | 元和 4 | 慶安 3 | ①－ ②－ ③170 |
| 松居武左衛門 | | （元和 4以降） | 年月日未詳 | ①－ ②－ ③200 |
| 藤田平右衛門 | 2 | 寛永11 | 寛文12.12. 2 | ①納戸 ②普請 ③150 |
| 五十嵐半次 | 2 | 正保 3 | 寛文 8 | ①－ ②勘定 ③150 |
| 岡本半右衛門 | 2 | 慶安 2. 3 | 寛文 8 | ①－ ②免 ③200 |
| 木田余兵左衛門 | 3 | 慶安 2. 3 | 延宝 4. 7.29 | ①－ ②普請 ③170 |
| 鵜山儀左衛門 | 3 | 慶安 2 | 寛文 7 | ①－ ②城中留守居番頭 ③150 |
| 佐成源五兵衛 | 2 | 慶安 2 | 寛文 8 | ①江戸供 ②没 ③200 |
| 佐藤孫右衛門 | 2 | （慶安 2） | （延宝 4以前） | ①納戸 ②本丸城中番頭 ③200 |
| 安藤孫左衛門 | 2 | 万治 2 | 延宝 5 | ①－ ②没 ③150→250 |
| 山本又左衛門 | 1 | 万治 2 | （延宝 6） | ①－ ②－ ③200→350 ④江戸賄 ⑤(役)在彦根の内大津蔵米の目付 |
| 長谷馬善右衛門 | 2 | （万治 2） | （貞享 4） | ①－ ②－ ③40俵3人 ⑤(役)郷目付･川除目付･検地目付 |
| 横内甚介 | 2 | 寛文 2 | 貞享 2 | ①－ ②没 ③200→250 |
| 藤田弥五右衛門 | 1 | 寛文 4 | 天和 1 | ①－ ②城中番頭 ③200 |
| 金子市平 | 2 | 寛文 8 | 延宝 3 | ①殿様(直興)付 ②没 ③200 |
| 本城善右衛門 | 3 | 寛文 8 | 貞享 1 | ①－ ②－ ③200 ⑤(役)玉龍院様目付 |
| 小幡甲助 | 1 | 寛文12 | 延宝 7 | ①－ ②－ ③中小姓の切米扶持 ⑤(役)八丁堀屋敷普請中目付役 |
| 藤田平右衛門 | 4 | （延宝 1以降） | 寛文12 | ①納戸 ②勘定 ③100 |
| 江坂新左衛門 | 3 | 延宝 4. 8.12 | 元禄 3 | ①郷中検見川除検地論所見分等 ②願免 ③200 |
| 川手文左衛門 | 3 | 延宝 4. 8 | 元禄 1 | ①殿様(直興)付 ②－ ③200→300 |
| 功力千右衛門 | 3 | 延宝 4 | 貞享 2 | ①不明 ②没 ③200 |
| 久保田又市 | 1 | （延宝 4） | 元禄 4.12.28 | ①－ ②直通様守 ③150→200 |
| 金田善之丞 | 1 | 延宝 5 | 延宝 6 | ①－ ②鳥 ③子供並の切米扶持 ⑤(役)日光御供の目付 |
| 朝比奈清右衛門 | 1 | 延宝 6 | 天和 2 | ①－ ②免 ③200 |
| 閑野源左衛門 | 2 | 延宝 7 | 天和 1 | ①検地 ②作事 ③150 |
| 辻沖右衛門 | 1 | 延宝 8 | 元禄 3. 2. 1 | ①－ ②不明 ③100→150 |
| 日下部仁兵衛 | 1 | 天和 1 | 貞享 2 | ①－ ②没 ③200 |

| 姓　　名 | 代 | 就任年月日 | 退任年月日 | ①前役 ②後役 ③知行高 ④兼役<br>⑤その他（改称、役料など） |
|---|---|---|---|---|
| 石黒伝右衛門 | 3 | 天和 4 | 元禄 4 | ①郷中川除 ②江戸賄 ③100→250 |
| 佐成源五兵衛 | 2 | 貞享 2. 5.15 | 元禄12.⑨.13 | ①－ ②京都賄・上方筋一通り之目付 ③200 ④元禄5.3～同6.1.10吟味加 |
| 島田左次右衛門 | 3 | 貞享 2. 5 | 元禄12. 8.28 | ①城米蔵 ②(吟味方) ③100→200 ④元禄8.8.4吟味 |
| 五十嵐軍平 | 3 | 貞享 2 | 元禄12. 8.28 | ①－ ②(勘定) ③200→300 ④元禄4.6.15吟味、元禄8.8.4勘定 |
| 小沢作左衛門 | 3 | 貞享 3 | 元禄 5.12. 9 | ①郷中川除 ②免 ③100→150 |
| 河西忠左衛門 | 2 | (元禄 2以降) | (享保 9以前) | ①普請 ②佐野 ③200 |
| 湯本弥五介 | 3 | 元禄 3. 6.15 | 元禄12. 9. 1 | ①－ ②筋加 ③200 ④元禄4.6.15～元禄6.1.10吟味 |
| 後閑新九郎 | 3 | 元禄 3.12.15 | 元禄 9. 8.29 | ①内証目付 ②没 ③70俵6人→150 |
| 佐原善右衛門 | 2 | 元禄 3.12.15 | 元禄12. 9. 1 | ①彦根内証目付 ②安之助様当分付人 ③200 |
| 落合勘左衛門 | 3 | 元禄 3.12.28 | 元禄11. 7.10 | ①城米蔵 ②近習 ③150 ④元禄6.4.14恩借支配 |
| 浅田瀬兵衛 | 2 | 元禄 3.12 | 元禄 6. 9.24 | ①－ ②京賄 ③200 |
| 小野庄三郎 | 2 | 元禄 4. 6.15 | 元禄 5.12. 9 | ①検地 ②免 ③100 |
| 高杉杢左衛門 | 3 | 元禄 4. 6.15 | 元禄12. 8.28 | ①植木庭石 ②(吟味) ③150 ④元禄5.3吟味 |
| 海老江門平 | 2 | 元禄 4. 6.15 | 宝永 2.10.10 | ①－ ②勘定 ③200 |
| 石黒伝右衛門 | 3 | 元禄 5. 4.25 | 元禄12. 9. 1 | ①江戸賄 ②筋加 ③250 ④元禄7.12.28恩借支配 |
| 渡辺角之丞 | 3 | 元禄 5.12. 9 | 元禄12. 8.28 | ①内目付 ②(吟味) ③150 ④元禄8.10.19吟味 |
| 荒川孫三郎 | 3 | 元禄 6. 2.15 | 宝永 1. 7.14 | ①－ ②大津蔵 ③250 |
| 大泉市右衛門 | 1 | 元禄 8. 8.23 | 元禄10. 6.27 | ①(吟味) ②中屋敷目付 ③100 ④吟味 |
| 山角弥左衛門 | 1 | 元禄 8. 8.23 | 元禄11. 1.18 | ①賄 ②兵部少輔様奥方様付人 ③150 ④吟味・佐野支配 |
| 富田庄兵衛 | 2 | 元禄 8. 8.23 | 元禄13. 8.23 | ①(吟味) ②(吟味) ③200石6人→250石6人 ④吟味、元禄12.1.18佐野世田谷支配 |
| 植田又兵衛 | 1 | 元禄 9.12.11 | 元禄14. 5. 3 | ①侍中着到 ②免 ③200 |
| 水上六郎右衛門 | 3 | 元禄 9.12.11 | 宝永 6. 6.16 | ①当分納戸 ②役儀取上 ③150 ④元禄10.閏2.29～9.23当分京賄 |
| 広瀬清兵衛 | 2 | 元禄11. 2. 1 | 元禄13. 8.23 | ①(吟味) ②(吟味) ③150 ④吟味 |
| 久保田新平 | 3 | 元禄12. 4.13 | 元禄14. 5. 3 | ①－ ②免 ③150 |
| 大鳥居次介 | 3 | 元禄12. 5. 7 | 宝永 5. 8. 1 | ①－ ②勘定 ③250 |
| 荒木小七郎 | 2 | 元禄12. 8.28 | 元禄13. 3.18 | ①－ ②没 ③200 |
| 山下藤太夫 | 3 | 元禄12. 8.28 | 元禄14. 5. 3 | ①城中番・郷中検見 ②免 ③150 |
| 大久保新兵衛 | 3 | 元禄12. 8.28 | 元禄14. 5. 3 | ①足軽着到付 ②免 ③100 |
| 小林十右衛門 | 4 | 元禄12. 8.28 | 元禄14. 5.24 | ①－ ②免 ③150 |
| 大久保弥七郎 | 2 | 元禄12. 8.28 | 正徳 3. 4.21 | ①－ ②京都賄 ③200 |
| 五十嵐半次 | 3 | 元禄12. 8.28 | 正徳 5. 2.23 | ①川除 ②勘定 ③150→200 |
| 八田四郎兵衛 | 4 | 元禄12. 8.28 | 享保 9.④.17 | ①－ ②没 ③100→200 |
| 河西忠左衛門 | 2 | 元禄12. 8 | 享保 3.10 | ①不明 ②不明 ③200 |
| 芳賀津右衛門 | 3 | 宝永 1. 8.27 | 宝永 5. 6. 3 | ①城内着到付 ②没 ③200 |
| 野添市右衛門 | 3 | 宝永 1. 8.27 | 享保 2. 3. 6 | ①－ ②免 ③200 |
| 功力千右衛門 | 4 | 宝永 2.11.18 | 享保 4.12.26 | ①－ ②京都賄 ③200 |

| 姓　　名 | 代 | 就任年月日 | 退任年月日 | ①前役 ②後役 ③知行高 ④兼役<br>⑤その他（改称、役料など） |
|---|---|---|---|---|
| 戸次権左衛門 | 4 | 宝永 5. 10. 7 | 享保 8. 1. 28 | ①川除 ②普請 ③200 ④享保7. 8. 14〜同8. 1. 21元方、同7. 8. 29勘定 |
| 本城善右衛門 | 4 | 宝永 6. 10. 29 | 享保 2. 7. 20 | ①鳥毛中間頭 ②願免 ③200 |
| 喜多山勘六 | 3 | 宝永 6. 10. 29 | 享保 7. 8. 21 | ①買物改証判 ②勘定 ③150 |
| 岡武左衛門 | 2 | 宝永 6. 10. 29 | 享保 7. 9. 1 | ①江戸普請 ②京賄 ③250 |
| 荒居甚五兵衛 | 2 | 正徳 1. 5. 8 | 享保17. 6. 15 | ①納戸 ②願免 ③250→300 ④享保. 7. 8. 14〜同8. 1. 21元方、同7. 8. 29〜同8. 1. 11勘定、同8. 1. 11元方勘定 ⑤(改)次太夫 |
| 箕形惣左衛門 | 3 | 正徳 5. 2. 23 | 享保 6. 8. 20 | ①彦根金 ②願免 ③150 |
| 渡辺弥次左衛門 | 3 | 正徳 5. 2. 23 | 享保10. 11. 25 | ①士着到付 ②賄 ③100→150 ⑤役料30俵 |
| 松本岡右衛門 | 2 | 正徳 6. 6. 21 | 享保19. 8. 4 | ①− ②守 ③100→150 ⑤役料10両 |
| 大久保加兵衛 | 3 | 享保 2. 9. 23 | 享保20. 2. 23 | ①江戸普請 ②免 ③150→200 |
| 岡村甚之丞 | 4 | (享保 3以降) | 年月日未詳 | ①− ②用使 ③200 |
| 松居助内 | 5 | 享保 4. 11. 21 | 享保 9. 12. 28 | ①納戸 ②元方勘定 ③200 |
| 庵原源八郎 | 4 | 享保 5. 9. 12 | 享保14. 12. 29 | ①納戸 ②元方勘定 ③150 |
| 舟橋源左衛門 | 3 | 享保 6. 10. 7 | 享保13. 12. 12 | ①江戸普請 ②願免 ③200 |
| 一色七郎兵衛 | 1 | 享保 7. 8. 29 | 享保 8. 8. 1 | ①旅賄・(元方) ②旅賄 ③150 ④享保8. 1. 21まで元方・勘定、同8. 1. 21元方勘定勘定 |
| 今堀弥太夫 | 3 | 享保 7. 8. 29 | 享保 9. 12. 21 | ①江戸賄・(元方) ②旅賄 ③200 ④勘定、享保8. 1. 21まで元方、同8. 1. 21元方勘定 |
| 五十嵐半次 | 3 | 享保 7. 8. 29 | 享保14. 12. 29 | ①(勘定・元方) ②免 ③200→250 ④享保8. 1. 21まで勘定・元方、享保8. 1. 21元方勘定 |
| 辻武右衛門 | 3 | 享保 7. 8. 29 | 享保18. 9. 23 | ①(勘定・佐野かね山・元方) ②松原口門番頭 ③150→200 ④享保8. 1. 21まで勘定・佐野かね山・元方、享保8. 1. 21〜同15. 6. 22元方勘定 |
| 中村小十郎 | 5 | 享保 7. 9. 1 | 享保 9. 12. 21 | ①江戸普請 ②免 ③250 |
| 岡嶋惣八郎 | 4 | 享保 7. 9. 1 | 享保 9. 12. 21 | ①佐久良川手川除・検地 ②免 ③100 |
| 河手四方左衛門 | 3 | 享保 7. 9. 1 | 享保16. 2. 15 | ①普請着到付 ②作事 ③100→150 ⑤役料30俵 |
| 荒川八左衛門 | 4 | 享保 8. 7. 1 | 享保14. 4. 22 | ①− ②賄 ③250 |
| 弓削弥惣太 | 4 | 享保 9. 12. 28 | 享保21. 3. 11 | ①− ②普請 ③200 |
| 松居善兵衛 | 3 | 享保 9. 12. 30 | 享保10. 10. 28 | ①士着到付 ②願免 ③150 |
| 百々久弥 | 2 | 享保10. 11. 25 | 享保14. 12. 29 | ①普請着到付 ②元方勘定 ③1006 |
| 久野角兵衛 | 4 | 享保10. 11. 25 | 享保20. 2. 23 | ①盗賊改 ②免 ③150 |
| 藤田丹右衛門 | 3 | 享保10. 11. 25 | 元文 1. 11. 14 | ①士着到付 ②京賄 ③200 ⑤(改)弥五右衛門 |
| 百々惣兵衛 | 3 | 享保12. ①. 8 | 享保20. 5. 10 | ①(元方吟味) ②中屋敷見廻 ③60 ④元方吟味 ⑤因幡守様家来 |
| 山角弥左衛門 | 3 | 享保12. 12. 16 | 延享 4. 7. 21 | ①旅道具預り ②八丁堀屋舗留守居 ③100→150 ⑤役料10両 |
| 湯本弥五介 | 4 | 享保13. 12. 21 | 元文 4. 7. 20 | ①士着到付 ②京賄 ③200 |
| 藤田平右衛門 | 4 | 享保14. 6 | 元文 5. 9 | ① 不明 ②不明 ③100 |
| 本城善右衛門 | 5 | 享保15. 2. 13 | 元文 4. 12. 11 | ①川除・検地 ②勘定・佐野 ③200 |
| 横田与左衛門 | 4 | 享保15. 2. 13 | 寛保 3. 12. 1 | ①江戸普請 ②勘定 ③150 |
| 山下平八郎 | 4 | 享保16. 3. 15 | 享保19. 9. 2 | ①鳥毛中間頭 ②願免 ③100 |
| 小塙喜平太 | 4 | 享保18. 9. 17 | 享保19. 8. 4 | ①(金千代様拘守) ②金千代様守 ③100 ④金千代様抱守 ⑤役料30俵 |
| 小沢太兵衛 | 3 | 享保18. 9. 17 | 享保20. 12. 15 | ①賄 ②賄 ③150 ④金千代賄 |

| 姓　　名 | 代 | 就任年月日 | 退任年月日 | ①前役 ②後役 ③知行高 ④兼役<br>⑤その他（改称、役料など） |
|---|---|---|---|---|
| 佐成源五兵衛 | 4 | 享保20. 1. 4 | 延享 1. 6.21 | ①士着到付 ②勘定 ③150 |
| 横居増之丞 | 2 | 享保20. 3.20 | 元文 3. 4.21 | ①士着到付 ②願免 ③200 |
| 江坂清次郎 | 5 | 享保20.③.16 | 延享 3.12.15 | ①納戸 ②京賄 ③200 |
| 内山次右衛門 | 5 | 享保21. 3.29 | 延享 4. 2. 8 | ①川除 ②普請 ③100→150 ⑤役料30俵 |
| 堀部十右衛門 | 4 | 元文 1.11.21 | 延享 3.10.25 | ①納戸 ②願免 ③200 |
| 三浦彦五郎 | 6 | 元文 3. 5.24 | 寛延 3.12.28 | ①士着到付 ②勘定 ③200 |
| 石原伝左衛門 | 2 | 元文 4. 9.13 | 寛延 2. 6.13 | ①納戸 ②勘定 ③100→150 ⑤役料30俵 |
| 高野市兵衛 | 4 | 元文 4.12.11 | 延享 5. 3. 2 | ①賄 ②勘定 ③250 |
| 大久保弥七郎 | 3 | 元文 5. 9.15 | 寛保 2. 7. 5 | ①－ ②没 ③200 |
| 山県小兵衛 | 5 | 寛保 2. 7.21 | 宝暦 6. 7.12 | ①納戸 ②願免 ③100→150 ⑤役料30俵 |
| 石原利右衛門 | 4 | 寛保 3.12.28 | 延享 1.12.11 | ①納戸 ②願免 ③200 |
| 松居善三郎 | 5 | 延享 1. 7.21 | 延享 5. 1. 1 | ①鉄砲薬煮合 ②願免 ③100 ⑤役料30俵 |
| 毛利十兵衛 | 4 | 延享 1.12.21 | 寛延 2. 3.21 | ①小役人着到付 ②大津蔵目付 ③150 |
| 山本伝八郎 | 4 | 延享 3.10. 2 | 宝暦 8. 5.26 | ①虎之助近習 ②御前様付人 ③100石5人<br>⑤(改)庄兵衛→岡右衛門、役料10両 |
| 水上六郎右衛門 | 4 | 延享 3.11.21 | 宝暦 8. 9. 1 | ①普請着到付 ②普請 ③200 |
| 斎藤一之丞 | 6 | 延享 3.12.28 | 宝暦 6. 4.19 | ①士着到付 ②普請 ③150 |
| 西村軍右衛門 | 5 | 延享 4. 2.21 | 寛延 2.10.27 | ①旅賄 ②没 ③150 |
| 石原縫右衛門 | 1 | 延享 4. 8.11 | 寛延 3. 2.14 | ①旅道具預り ②玉光院様付人 ③50石5人<br>④若殿様付 |
| 芦名孫平次 | 5 | 延享 5. 2.19 | 宝暦 3. 4. 1 | ①普請着到付 ②勘定 ③100 ⑤役料30俵 |
| 埴谷彦五郎 | 7 | 延享 5. 4.14 | 明和 4.⑨.14 | ①城中着到付 ②中屋敷留守居 ③100→150<br>⑤(改)助八郎、役料30俵 |
| 大川権右衛門 | 5 | 寛延 2. 4.21 | 宝暦 3.10.29 | ①鉄砲玉薬 ②願免 ③200 |
| 百々久弥 | 3 | 寛延 2. 7.15 | 宝暦 6.12.18 | ①足軽辻着到付 ②大津蔵目付 ③150 |
| 山下藤太夫 | 4 | 寛延 2.12.15 | 宝暦 3.12.14 | ①納戸 ②願免 ③200 |
| 青山与五右衛門 | 4 | 寛延 4. 1.28 | 宝暦 6.12.15 | ①江戸普請 ②筋加 ③150 |
| 藤田弥五右衛門 | 4 | 宝暦 3. 4.21 | 宝暦13. 2.18 | ①－ ②筋加 ③250 |
| 秋山勝蔵 | 6 | 宝暦 3.11.20 | 安永 3.12. 1 | ①川除 ②筋加 ③150→200 ⑤(改)源十郎 |
| 宮崎惣右衛門 | 5 | 宝暦 4. 1.10 | 宝暦11. 9.15 | ①十一口門着到付 ②願免 ③150 |
| 木田余兵左衛門 | 6 | 宝暦 6.10. 8 | 明和 5. 5. 1 | ①江戸普請 ②京賄 ③200 |
| 藤田平右衛門 | 5 | 宝暦 6.12 | 安永 5.12 | ①槻御殿目付 ②不明 ③150 |
| 長浜十内 | 5 | 宝暦 6.12.18 | 宝暦10. 9.17 | ①－ ②没 ③300 |
| 佐藤又左衛門 | 1 | 宝暦 7. 6.26 | 明和 4.11. 3 | ①－ ②願免 ③26俵3人 ⑤役料10俵 |
| 岡嶋与太夫 | 2 | 宝暦 7. 7. 2 | 安永 3. 9.30 | ①内目付 ②免(役儀廃止) ③40俵4人→50俵4人 ④勝手方取締役、宝暦9.6.2江戸賄方新役所物主 ⑤(役)其筋之目付 |
| 小沢太兵衛 | 4 | 宝暦 8. 5.26 | 明和 8. 2. 1 | ①中屋敷目付 ②御前様付人 ③200 |
| 大嶋五太夫 | 5 | 宝暦 8. 9.15 | 明和 1.10. 8 | ①作事 ②京賄 ③100 ⑤役料30俵 |
| 高橋儀兵衛 | 2 | 宝暦 8.12.21 | 宝暦13. 8. 3 | ①内目付 ②没 ③100 ⑤役料30俵 |
| 三岡長兵衛 | 6 | 宝暦10. 4. 9 | 宝暦11. 6.12 | ①槻御殿目付 ②願免 ③150 |
| 落合勘解由 | 5 | 宝暦11. 2. 1 | 明和 1.12. 1 | ①－ ②佐野 ③150 |
| 山下重兵衛 | 5 | 宝暦11. 8.21 | 宝暦12.10. 8 | ①槻御殿目付 ②京賄 ③150 |
| 堀部源蔵 | 5 | 宝暦11.10.18 | 天明 1. 8.12 | ①江戸普請作事 ②本町口門番頭 ③200→250 |
| 本城善右衛門 | 6 | 宝暦12.10.15 | 安永 7. 8. 7 | ①－ ②筋加 ③250 |
| 岡見半太夫 | 5 | 宝暦13. 3.14 | 安永 3. 9.15 | ①金 ②京賄 ③150 |
| 森川与次右衛門 | 5 | 宝暦13. 9.12 | 明和 9. 9.15 | ①江戸普請作事 ②鉄砲 ③250 |

| 姓　　名 | 代 | 就任年月日 | 退任年月日 | ①前役 ②後役 ③知行高 ④兼役 ⑤その他（改称、役料など） |
|---|---|---|---|---|
| 喜多山十蔵 | 5 | 明和 1.10.21 | 天明 2. 7. 1 | ①旅賄 ②京賄 ③150 |
| 宍戸四郎左衛門 | 4 | 明和 1.12. 8 | 天明 8. 3.14 | ①足軽辻着到付 ②普請 ③200 ⑤(改)善左衛門、役料50俵 |
| 武居次郎左衛門 | 3 | 明和 5. 1.19 | 明和 6. 6.25 | ①内目付 ②十一口門番頭 ③100 |
| 岡頼母 | 4 | 明和 5. 6. 6 | 安永 8.12.26 | ①士着到付 ②願免 ③200 |
| 斎藤一之丞 | 7 | 明和 6. 8.28 | 安永 6.12.10 | ①普請作事 ②願免 ③150 |
| 広瀬茂兵衛 | 3 | 明和 8. 2. 1 | 安永 9.10.29 | ①仲様付人 ②没 ③100 ⑤役料10両 |
| 河西弥惣八 | 4 | 明和 9.10 | 安永10. 3 | ①不明 ②不明 ③不明 |
| 田中三郎左衛門 | 4 | 安永 3.10. 1 | 安永10. 2.15 | ①－ ②評定目付 ③300 |
| 武居龍之進 | 4 | 安永 3.12.28 | 安永 5. 8. 1 | ①奥用使 ②願免 ③100 |
| 安藤長三郎 | 7 | 安永 5. 9.21 | 天明 2.10.15 | ①納戸 ②鉄砲 ③100 ⑤役料30俵 |
| 大久保忠兵衛 | 6 | 安永 6. 1.15 | 天明 2.10.15 | ①借用 ②借用 ③100 ⑤役料30俵 |
| 沢村軍次郎 | 5 | 安永 7. 2. 2 | 天明 2. 7. 1 | ①士着到付 ②鉄砲 ③200 |
| 閑野惣右衛門 | 5 | 安永 7. 8.21 | 天明 6.10. 9 | ①納戸 ②普請 ③250 |
| 桜居彦太夫 | 6 | 安永 9. 2.16 | 文化 4. 9.27 | ①納戸 ②没 ③200→250 ⑤役料30俵→50俵 |
| 山角弥左衛門 | 4 | 安永 9.11.27 | 天明 6. 5.20 | ①普請作事 ②(順介付人) ③150 ④天明6.2.5順介付人 ⑤(役)天明6.2.5目付当分兼、役料30俵 |
| 藤田平六 | 5 | 安永10. 3. 8 | 天明 2. 7.28 | ①－ ②評定目付 ③300 |
| 岡見半太夫 | 5 | 安永10. 3.28 | 天明 7. 2.15 | ①広小路屋舗御子様方付人 ②評定目付 ③150→200 ⑤役料50俵 |
| 稲垣弥五右衛門 | 5 | 天明 1.12.17 | 天明 5.12. 2 | ①－ ②城中番頭 ③250 |
| 田中藤十郎 | 5 | 天明 2. 7 | 天明 3. 7 | ①不明 ②不明 ③不明 |
| 青山弥惣 | 5 | 天明 2. 7.28 | 天明 4. 2. 5 | ①城中并十一口着到付 ②願免 ③200 |
| 小沢作左衛門 | 6 | 天明 2. 8. 8 | 天明 8. 9. 6 | ①小役人着到付 ②評定目付 ③150 |
| 秋山平蔵 | 7 | 天明 2.11. 1 | 天明 5.12. 8 | ①城中并十一口着到付 ②没 ③200 |
| 大久保平介 | 4 | 天明 2.11. 1 | 寛政 7. 5.21 | ①－ ②評定目付 ③200 |
| 後藤弥三右衛門 | 6 | 天明 3.12. 3 | 寛政 8. 7. 1 | ①松原蔵 ②普請 ③130 ⑤役料30俵 |
| 増島団右衛門 | 6 | 天明 4. 5. 3 | 天明 6. 3.18 | ①川除 ②作事 ③200 |
| 小塙理左衛門 | 6 | 天明 6. 3.29 | 天明 8.12. 8 | ①内目付・蔵証判方廻り方 ②作事 ③150 |
| 山本伝八郎 | 6 | 天明 6. 5.19 | 寛政 2.12.10 | ①普請作事・長屋 ②清蓮院様付人 ③100 |
| 大家鱗次 | 7 | 天明 6. 6.17 | 寛政 7. 8.17 | ①検見 ②元方勘定・佐野 ③100→120 ⑤(改)加兵衛、役料30俵 |
| 横内円次 | 6 | 天明 6.⑩. 1 | 寛政 2. 8. 8 | ①内目付・蔵証判方廻り方 ②評定目付 ③70俵6人→200 |
| 佐藤半左衛門 | 5 | 天明 6.⑩. 6 | 寛政 2.11. 1 | ①賄 ②御前様付人 ③200 |
| 勝新五兵衛 | 4 | 天明 7.10.14 | 寛政 1. 8.15 | ①広小路御子様方付人 ②京賄 ③120 ⑤役料30俵 |
| 荒木儀太夫 | 3 | 天明 8. 6.23 | 天明 8. 8.13 | ①納戸 ②没 ③200 |
| 堀部忠兵衛 | 3 | 天明 8.10.18 | 寛政 2. 7. 7 | ①賄 ②京賄 ③80→100 |
| 浦上源六 | 7 | 天明 8.11.10 | 文化 8. 1.21 | ①内目付・蔵証判方廻り方 ②城中番頭 ③100→170 ⑤(改)源六郎→又市 |
| 川手七左衛門 | 7 | 寛政 1. 5.13 | 寛政 4.12.24 | ①賄 ②免 ③120 |
| 松居助内 | 7 | 寛政 1.10.14 | 寛政 6. 7. 3 | ①川除・検地 ②作事 ③200 |
| 内山治右衛門 | 7 | 寛政 2. 7.26 | 寛政 6. 4. 1 | ①検見 ②願免 ③150 |
| 中村助左衛門 | 6 | 寛政 2. 9.15 | 寛政 4. 7. 1 | ①川除・検地 ②作事 ③120 |
| 西村半太夫 | 7 | 寛政 2.11.15 | 寛政10.12.25 | ①内目付 ②元方勘定・佐野 ③150 |

| 姓　　名 | 代 | 就任年月日 | 退任年月日 | ①前役 ②後役 ③知行高 ④兼役<br>⑤その他（改称、役料など） |
|---|---|---|---|---|
| 相馬右平次 | 3 | 寛政 2.12.10 | 享和 2. 9. 3 | ①内目付 ②城使 ③100 ⑤役料10両→40両 |
| 岡村甚之丞 | 4 | 寛政 4. 7 | 文化 2. 3 | ①不明 ②不明 ③200 |
| 松居善三郎 | 7 | 寛政 5. 2.22 | 寛政 7. 7.21 | ①内目付 ②免 ③100 |
| 川手藤兵衛 | 3 | 寛政 6. 6. 3 | 寛政 8. 9.24 | ①細工 ②願免 ③100→120 ⑤(改)弥兵衛、役料30俵 |
| 植田長介 | 5 | 寛政 6.10 | 寛政10.10 | ①不明 ②不明 ③不明 |
| 大久保権内 | 7 | 寛政 6.11.15 | 寛政11. 3.21 | ①－ ②北筋 ③250→300 |
| 山下兵五郎 | 6 | 寛政 7. 9.10 | 寛政 8. 8. 8 | ①山崎舎弟方付人 ②評定目付 ③150 ⑤役料50俵 |
| 湯本源太郎 | 6 | 寛政 8. 1.21 | 文化 4. 4.15 | ①内目付 ②免 ③120 ⑤役料30俵 |
| 大久保忠助 | 7 | 寛政 8. 5. 1 | 享和 1.12.18 | ①山崎屋敷舎弟様付人 ②細工 ③120 ⑤役料30俵 |
| 石尾太右衛門 | 7 | 寛政 8. 9. 1 | 享和 1.12.18 | ①内目付 ②検見・南筋代官当分 ③120 |
| 青木矢柄 | 3 | 寛政 9. 5.26 | 寛政12. 3.24 | ①内目付 ②中筋加 ③200 ⑤(改)角次 |
| 西堀太郎左衛門 | 6 | 寛政10.12. 1 | 寛政12. 3. 2 | ①御前様付人 ②普請 ③250 |
| 小瀧善六 | 6 | 寛政11. 3.21 | 享和 1.12.22 | ①右筆頭 ②没 ③120 |
| 横内巻太郎 | 7 | 寛政11. 7. 7 | 享和 1.12.18 | ①－ ②黒門前舎弟様方付人 ③100俵8人 |
| 落合勘解由 | 6 | 寛政11. 7. 7 | 享和 1.12.18 | ①内目付 ②納戸 ③200 |
| 五十嵐半次 | 6 | 寛政12. 3. 2 | 寛政12. 6.15 | ①士着到付 ②鉄砲 ③250 |
| 石黒伝右衛門 | 5 | 寛政12. 4.22 | 享和 1.12.18 | ①御前様付人 ②作事 ③150 ⑤役料30俵 |
| 毛利十兵衛 | 6 | 寛政12. 6. 1 | 享和 1.12.18 | ①検見 ②中筋川除 ③150 |
| 田中与左衛門 | 6 | 享和 1.12.18 | 享和 3.①.15 | ①細工 ②鷹餌割 ③120 |
| 大久保弥七郎 | 7 | 享和 1.12.18 | 享和 3.①.15 | ①検見・南筋代官当分 ②舎弟様方付人 ③120 |
| 宍戸四郎左衛門 | 5 | 享和 1.12.18 | 文化 2. 3.15 | ①納戸 ②賄 ③250 |
| 中村助左衛門 | 6 | 享和 1.12.18 | 文化 5. 8.15 | ①舎弟様方付人 ②稽古館物主并書物 ③120→170 ⑤役料30俵 |
| 西村半太夫 | 7 | 享和 1.12.18 | 文化12. 5.12 | ①元方勘定・佐野 ②隠居 ③150→200 ⑤(改)半兵衛、役料30俵 |
| 辻岡千右衛門 | 6 | 享和 2. 3. 5 | 文化 1.11. 1 | ①賄 ②元方勘定・佐野 ③120 |
| 黒柳孫左衛門 | 7 | 享和 2. 3. 5 | 文化10. 2.21 | ①内目付 ②南筋加 ③200 |
| 西脇弥兵衛 | 1 | 享和 2. 9. 3 | 文化 7. 4.14 | ①数奇屋奥方様付人 ②御前様付人 ③50 ⑤役料5両→10両 |
| 宮崎惣右衛門 | 7 | 享和 3.①.15 | 享和 3. 7. 1 | ①中筋川除 ②松原蔵 ③150 |
| 池田太右衛門 | 6 | 享和 3. 7. 1 | 文化 5. 8.15 | ①南筋川除 ②鉄砲 ③150 |
| 三浦十左衛門 | 8 | 文化 1.11. 8 | 文化 3. 7. 1 | ①内目付 ②納戸 ③180 |
| 岡本半右衛門 | 7 | 文化 2. 3.15 | 文化 7.12. 1 | ①佐野 ②佐野 ③120 ⑤役料30俵 |
| 八木新太郎 | 6 | 文化 2. 3.15 | 文政12. 2.30 | ①稽古館素読方 ②中筋 ③10人→150 ⑤役料15俵→20俵 |
| 佐藤半左衛門 | 6 | 文化 2. 4.25 | 文政 7. 6. 1 | ①南筋川除 ②中屋敷留守居 ③200→250 ⑤(改)半右衛門、役料30俵 |
| 相馬右平次 | 3 | 文化 3. 7. 1 | 文化14.10.15 | ①中屋敷留守居 ②上屋敷見廻り ③150 |
| 百々孫左衛門 | 8 | 文化 3. 7. 1 | 文政 8. 8.24 | ①南筋川除 ②普請 ③150→200 ⑤(改)又介、役料30俵 |
| 河手四方左衛門 | 6 | 文化 4. 9.29 | 文化 4.12.29 | ①南筋代官・川除 ②免 ③200 |
| 船越三十郎 | 6 | 文化 4. 9.29 | 文化10. 3.21 | ①南筋川除 ②鉄砲 ③120 ⑤役料30俵 |
| 一瀬伴治 | 8 | 文化 5. 4. 9 | 文化13.11.26 | ①松原蔵 ②免 ③120 ⑤役料30俵 |
| 本城善右衛門 | 8 | 文化 5. 8.15 | 文化 6. 8. 7 | ①納戸 ②大坂蔵屋敷留守居 ③250 |

| 姓　　名 | 代 | 就任年月日 | 退任年月日 | ①前役 ②後役 ③知行高 ④兼役<br>⑤その他（改称、役料など） |
|---|---|---|---|---|
| 松居助内 | 8 | 文化 5. 8.15 | 文化12. 6.25 | ①稽古館素読方 ②欽次郎付人 ③200 |
| 田中藤十郎 | 6 | 文化 6 | 文政 5 | ①不明 ②不明 ③不明 |
| 大久保十次兵衛 | 3 | 文化 7. 4.14 | 文政 5. 9. 3 | ①内目付 ②役儀取上 ③70 ⑤(改)十郎右衛門、役料10両 |
| 松居郷次郎 | 3 | 文化 8. 2.15 | 文化 8. 5. 2 | ①中筋川除 ②願免 ③120 |
| 坪岡七郎兵衛 | 5 | 文化 8. 5. 8 | 文政 5.①. 8 | ①内目付 ②長橋口門番頭 ③80→110 ⑤(改)七郎平、役料20俵 |
| 松本瀬兵衛 | 7 | 文化 8. 6. 1 | 文化10.10. 2 | ①中筋川除 ②賄 ③80 ⑤役料20俵 |
| 佐藤左内 | 5 | 文化 9. 5. 5 | 文化10. 4.15 | ①稽古館物主并書物 ②仕送添 ③100 |
| 小野団蔵 | 7 | 文化 9. 9. 9 | 文政10.12.23 | ①作事 ②勝之介様・鉄三郎様・銈之介様付人 ③120→170 ⑤役料30俵 |
| 大久保弥七郎 | 7 | 文化10. 4.21 | 文政 4. 7. 3 | ①中筋代官・川除 ②北筋加 ③120→170 ⑤役料30俵 |
| 石尾太右衛門 | 7 | 文化10. 8.22 | 文化11. 7.30 | ①賄 ②悌之丞様付人 ③120 ⑤役料30俵 |
| 植田岡之丞 | 8 | 文化10.⑪. 3 | 文化13. 4.24 | ①内目付 ②南筋代官 ③80 ⑤(改)長右衛門 ⑤役料20俵 |
| 湯本源太郎 | 6 | 文化11.11. 9 | 文化12.12.22 | ①作事 ②作事 ③120→170 ⑤(改)原太郎 ⑤役料30俵 |
| 高杉宮内 | 7 | 文化12. 8. 1 | 文化13. 5.23 | ①作事 ②免 ③150 |
| 佐藤左内 | 5 | 文化12.10.11 | 文化14.11.16 | ①－ ②稽古館物主并書物兼帯添 ③100 ⑤(改)隼太 |
| 石尾太右衛門 | 7 | 文化13. 4.12 | 文化14. 2.15 | ①悌之丞様付人 ②賄 ③170 ⑤役料30俵 |
| 山県新右衛門 | 9 | 文化13. 4.24 | 文化14. 7.15 | ①佐野 ②賄 ③70 ⑤役料20俵→30俵 |
| 山本権右衛門 | 5 | 文化13. 6.15 | 文政 1.10. 8 | ①中筋代官 ②賄 ③150 |
| 大家棟次郎 | 8 | 文化13. 6.15 | 天保11. 7.10 | ①内目付 ②南筋 ③120→150 ⑤(改)鱗次→長兵衛、役料30俵 |
| 川手藤三郎 | 4 | 文化14. 1.28 | 天保 7. 3.19 | ①内目付 ②中筋加 ③120→150 ⑤役料30俵 |
| 木代又右衛門 | 7 | 文化14. 8.17 | 文化15. 4.12 | ①南筋代官・船 ②没 ③130 |
| 横山彦右衛門 | 7 | 文化14.10.15 | 文政11.11.19 | ①賄加 ②小納戸 ③40俵5人→80 ⑤役料20俵→30俵 |
| 松居助内 | 8 | 文化15. 2.28 | 文政11.10.30 | ①作事 ②稽古館物主并書物 ③200→250 ⑤役料30俵 |
| 海老江門平 | 6 | 文政 1. 5.16 | 文政 2. 1.21 | ①皆米札 ②納戸 ③120 |
| 山下兵五郎 | 7 | 文政 1. 9. 9 | 天保 3. 3. 9 | ①内目付 ②願免 ③150 |
| 喜多山十蔵 | 7 | 文政 1.10.15 | 文政 3. 2.11 | ①内目付 ②松原蔵 ③150 |
| 三岡文大夫 | 9 | 文政 2. 3. 8 | 天保 3. 4.15 | ①鷹餌割 ②隠居 ③100 ⑤役料30俵 |
| 薬袋主計 | 7 | 文政 3. 5. 5 | 文政 4. 9.20 | ①作事 ②元方勘定・佐野 ③120 |
| 小塙辰之介 | 7 | 文政 4. 7.30 | 天保 6.12.29 | ①賄 ②金 ③150 ⑤(改)喜平太 |
| 黒柳孫右衛門 | 7 | 文政 4.11.19 | 文政 7.⑧. 8 | ①稽古館物主并書物 ②南筋加 ③200→250 |
| 荒木庄吉 | 5 | 文政 5. 2.15 | 文政12.11. 6 | ①中筋代官 ②願免 ③130 |
| 松本友蔵 | 5 | 文政 5.10. 1 | 文政 8. 3.12 | ①中屋敷目付 ②普請作事 ③150 |
| 松沢辰蔵 | 8 | 文政 5.10. 9 | 天保 3.⑪.20 | ①作事 ②金 ③100 ⑤役料30俵 |
| 田中藤十郎 | 6 | 文政 7 | 天保 7. 9 | ①不明 ②不明 ③不明 |
| 西村半太夫 | 8 | 文政 7.10.15 | 天保 8. 3. 9 | ①納戸 ②元方勘定・佐野 ③200 ⑤役料30俵 |
| 山本運平 | 4 | 文政 8. 3.18 | 天保 6.12.17 | ①八町堀屋敷留守居 ②役儀取上 ③200 |
| 山下一太夫 | 8 | 文政 8.10.30 | 文政 9. 3.18 | ①元方勘定・佐野 ②納戸 ③120 ⑤役料30俵 |

| 姓　　名 | 代 | 就任年月日 | 退任年月日 | ①前役 ②後役 ③知行高 ④兼役 ⑤その他（改称、役料など） |
|---|---|---|---|---|
| 西尾隆治 | 6 | 文政 9. 3.18 | 文政11.10. 4 | ①京都留守居 ②若殿様小納戸 ③200 |
| 山県新右衛門 | 9 | 文政11.10.15 | 文政12.11. 6 | ①賄 ②元方勘定・佐野 ③100 ⑤役料30俵 |
| 飯田猪右衛門 | 1 | 文政11.11.23 | 天保 9.12.27 | ①大御前様賄 ②没 ③50 ⑤役料5両 |
| 荒川孫三郎 | 8 | 文政11.12.28 | 文政13. 5.21 | ①稽古館物主并書物兼帯添 ②稽古館物主并書物兼帯添 ③100 |
| 田中雄助 | 7 | 文政11.12.28 | 嘉永 3.12.11 | ①内目付 ②北筋 ③120→150 ⑤役料30俵 |
| 松居八郎介 | 8 | 文政12.12.25 | 天保 2.12. 4 | ①鷹餌割・鳥札 ②弘道館物主并書物兼帯添 ③80 ⑤役料20俵 |
| 海老江門平 | 6 | 文政12.12.25 | 天保 3. 1. 2 | ①作事 ②願免 ③120 |
| 安藤長三良 | 9 | 文政13. 2. 4 | 弘化 2. 1.11 | ①南筋代官 ②鷹餌割 ③150 |
| 増島団右衛門 | 8 | 文政13. 7. 1 | 天保11.10.19 | ①稽古館物主并書物兼帯添 ②京都留守居 ③200→230 |
| 田中藤十郎 | 6 | 天保 2.12.14 | 天保 7. 8.15 | ①－ ②普請 ③170 |
| 薬袋主計 | 7 | 天保 3. 4.15 | 天保10. 2.21 | ①北筋代官・船 ②役儀取上 ③120→150 ⑤役料30俵 |
| 中川織之進 | 5 | 天保 3. 7.18 | 弘化 2. 3. 8 | ①南筋代官 ②元方勘定・佐野 ③200 |
| 武笠七郎右衛門 | 4 | 天保 4. 1. 8 | 弘化 2.10.15 | ①佐野・作事 ②元方勘定・佐野 ③120 ⑤役料30俵 |
| 岡本半右衛門 | 8 | 天保 7. 2. 5 | 嘉永 2.12.17 | ①内目付 ②元方勘定・佐野 ③150 |
| 堀部多三郎 | 7 | 天保 7. 4.21 | 嘉永 3.11.27 | ①中筋代官 ②没 ③250 |
| 鶴見郡司 | 5 | 天保 7. 8.11 | 嘉永 2. 6.25 | ①新光院付人 ②賄 ③50→70 ⑤役料20俵 |
| 三浦十左衛門 | 9 | 天保 8. 4.10 | 天保13.12.21 | ①南筋代官 ②元方勘定・佐野 ③180 |
| 山中宗十郎 | 7 | 天保 8. 4.10 | 嘉永 4. 3.14 | ①内目付 ②作事 ③120 ⑤役料30俵 |
| 田中藤十郎 | 7 | 天保10. 4. 8 | 天保14. 5.17 | ①内目付 ②中筋代官 ③170 |
| 中村右膳 | 5 | 天保10. 8. 1 | 安政 2. 2.12 | ①－ ②鉄砲・玉薬 ③150 |
| 小塙喜平太 | 7 | 天保11. 8.16 | 天保13. 6. 8 | ①京留守居 ②北筋加 ③150 ⑤役料30俵 |
| 西村半太夫 | 8 | 天保11.11.18 | 嘉永 1.11.15 | ①元方勘定・佐野 ②大津蔵 ③200→230 ⑤役料30俵 |
| 大鳥居彦六 | 6 | 天保13. 8.21 | 嘉永 2. 3.10 | ①中筋代官 ②元方勘定・佐野 ③120 |
| 竹中喜八 | 9 | 天保13.10. 9 | 嘉永 1.10. 3 | ①内目付 ②南筋代官 ③150 |
| 山下兵五郎 | 8 | 天保13.10. 9 | 嘉永 4.10.21 | ①納戸 ②仕送添 ③150 |
| 松居助内 | 9 | 天保14. 2.15 | 天保15. 4.21 | ①松原蔵 ②北筋代官 ③250 |
| 山上弥次右衛門 | 9 | 天保14. 4.13 | 弘化 2. 1.11 | ①足軽辻着到付 ②納戸 ③150 |
| 後閑弥太郎 | 11 | 天保14. 5.17 | 嘉永 7. 6.21 | ①弘道館物主并書物兼帯添 ②京都留守居 ③170 |
| 和田甚五右衛門 | 7 | 天保15. 6.22 | 嘉永 1. 8.25 | ①賄 ②没 ③120 |
| 武藤信左衛門 | 6 | 天保15. 6.22 | 嘉永 4. 8.15 | ①南筋代官・内目付 ②元方勘定・佐野 ③250 |
| 堀九平太 | 7 | 弘化 2. 4.17 | 嘉永 3. 5. 1 | ①鉄三郎様付人・守真院様付人 ②佐野・作事 ③100 |
| 田中藤十郎 | 7 | 弘化 2. 4.22 | (安政 5以降) | ①中筋代官 ②不明 ③170→200 ⑤役料30俵 |
| 安藤長三良 | 9 | 弘化 2.10.28 | 嘉永 4.10.25 | ①佐野・作事 ②側 ③150→180 ⑤(改)長三郎、役料30俵 |
| 武笠七郎右衛門 | 4 | 嘉永 1. 9.29 | 嘉永 2.12. 8 | ①元方勘定・佐野 ②細工・弓矢預り加 ③120 ⑤役料30俵 |
| 寺嶋弥七郎 | 7 | 嘉永 2. 1.20 | 文久 1. 9. 7 | ①鷹餌割・鳥札 ②金 ③150 |
| 海老江喜八郎 | 7 | 嘉永 2.④. 1 | 嘉永 7. 1.24 | ①南筋代官 ②没 ③120 ⑤(改)門平、役料30俵 |

| 姓　　名 | 代 | 就任年月日 | 退任年月日 | ①前役 ②後役 ③知行高 ④兼役<br>⑤その他（改称、役料など） |
|---|---|---|---|---|
| 奥山又市 | 2 | 嘉永 2.④.25 | 安政 6.11.27 | ①賄 ②御子様方付人 ③130、役料30俵 |
| 小嶋悦太郎 | 2 | 嘉永 2. 6.18 | 嘉永 4. 4.28 | ①御前様付人 ②早稲田屋敷奉行 ③100 |
| 植田長左衛門 | 7 | 嘉永 2. 9.22 | 嘉永 3. 4 | ①不明 ②用米蔵 ③不明 |
| 中川織之進 | 5 | 嘉永 2.12. 8 | 嘉永 4. 8.15 | ①元方勘定・佐野 ②元方勘定・佐野 ③200→230 ⑤役料30俵 |
| 三浦十左衛門 | 9 | 嘉永 3. 3.22 | 嘉永 4. 1.11 | ①元方勘定・佐野 ②側 ③180 |
| 大鳥居彦六 | 6 | 嘉永 3. 4. 8 | 嘉永 5. 2. 8 | ①元方勘定・佐野 ②普請 ③120、役料20俵→30俵 |
| 岡真次 | 7 | 嘉永 3. 7.12 | 嘉永 7.11.17 | ①鷹餌割・鳥札 ②願免 ③150 |
| 広瀬茂兵衛 | 6 | 嘉永 3. 7.23 | 嘉永 4. 1.11 | ①櫛・音物請捌 ②（普請作事） ③80 ④江戸普請作事・長屋・大組中間支配、役料20俵 |
| 池田二郎八 | 8 | 嘉永 3.12.11 | 文久 2. 8.27 | ①賄 ②城中番頭 ③180 ④万延1.12.5元方勘定・佐野 |
| 安藤弘次 | 9 | 嘉永 3.12.21 | 嘉永 5. 4.29 | ①御前様付人 ②御縁女様付人 ③110 |
| 永田信之介 | 2 | 嘉永 3.12.21 | 嘉永 6. 1.27 | ①－ ②音信 ③70 |
| 山下新八郎 | 9 | 嘉永 4. 4.15 | 嘉永 7.11.16 | ①内目付 ②願免 ③170 |
| 植田長左衛門 | 7 | 嘉永 4. 4.17 | 年月日未詳 | ①不明 ②不明 ③不明 |
| 藤堂喜三郎 | 7 | 嘉永 4. 4.24 | 嘉永 5.11.15 | ①－ ②中屋敷留守居 ③200 |
| 浅居喜三郎 | 11 | 嘉永 4. 9. 1 | 嘉永 6. 3. 2 | ①弘道館手跡方 ②普請 ③70俵6人 |
| 大久保繁八 | 9 | 嘉永 4. 9. 1 | 安政 5. 2.15 | ①留書 ②元方勘定・佐野 ③100俵→100、役料15俵→20俵 |
| 横内平右衛門 | 8 | 嘉永 4.12.14 | 文久 3. 3.11 | ①代官 ②城中番頭 ③110 ⑤役料30俵 |
| 西村半太夫 | 8 | 嘉永 5. 2. 8 | 嘉永 5. 6.15 | ①普請 ②馳走 ③230 ⑤役料50俵 |
| 向山次郎太夫 | 11 | 嘉永 5.②.15 | 文久 2. 4. 4 | ①南筋代官 ②元方勘定・佐野 ③80→100 ⑤役料20俵→30俵 |
| 高野瀬喜介 | 8 | 嘉永 5. 3. 1 | 文久 2.⑧.21 | ①北筋川除 ②北筋代官・用米蔵・松原蔵 ③130 ⑤役料30俵 |
| 木村六郎兵衛 | 7 | 嘉永 5.11.15 | 嘉永 7.11.26 | ①中屋敷目付 ②直勤書記 ③80 ⑤役料20俵 |
| 百々喜八郎 | 6 | 嘉永 5.12.16 | 安政 2. 8.10 | ①京都留守居 ②元方勘定・佐野 ③170 |
| 宇津木喜八郎 | 6 | 嘉永 6. 1.15 | 嘉永 6.10.15 | ①鷹餌割・鳥札 ②賄 ③150 ⑤（改）小左衛門 |
| 小野二蔵 | 8 | 嘉永 6. 1.20 | 嘉永 7. 1.21 | ①南筋代官 ②南筋代官 ③170 |
| 山本運平 | 5 | 嘉永 6. 1.28 | 安政 2. 2.12 | ①－ ②音信役 ③200 |
| 山下兵五郎 | 8 | 嘉永 6.10.15 | 安政 2. 4. 1 | ①京留守居 ②京留守居 ③150 |
| 岡嶋七右衛門 | 10 | 嘉永 6.10.15 | 慶応 4. 4.29 | ①奥用使 ②側 ③60→90 ④安政7.3.6～万延1.10.1作事 ⑤役料20俵→40俵→10俵 |
| 林六右衛門 | 7 | 嘉永 7.10. 1 | 安政 5.12.30 | ①鷹餌割・鳥札 ②元方勘定・佐野 ③200 |
| 武川新左衛門 | 2 | 安政 2. 2.17 | 安政 3. 5.20 | ①－ ②賄 ③70 |
| 安藤長三郎 | 9 | 安政 2. 5. 1 | 万延 2. 1. 2 | ①中筋 ②没 ③180 ⑤役料50俵 |
| 湯本原太郎 | 7 | 安政 2. 6. 1 | 文久 2.10.15 | ①南筋川除 ②細工・弓矢預加 ③170 |
| 奥平源八 | 7 | 安政 2. 7.28 | 慶応 1.⑤.22 | ①納戸 ②鷹餌割・鳥札 ③110 ⑤役料30俵 |
| 八木新太郎 | 7 | 安政 2.11.27 | 文久 1. 9.24 | ①仕送添 ②納戸 ③150→180 ⑤役料30俵 |
| 草刈藤馬 | 7 | 安政 3. 5.20 | 万延 1.10. 1 | ①中屋敷目付 ②奥用使 ③120 |
| 植田又兵衛 | 7 | 安政 5. 6. 3 | 安政 6.11. 2 | ①南筋代官・用米蔵・松原蔵 ②借用 ③120 |
| 佐藤半左衛門 | 8 | 安政 6. 1.30 | 安政 6.12.13 | ①中筋代官・用米蔵・松原蔵 ②没 ③200 |
| 中村右膳 | 5 | 安政 6. 8.28 | 慶応 4. 4.24 | ①普請作事・長屋　②鞍馬口屋敷見廻り ③150→180 ⑤役料30俵 |
| 五十嵐半次 | 9 | 安政 6.11. 2 | 慶応 1.9.25 | ①北筋代官・用米蔵・松原蔵 ②免 ③150 |

| 姓　　名 | 代 | 就任年月日 | 退任年月日 | ①前役 ②後役 ③知行高 ④兼役 ⑤その他（改称、役料など） |
|---|---|---|---|---|
| 荻原丹司 | 4 | 安政 6.12.12 | 万延 1. 7.28 | ①八町堀屋敷留守居 ②賄 ③200 |
| 林六右衛門 | 7 | 安政 7. 1.11 | 文久 2. 8.27 | ①元方勘定・佐野 ②作事 ③200 ④万延1.11.15元方勘定・佐野 |
| 大鳥居彦六 | 6 | (万延1.1以降 | 文久 1. 8.15 | ①弘道館素読方 ②大津蔵 ③150 ⑤(役)目付役助、役料50俵 |
| 大久保繁八 | 9 | 安政 7. 3. 8 | 文久 1. 9. 7 | ①(元方勘定・佐野・作事) ②(元方勘定・佐野) ③100 ④万延1.10.1 まで作事⑤役料30俵 |
| 高野吉五郎 | 9 | 万延 1. 3.30 | 慶応 1. 8. 1 | ①南筋代官・用米蔵・松原蔵 ②京都留守居 ③130 ⑤役料30俵 |
| 山本運平 | 5 | 万延 1. 7.28 | 元治 1. 4. 1 | ①直勤書記 ②城使 ③200 |
| 岡嶋丹蔵 | 4 | 万延 1. 8.18 | 文久 2. 3.12 | ①京都留守居 ②京都留守居 ③180 |
| 松村主計 | 7 | 万延 1.10. 1 | 慶応 3. 6.16 | ①－ ②鉄砲玉薬 ③100 |
| 荒木儀平 | 6 | 万延 1.12.18 | 年月日未詳 | ①北筋代官・用米蔵・松原蔵 ②不明 ③160 |
| 西村文太夫 | 11 | 文久 1. 9. 7 | 元治 2. 3. 7 | ①櫛 ②細工・弓矢預り加 ③5人→70⑤役料15俵 |
| 石原西右衛門 | 9 | 文久 1. 9.24 | 慶応 4. 8. 6 | ①内目付 ②佐野・世田谷 ③100 ⑤役料30俵 |
| 多賀谷左内 | 8 | 文久 2. 1.22 | 文久 3. 8.24 | ①北筋代官・用米蔵・松原蔵 ②没 ③120 ⑤役料30俵 |
| 百々喜八郎 | 6 | 文久 2. 3.19 | 文久 2. 9.29 | ①佐野・作事 ②賄 ③170 |
| 閑野惣太夫 | 8 | 文久 2. 4. 8 | 文久 2.⑧. 5 | ①元方勘定・佐野・仕法 ②元方勘定・佐野 ③250 |
| 八木新太郎 | 7 | 文久 2. 8.27 | 元治 2. 2.15 | ①納戸 ②弘道館物主并書物兼帯添 ③180 ⑤役料30俵 |
| 山下兵五郎 | 8 | 文久 2. 8.27 | 慶応 1. 8. 1 | ①北筋代官・用米蔵・松原蔵 ②大津蔵 ③180 |
| 寺嶋弥七郎 | 7 | 文久 2.⑧. 4 | 文久 2. 9.29 | ①作事 ②京都留守居 ③150 |
| 渡辺九郎左衛門 | 10 | 文久 2.⑧.21 | 元治 1. 5.15 | ①納戸 ②免 ③150 |
| 高野瀬喜介 | 8 | 文久 2. 9. 5 | 慶応 1. 6. 1 | ①北筋代官・用米蔵・松原蔵 ②願免 ③130 ⑤役料30俵 |
| 花木伝之丞 | 8 | 文久 2. 9. 5 | 明治 1.11.28 | ①鷹餌割・鳥札 ②免 ③100 ④慶応4.4.22当役の上、評定加 ⑤役料30俵 |
| 中村繁太郎 | 11 | 文久 3. 3. 8 | 文久 3.12.13 | ①鷹餌割・鳥札 ②免 ③250 |
| 今村市十郎 | 9 | 文久 3. 3. 8 | 慶応 3.12.26 | ①内目付 ②免 ③130 ⑤(改)彦十郎 |
| 石黒伝右衛門 | 8 | 文久 3. 7. 4 | 元治 1.11. 1 | ①内目付 ②京都留守居 ③100 |
| 横内平右衛門 | 8 | 文久 3. 9. 4 | 元治 1. 6.11 | ①城中番頭 ②隠居 ③110 |
| 寺嶋弥七郎 | 7 | 文久 3. 9. 4 | 元治 2. 2.15 | ①大津蔵 ②馳走 ③150 ⑤役料30俵 |
| 和田甚五右衛門 | 8 | 文久 3.12.16 | 慶応 1. 6. 1 | ①北筋代官・用米蔵・松原蔵 ②北筋代官・用米蔵・松原蔵 ③120 |
| 辻平内 | 9 | 元治 1. 6. 8 | 明治 1.11.28 | ①賄 ②免 ③150 |
| 八木原太郎右衛 | 10 | 元治 1. 6.15 | 慶応 2. 6.15 | ①弘道館物主并書物兼帯添 ②作事 ③230 |
| 木下周吉 | 4 | 元治 1. 6.16 | 慶応 3. 6.16 | ①普請作事・長屋・大組支配 ②鉄砲玉薬 ③70 ⑤役料20俵 |
| 青木津右衛門 | 7 | 元治 1. 6.21 | 年月日未詳 | ①北筋代官・用米蔵・松原蔵 ②不明 ③140 |
| 水上勘兵衛 | 8 | 元治 1. 8.16 | 明治 1.11.28 | ①細工・弓矢預り加 ②議行局五等執事 ③120 ⑤役料30俵 |
| 松宮角左衛門 | 9 | 元治 1. 8.16 | 明治 1.11.28 | ①内目付 ②免 ③100 ⑤役料30俵 |
| 沢村益二郎 | 7 | 元治 1.10.15 | 慶応 2. 8. 7 | ①内目付 ②討死 ③130 |
| 今村八郎右衛門 | 3 | 元治 2. 2.15 | 慶応 1. 8.18 | ①北筋代官・用米蔵・松原蔵 ②免 ③200 |

| 姓　　名 | 代 | 就任年月日 | 退任年月日 | ①前役 ②後役 ③知行高 ④兼役<br>⑤その他（改称、役料など） |
|---|---|---|---|---|
| 齋藤惣三郎 | 11 | 元治 2. 2.15 | 慶応 2.12.15 | ①鷹餌割・鳥札 ②細工・弓矢預加 ③80 ⑤役料20俵 |
| 関野惣太夫 | 8 | 慶応 1. 8. 1 | 慶応 3. 3.24 | ①(元方勘定)・佐野・大坂留守居 ②(元方勘定・佐野・大坂留守居) ③250 ④元方勘定、慶応1.10.16大坂留守居・佐野 |
| 大久保繁八 | 9 | 慶応 1. 8. 1 | 慶応 3.11.13 | ①作事 ②普請 ③100 ⑤役料60俵 |
| 寺嶋弥七郎 | 7 | 慶応 1. 8.21 | 慶応 4. 2. 5 | ①馳走 ②弘道館物主并書物兼帯添 ③150→180 ⑤役料30俵 |
| 堀小伝次 | 8 | 慶応 1. 9. 1 | 明治 1.11.28 | ①内目付 ②議行局五等執事 ③100 ⑤役料30俵 |
| 岡嶋丹蔵 | 4 | 慶応 1.10.17 | 慶応 2.11. 9 | ①賄 ②中筋代官・南筋領分残之分代官 ③180 |
| 高野瀬喜介 | 8 | 慶応 2. 3. 1 | 慶応 2.12.26 | ①－ ②願免 ③130 |
| 橋本勘左衛門 | 4 | 慶応 2. 7.26 | 慶応 2.11. 9 | ①賄 ②北筋代官・南筋領分残之分代官 ③120 |
| 牧野他家次 | 7 | 慶応 2. 7.26 | 慶応 2.12. 8 | ①内目付 ②弘道館物主并書物 ③50 ⑤(改)勘太夫(改称時期不明) |
| 奥山伝右衛門 | 9 | 慶応 2.12.15 | 明治 1.11.28 | ①弘道館物主并書物兼帯添 ②免 ③170 |
| 奥平源八 | 7 | 慶応 2.12.18 | 慶応 4. 2.28 | ①鷹餌割・鳥札 ②弘道館物主并書物兼帯添 ③110 ⑤役料30俵 |
| 鶴見郡司 | 6 | 慶応 3. 6.16 | 慶応 4. 6. 7 | ①賄 ②免 ③100 |
| 石原善太右衛門 | 9 | 慶応 3. 7.11 | 慶応 4. 6.17 | ①鉄砲・玉薬 ②免 ③150 |
| 林田縫殿 | 9 | 慶応 3. 7.11 | 明治 1.11.28 | ①作事 ②議行局五等執事 ③80 |
| 横内平右衛門 | 9 | 慶応 3.10.15 | 慶応 4.④. 1 | ①新組頭 ②留守居 ③110 |
| 熊谷太郎兵衛 | 9 | 慶応 3.11.13 | 明治 2. 1.10 | ①鉄砲・玉薬 ②会計局六等執事・樹芸方・租税方・川除掛 ③110 |
| 山中宗十郎 | 8 | 慶応 3.12. 6 | 明治 1.11.26 | ①内目付 ②議行局五等執事 ③150 |
| 宇津木小左衛門 | 6 | 慶応 3.12.28 | 明治 1.11.28 | ①皆米札 ②免 ③150 |
| 飯田平蔵 | 3 | 慶応 4. 1. 7 | 慶応 4. 7.12 | ①音信 ②賄・作事 ③50 |
| 内山治右衛門 | 10 | 慶応 4. 2. 9 | 明治 2. 1.17 | ①内目付 ②免 ③120 |
| 浅居喜三郎 | 12 | 慶応 4. 3. 1 | 明治 2. 1.17 | ①－ ②免 ③350 |
| 田中謙二 | 10 | 慶応 4.④. 1 | 明治 1.11.26 | ①用米蔵・松原蔵 ②京都会計局六等執事出納方金掛 ③130 |
| 大堀小右衛門 | 5 | 慶応 4.④. 1 | 明治 1.11.28 | ①右筆頭・御手元御用懸り ②免 ③130 ⑤役料30俵 |
| 佐藤半左衛門 | 9 | 慶応 4. 5.27 | 明治 1.11.28 | ①内目付 ②議行局五等執事 ③170 |
| 大鳥居彦右衛門 | 7 | 慶応 4. 8.13 | 明治 1.11.28 | ①会計・佐野 ②免 ③150 |
| 渡辺倖次郎 | 8 | 慶応 4. 8.15 | 明治 1.11.28 | ①内目付 ②議行局五等執事書史 ③90 |
| 岡嶋七右衛門 | 10 | 明治 1.11.15 | 明治 1.11.28 | ①側 ②免 ③90 ⑤役料10俵 |

**評定目付役**

安永10年(1781)～寛政９年(1797)までと、天保13年(1842)～嘉永３年(1850)までの期間、家老評議の監察のために設けられた役職。城使役・普請奉行・元方勘定奉行・目付役などの150石～400石の家臣の中から１人～３人が任命された。

| 姓　　名 | 代 | 就任年月日 | 退任年月日 | ①前役 ②後役 ③知行高 ④兼役<br>⑤その他（改称、役料など） |
|---|---|---|---|---|
| 大久保藤助 | 8 | 安永10. 2.15 | 天明 2. 7.21 | ①元方勘定･佐野 ②仕送 ③150 |
| 田中三郎左衛門 | 4 | 安永10. 2.15 | 天明 8. 8. 8 | ①目付 ②没 ③300 ④天明4.閏1.12側 |
| 小幡与五兵衛 | 6 | 安永10. 3.22 | 天明 6. 3. 5 | ①普請 ②没 ③300 |
| 藤田平六 | 5 | 天明 2. 7.28 | 天明 8. 9. 6 | ①目付 ②筋 ③300 ④天明4.閏1.1側<br>⑤(改)弥五右衛門､(役)評定目付当分 |
| 田中藤十郎 | 5 | 天明 3. 7.15 | 天明 6.12.20 | ①目付 ②免 ③120 |
| 後閑新兵衛 | 7 | 天明 6. 6.17 | 天明 7. 9. 3 | ①普請 ②庭五郎側･評定目付当分 ③300 |
| 岡見半太夫 | 5 | 天明 7. 2.15 | 寛政 2. 7.26 | ①目付 ②隠居 ③200 ⑤役料50俵 |
| 後閑新兵衛 | 7 | 天明 7. 9. 3 | 寛政 2. 8.24 | ①評定目付 ②願免 ③300 ④庭五郎側 ⑤評定目付当分 |
| 小沢作左衛門 | 6 | 天明 8. 9. 6 | 文化 9.11.14 | ①目付 ②免 ③150→350 ④寛政4.5.21側､文化9.2.13両殿様側 ⑤役料50俵→100俵 |
| 横内円次 | 6 | 寛政 2. 8. 8 | 寛政11. 3.21 | ①目付 ②南筋 ③200 ④寛政4.6.13側 ⑤役料50俵 |
| 西尾隆治 | 5 | 寛政 2. 8.28 | 寛政 4. 6.13 | ①城使 ②側･城使 ③150 ⑤役料100俵→50俵 |
| 大久保平介 | 4 | 寛政 7. 5.21 | 寛政 8. 6.19 | ①目付 ②没 ③200 |
| 山下兵五郎 | 6 | 寛政 8. 8. 8 | 寛政 9.11.27 | ①目付 ②没 ③150 ⑤役料50俵 |
| 犬塚外記 | 5 | 天保13. 3. 7 | 嘉永 3. 9. 1 | ①(側) ②役儀取上 ③350→400 ④側 ⑤役料80俵→50俵 |

**槻御殿目付役**

彦根の藩主別邸である槻《けやき》御殿専属の目付役。藩主井伊直定が隠居後、槻御殿に居住した宝暦６年(1756)から宝暦11年にかけて一時的に３～４人が「槻御門詰目付」となった。知行高は、50石～300石まで幅がある。勤務形態は定かでない。

| 姓　　名 | 代 | 就任年月日 | 退任年月日 | ①前役 ②後役 ③知行高 ④兼役<br>⑤その他（改称、役料など） |
|---|---|---|---|---|
| 山下重兵衛 | 5 | 宝暦 6. 7. 8 | 宝暦 6. 8.21 | ①江戸普請 ②目付 ③150 |
| 藤田平右衛門 | 5 | 宝暦 6. 7. 8 | 宝暦 6.12.25 | ①不明 ②不明 ③150 |
| 中村郷右衛門 | 6 | 宝暦 6. 7. 8 | 宝暦 8.10.25 | ①－ ②大津蔵 ③250 |
| 三岡長兵衛 | 6 | 宝暦 6. 9. 1 | 宝暦10. 4. 9 | ①納戸 ②目付 ③150 |
| 大久保弥七郎 | 4 | 宝暦 6.12.16 | 宝暦 8. 3.17 | ①士着到付 ②没 ③150 |
| 西村藤右衛門 | 5 | 宝暦 8. 4.11 | 宝暦10. 4. 9 | ①納戸 ②免 ③150 |
| 落合勘解由 | 6 | 宝暦 8.11. 1 | 宝暦10. 4. 9 | ①納戸 ②－ ③150 |

## 8　勘定奉行・元方勘定奉行

勘定奉行は、元方勘定奉行ともいう。直轄地だけでなく家臣知行地の年貢率の決定に参加し、また在郷の小物成や改出しを吟味し、藩全体の財政を司どる役職であり、配下に勘定小頭・平勘定人を置く。人員は前期には２人～３人、後期には４人～５人であり、知行高100石～200石の家臣が就いた。

| 姓　名 | 代 | 就任年月日 | 退任年月日 | ①前役 ②後役 ③知行高 ④兼役<br>⑤その他（改称、役料など） |
|---|---|---|---|---|
| 山下市左衛門 | 1 | 寛永21.10. 5 | （万治 3以前） | ①－ ②筋 ③300 ④筋 |
| 松居小左衛門 | 2 | 寛永21.10. 5 | 年月日未詳 | ①（筋） ②－ ④筋 |
| 藤田四郎左衛門 | 2 | 寛永21.10. 5 | 年月日未詳 | ①－ ②－ ③450 ④筋 |
| 松居九郎兵衛 | 2 | 寛永21.10. 5 | 年月日未詳 | ①－ ②－ ④筋 |
| 菅沼郷左衛門 | 2 | 寛永21.10. 5 | 年月日未詳 | ①（筋） ②－ ④筋 |
| 大久保新右衛門 | ? | 寛永21.10. 5 | 年月日未詳 | ①（筋） ②－ ③1200 ④筋 |
| 山下弥惣兵衛 | 2 | （正保 1以降） | 寛文 4 | ①－ ②筋 ③200→300 |
| 大鳥居杢右衛門 | 2 | 承応 1 | 明暦　2 | ①金 ②賄 ③300 |
| 安東七郎右衛門 | 1 | 承応 3. 9.11 | 寛文 8 | ①－ ②没 ③200→300 |
| 岡次左衛門 | 2 | 寛文 4 | 貞享 2 | ①－ ②隠居 ③200→250 |
| 五十嵐半次 | 2 | 寛文 8 | 天和 4 | ①目付 ②免 ③200 |
| 藤田平右衛門 | 4 | （延宝 1以降） | 延宝 4. 1.21 | ①目付 ②普請 ③100→150 |
| 山田甚五右衛門 | 3 | 天和 4 | 貞享 3 | ①－ ②筋 ③150→350 |
| 岡平六 | 1 | 貞享 2 | 元禄 8. 7.10 | ①京賄 ②没 ③250→300 |
| 三浦権右衛門 | 1 | 貞享 3 | 元禄14. 3. 4 | ①金 ②没 ③200→250 |
| 五十嵐軍平 | 3 | 元禄 8. 8. 4 | 元禄14. 6.29 | ①（目付･吟味） ②閉門 ③300 ④元禄12.8.28まで目付･吟味 |
| 大川甚右衛門 | 3 | 元禄13. 1.11 | 宝永 1. 8.27 | ①京詰･上方筋目付 ②願免 ③300 |
| 熊谷九太夫 | 3 | 元禄14. 9.27 | 宝永 2. 9.22 | ①恩借 ②没 ③200 |
| 相馬彦右衛門 | 3 | 宝永 1. 8.27 | 享保 2. 1.20 | ①彦根金 ②京橋口門番頭 ③200→250 |
| 海老江門平 | 2 | 宝永 2.10.10 | 正徳 5. 2.23 | ①目付 ②筋 ③200 |
| 福村八郎左衛門 | 1 | 宝永 5. 5.26 | 宝永 5. 9. 8 | ①－ ②－ ③150 ⑤当分勘定 |
| 大鳥居次介 | 3 | 宝永 5. 8. 1 | 享保 3. 6.10 | ①目付 ②願免 ③250 |
| 三浦新之丞 | 3 | 宝永 5. 8. 1 | 享保 3.10.23 | ①恩借 ②免 ③200 |
| 五十嵐半次 | 3 | 正徳 5. 2.23 | 享保14.12.29 | ①目付 ②免 ③200→250 ④享保7.8.14～同8.1.21元方、享保7.8.29目付 |
| 辻武右衛門 | 3 | 享保 1. 8.21 | 享保15. 6.22 | ①江戸賄 ②（佐野かね山･目付） ③150→200 ④享保2.2.29佐野かね山、同7.8.14～同8.1.21元方、同7.8.29目付 |
| 大久保所右衛門 | 1 | 享保 2. 8. 1 | 享保 5. 7. 9 | ①江戸普請 ②没 ③150 |
| 秋山源十郎 | 4 | 享保 3. 9.28 | 享保 9. 2.25 | ①松原蔵 ②沢口門番頭 ③100→150 |
| 三浦軍介 | 5 | 享保 5. 7.19 | 享保11.11.28 | ①京賄 ②筋 ③200 |
| 辻沖右衛門 | 2 | 享保 7. 8.21 | 享保 9.12.24 | ①京賄 ②願免 ③150 |
| 喜多山勘六 | 3 | 享保 7. 8.21 | 享保10.11.24 | ①目付 ②願免 ③150 |
| 戸次権左衛門 | 4 | 享保 7. 8.29 | 享保 8. 1.28 | ①（目付･元方） ②普請 ③200 ④目付、享保8.1.21まで元方 |
| 一色七郎兵衛 | 1 | 享保 7. 8.29 | 享保 8. 8. 1 | ①旅賄･（元方） ②旅賄 ③150 ④目付、享保8.1.21まで元方 |
| 今堀弥太夫 | 3 | 享保 7. 8.29 | 享保 9.12.21 | ①江戸賄･（元方） ②旅賄 ③200 ④目付、享保8.1.21まで元方 |

| 姓　名 | 代 | 就任年月日 | 退任年月日 | ①前役 ②後役 ③知行高 ④兼役<br>⑤その他（改称、役料など） |
|---|---|---|---|---|
| 荒居次太夫 | 2 | 享保 7. 8.29 | 享保17. 6.15 | ①(目付・元方) ②願免 ③250→300 ④目付、享保8.1.21まで元方 |
| 松居助内 | 5 | 享保 9.12.28 | 元文 2.12.22 | ①目付 ②免 ③200→250 ④享保19.7.8筋 |
| 長浜軍兵衛 | 4 | 享保12. 2.15 | 延享 5. 2. 3 | ①納戸 ②大坂借用筋用 ③250→300 ④元文4.5.28～寛保2.7.21佐野、寛保2.2.24皆米札 |
| 百々久弥 | 2 | 享保14.12.29 | 元文 3. 1.28 | ①目付 ②佐野 ③100→150 ⑤役料30俵 |
| 庵原源八郎 | 4 | 享保14.12.29 | 元文 3.10.16 | ①目付 ②没 ③150→200 ⑤元文3.4.1元方の役名止、勘定と改める |
| 庵原三郎左衛門 | 3 | 享保17. 6.15 | 享保20.12.22 | ①旅賄 ②免 ③150 |
| 大家長兵衛 | 4 | 享保21. 3. 4 | 元文 1.11.26 | ①納戸 ②願免 ③150 |
| 大久保平助 | 2 | 享保21. 3.21 | 寛保 3.12. 1 | ①納戸 ②願免 ③200 ④元文4.5.28～寛保2.7.21佐野、寛保3.9.30皆米札 |
| 河手四方左衛門 | 3 | 元文 1.12.21 | 元文 5.⑦.28 | ①作事 ②普請 ③200 ④元文4.5.28佐野 |
| 花木伝蔵 | 1 | 元文 3. 2.25 | 元文 5.⑦.24 | ①金 ②願免 ③150 ④元文4.6.4佐野 |
| 松居善兵衛 | 3 | 元文 4. 7. 7 | 元文 4.11.16 | ①京賄 ②願免 ③150 ④佐野 |
| 三岡長兵衛 | 5 | 元文 4. 8. 3 | 寛保 1. 5.15 | ①旅賄 ②願免 ③150 ④佐野 |
| 本城善右衛門 | 5 | 元文 4.12.11 | 延享 4. 6.29 | ①目付 ②大津蔵 ③200 ④寛保2.7.21まで佐野、寛保3.9.30皆米札 |
| 山本清兵衛 | 2 | 寛保 1. 6.15 | 寛保 2. 5. 1 | ①旅賄 ②願免 ③150 ④佐野 |
| 横田与左衛門 | 4 | 寛保 3.12. 1 | 延享 1. 5. 7 | ①目付 ②民部様付人 ③150 |
| 佐成源五兵衛 | 4 | 延享 1. 6.21 | 宝暦 3.10.10 | ①目付 ②(上方筋金調達用向) ③150 ④寛延3.10.30京大坂借用用向勘定 |
| 宮崎惣右衛門 | 4 | 延享 4. 2.21 | 延享 4. 9.16 | ①借用 ②願免 ③150 |
| 熊谷太郎兵衛 | 4 | 延享 4. 3.15 | 寛延 3.12.12 | ①作事 ②願免 ③100 |
| 小塙喜平太 | 4 | 延享 4. 9.14 | 寛延 2. 4.15 | ①鷹餌割 ②長曽根口門番頭 ③150 |
| 高野市兵衛 | 4 | 延享 5. 3. 2 | 宝暦 3.11.11 | ①目付 ②没 ③250 |
| 石原伝左衛門 | 2 | 寛延 2. 6.13 | 宝暦 3. 2.15 | ①目付 ②十一口門番頭 ③150 |
| 三浦彦五郎 | 6 | 寛延 3.12.28 | 寛延 4.⑥. 6 | ①目付 ②大津蔵 ③200 |
| 安藤喜左衛門 | 4 | 寛延 3.12.28 | 宝暦 5. 8. 6 | ①彦根賄 ②免 ③200 |
| 安中沖右衛門 | 3 | 寛延 4. 8.13 | 宝暦 4. 3.19 | ①旅賄 ②没 ③150 |
| 芦名孫平次 | 5 | 宝暦 3. 4. 1 | 宝暦 4. 2.15 | ①目付 ②願免 ③100 ⑤役料30俵 |
| 日下部弥平右衛門 | 3 | 宝暦 4. 1. 4 | 宝暦12. 5.10 | ①皆米札 ②願免 ③100 ④宝暦5.8.14元方、宝暦7.11.25佐野 ⑤役料30俵 |
| 荒木八十左衛門 | 4 | 宝暦 4.②.27 | 宝暦13.11. 8 | ①借用 ②十一口門番頭 ③150 ④宝暦5.3.18元方 ⑤(改)石尾 |
| 小野源太右衛門 | 4 | 宝暦 4. 4.30 | 宝暦 5. 3.18 | ①作事 ②没 ③150 |
| 佐成源五兵衛 | 4 | 宝暦 5. 4.30 | 宝暦 8. 2.20 | ①上方筋金調達用向 ②(筋加)・郷中宗門改 ③200 ④宝暦5.8.14元方、宝暦6.12.15筋加 ⑤役料50俵 |
| 安中佐右衛門 | 1 | 宝暦 5. 9.27 | 安永 3. 9.27 | ①米札 ②隠居 ③100→150 ④宝暦7.11.15佐野、安永2.3.14皆米札 ⑤役料30俵 |
| 横内次左衛門 | 5 | 宝暦 6.12.16 | 寛政 2. 7.28 | ①皆米札 ②隠居 ③100→200 ④宝暦7.11.25佐野、天明2.10.1筋、宝暦13.12.16上方筋調達、安永2.3.14～天明2.10.1皆米札、天明2.10.1筋 ⑤役料30俵→50俵 |

| 姓　　名 | 代 | 就任年月日 | 退任年月日 | ①前役 ②後役 ③知行高 ④兼役<br>⑤その他（改称、役料など） |
|---|---|---|---|---|
| 杉山伝右衛門 | 4 | 宝暦 7.11.15 | 宝暦12. 1.17 | ①(佐野) ②(佐野) ③150 ④佐野 ⑤役料30俵 |
| 佐原善右衛門 | 4 | 宝暦10.11.28 | 明和 1. 9. 1 | ①江戸普請 ②筋加 ③250 ④佐野 |
| 芳賀七郎右衛門 | 5 | 宝暦10.11.28 | 明和 4. 3.11 | ①旅賄 ②没 ③150 ④佐野、宝暦12.8.8上方筋調達 |
| 越石何右衛門 | 6 | 宝暦13.12.16 | 明和 4.11.24 | ①上方筋調達 ②願免 ③200 ④佐野 |
| 三居孫太夫 | 5 | 明和 1.12. 1 | 明和 3.10.16 | ①納戸 ②願免 ③150 ④佐野 |
| 渡辺八郎右衛門 | 5 | 明和 3.11. 1 | 安永 7.11. 8 | ①賄 ②隠居 ③100→150 ④佐野、安永2.3.14皆米札 ⑤役料30俵 |
| 落合勘解由 | 5 | 明和 4. 4. 1 | 明和 7. 1.30 | ①(佐野) ②大津蔵 ③150 ④佐野 ⑤役料50俵 |
| 川手文左衛門 | 4 | 明和 5. 1.28 | 安永10. 3. 1 | ①作事 ②大津蔵 ③200 ④佐野、安永2.3.14皆米札 |
| 大西与一右衛門 | 3 | 明和 7. 3.15 | 安永 2. 3.14 | ①借用 ②皆米札 ③100 ④佐野 |
| 池田太右衛門 | 5 | 安永 3.11. 8 | 安永 8. 8. 4 | ①彦根賄･旅賄 ②京賄 ③150 ④佐野 |
| 大久保藤助 | 8 | 安永 5. 2. 7 | 安永10. 2.15 | ①彦根賄･旅賄 ②評定目付 ③150 ④佐野 |
| 河手四方左衛門 | 5 | 安永 8. 2.24 | 天明 7. 2. 3 | ①彦根賄･旅賄 ②大津蔵 ③200 ④佐野 |
| 寺島重蔵 | 4 | 安永 8. 8. 6 | 安永 9. 3.10 | ①借用 ②隠居 ③150 ④佐野 |
| 庵原源八 | 6 | 安永 9. 6. 1 | 天明 8.11.10 | ①賄 ②城中番頭 ③100→150 ④佐野 ⑤役料30俵 |
| 福村八郎左衛門 | 4 | 安永10. 3. 8 | 天明 2.11.21 | ①借用 ②松原蔵 ③70 ④佐野 ⑤役料20俵 |
| 辻岡千右衛門 | 5 | 安永10. 3.22 | 寛政 4. 6. 8 | ①金 ②佐和口門番頭 ③100→120 ④佐野 ⑤役料30俵 |
| 森川与次右衛門 | 5 | 天明 1. 7.28 | 天明 3. 8.16 | ①鉄砲 ②京賄 ③250 ④佐野 |
| 高橋五郎左衛門 | 2 | 天明 2.11.21 | 寛政 6.11.21 | ①彦根賄･旅賄 ②隠居 ③100→150 ④佐野 ⑤役料30俵→50俵 |
| 杉山伝右衛門 | 5 | 天明 3.11.12 | 寛政 6. 5.16 | ①(川除)･検地 ②没 ③150 ④佐野、天明6.12.21まで川除 |
| 中川次郎左衛門 | 6 | 天明 7. 6. 4 | 寛政11. 3. 9 | ①(筋加) ②役儀取上 ③120→150 ④佐野、寛政1.7.3まで筋加、同1.7.3筋 ⑤役料100俵 |
| 増島団右衛門 | 6 | 天明 8. 6. 3 | 寛政 5. 8.21 | ①作事 ②大津蔵 ③200 ④佐野 |
| 林弥五郎 | 5 | 寛政 2. 7. 7 | 文化 2. 7.13 | ①賄 ②没 ③150→200 ④佐野 |
| 竹花小右衛門 | 5 | 寛政 4. 6.13 | 文政 3. 8.29 | ①右筆頭 ②没 ③150→200 ④佐野、文化3.8.19大坂蔵屋敷留守居 ⑤役料30俵→80俵 |
| 松浦所左衛門 | 7 | 寛政 5. 8.21 | 寛政 6.11.23 | ①犬上川手川除 ②没 ③120 ④佐野 |
| 奈越江忠蔵 | 6 | 寛政 6.12.21 | 寛政11. 4.21 | ①山崎御子様方付人 ②京賄 ③150 ④佐野 |
| 大家加兵衛 | 7 | 寛政 7. 8.17 | 寛政10.12.25 | ①目付 ②(佐野) ③120 ④佐野 ⑤役料30俵 |
| 西村半太夫 | 7 | 寛政10.12.25 | 享和 1.12.18 | ①目付 ②目付 ③150 ④佐野 |
| 大鳥居左吉 | 5 | 寛政11. 3.21 | 享和 3.①.15 | ①賄 ②(佐野) ③130 ④佐野、享和2.9.19当分三筋川除 ⑤役料30俵 |
| 山上良蔵 | 4 | 享和 1.12.18 | 文化 9. 7.18 | ①中筋川除 ②没 ③120 ④佐野、文化3.8.9大坂蔵屋敷留守居 ⑤役料30俵 |
| 西村助之丞 | 8 | 享和 3. 2.15 | 文化 2. 8.21 | ①(検見･南筋代官当分) ②(南筋代官) ③100 ④享和3.3.15まで検見･南筋代官当分、同3.3.15南筋代官 |

| 姓　　名 | 代 | 就任年月日 | 退任年月日 | ①前役 ②後役 ③知行高 ④兼役<br>⑤その他（改称、役料など） |
|---|---|---|---|---|
| 舟橋弥三八 | 6 | 享和 3. 2.15 | 文化 4. 2.15 | ①(検見･中筋代官当分) ②中筋加 ③200 ④享和3.3.15まで検見･中筋代官当分、同3.3.15中筋代官、文化3.8.19大坂蔵屋敷留守居･川除 ⑤(改)源左衛門 |
| 細野加藤次 | 1 | 享和 3. 3.15 | 文政 5. 7.24 | ①－ ②没 ③40俵4人 ④文化3.8.19大坂蔵屋敷留守居 ⑤(役)元方勘定奉行添役、役料10俵→25俵 |
| 辻岡千右衛門 | 6 | 文化 1.11. 1 | 文政 4. 3.18 | ①目付 ②没 ③120→170 ④佐野、文化3.8.19大坂蔵屋敷留守居 ⑤役料30俵 |
| 熊谷太郎兵衛 | 6 | 文化 2.11. 3 | 文化 5. 7. 7 | ①賄 ②賄 ③120 ④佐野 ⑤役料30俵 |
| 河手四方左衛門 | 6 | 文化 4. 3. 1 | 文化 4. 7.26 | ①(南筋代官･川除) ②(南筋代官･川除) ③200 |
| 毛利十兵衛 | 6 | 文化 5.10. 1 | 文化 7. 4. 8 | ①松原蔵 ②松原蔵 ③150 ④佐野･大坂蔵屋敷留守居 |
| 西村助之丞 | 8 | 文化 6.10.17 | 文化 9.12.10 | ①(南筋代官･川除) ②親類近隣預 ③150 ④川除･北筋代官･中筋代官･南筋代官 ⑤役料50俵カ |
| 岡嶋丹蔵 | 2 | 文化 8.12.19 | 文化12. 3.26 | ①納戸 ②京都留守居 ③180 ④佐野 |
| 鶴見杢左衛門 | 6 | 文化10. 6.21 | 天保 8. 3.27 | ①賄 ②没 ③180→230 ④佐野 ⑤(改)介七 ⑤役料30俵→60俵 |
| 安中沖右衛門 | 6 | 文化12. 5.23 | 文化14.10. 3 | ①納戸 ②佐和口門番頭 ③150 ④佐野 |
| 一瀬伴治 | 8 | 文化14.11.16 | 文政 2. 4.30 | ①用米蔵 ②大殿様賄 ③120 ④佐野 |
| 山県新右衛門 | 9 | 文政 1.12.15 | 文政 3. 8.15 | ①賄 ②賄 ③70 ④佐野 ⑤役料30俵 |
| 湯本原太郎 | 6 | 文政 2. 6. 1 | 文政 9.11.21 | ①作事 ②普請 ③170 ⑤役料30俵 |
| 武藤小八郎 | 5 | 文政 3. 9.10 | 文政 7.⑧. 1 | ①京都留守居 ②借用 ③250 ④佐野 |
| 薬袋主計 | 7 | 文政 4. 9.20 | 文政 7.10.15 | ①目付 ②北筋代官 ③120 ④佐野 ⑤役料30俵 |
| 石尾太右衛門 | 7 | 文政 7.⑧.21 | 文政13. 1. 1 | ①仕送添 ②没 ③170 ④佐野 |
| 山下一太夫 | 8 | 文政 7.11. 8 | 文政 8.10.30 | ①大殿様賄 ②目付 ③120 ④佐野 ⑤役料30俵 |
| 松本小八 | 7 | 文政 8.12.27 | 文政11.11.30 | ①作事 ②賄 ③110 ④佐野 ⑤役料30俵 |
| 沢村軍六 | 6 | 文政10. 4. 5 | 文政13. 7.21 | ①尾末町屋敷付人 ②弘道館物主并書物兼帯添 ③200 ④佐野 |
| 宇津木三四郎 | 6 | 文政12. 5. 3 | 文政12. 9. 2 | ①作事 ②没 ③120 ④佐野 ⑤役料30俵 |
| 山県新右衛門 | 9 | 文政12.11. 6 | 天保 4. 4.14 | ①目付 ②没 ③100 ④佐野 |
| 荒木庄吉 | 5 | 天保 2. 4.12 | 嘉永 2. 8.15 | ①中筋代官 ②表用人 ③130→160 ④佐野、天保14.5.5南筋加 ⑤(改)儀平→儀太夫、役料30俵 |
| 稲垣郡介 | 7 | 天保 4. 6. 1 | 弘化 2. 9.15 | ①賄 ②大津蔵 ③250 ④佐野 ⑤役料20俵 |
| 西村半太夫 | 8 | 天保 8. 3. 9 | 天保11.11.18 | ①目付 ②目付 ③200 ④佐野 ⑤役料30俵 |
| 川手藤内 | 6 | 天保 8. 5.14 | 嘉永 1. 9.22 | ①京都留守居 ②没 ③200 ④佐野 ⑤(改)河手、役料30俵 |
| 松沢辰蔵 | 8 | 天保11.12.20 | 天保13.12.21 | ①南筋代官 ②仕送添 ③100 ④佐野 |
| 三浦十左衛門 | 9 | 天保13.12.21 | 嘉永 3. 3.22 | ①目付 ②目付 ③180 ④佐野 |
| 中川織之進 | 5 | 弘化 2. 3. 8 | 嘉永 2.12. 8 | ①目付 ②目付 ③200 ④佐野 ⑤役料30俵 |
| 武笠七郎右衛門 | 4 | 弘化 2.10.15 | 嘉永 1. 9.29 | ①目付 ②目付 ③120 ④佐野 ⑤役料30俵 |

| 姓　　名 | 代 | 就任年月日 | 退任年月日 | ①前役 ②後役 ③知行高 ④兼役<br>⑤その他（改称、役料など） |
|---|---|---|---|---|
| 松原庄七郎 | 7 | 弘化 3. 8.22 | 弘化 4.12.24 | ①鷹餌割加・鳥札 ②手跡方 ③55俵4人<br>⑤(役)元方勘定添、役料25俵 |
| 金田勘解由 | 7 | 嘉永 2. 1. 9 | 嘉永 4. 1.11 | ①(賄) ②城中番頭 ③150 ④佐野・賄 ⑤役料30俵 |
| 大鳥居彦六 | 6 | 嘉永 2. 3.10 | 嘉永 3. 4. 8 | ①目付 ②目付 ③120 ④佐野 ⑤役料20俵 |
| 宮崎惣右衛門 | 8 | 嘉永 2. 8.27 | 嘉永 3. 7. 6 | ①賄 ②免 ③150 ④佐野 |
| 岡本半右衛門 | 8 | 嘉永 2.12.17 | 嘉永 4.11.28 | ①目付 ②中筋加 ③150 ④佐野 |
| 佐藤孫右衛門 | 8 | 嘉永 3. 5. 5 | 嘉永 4. 8.15 | ①(中筋代官・船) ②北筋代官・(佐野) ③90<br>④佐野・船 ⑤役料20俵 |
| 荒木儀太夫 | 5 | 嘉永 3.11.14 | 嘉永 6. 8.29 | ①表用人 ②大津蔵 ③160 ④南筋加、佐野 |
| 竹岡衛士 | 7 | 嘉永 4. 1. 3 | 安政 5.12.30 | ①京都留守居 ②隠居 ③120→150 ④佐野、<br>⑤役料30俵 |
| 竹中喜八 | 9 | 嘉永 4. 4. 6 | 嘉永 4. 8.15 | ①南筋代官 ②南筋代官 ③150 ④佐野 |
| 武藤信左衛門 | 6 | 嘉永 4. 8.15 | 嘉永 5. 2. 8 | ①目付 ②城使 ③250 ④佐野 |
| 中川織之進 | 5 | 嘉永 4. 8.15 | 安政 2. 7.26 | ①目付 ②隠居 ③230 ④佐野 |
| 津田叶 | 3 | 嘉永 5.②.14 | 安政 2.10.14 | ①賄 ②隠居 ③150 ④佐野 ⑤役料30俵 |
| 武笠七郎右衛門 | 4 | 嘉永 5.②.15 | 安政 5.10.16 | ①細工・弓矢預り加 ②城中番頭 ③120→150<br>④佐野 ⑤役料30俵 |
| 山中宗十郎 | 7 | 嘉永 6.12. 1 | 安政 5. 7.16 | ①北筋代官・(佐野) ②隠居 ③150 ④佐野<br>⑤役料30俵 |
| 永田権右衛門 | 7 | 嘉永 7. 5.24 | 万延 1.11.15 | ①(賄) ②京都留守居 ③200→230 ④賄・佐野<br>⑤役料30俵 |
| 百々喜八郎 | 6 | 安政 2. 8.10 | 万延 1. 6. 2 | ①目付 ②(佐野)・作事 ③170 ④佐野 |
| 竹中喜八 | 9 | 安政 2.11.30 | 安政 4. 7. 1 | ①南筋代官・用米蔵・松原蔵 ②京都留守居<br>③150 ④佐野 |
| 佐藤孫右衛門 | 8 | 安政 3. 9. 9 | 文久 2.10.27 | ①(北筋代官・用米蔵・松原蔵) ②役儀取上<br>③130 ④北筋代官・用米蔵・松原蔵・佐野、文久1.7.13仕法 ⑤役料20俵→30俵 |
| 関野惣太夫 | 8 | 安政 4. 6. 1 | 文久 2. 4. 8 | ①作事 ②目付 ③250 ④佐野、文久1.7.13仕法 |
| 大久保繁八 | 9 | 安政 5. 2.15 | 文久 2. 9. 3 | ①目付 ②細工・弓矢預り加 ③100 ④佐野、安政7.2.25～万延1.10.1作事、安政7.3.8～文久1.9.7目付 ⑤役料30俵→60俵 |
| 林六右衛門 | 7 | 安政 5.12.30 | 安政 7. 1.11 | ①目付 ②目付 ③200 ④佐野 |
| 孕石又七郎 | 10 | 安政 6. 3.29 | 万延 1. 6. 2 | ①賄 ②南筋代官・用米蔵・松原蔵 ③120<br>④佐野 ⑤役料30俵 |
| 松沢新四郎 | 9 | 万延 1. 6. 2 | 慶応 4. 4. 3 | ①南筋代官・用米蔵・松原蔵 ②裁判所懸地方取締 ③100 ④佐野、文久1.7.8～文久3.7.3南筋代官・用米蔵・松原蔵、文久1.7.13～文久3.7.3仕法、文久3.7.3大坂留守居、慶応4.2.25大津蔵 ⑤役料30俵 |
| 林六右衛門 | 7 | 万延 1.11.15 | 文久 2. 8.27 | ①(目付) ②作事 ③200 ④目付・佐野 |
| 池田二郎八 | 8 | 万延 1.12. 5 | 文久 2. 8.27 | ①(目付) ②城中番頭 ③180 ④佐野・目付 |
| 宮崎惣右衛門 | 8 | 文久 2. 1. 3 | 文久 2.10.27 | ①(賄) ②役儀取上 ③150 ④賄・佐野<br>⑤役料30俵 |
| 向山次郎太夫 | 11 | 文久 2. 4. 4 | 元治 1.11.24 | ①目付 ②城中番頭 ③100 ④佐野 ⑤役料30俵 |

| 姓　　名 | 代 | 就任年月日 | 退任年月日 | ①前役 ②後役 ③知行高 ④兼役<br>⑤その他（改称、役料など） |
|---|---|---|---|---|
| 閑野惣太夫 | 8 | 文久 2.⑧. 5 | 慶応 3. 5.28 | ①目付 ②評定加 ③250 ④慶応1.8.1まで佐野、慶応1.10.16佐野、文久3.7.6～慶応1.8.1・慶応1.10.16大坂留守居、慶応1.8.1～同3.3.24目付 |
| 河手弥一郎 | 7 | 文久 2. 9.18 | 慶応 2.12. 7 | ①賄 ②没 ③200 ④佐野 ⑤(改)弥十郎 |
| 西村又治郎 | 7 | 文久 3. 5.15 | 元治 1. 4.28 | ①作事・(佐野) ②作事 ③150 ④佐野 |
| 辻岡千右衛門 | 9 | 文久 3. 7. 3 | 文久 3. 9.20 | ①作事 ②没 ③100 ④佐野 |
| 百々喜八郎 | 6 | 文久 3.10. 1 | 慶応 2.10.28 | ①賄 ②隠居 ③170→200 ④佐野 ⑤役料30俵 |
| 山県新右衛門 | 10 | 元治 1. 7. 8 | 慶応 4. 8. 8 | ①作事・(佐野) ②会計 ③100→130 ④佐野 ⑤役料30俵 |
| 湯本源太郎 | 7 | 慶応 2. 6.12 | 慶応 3.10. 5 | ①賄 ②没 ③170 ④佐野 |
| 高野吉五郎 | 9 | 慶応 3. 6.24 | 慶応 4. 8. 8 | ①中筋代官 ②会計 ③130 ④慶応4.4.22まで佐野、同4.2.25～同4.4.22大津蔵、同4.4.22評定加役 |
| 大鳥居彦右衛門 | 7 | 慶応 3.10.17 | 慶応 4. 8. 8 | ①弘道館物主并書物兼帯添 ②会計 ③150 ④佐野 |
| 五十嵐半次 | 9 | 慶応 3.11. 3 | 慶応 4. 8. 8 | ①中筋代官 ②会計 ③150 ④佐野 |
| 橋本勘左衛門 | 4 | 慶応 4. 3. 1 | 慶応 4. 4.22 | ①北筋代官・南筋領分残之分代官 ②中筋加③120 ④佐野 ⑤役料30俵 |
| 河上吉太郎 | 1 | 慶応 4. 4.22 | 慶応 4. 8. 8 | ①－ ②会計 ③40俵4人扶持 ④佐野 |
| 小原春平 | 2 | 慶応 4.④. 8 | 慶応 4. 8. 8 | ①賄 ②会計 ③55俵6人 ④佐野 ⑤役料25俵 |
| 大鳥居彦右衛門 | 7 | 慶応 4. 8. 8 | 慶応 4. 8.13 | ①元方勘定・(佐野) ②目付 ③150 ④佐野 ⑤(役)会計と唱替 |
| 五十嵐半次 | 9 | 慶応 4. 8. 8 | 明治 1.11.29 | ①元方勘定・(佐野) ②会計局五等執事出納方穀掛り ③150 ④佐野 ⑤(役)会計と唱替 |
| 高野吉五郎 | 9 | 慶応 4. 8. 8 | 明治 1.11.29 | ①元方勘定・大津蔵・(評定加役) ②免 ③130 ④評定加 ⑤(役)会計 |
| 山県新右衛門 | 10 | 慶応 4. 8. 8 | 明治 1.11.29 | ①元方勘定・(佐野) ②免 ③130 ④佐野 ⑤(役)会計、役料30俵 |
| 河上吉太郎 | 1 | 慶応 4. 8. 8 | 明治 1.11.29 | ①元方勘定・(佐野) ②免 ③40俵4人扶持 ④佐野 ⑤(役)会計 |

## 9　大津蔵屋敷奉行

大津蔵屋敷奉行は、近世初頭より大津に置かれた彦根藩の大津蔵屋敷の管理・支配を行った役職である。正徳期(1711～1716)以前は、大津蔵奉行・大津蔵役の名称であった。蔵米の出納管理、大津米市場への払米・勘定を職務とし、また、彦根藩領の三湊船の大津湊での統制にあたった。配下には、元締役・手代・門番・数合役がいた。定員は、寛政元年(1789) 7月までは1人、以降2人に増員された。知行高100石～400石の家臣が就いた。

| 姓　　名 | 代 | 就任年月日 | 退任年月日 | ①前役 ②後役 ③知行高 ④兼役<br>⑤その他（改称、役料など） |
|---|---|---|---|---|
| 布下次郎兵衛 | 1 | （元和 1以降） | 正保 2 | ①－ ②没 ③400 |
| 青木瀬兵衛 | | 寛永14 | 承応 1 | ①－ ②免 ③150→250 |
| 西村助之丞 | 2 | （正保 1以降） | （寛文 2以降） | ①大津蔵目付 ②没 ③200→350 |
| 中村太郎右衛門 | 2 | 寛文 8 | 延宝 3 | ①金 ②願免 ③300 |
| 浅居勝太夫 | 4 | （延宝 4以降） | （元禄 4以前） | ①京賄 ②筋 ③350 |
| 森川与次右衛門 | 2 | 天和 2 | 元禄 2 | ①中屋敷留守居 ②隠居 ③300 ⑤(役)大津蔵役 |
| 今村彦十郎 | 2 | 元禄 2 | 宝永 1. 6.29 | ①普請 ②隠居 ③250 |
| 荒川孫三郎 | 3 | 宝永 1. 7.14 | 宝永 2.④.29 | ①目付 ②没 ③250 ⑤役料50俵 |
| 山本又左衛門 | 2 | 宝永 2.11.18 | 宝永 5. 9.18 | ①恩借 ②没 ③350 |
| 津田理太夫 | 3 | 宝永 5.10.24 | 正徳 6.②. 6 | ①－ ②隠居 ③400 |
| 水上六郎右衛門 | 3 | 正徳 6. 1.23 | 享保 8. 2.15 | ①－ ②筋 ③150→200 ⑤役料100俵→50俵 |
| 越石次郎右衛門 | 5 | 享保 7. 9. 1 | 享保 8. 2.28 | ①－ ②大津蔵 ③200 ④当分大津目付<br>⑤(役)大津蔵見習 |
| 越石次郎右衛門 | 5 | 享保 8. 2.28 | 享保21. 3.11 | ①大津蔵見習･当分大津目付 ②免 ③200 |
| 大久保喜八郎 | 2 | 享保21. 3.11 | 元文 2. 3.28 | ①－ ②願免 ③300 |
| 柏原与兵衛 | 6 | 元文 2. 3.28 | 元文 6. 1.28 | ①－ ②普請 ③250 |
| 石黒伝右衛門 | 4 | 寛保 1. 3. 1 | 寛保 4. 2. 4 | ①江戸普請 ②京大坂借用筋用向見習 ③200 |
| 藤田弥五右衛門 | 3 | 寛保 4. 2. 4 | 延享 4. 7. 3 | ①京賄 ②没 ③250 |
| 本城善右衛門 | 5 | 延享 4. 6.29 | 寛延 4.⑥. 6 | ①勘定･皆米札 ②願免 ③250 |
| 三浦彦五郎 | 6 | 寛延 4.⑥. 6 | 宝暦 5.12.27 | ①勘定 ②役儀取上 ③200 |
| 本城善右衛門 | 5 | 宝暦 5.11.15 | 宝暦 8.10.25 | ①中藪口門番頭 ②隠居 ③250 |
| 中村郷右衛門 | 6 | 宝暦 8.10.25 | 宝暦13. 2.20 | ①目付 ②筋加 ③250 |
| 田中三郎左衛門 | 3 | 宝暦13. 3.14 | 明和 1.10. 8 | ①－ ②城使 ③300 |
| 山下重兵衛 | 5 | 明和 1.10. 8 | 明和 5. 2.19 | ①京賄 ②願免 ③150 ⑤役料50俵 |
| 荒居治太夫 | 4 | 明和 5. 2.19 | 明和 7. 1. 8 | ①－ ②城使 ③300 |
| 落合勘解由 | 5 | 明和 7. 1.30 | 安永10. 3. 1 | ①元方勘定･佐野 ②中屋敷留守居 ③150 |
| 川手文左衛門 | 4 | 安永10. 3. 1 | 天明 6.12. 1 | ①皆米札･元方勘定･佐野 ②城中番頭 ③200<br>⑤役料30俵 |
| 河手四方左衛門 | 5 | 天明 7. 2. 3 | 寛政 2. 6.13 | ①元方勘定･佐野 ②隠居 ③200 |
| 増田雅四郎 | 7 | 寛政 1. 7. 3 | 寛政 3. 3.21 | ①－ ②中屋敷留守居 ③300 |
| 毛利十兵衛 | 5 | 寛政 2. 7. 7 | 寛政 4. 6.13 | ①京賄 ②筋加 ③150 ⑤役料50俵 |
| 柏原与兵衛 | 8 | 寛政 4.②.16 | 寛政10. 3. 4 | ①御前様付人 ②馳走 ③250 |
| 増島団右衛門 | 6 | 寛政 5. 8.21 | 寛政 7. 1.24 | ①元方勘定･佐野 ②願免 ③200 |
| 石居三郎左衛門 | 4 | 寛政 7. 2. 1 | 文化 3. 7.23 | ①－ ②免 ③300 |
| 荒居治太夫 | 5 | 寛政10. 6.15 | 寛政12.11. 1 | ①－ ②免 ③ |
| 安中半右衛門 | 5 | 寛政12.12.15 | 享和 3. 2.15 | ①－ ②稽古館物主并書物 ③250 |
| 西堀太郎左衛門 | 6 | 文化 1. 2.23 | 文化 2.12.21 | ①普請 ②隠居 ③250 |
| 向坂忠左衛門 | 7 | 文化 3. 3.27 | 文化 7. 7.21 | ①中屋敷留守居 ②町･寺社 ③600 |

| 姓　　名 | 代 | 就任年月日 | 退任年月日 | ①前役 ②後役 ③知行高 ④兼役<br>⑤その他（改称、役料など） |
|---|---|---|---|---|
| 安中半右衛門 | 5 | 文化 4. 7. 8 | 文化14. 6. 1 | ①馳走・中屋敷留守居 ②隠居 ③250→300 ⑤役料50俵 |
| 大久保藤助 | 9 | 文化14. 7.15 | 文政 2. 4.15 | ①－ ②中筋 ③200 |
| 埴谷助八郎 | 9 | 文化15. 4.17 | 文政 5. 6.29 | ①稽古館物主并書物 ②普請 ③150 ⑤役料50俵 |
| 脇十次右衛門 | 5 | 文政 4. 1.15 | 文政 9.11.15 | ①城使 ②城使 ③250 |
| 石居三郎次 | 5 | 文政 6. 1.11 | 文政 7.11. 8 | ①－ ②普請 ③300 |
| 大久保小膳 | 5 | 文政 8. 3.30 | 文政11. 2. 9 | ①中屋敷留守居 ②若殿様小納戸 ③300 |
| 鈴木権十郎 | 5 | 文政 9.11.15 | 天保 3. 2. 4 | ①中屋敷留守居 ②免 ③350 |
| 荒居治太夫 | 6 | 文政11. 3.18 | 天保 2. 1.11 | ①－ ②馳走 ③400 |
| 松居助内 | 8 | 天保 2. 4. 9 | 天保 4. 9. 5 | ①稽古館物主并書物 ②普請 ③250 |
| 三浦道之介 | 3 | 天保 3. 3.15 | 天保12. 8.22 | ①中屋敷留守居 ②没 ③300 |
| 脇十次右衛門 | 5 | 天保 4.10.16 | 天保13. 7.16 | ①中屋敷留守居 ②没 ③250→300 ④天保12.5.22城使 |
| 田中治郎右衛門 | 6 | 天保 8.11.24 | 天保10. 9.24 | ①公用人 ②小納戸 ③250 ⑤(改)三郎左衛門 |
| 片桐権之丞 | 8 | 天保 8.11.24 | 安政 5.12. 3 | ①不明 ②隠居 ③300 ④弘道館物主 |
| 大久保小膳 | 5 | 天保10.11. 1 | 天保12. 1. 9 | ①若殿様小納戸・側 ②没 ③300 |
| 石居三郎次 | 5 | 天保12.①.24 | 弘化 2. 2.25 | ①弘道館物主并書物・中屋敷留守居 ②若殿様側 ③300 |
| 増田梶之介 | 8 | 天保13. 2. 7 | 弘化 2. 7.27 | ①中屋敷留守居・弘道館物主并書物 ②免 ③300 |
| 稲垣郡介 | 7 | 弘化 2. 9.15 | 弘化 3. 9.25 | ①元方勘定・佐野 ②没 ③250 ⑤役料20俵 |
| 石居三郎次 | 5 | 弘化 3.10.22 | 弘化 4. 2. 9 | ①中屋敷留守居 ②隠居 ③300 |
| 藤田庄右衛門 | 9 | 弘化 4.12.24 | 嘉永 4.10.11 | ①－ ②隠居 ③400 |
| 西村半之丞 | 8 | 嘉永 1.11.15 | 嘉永 3. 8.27 | ①目付 ②普請 ③230 ⑤役料30俵 |
| 吉用茂助 | 9 | 嘉永 4. 7. 7 | 嘉永 6. 8.29 | ①城使 ②稽古加 ③350 |
| 山田甚五右衛門 | 9 | 嘉永 4.11.21 | 安政 3. 1.10 | ①城使 ②小納戸 ③330 |
| 荒木儀太夫 | 5 | 嘉永 6. 8.29 | 嘉永 7.10.29 | ①佐野・南筋加・元方勘定 ②没 ③160 |
| 犬塚源之丞 | 6 | 安政 1.12. 8 | 文久 1. 8.15 | ①馳走 ②北筋 ③400 |
| 田中惣右衛門 | 7 | 安政 3. 7. 1 | 文久 2.10.27 | ①－ ②役儀取上 ③250 ④文久1.7.13仕法 |
| 大鳥居彦六 | 6 | 文久 1. 8.15 | 文久 1.12.23 | ①目付助 ②隠居 ③150 ⑤役料50俵 |
| 増田雅四郎 | 9 | 文久 2. 1.25 | 文久 3. 5. 1 | ①－ ②馳走 ③300 |
| 寺嶋弥七郎 | 7 | 文久 3. 4.29 | 文久 3. 9. 4 | ①京都留守居 ②目付 ③150 |
| 竹中喜八 | 9 | 文久 3.10. 1 | 元治 1. 4. 7 | ①京都留守居添 ②弘道館物主并書物兼帯添 ③150 |
| 杉原惣左衛門 | 7 | 文久 3.11.15 | 慶応 1. 8. 4 | ①士宗門改・武具預・馳走 ②城使 ③400 |
| 犬塚源之丞 | 6 | 元治 1.11.18 | 慶応 3. 3.17 | ①馳走 ②没 ③400 |
| 山下兵五郎 | 8 | 慶応 1. 8. 1 | 慶応 4.④. 3 | ①目付 ②中筋 ③180 |
| 松沢新四郎 | 9 | 慶応 4. 2.25 | 慶応 4. 4. 3 | ①(元方勘定・佐野・大坂留守居) ②裁判所懸地方取締 ③100 |
| 高野吉五郎 | 9 | 慶応 4. 2.25 | 慶応 4. 4.22 | ①(元方勘定・佐野) ②(元方勘定)・評定加 ③130 |
| 杉原惣左衛門 | 7 | 慶応 4. 4.22 | 慶応 4. 8.19 | ①士宗門改・武具類預 ②小納戸 ③400 ④大坂留守居、慶応4.閏4.15大津留守居 |
| 松沢新四郎 | 9 | 慶応 4. 5.15 | 明治 1.11.29 | ①裁判所懸地方取締 ②議行局公用方四等大津浪華公用人 ③100 ④大津蔵屋敷留守居 |

## 10　船奉行

船奉行は、水主支配をはじめとする水軍の統率、船改めなど船舶の管理、漁業争論の取り扱いなど琵琶湖・河川の船舶に関わる職務を担った。江戸幕府の湖水船奉行芦浦観音寺のもとにあった片岡徳万の就役以来、片岡一郎兵衛家が世襲就役する点が大きな特徴である。人員は、文化７年(1810)の片岡一郎兵衛の罷免までは１人、その後は代官役を本役とする70石～200石クラスの家臣２人の兼帯が通常であるが、一時的に４人となることもある。船奉行には、片岡家の者が「見習」、或いは「加判」、或いは「加役」として添えられた。

| 姓　　名 | 代 | 就任年月日 | 退任年月日 | ①前役 ②後役 ③知行高 ④兼役<br>⑤その他（改称、役料など） |
|---|---|---|---|---|
| 片岡徳万 | 1 | (慶長5以降) | 元和 7 | ①－ ②没 ③100 ⑤(役)船支配 |
| 片岡市郎兵衛 | 2 | (元和 7以降) | 明暦 3 | ①－ ②没 ③100→150 ⑤(役)船支配 |
| 片岡市郎兵衛 | 3 | (元和 7以降) | 明暦 3 | ①－ ②船支配 ③20石2人 ⑤(役)船支配見習 |
| 片岡市郎兵衛 | 3 | 明暦 3 | 元禄 8.11.25 | ①船支配見習 ②没 ③150→200 ⑤(役)船支配 |
| 片岡市介 | 4 | 元禄 3.10 | 元禄 8.12.11 | ①－ ②船支配 ③切米扶持 ⑤(役)船支配見習 |
| 片岡市介 | 4 | 元禄 8.12.11 | 享保 4. 6. 1 | ①船支配見習 ②没 ③200 ⑤(改)一郎兵衛、(役)船支配 |
| 片岡多兵衛 | 5 | 享保 3. 7.25 | 享保 4. 7.21 | ①－ ②船支配 ③40俵4人 ⑤(役)船支配見習 |
| 片岡多兵衛 | 5 | 享保 4. 7.21 | 寛延 4. 8. 3 | ①船支配見習 ②没 ③200 ⑤(改)市郎兵衛、(役)船方支配 |
| 片岡喜内 | 6 | 延享 3. 9.25 | 寛延 4. 9.24 | ①－ ②船方支配 ③30俵→40俵4人 ⑤(役)船方見習 |
| 片岡喜内 | 6 | 寛延 4. 9.24 | 宝暦 2. 4.25 | ①船方見習 ②没 ③200 ⑤(役)船方支配 |
| 片岡勘五郎 | 7 | 宝暦 2. 6.17 | 寛政 2.11.19 | ①－ ②隠居 ③200 ⑤(改)一郎兵衛 ⑤(役)船方支配 |
| 片岡杢太 | 8 | 安永 3.12.15 | 寛政 2.11.19 | ①－ ②船方支配 ③4人→40俵4人 ⑤(改)多兵衛、(役)船方見習 |
| 片岡多兵衛 | 8 | 寛政 2.11.19 | 文化 7.12.18 | ①船方見習 ②暇 ③200 ⑤(改)一郎兵衛<br>⑤(役)船方支配 |
| 片岡杢之允 | 9 | 享和 3. 2.10 | 文政10. 9.19 | ①－ ②船加 ③40俵4人 ⑤(役)船方見習、文化7.12.18加判 |
| 舟橋源左衛門 | 6 | 文化 7.12.18 | 文化13.10.20 | ①(中筋加) ②(中筋) ③(50俵)200 ④水主支配・浜方漁猟支配、文化13.10.8まで中筋加、文化13.10.8中筋 ⑤(改)半左衛門→宮内、役料50俵 |
| 黒柳孫左衛門 | 7 | 文化10.12.10 | 文政 3. 8.30 | ①(南筋加) ②免 ③200 ④南筋加 ⑤(改)孫右衛門、役料50俵 |
| 青木信右衛門 | 3 | 文化13.11. 1 | 文化14. 1.28 | ①(北筋加) ②城使 ③200 ④北筋加 ⑤役料50俵 |
| 木代又右衛門 | 7 | 文化14. 2.21 | 文化14. 8.17 | ①(南筋代官) ②目付 ③130 ④南筋代官<br>⑤役料30俵 |
| 青山与五右衛門 | 7 | 文化14.10. 3 | 文政 1.12.21 | ①(北筋代官) ②鉄砲玉薬 ③120 ④北筋代官 |
| 大久保新兵衛 | 6 | 文政 2. 4.21 | 文政 3. 8.30 | ①(南筋代官) ②免 ③150 ④南筋代官 |
| 毛利十兵衛 | 6 | 文政 3. 9. 1 | 文政 5. 8. 5 | ①借用 ②鳥毛中間頭 ③150 ④南筋代官 |
| 高杉宮内 | 7 | 文政 3. 9. 1 | 文政 6. 9. 2 | ①(南筋代官) ②没 ③150 ④文政13.10.8まで南筋代官、同3.10.8～文政4.2.7北筋代官 |

| 姓　　名 | 代 | 就任年月日 | 退任年月日 | ①前役 ②後役 ③知行高 ④兼役<br>⑤その他（改称、役料など） |
|---|---|---|---|---|
| 大久保弥七郎 | 7 | 文政 5. 8. 5 | 文政 8. 3.30 | ①(北筋加) ②没 ③170 ④北筋加 ⑤役料30俵 |
| 大嶋一作 | 7 | 文政 6. 9.30 | 文政 9. 3.18 | ①(中筋代官) ②願免 ③130 ④中筋代官 |
| 薬袋主計 | 7 | 文政 8. 5. 3 | 天保 3. 4.15 | ①(北筋代官) ②目付 ③120 ④北筋代官<br>⑤役料30俵 |
| 高橋荒次郎 | 5 | 文政 9. 6.21 | 文政10. 7.13 | ①(北筋代官) ②鉄砲 ③120 ④北筋代官 |
| 片岡杢之允 | 9 | 文政10. 9.19 | 文政12. 6.11 | ①船方見習 ②没 ③40俵4人 ⑤(改)一郎兵衛、(役)船加 |
| 石原善十郎 | 7 | 文政12. 7.18 | 天保 4. 4. 1 | ①(南筋代官) ②佐野・作事 ③80 ④南筋代官<br>⑤役料20俵 |
| 片岡繁太郎 | 10 | 文政12. 8.10 | 嘉永 3.12.20 | ①－ ②船加 ③40俵4人 ⑤(改)一郎兵衛,(役)船方加判 |
| 横内平右衛門 | 7 | 天保 3. 5.29 | 天保 4.10.16 | ①(中筋代官) ②作事 ③110 ④中筋代官 |
| 菅沼十三郎 | 8 | 天保 4. 5. 6 | 天保 5. 2.20 | ①(北筋代官) ②弘道館素読方 ③70 ④北筋代官、役料20俵 |
| 竹岡衛士 | 7 | 天保 4.12. 2 | 天保 8. 7. 3 | ①(中筋代官) ②佐野・作事 ③120 ④中筋代官 |
| 今村彦四郎 | 7 | 天保 5. 3.29 | 天保 6. 2.21 | ①(北筋代官) ②納戸 ③100 ④北筋代官 |
| 吉川軍次郎 | 5 | 天保 6. 4.15 | 天保13. 8.21 | ①(南筋代官) ②切通口門番頭 ③70 ④南筋代官 ⑤役料40俵 |
| 植田初 | 6 | 天保 8. 8.25 | 天保13. 1.21 | ①(北筋代官) ②作事 ③120 ④北筋代官 |
| 佐藤孫右衛門 | 8 | 天保13. 3. 8 | 天保13.10. 9 | ①(中筋代官) ②(中筋代官・内目付) ①70<br>④中筋代官、天保13.8.8内目付 ⑤役料20俵 |
| 薬袋主計 | 7 | 天保13.10. 9 | 嘉永 3. 8.13 | ①(南筋添) ②筋 ③150 ④天保13.11.12まで南筋添、同13.11.12～同15.6.22中筋添、同15.6.22～嘉永3.7.22筋加、同3.7.22筋 |
| 湯本弥五助 | 7 | 天保13.11.21 | 嘉永 3. 2. 6 | ①(京都留守居) ②没 ③200 ④京都留守居<br>⑤役料30俵 |
| 増島団右衛門 | 8 | 天保13.11.21 | 嘉永 4. 1.22 | ①(京都留守居) ②(京都留守居) ③200→230<br>④京都留守居 ⑤役料20俵 |
| 佐藤孫右衛門 | 8 | 嘉永 2. 6.15 | 嘉永 4. 8.15 | ①(中筋代官)・内目付 ②北筋代官・(佐野)<br>③90 ④中筋代官、嘉永3.5.5元方勘定・佐野<br>⑤役料20俵 |
| 片岡一郎兵衛 | 10 | 嘉永 3.12.20 | 安政 4.⑤. 8 | ①船方加判 ②船 ③40俵4人→70俵6人<br>⑤船加、役料10俵 |
| 竹中喜八 | 9 | 嘉永 5. 4. 1 | 安政 1.12.19 | ①(南筋代官) ②(南筋代官・用米蔵・松原蔵)<br>③150 ④南筋代官、嘉永7.11.26用米蔵・松原蔵 |
| 田中喜兵衛 | 9 | 安政 2. 5.15 | 安政 4.⑤. 8 | ①(佐野) ②仕送添 ③130 ④佐野 |
| 青木津右衛門 | 6 | 安政 2. 6. 2 | 安政 3. 7. 3 | ①(佐野) ②作事 ③140 ④佐野 ⑤役料30俵 |
| 多賀谷左内 | 8 | 安政 3. 8.14 | 万延 1. 3.30 | ①(佐野) ②中筋代官・用米蔵・松原蔵 ③130<br>④佐野 ⑤役料20俵→30俵 |
| 片岡一郎兵衛 | 10 | 安政 4.⑤. 8 | 万延 2. 1.13 | ①船加 ②没 ③毎暮銀5枚→70俵6人 |
| 勝廉介 | 6 | 安政 4.⑤. 8 | 文久 1.11.12 | ①中筋代官・用米蔵・松原蔵 ②(作事) ③150<br>④佐野、万延1.7.1作事 ⑤(改)五兵衛 |
| 片岡喜内 | 11 | 万延 1.12. 5 | 文久 3. 8.21 | ①－ ②船 ③70俵6人 ⑤(改)一郎兵衛、(役)船方見習 |

| 姓　　名 | 代 | 就任年月日 | 退任年月日 | ①前役 ②後役 ③知行高 ④兼役<br>⑤その他（改称、役料など） |
|---|---|---|---|---|
| 竹中喜八 | 9 | 文久 1. 9. 4 | 文久 2. 8.11 | ①(京都留守居) ②松原口門番頭 ③150 ④京都留守居、文久2.7.23京都留守居添 |
| 後閑弥太郎 | 11 | 文久 1. 9. 7 | 文久 2. 3.11 | ①(京都留守居) ②没 ③200 ④京都留守居 ⑤役料30俵 |
| 永田権右衛門 | 7 | 文久 1. 9. 7 | 文久 3. 4. 5 | ①(京都留守居) ②貞鏡院付人 ③230 ④京都留守居 ⑤役料30俵 |
| 片岡一郎兵衛 | 11 | 文久 3. 8.21 | 明治 1.11.29 | ①船方見習 ②免 ③70俵6人 |
| 岡嶋丹蔵 | 4 | 慶応 3.10.15 | 明治 1.11.29 | ①(北筋代官) ②軍務局五等執事切通口門番頭 ③180 ④慶応4.7.26まで北筋代官 |

## 11　用米蔵奉行

用米蔵奉行は、幕府の御用米（２万石）を納める蔵を管理した役職である。職務内容から、松原蔵奉行・大津蔵目付役・代官役らと関係が深く、兼帯することも多い。人員は２人～３人であったが、19世紀以降には他の役職と兼任することにより７人～８人、時には10人を超える時もあった。知行高100石～150石の家臣が主に就任した。

| 姓　　名 | 代 | 就任年月日 | 退任年月日 | ①前役 ②後役 ③知行高 ④兼役<br>⑤その他（改称、役料など） |
|---|---|---|---|---|
| 中村三右衛門 | 1 | (元和 1以降) | (延宝 4) | ①－ ②松原口門番頭 ③125 |
| 永田権右衛門 | 1 | 元和 4 | 寛永14 | ①－ ②没 ③150 |
| 山上弥兵衛 | 2 | (慶安 2以降) | 延宝 3 | ①郷役検地検見川除等 ②－ ③100 |
| 内藤喜右衛門 | 2 | 寛文 4 | 元禄 2 | ①－ ②細工 ③100 ⑤(役)城米 |
| 杉山伝右衛門 | 2 | 寛文 5 | 延宝 4 | ①－ ②－ ③100 ⑤(役)城米蔵 |
| 乗松市右衛門 | 3 | 延宝 3 | 延宝 5 | ①－ ②没 ③100 ⑤(役)城米蔵奉行 |
| 山上弥兵衛 | 3 | 延宝 4 | 元禄 8. 2. 1 | ①－ ②油懸口門番頭 ③100 ⑤(役)城米蔵 |
| 杉山伝右衛門 | 2 | 延宝 8 | 天和 2 | ①－ ②－ ③100 ⑤(役)城米蔵 |
| 島田左次右衛門 | 3 | 天和 2.12 | 貞享 2. 5 | ①－ ②目付 ③100 ⑤(役)城米蔵 |
| 加藤浅右衛門 | 3 | (天和 2以降) | (延享 3以前) | ①十一口着到 ②玉薬中間頭 ③200 |
| 伊丹七兵衛 | 3 | 貞享 2. 6 | 元禄 3. 5 | ①－ ②庭普請 ③100 ⑤(役)城米蔵 |
| 内田茂兵衛 | 2 | 元禄 2. 9 | 元禄 5.12.11 | ①足軽衆辻着到 ②細工 ③100 ⑤(役)城米蔵 |
| 落合勘左衛門 | 3 | 元禄 3.12.15 | 元禄 3.12.28 | ①川除 ②城米蔵目付 ③150 ⑤(役)城米蔵 |
| 後藤弥惣右衛門 | 3 | 元禄 3.12 | 元禄 7. 3.11 | ①愛知川筋川除普請 ②没 ③100 ⑤(役)城米蔵 |
| 内藤喜右衛門 | 2 | 元禄 5. 2.11 | 元禄 7.12. 8 | ①細工 ②長橋口門番頭 ③150 ⑤(役)城米 |
| 三居孫大夫 | 3 | 元禄 7. 7. 7 | 元禄16. 7.10 | ①城中着到 ②願免 ③150 ⑤(役)城米蔵 |
| 大嶋甚之丞 | 2 | 元禄 7.12. 8 | 元禄 8. 4.27 | ①庭普請鉄物奉行 ②没 ③100 ⑤(役)城米蔵 |
| 羽田久弥 | 3 | 元禄 8. 2.14 | 宝永 3. 4.14 | ①北郡川除普請 ②隠居 ③150 ⑤(役)城米蔵 |
| 万沢又左衛門 | 3 | 元禄 8. 4.28 | 正徳 6.②.19 | ①－ ②城中番頭 ③150 |
| 杉山伝右衛門 | 3 | 元禄16. 7.10 | 享保10. 5.27 | ①－ ②玉薬中間頭 ③150 ⑤(役)城米蔵 |
| 後藤弥惣右衛門 | 4 | 宝永 3. 4.14 | 享保20. 7. 1 | ①－ ②玉薬中間頭 ③100 |
| 橋本儀右衛門 | 3 | 正徳 6. 4.16 | 享保18. 7.17 | ①十一口門着到付 ②願免 ③100 ⑤(役)城米蔵 |
| 万沢儀右衛門 | 4 | 享保10.12.17 | 元文 2.⑪.15 | ①－ ②借用 ③150 ⑤(改)七左衛門→儀右衛門、(役)城米蔵 |
| 平石弥右衛門 | 4 | 享保18. 7.17 | 享保20. 9.26 | ①又五郎様付人 ②長曽根口門番頭 ③200 |
| 辻平内 | 5 | 享保20.10.24 | 寛保 2.10.20 | ①城中番着到付 ②普請着到付 ③150 |
| 上坂太兵衛 | 3 | 元文 2.12.22 | 元文 4. 3. 1 | ①松原蔵 ②鳥毛中間頭 ③150 |
| 橋本軍八 | 4 | 元文 4. 3.18 | 寛延 2. 4. 4 | ①－ ②没 ③100 ⑤(改)儀右衛門 |
| 高野瀬喜太郎 | 3 | 元文 5. 7.29 | 寛保 3.10.16 | ①－ ②隠居 ③150 |
| 塚本久太夫 | 4 | 寛保 2.11.21 | 寛延 3. 3.28 | ①川除 ②玉薬中間頭 ③100 |
| 宮崎銀右衛門 | 4 | 寛保 3.11. 3 | 延享 3. 9.29 | ①鉄砲薬煮合 ②没 ③100 |
| 上田彦四郎 | 1 | 延享 3.10.12 | 宝暦 4.②.10 | ①鷹野先払 ②没 ③100 |
| 亀岡吉右衛門 | 4 | 寛延 2. 4.27 | 宝暦 2. 3.28 | ①－ ②願免 ③150 |
| 松本猪兵衛 | 4 | 寛延 3. 5. 2 | 宝暦 3. 7.14 | ①川除 ②免 ③100 |
| 平石久平次 | 5 | 宝暦 2. 4.21 | 宝暦 6. 7. 8 | ①大津蔵目付 ②隠居 ③200 |
| 松居安左衛門 | 5 | 宝暦 3. 8.14 | 宝暦11.10. 5 | ①川除・検地 ②没 ③50 ⑤役料20俵 |
| 湯本戸右衛門 | 5 | 宝暦 4.②.27 | 宝暦 9. 7.17 | ①足軽辻着到付 ②鳥毛中間頭 ③100 |
| 松本猪兵衛 | 4 | 宝暦 6. 8.22 | 明和 2. 2. 1 | ①松原蔵 ②鉄砲薬煮合 ③100 |

| 姓　　　名 | 代 | 就任年月日 | 退任年月日 | ①前役 ②後役 ③知行高 ④兼役<br>⑤その他（改称、役料など） |
|---|---|---|---|---|
| 大和田七郎左衛門 | 6 | 宝暦 9. 8.17 | 宝暦11.10.23 | ①－ ②大津蔵目付 ③100 |
| 細野権右衛門 | 3 | 宝暦11.10.23 | 安永 6. 1.26 | ①川除・検地 ②借用 ③70 ⑤(改)五兵衛、役料20俵 |
| 竹花長左衛門 | 4 | 宝暦11.11.16 | 明和 4. 5.28 | ①鷹野先払 ②鷹餌割・鳥札 ③100 |
| 細居九助 | 3 | 明和 2. 3. 1 | 明和 6.12. 8 | ①内目付 ②緑樹院様付人 ③100 |
| 宮崎銀右衛門 | 6 | 明和 4. 7. 3 | 明和 8. 6.10 | ①川除・検地・新田開発用懸り ②没 ③80<br>⑤役料20俵 |
| 三浦銀右衛門 | 4 | 明和 7. 1.30 | 安永 7. 8.21 | ①－ ②中薮口門番頭 ③40俵4人→100<br>⑤(改)平七→銀右衛門→金右衛門、役料10俵 |
| 辻岡千右衛門 | 5 | 明和 8. 7.14 | 安永 5. 5. 7 | ①足軽辻着到付 ②借用 ③100 |
| 今泉源左衛門 | 7 | 安永 5. 6.11 | 天明 1.12. 6 | ①川除・検地 ②城中十一口着到付 ③100 |
| 伊藤栄介 | 2 | 安永 6. 2.15 | 安永 7. 7. 7 | ①川除 ②慶運院様付人 ③70 |
| 桃居庄兵衛 | 6 | 安永 7.⑦.14 | 安永 9. 7.21 | ①内目付 ②竹 ③55俵4人 ⑤役料10俵 |
| 平山半九郎 | 6 | 安永 7. 9.21 | 天明 2.10. 5 | ①足軽辻着到付 ②没 ③100 |
| 神谷市郎右衛門 | 6 | 安永 9. 8. 8 | 享和 2. 6.14 | ①鷹野先払 ②隠居 ③130→160役料30俵 |
| 多賀谷左内 | 5 | 天明 2. 3. 9 | 天明 3. 1.28 | ①城中并十一口着到付 ②検見 ③70 |
| 安中沖右衛門 | 5 | 天明 2.10.21 | 天明 5. 1.21 | ①鳥毛中間頭 ②賄 ③150 |
| 石黒綱次郎 | 5 | 天明 3. 2. 8 | 天明 7. 4. 5 | ①江戸普請作事 ②納戸 ③150 ⑤(改)伝右衛門 |
| 河西庄右衛門 | 2 | 天明 5. 3. 3 | 天明 6. 8. 1 | ①小役人着到付 ②検見 ③10人 ⑤役料10俵 |
| 岡嶋惣八郎 | 6 | 天明 6. 9.18 | 寛政 3. 8.25 | ①大津蔵目付 ②納戸 ③100→120 |
| 富上喜太夫 | 7 | 天明 7. 5.21 | 寛政 8. 4. 2 | ①士着到付 ②金 ③150 |
| 曽根佐十郎 | 6 | 寛政 3. 8.25 | 寛政 4. 7. 1 | ①士着到付 ②納戸 ③200 |
| 細居九介 | 4 | 寛政 4. 7. 1 | 寛政11. 9.18 | ①両奥賄 ②金 ③100→120 |
| 松居礒右衛門 | 7 | 寛政 8. 5.10 | 享和 3.①.15 | ①内目付 ②借用 ③50→80 ⑤役料20俵 |
| 高杉喜左衛門 | 6 | 寛政11.11.24 | 享和 2. 7.28 | ①守真院様賄 ②作事 ③150 |
| 山口十次兵衛 | 6 | 享和 1. 3. 1 | 文化12. 7.13 | ①竹 ②免 ③80 ④文化2.4.18～同3.7.5松原蔵・京都蔵・大津蔵目付 |
| 奥山源太郎 | 7 | 享和 2. 8.15 | 文化 1. 2.23 | ①足軽辻着到付 ②稽古館諸用 ③120 ⑤(改)伝右衛門 |
| 多賀谷左内 | 6 | 享和 3. 2.15 | 文化14. 7.15 | ①－ ②借用 ③100 ④文化2.4.18～同3.7.5松原蔵・京都蔵・大津蔵目付 ⑤(改)儀右衛門 |
| 高杉喜左衛門 | 6 | 文化 1. 2.23 | 文化 2. 1.11 | ①賄 ②納戸 ③150 |
| 津田叶 | 2 | 文化 2. 4.18 | 文化 2.12.21 | ①(大津蔵目付) ②願免 ③120 ④松原蔵・京都蔵・大津蔵目付 |
| 大山六平 | 6 | 文化 2. 4.18 | 文化 2.12.21 | ①(松原蔵) ②役儀取上 ③120 ④松原蔵・京都蔵・大津蔵目付 |
| 一瀬伴治 | 8 | 文化 2. 4.18 | 文化 3. 7. 5 | ①(松原蔵) ②(松原蔵) ③120 ④松原蔵・京都蔵・大津蔵目付 |
| 宮崎惣右衛門 | 7 | 文化 2. 4.18 | 文化 3. 7. 5 | ①(松原蔵) ②(京都蔵) ③150 ④松原蔵・京都蔵・大津蔵目付 |
| 毛利十兵衛 | 6 | 文化 2. 4.18 | 文化 3. 7. 5 | ①(松原蔵) ②(松原蔵) ③150 ④松原蔵・京都蔵・大津蔵目付 |
| 伊丹右衛門 | 7 | 文化 2. 4.18 | 文化 3. 7. 5 | ①(大津蔵目付) ②(松原蔵) ③150 ④松原蔵・京都蔵・大津蔵目付 |
| 田中喜太夫 | 8 | 文化 2. 4.18 | 文化 3. 7. 5 | ①(松原蔵) ②(大津蔵目付) ③150 ④松原蔵・京都蔵・大津蔵目付 |

| 姓　　名 | 代 | 就任年月日 | 退任年月日 | ①前役 ②後役 ③知行高 ④兼役<br>⑤その他（改称、役料など） |
|---|---|---|---|---|
| 黒屋長之丞 | 6 | 文化 2. 4.18 | 文化 3. 7. 5 | ①(京都蔵) ②(京都蔵) ③80 ④京都蔵･大津蔵目付･松原蔵 |
| 西村荒之介 | 1 | 文化 2. 4.18 | 文化 3. 7. 5 | ①(松原蔵加) ②(松原蔵加) ③40俵4人 ④松原蔵加･京都蔵･大津蔵目付 ⑤役料10俵 |
| 中伝九郎 | 6 | 文化 2. 4.18 | 文化 4. 1.11 | ①(松原蔵) ②油懸口門番頭 ③80 ④文化3.7.5まで松原蔵･京都蔵･大津蔵目付 ⑤役料20俵 |
| 高橋義兵衛 | 4 | 文化 3. 2.18 | 文化 3. 7. 5 | ①若殿様抱守 ②(大津蔵目付) ③120 ④松原蔵･京都蔵･大津蔵目付 |
| 仙波甲助 | 7 | 文化 3. 2.18 | 文化 3. 7. 5 | ①士着到付 ②(松原蔵) ③120 ④京都蔵･松原蔵･大津蔵目付 |
| 玉米軍蔵 | 4 | 文化 4. 2.15 | 文政 2. 2.11 | ①内目付 ②免 ③110 |
| 沢村軍次 | 6 | 文化13. 7.21 | 文化15. 4.17 | ①稽古館物主并書物兼帯添 ②玉薬中間頭 ③200 |
| 大鳥居彦右衛門 | 5 | 文化13.11. 1 | 文政 1. 7. 7 | ①中筋代官 ②借用 ③120 |
| 一瀬伴治 | 8 | 文化14. 8.17 | 文化14.11.16 | ①－ ②元方勘定･佐野 ③120 |
| 斎藤一之丞 | 10 | 文化15. 1. 8 | 文政10.12. 4 | ①鷹餌割 ②普請着到付 ③120 |
| 山口晴介 | 6 | 文政 1. 7. 7 | 文政 4. 1.11 | ①－ ②高宮口門番頭 ③80 |
| 土田武右衛門 | 7 | 文政 2. 2.21 | 文政 5. 3.29 | ①城中并十一口着到付 ②中筋代官 ③150 ⑤(改)文右衛門→武右衛門 |
| 宇津木佐介 | 7 | 文政 4. 1.21 | 文政 6. 3. 8 | ①鷹野先払 ②没 ③70 ⑤役料20俵 |
| 石黒伝右衛門 | 6 | 文政 5. 5.23 | 文政13. 8. 1 | ①稽古館素読方 ②金 ③150 |
| 横内平右衛門 | 7 | 文政 6. 4. 1 | 文政10. 4.17 | ①内目付 ②鷹餌割･鳥札 ③110 |
| 中伝介 | 7 | 文政10.⑥. 8 | 天保 2. 2.15 | ①竹 ②皆米札 ③80､役料20俵 |
| 花木伝蔵 | 4 | 文政10.12. 4 | 天保 6. 8. 6 | ①稽古館手跡方 ②金 ③150 ⑤(改)甚右衛門 |
| 村上十右衛門 | 7 | 文政13. 9.15 | 天保 3. 1.14 | ①内目付 ②没 ③120 |
| 宇多一郎 | 8 | 天保 2. 4. 9 | 天保10.10.19 | ①鷹野先払 ②皆米札 ③90 ⑤(改)一郎右衛門､役料20俵 |
| 河西精八郎 | 3 | 天保 3. 3.15 | 天保 4.12. 2 | ①竹 ②金 ③100 |
| 小野原允 | 7 | 天保 5. 1.21 | 天保 8. 3. 9 | ①普請着到付 ②賄 ③150 ⑤(改)源太右衛門 |
| 荒木小七郎 | 7 | 天保 6. 9.16 | 弘化 2. 3.22 | ①鷹野先払 ②普請着到付 ③110 |
| 今泉源三衛門 | 9 | 天保 8. 4.10 | 天保11. 5.28 | ①普請着到付 ②免 ③120 ⑤(改)源左衛門 |
| 渡辺友次郎 | 7 | 天保10.12. 8 | 天保13. 8.21 | ①内目付 ②金 ③70､役料20俵 |
| 石尾太助 | 8 | 天保11. 7.10 | 天保13. 1. 3 | ①士着到付 ②皆米札 ③170 |
| 所藤内 | 10 | 天保13. 2. 7 | 天保13.10. 9 | ①内目付 ②中筋代官 ③150 |
| 田中小藤太 | 9 | 天保13.11. 1 | 天保15. 1. 3 | ①納戸 ②南筋代官 ③130 ⑤(改)喜兵衛 |
| 八田金十郎 | 10 | 天保13.11. 1 | 嘉永 6. 1.20 | ①普請着到付 ②用 ③150 |
| 西村又治良 | 7 | 天保15. 3. 4 | 弘化 3. 7. 1 | ①鳥毛中間頭 ②納戸 ③150 |
| 大川権右衛門 | 8 | 弘化 2. 4. 8 | 嘉永 2. 2.24 | ①納戸 ②金 ③200 |
| 乗松次太夫 | 9 | 弘化 3. 7.22 | 嘉永 2. 4. 2 | ①内目付 ②鷹餌割･鳥札 ③100 |
| 八木新太郎 | 7 | 嘉永 2. 4. 2 | 嘉永 3.12. 9 | ①作事 ②作事 ③150 |
| 長野文次郎 | 6 | 嘉永 2.④. 8 | 嘉永 3. 2.22 | ①士着到付 ②鷹餌割･鳥札 ③200 ⑤(改)宇右衛門 |
| 後藤弥三右衛門 | 8 | 嘉永 3.12.15 | 嘉永 7. 9. 9 | ①納戸 ②賄 ③150 |
| 西堀太郎左衛門 | 8 | 嘉永 4. 3.14 | 嘉永 6. 3.21 | ①内目付 ②作事 ③250 |
| 青木矢柄 | 6 | 嘉永 6. 2.15 | 安政 1.11.27 | ①内目付 ②〔納戸〕 ③120 |
| 中村郷右衛門 | 9 | 嘉永 6. 5. 2 | 安政 2. 4.25 | ①納戸 ②〔替米札〕 ③250 |

| 姓　　名 | 代 | 就任年月日 | 退任年月日 | ①前役 ②後役 ③知行高 ④兼役 ⑤その他（改称、役料など） |
|---|---|---|---|---|
| 島田左次右衛門 | 10 | 嘉永 7.10. 1 | 安政 1.12. 8 | ①内目付 ②〔北筋川除〕 ③100 |
| 脇十郎兵衛 | 8 | 嘉永 7.11.26 | 安政 2. 3.15 | ①（南筋代官） ②賄 ③200 ④松原蔵・南筋代官 |
| 竹中喜八 | 9 | 嘉永 7.11.26 | 安政 2.11.30 | ①（南筋代官・船） ②元方勘定・佐野 ③150 ④南筋代官・松原蔵、安政1.12.19まで船 |
| 小野二蔵 | 8 | 嘉永 7.11.26 | 安政 3. 8.15 | ①（南筋代官） ②賄 ③170 ④南筋代官・松原蔵 |
| 勝廉介 | 6 | 嘉永 7.11.26 | 安政 4.⑤. 8 | ①（中筋代官・佐野） ②佐野・船 ③150 ④中筋代官・松原蔵、安政1.12.8まで佐野 |
| 岡嶋丹蔵 | 4 | 嘉永 7.11.26 | 安政 6. 1. 6 | ①（北筋代官） ②京都留守居 ③180 ④松原蔵・北筋代官 |
| 西村又治郎 | 7 | 嘉永 7.11.26 | 万延 1. 3.30 | ①（中筋代官） ②作事 ③150 ④松原蔵・中筋代官 |
| 松沢新四郎 | 9 | 嘉永 7.11.26 | 万延 1. 6. 2 | ①（南筋代官・佐野） ②元方勘定・佐野 ③100 ④南筋代官・松原蔵、安政1.12.8まで佐野 |
| 佐藤孫右衛門 | 8 | 嘉永 7.11.26 | 文久 2.10.27 | ①（北筋代官） ②役儀取上 ③130 ④北筋代官、松原蔵、安政3.9.9元方勘定、佐野、文久1.7.13仕法 ⑤役料20俵→30俵 |
| 多賀谷左内 | 8 | 安政 1.12. 7 | 安政 3. 6.21 | ①（北筋代官・佐野） ②佐野 ③130 ④松原蔵・北筋代官、安政1.12.16まで佐野 ⑤役料20俵 |
| 植田又兵衛 | 7 | 安政 2. 8.22 | 安政 3. 6.21 | ①中筋川除 ②免 ③120 ④中筋代官・松原蔵 |
| 辻岡千右衛門 | 9 | 安政 2. 8.22 | 安政 6. 5.14 | ①中筋川除 ②賄 ③100 ④松原蔵・中筋代官 |
| 橋本勘左衛門 | 4 | 安政 2. 8.22 | 慶応 1. 6. 7 | ①北筋川除 ②細工・弓矢預加 ③120 ④北筋代官・松原蔵 |
| 岡真次 | 7 | 安政 2. 8.24 | 安政 3. 6.15 | ①－ ②京都留守居 ③150 ④南筋代官・松原蔵 |
| 今泉源八郎 | 10 | 安政 2. 8.24 | 慶応 2.12.15 | ①鷹餌割・鳥札 ②弘道館物主并書物兼帯添 ③120 ④松原蔵、慶応1.8.1まで南筋代官、役料30俵 |
| 長野宇右衛門 | 6 | 安政 3. 1. 4 | 元治 1.11. 1 | ①細工・弓矢預加 ②切通シロ門番頭 ③200 ④松原蔵・中筋代官 |
| 佐藤半左衛門 | 8 | 安政 3. 7. 1 | 安政 6. 1.30 | ①内目付 ②目付 ③200 ④松原蔵・中筋代官 |
| 五十嵐半次 | 9 | 安政 3. 7. 4 | 安政 6.11. 2 | ①内目付 ②目付 ③150 ④松原蔵・北筋代官 |
| 高橋五郎左衛門 | 5 | 安政 3. 8.21 | 文久 2.⑧.21 | ①鷹餌割・鳥札 ②鉄砲 ③150 ④南筋代官・松原蔵 |
| 植田又兵衛 | 7 | 安政 4. 2.17 | 安政 5. 6. 3 | ①－ ②目付 ③120 ④南筋代官・松原蔵 |
| 高野吉五郎 | 9 | 安政 5. 6. 3 | 万延 1. 3.30 | ①内目付 ②目付 ③130 ④松原蔵 |
| 西村半太夫 | 9 | 安政 6. 3.16 | 慶応 1. 8. 1 | ①弘道館物主并書物兼帯添 ②南筋代官 ③230 ④中筋代官・松原蔵 |
| 荒木儀平 | 6 | 安政 6. 6.21 | 万延 1.12.18 | ①弘道館物主并書物兼帯添 ②目付 ③160 ④松原蔵・北筋代官 |
| 渡辺九郎左衛門 | 10 | 安政 6. 6.21 | 文久 1. 9.24 | ①鷹餌割・鳥札 ②納戸 ③150 ④中筋代官・松原蔵 |
| 渡辺弥次左衛門 | 7 | 安政 6.12.23 | 慶応 1. 8. 1 | ①作事 ②（中筋代官） ③90 ④松原蔵、万延1.閏3.16まで北筋代官、万延1.閏3.16中筋代官 ⑤役料30俵 |

| 姓　　名 | 代 | 就任年月日 | 退任年月日 | ①前役 ②後役 ③知行高 ④兼役 ⑤その他（改称、役料など） |
|---|---|---|---|---|
| 多賀谷左内 | 8 | 万延 1. 3.30 | 文久 2. 1.22 | ①佐野・船 ②目付 ③90 ④松原蔵・中筋代官、万延1.閏3.16北筋代官 ⑤役料30俵 |
| 孕石又七郎 | 10 | 万延 1. 6. 2 | 文久 2.11.21 | ①元方勘定・佐野 ②賄 ③120 ④南筋代官・松原蔵 ⑤役料30俵 |
| 大家加兵衛 | 9 | 万延 1. 7.17 | 文久 1. 6.15 | ①弘道館物主并書物兼帯添 ②細工・弓矢預加 ③150 ④松原蔵・南筋代官 |
| 山下兵五郎 | 8 | 万延 2. 1.11 | 文久 2. 8.27 | ①細工・弓矢預加 ②目付 ③150→180 ④松原蔵・北筋代官 ⑤役料30俵 |
| 松沢新四郎 | 9 | 文久 1. 7. 8 | 文久 3. 7. 3 | ①(元方勘定・佐野) ②(元方勘定・佐野)・大坂留守居 ③100 ④元方勘定・佐野・南筋代官・松原蔵、文久1.7.13仕法 ⑤役料30俵 |
| 海老江勝右衛門 | 10 | 文久 1. 9.24 | 文久 2. 9.15 | ①納戸 ②納戸 ③140 ④松原蔵・中筋代官 |
| 今村八郎右衛門 | 3 | 文久 2. 2.28 | 元治 2. 2.15 | ①納戸 ②目付 ③200 ④松原蔵・北筋代官 |
| 高野瀬喜介 | 8 | 文久 2.⑧.21 | 文久 2. 9. 5 | ①目付 ②目付 ③130 ④北筋代官・松原蔵 ⑤役料30俵 |
| 高橋五郎左衛門 | 5 | 文久 2.10.15 | 慶応 1. 8. 1 | ①鉄砲・玉薬 ②中筋か南筋代官 ③150 ④松原蔵・北筋代官 |
| 大家加兵衛 | 9 | 文久 2.10.15 | 慶応 3. 1.15 | ①細工・弓矢預加 ②作事 ③150 ④松原蔵、慶応1.8.4まで中筋代官 |
| 大鳥居彦右衛門 | 7 | 文久 2.10.17 | 元治 1. 6. 1 | ①弘道館物主并書物兼帯添 ②京都留守居 ③150 ④松原蔵・南筋代官 |
| 和田甚五右衛門 | 8 | 文久 2.11.23 | 文久 3.12.16 | ①弘道館素読方 ②目付 ③120 ④北筋代官・松原蔵 |
| 青木津右衛門 | 7 | 文久 4. 1.25 | 元治 1. 6.21 | ①内目付 ②目付 ③140 ④北筋代官・松原蔵 |
| 溝江彦之右衛門 | 9 | 元治 1. 6.21 | 慶応 3. 4.21 | ①皆米札 ②金 ③150 ④松原蔵、慶応1.8.4まで南筋代官 |
| 中村繁太郎 | 11 | 元治 1. 9.19 | 慶応 1. 6. 5 | ①－ ②願免 ③250 ④松原蔵・南筋代官 |
| 林田縫殿 | 9 | 元治 1.11. 1 | 慶応 1. 8. 4 | ①鷹餌割・鳥札 ②南筋代官 ③80 ④松原蔵・北筋代官 |
| 大鳥居彦右衛門 | 7 | 慶応 1. 6. 1 | 慶応 1. 8. 1 | ①－ ②(中筋代官) ③150 ④松原蔵・中筋代官 |
| 和田甚五右衛門 | 8 | 慶応 1. 6. 1 | 慶応 1. 8. 1 | ①目付 ②(北筋代官) ③120 ④北筋代官・松原蔵 |
| 渡辺十右衛門 | 5 | 慶応 1. 8. 1 | 慶応 3. 7.13 | ①皆米札 ②中筋代官 ③70 ④松原蔵 ⑤役料20俵 |
| 島田左次右衛門 | 10 | 慶応 1. 8. 1 | 慶応 3.10.15 | ①金 ②長曽根口門番頭 ③100 ④松原蔵 |
| 山路真十郎 | 5 | 慶応 1. 8. 1 | 慶応 3.12. 9 | ①(大津蔵目付) ②鉄砲玉薬 ③100 ④大津蔵目付・松原蔵 |
| 吉田常太郎 | 9 | 慶応 1. 8. 1 | 明治 1.11.29 | ①(大津蔵目付) ②免 ③100 ④大津蔵目付・松原蔵 |
| 海老江勝右衛門 | 10 | 慶応 1. 8. 4 | 慶応 3. 1.26 | ①借用 ②智麿様・保麿様付人 ③140 ④松原蔵 |
| 中川次郎左衛門 | 9 | 慶応 3. 1.15 | 慶応 4. 3. 1 | ①内目付 ②鉄砲・玉薬 ③120 ④松原蔵 |
| 柏原惣左衛門 | 10 | 慶応 3. 3. 1 | 慶応 4. 3. 7 | ①普請着到付 ②免 ③100 ④松原蔵 |
| 向坂市右衛門 | 9 | 慶応 3. 3. 1 | 明治 1.11.29 | ①鳥毛中間頭 ②会計局出納方六等執事穀掛り ③200 ④松原蔵、慶応4.8.8会計用掛 |

| 姓　　名 | 代 | 就任年月日 | 退任年月日 | ①前役 ②後役 ③知行高 ④兼役<br>⑤その他（改称、役料など） |
|---|---|---|---|---|
| 植谷助八郎 | 12 | 慶応 3. 5.21 | 明治 1.11.29 | ①普請着到付 ②免 ③90 ④松原蔵 ⑤役料20俵 |
| 桜居彦太夫 | 9 | 慶応 3. 8. 8 | 慶応 4.④. 8 | ①納戸 ②鉄砲･玉薬 ③150 ④松原蔵 |
| 田中謙二 | 10 | 慶応 3.10.20 | 慶応 4.④. 1 | ①納戸 ②目付 ③130 ④松原蔵 |
| 田辺与八郎 | 7 | 慶応 3.10.20 | 明治 1.11.29 | ①内目付 ②－ ③110 ④松原蔵 |
| 山路真十郎 | 5 | 慶応 4. 2.25 | 明治 1.11.29 | ①鉄砲･玉薬 ②免 ③100 ④大津蔵目付･松原蔵 |
| 横田与左衛門 | 9 | 慶応 4. 3.15 | 明治 1.11.29 | ①納戸･金 ②免 ③200 ④松原蔵 |
| 相馬彦右衛門 | 8 | 慶応 4. 3.15 | 明治 1.11.29 | ①－ ②免 ③200 ④松原蔵 |
| 渡辺八郎右衛門 | 10 | 慶応 4. 3.15 | 明治 1.11.29 | ①弘道館素読方 ②免 ③80 ④松原蔵 ⑤役料20俵 |
| 細野弥兵衛 | 3 | 慶応 4.④.15 | 慶応 4. 8.20 | ①－ ②柳村院様付人 ③40俵4人 ④松原蔵 |
| 河手藤一郎 | 5 | 慶応 4. 8.28 | 明治 1.11.29 | ①－ ②免 ③150 ④松原蔵 |

## 12　松原蔵奉行

松原蔵奉行は、彦根城近くの松原村の地に設けられた藩の蔵を管理した役職である。職務内容から用米蔵奉行・大津蔵目付・代官らと関係が深く、互いに兼帯することも多い。人員は前期には２人～３人であったが、19世紀以降には７人～８人、兼帯を含めると10人を超える時期もあった。下役に蔵手代・蔵手伝を置く。知行高概ね100石～150石の家臣が主に就任した。

| 姓　　名 | 代 | 就任年月日 | 退任年月日 | ①前役 ②後役 ③知行高 ④兼役 ⑤その他（改称、役料など） |
|---|---|---|---|---|
| 山根孫兵衛 | 1 | (元和 1以降) | (正保 5以前) | ①－ ②松原口番頭 ③150 |
| 石原善兵衛 | 1 | (元和 4.5以 | (明暦 2以前) | ①－ ②長橋口門番頭 ③130 |
| 横内平左衛門 | 1 | 元和 4 | 寛永 5 | ①－ ②没 ③250 ⑤(役)蔵奉行 |
| 中伝介 | 2 | (寛永 3以前) | (延宝 8) | ①作事 ②松原口門番頭 ③100 ⑤(役)蔵奉行 |
| 加藤甚右衛門 | 1 | (慶安 1以降) | (明暦 3以前) | ①－ ②－ ③切米扶持ｶ |
| 木村勝左衛門 | 2 | 明暦 3 | 天和 1 | ①－ ②四十九町口門番足軽頭 ③100 |
| 木田清太夫 | 2 | (寛文 4) | 延宝 1 | ①焔硝 ②鳥毛六拾二人支配 ③100 |
| 直江作右衛門 | 2 | 延宝 4 | 貞享 4 | ①－ ②没 ③100 |
| 小塙喜兵衛 | 3 | 天和 1 | 元禄 4. 6.15 | ①郷中川除 ②鉄砲 ③10 |
| 平石弥右衛門 | 3 | 貞享 3. 9.15 | 元禄 8. 3.12 | ①－ ②没 ③100 |
| 木村勝左衛門 | 3 | 元禄 4. 6.15 | 宝永 3. 9.23 | ①門番着到 ②高宮口門番頭 ③100 |
| 金田善之丞 | 1 | 元禄 8. 4.18 | 元禄12. 9. 1 | ①－ ②作事 ③100 |
| 塚本久太夫 | 3 | 元禄12. 9. 2 | 正徳 1.10.13 | ①川除 ②没 ③100 |
| 渡辺勘之丞 | 3 | 宝永 3. 9.23 | 享保 5. 7. 7 | ①川除 ②京橋口門番頭 ③100 |
| 秋山源十郎 | 4 | 正徳 1.11.11 | 享保 3. 9.28 | ①川除 ②勘定 ③100 |
| 木代理右衛門 | 3 | 享保 3.10. 3 | 享保 9. 4.10 | ①江戸大工 ②没 ③100 |
| 山上弥次右衛門 | 4 | 享保 5. 7.16 | 享保16. 4.15 | ①城中着到付 ②油懸口門番頭 ③100 |
| 松本瀬兵衛 | 3 | 享保 9.④. 1 | 享保14. 8. 3 | ①－ ②没 ③100 |
| 三上甲左衛門 | 1 | 享保14. 8.28 | 享保16.10. 5 | ①－ ②願免 ③100 |
| 羽田源左衛門 | 5 | 享保15. 9. 2 | 延享 1. 8.21 | ①川除 ②鳥毛中間頭 ③100 ⑤(改)久弥 |
| 木代宇兵衛 | 4 | 享保15. 9. 2 | 延享 5. 5. 7 | ①－ ②金 ③100 ⑤(改)利右衛門 |
| 中村助左衛門 | 4 | 享保16. 4.22 | 元文 2. 3.21 | ①十一口門着到付 ②願免 ③100 |
| 河村与一兵衛 | 2 | 享保16.10. 5 | 元文 1. 6. 6 | ①川除 ②鳥毛中間頭 ③150 |
| 上坂太兵衛 | 3 | 元文 1. 8.12 | 元文 2.12.22 | ①川除 ②用米蔵 ③150 |
| 河嶋彦左衛門 | 5 | 元文 2. 4. 8 | 寛保 2. 8.21 | ①川除 ②金 ③100 |
| 松本瀬兵衛 | 4 | 寛保 2.10.20 | 延享 1. 9.21 | ①足軽辻着到付 ②願免 ③100 |
| 細野五兵衛 | 2 | 延享 1. 9.27 | 寛延 1.12.28 | ①－ ②皆米札 ③70 |
| 河村万右衛門 | 4 | 延享 1. 9.27 | 寛延 4. 9.16 | ①－ ②役儀取上 ③50 |
| 中伝九郎 | 4 | 延享 5. 6.13 | 寛延 3.12. 1 | ①川除 ②佐和口門番頭 ③100 |
| 橋本太右衛門 | 4 | 寛延 2. 1.26 | 宝暦 5. 9.27 | ①－ ②十一口門番頭 ③100 |
| 高野瀬兵右衛門 | 4 | 寛延 3.12.21 | 宝暦 4. 2.15 | ①十一口門着到付 ②鳥毛中間頭 ③150 |
| 大山平内 | 5 | 宝暦 1.10.29 | 宝暦 4.12.15 | ①－ ②玉薬中間頭 ③100 |
| 中村喜左衛門 | 5 | 宝暦 4.②.27 | 宝暦12. 3.14 | ①－ ②借用 ③100 ⑤(改)助左衛門 |
| 黒谷重左衛門 | 5 | 宝暦 5. 1.10 | 明和 1.12. 1 | ①－ ②十一口門番頭 ③50 ⑤(改)黒屋作兵衛、役料20俵 |
| 松本猪兵衛 | 4 | 宝暦 5.10.28 | 宝暦 6. 8.22 | ①－ ②用米蔵 ③100 |
| 辻平内 | 6 | 宝暦 6. 8.22 | 宝暦 8. 7. 1 | ①足軽辻着到付 ②納戸 ③150 |
| 野津余惣左衛門 | 5 | 宝暦 8. 7.21 | 明和 5.12. 1 | ①足軽辻着到付 ②皆米札 ③40俵4人 ⑤役料10俵 |
| 木代又右衛門 | 5 | 宝暦12. 4.10 | 安永 4. 9.29 | ①川除 ②細工 ③100 ⑤(改)理右衛門 |

| 姓　　名 | 代 | 就任年月日 | 退任年月日 | ①前役 ②後役 ③知行高 ④兼役<br>⑤その他（改称、役料など） |
|---|---|---|---|---|
| 中清右衛門 | 5 | 明和 1.12.15 | 明和 4.10.29 | ①川除・検地 ②細工 ③100 |
| 高橋五郎左衛門 | 2 | 明和 4.11.24 | 明和 7.⑥.15 | ①川除・検地 ②大津蔵目付 ③100 |
| 三浦茂平 | 5 | 明和 5.12. 8 | 安永 9. 6. 1 | ①－ ②長曽根口門番頭 ③50人4俵→100<br>⑤(改)茂右衛門 |
| 坪岡七郎兵衛 | 4 | 明和 7.⑥.21 | 安永 7. 4.13 | ①川除 ②金 ③50 ⑤役料20俵 |
| 福村八郎左衛門 | 4 | 安永 4.11.15 | 安永 7.12.15 | ①川除 ②借用 ③70 ⑤役料20俵 |
| 後藤弥三右衛門 | 6 | 安永 7. 5.29 | 天明 3.12. 3 | ①小役人着到付 ②目付 ③130 |
| 乗松治太夫 | 7 | 安永 7.12.21 | 安永 8. 9.11 | ①内目付 ②借用 ③100 |
| 上坂太兵衛 | 4 | 安永 8.10.17 | 天明 2.11. 8 | ①川除 ②玉薬中間頭 ③150 |
| 堀久左衛門 | 5 | 安永 9. 7. 1 | 天明 2.12. 1 | ①川除・検地 ②金 ③100 |
| 福村八郎左衛門 | 4 | 天明 2.11.21 | 天明 7.11.10 | ①元方勘定・佐野 ②仕送方蔵 ③70→120<br>⑤役料20俵 |
| 松居平次郎 | 6 | 天明 2.12.15 | 寛政 2. 8.21 | ①－ ②切通口門番頭 ③100→120 |
| 上田源右衛門 | 3 | 天明 4.①.28 | 寛政 2. 7.26 | ①川除 ②賄 ③100→120 |
| 黒屋長之丞 | 6 | 天明 8. 1.21 | 文化 1.11. 8 | ①内目付 ②京都蔵 ③120→80 ⑤役料20俵 |
| 大久保所右衛門 | 4 | 寛政 2. 8.21 | 寛政 3. 3.11 | ①佐久良川手川除 ②願免 ③120 |
| 鶴見治部左衛門 | 5 | 寛政 2. 8.21 | 寛政 5. 8.21 | ①足軽辻着到付 ②金 ③180 |
| 勝野五郎八 | 4 | 寛政 3. 3.21 | 寛政 6.11.15 | ①鷹野先払 ②賄 ③120 |
| 大山六平 | 6 | 寛政 5.10.13 | 寛政 6.12.21 | ①城中并十一口着到付 ②高月手川除 ③120 |
| 熊谷太郎兵衛 | 6 | 寛政 6.⑪. 8 | 寛政 9. 1.19 | ①城中并十一口着到付 ②賄 ③100→120 |
| 安中佐右衛門 | 2 | 寛政 7. 2. 1 | 寛政 8. 9.15 | ①両奥賄・若殿様抱守 ②鳥毛中間頭 ③150 |
| 上田彦四郎 | 3 | 寛政 8. 9.15 | 寛政12.11. 1 | ①守真院賄 ②納戸 ③120 |
| 高野瀬喜太郎 | 8 | 寛政 9. 1.19 | 寛政11. 5.15 | ①足軽辻着到付 ②犬上川手川除 ③120 |
| 西村権兵衛 | 8 | 寛政11. 5.21 | 享和 2. 7.18 | ①若殿様抱守 ②竹 ③120 |
| 中伝九郎 | 6 | 寛政12. 6.15 | 文化 3. 7. 5 | ①仕送蔵 ②(用米蔵) ③50→80 ④文化2.4.18用米蔵・京都蔵・大津蔵目付 ⑤役料20俵 |
| 橋本久兵衛 | 7 | 寛政12.12.15 | 文化 1. 4.21 | ①内目付 ②願免 ③120 |
| 安中沖右衛門 | 6 | 享和 2. 7.28 | 文化 1.11. 8 | ①城中并十一口着到付 ②北筋川除 ③150 |
| 宮崎惣右衛門 | 7 | 享和 3. 7. 1 | 文化 3. 7. 5 | ①目付 ②(京都蔵) ③150 ④文化2.4.18用米蔵・京都蔵・大津蔵目付 |
| 大山六平 | 6 | 文化 1.11. 8 | 文化 2.12.21 | ①－ ②役儀取上 ③120 ④文化2.4.18用米蔵・京都蔵・大津蔵目付 |
| 毛利十兵衛 | 6 | 文化 1.11. 8 | 文化 5.10. 1 | ①金 ②元方勘定・佐野・大坂蔵屋敷留守居 ③150 ④文化2.4.18～同3.7.5用米蔵・京都蔵・大津蔵目付 |
| 田中喜太夫 | 8 | 文化 1.12.20 | 文化 3. 7. 5 | ①－ ②(大津蔵目付) ③150 ④文化2.4.18用米蔵・京都蔵・大津蔵目付 |
| 一瀬伴治 | 8 | 文化 1.12.20 | 文化 5. 4. 9 | ①－ ②目付 ③120 ④文化2.4.18～同3.7.5用米蔵・京都蔵・大津蔵目付 |
| 西村荒之介 | 1 | 文化 1.12.20 | 文化10. 3. 8 | ①－ ②佐野添 ③40俵4人→55俵4人 ④文化2.4.18～同3.7.5用米蔵・京都蔵・大津蔵目付<br>⑤松原蔵加、役料10俵→25俵 |
| 津田叶 | 2 | 文化 2. 4.18 | 文化 2.12.21 | ①(大津蔵目付) ②願免 ③120 ④用米蔵・京都蔵・大津蔵目付 |
| 多賀谷左内 | 6 | 文化 2. 4.18 | 文化 3. 7. 5 | ①(用米蔵) ②(用米蔵) ③100 ④用米蔵・京都蔵・大津蔵目付 |

| 姓　　名 | 代 | 就任年月日 | 退任年月日 | ①前役 ②後役 ③知行高 ④兼役<br>⑤その他（改称、役料など） |
|---|---|---|---|---|
| 黒屋長之丞 | 6 | 文化 2. 4.18 | 文化 3. 7. 5 | ①(京都蔵) ②(京都蔵) ③80 ④京都蔵･大津蔵目付･用米蔵 |
| 山口十次兵衛 | 6 | 文化 2. 4.18 | 文化 3. 7. 5 | ①(用米蔵) ②(用米蔵) ③80 ④用米蔵･京都蔵･大津蔵目付 |
| 伊丹右衛門 | 7 | 文化 2. 4.18 | 文化 5. 1.22 | ①(大津蔵目付) ②細工 ③150 ④文化3.7.5まで用米蔵･京都蔵･大津蔵目付 |
| 高橋義兵衛 | 4 | 文化 3. 2.18 | 文化 3. 7. 5 | ①若殿様抱守 ②(大津蔵目付) ③120 ④用米蔵･京都蔵･大津蔵目付 |
| 仙波甲助 | 7 | 文化 3. 2.18 | 文化13. 8.19 | ①士着到付 ②没 ③120 ④文化3.7.5まで用米蔵･京都蔵･大津蔵目付 |
| 今村源助 | 7 | 文化 5. 4. 9 | 文化 7. 4. 8 | ①－ ②鳥毛中間頭 ③130 |
| 松居善八郎 | 6 | 文化 5. 6. 8 | 文化 9.12.29 | ①中筋川除 ②櫛 ③70 ⑤役料20俵 |
| 山本権左衛門 | 5 | 文化 7. 2. 4 | 文化10. 2.21 | ①賄 ②北筋代官･北筋川除 ③150 |
| 毛利十兵衛 | 6 | 文化 7. 4. 8 | 文化10.12.10 | ①元方勘定･佐野･大坂蔵屋敷留守居 ②免 ③150 |
| 久野角兵衛 | 8 | 文化10. 3. 1 | 文化14. 1.28 | ①内目付 ②金 ③70 ⑤(改)角次 ⑤役料20俵 |
| 田辺仙次郎 | 4 | 文化10. 4.21 | 文化12.12.11 | ①－ ②願免 ③150 |
| 海老江門平 | 6 | 文化10. 4.28 | 文化13. 7. 9 | ①稽古館素読方 ②願免 ③120 |
| 芳賀津右衛門 | 8 | 文化10. 4.28 | 文化15. 3.11 | ①(大津蔵目付) ②新奥賄･大手前賄 ③120 ④大津蔵目付 |
| 福村八郎左衛門 | 5 | 文化10. 4.28 | 文政 7.11. 1 | ①(京都蔵) ②借用 ③100 ④文政1.8.21まで京都蔵 |
| 安藤喜左衛門 | 7 | 文化10. 6.21 | 文化11. 5.11 | ①足軽辻着到付 ②南筋川除 ③150 ④京都蔵 |
| 高杉宮内 | 7 | 文化11. 2.11 | 文化11. 8.13 | ①稽古館素読方 ②作事 ③150 |
| 大和田喜平太 | 8 | 文化11.11. 9 | 文化13. 6.21 | ①賄 ②鷹餌割 ③130 |
| 竹原与惣左衛門 | 7 | 文化12.11.22 | 文政 2. 6. 3 | ①小役人着到付 ②没 ③200 ④大津蔵目付 ⑤(改)七郎右衛門7 |
| 堀部忠助 | 4 | 文化13. 2.25 | 文化13.⑧.29 | ①普請着到付 ②願免 ③120 |
| 渡辺仙蔵 | 1 | 文化13. 8. 8 | 文政 1.10. 5 | ①買上物改証判 ②没 ③40俵4人 ⑤役料10俵 |
| 浅田十内 | 7 | 文化13.⑧. 8 | 文政 1. 9.15 | ①鉄砲玉薬 ②没 ③100 |
| 三岡兵之助 | 9 | 文化13.10. 8 | 文化14. 2.21 | ①内目付 ②北筋代官 ③100 |
| 高橋荒次郎 | 5 | 文化14. 2.15 | 文政 2. 4. 8 | ①皆米札 ②北筋代官 ③120 |
| 高杉宮内 | 7 | 文化14. 3.21 | 文政 3. 2.11 | ①－ ②南筋代官 ③150 |
| 小野原太右衛門 | 6 | 文化15. 4.17 | 文政 3.10. 8 | ①玉薬中間頭 ②借用 ③150 |
| 閑野喜三郎 | 5 | 文政 1. 5. 4 | 文政 9. 8. 1 | ①稽古館素読方 ②金 ③100 ④大津蔵目付 |
| 武笠七郎右衛門 | 4 | 文政 1.10. 8 | 文政10. 1.24 | ①内目付 ②細工･弓矢預加 ③120 ⑤(改)十介→七郎右衛門 |
| 海老江新介 | 9 | 文政 1.10.15 | 文政10.12.13 | ①士着到付 ②金 ③200 ⑤(改)庄右衛門 |
| 三居孫太夫 | 7 | 文政 2. 4.15 | 文政 5.①. 8 | ①士着到付 ②賄 ③150 |
| 嶋野一郎 | 7 | 文政 2. 6.21 | 文政12. 4. 3 | ①士着到付 ②金 ③120 ④大津蔵目付 |
| 喜多山十蔵 | 7 | 文政 3. 2.11 | 文政 6. 5.16 | ①目付 ②鉄砲 ③150 |
| 石原善十郎 | 7 | 文政 3.11. 1 | 文政 5. 8. 5 | ①内目付 ②南筋代官 ③80 ⑤役料20俵 |
| 向山次右衛門 | 10 | 文政 5. 2.15 | 文政 8. 1.11 | ①士着到付 ②没 ③80 |
| 大久保平介 | 5 | 文政 5. 8. 5 | 文政11. 4. 2 | ①鳥毛中間頭 ②皆米札 ③200 |
| 上田原右衛門 | 4 | 文政 6. 6.16 | 文政11. 6.22 | ①足軽辻着到付 ②没 ③120 |
| 武居介市 | 5 | 文政 7.11.15 | 文政13. 5. 9 | ①稽古館諸用 ②大殿様賄 ③100 |
| 松居八郎介 | 8 | 文政 8. 2.16 | 文政11. 6. 6 | ①内目付 ②鷹餌割･鳥札 ③80 ⑤役料20俵 |

| 姓　　名 | 代 | 就任年月日 | 退任年月日 | ①前役 ②後役 ③知行高 ④兼役 ⑤その他（改称、役料など） |
|---|---|---|---|---|
| 松居剛八郎 | 8 | 文政 9. 8.15 | 文政13. 5. 9 | ①普請着到付 ②納戸 ③130 ④大津蔵目付 |
| 弓削源蔵 | 7 | 文政10.⑥. 8 | 文政11. 3. 2 | ①内目付 ②願免 ③150 |
| 今村源助 | 8 | 文政11. 1.23 | 天保 4. 7. 1 | ①稽古館素読方 ②弘道館物主并書物兼帯添 ③130 |
| 相馬彦右衛門 | 7 | 文政11. 4.18 | 天保 5. 5. 4 | ①士着到付 ②鳥毛中間頭 ③200 |
| 一瀬伴治 | 8 | 文政11. 5.20 | 文政11.12.14 | ①－ ②作事 ③120 |
| 宇津木喜八郎 | 5 | 文政11. 8.19 | 文政13. 3.22 | ①鉄砲玉薬 ②皆米札 ③150 |
| 堀九平太 | 7 | 文政11.12. 8 | 天保 3. 7.18 | ①内目付 ②普請着到付 ③100 |
| 植田 初 | 6 | 文政12. 2. 9 | 文政12.12. 8 | ①城中并十一口着到付 ②鷹餌割・鳥札 ③120 |
| 熊谷伝之介 | 7 | 文政12. 5.21 | 天保 3.12.15 | ①普請着到付 ②役儀取上・隠居 ③170 ④大津蔵目付 |
| 桜居彦太夫 | 8 | 文政13. 2.24 | 天保 3.11. 3 | ①稽古館素読方 ②納戸 ③150 |
| 辻 文太 | 8 | 文政13. 3.22 | 天保 6. 5.17 | ①足軽辻着到付 ②納戸 ③150 |
| 吉川軍次郎 | 5 | 文政13. 5. 9 | 天保 3. 3.30 | ①佐野 ②鷹餌割・鳥札 ③50 ⑤役料20俵 |
| 所 藤七 | 5 | 文政13. 7.28 | 天保 3. 8.16 | ①稽古館手跡方 ②没 ③180 ④大津蔵目付 |
| 松居八郎介 | 8 | 天保 3. 5.20 | 天保 4. 3.16 | ①弘道館物主并書物兼帯添 ②細工・弓矢預加 ③80 ⑤役料20俵 |
| 閑野喜三郎 | 5 | 天保 3. 9.17 | 天保 4. 5. 6 | ①納戸 ②南筋代官 ③100 ④大津蔵目付 |
| 石原主膳 | 8 | 天保 3.10. 5 | 天保 9. 3.17 | ①鉄砲玉薬 ②鉄砲 ③150 |
| 真壁権内 | 8 | 天保 3.⑪.20 | 天保 8. 5.14 | ①稽古館諸用 ②普請着到付 ③80 ⑤役料20俵 |
| 高橋多蔵 | 4 | 天保 4. 2.16 | 天保 9. 2.20 | ①城中并十一口着到付 ②納戸 ③150 ④大津蔵目付 |
| 都筑弥次右衛門 | 6 | 天保 4. 5. 6 | 天保 8. 2. 7 | ①城中并十一口着到付 ②皆米札 ③120 |
| 佐藤孫右衛門 | 8 | 天保 4.12.16 | 天保 7. 7. 8 | ①内目付 ②中筋代官 ③70 ⑤役料20俵 |
| 宮崎惣右衛門 | 8 | 天保 5. 6. 3 | 天保 6. 7.29 | ①内目付 ②納戸 ③150 |
| 西村権平 | 10 | 天保 6. 7. 3 | 天保11. 7.15 | ①内目付 ②金 ③100 |
| 佐成章治 | 6 | 天保 6. 8.15 | 天保11. 4. 2 | ①足軽辻着到付 ②没 ③120 |
| 河手四方右衛門 | 7 | 天保 6.10.20 | 天保11. 4.23 | ①城中并十一口着到付 ②鳥毛中間頭 ③150 ④大津蔵目付 |
| 高橋与兵衛 | 7 | 天保 8. 3.24 | 天保12. 4. 9 | ①侍着到付 ②皆米札 ③120 |
| 平山藤九郎 | 10 | 天保 8. 6.17 | 天保 9. 1. 2 | ①内目付 ②奥用使 ③80 |
| 河野六兵衛 | 9 | 天保 9. 2. 5 | 天保15. 3. 4 | ①城中十一口着到付 ②借用 ③120 |
| 宮崎軍介 | 5 | 天保 9. 4.19 | 天保10. 6. 5 | ①－ ②賄 ③170 |
| 毛利十兵衛 | 7 | 天保 9.12.30 | 天保12. 2.29 | ①普請着到付 ②鉄砲 ③150 ④大津蔵目付 |
| 上坂丈右衛門 | 7 | 天保10. 8.17 | 天保12. 4. 9 | ①稽古館素読方 ②弘道館物主并書物兼帯添 ③100 |
| 広瀬友之丞 | 6 | 天保10.10.19 | 弘化 3. 7.22 | ①弘道館素読方 ②鷹餌割・鳥札 ③200 |
| 林弥五郎 | 6 | 天保11. 5. 8 | 天保12. 8.14 | ①士着到付 ②北筋代官 ③200 ⑤(改)六右衛門 |
| 石原西右衛門 | 8 | 天保11. 5.21 | 天保13. 8.21 | ①弘道館諸用 ②金 ③100 ④大津蔵目付 |
| 島田嘉平次 | 9 | 天保11. 8.16 | 天保13. 8.21 | ①手跡方 ②金 ③100 |
| 竹原与惣左衛門 | 8 | 天保12. 4. 9 | 天保12.10.20 | ①士着到付 ②願免 ③200 ④大津蔵目付 |
| 今泉源左衛門 | 9 | 天保12. 5.27 | 天保13. 5.22 | ①－ ②隠居 ③120 |
| 天方源太 | 7 | 天保12. 5.27 | 弘化 1.12.22 | ①弘道館諸用 ②弘道館物主并書物兼帯添 ③70 ⑤役料20俵 |
| 三浦主水 | 4 | 天保12.11.19 | 弘化 2. 4.22 | ①鳥毛中間頭 ②納戸 ③120 ④大津蔵目付 |

| 姓　　名 | 代 | 就任年月日 | 退任年月日 | ①前役 ②後役 ③知行高 ④兼役<br>⑤その他（改称、役料など） |
|---|---|---|---|---|
| 奥山伝右衛門 | 8 | 天保12.12.11 | 弘化 2. 6.15 | ①鳥毛中間頭 ②皆米札 ③170 |
| 松居助内 | 9 | 天保13. 6. 8 | 天保14. 2.15 | ①内目付 ②目付 ③250 |
| 山下虎二郎 | 7 | 天保13.10. 9 | 弘化 4. 4. 1 | ①素読方 ②金 ③150 ④大津蔵目付 |
| 佐藤隼太 | 6 | 天保13.10. 9 | 嘉永 2. 5.15 | ①弘道館素読方 ②鳥毛中間頭 ③100 |
| 高野瀬喜太郎 | 9 | 天保14. 3. 1 | 弘化 4.12.24 | ①普請着到付 ②仕送添 ③90 ⑤役料20俵 |
| 土田武右衛門 | 7 | 天保15. 4.21 | 弘化 1.12.22 | ①－ ②仕送添 ③150 |
| 横内平左衛門 | 7 | 弘化 2. 1.11 | 弘化 3. 2.20 | ①弘道館物主并書物兼帯添 ②皆米札 ③110 |
| 向山次郎太夫 | 11 | 弘化 2. 1.11 | 嘉永 4. 1.22 | ①手跡方 ②細工･弓矢預り加 ③80 ⑤役料20俵 |
| 木代又右衛門 | 8 | 弘化 2. 5. 8 | 嘉永 2.10.15 | ①皆米札 ②金 ③120 ④大津蔵目付 |
| 松居善八郎 | 7 | 弘化 2. 7.22 | 嘉永 4. 8. 6 | ①鉄砲玉薬 ②没 ③100 |
| 大家加兵衛 | 9 | 弘化 3. 3.23 | 弘化 3.12.28 | ①内目付 ②南筋代官 ③150 |
| 神谷市良右衛門 | 8 | 弘化 3. 9. 1 | 嘉永 3. 8. 8 | ①弘道館素読方 ②金 ③160 |
| 西郷与次兵衛 | 10 | 弘化 4. 4. 1 | 嘉永 2. 5.29 | ①足軽辻着到付 ②相州玉薬中間頭 ③220 |
| 小幡甲介 | 7 | 弘化 4. 5.24 | 嘉永 3. 4.22 | ①侍着到付･鷹野先払助 ②納戸 ③120 ④大津蔵目付 |
| 石居半右衛門 | 3 | 弘化 4.12.24 | 嘉永 6.12.15 | ①弘道館手跡方 ②没 ③10人 ⑤役料15俵 |
| 内山治右衛門 | 9 | 嘉永 2. 6. 1 | 嘉永 4. 9. 1 | ①弘道館手跡方 ②細工･弓矢預加 ③120 |
| 植田良治 | 9 | 嘉永 2. 7.28 | 嘉永 6. 5. 2 | ①鷹野先払 ②細工･弓矢預加 ③50 ⑤役料20俵 |
| 勝廉介 | 6 | 嘉永 2.11.15 | 嘉永 4. 9. 1 | ①足軽辻着到付 ②中筋川除 ③150 ④大津蔵目付 |
| 松居武太夫 | 9 | 嘉永 3. 5.15 | 嘉永 6. 1.20 | ①足軽辻着到付 ②金 ③130 ④大津蔵目付 |
| 岡嶋丹蔵 | 4 | 嘉永 3.12. 6 | 嘉永 5. 4.29 | ①奥用使 ②鷹餌割･鳥札 ③180 |
| 細居広太 | 6 | 嘉永 3.12. 6 | 嘉永 5. 5.29 | ①櫛 ②納戸 ③150 |
| 今泉源八郎 | 10 | 嘉永 4. 3.14 | 嘉永 4. 9. 1 | ①内目付 ②北筋川除 ③120 |
| 三居孫太夫 | 8 | 嘉永 4. 9. 1 | 嘉永 5. 2. 8 | ①内目付 ②金 ③150 |
| 福村八郎左衛門 | 6 | 嘉永 4. 9. 9 | 嘉永 5. 3. 1 | ①鷹野先払 ②鷹餌割･鳥札 ③100 |
| 大鳥彦三郎 | 10 | 嘉永 4.10. 8 | 嘉永 5. 4.19 | ①士着到付 ②没 ③200 ④大津蔵目付 |
| 平岡十郎兵衛 | 9 | 嘉永 5.②.14 | 嘉永 7. 5.21 | ①弘道館手跡方 ②皆米札 ③90 ⑤役料20俵 |
| 万沢六郎 | 9 | 嘉永 5. 4. 1 | 嘉永 6.12. 8 | ①足軽辻着到付 ②耀鏡院様賄 ③80 |
| 喜多山十蔵 | 8 | 嘉永 5. 5.29 | 安政 1.11.27 | ①弘道館素読方 ②(大津蔵目付) ③150 ④大津蔵目付 |
| 大嶋健左衛門 | 8 | 嘉永 5. 6.15 | 安政 1.11.27 | ①士着到付 ②〔大津蔵目付〕 ③130<br>⑤(改)五太夫 |
| 功力千右衛門 | 8 | 嘉永 5. 8 4 | 嘉永 6. 1.20 | ①弘道館手跡方 ②納戸 ③200 |
| 奈越江忠蔵 | 8 | 嘉永 6. 2.15 | 嘉永 7. 5.21 | ①足軽辻着到付 ②金 ③200 ④大津蔵目付 |
| 上松祐左衛門 | 11 | 嘉永 6. 2.15 | 安政 1.11.27 | ①弘道館手跡方 ②〔納戸〕 ③120 |
| 今泉源八郎 | 10 | 嘉永 6. 6.28 | 嘉永 7.10.15 | ①作事 ②鷹餌割･鳥札 ③120 |
| 本城善右衛門 | 9 | 嘉永 6. 6.28 | 安政 1.11.27 | ①作事 ②〔借用〕 ③250 |
| 渡辺十右衛門 | 5 | 嘉永 7. 1.21 | 安政 1.11.27 | ①内目付 ②〔庭〕 ③70 ⑤役料20俵 |
| 山県新右衛門 | 10 | 嘉永 7. 2.14 | 安政 1.11.27 | ①竹 ②〔作事〕 ③100 |
| 渡辺勘之丞 | 9 | 嘉永 7. 6.15 | 安政 1.11.27 | ①鉄砲玉薬 ②〔庭〕 ③110 |
| 河手弥一郎 | 7 | 嘉永 7. 9. 1 | 安政 1.11.27 | ①内目付 ②(大津蔵目付) ③200 ④大津蔵目付 |
| 脇十郎兵衛 | 8 | 嘉永 7.11.26 | 安政 2. 3.15 | ①(南筋代官) ②賄 ③200 ④用米蔵･南筋代官 |

| 姓　　名 | 代 | 就任年月日 | 退任年月日 | ①前役 ②後役 ③知行高 ④兼役 ⑤その他（改称、役料など） |
|---|---|---|---|---|
| 竹中喜八 | 9 | 嘉永 7.11.26 | 安政 2.11.30 | ①（南筋代官・船）②元方勘定・佐野 ③150 ④南筋代官・用米蔵、安政1.12.19まで船 |
| 小野二蔵 | 8 | 嘉永 7.11.26 | 安政 3. 8.15 | ①（南筋代官）②賄 ③170 ④南筋代官・用米蔵 |
| 勝廉介 | 6 | 嘉永 7.11.26 | 安政 4.⑤. 8 | ①（中筋代官・佐野）②佐野・船 ③150 ④中筋代官・用米蔵、安政1.12.8まで佐野 |
| 岡嶋丹蔵 | 4 | 嘉永 7.11.26 | 安政 6. 1. 6 | ①（北筋代官）②京都留守居 ③180 ④用米蔵・北筋代官 |
| 西村又治郎 | 7 | 嘉永 7.11.26 | 万延 1. 3.30 | ①（中筋代官）②作事 ③150 ④中筋代官・用米蔵 |
| 松沢新四郎 | 9 | 嘉永 7.11.26 | 万延 1. 6. 2 | ①（南筋代官・佐野）②元方勘定・佐野 ③100 ④南筋代官・用米蔵、安政1.12.8まで佐野 |
| 佐藤孫右衛門 | 8 | 嘉永 7.11.26 | 文久 2.10.27 | ①（北筋代官）②役儀取上 ③130 ④北筋代官・用米蔵、安政3.9.9元方勘定、佐野、文久1.7.13仕法 ⑤役料20俵→30俵 |
| 多賀谷左内 | 8 | 安政 1.12. 7 | 安政 3. 6.21 | ①（北筋代官・佐野）②佐野 ③130 ④用米蔵・北筋代官、安政1.12.16まで佐野 ⑤役料20俵 |
| 植田又兵衛 | 7 | 安政 2. 8.22 | 安政 3. 6.21 | ①中筋川除 ②免 ③120 ④用米蔵・中筋代官 |
| 辻岡千右衛門 | 9 | 安政 2. 8.22 | 安政 6. 5.14 | ①中筋川除 ②賄 ③100 ④中筋代官・用米蔵 |
| 橋本勘左衛門 | 4 | 安政 2. 8.22 | 慶応 1. 6. 7 | ①北筋川除 ②細工・弓矢預加 ③120 ④北筋代官・用米蔵 |
| 岡真次 | 7 | 安政 2. 8.24 | 安政 3. 6.15 | ①－ ②京都留守居 ③150 ④用米蔵・南筋代官 |
| 今泉源八郎 | 10 | 安政 2. 8.24 | 慶応 2.12.15 | ①鷹餌割・鳥札 ②弘道館物主并書物兼帯添 ③120 ④用米蔵、慶応1.8.1まで南筋代官 ⑤役料30俵 |
| 長野宇右衛門 | 6 | 安政 3. 1. 4 | 元治 1.11. 1 | ①細工・弓矢預加 ②切通シ口門番頭 ③200 ④用米蔵・中筋代官 |
| 佐藤半左衛門 | 8 | 安政 3. 7. 1 | 安政 6. 1.30 | ①内目付 ②目付 ③200 ④用米蔵・中筋代官 |
| 五十嵐半次 | 9 | 安政 3. 7. 4 | 安政 6.11. 2 | ①内目付 ②目付 ③150 ④用米蔵・北筋代官 |
| 高橋五郎左衛門 | 5 | 安政 3. 8.21 | 文久 2.⑧.21 | ①鷹餌割・鳥札 ②鉄砲 ③150 ④南筋代官・用米蔵 |
| 植田又兵衛 | 7 | 安政 4. 2.17 | 安政 5. 6. 3 | ①－ ②目付 ③120 ④南筋代官・用米蔵 |
| 高野吉五郎 | 9 | 安政 5. 6. 3 | 万延 1. 3.30 | ①内目付 ②目付 ③130 ④用米蔵 |
| 西村半太夫 | 9 | 安政 6. 3.16 | 慶応 1. 8. 1 | ①弘道館物主并書物兼帯添 ②南筋代官 ③230 ④中筋代官・用米蔵 |
| 荒木儀平 | 6 | 安政 6. 6.21 | 万延 1.12.18 | ①弘道館物主并書物兼帯添 ②目付 ③160 ④用米蔵・北筋代官 |
| 渡辺九郎左衛門 | 10 | 安政 6. 6.21 | 文久 1. 9.24 | ①鷹餌割・鳥札 ②納戸 ③150 ④中筋代官・用米蔵 |
| 渡辺弥次左衛門 | 7 | 安政 6.12.23 | 慶応 1. 8. 1 | ①作事 ②中筋代官 ③90 ④用米蔵、万延1.閏3.16まで北筋代官、万延1.閏3.16中筋代官 ⑤役料30俵 |
| 多賀谷左内 | 8 | 万延 1. 3.30 | 文久 2. 1.22 | ①佐野・船 ②目付 ③90→120 ④用米蔵・中筋代官、万延1.閏3.16北筋代官 ⑤役料30俵 |
| 孕石又七郎 | 10 | 万延 1. 6. 2 | 文久 2.11.21 | ①元方勘定・佐野 ②賄 ③120 ④南筋代官・用米蔵 ⑤役料30俵 |

| 姓　　名 | 代 | 就任年月日 | 退任年月日 | ①前役 ②後役 ③知行高 ④兼役<br>⑤その他（改称、役料など） |
|---|---|---|---|---|
| 大家加兵衛 | 9 | 万延 1. 7.17 | 文久 1. 6.15 | ①弘道館物主并書物兼帯添 ②細工・弓矢預加 ③150 ④用米蔵・南筋代官 |
| 山下兵五郎 | 8 | 万延 2. 1.11 | 文久 2. 8.27 | ①細工・弓矢預加 ②目付 ③150→180 ④用米蔵・北筋代官 ⑤役料30俵 |
| 松沢新四郎 | 9 | 文久 1. 7. 8 | 文久 3. 7. 3 | ①(元方勘定・佐野) ②(元方勘定・佐野)・大坂留守居 ③100 ④元方勘定・佐野・南筋代官・用米蔵、文久1.7.13仕法 ⑤役料30俵 |
| 海老江勝右衛門 | 10 | 文久 1. 9.24 | 文久 2. 9.15 | ①納戸 ②納戸 ③140 ④用米蔵・中筋代官 |
| 今村八郎右衛門 | 3 | 文久 2. 2.28 | 元治 2. 2.15 | ①納戸 ②目付 ③200 ④用米蔵・北筋代官 |
| 高野瀬喜介 | 8 | 文久 2.⑧.21 | 文久 2. 9. 5 | ①目付 ②目付 ③130 ④北筋代官・用米蔵 ⑤役料30俵 |
| 高橋五郎左衛門 | 5 | 文久 2.10.15 | 慶応 1. 8. 1 | ①鉄砲・玉薬 ②中筋か南筋代官 ③150 ④用米蔵・北筋代官 |
| 大家加兵衛 | 9 | 文久 2.10.15 | 慶応 3. 1.15 | ①細工・弓矢預加 ②作事 ③150 ④用米蔵、慶応1.8.4まで中筋代官 |
| 大鳥居彦右衛門 | 7 | 文久 2.10.17 | 元治 1. 6. 1 | ①弘道館物主并書物兼帯添 ②京都留守居 ③150 ④用米蔵・南筋代官 |
| 和田甚五右衛門 | 8 | 文久 2.11.23 | 文久 3.12.16 | ①弘道館素読方 ②目付 ③120 ④北筋代官・用米蔵 |
| 青木津右衛門 | 7 | 文久 4. 1.25 | 元治 1. 6.21 | ①内目付 ②目付 ③140 ④北筋代官・用米蔵 |
| 溝江彦之右衛門 | 9 | 元治 1. 6.21 | 慶応 3. 4.21 | ①皆米札 ②金 ③150 ④用米蔵、慶応1.8.4まで南筋代官 |
| 中村繁太郎 | 11 | 元治 1. 9.19 | 慶応 1. 6. 5 | ①－ ②願免 ③250 ④用米蔵・南筋代官 |
| 林田縫殿 | 9 | 元治 1.11. 1 | 慶応 1. 8. 4 | ①鷹餌割・鳥札 ②南筋代官 ③80 ④用米蔵・北筋代官 |
| 大鳥居彦右衛門 | 7 | 慶応 1. 6. 1 | 慶応 1. 8. 1 | ①－ ②(中筋代官) ③150 ④用米蔵・中筋代官 |
| 和田甚五右衛門 | 8 | 慶応 1. 6. 1 | 慶応 1. 8. 1 | ①目付 ②(北筋代官) ③120 ④北筋代官・用米蔵 |
| 渡辺十右衛門 | 5 | 慶応 1. 8. 1 | 慶応 3. 7.13 | ①皆米札 ②中筋代官 ③70 ④用米蔵 ⑤役料20俵 |
| 島田左次右衛門 | 10 | 慶応 1. 8. 1 | 慶応 3.10.15 | ①金 ②長曽根口門番頭 ③100 ④用米蔵 |
| 山路真十郎 | 5 | 慶応 1. 8. 1 | 慶応 3.12. 9 | ①(大津蔵目付) ②鉄砲玉薬 ③100 ④大津蔵目付・用米蔵 |
| 吉田常太郎 | 9 | 慶応 1. 8. 1 | 明治 1.11.29 | ①(大津蔵目付) ②免 ③100 ④大津蔵目付・用米蔵 |
| 海老江勝右衛門 | ]0 | 慶応 1. 8. 4 | 慶応 3. 1.26 | ①借用 ②智麿様・保麿様付人 ③140 ④用米蔵 |
| 中川次郎左衛門 | 9 | 慶応 3. 1.15 | 慶応 4. 3. 1 | ①内目付 ②鉄砲・玉薬 ③120 ④用米蔵 |
| 柏原惣左衛門 | 10 | 慶応 3. 3. 1 | 慶応 4. 3. 7 | ①普請着到付 ②免 ③100 ④用米蔵 |
| 向坂市右衛門 | 9 | 慶応 3. 3. 1 | 明治 1.11.29 | ①鳥毛中間頭 ②会計局出納方六等執事穀掛り ③200 ④用米蔵、慶応4.8.8会計用掛 |
| 植谷助八郎 | 12 | 慶応 3. 5.21 | 明治 1.11.29 | ①普請着到付 ②免 ③90 ④用米蔵 ⑤役料20俵 |
| 桜居彦太夫 | 9 | 慶応 3. 8. 8 | 慶応 4.④. 8 | ①納戸 ②鉄砲・玉薬 ③150 ④用米蔵 |
| 田中謙二 | 10 | 慶応 3.10.20 | 慶応 4.④. 1 | ①納戸 ②目付 ③130 ④用米蔵 |
| 田辺与八郎 | 7 | 慶応 3.10.20 | 明治 1.11.29 | ①内目付 ②－ ③110 ④用米蔵 |

| 姓　　　名 | 代 | 就任年月日 | 退任年月日 | ①前役 ②後役 ③知行高 ④兼役<br>⑤その他（改称、役料など） |
| --- | --- | --- | --- | --- |
| 山路真十郎 | 5 | 慶応 4. 2.25 | 明治 1.11.29 | ①鉄砲・玉薬 ②免 ③100 ④大津蔵目付・用米蔵 |
| 横田与左衛門 | 9 | 慶応 4. 3.15 | 明治 1.11.29 | ①納戸・金 ②免 ③200 ④用米蔵 |
| 相馬彦右衛門 | 8 | 慶応 4. 3.15 | 明治 1.11.29 | ①－ ②免 ③200 ④用米蔵 |
| 渡辺八郎右衛門 | 10 | 慶応 4. 3.15 | 明治 1.11.29 | ①弘道館素読方 ②免 ③80 ④用米蔵 ⑤役料20俵 |
| 細野弥兵衛 | 3 | 慶応 4.④.15 | 慶応 4. 8.20 | ①－ ②柳村院様付人 ③46俵4人 ④用米蔵 |
| 河手藤一郎 | 5 | 慶応 4. 8.28 | 明治 1.11.29 | ①－ ②免 ③150 ④用米蔵 |

## 13　皆米札奉行

皆米札奉行は、寛保２年(1742)に、藩領内での米札（藩札）の流通を図るために設けられた役職であり、配下には米札方下役がおり、これとは別に米札引替所の惣主役とその手代がいた。米札奉行の人員は３～６人であり、知行高100石～200石の家臣が就く場合が多かった。

| 姓　　名 | 代 | 就任年月日 | 退任年月日 | ①前役 ②後役 ③知行高 ④兼役<br>⑤その他（改称、役料など） |
|---|---|---|---|---|
| 向山次郎太夫 | 7 | 寛保 2. 2.24 | 延享 3. 5.17 | ①納戸 ②旅賄 ③150 ⑤(役)米札 |
| 三岡長兵衛 | 5 | 寛保 2. 2.24 | 延享 3.12.28 | ①－ ②中藪口門番頭 ③150 ⑤(役)米札 |
| 長浜軍兵衛 | 4 | 寛保 2. 2.24 | 延享 5. 2. 3 | ①(勘定・佐野) ②大坂借用筋用 ③300 ④勘定、寛保2.7.21まで佐野 |
| 横居増之丞 | 2 | 寛保 2. 2.24 | 寛延 1 | ①(かな山) ②(かな山) ③200 ④かな山 ⑤(役)米札 |
| 大久保平助 | 2 | 寛保 3. 9.30 | 寛保 3.12. 1 | ①(勘定) ②願免 ③200 ④勘定 |
| 本城善右衛門 | 5 | 寛保 3. 9.30 | 延享 4. 6.29 | ①(勘定) ②大津蔵 ③200 ④勘定 ⑤(役)米札 |
| 日下部弥平右衛門 | 3 | 延享 3. 6.21 | 宝暦 4. 1. 4 | ①川除 ②勘定 ③100 |
| 野添市右衛門 | 4 | 延享 4. 1.23 | 寛延 1.12.28 | ①(かな山) ②(かな山) ③150 ④かな山 |
| 岡本半右衛門 | 5 | 寛延 1.12.28 | 寛延 2. 8.29 | ①江戸普請 ②佐野 ③200 |
| 細野五兵衛 | 2 | 寛延 1.12.28 | 宝暦 2. 7.28 | ①松原蔵 ②十一口門番頭 ③70 |
| 菅沼新三 | 5 | 寛延 2. 9.29 | 寛延 4. 8.13 | ①納戸 ②鷹餌割 ③150 |
| 安中佐右衛門 | 1 | 寛延 4.10.16 | 宝暦 5. 9.27 | ①納戸 ②勘定 ③100 ⑤(役)米札 |
| 今泉源左衛門 | 6 | 宝暦 2. 9. 3 | 宝暦11. 4.24 | ①川除 ②役儀取上 ③100 ⑤(役)米札 |
| 戸塚弥惣次 | 2 | 宝暦 4. 2.15 | 宝暦 6.12.16 | ①納戸 ②鉄砲 ③250 ⑤(改)恵左衛門 |
| 横内次左衛門 | 5 | 宝暦 5.10.28 | 宝暦 6.12.16 | ①鳥 ②元方勘定 ③100 |
| 菅沼新三 | 5 | 宝暦 6.12.10 | 宝暦11. 4.24 | ①直定賄 ②役儀取上 ③150 |
| 松村丹右衛門 | 6 | 宝暦 6.12.16 | 宝暦11. 4.24 | ①－ ②役儀取上 ③100 ④皆米札役 |
| 辻武右衛門 | 4 | 宝暦11. 2. 5 | 宝暦11. 9.18 | ①－ ②彦根賄 ③200 ⑤(改)安中に改姓 |
| 岡本半右衛門 | 5 | 宝暦11. 2. 5 | 明和 1. 7.21 | ①－ ②十一口門番頭 ③150 |
| 高宮清次 | 5 | 宝暦11. 2. 5 | 明和 1. 9. 1 | ①川除 ②右筆頭 ③120 ⑤(改)辰右衛門 |
| 安中沖右衛門 | 4 | 宝暦11. 9.18 | 明和 5.11.15 | ①大津蔵目付 ②十一口門番頭 ③150 |
| 佐藤宗兵衛 | 6 | 明和 1. 9. 1 | 明和 2. 2.12 | ①右筆頭 ②没 ③150 |
| 大久保平助 | 3 | 明和 2. 3.12 | 安永 1.12.21 | ①士着到付 ②十一口門番頭 ③200 |
| 野津余惣左衛門 | 5 | 明和 5.12. 1 | 安永 7. 4.27 | ①松原蔵 ②船町口門番頭 ③40俵4人→100 ⑤役料10俵 |
| 安中佐右衛門 | 1 | 安永 2. 3.14 | 安永 3. 9.27 | ①(勘定) ②隠居 ③150 ④勘定 |
| 大西与一右衛門 | 3 | 安永 2. 3.14 | 安永 4.⑫.13 | ①元方勘定・佐野 ②舟町口門番頭 ③100 ⑤役料30俵 |
| 渡辺八郎右衛門 | 5 | 安永 2. 3.14 | 安永 7.11. 8 | ①(元方勘定・佐野) ②隠居 ③100→150 ⑤役料30俵 |
| 川手文左衛門 | 4 | 安永 2. 3.14 | 安永10. 3. 1 | ①(元方勘定・佐野) ②大津蔵 ③200 |
| 横内次左衛門 | 5 | 安永 2. 3.14 | 天明 2.10. 1 | ①(元方勘定・佐野) ②筋・(元方勘定) ③150 ④元方勘定・佐野、宝暦13.12.16上方筋調達 ⑤役料30俵 |
| 礒貝弥一兵衛 | 5 | 安永 7.12.21 | 天明 2. 2.18 | ①玉薬中間頭 ②大津蔵目付 ③100 |
| 湯本弥五助 | 5 | 天明 2. 4. 6 | 天明 3. 1.11 | ①普請着到付 ②長曽根口門番頭 ③200 |
| 上坂丈右衛門 | 5 | 天明 3. 1.21 | 天明 6. 5. 1 | ①鳥毛中間頭 ②長曽根口門番頭 ③150 |
| 松原源十郎 | 5 | 天明 6. 8. 1 | 寛政 8. 6. 2 | ①両奥賄 ②免 ③70俵4人→70俵6人 |

| 姓　　名 | 代 | 就任年月日 | 退任年月日 | ①前役 ②後役 ③知行高 ④兼役<br>⑤その他（改称、役料など） |
|---|---|---|---|---|
| 松宮角左衛門 | 6 | 天明 8. 3.14 | 寛政 4.11.24 | ①買上物立合証判 ②智貞院殿付人 ③55俵4人→70俵4人 ⑤役料10俵 |
| 松本瀬平 | 6 | 寛政 9. 5.18 | 寛政10.10.29 | ①欽次郎様抱守 ②願免 ③120 |
| 神尾惣左衛門 | 4 | 寛政10.12.25 | 寛政12.④.18 | ①借用 ②鳥毛中間頭 ③120 |
| 高橋五郎左衛門 | 3 | 寛政10.12.25 | 文化 1.10.29 | ①守真院賄 ②免 ③150 |
| 大久保加兵衛 | 6 | 寛政12. 6. 1 | 文化 6. 1. 8 | ①天野川・善利川手川除 ②没 ③150 |
| 大久保新兵衛 | 6 | 享和 1. 3.21 | 享和 1. 8. 9 | ①城中并十一口着到付 ②内目付 ③150 |
| 安藤郷左衛門 | 6 | 享和 1. 3.21 | 享和 1. 9.10 | ①士着到付 ②免 ③200 |
| 嶋野源左衛門 | 6 | 享和 1. 3.21 | 文化 3. 9. 9 | ①稽古館素読方 ②没 ③120 |
| 堀部源蔵 | 6 | 享和 1. 3.21 | 文化 7. 2. 4 | ①士着到付 ②大坂蔵屋敷留守居 ③250 |
| 鶴見杢次 | 6 | 享和 1. 9.22 | 文化 4. 3. 1 | ①検見・代官当分 ②鷹餌割・鳥札 ③180 |
| 都筑弥次右衛門 | 5 | 享和 1. 9.22 | 文化12. 8.13 | ①士着到付 ②京橋口門番頭 ③120 |
| 大鳥居彦右衛門 | 5 | 文化 6. 2.30 | 文化10. 8.22 | ①城中并十一口着到付 ②北筋川除 ③120 |
| 宮崎惣右衛門 | 7 | 文化 6. 8. 7 | 文化 8.11.25 | ①大坂蔵屋敷留守居 ②納戸 ③150 |
| 山下市左衛門 | 8 | 文化 8.11.25 | 文化11. 4. 4 | ①稽古館素読方 ②鷹餌割 ③120 |
| 田中喜兵衛 | 8 | 文化10.10.15 | 文化12. 8. 1 | ①竹 ②納戸 ③150 |
| 高野瀬喜太郎 | 8 | 文化11. 6.17 | 文化13. 3. 8 | ①作事 ②鷹餌割 ③80 ⑤役料30俵 |
| 橋本勘七郎 | 3 | 文化12. 9.19 | 文化13.11. 1 | ①稽古館諸用 ②南筋代官 ③120 ⑤役料30俵 |
| 武居次郎左衛門 | 5 | 文化12.12.22 | 文化13. 8. 8 | ①稽古館素読方 ②鳥毛中間頭 ③120 ⑤(改)次郎右衛門 |
| 高橋荒次郎 | 5 | 文化13. 3. 8 | 文化14. 2.15 | ①竹 ②松原蔵 ③120 |
| 沢村軍八 | 5 | 文化13.⑧. 8 | 文政 6. 4. 8 | ①稽古館手跡方 ②普請着到付 ③150 |
| 松居郷次郎 | 3 | 文化14. 1.15 | 文化14.12.29 | ①松下屋敷付人 ②南筋代官 ③120 |
| 神谷市良右衛門 | 7 | 文化14. 2.18 | 文化14. 6. 3 | ①作事 ②免 ③160 |
| 武居介市 | 5 | 文化14. 7.15 | 文政 1. 6.18 | ①新奥賄・大手前賄 ②免 ③100 |
| 海老江門平 | 6 | 文化15. 3.11 | 文政 1. 5.16 | ①稽古館素読方 ②目付 ③120 |
| 西村荒之介 | 1 | 文政 1. 6. 8 | 文政11. 3. 2 | ①佐野添 ②願免 ③70俵6人 ⑤役料25俵 |
| 浅見十太夫 | 9 | 文政 1. 7. 7 | 文政 6. 4. 8 | ①城中并十一口着到付 ②鳥毛中間頭 ③120 |
| 湯本弥五助 | 7 | 文政 6. 4.15 | 文政 8. 6.29 | ①鳥毛中間頭 ②賄 ③200 |
| 上松正介 | 10 | 文政 6. 4.15 | 文政10. 1.30 | ①稽古館諸用 ②松原口門番頭 ③120 |
| 大鳥居彦三郎 | 9 | 文政 8. 6.29 | 文政11. 2. 9 | ①賄 ②筑後様付人 ③200 |
| 菅沼十三郎 | 8 | 文政10. 3. 5 | 文政13. 2.21 | ①鉄砲玉薬 ②北筋代官 ③70 ⑤役料20俵 |
| 柏原忠右衛門 | 8 | 文政11. 3.18 | 文政11. 9. 2 | ①尾末町屋敷伽頭 ②没 ③10人 ⑤役料20俵 |
| 大久保平介 | 5 | 文政11. 4. 2 | 文政12. 4. 8 | ①松原蔵 ②没 ③200 |
| 小幡甲介 | 6 | 文政11.10.30 | 天保 2. 1.15 | ①稽古館物主并書物兼帯添 ②借用 ③120 |
| 吉川晴次部 | 5 | 文政12. 5.21 | 天保 8. 1. 2 | ①城中并十一口着到付 ②借用 ③130 |
| 宇津木喜八郎 | 5 | 文政13. 3.22 | 文政13.10. 1 | ①松原蔵 ②納戸 ③150 |
| 河村万右衛門 | 7 | 文政13.11.15 | 天保 7. 2.30 | ①稽古館諸用 ②弘道館物主并書物兼帯添 ③60 ⑤役料20俵 |
| 中伝介 | 7 | 天保 2. 2.15 | 天保 6. 8.15 | ①用米蔵 ②借用 ③80 ⑤役料20俵 |
| 曽根佐十郎 | 7 | 天保 6. 9.16 | 天保10. 3. 4 | ①納戸 ②借用 ③200 |
| 庵原三郎右衛門 | 6 | 天保 7. 4. 5 | 天保10. 9.16 | ①納戸 ②借用 ③150 |
| 都筑弥次右衛門 | 6 | 天保 8. 2. 7 | 天保 8. 8.25 | ①松原蔵 ②鷹餌割・鳥札 ③120 |
| 田辺専太 | 5 | 天保 8.10.24 | 天保10. 9.16 | ①弘道館素読方 ②鷹餌割・鳥札 ③150 |
| 脇権六 | 7 | 天保10. 4. 8 | 天保12. 2. 4 | ①諸用 ②鷹餌割・鳥札 ③200 |
| 今村彦四郎 | 7 | 天保10.10.19 | 天保12.11. 9 | ①納戸 ②細工・弓矢預加 ③100 |
| 宇多一郎右衛門 | 8 | 天保10.10.19 | 嘉永 3. 1.28 | ①用米蔵 ②借用 ③90役料20俵 |

| 姓　　名 | 代 | 就任年月日 | 退任年月日 | ①前役 ②後役 ③知行高 ④兼役 ⑤その他（改称、役料など） |
|---|---|---|---|---|
| 高橋与兵衛 | 7 | 天保12. 4. 9 | 弘化 4. 3.12 | ①松原蔵 ②没 ③120 |
| 石尾太助 | 8 | 天保13. 1. 3 | 天保13. 3. 8 | ①用米蔵 ②北筋代官 ③170 |
| 松居善三郎 | 8 | 天保13. 4.21 | 天保13.11.21 | ①竹 ②借用 ③120 |
| 木代又右衛門 | 8 | 天保13.12.21 | 弘化 2. 5. 8 | ①足軽辻着到付 ②大津蔵目付･松原蔵 ③120 |
| 奥山伝右衛門 | 8 | 弘化 2. 6.15 | 弘化 3. 1. 4 | ①松原蔵 ②鉄砲 ③170 |
| 横内平右衛門 | 7 | 弘化 3. 2.20 | 弘化 3.12.28 | ①松原蔵 ②借用 ③110 |
| 石尾太助 | 8 | 弘化 4. 4. 1 | 嘉永 2. 4. 2 | ①弘道館諸用 ②借用 ③170 |
| 関野惣右衛門 | 7 | 弘化 4. 4.15 | 嘉永 2. 9.15 | ①納戸 ②仕送添 ③250 |
| 布下次郎兵衛 | 8 | 嘉永 2. 4. 2 | 嘉永 2. 8. 7 | ①鳥毛中間頭 ②没 ③90 |
| 三浦主水 | 4 | 嘉永 2. 9. 1 | 嘉永 5. 2. 2 | ①納戸 ②隠居 ③120 |
| 天方源太 | 7 | 嘉永 2.10.22 | 嘉永 4.11. 1 | ①鳥毛中間頭 ②鳥毛中間頭 ③70 ⑤役料20俵 |
| 武川源左衛門 | 8 | 嘉永 3. 2.22 | 嘉永 6. 2.15 | ①納戸 ②役儀取上 ③160 |
| 武居三郎次 | 6 | 嘉永 4.12.21 | 嘉永 7. 4. 2 | ①俊操院様付人 ②役儀取上 ③120 |
| 丸山一太夫 | 9 | 嘉永 5.②. 1 | 安政 3. 4.29 | ①普請着到付 ②借用 ③220 |
| 松原庄七郎 | 7 | 嘉永 6. 3. 6 | 安政 2. 2.11 | ①竹 ②買上物改証判 ③55俵6人 ⑤役料25俵 |
| 平岡十郎兵衛 | 9 | 嘉永 7. 5.21 | 安政 3. 8.15 | ①松原蔵 ②金 ③90 |
| 中村郷右衛門 | 9 | 安政 2. 4.25 | 安政 3. 4.29 | ①用米蔵 ②借用 ③250 ⑤替米札 |
| 西村文太夫 | 11 | 安政 2.11.30 | 安政 5. 7.28 | ①内目付 ②内目付 ③5人 ⑤役料15俵 |
| 後藤弥三右衛門 | 8 | 安政 3. 5.24 | 安政 3.12.15 | ①賄 ②佐和口門番頭 ③150 |
| 橋本軍八郎 | 9 | 安政 3. 9. 1 | 文久 3. 4.18 | ①納戸 ②京都留守居 ③120 |
| 岡野弥藤太 | 4 | 安政 4. 1.21 | 安政 5.11.17 | ①内目付 ②船町口門番頭 ③55俵6人→80 |
| 渡辺十右衛門 | 5 | 安政 5. 9. 5 | 慶応 1. 8. 1 | ①庭 ②用米蔵･松原蔵 ③70 ⑤役料20俵 |
| 河手弥一郎 | 7 | 安政 5.12.30 | 文久 2.⑧.25 | ①－ ②賄 ③200 |
| 溝江彦之右衛門 | 9 | 文久 2. 9.15 | 元治 1. 6.21 | ①弘道館素読方 ②南筋代官･用米蔵･松原蔵 ③150 |
| 山口十次兵衛 | 8 | 文久 3. 8. 8 | 文久 3.11.15 | ①普請着到付 ②弟妹方付人 ③80 |
| 成瀬九右衛門 | 3 | 文久 3.12. 1 | 慶応 1.⑤. 6 | ①内目付 ②京橋口門番頭 ③56俵6人→80 |
| 石原善太右衛門 | 9 | 元治 1. 9.18 | 慶応 1.⑤. 6 | ①城中并十一口着到付 ②鷹餌割･鳥札 ③150 |
| 岡野弥藤太 | 5 | 慶応 1. 6. 1 | 慶応 3. 5. 1 | ①弘道館素読方 ②使番 ③80 ⑤役料20俵 |
| 宇津木小左衛門 | 6 | 慶応 1. 6.19 | 慶応 3.12.28 | ①賄 ②目付 ③150 |
| 三居孫太夫 | 8 | 慶応 1.11.29 | 慶応 3. 1.13 | ①貞鏡院様付人･同所賄 ②中藪口門番頭 ③150 |
| 河手藤一郎 | 5 | 慶応 3. 3.26 | 慶応 3. 7.11 | ①内目付 ②中筋代官 ③150 |
| 中村内記 | 11 | 慶応 3. 8. 8 | 慶応 4.④. 9 | ①－ ②役儀取上 ③250 ④慶応4.2.16借用 |
| 西村文太夫 | 11 | 慶応 4. 2.11 | 明治 1.11.29 | ①玉薬中間頭 ②免 ③70 ④慶応4.2.16借用 ⑤役料20俵 |
| 一瀬九左衛門 | 9 | 慶応 4. 3. 1 | 慶応 4. 5.27 | ①－ ②御舎弟様付人 ③150 ④借用 |
| 柏原惣左衛門 | 10 | 明治 1.10.22 | 明治 1.11.29 | ①－ ②免 ③100 ④借用 |

## 14 代官役

代官役（士代官）は、享和元年(1801)、町人身分の代官役（町人代官）廃止後に成立した知行取藩士が勤めた役職である。藩主直轄地の村からの年貢徴収のほか、藩主直轄地・藩士知行地の村からの諸役米徴収、公事訴訟・諸願書の受理・吟味など、筋奉行と連携して藩領の村の支配を行った。北筋・中筋・南筋を支配区域とし、原則、各筋２人計６人の体制であった（嘉永５年以降、13人まで増加)。配下の役人には、元〆役・下役・小使がいた。知行高50石～250石の家臣が就いた。

| 管轄 | 姓　　名 | 代 | 就任年月日 | 退任年月日 | ①前役 ②後役 ③知行高 ④兼役 ⑤その他（改称、役料など） |
|---|---|---|---|---|---|
| | 平山藤九郎 | 8 | 享和 1. 4. 4 | 享和 1. 7.30 | ①(検見) ②没 ③120 ④検見 ⑤(役)当分代官 |
| | 山下市左衛門 | 8 | 享和 1. 4. 4 | 享和 1. 8. 9 | ①(検見) ②内目付 ③120 ④検見 ⑤(役)代官当分 |
| | 鶴見杢次 | 6 | 享和 1. 4. 4 | 享和 1. 9.22 | ①－ ②皆米札 ③180 ④検見 ⑤(役)代官当分 |
| 南筋 | 大久保弥七郎 | 7 | 享和 1. 4. 4 | 享和 1.12.18 | ①(検見) ②目付 ③120 ④検見 ⑤(役)代官当分 |
| 中筋 | 舟橋弥三八 | 6 | 享和 1. 4. 4 | 享和 3. 3.15 | ①(検見) ②中筋代官・(元方勘定) ③200 ④検見、享和3.2.15元方勘定 ⑤(役)代官当分 |
| 北筋 | 河手四方左衛門 | 6 | 享和 1. 4. 4 | 享和 3. 3.15 | ①(検見) ②北筋代官 ③200 ④検見 ⑤(役)代官当分 |
| 中筋 | 木代又右衛門 | 7 | 享和 1. 4. 4 | 享和 3. 3.15 | ①内目付 ②中筋代官 ③120→130 ④検見 ⑤(役)代官当分 |
| 北筋 | 山下庄次郎 | 7 | 享和 1. 4. 4 | 享和 3. 3.15 | ①(検見) ②北筋代官 ③130 ④検見 ⑤(役)代官当分 |
| 南筋 | 西村助之丞 | 8 | 享和 1. 4. 4 | 享和 3. 3.15 | ①(検見) ②南筋代官 ③10人→100 ④検見、享和3.2.15元方勘定 ⑤(役)代官当分、役料15俵 |
| 南筋 | 石尾太右衛門 | 7 | 享和 1.12.18 | 享和 3. 3.15 | ①目付 ②南筋代官 ③120→130 ④検見 ⑤(役)代官当分 |
| 南筋 | 石尾太右衛門 | 7 | 享和 3. 3.15 | 文化 1.10. 4 | ①検見・南筋代官当分 ②願免 ③130 |
| 北筋 | 河手四方左衛門 | 6 | 享和 3. 3.15 | 文化 1.10. 4 | ①検見・北筋代官当分 ②南筋代官 ③200 |
| 中筋 | 舟橋弥三八 | 6 | 享和 3. 3.15 | 文化 4. 2.15 | ①検見・中筋代官当分・(元方勘定) ②中筋加 ③200 ④元方勘定、文化3.8.19大坂蔵屋敷留守居・川除 ⑤(改)源左衛門 |
| 南筋 | 西村助之丞 | 8 | 享和 3. 3.15 | 文化 9.12.10 | ①検見・南筋代官当分・(元方勘定) ②親類近隣預 ③100→150 ④文化2.8.21まで元方勘定、同3.8.19川除、同6.10.17元方勘定・北筋代官・中筋代官 ⑤役料50俵 |
| 北筋 | 山下庄次郎 | 7 | 享和 3. 3.15 | 文化10. 2.21 | ①検見・北筋代官当分 ②北筋加 ③130 ④文化1.6.1三筋川除 ⑤(改)藤太夫→藤兵衛、役料30俵 |

| 管轄 | 姓　　名 | 代 | 就任年月日 | 退任年月日 | ①前役 ②後役 ③知行高 ④兼役 ⑤その他（改称、役料など） |
|---|---|---|---|---|---|
| 中筋 | 木代又右衛門 | 7 | 享和 3. 3.15 | 文化11. 2.11 | ①検見・中筋代官当分 ②南筋代官・(川除) ③130 ④文化3.8.19川除 ⑤役料30俵 |
| 南筋 | 河手四方左衛門 | 6 | 文化 1.10.14 | 文化 4. 9.29 | ①北筋代官 ②目付 ③200 ④文化3.8.19川除、同4.3.1～7.26元方勘定 |
| 北筋 | 大久保忠助 | 7 | 文化 1.11. 1 | 文化 7. 4. 8 | ①賄 ②賄 ③120 ④文化3.8.19川除 ⑤役料30俵 |
| 中筋 | 大久保弥七郎 | 7 | 文化 4. 3. 1 | 文化10. 4.21 | ①舎弟様付人 ②目付 ③120 ④川除 ⑤役料30俵 |
| 南筋 | 秋山重兵衛 | 9 | 文化 5. 4. 9 | 文化 5.10. 1 | ①京都蔵 ②南筋川除 ③120 ④川除 |
| 南筋 | 荒川孫三郎 | 7 | 文化 6. 8. 7 | 文化11. 1.24 | ①－ ②没 ③15人 ④川除 |
| 中筋 | 西村助之丞 | 8 | 文化 6.10.17 | 文化 9.12.10 | ①(南筋代官・川除) ②親類近隣預 ③100→150 ④北筋代官・南筋代官・元方勘定・川除 ⑤役料50俵 |
| 北筋 | 西村助之丞 | 8 | 文化 6.10.17 | 文化 9.12.10 | ①(南筋代官・川除) ②親類近隣預 ③100→150 ④中筋代官・南筋代官・元方勘定・川除 ⑤役料50俵 |
| 北筋 | 山県小兵衛 | 9 | 文化10. 1.21 | 文化11. 5.11 | ①内目付 ②佐野 ③70 ④川除 ⑤役料20俵 |
| 北筋 | 山本権左衛門 | 5 | 文化10. 2.21 | 文化11. 2.11 | ①松原蔵 ②中筋代官・中筋川除 ③150 ④北筋川除 |
| 南筋 | 沢村軍次 | 6 | 文化10. 4.21 | 文化10.12.10 | ①納戸 ②納戸 ③200 ④川除 |
| 中筋 | 一色三郎兵衛 | 5 | 文化10. 6.21 | 文化12. 8.13 | ①北筋川除 ②賄 ③120 ④文化12.5.23まで川除 |
| 中筋 | 山本権左衛門 | 5 | 文化11. 2.11 | 文化13. 6.15 | ①北筋代官・北筋川除 ②目付 ③150 ④文化12.5.23まで中筋川除 ⑤(改)権右衛門 |
| 北筋 | 久野次右衛門 | 8 | 文化11. 2.11 | 文化14. 2. 9 | ①南筋川除 ②佐野 ③80 ④文化12.5.23まで川除 ⑤役料20俵 |
| 南筋 | 木代又右衛門 | 7 | 文化11. 2.11 | 文化14. 8.17 | ①中筋代官・(川除) ②目付 ③130 ④文化12.5.23まで川除、文化14.2.21船 ⑤役料30俵 |
| 南筋 | 武藤小兵衛 | 5 | 文化11. 4. 4 | 文化13. 3. 8 | ①納戸 ②大坂留守居 ③250 ④文化12.5.23まで川除 ⑤(改)小八郎 |
| 北筋 | 野津文内 | 7 | 文化11. 8.13 | 文化13.11. 1 | ①鷹餌割 ②鷹餌割 ③120 ④文化12.5.23まで川除 |
| 北筋 | 青山与五左衛門 | 7 | 文化12. 5.23 | 文政 1.12.21 | ①北筋川除 ②鉄砲玉薬 ③120 ④文化14.10.3船 ⑤(改)与五右衛門 |
| 中筋 | 薬袋主計 | 7 | 文化12. 5.23 | 文政 2. 6.15 | ①中筋川除 ②作事 ③120 |
| 南筋 | 大久保新兵衛 | 6 | 文化12. 5.23 | 文政 3. 8.30 | ①南筋川除 ②免 ③150 ④文政2.4.21船 ⑤(改)喜右衛門 |
| 中筋 | 大鳥居彦右衛門 | 5 | 文化12.12.22 | 文化13.11. 1 | ①鷹餌割 ②用米蔵 ③120 |
| 南筋 | 植田長右衛門 | 8 | 文化13. 4.24 | 文化13. 9.23 | ①目付 ②乱心親類引取 ③80 ⑤役料20俵 |
| 中筋 | 高野瀬喜太郎 | 8 | 文化13. 7.21 | 文政 1. 7. 7 | ①鷹餌割 ②佐野 ③80 ⑤役料30俵 |
| 南筋 | 橋本勘七郎 | 3 | 文化13.11. 1 | 文化14. 1.15 | ①皆米札 ②中筋代官 ③120 ⑤役料30俵 |

| 管轄 | 姓　　名 | 代 | 就任年月日 | 退任年月日 | ①前役 ②後役 ③知行高 ④兼役 ⑤その他（改称、役料など） |
|---|---|---|---|---|---|
| 中筋 | 橋本勘七郎 | 3 | 文化14. 1.15 | 文政 4. 4.25 | ①南筋代官 ②納戸 ③120 ⑤役料30俵 |
| 北筋 | 三岡兵之助 | 9 | 文化14. 2.21 | 文政 1. 5.16 | ①松原蔵 ②鷹餌割 ③100 ⑤(改)文太夫 |
| 南筋 | 松居郷次郎 | 3 | 文化14.12.29 | 文政 3. 2.11 | ①皆米札 ②佐野 ③120 |
| 北筋 | 小塙辰之介 | 7 | 文政 1. 6. 8 | 文政 2. 4. 1 | ①内目付 ②鷹餌割 ③150 |
| 中筋 | 西尾隆治 | 6 | 文政 1. 7.21 | 文政 3. 9.10 | ①稽古館素読方 ②京都留守居 ③200 |
| 北筋 | 佐藤隼太 | 5 | 文政 1.12.21 | 文政 3.10. 1 | ①稽古館物主并書物兼帯添 ②玉薬中間頭 ③100 |
| 北筋 | 高橋荒次郎 | 5 | 文政 2. 4. 8 | 文政10. 7.13 | ①松原蔵 ②鉄砲 ③120 ④文政9.6.21船 |
| 南筋 | 高杉宮内 | 7 | 文政 3. 2.11 | 文政 3.10. 8 | ①松原蔵 ②北筋代官・(船)150 ④文政3.9.1船 |
| 南筋 | 毛利十平 | 6 | 文政 3. 9. 1 | 文政 5. 8. 5 | ①借用 ②鳥毛中間頭 ③150 ④船 |
| 北筋 | 高杉宮内 | 7 | 文政 3.10. 8 | 文政 4. 2. 7 | ①南筋代官・(船) ②(船) ③150 ④船 |
| 中筋 | 大嶋一作 | 7 | 文政 3.10. 8 | 文政 9. 3.18 | ①稽古館諸用 ②願免 ③130 ④文化6.9.30船 |
| 南筋 | 吉川軍次郎 | 5 | 文政 3.11. 1 | 文政 5.12.28 | ①鷹餌割 ②佐野 ③50 ⑤役料20俵 |
| 北筋 | 海老江門平 | 6 | 文政 4. 3.21 | 文政 7. 9.15 | ①納戸 ②仕送添 ③120 |
| 中筋 | 荒木庄吉 | 5 | 文政 4. 6. 2 | 文政 5. 2.15 | ①内目付 ②目付 ③130 |
| 中筋 | 土田武右衛門 | 7 | 文政 5. 3.29 | 文政10. 9.19 | ①用米蔵 ②納戸 ③150 |
| 南筋 | 石原善十郎 | 7 | 文政 5. 8. 5 | 天保 4. 4. 1 | ①松原蔵 ②佐野・作事 ③80 ④文政12.7.18船 ⑤役料20俵 |
| 南筋 | 青山与五右衛門 | 7 | 文政 6. 1.15 | 文政11.11.16 | ①普請着到付 ②鉄砲玉薬 ③120 |
| 北筋 | 薬袋主計 | 7 | 文政 7.10.15 | 天保 3. 4.15 | ①元方勘定・佐野 ②目付 ③120 ④文政8.5.3船 ⑤役料30俵 |
| 中筋 | 川手藤内 | 6 | 文政 9. 6.21 | 文政10. 1.24 | ①内目付 ②京都留守居 ③200 |
| 中筋 | 安東七郎右衛門 | 7 | 文政10. 3. 5 | 文政13. 7.28 | ①鷹餌割 ②免 ③150 |
| 北筋 | 大久保喜右衛門 | 6 | 文政10. 9.19 | 文政13. 1. 4 | ①納戸 ②没 ③150 |
| 中筋 | 横内平右衛門 | 7 | 文政11. 4.26 | 天保 4.10.16 | ①鷹餌割・鳥札 ②作事 ③110 ④天保3.5.29船 |
| 南筋 | 安藤長三良 | 9 | 文政12. 1.23 | 文政13. 2. 4 | ①納戸 ②目付 ③150 |
| 北筋 | 菅沼十三郎 | 8 | 文政13. 2.21 | 天保 5. 2.20 | ①皆米札 ②弘道館素読方 ③70 ④天保4.5.6船 ⑤役料20俵 |
| 南筋 | 中川織之進 | 5 | 文政13. 3.22 | 天保 3. 7.18 | ①納戸 ②目付 ③200 |
| 中筋 | 荒木庄吉 | 5 | 文政13. 8. 8 | 天保 2. 4.12 | ①－ ②元方勘定・佐野 ③130 |
| 中筋 | 武居介市 | 5 | 天保 2. 8.30 | 天保 2.12.24 | ①大殿様賄 ②城中番頭 ③100 |
| 中筋 | 竹岡衛士 | 7 | 天保 3. 2.17 | 天保 8. 7. 3 | ①鷹餌割 ②佐野・作事 ③120 ④天保4.12.2船 |
| 北筋 | 今村彦四郎 | 7 | 天保 3. 5.29 | 天保 6. 2.21 | ①普請着到付 ②納戸 ③100 ④天保5.3.29 |
| 南筋 | 吉川軍次郎 | 5 | 天保 3. 9. 3 | 天保13. 8.21 | ①鷹餌割・鳥札 ②切通口門番頭 ③50→70 ④天保6.4.15船 ⑤役料40俵 |
| 南筋 | 閑野喜三郎 | 5 | 天保 4. 5. 6 | 天保 6. 6. 7 | ①大津蔵目付・松原蔵 ②役儀取上 ③100 |
| 中筋 | 堀部多三郎 | 7 | 天保 4.12. 2 | 天保 7. 4.21 | ①鷹餌割・鳥札 ②目付 ③250 |
| 北筋 | 植田初 | 6 | 天保 5. 2.20 | 天保13. 1.21 | ①鷹餌割・鳥札 ②作事 ③120 ④天保8.8.25船 |

| 管轄 | 姓　　名 | 代 | 就任年月日 | 退任年月日 | ①前役 ②後役 ③知行高 ④兼役<br>⑤その他（改称、役料など） |
|---|---|---|---|---|---|
| 北筋 | 青木津右衛門 | 6 | 天保 6. 4.15 | 天保12. 7. 6 | ①納戸 ②作事 ③140 |
| 南筋 | 三浦十左衛門 | 9 | 天保 6. 7.29 | 天保 8. 4.10 | ①内目付 ②目付 ③180 |
| 中筋 | 佐藤孫右衛門 | 8 | 天保 7. 7. 8 | 天保14. 5.17 | ①松原蔵 ②弘道館物主并書物兼帯添 ③70 ④天保13.3.8〜13.10.9船、同13.8.8内目付 ⑤役料20俵 |
| 南筋 | 早川津右衛門 | 7 | 天保 8. 7. 3 | 天保11. 6.17 | ①鷹餌割・鳥札 ②鷹餌割・鳥札 ③100 ⑤(改)太右衛門 |
| 中筋 | 和田甚五右衛門 | 7 | 天保 8. 8.25 | 天保10. 9. 4 | ①内目付 ②作事 ③120 |
| 中筋 | 薬袋主計 | 7 | 天保10.10.19 | 天保11.12.20 | ①− ②中筋添 ③150 |
| 南筋 | 松沢辰蔵 | 8 | 天保11. 7.15 | 天保11.12.20 | ①内目付 ②元方勘定・佐野 ③100 ⑤役料30俵 |
| 中筋 | 竹岡衛士 | 7 | 天保12.①. 8 | 天保12. 7. 6 | ①鷹餌割・鳥札 ②作事 ③120 |
| 南筋 | 武藤信左衛門 | 6 | 天保12.①. 8 | 天保15. 6.22 | ①若殿様櫛 ②目付 ③250 ④天保13.8.8内目付 |
| 中筋 | 大鳥居彦六 | 6 | 天保12. 8.14 | 天保13. 8.21 | ①鷹餌割・鳥札 ②目付 ③120 |
| 北筋 | 林六右衛門 | 6 | 天保12. 8.14 | 弘化 3.11.12 | ①松原蔵 ②没 ③200 |
| 北筋 | 石尾太助 | 8 | 天保13. 3. 8 | 天保15. 3. 4 | ①皆米札 ②鳥毛中間頭 ③170 |
| 南筋 | 八木権五郎 | 7 | 天保13.10. 9 | 天保14.11.22 | ①納戸 ②作事 ③150 ④天保14.8.7内目付 ⑤(改)新太郎 |
| 中筋 | 所藤内 | 10 | 天保13.10. 9 | 弘化 3. 4.16 | ①用米蔵 ②佐野・作事 ③150 ④天保15.1.3内目付 |
| 中筋 | 田中藤十郎 | 7 | 天保14. 5.17 | 弘化 2. 4.22 | ①目付 ②目付 ③170 |
| 南筋 | 田中喜兵衛 | 9 | 天保15. 1. 3 | 弘化 3.12. 1 | ①用米蔵 ②賄 ③130 ④天保15.8.28内目付 |
| 北筋 | 松居助内 | 9 | 天保15. 4.21 | 弘化 2. 5.11 | ①目付 ②願免 ③250 |
| 南筋 | 海老江喜八郎 | 7 | 天保15. 8.28 | 嘉永 2.④. 1 | ①納戸 ②目付 ③120 |
| 中筋 | 百々喜八郎 | 6 | 弘化 2. 5. 8 | 弘化 4.10. 9 | ①納戸 ②作事 ③170 |
| 北筋 | 本城善右衛門 | 9 | 弘化 2. 6.15 | 嘉永 2. 1. 9 | ①納戸 ②鳥毛中間頭 ③250 |
| 中筋 | 佐藤孫右衛門 | 8 | 弘化 3.⑤. 1 | 嘉永 4. 8.15 | ①鷹餌割・鳥札 ②北筋代官・(佐野) ③70→90 ④嘉永2.6.15まで内目付、同2.6.15船、同3.5.5元方勘定・佐野 ⑤役料20俵 |
| 南筋 | 大家加兵衛 | 9 | 弘化 3.12.28 | 嘉永 1. 8.23 | ①松原蔵 ②弘道館物主并書物兼帯添 ③150 |
| 北筋 | 渡辺弥次左衛門 | 7 | 弘化 3.12.28 | 嘉永 4. 8.15 | ①金 ②鷹餌割・鳥札 ③70 ④嘉永4.1.22まで内目付 ⑤役料20俵 |
| 中筋 | 宮崎又三郎 | 6 | 弘化 4.11.24 | 嘉永 2.11.27 | ①納戸 ②隠居 ③170 |
| 南筋 | 竹中喜八 | 9 | 嘉永 1.10. 3 | 嘉永 4. 4. 6 | ①目付 ②元方勘定・佐野 ③150 |
| 南筋 | 多賀谷左内 | 8 | 嘉永 2.④.22 | 嘉永 4. 1.26 | ①内目付 ②作事 ③90 ④嘉永2.7.1〜同4.1.16内目付 ⑤役料20俵 |
| 北筋 | 岡嶋七右衛門 | 10 | 嘉永 2.10.15 | 嘉永 4. 5.10 | ①普請着到付 ②奥用使 ③60⑤役料20俵 |
| 中筋 | 孕石又七郎 | 10 | 嘉永 3. 1.28 | 嘉永 4. 8.15 | ①鷹餌割・鳥札 ②鷹餌割・鳥札 ③120 |
| 南筋 | 大家加兵衛 | 9 | 嘉永 4. 5. 1 | 嘉永 4. 8. 8 | ①鷹餌割・鳥札 ②筑後様付人 ③150 |
| 南筋 | 所藤内 | 10 | 嘉永 4. 5.16 | 嘉永 4.11.22 | ①借用 ②没 ③150 ④嘉永4.8.15佐野 |
| 北筋 | 乗松次太夫 | 9 | 嘉永 4. 8.15 | 嘉永 4. 8.23 | ①作事 ②没 ③100 |
| 中筋 | 大西与九郎 | 5 | 嘉永 4. 8.15 | 嘉永 6.12.16 | ①賄 ②京都留守居 ③120 ⑤役料30俵 |

| 管轄 | 姓　　名 | 代 | 就任年月日 | 退任年月日 | ①前役 ②後役 ③知行高 ④兼役 ⑤その他（改称、役料など） |
|---|---|---|---|---|---|
| 中筋 | 青木津右衛門 | 6 | 嘉永 4. 8.15 | 嘉永 7. 4. 1 | ①(佐野) ②借用 ③140 ④佐野 ⑤役料30俵 |
| 南筋 | 竹中喜八 | 9 | 嘉永 4. 8.15 | 安政 2.11.30 | ①元方勘定・佐野 ②元方勘定・佐野 ③150 ④嘉永5. 4. 1～安政1. 12. 19船、嘉永7. 11. 26用米蔵・松原蔵 |
| 中筋 | 西村又次良 | 7 | 嘉永 4. 8.15 | 万延 1. 3.30 | ①作事 ②作事 ③150 ④嘉永7. 11. 26用米蔵・松原蔵 |
| 北筋 | 佐藤孫右衛門 | 8 | 嘉永 4. 8.15 | 文久 2.10.27 | ①(佐野)・中筋代官・元方勘定・船 ②役儀取上 ③90→130 ④嘉永5. 2. 29まで佐野、同7. 11. 26用米蔵・松原蔵、安政3. 9. 9元方勘定・佐野、文久1. 7. 13仕法 ⑤役料20俵→30俵 |
| | 横内平右衛門 | 8 | 嘉永 4. 9. 7 | 嘉永 4.12.14 | ①鉄砲・玉薬 ②目付 ③110 ⑤(役)相州にて代官役に仰せ付けられる。 |
| 北筋 | 松居助内 | 9 | 嘉永 4. 9. 9 | 嘉永 4.10.25 | ①弘道館物主并書物兼帯添 ②借用 ③250 |
| 南筋 | 小野二蔵 | 8 | 嘉永 4. 9. 9 | 嘉永 6. 1.20 | ①納戸 ②目付 ③170 |
| 北筋 | 多賀谷左内 | 8 | 嘉永 4.12.24 | 安政 3. 6.21 | ①作事 ②佐野 ③90→130 ④嘉永5. 1. 11～安政1. 12. 16佐野、安政1. 12. 7用米蔵・松原蔵 ⑤役料20俵 |
| 南筋 | 向山次郎太夫 | 11 | 嘉永 5. 1.11 | 嘉永 5.②.15 | ①南筋川除 ②目付 ③80 ⑤役料20俵 |
| 北筋 | 山中宗十郎 | 7 | 嘉永 5. 2. 8 | 嘉永 6.12. 1 | ①作事 ②元方勘定・(佐野) ③120→150 ④嘉永5. 5. 29佐野 ⑤役料30俵 |
| 南筋 | 山下兵五郎 | 8 | 嘉永 5. 4. 1 | 嘉永 6. 2. 2 | ①仕送添 ②京都留守居 ③150 |
| 南筋 | 松沢新四郎 | 9 | 嘉永 6. 2.15 | 万延 1. 6. 2 | ①鷹餌割・鳥札 ②元方勘定・佐野 ③100 ④嘉永7. 1. 21～安政1. 12. 8佐野、嘉永7. 11. 26用米蔵・松原蔵 |
| 南筋 | 脇十郎兵衛 | 8 | 嘉永 6. 2.25 | 安政 2. 3.15 | ①内目付 ②賄 ③200 ④嘉永7. 11. 26用米蔵・松原蔵 |
| 南筋 | 小野二蔵 | 8 | 嘉永 7. 1.21 | 安政 3. 8.15 | ①目付 ②賄 ③170 ④嘉永7. 11. 26用米蔵・松原蔵 |
| 北筋 | 岡嶋丹蔵 | 4 | 嘉永 7. 1.21 | 安政 6. 1. 6 | ①鷹餌割・鳥札 ②京都留守居 ③180 ④嘉永7. 11. 26用米蔵・松原蔵 |
| 中筋 | 勝廉介 | 6 | 嘉永 7. 5.21 | 安政 4.⑤. 8 | ①耀鏡院賄 ②佐野・船 ③150 ④安政1. 12. 8まで佐野、嘉永7. 11. 26用米蔵・松原蔵 |
| 中筋 | 植田又兵衛 | 7 | 安政 2. 8.22 | 安政 3. 6.21 | ①中筋川除 ②免 ③120 ④用米蔵・松原蔵 |
| 中筋 | 辻岡千右衛門 | 9 | 安政 2. 8.22 | 安政 6. 5.14 | ①中筋川除 ②賄 ③100 ④用米蔵・松原蔵 |
| 北筋 | 橋本勘左衛門 | 4 | 安政 2. 8.22 | 慶応 1. 6. 7 | ①北筋川除 ②細工・弓矢預加 ③120 ④用米蔵・松原蔵 |
| 南筋 | 岡真次 | 7 | 安政 2. 8.24 | 安政 3. 6.15 | ①－ ②京都留守居 ③150 ④用米蔵・松原蔵 |
| 南筋 | 今泉源八郎 | 10 | 安政 2. 8.24 | 慶応 1. 8. 1 | ①鷹餌割・鳥札 ②(用米蔵・松原蔵) ③120 ④用米蔵・松原蔵 ⑤役料30俵 |

| 管轄 | 姓　　名 | 代 | 就任年月日 | 退任年月日 | ①前役 ②後役 ③知行高 ④兼役 ⑤その他（改称、役料など） |
|---|---|---|---|---|---|
| 中筋 | 長野宇右衛門 | 6 | 安政 3. 1. 4 | 元治 1.11. 1 | ①細工・弓矢預加 ②切通シ口門番頭 ③200 ④用米蔵・松原蔵 |
| 中筋 | 佐藤半左衛門 | 8 | 安政 3. 7. 1 | 安政 6. 1.30 | ①内目付 ②目付 ③200 ④用米蔵・松原蔵 |
| 北筋 | 五十嵐半次 | 9 | 安政 3. 7. 4 | 安政 6.11. 2 | ①内目付 ②目付 ③150 ④用米蔵・松原蔵 |
| 南筋 | 高橋五郎左衛門 | 5 | 安政 3. 8.21 | 文久 2.⑧.21 | ①鷹餌割・鳥札 ②鉄砲 ③150 ④用米蔵・松原蔵 |
| 南筋 | 植田又兵衛 | 7 | 安政 4. 2.17 | 安政 5. 6. 3 | ①－ ②目付 ③120 ④用米蔵・松原蔵 |
| 南筋 | 高野吉五郎 | 9 | 安政 5. 6. 3 | 万延 1. 3.30 | ①内目付 ②目付 ③130 ④用米蔵・松原蔵 |
| 中筋 | 西村半太夫 | 9 | 安政 6. 3.16 | 慶応 1. 8. 1 | ①弘道館物主并書物兼帯添 ②南筋代官 ③230 ④用米蔵・松原蔵 |
| 北筋 | 荒木儀平 | 6 | 安政 6. 6.21 | 万延 1.12.18 | ①弘道館物主并書物兼帯添 ②目付 ③160 ④用米蔵・松原蔵 |
| 中筋 | 渡辺九郎左衛門 | 10 | 安政 6. 6.21 | 文久 1. 9.24 | ①鷹餌割・鳥札 ②納戸 ③150 ④用米蔵・松原蔵 |
| 北筋 | 渡辺弥次左衛門 | 7 | 安政 6.12.23 | 万延 1.③.16 | ①作事 ②中筋代官・（用米蔵・松原蔵） ③90 ④用米蔵・松原蔵 ⑤役料30俵 |
| 中筋 | 多賀谷左内 | 8 | 万延 1. 3.30 | 万延 1.③.16 | ①佐野・船 ②北筋代官・（用米蔵・松原蔵） ③90 ④用米蔵・松原蔵 ⑤役料30俵 |
| 北筋 | 多賀谷左内 | 8 | 万延 1.③.16 | 文久 2. 1.22 | ①中筋代官・（用米蔵・松原蔵） ②目付 ③90→120 ④用米蔵・松原蔵 ⑤役料30俵 |
| 中筋 | 渡辺弥次左衛門 | 7 | 万延 1.③.16 | 慶応 3.10.30 | ①北筋代官・（用米蔵・松原蔵） ②隠居 ③90 ④慶応1.8.1まで用米蔵・松原蔵、同1.11.15南筋領分残向代官 ⑤役料30俵 |
| 南筋 | 孕石又七郎 | 10 | 万延 1. 6. 2 | 文久 2.11.21 | ①元方勘定・佐野 ②賄 ③120 ④用米蔵・松原蔵 ⑤役料30俵 |
| 南筋 | 大家加兵衛 | 9 | 万延 1. 7.17 | 文久 1. 6.15 | ①弘道館物主并書物兼帯添 ②細工・弓矢預加 ③150 ④用米蔵・松原蔵 |
| 北筋 | 山下兵五郎 | 8 | 万延 2. 1.11 | 文久 2. 8.27 | ①細工・弓矢預加 ②目付 ③150→180 ④用米蔵・松原蔵 ⑤役料30俵 |
| 南筋 | 松沢新四郎 | 9 | 文久 1. 7. 8 | 文久 3. 7. 3 | ①（元方勘定・佐野） ②（元方勘定・佐野）・大坂留守居 ③100 ④元方勘定・佐野・用米蔵・松原蔵、文久1.7.13仕法 ⑤役料30俵 |
| 中筋 | 海老江勝右衛門 | 10 | 文久 1. 9.24 | 文久 2. 9.15 | ①納戸 ②納戸 ③140 ④用米蔵・松原蔵 |
| 北筋 | 今村八郎右衛門 | 3 | 文久 2. 2.28 | 元治 2. 2.15 | ①納戸 ②目付 ③200 ④用米蔵・松原蔵 |
| 北筋 | 高野瀬喜介 | 8 | 文久 2.⑧.21 | 文久 2. 9. 5 | ①目付 ②目付 ③130 ④用米蔵・松原蔵 ⑤役料30俵 |
| 北筋 | 高橋五郎左衛門 | 5 | 文久 2.10.15 | 慶応 1. 8. 1 | ①鉄砲・玉薬 ②中筋か南筋代官 ③150 ④用米蔵・松原蔵 |

| 管轄 | 姓　　名 | 代 | 就任年月日 | 退任年月日 | ①前役 ②後役 ③知行高 ④兼役 ⑤その他（改称、役料など） |
|---|---|---|---|---|---|
| 中筋 | 大家加兵衛 | 9 | 文久 2.10.15 | 慶応 1. 8. 4 | ①細工・弓矢預加 ②(用米蔵・松原蔵) ③150 ④用米蔵・松原蔵 |
| 南筋 | 大鳥居彦右衛門 | 7 | 文久 2.10.17 | 元治 1. 6. 1 | ①弘道館物主并書物兼帯添 ②京都留守居 ③150 ④用米蔵・松原蔵 |
| 北筋 | 和田甚五右衛門 | 8 | 文久 2.11.23 | 文久 3.12.16 | ①弘道館素読方 ②目付 ③120 ④用米蔵・松原蔵 |
| 北筋 | 青木津右衛門 | 7 | 文久 4. 1.25 | 元治 1. 6.21 | ①内目付 ②目付 ③140 ④用米蔵・松原蔵 |
| 南筋 | 溝江彦之右衛門 | 9 | 元治 1. 6.21 | 慶応 1. 8. 4 | ①皆米札 ②(用米蔵・松原蔵) ③150 ④用米蔵・松原蔵 |
| 南筋 | 中村繁太郎 | 11 | 元治 1. 9.19 | 慶応 1. 6. 5 | ①－ ②願免 ③250 ④用米蔵・松原蔵 |
| 北筋 | 林田縫殿 | 9 | 元治 1.11. 1 | 慶応 1. 8. 4 | ①鷹餌割・鳥札 ②南筋代官 ③80 ④用米蔵・松原蔵 ⑤役料20俵 |
| 中筋 | 大鳥居彦右衛門 | 7 | 慶応 1. 6. 1 | 慶応 2.12. 8 | ①－ ②弘道館物主并書物兼帯添 ③150 ④慶応1.8.1まで用米蔵・松原蔵 |
| 北筋 | 和田甚五右衛門 | 8 | 慶応 1. 6. 1 | 慶応 3. 1.15 | ①目付 ②鷹餌割・鳥札 ③120 ④慶応1.8.1まで用米蔵・松原蔵 |
| | 高橋五郎左衛門 | 5 | 慶応 1. 8. 1 | 慶応 1.10.10 | ①北筋代官・用米蔵・松原蔵 ②願免 ③150 ⑤(役)北筋（史料のまま）中筋か南筋代官 |
| 南筋 | 西村半太夫 | 9 | 慶応 1. 8. 1 | 慶応 1.11.15 | ①中筋代官・用米蔵・松原蔵 ②北筋代官・南筋領分残り之向代官 ③230 |
| 南筋 | 林田縫殿 | 9 | 慶応 1. 8. 4 | 慶応 1.11.15 | ①北筋代官・用米蔵・松原蔵 ②金 ③80 ⑤役料20俵 |
| 北筋 | 西村半太夫 | 9 | 慶応 1.11.15 | 慶応 2.12.15 | ①南筋代官 ②中筋代官 ③230 ④南筋領分残り之向代官 |
| 南筋 | 西村半太夫 | 9 | 慶応 1.11.15 | 慶応 2.12.15 | ①南筋代官 ②中筋代官 ③230 ④北筋代官 ⑤(役)南筋領分残り向 |
| 南筋 | 渡辺弥次左衛門 | 9 | 慶応 1.11.15 | 慶応 3.10.30 | ①(中筋代官) ②隠居 ③90 ④中筋代官 ⑤南筋領分残り向代官 ⑤役料30俵 |
| 中筋 | 岡嶋丹蔵 | 4 | 慶応 2.11. 9 | 慶応 2.12.15 | ①目付 ②北筋代官 ③180 ④南筋領分残り之分代官 |
| 南筋 | 岡嶋丹蔵 | 4 | 慶応 2.11. 9 | 慶応 2.12.15 | ①目付 ②北筋代官 ③180 ④中筋代官 ⑤(役)南筋領分残り向代官 |
| 中筋 | 高野吉五郎 | 9 | 慶応 2.11. 9 | 慶応 3. 6.24 | ①京都留守居 ②元方勘定・佐野 ③130 |
| 南筋 | 橋本勘左衛門 | 4 | 慶応 2.11. 9 | 慶応 4. 3. 1 | ①目付 ②元方勘定・佐野 ③120 ④北筋代官 ⑤(役)南筋領分残り之分代官、役料30俵 |
| 北筋 | 橋本勘左衛門 | 4 | 慶応 2.11. 9 | 慶応 4. 3. 1 | ①目付 ②元方勘定・佐野 ③120 ④南筋領分残り之分代官 ⑤役料30俵 |
| 中筋 | 西村半太夫 | 9 | 慶応 2.12.15 | 慶応 3. 5.21 | ①北筋代官・南筋領分残り向代官 ②弘道館物主并書物兼帯添 ③230 |
| 北筋 | 岡嶋丹蔵 | 4 | 慶応 2.12.15 | 慶応 4. 7.26 | ①中筋・南筋領分残之分代官 ②(船) ③180 ④慶応3.10.15船 |
| 中筋 | 五十嵐半次 | 9 | 慶応 3. 6. 8 | 慶応 3.11. 3 | ①－ ②元方勘定・佐野 ③150 |
| 中筋 | 河手藤一郎 | 5 | 慶応 3. 7.11 | 慶応 4. 2. 5 | ①皆米札 ②願免 ③150 |

| 管轄 | 姓　　　名 | 代 | 就任年月日 | 退任年月日 | ①前役 ②後役 ③知行高 ④兼役 ⑤その他（改称、役料など） |
|---|---|---|---|---|---|
| 中筋 | 渡辺十右衛門 | 5 | 慶応 3. 7.13 | 明治 1.11.29 | ①用米蔵・松原蔵 ②免 ③70 ④明治1.11.17南筋代官 ⑤役料20俵 |
| 北筋 | 齋藤惣三郎 | 11 | 慶応 3.10. 1 | 明治 1.11.29 | ①鉄砲・玉薬 ②会計局五等執事樹芸方租税方川除掛り ③80 ⑤役料20俵 |
| 中筋 | 桜居彦太夫 | 9 | 明治 1.10.22 | 明治 1.11.29 | ①鉄砲・玉薬 ②会計局六等執事宿駅方船艦方竹出納掛り ③150 |
| 南筋 | 渡辺十右衛門 | 5 | 明治 1.11.17 | 明治 1.11.29 | ①（中筋代官）②免 ③70 ④中筋代官 ⑤役料20俵 |

## 15　川除奉行

川除奉行は、藩領内の安定的な農業生産を達成するために、領内の河川、用水路、灌漑池などの灌漑施設の管理・保全を担当した役職である。筋奉行の指揮命令系統に属し、川除普請や洪水時の護岸作業の現場指揮にあたった。担当区域は、近世後期に河川単位から筋単位へ変わる。なお、文化12年(1815)に代官へ職務が統合され欠役となる。嘉永４年(1851)に再設置されるが安政２年(1855)８月頃再び欠役となった。就役者数は、近世中期以降、８人～10人。文化３年(1806)に代官役が兼役した時期は12人となった。知行高50石～300石の家臣が就いた。配下の役人には、足軽の下役が筋方から派遣され、のち定下役となった。また、享和元年(1801)までは村方から算役・物書役が選ばれ川方の職務を勤めた。

| 管轄 | 姓　　名 | 代 | 就任年月日 | 退任年月日 | ①前役　②後役　③知行高　④兼役　⑤その他（改称、役料など） |
|---|---|---|---|---|---|
| 中筋 | 小幡与五兵衛 | 2 | (元和 1以降) | 寛永11 | ①－ ②－ ③100 ⑤(役)郷中役儀三年間 |
| | 久保田六郎左衛門 | 1 | (元和 1) | (万治 2) | ①－ ②作事 ③100 ⑤(役)郷中川除 |
| | 大和田七郎左衛門 | 2 | (元和 3以降) | (寛文 5以前) | ①－ ②－ ③200 ⑤(役)郷中検地川除役儀 |
| | 吉村庄左衛門 | | 元和 7 | 寛永 4 | ①作事方役儀 ②作事方役儀 ③切米扶持 ⑤七十人衆 |
| | 村田才兵衛 | | (元和 7以降) | (寛永13以前) | ①－ ②没 ③切米扶持 ⑤七十人衆、(役)川除奉行 |
| | 小原久兵衛 | | (元和 7以降) | (寛永17. 12) | ①－ ②－ ③切米扶持 ⑤七十人衆、(役)郷中川除奉行 |
| | 落合勘左衛門 | 1 | (寛永 1) | (明暦 1) | ①不明 ②不明 ③200 ⑤(役)郷中川除検地用 |
| | 平岡半兵衛 | 2 | (寛永 2以降) | (明暦 3) | ①－ ②－ ③200 ⑤(役)郷中検見川除等 |
| | 岩泉太郎兵衛 | | (寛永 3) | 寛永 4 | ①作事方元〆 ②畳 ③切米扶持 ⑤七十人衆 |
| | 中伝介 | 2 | (寛永 3以前) | (延宝 8) | ①－ ②作事 ③100 ⑤(役)郷役川除等 |
| | 水本孫右衛門 | 1 | (寛永 6) | (明暦 1) | ①－ ②－ ③200 ⑤(役)郷中方川除役 |
| | 若松甚左衛門 | | (寛永8以降) | (寛文5以前) | ①一 ②不明 ③切米扶持 ⑤七十人衆 |
| | 小沢作左衛門 | 2 | (寛永10) | (寛文 2) | ①－ ②－ ③100 ⑤(役)郷役 |
| | 向坂市右衛門 | 2 | (寛永15以降) | (明暦 2以前) | ①－ ②－ ③150 ⑤(役)検見川除等御役 |
| | 田辺弥太郎 | 2 | (寛永16以降) | (延宝 6以前) | ①城中番同心衆辻着到カ ②暇 ③100 ⑤(役)郷中川除奉行 |
| | 舟橋六左衛門 | 1 | (寛永17以降) | 延宝 5 | ①－ ②隠居 ③200 ⑤(役)郷中川除役数年勤める |
| | 渡辺八郎右衛門 | 2 | (寛永17) | (元禄 4) | ①－ ②－ ③150カ ⑤(役)郷中川除検見御番等 |
| | 黒谷又七郎 | 2 | (正保 1以降) | 寛文 6. 6 | ①小姓 ②彦根納戸 ③100 ⑤(役)検地川除奉行 |
| | 後閑新兵衛 | 2 | 正保 1 | 寛文 8 | ①－ ②－ ③150 ⑤(役)川除検見検地論所見分等郷中役儀 |
| | 今村彦十郎 | 2 | (正保 1) | (延宝 4) | ①－ ②普請 ③200 ⑤(役)川除普請奉行、検地検見二十五年勤 |

| 管轄 | 姓　　名 | 代 | 就任年月日 | 退任年月日 | ①前役　②後役　③知行高　④兼役　⑤その他（改称、役料など） |
|---|---|---|---|---|---|
| 北筋中筋 | 江坂清次郎 | 3 | 正保 2 | 延宝 4. 8.12 | ①－ ②目付 ③200 ⑤(役)郷中検見川除検地論所見分等 |
| | 早川七郎兵衛 | 2 | (正保 2) | (天和 1) | ①－ ②足軽辻着到･城中番着到 ③100 ⑤(役)川除 |
| | 森川与次右衛門 | 2 | (正保 4以降) | (万治 2以前) | ①－ ②家中侍着到付 ③200 ⑤(役)郷中川除奉行 |
| | 直江作右衛門 | 2 | (慶安 1以降) | (延宝 4以前) | ①－ ②－ ③100 ⑤(役)郷中役儀検見検地川除等 |
| | 芦名三太夫 | 3 | (慶安 1) | (天和 1) | ①－ ②－ ③100 ⑤(役)郷中方役儀 |
| | 山根左五右衛門 | 2 | (慶安 1以降) | (元禄 3以前) | ①－ ②玉薬中間頭 ③150 ⑤(役)川除役 |
| | 山上弥兵衛 | 2 | (慶安 2以降) | (延宝 3以前) | ①－ ②－100 ⑤(役)郷役検地検見川除等 |
| | 平山藤九郎 | 2 | (慶安 3以降) | (延宝 6以前) | ①－ ②普請着到付 ③100 ⑤(役)川除役儀二十余年 |
| | 礒貝弥一郎 | 2 | (慶安 3以降) | (貞享 4以前) | ①－ ②－ ③170 ⑤(役)郷中川除検見 |
| | 土田仁右衛門 | 2 | (慶安 4以降) | (万治 2以前) | ①－ ②－ ③100 ⑤(役)郷中川除検地検見役 |
| | 池田久右衛門 | 2 | (承応 1以降) | (寛文 9以前) | ①－ ②－ ③100 ⑤(役)検見検地川除 |
| | 船越安左衛門 | 1 | 承応 2 | 延宝 6 | ①－ ②－ ③200 ⑤2代目の兄 |
| | 辻半右衛門 | 2 | 承応 3. 7 | 承応 3 | ①－ ②玉薬中間頭 ③150 |
| | 辻半右衛門 | 2 | 承応 3. 7 | 承応 3 | ①－ ②玉薬中間頭 ③150 |
| | 加田源兵衛 | 2 | (承応 3) | (延宝 5) | ①－ ②－ ③200 ⑤(役)検見検地川除等 |
| | 向坂宇右衛門 | 3 | (明暦 2以降) | 天和 3 | ①足軽辻着到 ②大津目付 ③200 ⑤(役)郷中検見川除等御役 |
| | 清水庄兵衛 | 3 | (万治 2以降) | (延宝 6以前) | ①所々番 ②検地 ③100 ⑤(役)川除奉行 |
| | 杉山伝右衛門 | 2 | 寛文 2 | 寛文 4 | ①－ ②－ ③100 ⑤(役)郷中川除検地検見 |
| | 林田加左衛門 | 2 | (寛文 4以降) | 延宝 7 | ①－ ②破損 ③150 ⑤(役)郷中役検見川除検地 |
| | 清水庄兵衛 | 3 | (寛文 5以降) | (延宝 6以前) | ①－ ②－ ③100 |
| | 小沢作左衛門 | 3 | (寛文10) | 貞享 3 | ①十一口門番着到ｶ ②目付 ③100 ⑤(役)郷中川除役 |
| | 坪岡七郎兵衛 | 1 | 寛文12 | 貞享 4 | ①－ ②検地 ③100 ⑤(役)郷中役川除検見 |
| | 越石瀬兵衛 | 5 | (寛文12以降) | 元禄 5. 3 | ①一 ②免 ③100 ⑤(役)郷中検見川除 |
| | 藤田平右衛門 | 4 | (延宝 1以降) | (延享 4以前) | ①－ ②納戸 ③100 ⑤(役)川除役 |
| | 田中与左衛門 | 2 | (延宝 2以降) | 天和 1 | ①検見 ②鳥 ③100 |
| | 横尾五郎右衛門 | 2 | 延宝 2 | 天和 3 | ①－ ②鷹 ③150 ⑤(役)郷中川除 |
| | 小塙喜兵衛 | 3 | 延宝 4 | 天和 1 | ①十一口番所着到付 ②松原蔵 ③100 ⑤(役)郷中川除役 |
| | 河村源介 | 2 | (延宝 5以降) | 延宝 8 | ①－ ②塩硝 ③100 ⑤(役)検地川除役 |
| | 石黒伝右衛門 | 3 | 延宝 5 | 天和 4 | ①－ ②目付 ③100 ⑤(役)郷中川除役 |
| | 舟橋六左衛門 | 2 | (延宝 5) | (元禄 4) | ①－ ②－ ③200 ⑤(役)郷中川除役 |
| | 上坂太兵衛 | 2 | (延宝 6. 1. | (元禄 1以前) | ①－ ②－ ③150 ⑤(役)郷中川除役 |

| 管轄 | 姓　　名 | 代 | 就任年月日 | 退任年月日 | ①前役　②後役　③知行高　④兼役　⑤その他（改称、役料など） |
|---|---|---|---|---|---|
| | 平六郎右衛門 | 3 | (延宝 6) | 貞享 1 | ①－ ②－ ③150 ⑤(役)郷中当分御検地川除検見等 |
| | 岡嶋七右衛門 | 3 | 延宝 6 | 貞享 5. | ①－ ②検地 ③100 ⑤(役)領内川除役 |
| | 大久保孫右衛門 | 2 | 延宝 7 | 天和 2 | ①－ ②玉薬中間頭 ③100 ⑤(役)川除普請 |
| 愛 | 金田勘十郎 | 1 | (延宝 7) | (天和 3) | ①－ ②細工 ③150 ⑤(役)検見愛知川筋川除 |
| | 稲垣弥五右衛門 | 2 | (延宝 7以降) | 貞享 1 | ①－ ②鉄砲 ③150 ⑤(役)(役)郷中川除役儀 |
| | 安藤佐右衛門 | 2 | (延宝 8) | (貞享 3) | ①－ ②侍着到カ ③200 ⑤(役)郷中川除検見 |
| | 万沢又左衛門 | 3 | 天和 1.11 | 元禄 4. 2 | ①－ ②検地 ③150 |
| | 羽田久弥 | 3 | 天和 1 | 元禄 8. 2. 1 | ①－ ②城米蔵 ③150 ⑤(役)北郡川除普請 |
| 愛 | 後藤弥惣右衛門 | 3 | 貞享 1. 2 | 元禄 3.12 | ①－ ②城米蔵 ③100 ⑤(役)川除普請 |
| 愛 | 黒谷又市 | 3 | 天和 4. 2 | 元禄 7.12. 8 | ①検見 ②普請着到 ③100 ⑤(役)川除普請奉行 |
| | 小野庄三郎 | 2 | 貞享 1 | 元禄 4. 2 | ①城中番着到 ②検地 ③100 |
| | 落合勘左衛門 | 3 | 貞享 2 | 元禄 3.12.15 | ①－ ②城米蔵 ③150 ⑤(役)川除役儀 |
| | 渡辺勘之丞 | 3 | 貞享 2 | 宝永 3. 9.23 | ①門番着到付 ②松原蔵 ③100 |
| | 福村八郎左衛門 | 1 | 貞享 3.春 | 貞享 4. 7 | ①－ ②検地 ③中小姓並の切米扶持 |
| | 芳賀津右衛門 | 3 | (貞享 3) | 元禄 7. 7. 7 | ①－ ②城内着到付 ③200 |
| | 天方運平 | 2 | 貞享 4 | 貞享 5 | ①－ ②願免 ③150 |
| | 武藤源助 | 1 | 貞享 4 | 元禄 3 | ①－ ②－ ③150 ④検見役 ⑤(役)川除 |
| | 山田与左衛門 | 4 | 貞享 4 | 元禄 5. 5.26 | ①郷中検見 ②没 ③150 ⑤(役)川除奉行 |
| | 高宮辰右衛門 | 3 | 貞享 4 | 元禄 7. 7.21 | ①－ ②普請着到付 ③150 ⑤(役)中筋川除 |
| | 奈越江作右衛門 | 3 | 元禄 2. 2.11 | 元禄10. 1.21 | ①－ ②普請着到付 ③100 |
| 愛 | 木田清太夫 | 3 | 元禄 2 | 元禄10.②.28 | ①城中着到 ②免 ③100 |
| 中筋 | 弓削源蔵 | 3 | 元禄 4. 2 | 宝永 6.12. 7 | ①－ ②彦根賄 ③100→200 |
| | 依田甚右衛門 | 4 | 元禄 4. 6. 5 | 元禄 5. 3.28 | ①－ ②免 ③100 |
| | 万沢又左衛門 | 3 | 元禄 5. 3.28 | 元禄 7. 7.28 | ①検地 ②免 ③150 ⑤(役)川除役 |
| | 中伝介 | 3 | 元禄 5. 6 | 元禄11. 7.16 | ①本丸番 ②細工 ③100 |
| | 中川次郎左衛門 | 3 | 元禄 7. 7. 7 | 元禄 8. 4.30 | ①－ ②願免 ③100 |
| | 塚本久太夫 | 3 | 元禄 7. 7.28 | 元禄12. 9. 2 | ①－ ②松原蔵 ③100 ⑤(役)川除役 |
| | 坪岡七郎兵衛 | 2 | 元禄 7. 7.28 | 宝永 5.12.25 | ①－ ②役儀取上 ③100 ⑤(役)川除役 |
| | 秋山源十郎 | 4 | 元禄 7.12. 8 | 正徳 1.11.11 | ①－ ②松原蔵 ③100 |
| | 平山与兵衛 | 3 | 元禄 8. 2.14 | 元禄11. 5.29 | ①－ ②普請着到付 ③150 |
| | 高橋与兵衛 | 3 | 元禄 8. 4.30 | 元禄11. 8.11 | ①－ ②普請着到 ③100 |
| | 安藤喜左衛門 | 3 | 元禄10. 1.20 | 元禄12. 4.13 | ①－ ②納戸 ③100 |
| | 今村八左衛門 | 3 | 元禄10.②.15 | 元禄10.10.19 | ①－ ②－ ③200 ⑤(役)国絵図役人の替わり当分勤 |
| | 野添市右衛門 | 3 | 元禄10. 3. 1 | 元禄10. 5.11 | ①－ ②役儀引渡 ③200 ⑤(役)当分 |
| | 三浦軍介 | 5 | 元禄10. 3. 1 | 元禄10. 5.11 | ①－ ②－ ③200 ⑤(役)類火の者の替りに当分 |

| 管轄 | 姓　　名 | 代 | 就任年月日 | 退任年月日 | ①前役　②後役　③知行高　④兼役　⑤その他（改称、役料など） |
|---|---|---|---|---|---|
| | 木田清太郎 | 3 | 元禄10. 7. 5 | 元禄11. 8.11 | ①－ ②普請着到 ③100 |
| | 本城善右衛門 | 4 | 元禄11. 7.16 | 元禄15. 2.16 | ①－ ②願免 ③200 |
| | 戸次権左衛門 | 4 | 元禄11. 8.10 | 宝永 5.10. 7 | ①－ ②目付 ③200 |
| | 平石弥右衛門 | 4 | 元禄11. 8.11 | 宝永 4. 2.21 | ①－ ②願免100 |
| | 五十嵐半次 | 3 | 元禄12. 4.19 | 元禄12. 8.28 | ①－ ②目付 ③150 |
| | 礒嶋三左衛門 | 2 | 元禄12. 5. 3 | 正徳 2. 3. 2 | ①－ ②細工 ③100 |
| | 辻沖右衛門 | 2 | 元禄12. 9. 2 | 宝永 1.10.15 | ①－ ②金 ③150 |
| | 山下平八郎 | 3 | 元禄12. 9. 2 | 宝永 3.10. 2 | ①－ ②普請着到付 ③100 |
| | 河村源介 | 3 | 元禄15.10.25 | 宝永 7. 5.12 | ①－ ②乱心 ③50 ⑤(役)当分 |
| | 渡辺弥次左衛門 | 3 | 宝永 1.10.20 | 宝永 5.10.11 | ①－ ②恩借 ③100 |
| | 友松佐右衛門 | 4 | 宝永 4. 2.21 | 宝永 7.12.23 | ①－ ②江戸普請 ③150 |
| | 百々久弥 | 2 | 宝永 4. 2.21 | 正徳 2. 9.22 | ①盗賊改 ②普請着到付 ③100 |
| | 和田甚五右衛門 | 3 | 宝永 4. 2.21 | 正徳 3. 2.19 | ①－ ②大津蔵目付 ③100 |
| | 仙波笹兵衛 | 2 | 宝永 5.10. 7 | 享保 1. 7. 1 | ①火之本見廻り・盗賊改 ②役儀取上 ③150 |
| | 河手四方左衛門 | 3 | 宝永 5.10. 7 | 享保 1.10.30 | ①火之本見廻り・盗賊改 ②普請着到付 ③100 |
| | 松本織右衛門 | 3 | 宝永 5.12.25 | 享保 3. 2. 8 | ①盗賊改 ②鳥毛中間頭 ③100 |
| 天 | 河村源介 | 3 | 宝永 7. 2. 5 | 宝永 7. 5.12 | ①当分川除役 ②乱心 ③50 ⑤(役)天野川筋 |
| | 内山弥八郎 | 3 | 宝永 7. 2. 5 | 享保 3. 9. 1 | ①盗賊改 ②免 ③150 |
| | 青山且右衛門 | 3 | 宝永 7. 9.18 | 享保 5. 4.14 | ①－ ②普請着到付 ③100 ⑤(役)川除 |
| | 花木十助 | 1 | 宝永 7.12.23 | 正徳 5.10. 6 | ①－ ②金 ③100 |
| | 松居十兵衛 | 5 | 正徳 1.11.11 | 正徳 2. 8.20 | ①－ ②没 ③100 |
| 愛 | 嶋野源八郎 | 3 | 正徳 2. 3. 2 | 享保 4. 9.10 | ①安之助様小納戸 ②旅賄 ③150 |
| | 松居助内 | 5 | 正徳 2. 9.22 | 享保 1.11.26 | ①－ ②納戸 ③200 |
| | 久保田勘六 | 5 | 正徳 2. 9.22 | 享保 5.12.10 | ①盗賊改 ②金 ③150 |
| | 田辺茂右衛門 | 4 | 正徳 3. 2.19 | 享保 6. 4.25 | ①盗賊改 ②玉薬中間頭 ③100 ⑤(改)四郎右衛門に改称の可能性あり |
| | 秋山甚左衛門 | 5 | 正徳 5.11.26 | 享保10. 1.17 | ①盗賊改 ②士着到付 ③100 |
| | 羽田久弥 | 4 | 享保 1.10.30 | 享保 7. 7.14 | ①盗賊改 ②願免 ③150 |
| | 渡辺政右衛門 | 2 | 享保 1.10.30 | 享保 9.12.24 | ①－ ②玉薬中間頭 ③100 |
| | 岡沢才次郎 | 3 | 享保 2. 4. 6 | 享保 9.12. 5 | ①夜廻り ②納戸 ③150 ⑤(改)多左衛門 |
| | 小沢作左衛門 | 4 | 享保 3. 2. 8 | 享保12. 3.15 | ①盗賊改 ②納戸 ③100 |
| | 大家長兵衛 | 4 | 享保 3. 9. 1 | 享保 9.12. 5 | ①盗賊改 ②納戸 ③150 ④享保7.4.13検地 |
| | 高宮辰右衛門 | 4 | 享保 4.11.21 | 享保 9. 8.24 | ①－ ②鳥札 ③150 |
| 佐 | 岡嶋惣八郎 | 4 | 享保 5. 6.22 | 享保 7. 9. 1 | ①－ ②目付 ③100 ④享保7.4.13検地 |
| | 真壁権内 | 4 | 享保 5.12. 9 | 享保11.11.13 | ①－ ②鉄砲薬煮合 ③100 ④享保7.4.13検地 |
| | 宇津木小左衛門 | 2 | 享保 6.⑦. 9 | 享保12. 9. 9 | ①－ ②鉄砲薬煮合 ③150 |
| | 江坂勘右衛門 | 3 | 享保 7. 7.14 | 享保 8.12.30 | ①直恒近習 ②江戸普請 ③150 |
| | 渡辺八郎右衛門 | 4 | 享保 7. 9. 4 | 享保12. 1.11 | ①－ ②鳥毛中間頭 ③100 |
| | 薬袋貞右衛門 | 4 | 享保 9. 2.25 | 享保17.11.15 | ①夜廻り ②大津蔵目付 ③100 ④享保13.12.2検地 |
| | 山下平八郎 | 4 | 享保 9. 9. 3 | 享保12.12.23 | ①－ ②鳥毛中間頭 ③100 |

| 管轄 | 姓　　　名 | 代 | 就任年月日 | 退任年月日 | ①前役　②後役　③知行高　④兼役<br>⑤その他（改称、役料など） |
|---|---|---|---|---|---|
| | 三居孫大夫 | 4 | 享保 9.12.24 | 享保14.⑨.17 | ①－ ②鳥毛中間頭 ③150 |
| | 小林久弥 | 3 | 享保 9.12.24 | 享保15.10. 6 | ①－ ②免 ③100 |
| | 依田甚右衛門 | 5 | 享保10. 1.17 | 享保12. 3.15 | ①－ ②鳥毛中間頭100 |
| | 日下部弥平右衛門 | 2 | 享保11. 4.26 | 享保14. 8.28 | ①－ ②普請着到付 ③100 ④享保13.12.2検地 |
| | 本城善右衛門 | 5 | 享保11.11.21 | 享保15. 2.13 | ①士着到付 ②目付 ③200 ④享保14.11.29検地 |
| | 弓削門弥 | 1 | 享保12.①.21 | 享保20. 7.27 | ①－ ②納戸 ③100 ④享保15.3.22検地 |
| | 大山平内 | 4 | 享保12. 3.15 | 享保16. 4.26 | ①－ ②鳥毛中間頭 ③100 ④享保13.12.2検地 |
| | 大西権之丞 | 2 | 享保12. 3.15 | 享保17.11.15 | ①盗賊改 ②鳥毛中間頭 ③150 |
| | 朝比奈清右衛門 | 2 | 享保12.11. 6 | 元文 2. 2.20 | ①－ ②普請着到付 ③200 ④享保17.11.22検地 |
| | 石原伝左衛門 | 2 | 享保13. 2.10 | 享保20. 9.26 | ①盗賊改 ②川除 ③100<br>⑤享保20.9.26場所替 |
| | 石原利右衛門 | 4 | 享保14. 8.28 | 元文 2. 5.27 | ①－ ②普請着到付 ③200 ④元文1.5.10検地 |
| | 河村与一兵衛 | 2 | 享保14.10.25 | 享保16.10. 5 | ①－ ②松原蔵 ③150 |
| | 羽田源左衛門 | 5 | 享保15. 3.22 | 享保15. 9. 2 | ①－ ②松原蔵 ③100 |
| | 松居文右衛門 | 4 | 享保15.10. 6 | 享保16. 8.24 | ①－ ②没 ③100 |
| | 上坂太兵衛 | 3 | 享保15.10. 6 | 元文 1. 8.12 | ①－ ②松原蔵 ③150 ④元文1.5.10検地 |
| | 三岡長兵衛 | 5 | 享保16. 4.24 | 享保17. 4.15 | ①－ ②江戸普請 ③150 |
| | 内山次右衛門 | 5 | 享保16.10. 5 | 享保21. 3.29 | ①－ ②目付 ③100 |
| | 今泉八平 | 5 | 享保16.10. 5 | 元文 3. 3.18 | ①－ ②金 ③100 ④元文2.2.26検地 |
| | 野添甲助 | 4 | 享保17. 4.15 | 享保20. 7. 1 | ①－ ②鳥毛中間頭 ③150 ⑤(改)市右衛門 |
| | 山県小兵衛 | 5 | 享保17.11.22 | 元文 3. 7.25 | ①－ ②普請着到付 ③100 ④元文2.7.4検地 |
| | 平山安左衛門 | 5 | 享保17.11.22 | 元文 3.11.30 | ①－ ②普請着到付100 ④元文3.4.21検地 |
| | 向山次郎太夫 | 7 | 享保20. 7.27 | 元文 3. 6.21 | ①－ ②納戸 ③150 |
| | 石原伝左衛門 | 2 | 享保20. 9.26 | 享保21. 3.29 | ①川除 ②納戸 ③100 ④検地 ⑤享保20.9.26場所替 |
| | 礒貝弥一兵衛 | 4 | 享保20. 9.26 | 元文 5. 3.14 | ①盗賊改 ②普請着到 ③100 ④元文3.7.29検地 |
| | 河嶋彦左衛門 | 5 | 元文 1. 5.10 | 元文 2. 4. 8 | ①足軽辻着到付 ②松原蔵 ③100 |
| | 村山喜右衛門 | 2 | 元文 1. 5.10 | 元文 4.10.13 | ①－ ②納戸 ③100 ④元文3.12.21検地 |
| | 横内平左衛門 | 4 | 元文 1. 9. 1 | 寛保 1.12.10 | ①内目付 ②借用 ③100 ④元文4.11.3検地 ⑤(改)助左衛門 |
| | 竹中勘兵衛 | 5 | 元文 2. 2.26 | 寛保 2. 9.15 | ①－ ②納戸 ③150 ④元文5.4.13検地 |
| | 勝弥四郎 | 2 | 元文 2. 4.28 | 延享 1. 9.27 | ①－ ②普請着到付 ③150 ④寛保2.1.29検地 ⑤(改)五兵衛 |
| | 辻岡助兵衛 | 4 | 元文 2. 7. 4 | 寛保 2. 7.12 | ①十一口門着到付 ②願免 ③100 |

| 管轄 | 姓　　名 | 代 | 就任年月日 | 退任年月日 | ①前役　②後役　③知行高　④兼役<br>⑤その他（改称、役料など） |
|---|---|---|---|---|---|
| | 田中与左衛門 | 4 | 元文 3. 4.21 | 寛保 3.11. 3 | ①十一口着到付 ②免 ③150 ④寛保2.10.20検地 |
| | 塚本久太夫 | 4 | 元文 3. 7.13 | 寛保 2.11.21 | ①足軽辻着到付 ②用米蔵 ③100 |
| | 林田勘次 | 4 | 元文 3. 7.29 | 元文 5. 2.14 | ①足軽辻着到付 ②清光院様賄 ③100 |
| | 亀岡吉右衛門 | 4 | 元文 3.12.21 | 延享 3.12.27 | ①－ ②納戸 ③150 ④寛保3.12.1検地 |
| | 小野源太右衛門 | 4 | 元文 4.11.13 | 寛保 4. 2.28 | ①盗賊改 ②納戸 ③150 |
| | 永田太郎兵衛 | 4 | 元文 5. 3.14 | 延享 3. 5.17 | ①盗賊改 ②鉄砲 ③200 ④延享1.10.23検地 |
| | 芦名孫平次 | 5 | 元文 5. 4.13 | 延享 3.12. 9 | ①足軽辻着到付 ②普請着到付 ③100 ④延享3.6.21検地 |
| | 田辺四郎右衛門 | 5 | 寛保 2. 1.29 | 寛延 1. 8.10 | ①－ ②竹 ③100 ④延享3.12.27検地 |
| | 日下部弥平右衛門 | 3 | 寛保 2. 7.21 | 延享 3. 6.21 | ①－ ②皆米札 ③100 |
| | 小沢作左衛門 | 5 | 寛保 2.10.20 | 延享 5. 3.24 | ①－ ②普請着到付 ③100 ④延享4.1.23検地 |
| | 平岡十郎兵衛 | 5 | 寛保 2.12. 9 | 寛延 1.12. 9 | ①十一口門着到付 ②普請着到付 ③100 ④延享5.6.13検地 |
| | 福村八郎左衛門 | 3 | 寛保 3.12. 1 | 延享 3.11. 4 | ①－ ②没 ③70 |
| | 閑野惣兵衛 | 2 | 延享 1. 3.27 | 延享 1.12. 6 | ①－ ②没 ③150 |
| | 久野佐次右衛門 | 5 | 延享 3. 6.21 | 宝暦 2. 3.17 | ①－ ②竹 ③100 ④寛延1.8.8検地 |
| | 中伝九郎 | 4 | 延享 3. 6.29 | 延享 5. 6.13 | ①－ ②松原蔵 ③100 |
| | 松居源六 | 5 | 延享 3.11.27 | 寛延 3.12.26 | ①－ ②隠居 ③100 ④寛延2.2.10検地 |
| | 天方運平 | 3 | 延享 3.12.27 | 延享 4.12. 5 | ①十一口着到付 ②役儀取上 ③150 |
| | 松本猪兵衛 | 4 | 延享 4. 1.23 | 寛延 3. 5. 2 | ①足軽辻着到付 ②用米蔵 ③100 |
| | 岡嶋惣八郎 | 5 | 延享 5. 1. 1 | 寛延 3.12.21 | ①十一口門着到付 ②納戸 ③100 |
| | 曽根惣三郎 | 5 | 延享 5. 5. 7 | 宝暦 2. 4.21 | ①－ ②納戸 ③150 ④寛延4.2.27検地 |
| | 松居安左衛門 | 5 | 寛延 1. 8. 1 | 宝暦 3. 8.14 | ①－ ②用米蔵 ③50 ④宝暦2.4.21検地 |
| | 友松源五郎 | 6 | 寛延 1. 8.15 | 宝暦 9. 8.18 | ①－ ②没 ③80 ④宝暦2.6.17検地 ⑤役料20俵 |
| | 今泉源左衛門 | 6 | 寛延 3. 5.27 | 宝暦 2. 9. 3 | ①－ ②米札 ③100 |
| | 仙波笹兵衛 | 4 | 寛延 4. 1.28 | 宝暦 4. 4. 2 | ①－ ②鳥毛中間頭 ③150 ④宝暦3.10.11検地 |
| | 横内甚助 | 4 | 寛延 4. 1.28 | 宝暦 6. 3.29 | ①－ ②彦根賄 ③100 ④宝暦4.4.30検地 |
| | 三岡長兵衛 | 6 | 宝暦 2. 4.21 | 宝暦 6. 1.29 | ①－ ②納戸 ③150 |
| | 高橋七左衛門 | 4 | 宝暦 2. 6.17 | 宝暦 8. 7. 1 | ①－ ②金 ③150 ④宝暦6.5.18検地 |
| | 秋山勝蔵 | 6 | 宝暦 3. 4.17 | 宝暦 3.11.20 | ①－ ②目付 ③150 |
| | 石原善太右衛門 | 4 | 宝暦 3.10.11 | 宝暦 6.⑪.28 | ①－ ②免 ③150 |
| | 藤田忠蔵 | 5 | 宝暦 3 | 宝暦 4 | ①－ ②納戸 ③150 |
| | 奈越江忠蔵 | 5 | 宝暦 4. 1. 4 | 宝暦 9. 4.15 | ①－ ②鳥毛中間頭 ③150 ④宝暦8.7.1検地 |
| | 西村藤右衛門 | 5 | 宝暦 4. 4.30 | 宝暦 6. 3.29 | ①－ ②納戸 ③150 |
| | 石原西右衛門 | 5 | 宝暦 4.12.15 | 宝暦 7. 4.16 | ①－ ②免 ③100 |
| | 寺嶋重蔵 | 4 | 宝暦 6. 2.28 | 宝暦 8. 4.24 | ①－ ②鳥毛中間頭 ③150 |
| | 礒貝長左衛門 | 5 | 宝暦 6. 5.18 | 宝暦 7. 4.16 | ①－ ②－ ③100 |
| | 小森理右衛門 | 2 | 宝暦 6. 5.18 | 宝暦13. 6.12 | ①－ ②京賄 ③150 ④宝暦9.4.15検地 |
| | 横田与左衛門 | 5 | 宝暦 6.12.18 | 宝暦11. 2. 1 | ①－ ②作事 ③200 ④宝暦9.9.30検地 |

| 管轄 | 姓　　名 | 代 | 就任年月日 | 退任年月日 | ①前役　②後役　③知行高　④兼役<br>⑤その他（改称、役料など） |
|---|---|---|---|---|---|
| | 高宮清次 | 5 | 宝暦 7. 4.16 | 宝暦11. 2. 5 | ①－ ②皆米札 ③120 |
| | 大西与一右衛門 | 3 | 宝暦 7. 4.16 | 宝暦11. 6.21 | ①－ ②借用 ③100 ④宝暦11.2.15検地 |
| | 細野権右衛門 | 3 | 宝暦 8. 5.21 | 宝暦11.10.23 | ①－ ②用米蔵 ③70 ④宝暦11.6.26検地 |
| | 中清右衛門 | 5 | 宝暦 8. 7. 1 | 明和 1.12.15 | ①－ ②松原蔵 ③100 ④宝暦11.11.16検地 |
| | 大久保又七 | 5 | 宝暦 9. 4.15 | 明和 1. 8. 8 | ①－ ②大津蔵目付 ③100 ④宝暦13.7.11検地 |
| | 木代又右衛門 | 5 | 宝暦 9. 9.30 | 宝暦12. 4.10 | ①－ ②松原蔵 ③100 |
| | 内山治右衛門 | 6 | 宝暦11. 2.15 | 明和 2. 2. 1 | ①－ ②城中着到付 ③150 |
| | 浦上孫左衛門 | 6 | 宝暦11. 2.15 | 明和 3. 8. 8 | ①－ ②普請着到付 ③100 ④明和1.8.15検地 |
| | 宮崎銀右衛門 | 6 | 宝暦11. 6.26 | 明和 4. 7. 3 | ①－ ②用米蔵 ③80 ④明和1.閏12.4検地、明和3.8.15新田開発用懸り ⑤役料20俵 |
| | 坪岡七郎兵衛 | 4 | 宝暦11.11.16 | 明和 7.⑥.21 | ①－ ②松原蔵 ③50 ④明和3.8.21検地 ⑤役料20俵 |
| | 今村源助 | 6 | 宝暦12.④. 9 | 明和 3.12.15 | ①－ ②普請・作事 ③250 |
| | 高橋五郎左衛門 | 2 | 宝暦13. 7.11 | 明和 4.11.24 | ①－ ②松原蔵 ③100 ④明和4.8.2検地 |
| | 浅居忠兵衛 | 2 | 明和 1. 8.21 | 明和 5. 5. 1 | ①－ ②鳥毛中間頭 ③100 ④明和4.12.29検地 ⑤(改)久左衛門 |
| | 杉山伝八郎 | 5 | 明和 1.12.21 | 明和 8. 2.15 | ①－ ②鳥毛中間頭 ③150 ④明和5.6.6検地 ⑤(改)伝右衛門 |
| | 橋本太右衛門 | 5 | 明和 2. 3. 1 | 安永 4. 1.28 | ①－ ②鳥毛中間頭 ③100 ④明和7.7.1検地 |
| | 石尾八十左衛門 | 5 | 明和 3. 8.15 | 明和 8. 8.28 | ①－ ②納戸 ③150 ④明和8.2.21検地 |
| | 高橋与兵衛 | 5 | 明和 3.12.21 | 明和 6.11.14 | ①－ ②江戸普請作事 ③150 |
| | 岡本半右衛門 | 6 | 明和 4. 8. 2 | 安永 3. 8.12 | ①－ ②江戸普請作事 ③150 ④明和8.9.29検地 |
| | 山中元右衛門 | 5 | 明和 4.12.29 | 明和 9. 5.27 | ①－ ②没 ③100 |
| | 渡辺伴右衛門 | 6 | 明和 5. 6. 6 | 明和 6. 9.22 | ①－ ②没 ③100 |
| | 今泉源左衛門 | 7 | 明和 6.11.14 | 安永 5. 6.11 | ①－ ②用米蔵 ③100 ④安永3.9.1検地 |
| | 永田権右衛門 | 5 | 明和 6.12.18 | 安永 5.10.15 | ①－ ②納戸 ③200 ④安永4.2.8検地、安永5.8.1新田開発用懸り ⑤役料50俵 |
| | 福村八郎左衛門 | 4 | 明和 7. 7. 1 | 安永 4.11.15 | ①－ ②松原蔵 ③70 |
| | 小野半左衛門 | 5 | 明和 8. 2.21 | 明和 8.10. 9 | ①鷹野先払 ②没 ③150 |
| | 田中与次兵衛 | 5 | 明和 8. 9.29 | 安永 7. 8.16 | ①－ ②役儀取上 ③100 ④安永5.8.1検地 |
| | 三上甲左衛門 | 3 | 明和 8.11.16 | 安永 6. 2.15 | ①－ ②納戸 ③100 ④安永5.11.1検地 |
| | 大久保万蔵 | 5 | 明和 9. 6.21 | 安永 6. 4. 4 | ①－ ②細工 ③150 ④安永6.3.8検地 |
| | 湯本弥五助 | 5 | 安永 3. 9. 1 | 安永 4.11.30 | ①－ ②普請着到付 ③200 |
| | 安東平左衛門 | 5 | 安永 4. 2. 8 | 安永 5.11. 1 | ①－ ②鳥毛中間頭 ③200 |
| | 多賀谷左内 | 5 | 安永 4.12.14 | 安永 7. 8.16 | ①足軽辻着到付 ②免 ③70 |
| | 島田左次右衛門 | 6 | 安永 4.⑫.12 | 安永 7. 8. 7 | ①－ ②愛知川上之手川除・検地 ③150 |

| 管轄 | 姓　　名 | 代 | 就任年月日 | 退任年月日 | ①前役　②後役　③知行高　④兼役<br>⑤その他（改称、役料など） |
|---|---|---|---|---|---|
| | 伊藤栄介 | 2 | 安永 5. 8. 1 | 安永 6. 2.15 | ①内目付 ②用米蔵 ③70 |
| | 松居久右衛門 | 6 | 安永 5.11. 1 | 安永 7. 8.16 | ①小役人着到付 ②免 ③100 ⑤(改)小右衛門 |
| | 高野瀬喜介 | 5 | 安永 5.11.21 | 安永 8. 1.21 | ①－ ②鳥毛中間頭 ③150 ④安永7.8.7検地 |
| | 上坂太兵衛 | 4 | 安永 6. 3. 8 | 安永 8.10.17 | ①－ ②松原蔵 ③150 |
| | 平岡十郎兵衛 | 6 | 安永 6. 3. 8 | 安永 9. 5. 7 | ①－ ②愛知川上之手川除・(検地) ③100 ④安永8.2.1検地 |
| | 堀久左衛門 | 5 | 安永 6. 5.29 | 安永 9. 7. 1 | ①－ ②松原蔵 ③100 ④安永9.5.7検地 ⑤(改)六右衛門→久左衛門 |
| 愛上 | 島田左次右衛門 | 6 | 安永 7. 8. 7 | 安永 9. 4.16 | ①川除 ②願免 ③150 ④検地 |
| | 木村勝左衛門 | 6 | 安永 7. 8. 7 | 安永10. 3.22 | ①－ ②愛知川上之手川除 ③100 ④安永9.7.21検地 |
| | 伊丹儀左衛門 | 6 | 安永 7. 8. 7 | 天明 2. 8. 8 | ①－ ②愛知川上之手川除 ③150 ④安永10.3.22検地 |
| | 大鳥居彦右衛門 | 4 | 安永 7. 8. 7 | 天明 2.11. 1 | ①－ ②納戸 ③100 ④天明2.8.8検地 |
| | 大嶋甚之丞 | 5 | 安永 8. 2. 1 | 天明 8.12. 2 | ①－ ②賄 ③100→120 ④天明6.12.21検地 |
| | 大鳥居左吉 | 5 | 安永 8.11.27 | 天明 5. 3. 3 | ①－ ②賄 ③130 |
| 愛上 | 平岡十郎兵衛 | 6 | 安永 9. 5. 7 | 安永10. 3.15 | ①川除・(検地) ②借用 ③100 ④検地 |
| | 石原文蔵 | 6 | 安永 9. 5. 7 | 天明 2.11. 8 | ①－ ②士着到付 ③100 |
| | 岡嶋惣八郎 | 6 | 安永 9. 7.21 | 天明 2.11. 8 | ①－ ②城中并十一口着到付 ③100 |
| 愛上 | 木村勝左衛門 | 6 | 安永10. 3.22 | 天明 2. 7.21 | ①川除・検地 ②細工 ③100 |
| | 中川次郎左衛門 | 6 | 天明 1. 5.18 | 天明 2.10. 1 | ①－ ②筋加 ③80 |
| 愛上 | 伊丹儀左衛門 | 6 | 天明 2. 8. 8 | 天明 2.11. 1 | ①川除・(検地) ②鳥毛中間頭 ③150 ④検地 |
| | 上田源右衛門 | 3 | 天明 2. 8. 8 | 天明 4.①.28 | ①－ ②松原蔵 ③100 |
| | 三上甲左衛門 | 3 | 天明 2.11. 1 | 天明 6. 6.17 | ①納戸 ②作事 ③100 ④検地 |
| | 杉山伝右衛門 | 5 | 天明 2.11. 8 | 天明 6.12.21 | ①江戸普請作事 ②(元方勘定・佐野) ③150 ④検地、天明3.11.12元方勘定・佐野 |
| | 増島団右衛門 | 6 | 天明 2.11.21 | 天明 4. 5. 3 | ①－ ②目付 ③200 |
| | 川手七左衛門 | 7 | 天明 2.11.21 | 天明 6. 9.18 | ①金 ②賄 ③100 |
| | 早乙女八郎左衛門 | 6 | 天明 2.11.21 | 天明 6.12.21 | ①－ ②愛知川上之手川除・検地・新田 ③300 |
| | 松居助内 | 7 | 天明 4. 3. 2 | 寛政 1.10.14 | ①士着到付 ②目付 ③200 ④天明8.8.8検地 |
| | 山下兵五郎 | 6 | 天明 4. 6.15 | 天明 7. 7. 3 | ①－ ②順介様付人 ③150 ⑤役料50俵 |
| | 武藤源次郎 | 4 | 天明 5. 4.14 | 天明 7. 9.15 | ①足軽辻着到付 ②納戸 ③250 |
| | 中村助左衛門 | 6 | 天明 6.⑩. 1 | 寛政 2. 9.15 | ①普請着到付 ②目付 ③100→120 ④寛政1.2.4～2.9.15検地 |
| 愛上 | 早乙女八郎左衛門 | 6 | 天明 6.12.21 | 天明 8. 3.14 | ①川除 ②普請 ③300 ④検地・新田開発用懸り |
| | 山中宗十郎 | 6 | 天明 6.12.21 | 寛政 6.⑪. 8 | ①内目付 ②愛知川上之手川除・新田開発用懸り ③120 ④寛政1.12.27検地 |
| 愛下 | 安中沖右衛門 | 5 | 天明 6.12.21 | 寛政 7. 2.15 | ①－ ②愛知川上之手川除・新田開発用懸 ③150 ④寛政2.10.1検地 |

| 管轄 | 姓　　名 | 代 | 就任年月日 | 退任年月日 | ①前役　②後役　③知行高　④兼役<br>⑤その他（改称、役料など） |
|---|---|---|---|---|---|
| 犬 | 奈越江忠蔵 | 6 | 天明 7. 9.15 | 天明 8.12.10 | ①両奥賄 ②山崎御子様方付人 ③150 |
| 天 | 八田四郎兵衛 | 4 | 天明 7.11.10 | 寛政 1. 8.15 | ①足軽辻着到付 ②作事 ③200 |
| 佐 | 大久保所右衛門 | 4 | 寛政 1. 2. 4 | 寛政 2. 8.21 | ①竹 ②松原蔵 ③120 |
| 犬 | 喜多山勘六 | 6 | 寛政 1. 2. 4 | 寛政 2.12.21 | ①城中并十一口着到付 ②普請着到付 ③150 |
|  | 西堀太郎左衛門 | 6 | 寛政 1.10.14 | 寛政 8. 2. 6 | ①士着到付 ②愛知川上之手川除 ③250 ④寛政7.2.15検地 |
|  | 小瀧彦十郎 | 5 | 寛政 2. 1. 6 | 寛政 8. 5.10 | ①－ ②本町口門番頭 ③100→120 ④寛政8.2.6～5.10検地 |
| 佐 | 田中与介 | 6 | 寛政 2. 9.15 | 寛政 3. 8.25 | ①内目付 ②竹 ③120 |
| 姉 | 柏原惣左衛門 | 7 | 寛政 2.10. 1 | 寛政 7. 2.15 | ①士着到付 ②愛知川下之手川除 ③150 |
| 犬 | 松浦所左衛門 | 7 | 寛政 3. 1.21 | 寛政 5. 8.21 | ①－ ②元方勘定・佐野 ③120 |
| 佐 | 嶋野源左衛門 | 6 | 寛政 3. 8.25 | 寛政 8. 8. 8 | ①鷹野先払 ②普請着到付 ③100→120 |
| 犬 | 池田太右衛門 | 6 | 寛政 5.10.29 | 寛政 8. 9. 1 | ①城中并十一口着到付 ②賄 ③150 |
| 愛上 | 山中宗十郎 | 6 | 寛政 6.⑪. 8 | 寛政 7. 2. 1 | ①川除 ②舎弟様方付人 ③120 ④新田開発用懸り |
| 高 | 大山六平 | 6 | 寛政 6.12.21 | 寛政 8. 9.15 | ①松原蔵 ②作事 ③120 |
| 愛上 | 安中沖右衛門 | 5 | 寛政 7. 2.15 | 寛政 7.12. 5 | ①愛知川下之手川除 ②没 ③150 ④新田開発用懸り |
| 姉 | 林田勘次郎 | 6 | 寛政 7. 2.15 | 寛政 9. 9.27 | ①内目付 ②没 ③70 ⑤役料20俵 |
| 愛下 | 柏原惣左衛門 | 7 | 寛政 7. 2.15 | 寛政11. 2.21 | ①姉川布施手川除 ②作事 ③150 ④寛政8.6.15検地 |
| 愛上 | 西堀太郎左衛門 | 6 | 寛政 8. 2. 6 | 寛政 8. 9. 1 | ①川除 ②御前様付人 ③250 ④新田開発御用懸り |
| 天 | 大西順次郎 | 4 | 寛政 8. 2. 6 | 寛政11. 3.21 | ①足軽辻着到付 ②玉薬中間頭 ③120 ④善利川手川除 |
| 善 | 大西順次郎 | 4 | 寛政 8. 2. 6 | 寛政11. 3.21 | ①足軽辻着到付 ②玉薬中間頭 ③120 ④天野川手川除 |
| 宇曽 | 増島団右衛門 | 6 | 寛政 8. 6.15 | 寛政 8. 9.15 | ①－ ②愛知川上之手川除 ③200 |
| 佐久 | 辻平内 | 7 | 寛政 8. 8.21 | 寛政11. 8. 4 | ①普請着到付 ②稽古館物主并書物兼帯添 ③150 |
| 犬 | 寺嶋重蔵 | 5 | 寛政 8. 9.15 | 寛政 9. 9.18 | ①足軽辻着到付 ②賄 ③150 |
| 愛上 | 増島団右衛門 | 6 | 寛政 8. 9.15 | 寛政11. 3.19 | ①宇曽川手川除 ②免 ③200 ④検地・新田開発用懸 |
| 宇 | 勝野五郎八 | 4 | 寛政 8. 9.27 | 寛政11. 3. 8 | ①賄 ②愛知川下之手川除 ③120 |
| 高 | 広瀬善之進 | 4 | 寛政 8. 9.27 | 寛政12.10. 1 | ①内目付 ②北筋川除 ③130 |
| 犬上 | 岡本半右衛門 | 7 | 寛政 9.12. 2 | 寛政11. 4.21 | ①城中并十一口着到付 ②作事 ③120 |
| 姉 | 山下庄次郎 | 7 | 寛政 9.12. 2 | 寛政11. 4.21 | ①足軽辻着到付 ②愛知川上之手川除 ③130 |
| 宇 | 小野源之丞 | 6 | 寛政11. 3. 8 | 寛政12. 1.22 | ①城中并十一口着到付 ②普請着到付 ③150 |
| 愛下 | 勝野五郎八 | 4 | 寛政11. 3. 8 | 寛政12.10. 1 | ①宇曽川手川除 ②南筋川除 ③120 |
| 愛上 | 山下庄次郎 | 7 | 寛政11. 4.21 | 寛政11. 7. 7 | ①姉川布施手川除 ②検見 ③130 |
| 善上 | 山中宗十郎 | 6 | 寛政11. 4.21 | 寛政11. 9.18 | ①舎弟様方付人 ②愛知川上之手川除 ③120 ④天野川手川除 ⑤役料30俵 |

| 管轄 | 姓　　名 | 代 | 就任年月日 | 退任年月日 | ①前役　②後役　③知行高　④兼役　⑤その他（改称、役料など） |
|---|---|---|---|---|---|
| 天 | 山中宗十郎 | 6 | 寛政11. 4.21 | 寛政11. 9.18 | ①舎弟様方付人 ②愛知川上之手川除 ③120 ④善利川上之手川除 ⑤役料30俵 |
| 姉 | 閑野喜三郎 | 4 | 寛政11. 4.21 | 寛政12. 3. 2 | ①足軽辻着到付 ②守真院様賄 ③120 |
| 犬上 | 高野瀬喜太郎 | 8 | 寛政11. 5.15 | 寛政12. 3. 2 | ①松原蔵 ②内目付 ③120 |
| 天 | 大久保加兵衛 | 6 | 寛政11. 9.18 | 寛政12. 6. 1 | ①守真院様賄 ②皆米札 ③150 ④善利川手川除 |
| 善 | 大久保加兵衛 | 6 | 寛政11. 9.18 | 寛政12. 6. 1 | ①守真院様賄 ②皆米札 ③150 ④天野川手川除 |
| 愛上 | 山中宗十郎 | 6 | 寛政11. 9.18 | 寛政12.10. 1 | ①天野川手川除・善利川上之手川除 ②南筋川除 ③120 ⑤役料30俵 |
| 宇 | 山上良蔵 | 4 | 寛政12. 1.22 | 寛政12.10. 1 | ①内目付 ②中筋川除 ③120 |
| 佐 | 岡頼母 | 5 | 寛政12. 1.22 | 寛政12.10. 1 | ①士着到付 ②南筋川除 ③200 |
| 姉 | 大久保藤助 | 9 | 寛政12. 4.22 | 寛政12.10. 1 | ①－ ②北筋川除 ③200 |
| 犬上 | 河手四方左衛門 | 6 | 寛政12. 4.22 | 寛政12.10. 1 | ①士着到付 ②中筋川除 ③200 |
| 天 | 平山藤九郎 | 8 | 寛政12. 6.15 | 寛政12.10. 1 | ①－ ②中筋川除 ③120 ④善利川手川除 |
| 善 | 平山藤九郎 | 8 | 寛政12. 6.15 | 寛政12.10. 1 | ①－ ②中筋川除 ③120 ④天野川手川除 |
| 南筋 | 岡頼母 | 5 | 寛政12.10. 1 | 享和 1. 3. 1 | ①佐久良川手川除 ②鳥毛中間頭 ③200 |
| 中筋 | 河手四方左衛門 | 6 | 寛政12.10. 1 | 享和 1. 4. 4 | ①犬上川手川除 ②検見 ③200 |
| 中筋 | 平山藤九郎 | 8 | 寛政12.10. 1 | 享和 1. 4. 4 | ①天野川手川除・善利川手川除 ②検見 ③120 |
| 南筋 | 勝野五郎八 | 4 | 寛政12.10. 1 | 享和 1. 9.20 | ①愛知川下之手川除 ②没 ③120 |
| 中筋 | 山上良蔵 | 4 | 寛政12.10. 1 | 享和 1.12.18 | ①宇曽川手川除 ②元方勘定・佐野 ③120 |
| 南筋 | 山中宗十郎 | 6 | 寛政12.10. 1 | 享和 2. 6. 8 | ①愛知川上之手川除 ②作事 ③120 ⑤役料30俵 |
| 北筋 | 広瀬善之進 | 4 | 寛政12.10. 1 | 享和 2.12.23 | ①高月手川除 ②公武奉公構暇 ③130 |
| 北筋 | 大久保藤助 | 9 | 寛政12.10. 1 | 文化 1. 5. 8 | ①姉川布施手川除 ②賄 ③200 |
| 南筋 | 宮崎惣右衛門 | 7 | 享和 1. 3.21 | 享和 1. 6. 7 | ①城中并十一口着到付 ②中筋川除 ③150 |
| 中筋 | 功力千右衛門 | 7 | 享和 1. 4.15 | 文化 1.12.11 | ①－ ②普請着到付 ③200 |
| 中筋 | 宮崎惣右衛門 | 7 | 享和 1. 6. 7 | 享和 3.①.15 | ①南筋川除 ②目付 ③150 |
| 南筋 | 内藤善右衛門 | 6 | 享和 1.11. 1 | 享和 2. 7.18 | ①納戸 ②鳥毛中間頭 ③250 |
| 中筋 | 毛利十兵衛 | 6 | 享和 1.12.18 | 享和 3.①.15 | ①目付 ②金 ③150 |
| 南筋 | 細野丹四郎 | 4 | 享和 2. 7. 1 | 享和 3.10.18 | ①竹 ②稽古館諸用 ③120 |
| 南筋 | 池田太右衛門 | 6 | 享和 2. 7.28 | 享和 3. 7. 1 | ①賄 ②目付 ③150 |
| 三筋 | 大鳥居左吉 | 5 | 享和 2. 9.19 | 享和 3. 6.20 | ①(元方勘定・佐野) ②没 ③130 ④佐野、享和3.閏1.15まで元方勘定 ⑤(役)当分 |
| 北筋 | 加田九郎太夫 | 5 | 享和 3.①.15 | 文化 1.10. 1 | ①－ ②賄 ③200 |
| 中筋 | 橋本勘七郎 | 3 | 享和 3.①.15 | 文化 2. 6.21 | ①内目付 ②南筋川除 ③120 |
| 中筋 | 百々孫左衛門 | 8 | 享和 3. 2.15 | 文化 2.11. 3 | ①稽古館手跡方 ②賄 ③150 |
| 南筋 | 高野瀬喜太郎 | 8 | 享和 3. 7. 1 | 文化 1. 6. 1 | ①－ ②作事 ③80 |

| 管轄 | 姓　　名 | 代 | 就任年月日 | 退任年月日 | ①前役　②後役　③知行高　④兼役 ⑤その他（改称、役料など） |
|---|---|---|---|---|---|
| 南筋 | 閑野惣太夫 | 6 | 文化 1. 2.23 | 文化 2.11. 3 | ①－ ②普請着到付 ③250 |
| 北筋 | 大久保新兵衛 | 6 | 文化 1. 6. 1 | 文化 5.10. 1 | ①内目付 ②南筋川除 ③150 |
| 三筋 | 山下庄次郎 | 7 | 文化 1. 6. 1 | 文化10. 2.21 | ①(代官) ②北筋加 ③130 ④代官 ⑤(改)藤太夫→藤兵衛 ⑤役料30俵 |
| 南筋 | 佐藤半左衛門 | 6 | 文化 1. 6. 8 | 文化 2. 4.25 | ①－ ②目付 ③200 |
| 北筋 | 安中沖右衛門 | 6 | 文化 1.11. 8 | 文化 5.11. 8 | ①松原蔵 ②納戸 ③150 |
| 中筋 | 佐成源五兵衛 | 5 | 文化 1.12.28 | 文化 2.11. 3 | ①納戸 ②大坂蔵屋敷留守居 ③200 |
| 南筋 | 橋本勘七郎 | 3 | 文化 2. 6.21 | 文化 3. 5. 4 | ①中筋川除 ②賄 ③120 |
| 中筋 | 川手惣太夫 | 5 | 文化 2. 6.21 | 文化 4. 7. 8 | ①侍着到付 ②納戸 ③200 ⑤(改)藤兵衛 |
| 中筋 | 杉原千次郎 | 4 | 文化 2.11.13 | 文化 3. 4.13 | ①普請着到付 ②鉄砲 ③300 |
| 中筋 | 石尾太右衛門 | 7 | 文化 3. 1.20 | 文化 3. 9.21 | ①－ ②南筋川除 ③130 |
| 南筋 | 百々孫左衛門 | 8 | 文化 3. 5. 4 | 文化 3. 7. 1 | ①賄 ②目付 ③150 |
| 中筋 | 広瀬助之進 | 5 | 文化 3. 6. 1 | 文化 4. 3. 1 | ①稽古館素読方 ②欽次郎付人 ③200 |
|  | 舟橋源左衛門 | 6 | 文化 3. 8.19 | 文化 4. 2.15 | ①(中筋代官・元方勘定) ②中筋加 ③200 ④中筋代官・元方勘定、大坂蔵屋敷留守居 |
|  | 河手四方左衛門 | 6 | 文化 3. 8.19 | 文化 4. 9.29 | ①(南筋代官) ②目付 ③200 ④南筋代官、文化4.3.1～7.26元方勘定 |
|  | 大久保忠助 | 7 | 文化 3. 8.19 | 文化 7. 4. 8 | ①(北筋代官) ②賄 ③120 ④北筋代官 |
|  | 西村助之丞 | 8 | 文化 3. 8.19 | 文化 9.12.10 | ①(南筋代官) ②親類近隣預 ③100→150 ④南筋代官、文化6.10.17元方勘定・北筋代官・中筋代官 ⑤役料50俵 |
|  | 木代又右衛門 | 7 | 文化 3. 8.19 | 文化12. 5.23 | ①(中筋代官) ②(南筋代官) ③130 ④文化11.2.11まで中筋代官、文化11.2.11南筋代官 ⑤役料30俵 |
| 中筋 | 松居善八郎 | 6 | 文化 3. 9.21 | 文化 5. 6. 8 | ①内目付 ②松原蔵 ③70 ⑤役料20俵 |
| 南筋 | 石尾太右衛門 | 7 | 文化 3. 9.21 | 文化 5.10. 1 | ①中筋川除 ②賄 ③130 |
|  | 大久保弥七郎 | 7 | 文化 4. 3. 1 | 文化10. 4.21 | ①舎弟様方付人 ②目付 ③120 ④中筋代官 ⑤役料30俵 |
| 南筋 | 船越三十郎 | 6 | 文化 4. 3.15 | 文化 4. 9.29 | ①城中并十一口着到付 ②目付 ③120 |
| 中筋 | 松居郷次郎 | 3 | 文化 4. 7. 8 | 文化 8. 2.15 | ①稽古館素読方 ②目付 ③120 |
| 南筋 | 佐藤左衛門 | 5 | 文化 4.12. 4 | 文化 5. 8.15 | ①稽古館素読方 ②稽古館物主并書物 ③100 |
|  | 秋山重兵衛 | 9 | 文化 5. 4. 9 | 文化 5.10. 1 | ①京都蔵 ②南筋川除 ③120 ④南筋代官 |
| 中筋 | 松本丹次郎 | 7 | 文化 5. 8.15 | 文化 8. 6. 1 | ①欽次郎様賄・御前様賄 ②目付 ③80 ⑤(改)瀬兵衛、役料20俵 |
| 北筋 | 吉川丹次郎 | 5 | 文化 5.10. 1 | 文化 6. 9.24 | ①－ ②京都蔵 ③130 ⑤(改)晴次兵衛 |
| 南筋 | 秋山重兵衛 | 9 | 文化 5.10. 1 | 文化 6.11. 7 | ①南筋代官・川除 ②借用 ③120 |
| 南筋 | 大久保新兵衛 | 6 | 文化 5.10. 1 | 文化12. 5.23 | ①北筋川除 ②南筋代官 ③150 |
| 北筋 | 内山治右衛門 | 8 | 文化 6. 1.23 | 文化 6. 8. 7 | ①－ ②作事 ③120 |
|  | 荒川孫三郎 | 7 | 文化 6. 8. 7 | 文化11. 1.24 | ①－ ②没 ③15人 ④南筋代官 |
| 北筋 | 一色三郎兵衛 | 5 | 文化 6. 9.24 | 文化10. 6.21 | ①京都蔵 ②中筋代官・川除 ③120 |
| 南筋 | 小野団蔵 | 7 | 文化 6.11. 7 | 文化 7. 3.21 | ①内目付 ②作事 ③120 |
| 南筋 | 久野次右衛門 | 8 | 文化 7. 4. 8 | 文化11. 2.11 | ①稽古館素読方 ②北筋代官・北筋川除 ③80 ⑤役料20俵 |

| 管轄 | 姓　　名 | 代 | 就任年月日 | 退任年月日 | ①前役　②後役　③知行高　④兼役　⑤その他（改称、役料など） |
|---|---|---|---|---|---|
| 中筋 | 松居郷次郎 | 3 | 文化 8. 7.21 | 文化 9. 9. 9 | ①－ ②松下屋敷付人 ③120 |
| 北筋 | 青山与五左衛門 | 7 | 文化 8.11.25 | 文化12. 5.23 | ①欽次郎様伽 ②北筋代官 ③120 |
| 中筋 | 内山治右衛門 | 8 | 文化 9. 4. 9 | 文化11. 2.11 | ①作事 ②免 ③120 |
| 中筋 | 齋藤甚五兵衛 | 9 | 文化 9.12. 1 | 文化12. 5.23 | ①稽古館素読方 ②稽古館素読方 ③110 |
| | 山県小兵衛 | 9 | 文化10. 1.21 | 文化11. 5.11 | ①内目付 ②佐野 ③70 ④北筋代官 ⑤役料20俵 |
| 北筋 | 山本権左衛門 | 5 | 文化10. 2.21 | 文化11. 2.11 | ①松原蔵 ②中筋川除・中筋代官 ③150 ④北筋代官 |
| | 沢村軍次 | 6 | 文化10. 4.21 | 文化10.12.10 | ①納戸 ②納戸 ③200 ④南筋代官 |
| | 一色三郎兵衛 | 5 | 文化10. 6.21 | 文化12. 5.23 | ①北筋川除 ②(中筋代官) ③120 ④中筋代官 |
| 北筋 | 大鳥居彦右衛門 | 5 | 文化10. 8.22 | 文化12. 4. 6 | ①皆米札 ②鷹餌割 ③120 |
| 中筋 | 山本権左衛門 | 5 | 文化11. 2.11 | 文化12. 5.23 | ①北筋代官・北筋川除 ②(中筋代官) ③150 ④中筋代官 |
| 北筋 | 久野次右衛門 | 8 | 文化11. 2.11 | 文化12. 5.23 | ①南筋川除 ②(北筋代官) ③80 ④北筋代官 |
| | 武藤小兵衛 | 5 | 文化11. 4. 4 | 文化12. 5.23 | ①納戸 ②(南筋代官) ③250 ④南筋代官 ⑤(改)小八郎 |
| 南筋 | 安藤喜左衛門 | 7 | 文化11. 5.11 | 文化12. 3.26 | ①京都蔵・松原蔵 ②士着到付 ③150 |
| 中筋 | 薬袋主計 | 7 | 文化11. 5.11 | 文化12. 5.23 | ①稽古館素読方 ②中筋代官 ③120 |
| | 野津文内 | 7 | 文化11. 8.13 | 文化12. 5.23 | ①鷹餌割 ②(北筋代官) ③120 ④北筋代官 |
| 南筋 | 向山次郎太夫 | 11 | 嘉永 4. 9. 1 | 嘉永 5. 1.11 | ①細工・弓矢預り加 ②南筋代官 ③80 ⑤役料20俵 |
| 北筋 | 今泉源八郎 | 10 | 嘉永 4. 9. 1 | 嘉永 5.②. 1 | ①松原蔵 ②作事 ③120 |
| 北筋 | 高野瀬喜介 | 8 | 嘉永 4. 9. 1 | 嘉永 5. 3. 1 | ①内目付 ②目付 ③130 |
| 中筋 | 勝廉介 | 6 | 嘉永 4. 9. 1 | 嘉永 6. 1. 7 | ①大津蔵目付・松原蔵 ②耀鏡院様賄 ③150 |
| 南筋 | 湯本原太郎 | 7 | 嘉永 4. 9. 1 | 安政 2. 6. 1 | ①城中并十一口着到付 ②目付 ③170 |
| 中筋 | 辻岡千右衛門 | 9 | 嘉永 4. 9. 1 | 安政 2. 8.22 | ①城中并十一口着到付 ②中筋代官・用米蔵・松原蔵 ③100 |
| 南筋 | 松居安次郎 | 9 | 嘉永 5. 2.15 | 安政 2. 8.22 | ①内目付 ②作事 ③120 |
| 北筋 | 高橋五郎左衛門 | 5 | 嘉永 5. 3. 1 | 嘉永 7.10.15 | ①弘道館素読方 ②鷹餌割・鳥札 ③150 |
| 北筋 | 橋本勘左衛門 | 4 | 嘉永 5. 4. 8 | 安政 2. 8.22 | ①士着到付 ②北筋代官・用米蔵・松原蔵 ③120 |
| 中筋 | 植田又兵衛 | 7 | 嘉永 6. 2.15 | 安政 2. 8.22 | ①足軽辻着到付 ②中筋代官・用米蔵・松原蔵 ③120 |
| 北筋 | 島田左次右衛門 | 10 | 安政 1.12. 8 | 安政 2. 8.24 | ①用米蔵 ②鷹餌割・鳥札 ③100 |

## 16　内目付役

近世前期に設けられた、家中・城下・郷中監察のために設けられた藩主直属の役職。17世紀後半は3人～5人だったが、近世中期以降、次第に人数が増え12人となり、明治初年には21人に及んだ。詳しい勤務体制等に関しては、彦根、江戸ともに不明である。20俵4人扶持～250石の家臣が就いた。

| 姓　　名 | 代 | 就任年月日 | 退任年月日 | ①前役 ②後役 ③知行高 ④兼役<br>⑤その他（改称、役料など） |
|---|---|---|---|---|
| 芳賀津右衛門 | 2 | (寛文11以降) | (延宝 4) | ①武州鷹場七十五ヶ村支配 ②鷹餌割 ③150→200 ⑤通称は「貞享異譜」による、(役)内証目付 |
| 岡勘左衛門 | 3 | 天和 4. 2.11 | 貞享 2 | ①－ ②－ ③子供並の扶持 |
| 後閑新九郎 | 3 | 貞享 1 | 元禄 3.12.15 | ①畳 ②目付 ③20石4人 ⑤(役)内証目付 |
| 佐原善右衛門 | 2 | 貞享 1 | 元禄 3.12.15 | ①－ ②目付 ③(50俵)→200 ⑤(役)彦根内証目付 |
| 渡辺角之丞 | 3 | 貞享 1 | 元禄 5.12. 9 | ①－ ②目付 ③35石6人→150 |
| 土田文右衛門 | 3 | 貞享 1 | 元禄14. 4.26 | ①－ ②免 ③切米扶持→150 |
| 高田吉兵衛 | 2 | (元禄 1) | (元禄 3) | ①小頭役 ②柳ヶ瀬目付 ③20俵2人<br>⑤日光にて内目付 |
| 中村源蔵 | 3 | (元禄 3.12) | 元禄14. 4.26 | ①庭普請着到付 ②免 ③中小姓並切米扶持→150 |
| 一瀬弥惣次 | 4 | 元禄 3.12 | 元禄14. 4.26 | ①庭普請着到付 ②免 ③35石6人→150 |
| 船越庄介 | 3 | 元禄14. 7 | 宝永 7. 9.18 | ①－ ②買物改証判・納戸 ③10俵4人→100<br>④宝永3.9.8～同7.9.18買物改証判 |
| 荒居甚五兵衛 | 2 | 元禄14. 8.23 | 宝永 8. 3.21 | ①－ ②納戸 ③0→250 |
| 田中藤十郎 | 3 | (元禄14以降) | (享保 1以前) | ①－ ②金 ③切米扶持 |
| 喜多山勘六 | 3 | 宝永 3.11.24 | 宝永 5. 3.14 | ①－ ②買物改証判 ③20石4人→150 |
| 長浜軍兵衛 | 4 | 正徳 6. 1.23 | 享保 3.11.10 | ①－ ②納戸 ③44俵4人→250 |
| 沢村善内 | 2 | 正徳 6. 1.23 | 享保20.③.23 | ①－ ②細工奉行 ③40俵4人→150 ④享保12.10.10政所領金山物主、同15.10.23～同15.11.16蔵方証判 ⑤(改)新助 |
| 山本清兵衛 | 2 | 享保 3.11.10 | 享保18. 1.29 | ①－ ②金 ③40俵4人→150 ④享保15.10.23蔵方証判 |
| 山崎半太夫 | 3 | 享保 7.10.24 | 享保11. 4.26 | ①蔵改証判 ②願免 ③60俵4人 |
| 芦名利左衛門 | 2 | 享保 7.10.24 | 享保17. 2.22 | ①蔵改証判 ②願免 ③40俵4人→50俵4人<br>④享保15.10.23蔵方証判 |
| 秋山瀬一郎 | 5 | 享保11. 4.26 | 享保18.12.14 | ①－ ②金 ③40人4俵→150 ④享保15.10.23蔵方証判 |
| 高野丹四郎 | 4 | 享保11. 4.26 | 元文 1. 9. 1 | ①－ ②江戸普請 ③40俵4人→250 ④享保15.10.23蔵方証判 ⑤(改)市兵衛 |
| 加藤平十郎 | 5 | 享保11. 4.26 | 寛保 1.11.15 | ①－ ②彦根賄 ③40俵4人→150 ④享保15.10.23蔵方証判 |
| 麻田浅右衛門 | 1 | 享保13.12.22 | 元文 4.11.13 | ①歩行目付 ②卯之次市様抱守 ③5両2歩・2人<br>⑤(改)勘平 |
| 横内右平次 | 4 | 享保15. 8.25 | 元文 1. 9. 1 | ①－ ②川除 ③40俵4人扶持→100 ④享保15.10.23～同20.11.22蔵方証判 ⑤(改)平左衛門 |
| 安藤伴助 | 4 | 享保15. 8.25 | 元文 5. 7.29 | ①－ ②金 ③40俵4人→200 ④享保15.10.23蔵方証判 ⑤(改)喜左衛門 |

| 姓　　名 | 代 | 就任年月日 | 退任年月日 | ①前役 ②後役 ③知行高 ④兼役 ⑤その他（改称、役料など） |
|---|---|---|---|---|
| 山中宗十郎 | 4 | 享保15.10.22 | 享保20. 7. 1 | ①－ ②金 ③40俵4人→100 ④享保15.10.23蔵方証判 |
| 佐藤文太夫 | 2 | 享保15.10.22 | 元文 2.10.11 | ①－ ②(蔵方証判) ③40俵4人→50俵4人 ④享保15.10.23蔵方証判 |
| 大鳥居彦六 | 3 | 享保15.10.22 | 宝暦 9. 4.15 | ①－ ②三穂君様付人 ③40俵4人→100 ④享保15.10.23蔵方証判 ⑤(改)彦右衛門 |
| 武居助市 | 2 | 享保17. 2.22 | 宝暦 5.11.15 | ①－ ②免 ③40人4俵→70人6俵 ⑤(改)杢右衛門 |
| 高橋儀兵衛 | 2 | 享保18.12.14 | 宝暦 8.12.21 | ①－ ②目付 ③70俵6人→100 |
| 戸塚弥惣次 | 2 | 享保20. 4.24 | 寛延 4. 4.20 | ①－ ②納戸 ③40俵4人→150 |
| 安東右平次 | 4 | 享保20. 7.27 | 元文 5. 5.25 | ①金千代様抱守 ②願免 ③40俵4人 ⑤(改)幸右衛門 |
| 土肥元十郎 | 5 | 元文 1. 5. 4 | 宝暦 9.⑦. 6 | ①－ ②没 ③40俵4人→70俵4人 ⑤役料10俵 |
| 菅沼十三郎 | 5 | 元文 1. 9. 4 | 元文 4.12.29 | ①－ ②願免 ③40俵4人 |
| 万沢儀太夫 | 2 | 元文 5. 6.30 | 寛延 2. 2.22 | ①－ ②願免 ③50俵4人 |
| 武居次郎左衛門 | 3 | 元文 5. 6.30 | 明和 5. 1.19 | ①－ ②目付 ③40俵4人→100 ⑤役料10俵 |
| 中野三治 | 3 | 元文 5.⑦.16 | 宝暦 1.12.28 | ①－ ②願免 ③40俵4人 ⑤ ⑤役料10俵 |
| 小森弥太次 | 3 | 寛保 1.12.10 | 延享 5. 3.30 | ①－ ②没 ③50俵5人 ⑤(改)平次兵衛 |
| 渡辺勘之丞 | 5 | 延享 2.11. 1 | 寛延 1. 8.30 | ①－ ②借用 ③40俵4人→100 |
| 小幡久左衛門 | 2 | 延享 5. 5. 7 | 宝暦13. 5.28 | ①－ ②隠居 ③40俵4人→50俵4人 ⑤役料10俵 |
| 岡嶋与太夫 | 2 | 寛延 1.10.12 | 宝暦 7. 7. 2 | ①－ ②勝手方取〆役・其筋之目付 ③40俵4人 ⑤役料10俵 |
| 三浦茂平 | 5 | 寛延 2. 3. 1 | 明和 2. 8.16 | ①－ ②免 ③40俵4人→50俵4人 |
| 桃居加兵太 | 5 | 寛延 4. 6. 4 | 宝暦 8. 9.25 | ①－ ②没 ③40俵4人 ⑤(改)勝兵衛→清兵衛、役料10俵 |
| 高野瀬権七 | 2 | 宝暦 2. 2.14 | 宝暦 4. 5.28 | ①－ ②願免 ③40俵4人 |
| 細居九助 | 3 | 宝暦 4.11.15 | 明和 2. 3. 1 | ①－ ②用米蔵 ③40俵4人→100 |
| 秋山文左衛門 | 5 | 宝暦 5.10.28 | 明和 7. 6. 7 | ①－ ②役儀取上 ③40俵4人 ⑤役料10俵 |
| 中山彦三郎 | 4 | 宝暦 5.10.28 | 明和 7.12.18 | ①－ ②没 ③40俵4人 ⑤役料10俵 |
| 長谷川庄八郎 | 1 | 宝暦 7. 6.26 | 宝暦 7.12.19 | ①－ ②役儀取上 ③26俵3人 ⑤(改)九右衛門 |
| 瀬下治左衛門 | 2 | 宝暦 7. 6.26 | 明和 8. 2. 1 | ①－ ②勢与様付人添 ③20俵3人→26俵3人 ⑤役料10俵 |
| 宮崎仲次 | 3 | 宝暦 7. 9.14 | 明和 4. 9.27 | ①－ ②没 ③40俵4人 ⑤役料10俵 |
| 三浦紋之丞 | 4 | 宝暦 8.10. 1 | 明和 6. 1.21 | ①－ ②願免 ③40俵4人 ⑤(改)銀右衛門 ⑤役料10俵 |
| 内山浅之丞 | 4 | 宝暦 8.12.24 | 宝暦 9. 4.18 | ①－ ②願免 ③40俵4人 |
| 岡見半太夫 | 5 | 宝暦 8.12.24 | 宝暦13. 1.28 | ①－ ②金 ③40俵4人→150 |
| 水谷門兵衛 | 2 | 宝暦 9. 8.30 | 明和 8.11. 7 | ①－ ②願免 ③40俵4人 ⑤役料10俵 |
| 松原源十郎 | 5 | 宝暦13. 2.17 | 天明 3. 2. 9 | ①－ ②台所目付 ③40俵4人→55俵4人 ⑤役料10俵 |
| 渡辺助之進 | 7 | 宝暦13. 6.20 | 明和 3. 5.11 | ①－ ②願免 ③40俵4人 ⑤役料10俵 |
| 保崎弥太郎 | 6 | 明和 2. 5.15 | 明和 2. 9.13 | ①－ ②願免 ③40俵4人 |
| 小山弥九郎 | 5 | 明和 2. 9.13 | 明和 4.10.16 | ①－ ②願免 ③40俵4人 ⑤役料10俵 |
| 桃居郷蔵 | 6 | 明和 3. 6. 7 | 安永 7.⑦.14 | ①－ ②用米蔵 ③40俵4人→55俵4人 ⑤(改)庄兵衛 ⑤役料10俵 |

| 姓　　名 | 代 | 就任年月日 | 退任年月日 | ①前役 ②後役 ③知行高 ④兼役 ⑤その他（改称、役料など） |
|---|---|---|---|---|
| 本間喜三太 | 6 | 明和 4. 9.20 | 寛政 2. 7.26 | ①－ ②本町口門番頭 ③40俵4人→100 ④天明4.8.18蔵証判方 ⑤(改)九左衛門 |
| 森源兵衛 | 2 | 明和 4.11.12 | 安永 5. 7. 5 | ①－ ②御前様付人 ③26俵3人 ⑤役料10俵 |
| 小幡左膳太 | 3 | 明和 4.12.20 | 天明 3. 1.21 | ①－ ②台所目付 ③40俵4人→55俵4人 ⑤(改)久左衛門→二郎左衛門、役料10俵 |
| 松宮角左衛門 | 6 | 明和 5. 2.14 | 天明 3. 1.21 | ①－ ②台所目付 ③26人4俵→40人4俵 ⑤役料10俵 |
| 寺崎平弥 | 3 | 明和 6. 1.28 | 明和 9. 7.11 | ①－ ②願免 ③31俵4人→40俵4人 |
| 伊藤栄介 | 2 | 明和 7.⑥.15 | 安永 5. 8. 1 | ①－ ②川除 ③40俵4人→70 |
| 大鳥居蕃次 | 8 | 明和 7.⑥.15 | 天明 2. 7. 1 | ①－ ②普請着到付 ③40俵4人→200 ⑤(改)伴次 |
| 小幡弁之右衛門 | 2 | 明和 8. 1. 7 | 天明 3. 1.21 | ①－ ②台所目付 ③40俵4人 ⑤役料10俵 |
| 猪瀬甚太夫 | 2 | 明和 8. 2. 1 | 天明 2.10. 3 | ①－ ②清蓮院様賄 ③26俵3人 ⑤役料10俵 |
| 乗松治太夫 | 7 | 明和 8.12.10 | 安永 7.12.21 | ①－ ②松原蔵 ③40俵4人→100 |
| 大和田喜平太 | 7 | 明和 9. 7.21 | 天明 7. 2. 3 | ①－ ②借用 ③40俵4人→130 ④天明4.8.18蔵証判方廻り方 |
| 松村十兵衛 | 5 | 安永 5. 7. 5 | 安永 8. 7.15 | ①－ ②願免 ③26人3俵→100 |
| 庵原善蔵 | 7 | 安永 5. 9.21 | 天明 3. 9.23 | ①－ ②台所目付 ③40俵4人 |
| 中堀仁左衛門 | 6 | 安永 7. 8. 1 | 安永 8. 9.12 | ①－ ②没 ③40俵4人 |
| 横内円次 | 6 | 安永 7.12.28 | 天明 6.⑩. 1 | ①－ ②目付 ③40俵4人→70俵6人 ④天明4.8.18蔵証判方廻り方 |
| 松永彦五郎 | 1 | 安永 8. 9. 1 | 天明 1. 5.20 | ①－ ②願免 ③26俵3人 |
| 礒嶋犀三郎 | 4 | 安永 8.11.10 | 天明 3.10. 2 | ①－ ②台所目付 ③40俵4人 |
| 遠藤弥五郎 | 1 | 天明 1.⑤.10 | 天明 4.①. 5 | ①－ ②没 ③26俵3人 ⑤役料10俵 |
| 河嶋佐左衛門 | 3 | 天明 2. 7.10 | 天明 6.12.25 | ①－ ②両奥賄 ③40俵4人→80 ④天明4.8.18蔵証判方廻り |
| 三宅源右衛門 | 1 | 天明 2.11. 1 | 天明 7.12.19 | ①－ ②免 ③26俵3人 ⑤役料10俵 |
| 山上弥次右衛門 | 6 | 天明 3. 1.11 | 寛政11. 7. 1 | ①鷹野先払 ②免 ③100→150 ④天明4.8.18蔵証判方、天明4.9.4検見 ⑤役料30俵 |
| 奈越江忠蔵 | 6 | 天明 3. 1.21 | 天明 5. 6. 8 | ①－ ②両奥賄 ③40俵4人→50 ④天明4.8.18蔵証判方・廻り方 |
| 山中宗十郎 | 6 | 天明 3. 1.21 | 天明 6.12.21 | ①－ ②川除 ③100→120 ④天明4.8.18蔵証判方・廻り方 |
| 小塙喜平太 | 6 | 天明 3. 3. 1 | 天明 6. 3.29 | ①－ ②目付 ③150 ④天明4.8.18蔵証判方廻り方 ⑤(改)理左衛門 |
| 安藤伴右衛門 | 1 | 天明 3.11.27 | 天明 7. 5.23 | ①－ ②没 ③40俵4人 ④天明4.8.18蔵証判方廻り方 |
| 浦上源六 | 7 | 天明 3.11.27 | 天明 8.11.10 | ①－ ②目付 ③40俵4人→100 ④天明4.8.18蔵証判方廻り方 |
| 岡田半右衛門 | 2 | 天明 4. 2.12 | 天明 7.12.19 | ①－ ②願免 ③26俵3人 ⑤役料10俵 |
| 川手藤兵衛 | 3 | 天明 4.12.11 | 寛政 4.11.15 | ①足軽辻着到付 ②細工 ③100→120 |
| 黒屋長之丞 | 6 | 天明 5. 8.15 | 天明 8. 1.21 | ①足軽辻着到付 ②松原蔵 ③50→120 ⑤役料20俵 |
| 岡見軍八 | 6 | 天明 6. 6.17 | 寛政 2.12. 1 | ①両奥賄 ②賄 ③40俵4人→200 |
| 西村半太夫 | 7 | 天明 6.11. 1 | 寛政 2.11.15 | ①－ ②目付 ③150 |
| 内山治右衛門 | 7 | 天明 7. 2. 3 | 天明 8. 1.21 | ①－ ②検見 ③150 |
| 今村鉄五郎 | 7 | 天明 7. 2.28 | 寛政 2. 8. 8 | ①－ ②検見 ③150 |

| 姓　　名 | 代 | 就任年月日 | 退任年月日 | ①前役 ②後役 ③知行高 ④兼役<br>⑤その他（改称、役料など） |
|---|---|---|---|---|
| 松浦所左衛門 | 7 | 天明 7. 4. 5 | 寛政 1. 5.13 | ①－ ②検見 ③120 |
| 林田勘次郎 | 6 | 天明 7. 8. 3 | 寛政 7. 2.15 | ①－ ②姉川布施手川除 ③40俵4人→70 ⑤役料20俵 |
| 庵原善蔵 | 7 | 天明 8. 3.14 | 天明 8. 6. 3 | ①－ ②両奥賄 ③40俵4人 |
| 田辺常弥 | 4 | 天明 8. 3.14 | 寛政 1.⑥.20 | ①買上物改証判 ②鷹野先払 ③40俵4人 ⑤役料10俵 |
| 田中与介 | 6 | 天明 8. 7.13 | 寛政 2. 9.15 | ①－ ②佐久良手川除 ③120 |
| 松居礒左衛門 | 7 | 寛政 1. 5.13 | 寛政 8. 5.10 | ①－ ②用米蔵 ③50 ⑤役料20俵 |
| 保崎徳之進 | 7 | 寛政 1. 5.13 | 寛政11. 8. 4 | ①－ ②稽古館素読方 ③40俵4人 ⑤役料10俵 |
| 相馬右平次 | 3 | 寛政 1. 8. 9 | 寛政 2.12.10 | ①－ ②目付 ③100 |
| 松居善三郎 | 7 | 寛政 1. 8.21 | 寛政 5. 2.22 | ①－ ②目付 ③40俵4人→100 |
| 里見十右衛門 | 6 | 寛政 2. 8.21 | 寛政 5. 8.21 | ①－ ②買上物証判 ③120 ⑤家禄は40俵4人 ⑤役料10俵 |
| 大久保忠助 | 7 | 寛政 2. 9.15 | 寛政 7.10.25 | ①－ ②山崎屋敷舎弟様付人 ③100→120 |
| 多賀谷左七 | 6 | 寛政 2. 9.15 | 寛政11. 4.21 | ①－ ②借用 ③70 ⑤(改)左内 ⑤役料20俵 |
| 千田六郎左衛門 | 3 | 寛政 2.12. 1 | 寛政 6. 4. 1 | ①台所目付・買上物改証判 ②仕送方蔵 ③40俵4人 ⑤役料10俵 |
| 木村郡治 | 5 | 寛政 2.12.10 | 寛政 7. 5. 1 | ①－ ②台所目付 ③26俵3人 ⑤(改)勘介、役料10俵 |
| 中山進六郎 | 5 | 寛政 2.12.21 | 享和 1. 7. 6 | ①－ ②役儀取上 ③40俵4人 ⑤役料10俵 |
| 西脇弥兵衛 | 1 | 寛政 4. 2.17 | 寛政 8. 6.26 | ①－ ②多寿姫様付人添 ③26俵3人 ⑤役料10俵 |
| 堀六次郎 | 6 | 寛政 5. 2.22 | 寛政 7. 6.21 | ①－ ②検見 ③100 |
| 石尾太右衛門 | 7 | 寛政 5. 6. 6 | 寛政 8. 9. 1 | ①－ ②目付 ③120 |
| 植田忠兵衛 | 7 | 寛政 5.10.29 | 寛政 8. 5.18 | ①－ ②没 ③130 |
| 湯本源太郎 | 6 | 寛政 6. 7. 3 | 寛政 8. 1.21 | ①－ ②目付 ③100→120 |
| 土肥儀右衛門 | 7 | 寛政 7. 4.21 | 寛政 7.12.17 | ①－ ②右筆 ③40俵4人 |
| 毛利十兵衛 | 6 | 寛政 7. 7.21 | 寛政11. 7. 7 | ①－ ②検見 ③150 |
| 広瀬茂兵衛 | 5 | 寛政 7.10. 1 | 寛政 8. 7.11 | ①千田谷屋敷留守居加役 ②賄 ③50 |
| 青木矢柄 | 3 | 寛政 7.10.29 | 寛政 9. 5.26 | ①－ ②目付 ③200 |
| 山口十兵衛 | 6 | 寛政 8. 1.21 | 寛政 9. 2. 4 | ①－ ②竹 ③50 ⑤(改)十次兵衛 |
| 佐藤茂介 | 6 | 寛政 8. 4. 2 | 享和 1. 8. 9 | ①若殿様抱守 ②役儀取上 ③40俵40人 |
| 広瀬善之進 | 4 | 寛政 8. 6.15 | 寛政 8. 9.27 | ①－ ②高月手川除 ③130 |
| 西村助之丞 | 8 | 寛政 8. 7. 1 | 寛政10.10. 8 | ①－ ②検見 ③10人 ⑤役料15俵 |
| 西村平次郎 | 3 | 寛政 8. 8. 3 | 寛政 9.10. 7 | ①－ ②弁之介様抱守 ③26俵3人 ⑤(改)喜介 |
| 高田翁介 | 1 | 寛政 8. 8. 3 | 寛政11.12.14 | ①－ ②免 ③26俵3人 |
| 山上良蔵 | 4 | 寛政 8. 9.15 | 寛政12. 1.22 | ①若殿様抱守 ②宇曽川手川除 ③120 |
| 田辺仙次郎 | 4 | 寛政 9. 1.19 | 寛政12. 8.15 | ①－ ②用使 ③150 |
| 松居善八郎 | 6 | 寛政 9. 4. 8 | 寛政11. 3. 8 | ①－ ②守真院様賄 ③40俵4人 ⑤役料10俵 |
| 辻岡千右衛門 | 6 | 寛政 9.⑦.14 | 寛政10.12. 1 | ①－ ②賄 ③120 |
| 平居助兵衛 | 4 | 寛政 9.11. 1 | 享和 1. 8.15 | ①－ ②右筆 ③50 |
| 落合勘解由 | 6 | 寛政10.10. 8 | 寛政11. 7. 7 | ①－ ②目付 ③200 |
| 橋本久兵衛 | 7 | 寛政10.10. 8 | 寛政12.12.15 | ①－ ②松原蔵 ③40俵4人→120 |
| 曽根惣三郎 | 1 | 寛政10.10. 8 | 寛政13. 1. 5 | ①－ ②没 ③40俵4人 |
| 伊丹七兵衛 | 7 | 寛政10.10. 8 | 享和 1. 8. 9 | ①－ ②役儀取上 ③40俵4人 |
| 大久保弥七郎 | 7 | 寛政11. 3.21 | 寛政12. 8. 8 | ①－ ②検見 ③120 |
| 宇津木右門 | 6 | 寛政11. 3.21 | 享和 3. 7.21 | ①－ ②細工 ③120 |

| 姓　　名 | 代 | 就任年月日 | 退任年月日 | ①前役 ②後役 ③知行高 ④兼役<br>⑤その他（改称、役料など） |
|---|---|---|---|---|
| 黒柳孫左衛門 | 7 | 寛政11. 4.21 | 享和 2. 3. 5 | ①－ ②目付 ③200 |
| 木代又右衛門 | 7 | 寛政11. 8. 2 | 享和 1. 4. 4 | ①－ ②検見・中筋代官当分 ③120 |
| 渡辺仙蔵 | 1 | 寛政11. 8. 2 | 享和 1. 8. 5 | ①－ ②役儀取上 ③40俵4人 |
| 千田吉右衛門 | 6 | 寛政11. 9.18 | 享和 1. 3. 1 | ①－ ②鷹野先払 ③40俵4人 |
| 高野瀬喜太郎 | 8 | 寛政12. 3. 2 | 享和 1. 8. 9 | ①犬上川手川除 ②役儀取上 ③120→80 |
| 草刈伝右衛門 | 4 | 寛政12. 3.15 | 文化 1. 5. 4 | ①－ ②中屋敷目付 ③80 |
| 多賀谷左内 | 6 | 寛政12. 8. 8 | 享和 1. 8. 9 | ①借用 ②役儀取上 ③70→100 ⑤役料20俵 |
| 橋本勘七郎 | 3 | 寛政12. 8.15 | 享和 3.①.15 | ①若殿様抱守 ②中筋川除 ③120 |
| 久野角兵衛 | 8 | 享和 1. 3. 1 | 享和 1. 8. 9 | ①綏之介様・勇吉様伽頭 ②役儀取上 ③7人 ⑤役料20俵 |
| 生駒彦之進 | 4 | 享和 1. 3. 1 | 享和 1. 8. 9 | ①－ ②役儀取上 ③40俵4人 |
| 内山治右衛門 | 8 | 享和 1. 4.15 | 享和 1. 7. 6 | ①－ ②免 ③120 |
| 野津左善太 | 7 | 享和 1. 4.15 | 文化 4. 9.29 | ①綏之介様・勇吉様伽頭 ②稽古館手跡方 ③120 ④文化3.3.29欽次郎様抱守 ⑤(改)文内 |
| 奥山郡八 | 4 | 享和 1. 5. 9 | 文化11.11. 9 | ①－ ②大殿様賄 ③26俵3人→70俵6人 ⑤役料10俵 |
| 百々喜八郎 | 5 | 享和 1. 8. 9 | 享和 3.10.18 | ①－ ②納戸 ③150 |
| 山下市左衛門 | 8 | 享和 1. 8. 9 | 文化 1. 6. 1 | ①検見・代官当分 ②稽古館素読方 ③120 |
| 大久保新兵衛 | 6 | 享和 1. 8. 9 | 文化 1. 6. 1 | ①皆米札 ②北筋川除 ③150 |
| 荒木儀太夫 | 4 | 享和 1. 8. 9 | 文化 2. 3.15 | ①稽古館素読方 ②佐野 ③150 |
| 玉米軍蔵 | 4 | 享和 1. 8. 9 | 文化 4. 2.15 | ①城中并十一口着到付 ②用米蔵 ③110 |
| 三宅角左衛門 | 7 | 享和 1. 8.15 | 享和 2.12.23 | ①－ ②願免 ③80 |
| 土田仁右衛門 | 1 | 享和 1.10.11 | 享和 2. 6.22 | ①－ ②免 ③40俵4人 |
| 浅見藤吾 | 3 | 享和 1.10.11 | 享和 3. 7. 1 | ①－ ②留書 ③40俵4人 |
| 大鳥居次介 | 6 | 享和 1.10.11 | 享和 3. 8.11 | ①－ ②免 ③40俵4人→130 |
| 今村源次 | 4 | 享和 1.10.11 | 文化 6. 8. 7 | ①－ ②買上物改証判 ③40俵4人 ⑤役料10俵 |
| 横山平五郎 | 7 | 享和 3. 1.22 | 文化 8. 4. 4 | ①弁之介様抱守 ②賄加役 ③26俵3人→40俵5人 ⑤役料10俵 |
| 中村勘介 | 3 | 享和 3. 7. 1 | 文化 4. 3. 1 | ①－ ②普請着到付 ③150 |
| 渡辺仙蔵 | 1 | 享和 3. 7. 1 | 文化 4. 8.25 | ①－ ②役儀取上 ③40俵4人 ⑤役料10俵 |
| 中山進六郎 | 5 | 享和 3. 7. 1 | 文化15. 3. 2 | ①－ ②没 ③40俵4人→70俵6人 ⑤役料10俵→25俵 |
| 松居善八郎 | 6 | 享和 3. 7.21 | 文化 3. 9.21 | ①守真院賄 ②中筋川除 ③70 ⑤役料20俵 |
| 三浦十左衛門 | 8 | 文化 1. 6. 8 | 文化 1.11. 8 | ①足軽辻着到付 ②目付 ③180 |
| 小河原岩吉 | 7 | 文化 1. 6.15 | 文化 2. 4.30 | ①－ ②願免 ③100 |
| 久野次右衛門 | 8 | 文化 1.12.11 | 文化 4. 4.15 | ①城中并十一口着到付 ②免 ③80 |
| 千田龍太郎 | 7 | 文化 2. 4.15 | 文化 8. 8. 8 | ①－ ②買上物改証判 ③40俵4人 ⑤(改)作兵衛 ⑤役料10俵 |
| 草刈仁右衛門 | 1 | 文化 2. 8.15 | 文化 5.10. 8 | ①弁之介様抱守 ②若殿様抱守 ③26俵3人 |
| 渡辺喜惣次 | 6 | 文化 3.11. 8 | 文化 5. 9.28 | ①－ ②免 ③80 |
| 久野角兵衛 | 8 | 文化 4. 3. 1 | 文化10. 3. 1 | ①－ ②松原蔵 ③7人→70石 ⑤役料20俵 |
| 山本権左衛門 | 5 | 文化 4. 3.15 | 文化 6. 8. 7 | ①－ ②賄 ③150 |
| 神谷市良右衛門 | 7 | 文化 4. 7. 8 | 文化 7.11.15 | ①稽古館手跡方 ②作事 ③160 |
| 坪岡七郎兵衛 | 5 | 文化 4.12. 4 | 文化 8. 5. 8 | ①細工 ②目付 ③80 ⑤役料20俵 |
| 松原銚之進 | 7 | 文化 5.11. 8 | 文政 8. 9.14 | ①－ ②免 ③40俵4人 ⑤(改)勝左衛門→庄左衛門→庄七郎 ⑤役料10俵→25俵 |

| 姓　　名 | 代 | 就任年月日 | 退任年月日 | ①前役 ②後役 ③知行高 ④兼役<br>⑤その他（改称、役料など） |
|---|---|---|---|---|
| 飯田平蔵 | 1 | 文化 5.12.10 | 文化12. 9. 5 | ①－ ②源三郎様付人 ③26俵3人 ⑤役料10俵 |
| 山県小兵衛 | 9 | 文化 6. 1.23 | 文化10. 1.21 | ①稽古館素読方 ②北筋代官・川除 ③70 ⑤役料20俵 |
| 礒嶋三左衛門 | 5 | 文化 6. 5.24 | 文化10.12.10 | ①－ ②大手先屋敷賄・新奥賄 ③120 |
| 小野団蔵 | 7 | 文化 6. 8. 7 | 文化 6.11. 7 | ①侍着到付 ②南筋川除 ③120 |
| 植田岡之丞 | 8 | 文化 7. 1. 2 | 文化10.⑪. 3 | ①－ ②目付 ③80 |
| 大久保十次兵衛 | 3 | 文化 7. 2.10 | 文化 7. 4.14 | ①台所目付 ②目付 ③70 |
| 安藤良右衛門 | 8 | 文化 7. 6. 4 | 文化 8.11. 1 | ①－ ②台所目付 ③10人 |
| 小幡又八郎 | 4 | 文化 8. 1.11 | 文化 8. 4.16 | ①－ ②願免 ③40俵4人 |
| 小河原長兵衛 | 8 | 文化 8. 4. 4 | 文化13. 9. 5 | ①－ ②没 ③80 ⑤(改)陸蔵 |
| 菅沼郷左衛門 | 7 | 文化 8. 6. 1 | 文化11.11. 9 | ①鷹野先払 ②鷹餌割 ③90 ⑤役料20俵 |
| 孕石又七郎 | 9 | 文化 8. 6. 8 | 文化11. 9. 9 | ①－ ②作事 ③90 |
| 大家楝次郎 | 8 | 文化 8.10.25 | 文化13. 6.15 | ①稽古館素読方 ②目付 ③120 |
| 木村鈔三郎 | 6 | 文化 8.12. 1 | 文政 2. 6.14 | ①－ ②直勤書記 ③26俵3人 ⑤役料10俵 |
| 三岡兵之助 | 9 | 文化10. 4.21 | 文化13.10. 8 | ①稽古館素読方 ②松原蔵 ③100 |
| 喜多山左内 | 7 | 文化10. 4.21 | 文政 1.10.15 | ①－ ②目付 ③40俵4人→150 ⑤(改)十蔵 |
| 川手藤三郎 | 4 | 文化11. 1.23 | 文化14. 1.28 | ①稽古館素読方 ②目付 ③120 |
| 武笠七郎左衛門 | 4 | 文化11. 2.11 | 文政 1.10. 8 | ①鷹野先払 ②松原蔵 ③120 ⑤(改)七郎右衛門 |
| 今村源次 | 4 | 文化11.11.18 | 文政11. 7. 3 | ①買上物改証判 ②免 ③40俵4人 ⑤(改)藤次、役料10俵 |
| 吉川軍次郎 | 5 | 文化11.12.23 | 文化15. 3.11 | ①欽次郎様奥用使 ②鷹餌割 ③50 |
| 小塙辰之介 | 7 | 文化11.12.23 | 文政 1. 6. 8 | ①稽古館素読方 ②北筋代官 ③150 |
| 奥山郡八 | 4 | 文化12. 3.26 | 文政 4. 7.27 | ①大殿様賄 ②没 ③70俵6人 ⑤役料10俵 |
| 岡田辰之丞 | 1 | 文化12.12.21 | 文政 2. 4.29 | ①右筆 ②没 ③26俵3人 ⑤役料10俵 |
| 山下兵五郎 | 7 | 文化13. 7. 1 | 文政 1. 9. 9 | ①－ ②目付 ③150 |
| 松本友蔵 | 5 | 文化13.10.15 | 文化14. 2.18 | ①－ ②願免 ③150 |
| 松沢辰蔵 | 8 | 文化13.11. 1 | 文政 2. 9.15 | ①欽次郎様用使 ②作事 ③100 |
| 牧野藤十郎 | 7 | 文化14. 2.15 | 文政11. 3.18 | ①稽古館素読方 ②稽古館素読方 ③40俵4人 ⑤役料10俵 |
| 高田量三郎 | 4 | 文化14. 3.30 | 文政 2. 8.14 | ①右筆 ②守真院様賄 ③50 |
| 石原善十郎 | 7 | 文化15. 4.17 | 文政 3.11. 1 | ①弘道館素読方 ②松原蔵 ③80 |
| 横内平右衛門 | 7 | 文政 1. 5. 4 | 文政 6. 4. 1 | ①稽古館素読方 ②用米蔵 ③110 |
| 荒木庄吉 | 5 | 文政 1. 7. 7 | 文政 4. 6. 2 | ①士着到付 ②中筋代官 ③130 |
| 山上弥次右衛門 | 8 | 文政 1.10.15 | 文政 2. 7. 7 | ①鷹野先払 ②鷹餌割 ③150 |
| 花木伝蔵 | 4 | 文政 1.10.15 | 文政 5.11. 8 | ①稽古館手跡方 ②稽古館手跡方 ③150 |
| 西村半之丞 | 8 | 文政 1.11.21 | 文政 7. 9. 1 | ①－ ②納戸 ③200 |
| 高田三平 | 1 | 文政 2. 6.14 | 文政12. 1.11 | ①－ ②新御殿賄 ③26俵3人 ⑤役料10俵 |
| 松居八郎介 | 8 | 文政 2. 7.28 | 文政 8. 2.16 | ①城中并十一口着到付 ②松原蔵 ③80 ⑤役料20俵 |
| 麻田磯平 | 1 | 文政 2. 8.14 | 文政 7. 3. 4 | ①－ ②願免 ③26俵3人 ⑤役料10俵 |
| 山本周蔵 | 1 | 文政 2. 9.29 | 文政 6. 6.23 | ①右筆 ②右筆 ③26俵3人 |
| 荒川孫三郎 | 8 | 文政 2.10.21 | 文政 7.10. 8 | ①稽古館素読方 ②稽古館物主并書物兼帯添 ③15人 ⑤役料15俵 |
| 安東七郎右衛門 | 7 | 文政 3.11.21 | 文政 7.11. 1 | ①城中并十一口着到付 ②鷹餌割 ③150 |
| 広瀬衛守 | 6 | 文政 3.12. 4 | 文政10. 3.15 | ①－ ②音信 ③26人2俵 ⑤役料10俵 |
| 安藤長三良 | 9 | 文政 4. 7.17 | 文政 9. 9.15 | ①稽古館素読方 ②普請着到付 ③150 |

| 姓　　名 | 代 | 就任年月日 | 退任年月日 | ①前役 ②後役 ③知行高 ④兼役<br>⑤その他（改称、役料など） |
|---|---|---|---|---|
| 弓削原蔵 | 7 | 文政 4. 9. 3 | 文政10.⑥. 8 | ①稽古館素読方 ②松原蔵 ③150 ⑤(改)源蔵 |
| 川手藤内 | 6 | 文政 5.11. 8 | 文政 9. 6.21 | ①稽古館素読方 ②中筋代官 ③200 |
| 川手楝吾 | 4 | 文政 6. 4.15 | 文政12. 7. 1 | ①鷹野先払 ②没 ③26俵4人→70俵6人<br>⑤(改)三郎次→三郎右衛門、役料10俵 |
| 山本周蔵 | 1 | 文政 7. 6.18 | 文政 8. 8.24 | ①右筆 ②若殿様櫛 ③26俵3人 |
| 上田彦四郎 | 4 | 文政 7. 9.15 | 文政 9.10. 1 | ①松原屋敷伽 ②奥用使 ③120 |
| 脇権六 | 7 | 文政 7.11. 1 | 天保 7. 5. 7 | ①稽古館素読方 ②諸用 ③15人→200 ⑤役料50俵 |
| 堀九平太 | 7 | 文政 8. 3.30 | 文政11.12. 8 | ①稽古館素読方 ②松原蔵 ③100 |
| 佐成九郎次郎 | 1 | 文政 8.10.22 | 文政11. 3.25 | ①－ ②没 ③40俵4人 |
| 田中雄助 | 7 | 文政 9. 7.21 | 文政11.12.28 | ①稽古館素読方 ②目付 ③120 |
| 堀部多三郎 | 7 | 文政 9. 7.21 | 天保 3.10. 5 | ①－ ②鷹餌割・鳥札 ③40俵4人→250 |
| 辻文太 | 8 | 文政 9.10. 8 | 文政10.⑥. 8 | ①稽古館素読方 ②足軽辻着到付 ③150 |
| 荒木小七郎 | 7 | 文政 9.10. 8 | 文政10.⑥. 8 | ①悌之丞様近習 ②願免 ③110 |
| 松宮豊三郎 | 8 | 文政10. 4. 1 | 天保 2.11.15 | ①－ ②音信 ③50 ⑤(改)弥七郎 |
| 村上十右衛門 | 7 | 文政10.⑥. 8 | 文政13. 9.15 | ①足軽辻着到付 ②用米蔵 ③120 |
| 岡本半吾 | 8 | 文政10. 7. 6 | 天保 7. 2. 5 | ①－ ②目付 ③40俵4人→150 ⑤(改)半右衛門 |
| 宇津木三介 | 7 | 文政10. 7.13 | 文政10.11.21 | ①素読 ②願免 ③40俵4人 |
| 青木津右衛門 | 6 | 文政11. 2. 9 | 天保 3. 2.17 | ①稽古館素読方 ②納戸 ③140 |
| 多賀谷八郎 | 7 | 文政11. 5.20 | 文政12.11.20 | ①－ ②願免 ③100 |
| 小野原允 | 7 | 文政11. 5.29 | 文政13. 3.22 | ①松原屋敷伽 ②足軽辻着到付 ③150 |
| 松嶋平作 | 4 | 文政12. 1.22 | 文政12. 7. 3 | ①－ ②願免 ③26俵3人 |
| 田辺四郎右衛門 | 9 | 文政12. 2. 9 | 天保 3. 5.29 | ①鷹野先払 ②竹 ③80 ⑤役料20俵 |
| 佐藤孫右衛門 | 8 | 文政12. 2. 9 | 天保 4.12.16 | ①稽古館素読方 ②松原蔵 ③8人→70 ⑤役料15俵→20俵 |
| 宮崎惣右衛門 | 8 | 文政12. 8.19 | 天保 5. 6. 3 | ①－ ②松原蔵 ③150 |
| 三宅角之丞 | 8 | 文政12. 8.24 | 文政12.12.27 | ①右筆 ②願免 ③110 |
| 辻蔵人 | 8 | 文政13. 2.15 | 天保 2. 5. 1 | ①－ ②中屋敷目付 ③80 |
| 岡野延次郎 | 4 | 文政13. 2.21 | 安政 4. 1.21 | ①－ ②皆米札 ③40俵4人→55俵6人 ⑤(改)弥藤太、役料10俵→25俵 |
| 池田二郎八 | 8 | 文政13.10. 1 | 嘉永 3. 2.15 | ①－ ②賄 ③40俵4人→180 |
| 松居完六 | 1 | 天保 2. 5. 1 | 天保 5. 3. 8 | ①旅道具預り ②中屋敷目付 ③70 ⑤役料20俵 |
| 小河原十蔵 | 9 | 天保 2.11.15 | 天保 5.10. 1 | ①－ ②中屋敷目付 ③70 |
| 西村権平 | 10 | 天保 3. 5.20 | 天保 6. 7. 3 | ①稽古館素読方 ②松原蔵 ③100 |
| 三浦喜一郎 | 9 | 天保 3. 7.18 | 天保 6. 7.29 | ①士着到付 ②南筋代官 ③180 ⑤(改)十左衛門 |
| 平山藤九郎 | 10 | 天保 3.⑪. 5 | 天保 8. 6.17 | ①－ ②松原蔵 ③40人4俵→80 |
| 越石次郎 | 6 | 天保 5. 1.21 | 天保 5. 5.19 | ①－ ②願免 ③40俵4人 |
| 山本伝八郎 | 8 | 天保 5. 4.15 | 天保 7. 3. 1 | ①－ ②案詞 ③90 |
| 和田甚五右衛門 | 7 | 天保 5. 6.16 | 天保 8. 8.25 | ①稽古館素読方 ②中筋代官 ③120 |
| 沢村才八郎 | 7 | 天保 5. 7.16 | 天保 8.12.20 | ①弘道館素読方 ②納戸 ③200 ⑤(改)軍六 |
| 林与平 | 1 | 天保 5.10. 1 | 天保10. 3. 1 | ①留書 ②免 ③26俵3人 |
| 松沢辰蔵 | 8 | 天保 6. 7.21 | 天保11. 7.15 | ①金 ②南筋代官 ③100 ⑤役料30俵 |
| 山中宗十郎 | 7 | 天保 6. 9.16 | 天保 8. 4.10 | ①－ ②目付 ③120 |
| 瀬下治左衛門 | 5 | 天保 7. 1.11 | 天保 8. 4.26 | ①－ ②案詞 ③100 |

| 姓　　名 | 代 | 就任年月日 | 退任年月日 | ①前役 ②後役 ③知行高 ④兼役<br>⑤その他（改称、役料など） |
|---|---|---|---|---|
| 松居善八郎 | 7 | 天保 7. 3.19 | 天保 9. 5. 1 | ①足軽辻着到付 ②鉄砲玉薬 ③100 |
| 渡辺友次郎 | 7 | 天保 7. 7. 8 | 天保10.12. 8 | ①弘道館素読方 ②用米蔵 ③70 ⑤役料20俵 |
| 小嶋悦太郎 | 2 | 天保 8. 3. 1 | 天保 9.12.24 | ①－ ②中屋敷賄 ③100 |
| 成瀬九左衛門 | 3 | 天保 8. 5.14 | 弘化 3.12. 1 | ①鷹野先払 ②手跡方 ③40俵4人 ⑤役料10俵 |
| 奥山俊太郎 | 2 | 天保 8. 5.15 | 天保15. 8. 6 | ①－ ②守真院様賄 ③130 ⑤(改)又市 |
| 宍戸四郎左衛門 | 6 | 天保 8. 8. 4 | 天保11. 5.21 | ①－ ②納戸 ③250 |
| 荒木作之進 | 1 | 天保 8.10.24 | 天保15. 7. 9 | ①－ ②弘道館素読方 ③40俵4人 |
| 所藤内 | 10 | 天保 9. 1.20 | 天保13. 2. 7 | ①士着到付 ②用米蔵 ③150 |
| 竹中喜八 | 9 | 天保 9. 6.28 | 天保13.10. 9 | ①素読方 ②目付 ③40俵4人→150 |
| 田中藤十郎 | 7 | 天保 9.12.5 | 天保10. 4. 8 | ①－ ②目付 ③170 |
| 佐藤求馬 | 7 | 天保10. 2.16 | 天保13. 9.15 | ①－ ②中屋敷賄 ③70 |
| 西村平八郎 | 4 | 天保10. 3.25 | 天保12. 2.22 | ①－ ②中屋敷目付 ③50 |
| 横内右平次 | 8 | 天保10. 5.26 | 嘉永 1.12.19 | ①－ ②免 ③40俵4人 |
| 松居助内 | 9 | 天保11. 1.11 | 天保13. 6. 8 | ①－ ②松原蔵 ③250 |
| 百々喜八郎 | 6 | 天保11. 6.17 | 天保13.10. 9 | ①士着到付 ②納戸 ③170 |
| 大家加兵衛 | 9 | 天保11. 8.16 | 弘化 3. 3.23 | ①素読方 ②松原蔵 ③40俵4人→150 |
| 飯田平蔵 | 2 | 天保12. 3. 6 | 天保13.10. 9 | ①－ ②願免 ③50 |
| 稲垣弥十郎 | 8 | 天保13. 3.21 | 弘化 2. 2.22 | ①－ ②願免 ③44俵4人 |
| 乗松次太夫 | 9 | 天保13. 7. 1 | 弘化 3. 7.22 | ①弘道館素読方 ②用米蔵 ③100 |
| 佐藤孫右衛門 | 8 | 天保13. 8. 8 | 天保14. 5.17 | ①(中筋代官・船) ②弘道館物主并書物兼帯添<br>③70 ④天保13.10.9まで船 ⑤役料20俵 |
| 武藤信左衛門 | 6 | 天保13. 8. 8 | 天保15. 6.22 | ①(南筋代官) ②目付 ③250 ④南筋代官 |
| 小原次郎 | 2 | 天保13.11.21 | 弘化 2. 6. 7 | ①－ ②櫛 ③40俵4人 ⑤(改)春平 |
| 宮崎又三郎 | 6 | 天保13.11.21 | 弘化 3.10.22 | ①－ ②納戸 ③170 |
| 石居大助 | 5 | 天保14. 1. 8 | 弘化 5. 1.11 | ①－ ②千田谷留守居加 ③12人→100 |
| 草刈長介 | 7 | 天保14. 1. 8 | 嘉永 1.12.18 | ①－ ②御前様御付人 ③26俵3人→120<br>⑤(改)次郎右衛門、役料10俵 |
| 八木新太郎 | 7 | 天保14. 8. 7 | 天保14.11.22 | ①(南筋代官) ②作事 ③150→180 ④南筋代官 |
| 所藤内 | 10 | 天保15. 1. 3 | 弘化 3. 4.16 | ①(中筋代官) ②佐野・作事 ③150 ④中筋代官 |
| 田中喜兵衛 | 9 | 天保15. 8.28 | 弘化 3.12. 1 | ①(南筋代官) ②賄 ③130 ④南筋代官 |
| 山県新右衛門 | 10 | 天保15. 8.28 | 嘉永 2.④.22 | ①－ ②作事 ③100 |
| 安藤弘次 | 9 | 天保15. 9.24 | 嘉永 2. 8.25 | ①－ ②御前様付人 ③110 ④嘉永1.12.18音信役 |
| 西堀太郎左衛門 | 8 | 弘化 1.12.22 | 嘉永 4. 3.14 | ①－ ②用米蔵 ③40俵4人→250 |
| 山下新八郎 | 9 | 弘化 1.12.22 | 嘉永 4. 4.15 | ①－ ②目付 ③40俵4人→170 |
| 多賀谷左内 | 8 | 弘化 3. 5. 9 | 嘉永 2.④.22 | ①弘道館素読方 ②南筋代官 ③90 ⑤役料20俵 |
| 佐藤孫右衛門 | 8 | 弘化 3.⑤. 1 | 嘉永 2. 6.15 | ①鷹餌割・鳥札 ②(中筋代官)・船 ③70→90<br>④中筋代官 ⑤役料20俵 |
| 岡嶋七右衛門 | 10 | 弘化 3. 9. 1 | 嘉永 2. 7. 1 | ①－ ②普請着到付 ③60 ⑤役料20俵 |
| 布下次郎兵衛 | 8 | 弘化 3.12. 1 | 弘化 4 3.11 | ①弘道館素読方 ②願免 ③90 |
| 坪岡順二郎 | 6 | 弘化 3.12.28 | 嘉永 2. 9.15 | ①城中并十一口着到付 ②作事 ③110 |
| 渡辺弥次右衛門 | 7 | 弘化 3.12.28 | 嘉永 4. 1.22 | ①金 ②(北筋代官) ③70 ④北筋代官 ⑤役料20俵 |
| 八木原太郎右衛門 | 10 | 弘化 4. 5.24 | 嘉永 2.11.15 | ①弘道館素読方 ②普請着到付 ③230 |

| 姓　　名 | 代 | 就任年月日 | 退任年月日 | ①前役 ②後役 ③知行高 ④兼役 ⑤その他（改称、役料など） |
|---|---|---|---|---|
| 堀部正次 | 5 | 弘化 4. 8. 24 | 嘉永 3. 7. 22 | ①－ ②鳥毛中間頭 ③120 |
| 今泉源八郎 | 10 | 弘化 4. 10. 9 | 嘉永 4. 3. 14 | ①鷹野先払 ②松原蔵 ③120 |
| 鶴見鏡次郎 | 6 | 弘化 5. 1. 28 | 嘉永 7. 5. 2 | ①－ ②櫛 ③26俵3人 ⑤(改)甲平 ⑤役料10俵 |
| 高田量三郎 | 5 | 嘉永 1. 5. 15 | 嘉永 2. 12. 6 | ①－ ②中屋敷目付 ③50 |
| 木村六郎兵衛 | 7 | 嘉永 2. 2. 25 | 嘉永 5. 2. 29 | ①－ ②中屋敷目付 ③80 |
| 三居助四郎 | 8 | 嘉永 2. 3. 19 | 嘉永 4. 9. 1 | ①－ ②松原蔵 ③150 ⑤(改)孫大夫 |
| 青山与五右衛門 | 10 | 嘉永 2. 5. 15 | 嘉永 3. 12. 15 | ①－ ②奥用使 ③80 |
| 中川小平太 | 1 | 嘉永 2. 5. 15 | 嘉永 5. 4. 29 | ①－ ②願免 ③40俵4人 |
| 多賀谷左内 | 8 | 嘉永 2. 7. 1 | 嘉永 4. 1. 16 | ①（南筋代官） ②（南筋代官） ③90 ⑤役料20俵 |
| 松沢新四郎 | 9 | 嘉永 2. 8. 8 | 嘉永 5. 4. 15 | ①土着到付 ②鷹餌割・鳥札 ③100 |
| 川口文左衛門 | 8 | 嘉永 2. 8. 25 | 嘉永 6. 4. 1 | ①－ ②俊操院様賄 ③26俵3人→100 |
| 石原右平次 | 9 | 嘉永 2. 10. 22 | 文久 1. 9. 24 | ①－ ②目付 ③40人4俵→100 ⑤(改)西右衛門 |
| 松居安次郎 | 9 | 嘉永 2. 12. 15 | 嘉永 5. 2. 15 | ①弘道館素読方 ②南筋川除 ③120 |
| 高田松太郎 | 2 | 嘉永 3. 1. 21 | 安政 2. 3. 29 | ①－ ②千田谷屋敷留守居加 ③26俵3人 ⑤(改)三郎兵衛、役料10俵 |
| 森杢平 | 4 | 嘉永 3. 4. 24 | 嘉永 4. 3. 1 | ①（普請作事・長屋・大組支配） ②千田谷屋敷留守居加 ③100 ④嘉永3. 5. 15まで作事 |
| 青木矢柄 | 6 | 嘉永 3. 6. 8 | 嘉永 6. 2. 15 | ①－ ②用米蔵 ③40俵4人→120 |
| 佐藤貞之丞 | 7 | 嘉永 4. 3. 14 | 安政 4. 4. 1 | ①弘道館素読方 ②櫛 ③40人4俵 |
| 寺倉道太郎 | 3 | 嘉永 4. 4. 15 | 嘉永 4. 9. 9 | ①－ ②弘道館手跡方 ③40俵4人 |
| 脇重郎兵衛 | 8 | 嘉永 4. 4. 17 | 嘉永 6. 2. 25 | ①弘道館素読方 ②南筋代官 ③200 ⑤(改)十郎兵衛 |
| 高野瀬喜介 | 8 | 嘉永 4. 5. 16 | 嘉永 4. 9. 1 | ①－ ②北筋川除 ③130 |
| 今村他門次 | 7 | 嘉永 4. 6. 15 | 嘉永 6. 2. 28 | ①弘道館手跡方 ②櫛 ③70俵6人 |
| 渡辺重右衛門 | 5 | 嘉永 4. 9. 9 | 嘉永 7. 1. 21 | ①弘道館素読方 ②松原蔵 ③70 ⑤(改)十右衛門、役料20俵 |
| 島田左次右衛門 | 10 | 嘉永 4. 9. 9 | 嘉永 7. 10. 1 | ①弘道館素読方 ②用米蔵 ③100 |
| 奥平源八 | 7 | 嘉永 4. 10. 1 | 安政 2. 6. 21 | ①－ ②納戸 ③110 |
| 大洞銅蔵 | 7 | 嘉永 5. 3. 15 | 嘉永 6. 8. 15 | ①素読方 ②素読方 ③26俵3人 ⑤役料10俵 |
| 西村文太夫 | 11 | 嘉永 5. 4. 8 | 安政 2. 11. 30 | ①素読方 ②皆米札 ③5人 ⑤役料15俵 |
| 河手弥一郎 | 7 | 嘉永 5. 9. 11 | 嘉永 7. 9. 1 | ①－ ②大津蔵目付・松原蔵 ③200 |
| 吉原藤八郎 | 5 | 嘉永 5. 9. 15 | 安政 2. 6. 1 | ①右筆 ②買上物改証判 ③40俵4人 ⑤役料10俵 |
| 松居礒右衛門 | 9 | 嘉永 5. 11. 7 | 嘉永 5. 11. 7 | ①（普請着到付） ②（普請着到付） ③80 ④普請着到付 ⑤内目付助役 |
| 浅居忠兵衛 | 5 | 嘉永 6. 1. 15 | 嘉永 6. 9. 14 | ①弘道館手跡方 ②足軽着到付 ③70 |
| 三岡平五郎 | 10 | 嘉永 6. 1. 20 | 安政 3. 12. 15 | ①－ ②納戸 ③100 |
| 五十嵐半次 | 9 | 嘉永 6. 2. 7 | 安政 3. 7. 4 | ①櫛 ②北筋代官・用米蔵・松原蔵 ③150 |
| 渡辺九郎左衛門 | 10 | 嘉永 6. 3. 9 | 嘉永 6. 9. 14 | ①弘道館素読方 ②侍着到付 ③150 |
| 西村平八郎 | 5 | 嘉永 6. 4. 15 | 安政 5. 4. 15 | ①－ ②音信 ③50 |
| 閑野惣太夫 | 8 | 嘉永 6. 8. 12 | 嘉永 7. 6. 15 | ①－ ②納戸 ③250 |
| 広瀬猪三郎 | 7 | 嘉永 6. 8. 15 | 嘉永 7. 9. 15 | ①－ ②留書役 ③26俵3人 |
| 山本丈三郎 | 1 | 嘉永 6. 10. 15 | 安政 2. 11. 15 | ①弘道館素読方 ②免 ③40俵4人4 |
| 花木伝之丞 | 8 | 嘉永 6. 10. 15 | 安政 4. 8. 1 | ①弘道館素読方 ②鷹餌割・鳥札 ③100 |

| 姓　　名 | 代 | 就任年月日 | 退任年月日 | ①前役 ②後役 ③知行高 ④兼役 ⑤その他（改称、役料など） |
|---|---|---|---|---|
| 平山勇治 | 6 | 嘉永 7. 5. 4 | 安政 3.10. 3 | ①右筆 ②没 ③7人 ⑤役料15俵 |
| 佐藤半左衛門 | 8 | 嘉永 7.10. 8 | 安政 3. 7. 1 | ①－ ②中筋代官・用米蔵・松原蔵 ③200 |
| 竹原七良平 | 9 | 嘉永 7.10. 8 | 安政 3.12. 1 | ①－ ②弘道館諸用 ③120 |
| 齋藤惣三郎 | 11 | 嘉永 7.10. 8 | 安政 7. 1. 3 | ①－ ②鷹餌割・鳥札 ③8人→80 ⑤役料15俵 |
| 石尾太右衛門 | 9 | 安政 2. 1.11 | 安政 3. 9.18 | ①－ ②願免 ③40俵4人→170 |
| 佐藤錧次郎 | 1 | 安政 2. 4.29 | 安政 6.12.12 | ①－ ②音信 ③26俵3人 ⑤(改)求馬、役料10俵 |
| 中山文太郎 | 4 | 安政 2. 6.21 | 安政 3.11.15 | ①－ ②買上物改証判 ③40俵4人 |
| 山口十次兵衛 | 8 | 安政 2. 7.12 | 安政 6. 6.22 | ①－ ②普請着到付 ③80 ⑤役料20俵 |
| 今村八郎右衛門 | 3 | 安政 2.11.30 | 安政 5.11.15 | ①－ ②納戸 ③200 |
| 林田縫殿 | 9 | 安政 2.11.30 | 文久 1. 7.19 | ①－ ②竹 ③80 ⑤役料20俵 |
| 埴谷助八郎 | 12 | 安政 2.12.20 | 文久 2. 5. 6 | ①士着到付 ②普請着到付 ③90 ⑤役料20俵 |
| 岩崎喜千介 | 4 | 安政 3. 1. 3 | 安政 4.12. 2 | ①弘道館手跡方 ②買上物改証判 ③40俵4人 |
| 大泉兵次郎 | 7 | 安政 3. 4.22 | 安政 5. 5.12 | ①右筆 ②充真院様付人 ③26俵3人→100 ⑤役料10俵 |
| 山本運平 | 5 | 安政 3. 4.22 | 安政 5. 6. 1 | ①音信 ②案詞奉行 ③200 |
| 三宅虎之介 | 9 | 安政 3. 4.22 | 安政 6. 8. 7 | ①－ ②音信 ③110 ⑤(改)角左衛門 |
| 小原春平 | 2 | 安政 3. 8.15 | 文久 3. 3.28 | ①買上物改証判 ②賄加役 ③40俵4人 ⑤役料10俵→25俵 |
| 松本伝兵衛 | 6 | 安政 3.11.14 | 安政 6.10. 5 | ①－ ②普請作事 ③150 |
| 高野吉五郎 | 9 | 安政 3.11.18 | 安政 5. 6. 3 | ①弘道館手跡方 ②南筋代官・用米蔵・松原蔵 ③130 |
| 山崎半左衛門 | 5 | 安政 3.12.15 | 慶応 4. 4.22 | ①弘道館素読方 ②砂千代様付人・賄 ③40俵4人 ⑤役料10俵 |
| 海老江勝右衛門 | 10 | 安政 4. 3.15 | 安政 7. 1. 3 | ①弘道館手跡方 ②納戸 ③11人→140 |
| 水上勘兵衛 | 8 | 安政 4. 3.15 | 文久 2. 5. 6 | ①弘道館素読方 ②納戸 ③120 |
| 吉原藤八郎 | 5 | 安政 4. 4.15 | 慶応 4. 4. 2 | ①買上物改証判 ②弘道館手跡方 ③40俵4人→55俵4人 ⑤役料10俵→25俵 |
| 成瀬九右衛門 | 3 | 安政 4. 6. 1 | 文久 3.12. 1 | ①買上物改証判 ②皆米札 ③56俵6人→56俵6人 ⑤役料25俵 |
| 岡本半右衛門 | 9 | 安政 5. 1.21 | 文久 2. 6.21 | ①－ ②細工・弓矢預加 ③150 |
| 鈴木久五郎 | 1 | 安政 5. 6. 5 | 安政 6.11.26 | ①－ ②右筆 ③26俵3人 |
| 横山彦之進 | 9 | 安政 5. 6. 5 | 万延 2. 1.15 | ①－ ②賄 ③110 ⑤(改)彦右衛門 |
| 荻原市之丞 | 11 | 安政 5. 6.18 | 文久 2. 6. 1 | ①－ ②鉄砲玉薬 ③26人3俵→100 ⑤役料10俵 |
| 西村文太夫 | 11 | 安政 5. 7.28 | 万延 1.11.15 | ①皆米札 ②櫛 ③5人 ⑤役料15俵 |
| 辻平内 | 9 | 安政 5.12.30 | 文久 3.12. 8 | ①弘道館素読方 ②金 ③150 |
| 佐藤文平 | 8 | 安政 6. 8.10 | 文久 2. 8.22 | ①足軽辻着到付 ②没 ③100 |
| 山角伍平 | 8 | 安政 6.10.23 | 文久 2. 9. 3 | ①奥右筆 ②鉄砲玉薬奉行 ③26人3俵→100 |
| 木下荘次兵衛 | 4 | 安政 6.12. 6 | 文久 2. 6. 4 | ①－ ②音信 ③70 ⑤(改)周吉 |
| 相馬三平 | 5 | 安政 6.12.14 | 元治 2. 3.14 | ①－ ②鉄砲玉薬 ③26俵3人→130 ⑤(改)右平次、役料10俵 |
| 青木津右衛門 | 7 | 万延 1. 3.30 | 文久 4. 1.25 | ①－ ②北筋代官・用米蔵・松原蔵 ③140 |
| 堀小伝次 | 8 | 万延 2. 1. 2 | 慶応 1. 9. 1 | ①－ ②目付 ③40俵4人→100 |
| 飯田平蔵 | 3 | 万延 2. 1.28 | 慶応 1. 5. 1 | ①－ ②音信 ③26俵3人 ⑤役料10俵 |
| 堀久右衛門 | 4 | 文久 1. 8. 5 | 明治 1.11.29 | ①－ ②議行局六等執事蔵証判掛 ③40俵4人 ⑤役料10俵 |

| 姓　　名 | 代 | 就任年月日 | 退任年月日 | ①前役 ②後役 ③知行高 ④兼役<br>⑤その他（改称、役料など） |
|---|---|---|---|---|
| 大和田七郎左衛門 | 10 | 文久 1.11.21 | 文久 4. 1.25 | ①弘道館素読方 ②普請着到付 ③110 |
| 向坂市右衛門 | 9 | 文久 2. 6.21 | 慶応 1.11.24 | ①侍着到付 ②鳥毛中間頭 ③100 |
| 熊谷喜兵衛 | 9 | 文久 2. 6.21 | 慶応 2.11. 5 | ①－ ②鉄砲・玉薬 ③110 ⑤(改)太郎兵衛 |
| 梅原岡之丞 | 6 | 文久 2. 7.21 | 文久 3. 4. 8 | ①－ ②内証付人 ③40俵4人 |
| 岡田鉦次郎 | 7 | 文久 2. 7.23 | 慶応 1.11.16 | ①右筆 ②直勤書記 ③6人→50 ⑤役料15俵 |
| 平山常次郎 | 7 | 文久 2. 8. 8 | 明治 2. 9. 2 | ①－ ②禁錮 ③6人 ⑤役料15俵 |
| 今村市十郎 | 9 | 文久 2. 9.15 | 文久 3. 3. 8 | ①－ ②目付 ③130 |
| 石黒伝右衛門 | 8 | 文久 2. 9.15 | 文久 3. 7. 4 | ①－ ②目付 ③100 |
| 秋山喜八郎 | 6 | 文久 2.10. 2 | 文久 3. 2.11 | ①－ ②没 ③60 |
| 山本鑓之介 | 9 | 文久 3. 3.26 | 明治 1.11.29 | ①－ ②免 ③26俵3人→110 ⑤役料10俵 |
| 山本鑓之助 | 1 | 文久 3. 3.26 | 年月日未詳 | ①－ ②－ ③26俵3人 |
| 沢村益二郎 | 7 | 文久 3. 4. 8 | 元治 1.10.15 | ①弘道館素読方 ②目付 ③130 |
| 柏原惣左衛門 | 10 | 文久 3. 4. 8 | 慶応 1.11.24 | ①足軽辻着到付 ②普請着到付 ③100 |
| 河手藤一郎 | 5 | 文久 3. 8.14 | 慶応 3. 3.26 | ①城中并十一口着到付 ②皆米札 ③150 |
| 成嶋彦左衛門 | 12 | 文久 3. 8.17 | 慶応 2. 3. 1 | ①－ ②免 ③230 |
| 田中謙二 | 10 | 文久 4. 1.25 | 慶応 2.12.15 | ①弘道館素読方 ②納戸 ③130 |
| 松宮角左衛門 | 9 | 元治 1. 3.18 | 元治 1. 8.16 | ①弘道館素読方 ②目付 ③100 |
| 小野源太右衛門 | 8 | 元治 1. 3.20 | 慶応 2. 3. 9 | ①－ ②没 ③180 |
| 中川次郎左衛門 | 9 | 元治 1. 3.21 | 慶応 3. 1.15 | ①弘道館手跡方 ②用米蔵・松原蔵 ③120 |
| 田辺与八郎 | 7 | 元治 1. 9.15 | 慶応 3.10.20 | ①－ ②用米蔵・松原蔵 ③110 |
| 礒貝完六 | 10 | 元治 1.10.15 | 元治 1.11.15 | ①－ ②弘道館手跡方 ③50 |
| 上坂太兵衛 | 8 | 元治 1.11.15 | 慶応 3.10. 1 | ①－ ②鉄砲玉薬 ③100 |
| 武川厳 | 3 | 慶応 1. 5. 1 | 慶応 4.④.24 | ①－ ②免 ③70 |
| 松宮弥太夫 | 9 | 慶応 1. 5.10 | 明治 1.11.29 | ①－ ②免 ③50 |
| 牧野他家次 | 7 | 慶応 1.11.20 | 慶応 2. 7.26 | ①－ ②目付 ③50 ⑤(改)勘太夫(改称時期不明) |
| 本間九左衛門 | 9 | 慶応 1.11.20 | 慶応 3. 5. 3 | ①弘道館素読方 ②使番 ③120 |
| 高橋虎之介 | 4 | 慶応 1.11.20 | 慶応 4.④. 1 | ①弘道館素読方 ②新組頭 ③120 |
| 西村荒之介 | 3 | 慶応 1.11.20 | 明治 1.11.29 | ①買上物改証判 ②七等家執事馬廻り ③70俵6人 ⑤役料10俵 |
| 山中宗十郎 | 8 | 慶応 2. 4.15 | 慶応 3.12.16 | ①－ ②目付 ③150 |
| 内山治右衛門 | 10 | 慶応 2. 4.19 | 慶応 4. 2. 9 | ①－ ②目付 ③120 |
| 宮崎音人 | 7 | 慶応 2. 4.21 | 慶応 2. 9.19 | ①弘道館素読方 ②外交掛 ③120 ④慶応2.5.1使番 |
| 麻田十介 | 6 | 慶応 2. 5. 1 | 慶応 4.④.24 | ①－ ②免 ③80 ⑤(改)現右衛門 |
| 宮崎音人 | 7 | 慶応 2.12. 9 | 慶応 4. 3. 7 | ①外交掛 ②免 ③120 |
| 植田安太郎 | 10 | 慶応 2.12.15 | 慶応 4. 4.22 | ①弘道館素読方 ②免 ③50 ⑤役料20俵 |
| 小塙喜平太 | 9 | 慶応 3. 1.15 | 慶応 3. 3.22 | ①－ ②願免 ③140 |
| 薬袋主計 | 8 | 慶応 3. 1.15 | 慶応 3. 8. 8 | ①－ ②城中并十一口着到付 ③150 |
| 箕形惣左衛門 | 8 | 慶応 3. 3. 1 | 明治 1.11. 5 | ①－ ②願免 ③120 ④慶応4.3.5～明治1.11.5使番 |
| 宮崎甚太夫 | 10 | 慶応 3. 4.21 | 慶応 4. 2.20 | ①城中并十一口着到付 ②供目付 ③200 |
| 松居武右衛門 | 10 | 慶応 3. 9.15 | 明治 1.11.29 | ①－ ②刑法局監察方六等執事・城中十一口小役人着到　③5人 ⑤役料15俵 |
| 佐藤半左衛門 | 9 | 慶応 3.10. 4 | 慶応 4. 5.27 | ①－ ②目付 ③170 |
| 宮崎惣右衛門 | 9 | 慶応 3.10.15 | 明治 1.11.26 | ①－ ②議行局六等執事蔵証判掛 ③150 |

| 姓　　名 | 代 | 就任年月日 | 退任年月日 | ①前役 ②後役 ③知行高 ④兼役<br>⑤その他（改称、役料など） |
|---|---|---|---|---|
| 小野団蔵 | 9 | 慶応 3.12. 8 | 明治 1.11.26 | ①弘道館素読方 ②会計局六等執事樹芸方・租税方・川除 ③170 |
| 日下部弥平右衛門 | 8 | 慶応 4. 2.28 | 明治 1.12.26 | ①弘道館素読方 ②刑法局六等執事城中十一口着到付 ③100 |
| 武藤源三郎 | 7 | 慶応 4. 3. 3 | 明治 2. 1.10 | ①－ ②議行局六等執事蔵証判懸 ③250 |
| 宍戸四郎左衛門 | 7 | 慶応 4. 3.15 | 明治 1.11.26 | ①－ ②免 ③250 |
| 閑野惣兵衛 | 7 | 慶応 4. 4.13 | 明治 1.11.29 | ①－ ②免 ③70 |
| 渡辺武右衛門 | 10 | 慶応 4. 4.26 | 慶応 4. 6. 9 | ①弘道館手跡方 ②願免 ③80 |
| 渡辺倖次郎 | 8 | 慶応 4. 6. 5 | 慶応 4. 8.15 | ①文字教授 ②目付 ③90 |
| 鶴見郡司 | 6 | 慶応 4. 6.25 | 明治 1.11.15 | ①－ ②貞鏡院様付人・賄 ③100 |
| 林七左衛門 | 9 | 慶応 4. 6.25 | 明治 1.11.29 | ①－ ②免 ③180 |
| 小嶋悦太郎 | 2 | 慶応 4. 6.25 | 明治 1.11.29 | ①右筆頭 ②免 ③100 ⑤役料30俵 |
| 朽見頼母 | 1 | 慶応 4. 6.25 | 明治 1.11.29 | ①－ ②八等家執事供方 ③26俵3人 |
| 武川巌 | 3 | 慶応 4. 6.28 | 明治 1.11.29 | ①－ ②免 ③70 |
| 荻原兵輔 | 11 | 慶応 4. 7.12 | 明治 1.11.26 | ①使番役 ②免 ③100 |
| 村上十右衛門 | 8 | 慶応 4. 7.13 | 明治 1.11.29 | ①新組頭 ②免 ③120 |
| 中山源太郎 | 7 | 慶応 4. 8.28 | 明治 1.11.29 | ①－ ②免 ③70俵6人 |

# 役　職　解　題

## 1　家老役

### ①役職名の変化

役職名は、「年寄」「年寄衆」と表記される例が多いが、寛永20年（1643）頃から「家老」「家老衆」という表記が井伊直孝の御書下に用いられ始める。しかし、「年寄」の表記がなくなるわけではない。「侍中由緒帳」が編纂された元禄4年（1691）以降、役職名としての「家老役」は定着したが、家老発給文書では「老中」の表記が多く、文書の宛名には「年寄中」が用いられる例もある。正徳4年（1714）以降の誓詞文言では「家老役」となり、誓詞の宛名では「家老」となる。

家老に準じる役職として「家老見習」「家老加判」「家老加判同意心得」「家老役助」「御用部屋入り」「用番手伝」などがあり、また臨時に家老の中から「執権役（職）」が任命されることもあり、補任表ではこれらも含めた。

### ②役職就任者の構成と変遷

近世初期から軍事における騎馬組を支配する侍大将、家政を管掌する者として「年寄」が成立するが、「年寄」の職掌が分化するなかで、寛永末年頃に「家老」の呼称が始まる。しかし、近世中期以降、家老誓詞に見える職掌が確立する時期については検討課題である。

「家老役」の人員は、概ね3人～10人で推移する。通常、武役の配備から見れば、彦根藩の場合最低5人の家老が標準的人員と見られるが、在職中に後継者がいないうちに死去したり、後継者がその任に就く前に早世したために、享保20年（1735）から元文2年（1737）にかけて、本役としての家老職は木俣清左衛門（守貞）・長野十郎左衛門（増業）・中野助太夫（矩三）の3人、「御用向手伝」の西郷縫殿（員栄）を加えても4人しかいない時期があり、本役が3人の状況は、宝暦年間（1751～64）にも確認される。一方、天保6年～12年（1835～41）に、12代井伊直亮が大老職に就き、また弘化4年（1847）に彦根藩が相模湾警備を命じられて以降、「御側勤評定役」や「御備場御家老」が任命されるなど、一時期に人員増がはかられ、家老は加判などを含めると8人に増員され、安政7年（1860）の桜田事変以後には、非常事態にそなえて10人体制となったこともあった。

慶長期には、井伊谷時代からの老臣鈴木平兵衛と、徳川家康から天正期に配属された木俣清左衛門（土佐）、河手主水・西郷伊予らが年寄を占めていたが、慶長10年（1605）6月の家臣の内部抗争により、家康配属の家臣を中心とするグループが、最終的には幕府の介入によ

り旧家臣グループを代表する鈴木平兵衛の追放に成功した。当時の藩主井伊直継は、翌7月23日、木俣に対し、家中仕置き、意見具申などの家政全般を依頼した。

慶長15年、この木俣土佐の死去により、駿府より「御家中御仕置」を任されたのは、鈴木主馬と椋原壱岐の2人である。その後、椋原の死後、河手主水・松下志摩・木俣右京らが年寄に加わった。しかし、慶長19年の大坂冬の陣後、井伊直継の安中分知にともない、鈴木・松下は直継附きとなり、河手主水は親子とも討ち死にし絶家となり、木俣右京が筆頭に登るとともに、庵原助右衛門・長野十郎左衛門・中野助太夫・岡本半介らが加わる。

以後、彦根藩においては木俣家が筆頭家老の位置を占めた。木俣家は、嫡子が召し出されていないうちに先代が急死した場合、家督相続の後すぐに家老役加判に就いており、江戸時代を通じてほとんどの時期に家老役の列に名を連ねる。

彦根藩士の内、家老役についた家は鈴木家・河手主水家・木俣清左衛門家・椋原治右衛門家・庵原助右衛門・長野十郎左衛門家・西郷藤左衛門家・中野助太夫家・三浦与右衛門家・岡本半介家・宇津木治部左衛門家・脇五右衛門家・奥山六左衛門家・広瀬郷左衛門家・戸塚左太夫家・横地修理家・小野田小一郎家・松平倉之介家・西山内蔵丞家・貫名筑後家・新野左馬助家の21家である。彦根藩では、これらを含め近世中期には、30家～35家前後が「笹の間詰衆」と呼ばれ、家老・中老・用人を輩出できる家格を形成していた。中でも、木俣家の家格は別格として位置づけられ、藩政運営上、家老の体制に問題が生じたときには、とくに「執権役」「執権職」が命じられた。

最も早いものでは、寛文3年（1663）11月、木俣清左衛門（守明）が「執権役」を命じられた例があり（「井伊年譜」）、2回目は、享保3年6月28日に木俣清左衛門（守盈）が「執権職」に命じられた事例である（「貞享異譜」）。3回目は、万延元年（1860）7月1日に、家老木俣清左衛門（守彝）が「執権職」を命じられた例である（「侍中由緒帳」）。また、守彝の「執権職」は、同年8月15日に提出した「執権職誓詞」によっても確認される。「侍中由緒帳」の記述にも「家之儀は、前々より執権職相勤候先格も有之」とあり、今回の任命は先例にならったものであったとする。おそらく、寛文3年・享保3年の例などが先例とされたと考えられる。

明治元年（1868）11月、藩治職制の改革により、家老役の軍役としての役職は軍務局一等執事などに引き継がれることとなる。

### ③就役年数の特徴

就役期間は一定でないが、戸塚・横地・小野田・松平家などを除き、ほとんどが就役後、隠居による退役、死去の時期まで就役する。

### ④知行高

家老役の知行高は、950石～10,000石まで幅があるが、家老格・家老見習・家老加判などを除けば、1,000石以下であることは、嘉永5年に家老格から家老本役に就任した岡本半介

(950石) の１例のみであり、例外的である。知行高が少ない場合、役料米あるいは雑用米として500俵～1,000俵が支給される。

### ⑤前役・後役の特徴

前役は、家格により異なる。木俣・庵原・長野の場合は、当主の嫡子は中老職を経ずして家老加判になり、家督相続後、家老本役となる。宇津木家も７代目久徴のみが中老を経ずに家老加判・家老本役に就いているが、例外的である。この格式は、単純に石高との相関関係ではなく、由緒による格式も影響した。

### ⑥職務内容

まず、誓詞の内容から、第一に「御仕置」の評議、第二に意見具申、第三に「御家中城下町郷中」についての法度違反者や公事出入りの詮議および仕置きなどが掲げられている。しかも、御仕置き向き、御用相談については、同役中における評議を重視し、重要な事柄や意見が分かれた場合のみ藩主へ伺い決定すると記されている。とくに、近世後期では、国元の藩政における評議では家老評議が最も重視されていた。しかし、２代直孝から４代直興の治世では、藩主親政の色合いが濃く、国元不在の場合でも、家老中や該当役人に宛てた直書や書下により、頻繁に江戸から指令を出しており、家老はそれらの指示に随い、藩政運営を行っていた。彦根藩における政策の決定は、家老役の寄合による合議を基本として行われていたが、政治状況に応じて「執権職」を置いたことが諸史料に見られる。

家中支配については基本的に士分以上を家老、用人は歩行および奥向きと、支配分担をしていた。しかし、時期的な変化があり、享保３年９月３日の家老木俣清左衛門から目付衆へ宛てた達書によれば、勘定方の勘定小頭・平勘定人、材木奉行・作事方元締・鍛冶奉行・畳奉行・桶桧物奉行・下番頭の諸役、賄方の買物役・縄奉行・百人組小頭、蔵方の蔵目付・城米蔵手代・米計、作事方の大工棟梁・左官・瓦師小頭・瓦師、鉄砲方の鉄砲櫓元締・鉄砲張・金具師・台師、細工方の細工人などは、古来の通り「年寄中支配」としている。また、普請手代・大洞役人・京賄手代・大津蔵手代・柳瀬番人・所々山廻りは「家老中支配」、角田順了・茶道・平坊主は、「天和年中まで御家老中支配ニ候処、貞享二丑年より御用人支配ニ被仰付候」としており、支配家中の組み替えがおこなわれていた。

その他近世中期の職務の詳細は、本書史料編所収「被仰出候事共之留」を参照されたい。

### ⑦役職の勤務体制

「井伊年譜」によれば、延宝８年（1680）11月９日に「御家老寄合」の日が定められ、朔日・５日・15日・20日・25日の５回となったという。また、天和２年（1682）からは、「家老衆月番始ル」と記され、元禄11年４月５日には、家老中野助太夫（清三）が老齢のため「御用番御赦免」となり「寄合」の加判は勤めるよう命じられた記事が「侍中由緒帳」に見られることから、この時期にはすでに寄合日が定められ、加判による仕置きや裁定が下されてお

り、しかも家老の月番交替による勤務が義務づけられていたことがわかる。この月番制に関しては、幕末期まで踏襲されるが、近世後期には、月番としての「御用番」のほかに、「御勝手」と呼ばれる担当が設置された。殿中での詰所は御座の間附近の御用部屋である。幕末期の家老寄合は「御用番御用会」と呼ばれており、家老御用番宅で月6回程度の定日に行われていた。

（母利美和）

【典拠資料】

「侍中由緒帳」「用人御用留」（以上、「彦根藩井伊家文書」）、「久昌公御書写」（東京大学法学部法制史資料室所蔵）、「御用日記」「雑事記」（以上、彦根市立図書館蔵）、「直孝公直澄公直興公御書写」（那覇市所蔵「横内家文書」）、「三浦記録」（「中村達夫氏所蔵文書」）『新修彦根市史』第6巻

## 2　中老役

### ①役職名の変化

中老という役職名は、初期から幕末まで変化がない。但し、江戸幕府の用向きの際には、時宜により「家老」と称する古格であったという。

### ②役職就任者の構成と変遷

中老に就役する家は、宇津木治部右衛門家・印具徳右衛門家・沢村角右衛門家・三浦与右衛門家・岡本半介家・中野助太夫家・広瀬清兵衛家・脇五右衛門家・藤田衛門次家・戸塚左太夫家・西郷藤左衛門家・横地修理家・長野十郎左衛門家・増田次右衛門家・吉用隼之丞家・松平倉之介家・小野田小一郎家・西山内蔵丞家・貫名筑後家・内藤五郎左衛門家・河手主水家の21家（以上、就役順）に限定される。

中老には定数がなく、人員数には幅がある。2人、もしくは3人の同日補任が8例確認されるが、ほとんどが個別に補任されており、前任者と後任者との対応関係も明瞭ではない。

元禄11年（1698）以前は0人～2人のごく少数であったが、同12年11月29日の複数補任によって5人となる。しかし、その後も数は一定ではなく、中期においても0人～6人の不定数で推移している。宝暦末年以降は常時2人以上が就役しているが、幕末に向かうにつれて次第に増加し、安政期の9人を最多とする。

宝暦期までは門支配役、寛政期以降は稽古館・弘道館頭取を兼役する例が多い。

明治元年（1868）11月、藩治職制の改革により、3名のうち2名（広瀬美濃・沢村角右衛門）が議行局二等執事（組立外士歩行御目見以下二字帯刀之者共支配組頭）に、印具徳右衛門が軍務局二等執事（大砲組頭）に任じられた。

### ③就役年数の特徴

就役期間は一定ではないが、過半数が10年未満である。１年未満の短期就役者が６名存在する一方で、明和３年（1766）11月１日に就役し、寛政11年（1799）３月４日に隠居により退役する広瀬平馬のように、32年強の長期に及ぶ就役者もある。

### ④知行高

前期は2,000石～3,000石、中期以降は1,000石～4,000石の家の者が就役した。

宝暦８年（1758）に、中老役在役中は笹之間詰の上座、退役後は笹之間に着座することが決められた。なお、小溜席の家は、常式は小溜席、役儀については笹之間の席順に準ずることを命じられている。

### ⑤前役・後役の特徴

全就役者のうち、中老を初役とする者が全体の７割以上を占める。前役として、城代・(江戸）奏者番・近習・（江戸）門支配・用人・稽古館頭取・弘道館頭取・士組指図役頭があるが、用人と稽古館（弘道館）頭取が多い。

後役は、家老（家老格、家老見習を含む）が過半数を占める。常時家老の席にあった木俣清左衛門家・庵原助右衛門家・長野十郎左衛門家以外で家老に就役する家は、一旦中老を経てから家老に就役している（長野家７代、11代目は例外的に中老を経た)。また、家老以外の後役のほとんどが没、もしくは隠居である。中老役は、家老役の前役、あるいは、家によっては最終役と位置づけられていたといえる。

### ⑥職務内容

中老の誓詞には具体的な職務が記されておらず、詳しい職務内容は不明であるが、江戸幕府の用向きの場合に「家老」と称したことに示されるように、対幕府関係において、家老の職務を補佐した。

彦根においては、水火難の際の出役があげられる。前期には、城下町火災の際に町奉行や年寄中とともに出役すべきこと、後期には、家老役の数が少ない時期に水火の難が起こった場合の出役を命じられている。また、中期以降には、筋方裁許や講釈所への出座が義務づけられた。

江戸における職務としては、江戸門支配がある。これは、江戸屋敷の門の支配であり、不審者の取り締まりを第一義とした。この職務は、前期の侍中由緒帳に中老役の兼役として記されることと、中老役の誓詞に、「御中老役并御門支配被　仰付」と併記されることより、本来的には中老役とは別の職務である。中期になると、「侍中由緒帳」には中老の門支配兼役の記事がみられなくなるが、同時期の中老役の誓詞には門支配の兼任が示されている。門支配役は、中老役に付随する役であると認識されるようになり、「侍中由緒帳」に特記されることがなくなったのであろう。また、継続性は不明であるが、正保４年（1647）には、家老・用

人とともに、江戸の武具の点検を命じられている。

**⑦役職の勤務体制**

詳しい勤務体制等に関しては、彦根、江戸いずれにおいても不明である。　　（東　幸代）

【典拠資料】

「御法度類并風俗ニ付御示類」、「宝暦十一年四月二日付西郷軍之介中老役誓詞」（以上「彦根藩井伊家文書」）、「久昌公御書写」（東京大学法学部法制史資料室所蔵）

## 3　用人役

**①役職名の変化**

用人役の用例は、「侍中由緒帳」では慶長12年（1607）11月27日から就役した増田平蔵が最も早いが、一次史料からはこの時期には確認できない。しかし、寛永19年（1642）2月には「年寄中も其外用人役人」という用例が見られ、また、正保4年（1647）4月では、「近年は此元当番の年寄・中老・用人ニ吟味仕」という用例が確認される。これ以降は、幕末期まで変化はない。

**②役職就任者の構成と変遷**

近世初期は3人～5人であるが、前期以降6人～10人前後となる。知行高は300石～2,000石まで幅がある。彦根・江戸にそれぞれ3人～4人程度配置される。天保元年（1830）7月～12月頃に成立した「家中役付帳」では、8人、内1人添役となっており、文久元年（1861）には10人中、彦根5人、京都2人、江戸3人となっている。明治元年（1868）11月の藩治職制の改革により廃止された。当時の用人役は三等家執事や議行局公用方四等京公用人試補などに任じられた。

**③就役年数の特徴**

中老・稽古奉行などへ昇進するものの場合は比較的短期間であるが、隠居退役または死去まで勤め、就役年数が長い者が多い。

**④知行高**

知行取では2,000石～300石。全体的には笹の間詰衆が多いが、物頭・母衣役の士より選ばれる場合もある。知行高が800石以下の場合、50俵～500俵の役料を支給されることがあるが、本高と支給高の相関関係は一定しない。

### ⑤前役・後役の特徴

笹の間詰衆の場合、前役なし、もしくは江戸奏者・稽古奉行などが多く、物頭では、町奉行・側役・世子附人・鷹頭取・稽古奉行などがある。後役は、笹の間詰衆の場合、中老への昇進例が多い。

### ⑥職務内容

誓詞の内容から、正徳期以降では、家老に準じて藩政の評議に加わることがうかがえる。「用人御用留」では、家老御用番宅でおこなわれた御用番御用会に月6回程度の定日に出席している。ただし、評議の場において、どのような権限がもたされていたかなどの実態はいまのところ確認できない。ただし、誓詞文言からは、家老が「御家中・御城下町郷中仕置」「町人百姓公事」などを管掌するのに対して、用人には見られない。

一方、用人には家老の職務には見られない奥方向きの支配が挙げられていることが注目される。「用人御用留」によれば、①藩主が勤める井伊家の廟所清凉寺への月次代拝の助役を勤めること、②耀鏡院様（十二代井伊直亮後室）への朔日当日祝儀の惣代・七夕定式の使者を勤めること、③奥向御庭・尾末町北御屋敷の見廻りを毎日輪番で勤めること、などにより幕末期の実態がうかがえる。

嘉永5年（1852）頃に作成された「彦根藩職制覚書」によれば、当時の「奥方支配・諸屋敷奥方支配」として御用人衆侍座の上で誓詞をする事例としてあげられたものは、御前様御附人并公子方御叔父様御附・御賄役・守真院様御賄・御部屋様方御附・御庭奉行・御船奉行奥入・御用使役・御櫛役・若殿様御用使・御櫛役・同御抱守・御部屋様方御伽頭・量寿院様御用達・御船奉行見習などである。

また「用人御用留」によれば、歩行身分からの諸届・願書を受理したり、彼らへの申渡しを勤めるなど、歩行身分の支配を行っており、能役者・茶道・小道具役・厩役・草履取・賄役手先や、百人組中間なども支配していたことがわかる。このことは、彦根藩において近世中期以降、家老による士分以上の身分支配と、用人による歩行以下の身分支配という分掌体制が確立していたことをうかがわせる。

歩行以下の身分支配については、毎年の年末に彦根藩で行われた「暮物伺」という報償審査制度からもうかがわれる。この制度では、各役方が配下の人物の功績について、勤務状況や勤続年数、また勤務期間での功績などを書き上げた書類を用人に提出し、用人は、提出された書類を審査するため、目付に対して人物評価や昇進・報償の先例比較を依頼し、その結果により用人が裁定した結果を家老へ提出するという手続きがとられた。その際、用人に対して提出されたものは、現存するものからは士分以上の身分はなく、歩行以下のものばかりであった。また、わずかに伝存する士分についての「暮物伺」では家老宛となっていることから、家老・用人による身分支配の分掌が確認される。

ただし、用人は歩行以下すべてを支配するのではない。たとえば、家中出頭の指上は、七十人歩行へは旗奉行から伝達しており、また、足軽は基本的に物頭が支配した。

このほかの職掌では、①家老と連携して鉄炮・大筒を管理すること、②御賄を経て届けられる水死人の御番人からの届を受理し、家老にも届けること、③家老から発令される家中触れなどの触伝達に際し、まず用人中へ出され、母衣役の田中惣右衛門（母衣役）へ戻すことが指摘できる。

また、由緒帳の記事からうかがえる用人役が勤めた臨時御用は、勝平次右衛門家の場合、6代目歳治が家中煩改御用懸・御留守中御普請頭取・御弥恵様結納婚礼御用向（庵原助右衛門相談）・7代目歳因が庭五郎様前髪取御用懸・8代目歳行が量寿院様御供・悌之丞様引越御用懸・充姫様婚礼御用など、内藤五郎左衛門家の場合、6代目信秀が御前様御産御用・7代目信文が尊姫様婚礼御用・井伊直元婚礼御用・鉄三郎様元服御用など、基本的に藩主子弟の人生儀礼などにかかわることが多い。

**⑦役職の勤務体制**

勤務は、近世後期には月番制をとり、殿中での詰所は表御殿内の用人詰所、江戸上屋敷の詰所である。職掌範囲では、家老が管掌する「御家中・御城下町郷中仕置」「町人百姓公事」は、用人には見られない。

（母利美和）

**【典拠資料】**

「久昌公御書写」（東京大学法学部法制史資料室所蔵）、「用人役誓詞」「御留守御用留」「用人御用留」「暮物伺」「彦根藩職制覚書」「家中役付帳」（以上、「彦根藩井伊家文書」）

## 4　側役

**①役職名の変化**

「側役」の用例は、「由緒帳」では正徳3年（1713）に任命された八木原半六（太郎右衛門）から役職名としてあらわれる。誓詞では正徳4年6月18日・同年12月19日に杉原惣左衛門らが提出したものに「御近習御奉公御側向之御用」と記され、正徳5年10月11日附の包紙には「御側役誓詞」と記される例が最も早い。これより先、元禄10年（1697）8月19日に小野田小介が城使役から「御奥詰並」、元禄10年8月29日に杉原惣左衛門が城使役から「小野田小介同前ニ御奥詰並并御右筆所御用」を命じられている。また元禄15年に城使役から「近習」に任命された犬塚十左衛門、正徳2年に奏者番役から「奥詰役」に任命された今村忠右衛門の両人は、退役・死去の際の記事によれば「御側役」を勤めていたとあることから、当初は「奥詰」「近習」と呼ばれていた役職が、正徳3年～5年前後に「側役」の役職名に定まったと推定できる。

「貞享異譜」では、天正期に椋原主馬が初代井伊直政の「御側役」として記載されるなど、側役が近世初期から前期にかけて散見するが、これらは後世に付与された可能性もあり、補任表には採用していない。また近世後期には、側役の職務に用人役や評定役の職務を加えた

「側用人役」・「側勤評定役」が一時期成立する。

### ②役職就任者の構成と変遷

側役に繋がる役職は、「奥詰」と考えられ、元禄10年8月に成立する「奥詰」への就任者は「奏者番役」「御用取次役」などであった。これらは、側役成立以降は、側役就任者の中から任命されており、これらの役職に藩主の側近としての役割を加え、元禄10年以降「奥詰」と呼ばれ、正徳3年～5年頃に「側役」と呼ばれるようになったと考えられる。元禄10年には藩主井伊直興が「大年寄」(大老)を命じられた年でもあり、側役の成立は大老就任との関係も考えらる。

側役の任命は、その職務内容から藩主の代替わりにより変動する傾向にある。たとえば、井伊直通が家督相続した翌年の元禄15年には、犬塚十左衛門が「近習」に任命され、正徳2年～5年にかけての異動は、藩主を再勤した井伊直興(直該)から直惟への家督相続に際して行われたものと考えられる。とくに、この正徳年間の動きは、井伊直興が新藩主直惟の資質に対して不安を抱いていた時期でもあり、正徳4年には庶子直定を新田藩として分知させている。

直惟の治世中、享保4年(1719)頃から人員は漸次強化され5人となった。享保8年12月には、中村・平山・山本の3人が直定附き側役となるが、これは享保19年10月、直定が直惟の世子となったため、小納戸役に役替えとなる。その後は、天保2年(1831)までは藩主附き3人～6人、世子附き2人～3人で推移したが、天保2年12月、12代井伊直亮が御用部屋入りを命じられたあと2人増加し、藩主附き、世子附き合わせて10人～13人の体制となる。また弘化年間に、側勤評定役が一時任命され、家老評議に加わった。しかし、嘉永3年(1850)、井伊直弼が家督を嗣ぐと、側役は減員され、安政2年～3年(1855～56)の8人を除き、藩主附き6人体制となる。安政7年、直弼の死去後は3人～4人になり、明治元年(1868)11月、藩治職制の改革により、「側役」の役職はなくなり、当時の側役は三等・四等家執事などに任じられた。

### ③就役年数の特徴

就役期間は一定でなく、高禄のものが用人に役替えになる場合は比較的短く、その他は、願いによる退役、隠居退役または死亡など終生務めるものは長期間になる場合が多い。

### ④知行高

知行取では最低100石から最高1,500石(小野田織之丞:側用人)まで、かなりの幅がある。全体的には、300石～700石の物頭の家格の就任者が多い。役料は、近世中期には300俵を支給される例もあるが、ほとんどは50俵～100俵であり、また本高の高低と支給高の相関関係は見られない。

### ⑤前役・後役の特徴

成立期の前役は城使役が多いが、全体的には小納戸役47人と３分の１程度を占め、筋奉行11人、目付役（評定目付役を含む）９人、城使役８人、町・寺社奉行７人、庶子等の附人７人、中屋敷留守居役３人と続く。小納戸役が多いのは、藩主側近として、小姓から藩主の道具および手元金管理などにあたった小納戸役と長年側近く仕えたものが、藩主との意思疎通に適していたからであろう。一方、筋奉行、町奉行などの民政支配を担当したものは、領地支配での実績を認められたためであろう。

また天明４年（1784）・寛政４年（1792）に見られる、評定目付役からの登用は注目される。井伊直幸は宝暦７年（1757）から着手した一連の藩政改革の中で、徂徠学派の野村東皐を中心とした下級藩士層から有能な人材を登用していった。安永10年（1781）に設置された評定目付役の任命もその一つで、家中・領内への倹約令の徹底を促すために登用された人材の中には、西尾隆治・横内円次など、野村一門の人材が含まれ、側役へ抜擢されることとなった。嘉永４年（1851）の目付役三浦・安藤の側役への登用も、下級藩士層からの人材登用のあらわれであった。

後役は、高禄の就任者は、家督相続前の役職として任命される例が多く、家督相続後、多くは用人役へ役替えとなる。その他では、藩校の奉行や物主８人、筋奉行８人、町奉行４人、庶子附役４人と続く。全体としては、願による退役、隠居、死亡を合わせると60人と約半数を占め、就任後、終生側役を全うしたものが多い。

### ⑥職務内容

誓詞には、①「御判紙」を念入りにすること、②御用向きについて同役をはじめ「御家老衆・御用人中・御城使・御奏者・御右筆方」の諸役人らと相談し、意見具申をおこなうこと、③「児小姓衆」の監督指導、奥向きへ召された際には女中衆の行動を監視することなどが挙げられている。しかし、「側役日記」によれば、藩主から家老・用人・中老・小溜・小納戸・小姓他、側勤めの者や奥向きへの諸御用の伝達、諸藩士から藩主への上申・御礼などの取次、諸社寺参詣・鷹狩りなどの御出かけの御供や先詰、殿中での諸儀礼の差配、御座之間などでの対面の際の侍座なども見られ、藩主側近として身辺の差配を行っていたことがうかがえる。

### ⑦役職の勤務体制

勤務は、毎日の藩主の行動を記録した「側役日記」では１人ずつ日替わりの輪番で記録している。宝暦６年の例では、昼八時に交替し「八ツ番」を勤め、「泊り番」をした翌日の昼八時までを「当番」として勤めた。殿中儀礼・外出などの際には、惣出となり側供・先詰などを分担して勤めていたと考えられるが、日々全員が出務していたかどうかは不明である。殿中での詰所は、国元では表御殿内の側役詰所、江戸では上屋敷内の詰所である。

（母利美和）

【典拠資料】

「貞享異譜」「側役日記」「側役誓詞」（以上、「彦根藩井伊家文書」）、「諸御役所　二」（「中村達夫氏所蔵文書」）

## 5　町奉行

### ①役職名の変化

町奉行がいつ制定されたのかは不明であるが、「侍中由緒帳」では、元和元年（1615）8月に没した大久保新右衛門が当役職に就任した人物として記録されている。しかし、史料上でその名称を確認できるのは、「久昌公御書写」正保3年（1646）10月22日の記事が現在のところ初見である。

### ②役職就任者の構成と変遷

町奉行就任者は75名を数えることができるが、元禄12年（1699）閏9月1日以降の就任者数は64名である。この中には補任されて後、いったん免じられて他役などを経験し、再度当役に補任された者も数に含まれている。寛文8年（1668）2月24日、木俣源閑が木俣清左衛門にあてた「覚」（「木俣留」）によれば、内山太左衛門を彦根ならびに長浜町奉行に推薦しているが、そこでは「たいあん様（井伊直政）・右近様（井伊直継）・直孝様御代之町奉行之儀、清左衛門可申上候、三千五百石ゟ千石被下候ものともニ而御座候」とあり、当役の設置当初には高禄の1名が補任されたと思われる。しかし、その後、当分町支配を任じられていた小野田小一郎が病気のため元禄8年4月14日に当役を免じられ、翌日、宇津木三右衛門・藤田勝右衛門が当分町方支配を命じられた。そして、同12年閏9月1日に一瀬九左衛門・宇津木三右衛門に役料100俵を支給するとともに、寺社奉行兼帯を命じられてからは、原則的には2名補任される体制となった。

明治元年（1868）11月、藩治職制の改革により、当時の町奉行就役者は、総教局三等執事に任じられた。

### ③就役年数の特徴

就役期間は、10年を超える者が14名いる一方、2年未満の者も20名いる。初期には寛永4年（1627）～寛文8年の長期にわたって補任されていたと伝えられている大久保式部は例外として、元和2年～寛永20年と補任された秋山忠兵衛が長いものである。就・退任の年月日が判明する例では、宝永2年（1705）7月18日～享保8年（1723）1月28日に補任された藤田四郎左衛門が最も長期にわたり就任している。短い例では、万延元年（1860）閏3月15日に隠居の身から補任されたが、僅か2ヶ月足らずで死亡退任した浅居朋道のような例もある。

### ④知行高

知行高は、250石～500石前後の者がほとんどであるが、元禄期以前の就任者には1,000石を超える者も見られる。

### ⑤前役・後役の特徴

前職としては筋奉行が多く、後職としては没・隠居の者が目に付く。このことから、比較的年齢の高い者が補任される職であったものと推測される。

### ⑥職務内容

当役は、彦根城下町・長浜町の仕置が重要な職務であったが、郷中仕置を担当する筋奉行との連携が求められていた。町奉行は長浜町奉行を兼帯する形であったが、長浜町にも町奉行所は設けられておらず、町奉行も長浜町に出張することもなかった。それゆえ、長浜町の一般的な行政は、長浜町年寄の手に委ねられていた。

町奉行職に課された主要な職責である町方仕置の中心をなすものの一つは、公事訴訟の裁許と吟味筋の審理・裁決であった。これらの職務を私宅で実施することは許されず、常に勘定場で実施するように義務付けられていた。裁許日は毎月２・６の日であり、町奉行・筋奉行が全員出座することとされていた。また、不時の公事出入の取り捌きや吟味筋の裁決、重要な申し渡しがある場合には、目付衆が立会うこととされた。紛争解決に際しては、当筋元締役・伴役が全員出座し、目付方下役・支配代官が板縁に罷り出、訴訟人・相手方は広庇下白洲に揃い審理・裁許を行った。吟味筋を裁決するにあたっては、事前に家老中に伺いを立てて指示を受けたが、死罪執行の場合は、藩主が家老中に指示を行い、家老中から奉行・目付に実施の命令が下された。

### ⑦役職の勤務体制

元禄12年閏９月１日より、原則として町奉行は２名体制が導入された。当役は、町同心・牢番頭・下役の足軽を指揮系統に置き、月番交代で職務にあたった。町方居住の代官もまた、当役の支配下に置かれていた。町奉行所の建物は存在せず、両町奉行は毎月寄合日を５・６度ほど設け、交代で双方の役宅において協議を行った。　(宇佐美英機)

【典拠資料】

「町奉行誓詞」(那覇市所蔵「横内家文書」)、「筋方用務留」(「彦根市立図書館郷土資料」)、「木俣留」(「中村達夫氏所蔵文書」)

# 6　筋奉行

## ①役職名の変化

筋奉行は、彦根藩成立期から幕末まで設置され、役職名に変化はなかった。

## ②役職就任者の構成と変遷

筋奉行の就任者の構成は、彦根藩成立期については史料的限界から不明であり、構成が判明するのは寛永期以降である。

初期の筋奉行は、後の勘定奉行の職務内容を併せ持っており、寛永期には就役者数は3名（各筋を1名が担当）である。承応3年（1654）に勘定奉行が単独の職として筋奉行から分離し、これ以降、就役者数は6名（各筋を2名ずつが担当）となる。就役者数が6人の体制は幕末まで続くが、4名もしくは5名、7名が就任している時期も一時的に見られる。

元禄12年（1699）の筋奉行は、後閑新兵衛・藤田四郎左衛門・大根田猪右衛門・閑野源左衛門の4人体制であったが、後閑と閑野が閉門に処せられ、9月1日に正木舎人が筋奉行に、湯本弥五介・石黒伝右衛門・久野角兵衛が筋奉行加役となり、本役3人、加役3人の6人体制となった。後閑・閑野が閉門となった直接の原因は、犬上郡にある男鬼山（中筋）の草柴刈取争論に関する不吟味である（詳細は本書論文編参照）。この一件を契機として行われた機構改編では、目付役から筋奉行へ役替えが初めて行われ、筋奉行加役が初めておかれた（湯本・石黒）。争論の裁許については、担当の筋奉行による裁許から、筋奉行全員の合議による裁許へと変化している。また、元禄12年9月には目付役・町人代官・勘定奉行の機構も変化しており、この機構改編は藩全体における機構改編の一環であった。これ以降、宝永8年（1711）まで、本役3人、加役3人の6人体制となる。

宝永8年の筋奉行は、山下弥惣兵衛と、筋奉行加役の湯本弥五介・石黒伝右衛門・稲垣弥五右衛門、計4人であった。3月16日には一瀬九左衛門、3月21日に浅村理兵衛・今村源之進が新たに筋奉行となり、21日には加役であった湯本ら3名が本役となる。一時的に本役7人体制となるが、4月21日に山下が役免になり、本役6人体制となる。これ以降、宝暦6年（1756）までこの体制が続き、加役に任じられた者はいない。

享保8年（1723）2月15日には2名が退役して新たに3名が就役したため、6人体制から7人体制（中筋が3人）へと変化した。7人体制は、中筋の水上六郎右衛門が退役する享保9年12月10日まで続いた。水上は、享保2年から享保5年に生じた、大津百艘船と彦根三湊（松原・米原・長浜）との争論において、大津蔵奉行の立場で事態収拾を図った人物である。詳細は不明であるが、争論の影響による機構改編とも考えられる。

宝暦6年の筋奉行は、6人体制であったが、閏11月28日に3名が退役し、12月15日に3名が新たに筋奉行加役となる（本役3人、加役3人の6人体制）。これ以降、安永7年（1778）

まで6人体制が続くが、加役は、人数が1人～2人の時期もあるものの常置される。

安永7年の筋奉行は、本役5名・加役1名の6人体制であったが、6名全員が8月7日に役儀取上となった。安永6年4月には、彦根藩と郡山藩の領民が草刈場と堤の権益をめぐって京都町奉行所で訴訟が行われるという愛知川騒動がおきた。6名の退役は、騒動の不吟味が理由であった。8月7日、本役3名、加役3名が新たに筋奉行に就役し、再び本役3人、加役3人の6人体制となった。これ以降幕末まで原則として6人体制が続くが、加役3人体制は次第に崩れていき、加役は必ずしも常置されていない。

寛政12年（1800）の筋奉行は、6人体制であった。3月24日に1名が退役し、1名が加役に就役した。同日、3名が担当の筋を組み替えられた。機構改編の理由については不明である。

弘化4年（1847）から嘉永2年（1849）の間、相州警衛にかかわる村替により南筋の一部が彦根藩領ではなくなり、文久2年（1862）の10万石減知の際には、南筋・北筋の一部が上知となり、中筋・北筋の一部が預所となった。所領の変化にともなう機構の改編はなかった。

明治元年（1868）の筋奉行は杉原此面・石原甚五右衛門・武笠清右衛門・渡辺弥五左衛門・安中半右衛門の5名であった。11月29日には杉原が議行局三等執事社寺郡市治掛となり、石原が議行局四等執事社寺郡市治掛りに、武笠が総教局三等執事に、渡辺が刑法局三等執事鞫獄補亡掛に、安中が議行局三等執事社寺郡市治掛となる。この日を以て筋奉行が廃止された。

筋奉行廃止後の免定（明治元年11月30日付）は、杉原・石原・武笠・渡辺・安中の5名が発給している。このうち杉原・石原・安中の3名は押印しているが、武笠・渡辺の両名は「転役ニ付無印」との注記があり押印しておらず、明治元年に免定を発給したのは杉原ら3名である。明治元年11月29日を以て筋奉行の職務内容は議行局三等・四等執事社寺郡市治掛へと移管された。

### ③就役者の特徴

正確な就退任年月日が判明する元禄以降では、就任年数は10年を超えない者が大半であり、就任期間が3年に満たない者も多く見られる。10年を超える長期就任者は、元禄4年から宝暦6年まででは7名、宝暦6年から享和元年（1801）まででは13名、享和元年から幕末までは8名である。

### ④知行高

就役者の知行高は、300石台の事例が最も多い。800石以上の者は承応3年以前に限られる。

### ⑤前役・後役の特徴

就役者の前役・後役の傾向について述べる。宝暦以前は前役がなく筋奉行に就任する者が多く見られるが、宝暦期以降は、代官・普請奉行・側役・城使・大津蔵奉行・稽古館物主・

書物奉行・士宗門改奉行・仕送奉行など様々な役職から筋奉行へ役替えになり、傾向性は見られない。目付役が前役であるのは15名確認できる。この内14名は加役に就任している。また、川除奉行が前役である3名はいずれも加役に就任している。後役は、没・免・隠居が大部分を占めるほか、町奉行并寺社奉行へ昇進する例が多い。19世紀以降、稽古館物主・作事奉行・中屋敷留守居・馳走奉行用人添役・城使・士改奉行・武具預奉行・小納戸役・大津蔵屋敷奉行など他の役職へ転じる例が急増する。

なお、加役や添役から本役になる事例も多く見られる。

### ⑥職務内容

役職誓詞によると、郷中の検見と物成高の決定、百姓の公事出入の裁許、郷中川除普請の指示などが職務内容である。役職誓詞は、享和元年の町人代官廃止、士代官成立を受けて若干文言が変化しており、職務内容に変化があった。一つは、近江国内28万石の物成高について、享和元年以前は筋奉行と勘定奉行とが相談して決定したが、それ以降は筋奉行が勘定奉行・代官と相談の上で決定することとなった点である。2点目は、享和元年以前は町人代官と手代が郷中の差し引きや御蔵米に不届きなことがないように勤め方を監督していたが、享和元年以降は職務ではなくなる。

また、年貢免定の発給は、蔵入地の村々は町人代官（後に士代官）が、給人知行地の村々は筋奉行が行った。

詳しい筋奉行の職務内容については本書論文編および史料編を参考にしていただきたい。ここでは「筋方用務留」から宝暦期の職務内容について概述する。

百姓の公事出入の裁許日は月6日であり、町奉行・目付役が出座して評定所で裁許が行われた。なお、宝暦9年からは中老も出座した。郷中からの願書の提出先は支配代官であり、代官が当筋の筋奉行へ差し出した。享和元年以降は、郷中から筋奉行へ提出することも認められた。この場合代官が目印を押した。文化12年（1815）以降、嘉永4年まで提出先は筋奉行となり、代官が目印を押すことはなくなった。

筋奉行は、宝暦8年から郷中の宗門改奉行を兼帯し、宗門改めを行った。

その他、筋奉行の職務内容としては触の伝達などがあり、中山道4カ宿、柳瀬関所についても筋奉行の管轄であった。

### ⑦役職の勤務体制

「筋方用務留」によると、宝暦期の勤務体制は以下の通りである。筋奉行は単独の役所を持たず評定所に勤務した。通常は五ツ半時（午前9時）に出勤し、御用が済んだら退出した。筋奉行の寄合日は月6日であった。

筋奉行の下役人には、元締（2名）・手代などが史料に見え、筋奉行配下の足軽が勤めた。入牢・出牢の際には付き添いを行い、また、郷中の見分をおこなうなどの実務を担った。

（東谷　智）

【典拠資料】
「筋奉行誓詞」（那覇市所蔵「横内家文書」）、「筋方用務留」（「彦根市立図書館郷土資料」）

## 7　目付役

### ①役職名の変化

近世初期から目付役であるが、職掌の分化および拡大にともない、目付役のほかに「目付」を付した新たな役職が多く成立している。寛文年間（1661～73）には歩行身分が任じられる「歩目付」と呼ばれる「郷中見廻」を職務とした役職も設けられ、後に、この職務は天和４年（1684）に新設される「内証目付（内目付）」に引き継がれ、目付役の職務を補足する役割を担うこととなる（内目付役の解題を参照）。

### ②役職就任者の構成と変遷

目付役の人員は、時代によって２人～21人まで大きな変化がある。概ね近世初期には２人～４人、前期には８人～10人、中期から後期にかけては一時的に16人～21人となることがあるが、ほぼ12人前後で推移する。幕末期になると、17人前後と増加し、廃藩時には５人であった。また、目付役は役職人員の内、１人～２人は定江戸藩士または江戸詰であり、「定府目付」とも呼ばれた。また、宝暦６年（1756）から宝暦11年にかけて、一時的に３人～４人が彦根の別邸である槻御殿専属の「槻御門詰目付」となった。安永10年（1781）～寛政９年（1797）までと、天保13年（1842）～嘉永３年（1850）まで、目付役とは別に「評定目付役」が１人～３人任命されている。

この他、関東に所在した飛地佐野領（栃木県佐野市）を監察する「佐野目付」、大津（滋賀県大津市）に所在した藩の蔵屋敷を監察する「大津蔵屋敷目付」、城附米を保管する用米蔵、蔵入り米を保管した松原蔵を監察する「蔵目付」など、遠隔地や重要な蔵の監察の目的で「目付」を付した役職が成立している。しかし、これらの職制はまだ未解明であり、基本的に本項目で扱う「目付役」とは職制・職分を異にするものと考えられる。

目付役の人員の変動から、職制の変化を窺うと、いくつか変動の画期となる時期が見いだされる。藩政の初期は２人～４人であるが、慶安２年（1649）３月頃に一挙に４人増と倍増している。これは、同年２月に発覚した大野主馬召し捕らえに関係し、領内監察の強化にともなうものと考えられる。延宝４年（1676）には８人から12人に増員されるが、これはおそらく井伊直興の藩主就任にともなうものであろう。元禄４年（1691）６月15日には、当時９人（11人）に加えて４人が同日に新たに任命されているが、これは元禄３年から始まる井伊直興の職制改革により、元禄４年５月に編纂された「侍中由緒帳」の成立にともない、人事管理を加えた目付職務の強化と考えられる。元禄８年８月23日に新たに３人が任命された際

には16人を数えている。元禄12年８月28日には、17人の内４人が退任、７人が新たに就任し、３人増となる。この大幅な交替と増員の原因は定かでないが、この前日には、蔵入り地支配をになった代官が15人体制となっており、藩政改革の一貫として目付役増員がはかられた可能性もある。

しかし、元禄14年５月５日には５人減少となる。これは藩主直興の隠居帰藩にともない、「御目付役人御減少之内ニ被仰付」また「御金奉行役人御減少ニ付」のように、各役職人員の削減がはかられたことが原因と考えられる。享保７年（1722）８月29日、同年９月１日には７人が任命され、10人から17人に増加するが、その後、徐々に減少している。宝暦10年９月５日には、当時12人であったが、「此節御目付役御人数少ニ付、在役之内相務候通、」と槻御門目付の落合勘解由に対して着到所・講釈所出座、入札披立会を命じていることから、10数人程度が当時適正な人員と考えられていたようである。享和元年（1801）12月18日、享和２年３月５日にも７人の就任が見られるが、ほぼ同時に７人が他の役職へ異動しており、人員（12人）の増減はなく、近世中期から後期にかけては、ほぼ12人前後で推移している。

その後、天保14年には、16人に増えるが、安政５年（1858）には11人と減少している。元治元年（1864）には最も多い21人を数えるが、京都における長州藩兵の入京など不穏な情勢に対処するため彦根藩兵も警戒態勢に入るので、これに応じた可能性もある。

これらの内、最も重要な画期は、役儀重視の職制改革にともない開始された「侍中由緒帳」の編纂が開始された元禄４年である。この事業は、他藩に見られるような、代替わりや一定の時期に集中して編纂された「分限帳」・「由緒帳」とは性格を異にしており、目付役が保管し、藩主の在国に合わせて２年～３年ごとに書き継がれることに特徴がある。これにより、目付役による家中監察を強化し、「侍中由緒帳」という履歴記録による人事管理をおこなう体制となったのである。そのため、記述内容は、相続・加増・昇進・褒賞など家中の業績だけでなく処罰も含めた内容となり、しかも、その時点での各家々の履歴について、各家々が自己申告し、申告された内容について、事実関係や遺漏がないかを目付役が点検した上で、本帳に書き継ぐという方法が採られた。これによって、徹底した目付による人事管理が開始され、それにともない、目付役の職務は徹底した文書主義へと変化していくことになる。

明治元年（1868）11月の藩治職制の改革により目付役の役職は廃止され、当時の目付役は議行局五等執事書史兼、総教局六等執事、会計局六等執事営繕方・軍務局六等執事陣学方、会計局六等執事・樹芸方・租税方・川除掛兼、刑法局四等・五等執事鞫獄捕亡兼などに任じられた。

### ③就役年数の特徴

近世初期から中期にかけては10年以上の勤役年数のものが比較的多く、20年以上勤める者も少なくない。後期には３年未満の短期間で交代するものが増えている。また、目付役経験者の内、20年以上の勤役年数のものが１割程度見られ、後期には職務に熟練した役人が、多くの短期間で異動する目付役人を統括するような体制がとられていたことが推測される。

### ④知行高

知行高は、最高300石～50石まで幅がある、初期から中期にかけては300石の例が散見するが、寛政６年から文化10年（1813）まで勤めた大久保権内以降は250石以下である。役料は、知行高が少ないから支給されるとは限らず、支給高も一定しない。

### ⑤前役・後役の特徴

前役は就任者知行高の幅もあり様々であるが、普請・作事・着到付・川除・納戸役が比較的多い。寛政期以降、内目付役からの昇進例（26例）、享和以降代官からの昇進例（19例）が多くなる。また、前役ではないが内目付役の経験者が多いことも特徴である。後役は、全般的に元方勘定奉行への役替えが多いが、安永10年以降は、評定目付への役替えも多い。

### ⑥職務内容

目付役の職務内容を、誓詞により確認すると、現存する最も古い目付役就任誓詞は正徳５年（1715）４月25日付で箕形惣左衛門が提出したものであるが、幕末の慶応４年（1868）閏４月５日付の田中権二・大堀小右衛門のものまで基本的に内容は変化がない。誓詞文言によれば、目付役の職務内容は、第一に、家中衆の善悪の品を日頃監察し、御尋ねに対して依怙贔屓なく答え、家中衆の宜しからざる風聞は「内証」で家老に申達すること、また内容によっては藩主に直接申し上げること、第二に、勘定所・諸役所を監察することが規定されている。

ここには、「侍中由緒帳」などの文書主義による人事管理については明記されていないが、寛政11年７月の「己未七月万覚書」によれば、家中から当時の目付役に対して提出する文書は、婚礼届、年附、名替、馬、水火（病気忌引きにて不参）、武芸（弓師範衆古術の稽古の際の届）、遠行（木之本・他所へ出かける際の届け）、屋敷、死去届・忌引届類、義絶・遁世届類、盗賊、産穢、御刑罰（閉門・指控・追放など、親類縁者の処分についても）、見分之部、雑、の項目に部類されている。また、「諸事願届証文之案文」では、家老に提出する願書のほかに、目付役に提出する届として、馬手形（馬の所有者変更届・村預けの持馬の死亡届・持馬死去により閉門を命じられた際御免の節の届書・家督の際、親持馬の相続届）、養子届（養子養方より年附届、養子本苗帰届書）、勘当届書、縁組届（妻迎えの縁組許可後、引越の際、目付へ出頭し申述べる）、産穢届（妻などの出産の際の産穢引届・産穢明届）、倅子御帳ニ附届書、無息改名届（倅子改名届書、倅子御目見願書）、湯治届（湯治出立届書・湯治増願許可届書・湯治帰着届書）、月代歩行届書、隠居名改届書、忌引届書、忌明届書、義絶届書、和談届書、御帳除届書、二男惣領届書、伊勢出立届書、参宮帰着届書、他所親類止宿届書、他所親類帰り届書、家来欠落届書、馬市出立届書、馬市帰着届書、風邪痛所引込届書、御検見御用出郷届書、御検見出郷延期届書、永源寺参詣届書、持馬代見指出届書、江戸表出立届書、江戸表参着届書、江戸道中逗留届書などが挙げられており、徹底した文書主義の実態が確認できる。

この他、目付役の重要な役割として、家老・用人への触伝達、能役者・在京在大津・在村家中への触伝達、家中への指紙、足軽の人事管理、城下巡察、切米渡しの立ち会い、誓詞の立ち会い、年末の家中に対する行賞「暮物」について人事記録調査などがある。「彦根藩井伊家文書」中に現存する誓詞は正徳4年（1714）以後のものであるが、「木俣留」に記された寛文元年の年寄衆・親類衆・中老衆らによる起請文では、目付衆と大久保新右衛門・犬塚求之介が血判に立ち会っており、誓詞立ち会いは少なくとも近世前期から目付役の職務として位置づけられていた。

### ⑦役職の勤務体制

寄合日は、後期の例では毎月3・6・8・10の日となっていた（「己未七月万覚書」）。役所は、幕末期には京橋口御門櫓内にあり、下級藩士の誓詞血判はここでおこなわれていた（「池田愿同御用日記」）。

（母利美和）

【典拠資料】

「侍中由緒帳」（「彦根藩井伊家文書」）、「己未七月万覚書」（那覇市所蔵「横内家文書」）、「池田愿同御用日記」（彦根城博物館所蔵「池田愿同家文書」）、「諸事願書届留書」（彦根城博物館所蔵「八木原太郎右衛門家文書」）、『新修彦根市史』第6巻

## 8　勘定奉行・元方勘定奉行

### ①役職名の変化

江戸時代前期には勘定奉行、享保7年（1722）8月14日に元方奉行が設置され、この元方奉行と勘定奉行とが享保8年1月21日に合体し、名称を元方勘定奉行と称した。元文3年（1738）年4月1日、元方勘定奉行の名が廃され、ふたたび勘定奉行を称した。ついで宝暦5年（1755）8月14日に勘定奉行の元方兼帯にともない再度、元方勘定奉行と呼ばれるようになった。慶応4年（1868）8月8日、藩制改革にともない「会計御奉行」と唱替えられた。

### ②役職就任者の構成と変遷

「侍中由緒帳」によれば、山下市左衛門が元和4年（1618）に勘定奉行に就任したのが初見である。しかし、この記事は正確なものではなく、藩政初期には後の勘定奉行の職務は、筋奉行の職掌の一部であった。

寛永21年（1644）10月5日、藩主井伊直孝は、大久保新右衛門・菅沼郷左衛門・藤田四郎左衛門・松居小左衛門・松居九郎兵衛・山下市左衛門を勘定奉行とし、1年ないし半年交代で職務を遂行するよう命じた。これが彦根藩における勘定奉行の設置にあたる。この時の勘定奉行6人のうち大久保新右衛門・菅沼郷左衛門・松居小左衛門の3人は、それ以前より筋

奉行であり、藤田四郎左衛門・松居九郎兵衛・山下市左衛門の3人は、この時に筋奉行に新たに任じられたもので、全員が筋奉行であり、勘定奉行はいわば兼役であった。

承応3年（1654）9月4日、直孝は、幕府の勘定奉行所機構を参考にしつつ、これまでの勘定奉行2人に年来勘定を司ってきた「勘定之者」のうちから棟梁3人を選び加えて「詮議・吟味」することを命じ、勘定奉行を筋奉行から明確に区別した。しかし、扱うべき事柄は筋奉行と密接な関係があった。

元禄12年（1699）には、勘定奉行のあり方について検討がなされた。この時の勘定頭（奉行）の1人である五十嵐軍平は、「勘定頭・御吟味役・御目付共ニ」兼帯であり、この兼帯を解き、三浦権右衛門同様、専任とすることが問題となり、藩主と国許年寄衆との相談の結果、五十嵐は同年8月4日に勘定奉行専任となった。この背景には、財政事情が逼迫をみせるなか「今程勘定奉行所万事之要」と認識されるような状況があった。

享保7年8月14日、元方奉行が6人の陣容で成立する。本役は、元勘定の辻武右衛門（目付・勘定兼役）と元賄の一色七郎兵衛（目付・勘定兼役）の2人、兼役は賄1人、目付2人、勘定1人の計4人である。翌15日に側役の浅村理兵衛が側役兼役で元方奉行本役に就いた。さらに、同29日に兼役の4人が元方を本役とし、目付・勘定を兼役とすることとなった。

そして翌享保8年1月21日に勘定奉行と元方奉行とが合体し、名称を元方勘定奉行と称し、人員は11人を数えることになった。この元方勘定奉行の成立は藩財政運営の強化策としてとられたものといえよう。しかし、人員は翌年末には6人に半減しており、勘定奉行と元方勘定奉行の合体は、藩財政担当者の人的交代を円滑に進めるための方便ともみれる節がある。

元文3年4月1日、元方勘定の名が廃され、ふたたび勘定奉行を称することになる。さらに、元文4年5月28日には、佐野奉行を止め、勘定奉行が佐野奉行を兼帯することとなるが、寛保2年（1742）7月20日兼帯は解かれた。佐野奉行兼帯は勘定奉行全員ではないが宝暦7年11月25日から再びなされ、それ以後幕末におよんだ。

宝暦5年8月14日、勘定奉行全員に元方兼帯が命じられ、以降、元方勘定奉行と呼ばれるようになる。慶応4年8月8日には、藩制改革のなかで、元方勘定奉行は「会計御奉行」と唱替えられたが、明治元年（1868）11月の藩治職制の改革により当役は廃止された。当役就役者は会計局三等執事や、会計局五等執事出納法方穀掛り兼などに任じられた。

勘定奉行の人数は、江戸時代を通じての定数はないが、勘定奉行が独立の職となった承応期には3人、万治3年（1660）～宝永5年（1708）までは2人、宝永5年～享保元年まで3人、享保元年～享保7年まで4人～5人、享保8年1月の元方奉行との合体期の10人を越える時期は別として享保期以降、元文5年まで5人、寛保元年～文化9年（1812）まで4人、文化9年～天保8年（1837）年まで3人、天保8年～嘉永6年（1853）まで4人、嘉永7年～明治元年まで5人～6人である。

### ③就役年数の特徴

就任期間については、特に任期はなく、全時代を通じて長短さまざまである。全体として

長期間この役にあるものと2年～4年で役を離れるものに分かれ、同時期に長期就役者が2ないし3人みられ、他の就役者は相次いで交替している。こうした特徴は、享保期以降顕著となる。なお最も長期の就役は、宝暦6年12月16日に就任し、天明2年（1782）10月1日に筋方奉行本役としつつも兼役として寛政2年（1790）7月28日までこの職にあった横内次左衛門の34年である。

なお、江戸前期には、在職者が辞職してのち後任が選ばれているのに対し、後期には後任者の就任日が前任者の退任時と同日、またはわずかに先行する場合がみられる。

### ④知行高

前期は200石が通常で、在任中に250石に加増されるものもあり、さらに300石・350石となったものもみられる。享保期には初任時、150石のものがみられるようになり、延享3年（1746）ころまでは150石か200石のものが職に就いている。延享4年に熊谷太郎兵衛が100石で勘定奉行となって以降、100石から250石のものがその職についているが、150石前後がその大半を占めている。なお、後期には就任者のなかに、わずかではあるが扶持米取がみられる。

### ⑤前役・後役の特徴

承応3年の勘定奉行の単独設置以降を取り上げ、享保8年1月21日の勘定奉行・元方奉行の合体による元方勘定奉行設置時と元文3年の4月1日の元方勘定奉行の勘定奉行への名称変更における前役・後役については除くことにする。

前役は多様であるが、目付・賄役が最も多く、次いで代官・作事奉行・借用役・納戸役が続く。目付役については、宝暦年間から寛政初年までのあいだには就任者がみられない。なお、代官は士代官となる享和年間以降に限られる。

後役は、死去が最も多く、願免も死去に匹敵し、隠居を併せると3割程度となり、この職が最終役であったことを窺わせる。しかし時期的特徴として、後期には願免によるものがほとんどみられず、何らかの役に転じる者が多くなる。死去・免・隠居を除く後役は、前役同様に後役も多様であるが、比較的多いのは門番頭・城中番頭である。この職は老年まで勤めあげたものが多く任じられる職であり、老年まで勤めたことに対する恩典ともいえるものであり、隠居同様の扱いとみなしうる。このほか目付・大津蔵屋敷奉行・代官・京都留守居・賄・作事奉行などが主なものである。なお、代官は前役同様、享和年間以降に限られる。また後期の特徴としては、目付・賄・代官などで前職・後職が同じ職であることがしばしば見られる。

### ⑥職務内容

勘定奉行・元方勘定奉行は、年々の藩の予算・決算の作成、台所入・給所の年貢率の決定、小物成の勘定、改め出しの掌握、払米・両替・江戸送金、扶持米・馬扶持の支払い、藩借財の取扱など、藩財政に関わる職務の中心にあった。このほか、家老・筋奉行等で構成された

寄合に出席し、藩政全般にわたる審議に参加し、意見を述べた。

**⑦役職の勤務体制**

日々勘定場へ出、配下に勘定小頭・平勘定人を置き、彼らを指揮して諸勘定に当たった。また、寄合日には家老・筋奉行等で構成される寄合に出席した。（藤井讓治）

**【典拠資料】**

「元方勘定奉行誓詞」（滋賀大学経済学部附属史料館所蔵「青木家文書」）、「元方勘定方記録」（「彦根藩井伊家文書」）、「久昌公御書写」（東京大学法学部法制史資料室所蔵）

## 9　大津蔵屋敷奉行

**①役職名の変化**

「侍中由緒帳」では、正徳期（1711～1715）以前（水上六郎左衛門の就任記事まで）は、大津蔵奉行、大津蔵役と表記され、享保8年（1723）2月の越石次郎右衛門の就任記事以降、すべて大津蔵屋敷奉行と表記される。この名称変更には、大津蔵屋敷の位置づけが問題とされた、享保期の大津百艘と彦根三湊の争論が関係していると思われる。

**②役職就任者の構成と変遷**

近世初期の就役者の就役期間は明確でない。「侍中由緒帳」では、元和年間（1615～1623）の布下四郎兵衛が大津蔵奉行の初見となる。井伊直政が蔵屋敷を拝領したといわれる慶長5年（1600）との開きが問題となる。寛政9年（1797）5月の「大津御蔵屋鋪書留抜書」は、慶長期の大津御蔵奉行の補任者名として、市川八左衛門・金子市左衛門・薬袋左介・神山杢左衛門・勝平次右衛門の5人を掲げる。いずれも「侍中由緒帳」には記事がないが、神山杢左衛門・勝平次右衛門については、18世紀前半の大津百艘・三湊の争論史料でも、過去の大津蔵奉行として名前が挙げられることのある人物であるので、蔵奉行であるかどうかは不明であるが、大津蔵屋敷にかかわる職務に就いていたと見られる。

役職補任表の就退任記事からは、補任者の就任期間が重複する部分があるが、近世前期の当役は1人体制が基本とみてよいであろう（慶長期・元和期は不明）。

近世中期も1人体制が続くが、寛政元年7月3日、河手四方左衛門に加え、増田雅四郎が就役して以来、2人体制となった。またこの時から母衣役の者が就役することになったとされる。母衣役は軍事面での職であり、物頭（足軽大将）につぐ格である。大津蔵屋敷奉行の格があがったことがわかる。

近世後期には、原則2人体制であるが、天保8年（1837）から同12年の期間に4人、また嘉永元年（1848）から3年に3人が就いている。

明治元年（1868）11月の藩治職制の改革により当役は廃止された。大津蔵屋敷奉行就役者は議行局公用方四等大津浪華公用人会計兼に任じられた。

### ③就役年数の特徴

１人当たり就役年数は平均約５年となる。近世前期の方が全般的に就役期間が長く、中後期に短くなる傾向がある。

### ④知行高

250石と300石を中心に、100石～600石の家臣が当役に就いた。

### ⑤前役・後役の特徴

前役がない者（前役不明もふくむ）が最も多く、以下、中屋敷（江戸赤坂）留守居役・京賄役（京都留守居役）・元方勘定奉行・佐野奉行・目付役・馳走奉行・城使役・稽古館物主并書物奉行の順となる。藩の屋敷を管理で大津蔵屋敷奉行と共通する役職からの転役が多い。また、元方勘定奉行からの転役は近世後期のものが多い。

後役は、死去・隠居が最も多く全就役者の３分の１近くとなり、最終役となることが多かったことがわかる。以下、筋奉行（同加役をふくむ）、普請奉行、馳走奉行の順となる。

### ⑥職務内容

大津におかれた彦根藩の蔵屋敷の管理・支配を行った。大津蔵屋敷は、慶長５年に井伊直政が佐和山城とともに拝領したとされる。

大津蔵屋敷奉行の役職誓詞は、まだ見つかっていないので、同役への就役を命じた「御書付之写」でみておくと、大津蔵屋敷の仕置、彦根三湊（松原・米原・長浜）の船方の取扱い、大津での払米が職務として挙げられている。とくに屋敷の仕置き三湊船については、「大津屋敷の儀は届伺の筋京所司代へ相届け、指図を受け申す格式に候間、其旨を存じ、屋敷中仕置・三湊船方の儀、先格相違なく諸事大切に相勤むべく候」とあり、享保期の大津百艘船と彦根領内三湊との争論の過程で確立した京都所司代との先格を守るように命じられている。

### ⑦役職の勤務体制

寛政元年７月に、２人体制となって以降は、２人が交替で勤めた。同９年には、配下の役人として、元締役１人、手代５人、門番１人がいたことが確認できる。大津の町人若狭屋吟蔵と井筒屋貞次郎の２人が「数合役」を勤めている。また、屋敷内には「佐和山多屋」と呼ばれた問屋が置かれ、船着に到着した荷物の積み取り継ぎをおこなった。

なお、大津蔵屋敷には、知行取藩士である大津蔵目付役１人が置かれ、同屋敷の監察業務を行った。

（渡辺恒一）

【典拠資料】
「侍中由緒帳」（「彦根藩井伊家文書」）、「御書付之写」（「大鳥居總夫氏所蔵文書」）、「大津御蔵屋鋪書留抜書」（「花木家文書」）

## 10　船奉行

船奉行の構成変遷については、本書所収、東論文を参照されたい。

明治元年（1868）11月の藩治職制の改革により当役は廃止され、軍務局五等執事切通口門番頭に引き継がれた。

## 11　用米蔵奉行

### ①役職名の変化

幕府の御用米は元和3年（1617）には確認でき、この時には用米蔵及び用米蔵奉行にあたる役職が成立していたものと思われる。ただ「諸事留帳」に「享保十五年ニ公儀ゟ御用米御蔵と唱候様被仰候事」とあるように、「用米蔵奉行」という役職名は享保15年（1730）以降のことであり、それ以前は「御城米蔵奉行」と称されていた。

### ②役職就任者の構成と変遷

この役職の就任者数は江戸時代後期に変動が大きい。松原蔵奉行と同様に文化2年（1805）～同3年、嘉永7年（1854）及び慶応元年（1865）が大きな画期であった。以下、松原蔵奉行と対比させつつ、用米蔵奉行に特有の問題を中心に変化を追っていく。

享保20年から元文5年（1740）までを除き（一時的に1人か2人。「侍中由緒帳」二十四が欠本の影響か）、初期から19世紀初までは基本的に3人体制で推移する。

文化2年4月18日、松原蔵奉行の大山六平・毛利十兵衛・宮崎惣右衛門・一瀬伴治・田中喜太夫・中伝九郎、松原蔵奉行加役の西村荒之介、京都蔵奉行の黒屋長之丞、大津蔵目付の津田叶・伊丹右衛門が、用米蔵奉行の職に就いた。以上の者は松原蔵奉行、京都蔵奉行、大津蔵目付をも兼帯した。同日に用米蔵奉行に在職中の山口十次兵衛と多賀谷左内も、同様に3つの役を兼ねることになり、関連する4役を兼任する12人体制が成立した。津田と大山は文化2年12月21日に免ぜられるが、翌年2月18日には高橋義兵衛、仙波甲助が、やはり同様に4役兼帯となった。

だが文化3年7月5日には兼役の解消がなされる。中伝九郎、山口十次兵衛、多賀谷左内

の3人が用米蔵奉行専任となり、黒屋長之丞・宮崎惣右衛門は京都蔵奉行、田中喜太夫・高橋義兵衛は大津蔵目付、一瀬伴治・伊丹右衛門・仙波甲助・毛利十兵衛が松原蔵奉行、西村荒之介は松原蔵加役に、それぞれ専任となった。以後は大略3人体制で推移する。

文化2年から3年にかけての蔵奉行組織の改編について、松原蔵奉行については前段階に徐々に人数が増えているが、用米蔵奉行についてはそのような動きは見られない。また松原蔵奉行はこの改編以後まもなく8人体制となるが、用米蔵奉行は3人体制である。文化年間の改編は松原蔵奉行の機能をめぐって行われたものであり、それに連動して用米蔵奉行にも変化がもたらされたものではなかろうか。

安政元年（1854）11月に、松原蔵奉行と同様に代官制度との関係で改編がなされた。代官8人が、松原蔵奉行と共に用米蔵奉行を兼ねることとなった。従来からの3人の用米蔵奉行は、実質的な職務は行わないが、しばらくは形式的にその任に留まった（詳細は松原蔵奉行の項を参照）。

代官との兼任が慶応元年に解消する点も、松原蔵奉行と同様である。以後、幕末に至るまで松原蔵奉行と兼任する7人～8人の体制で推移する。

明治元年（1868）11月の藩治職制の改革により当役は廃止された。用米蔵奉行就役者は会計局出納方六等執事穀掛に任じられた。

### ③就役年数の特徴

元禄16年（1703）～享保10年まで22年間勤めた杉山伝右衛門、宝永3年（1706）～享保20年まで約30年間この職にあった後藤弥惣右衛門のように、前期にはかなり長期にわたる者もいる。通常の例でも、2年～3年で交替することが多い松原蔵奉行に対して、5年～6年在任する者も多く、比較的長い。後期でも享和元年（1801）～文化12年までの山口十次兵衛、享和3年～文化14年までの多賀谷左内ら、10年以上在任する者がいた。

### ④知行高

知行高は概ね100石～150石の者が多く、最高は250石（最小は40俵4人扶持）。時期的な変化は見出せない。

### ⑤前役・後役の特徴

前役・後役に関しては松原蔵奉行と傾向は類似する。ただ、松原蔵奉行から用米蔵奉行に転出する場合が、逆よりも比較的多く、格式としては用米蔵奉行の方が高かったものと思われる。

### ⑥職務内容

用米蔵奉行の職務は、用米蔵に収納される幕府から「預かった」御用米を管理し、相場を見計らいつつ売却し、藩領の年貢米の新米で詰め替えることである。

売却は主として琵琶湖水運で運送して大津で行ったが、領内に入札で払米をしたり、また貸し付け米とすることもあった。また松原蔵との間で詰め替えなどがされることもあった。

18世紀中の用米蔵奉行の「誓詞」によれば、米の納入や払米、大津への廻米に際して、代官と立ち会い、代官が付ける帳面と引き合わせて証判をすること等が求められていた。また常に「相奉行」と申合わせることも規定されている。

**⑦役職の勤務体制**

納米や払米の際に蔵手代の名が見えるが、用米蔵奉行の下代の詳細は不明である。

御用米蔵に納める年貢米は、特定の村が定められていた。年貢収納に際しては代官と共同したものと思われる。ただし享和元年の代官制度改編が用米蔵奉行にどのような影響を及ぼしたのかはよくわからない。なお用米蔵は松原蔵とは別に内郭内に設置されており、16棟を数えた。

享和２年には、老中が御払米の買請人について「尚御用米御蔵方御勘定之儀ハ、右之者共請取手形ニ御元方勘定所裏印ヲ以御勘定埒合可被致候」としており、御用米の請け払いが元方勘定所の指揮命令下にあったことがわかる。御用米は天明３年（1783）の飢饉時のように、幕府の命により江戸浅草蔵へ回送されることもあった。こうした運用時や火災等で欠損した場合など、大津代官や幕府勘定奉行の検査を受けることもあった。　（塚本　明）

**【典拠資料】**

「侍中由緒帳」「年々御指紙書抜」「指紙略記」「享和二戌年御書御指紙抜書」「諸事留帳」（以上「彦根藩井伊家文書」）、「用米蔵奉行誓詞」（彦根市立図書館所蔵「平石家文書」）、「彦根市史稿」（「彦根市立図書館郷土資料」）

## 12　松原蔵奉行

**①役職名の変化**

彦根藩成立期から幕末まで設置され、役職名に変化はなかった。

**②役職就任者の構成と変遷**

松原蔵奉行の人数は、他の機構の改編とも連動して大きく変動する。特に19世紀初頭と半ばに２つの重要な画期があった。

退任した者が出た場合、数日から２か月くらいの間をおいて（通常は１か月前後）、後任の者が就く。こうした継承関係が確認できない場合に就任人数の変動が生じるが、そのような事例を以下年次を追って見ていく。

享保15年（1730）９月２日、羽田源左衛門と木代宇兵衛が、従来の２人に加えて増員され

た。元文2年（1737）12月22日に用米蔵奉行に転出した上坂太兵衛の後任は補されず、以後60年ほど3人体制が続く。

寛政12年（1800）6月15日に中伝九郎が、仕送蔵奉行から松原蔵奉行に就任している。この時は前任者との交替ではなく、その結果松原蔵奉行は4人となった。「侍中由緒帳」によれば、同日に「御仕送御蔵奉行闕役ニ被仰付、御役儀御免」とあり、仕送蔵奉行の役儀が松原蔵奉行に統合されたものと考えられる。続いて宮崎惣右衛門が享和3年（1803）に、やはり前任者との交替ではなく就任し、5人体制となった。文化元年（1804）4月に橋本久兵衛が退任し、一時4人となるが、同年12月20日には田中喜太夫・一瀬伴治・西村荒之介（加役）の3人が新たに登用され、計7人となる。

さて文化2年4月18日、大津蔵目付の津田叶と伊丹右衛門、用米蔵奉行の多賀谷左内と山口十次兵衛、京都蔵奉行の黒屋長之丞の5人が、大津蔵目付、用米蔵奉行、京都蔵奉行を兼ねる松原蔵奉行に就任する。この結果、松原蔵奉行は12人となった。同時に在任中だった中伝九郎・宮崎惣右衛門・毛利十兵衛・大山六平・一瀬伴治・田中喜太夫・西村荒之介の7人は、用米蔵奉行・京都蔵奉行・大津蔵目付の3役を兼帯することとなった。これらのうち津田と大山は同年12月21日に免ぜられるが、翌文化3年2月18日には高橋義兵衛・仙波甲助が4つの役を兼帯して就任した。

だがこの体制は同年7月5日には解消される。中伝九郎・宮崎惣右衛門・田中喜太夫・黒屋長之丞・多賀谷左内・山口十次兵衛・高橋義兵衛の7人の兼役が解かれ、中伝九郎は用米蔵奉行・宮崎は京都蔵奉行、田中は大津蔵目付、黒谷は京都蔵奉行、多賀谷は用米蔵奉行、山口は同奉行、高橋は大津蔵目付の専任となった。また在役中の毛利十兵衛・一瀬伴治・西村荒之介（加役）・伊丹右衛門・仙波甲助の兼任も解かれ、この5人が松原蔵奉行専任となる。ただし以後も大津蔵目付を兼帯する松原蔵奉行は少なくない。

文化2年4月～3年7月にかけて、松原蔵奉行・用米蔵奉行・京都蔵奉行・大津蔵目付という職務が関連する4つの役に就く者は、原則として4役とも兼任したことになる。この職制改革は享和元年の町人代官の廃止が背景となり、直接には上方での蔵米払米政策が関係したものと思われる。「侍中由緒帳」の西村助之丞の項には、文化元年10月に「此度大坂表ニ御蔵屋敷被仰付并以後御払米茂被仰付候ニ付、追而御留守居役被仰付候迄右御用掛被仰付候」、同年12月に「此度大坂御蔵屋敷地面御買上、御普請等新規之儀御為方厚相考」とあり、この時に大坂に蔵屋敷を設け、払米を行う計画があったことが分かる。これに並行して、大津の町を経由せずに船を使って琵琶湖の南端から瀬田川を通って大坂まで至る航路の確立が企図された。大坂を拠点とした流通政策を推進するなかで松原蔵、用米蔵、大津蔵との連携を密にする必要が生じ、それぞれの役職を兼任する体制が試みられたものであろうか。だが瀬田川通船計画は京都町奉行所から咎められ、西村助之丞は文化4年に謹慎処分を受けている。大坂での蔵米払米政策は撤回されたものであろう。

文化初年の職制改革後しばらくは4人～5人で推移するが、文化10年4月28日に海老江門平・芳賀津右衛門・福村八郎左衛門の3人、同年6月21日には安藤喜左衛門が、前任者との

明確な対応関係がない形で就任し、その結果松原蔵奉行は８人体制となった。芳賀は大津蔵目付を、福村と安藤は京都蔵奉行を兼帯していた。以後は職の継承関係は安定し、ほぼ７人～８人で推移する。

なお京都蔵奉行は、この時期に限って見られるものである。「侍中由緒帳」の福村八郎兵衛の項には、文政元年（1818）８月21日に「京都御蔵奉行欠役ニ被仰付、松原御蔵奉行本役ニ被仰付」とあり、これ以後には史料上に京都蔵奉行の職名を見出すことが出来ない。京都蔵奉行は、この時に消滅したのではなかろうか。

安政元年（1854）11月には、代官が納米を引き受け、両蔵奉行を兼帯することになった。26日に北筋代官の岡嶋丹蔵・佐藤孫右衛門、中筋代官の勝廉介（佐野代官兼帯）・西村又治郎、南筋代官の脇十郎兵衛・小野二蔵・竹中喜八（舟奉行兼帯）・松沢新四郎（佐野代官兼帯）が、代官役のまま両蔵奉行を兼ねている。一方、翌日には大津蔵目付を兼ねていた喜多山十蔵・河手弥一郎の２人が兼任を解かれ、大津蔵目付専任となった。

この時点まで松原蔵奉行の任にあった者についての「侍中由緒帳」の記事（本城善右衛門の項）には「同年十一月廿七日、御納米之儀ニ付思召有之、此度御代官役引請、両御蔵奉行兼帯ニ被仰付候間、引渡方御勘定麁抹無之取計候様、尤無滞相勤候儀ニ付、追而思召茂有之間、席之儀者是迄之通相心得候様被仰付候」とある。すなわち、従来蔵奉行が勤めていた職務は代官が兼任するため、従来の蔵奉行は代官へ引き渡しの手続きを取ることが求められる。だがこれまで滞りなく勤めてきたことから「席之儀」は従来通りとしている。「侍中由緒帳」では明確に記されないが、格式は維持されたものの、蔵奉行の役からは離れたと解釈するのが妥当であろう。なお、例えば本城善右衛門は、その後安政２（1855）年１月には「御借用役ニ御役替」と表記されている。本城も含め６人のうち５人が２か月以内に、残りの１人も約半年後に役替えとなっている。補任表においては、安政元年11月27日に離職したこととし、その後暫くの空白を置いた後職を〔　〕内に示した。

この結果松原蔵奉行は、代官８人が兼任する体制となった。彼らは用米蔵奉行をも兼ねた。

だがこれも10年余後の慶応元年（1865）には解消する。３役を兼任していた者たちのうち８月１日に西村半太夫・渡辺弥次左衛門・高橋五郎左衛門・大鳥居彦右衛門・和田甚五右衛門、４日に林田縫殿の計６人がそれぞれ代官専任となった。同時に８月１日には今泉源八郎が、４日に大家加兵衛と溝江彦之右衛門が、それぞれ代官の兼職を解かれ、用米蔵奉行・松原蔵奉行となった。また８月１日に渡辺十右衛門・島田左次右衛門・山路真十郎・吉田常太郎、４日に海老江勝右衛門の５人が、代官を兼任せず、用米蔵を兼ねる松原蔵奉行に就任している（山路と吉田は大津蔵目付も兼帯）。以後幕末まで７人～８人体制で推移し、原則として用米蔵奉行を兼任している。嘉永７年の改革とその解消がなされた要因は不明であるが、藩財政の窮乏から組織改革の試みがなされたものであろうか。

明治元年（1868）11月の藩治職制の改革により当役は廃止された。松原蔵奉行就役者は用米蔵奉行と同様、会計局出納方六等執事穀掛に任じられた。

### ③就役年数の特徴

松原蔵奉行の在任期間は初期には長期にわたる。寛永3年（1626）以前から延宝8年（1680）まで勤めたとされる中伝介のように、記録が正しければ、ほとんど終生松原蔵奉行の任に居た者もいた。18世紀半ば以降は、天明8年（1788）から文化元年まで在任した黒屋長之丞が目立つ程度で、10年以上の在任は稀になる。特に文化の改革以後は、大半が2～3年で交替している。ただし幕末期には安政2年（1855）年から慶応元年の橋本勘左衛門、安政2年から慶応2年まで任にあった今泉源八郎らもいた。

### ④知行高

知行高は概ね100石から150石の者が多く、最高は250石（最小は40俵4人扶持）。時期的な変化は見出せない。あえて言えば、天明年間まで中心を占めた100石の者が、天明6年の「定録階下」により、以後は120石の者に代わる。

### ⑤前役・後役の特徴

松原蔵奉行に就く前の役としては、内目付役、足軽・士等の着到役、また弘道館物主・稽古館物主らが目立つが、明確な傾向は認められない。松原蔵奉行が初役の者も38人を数える。後職は金奉行、皆米札奉行など関連する諸役のほか、目付役・鳥毛中間頭・納戸役・細工奉行・賄役などが多い。なお松原蔵奉行から用米蔵奉行に転任する者は逆の事例に比し多く、格式としては用米蔵奉行の方が上だと考えられる。

### ⑥職務内容

松原蔵奉行の職務は、松原蔵に納められる蔵米の管理・出納である。年貢の収納時には米・大豆の質・量を確認し、また切米・扶持米・馬扶持等支給時には公正に取り扱うことが求められた。蔵米は多くは大津蔵に輸送され売却されたが、相場をにらみながらの差配が重要な仕事であった。

年貢の収納時や大津運送時には、代官と密に連絡をとっていた。「誓詞」によれば、代官が差し出した勘定帳面は、松原蔵奉行が自ら記録する帳面と照合した上で勘定所へ提出される。重要な問題については家老への報告義務を負っていた。

### ⑦役職の勤務体制

松原蔵奉行の下役として蔵手代が居た。享和元年に町人代官が廃止されるが、「御指紙略記」の同年3月の記事には、「松原御蔵方」について「御蔵方町御代官御勘定持居候処、此度町御代官相止ニ付、以来松原御蔵奉行引請ニ成」とあり、4月には「元御代官御蔵手代　拾人」が「現米弐拾表ツヽ」で、「同御蔵手伝　廿人」が「五表ツヽ」で、改めて松原蔵奉行のもとで抱えられたとの記載がある。つまり、この改革のなかで実務担当者は変動しなかったものであろう。町人代官段階においても、松原蔵奉行が町人代官の手代・手伝を使用して蔵を管

轄したのであろうが、独自の下役人が存在したのか、その場合の役割の分掌等は不明である。同史料によれば、文化２年には「御蔵手伝」３人が新たに抱えられた。蔵手代・手伝は通常世襲であったようである。なお、「御書御指紙書抜」によれば、享和元年の「松原御蔵方御改正」に伴い、137石余の元米を原資として代官に貸し付け、利金で「御蔵方御修復并諸入用」にあてることが、享和２年12月に老中より命じられている。（塚本　明）

【参考資料】

「侍中由緒帳」「御書指紙抜書」「指紙略記」（「彦根藩井伊家文書」）、「松原蔵奉行起請文」（「椎橋文雄氏所蔵旧上坂家文書」）、『彦根市史』（旧版）、『新修彦根市史』第６巻

## 13　皆米札奉行

### ①役職名の変化

彦根藩では、享保15年（1730）以降、元方勘定奉行・勘定奉行・城使役・借用支配役・目付役・金奉行などの諸役が関わって発行した米札（藩札）が、幕府の金銀貨と入り混じって流通したために十分に機能していなかった。このような状況を改めるため、寛保元年（1741）12月に幕府の許可を得て、同２年から幕府の金銀貨の流通を停止し、藩領内では米札のみの流通を実施した。これに関わる役職として「米札御役」が創設された。宝暦11年（1761）からは「皆（米）札奉行」と称するようになる（滋賀大学経済学部附属史料館寄託「喜久川家文書」・「皆米札下役筋萬覚帳」）。以後、幕末まで皆米札奉行と称している。

### ②役職就任者の構成と変遷

皆米札奉行は、寛保２年２月24日に「米札御役」として４人（内１人は、勘定奉行・佐野奉行に米札御役を兼帯、１人は「かな山奉行」を兼帯）が任命され、翌寛保３年９月には６人体制となる。以後、宝暦11年２月～４月、安永２年３月～同３年９月、享和元年（1801）３月～８月、同年９月～文化元年（1804）10月の期間も６人体制がとられているが、この期間以外の文化元年までは３人～５人体制となっている。但し、安永元年12月21日から安永２年３月14日の期間は、野津余惣左衛門１人のみであった。文化10年10月以後は、３人体制を基本として、その内の１人が入れ替わる形で明治元年（1868）まで続いた。同役に就任した者は、寛保２年から明治元年までの間、合計112人である。その内、再任者が６人いる。

「侍中由緒帳」をもとに作成した補任表のデータによれば、①天明３年（1783）１月11日～同月21日まで、②天明６年５月１日～８月１日まで、③寛政８年（1796）６月２日～同９年５月18日まで、④寛政10年10月29日～同年12月25日までの４度、皆米札奉行就任者の確認できない期間があるが、これは彦根城博物館所蔵の「侍中由緒帳」に欠本があり、その欠本部分に、同役就任者に関する記載が含まれている可能性が考えられるが、他の史料などから

これを補えるデータは確認できていない。明治元年（1868）11月の藩治職制の改革により当役は廃止された。皆米札奉行就役者は会計局出納方六等執事金掛に任じられた。

### ③就役年数の特徴

就任期間については、特に任期はない。112人の就任者の内、就任期間が１年を満たない者が30人。１年以上５年未満が58人。５年以上10年未満が22人、10年以上の者が２人いる。

安永２年３月14日には一度に５人が就任しているが、その内の３人（横内・川手・渡辺）は９年・７年・５年と５年以上の就任期間となっている。また、享和元年３月21日にも一度に４人が就任し、その内の２人（堀部・嶋野）は８年・５年の就任期間となっており、それ以前から同役についていた高橋（５年）・大久保（８年）も就任年数が長期となっている。これらの時期に断続的に皆米札奉行の体制の充実（建て直し）が図られたものと考えられる。

就任期間の最長の者は、都築弥次右衛門で、享和元年９月から文化12年８月までの12年10ヶ月余を勤めている。

### ④知行高

同奉行に就任した112人の知行高の分布状況をみると、100石未満の者22人、200石未満の者67人、300石未満の者23人と、100石～200石未満の者が半数以上を占めている。100石未満の者の内には、55俵４人扶持や、５人扶持といった者も９人いる。

### ⑤前役・後役の特徴

前役は、納戸役11人、松原蔵奉行９人、役職に就いていなかった者７人、城中・十一口着到付５人など。後役は、借用役11人、免職９人、鷹餌割・鳥札８人、死没７人などであるが、前役・後役ともに、他にもさまざまな役職に就いていた者が確認できるため、特定された就任ルートのパターンなどがあるようにはみえない。

### ⑥職務内容

皆米札役誓詞によれば、皆米札金銀の通用に関する職務に従事することがわずかに記されているが、具体的な職掌などの記載はない。「侍中由緒帳」や「指紙略記」などから、皆米札奉行関連の記述をみると、米札の発行の後ろ楯となる元金（正金）の管理や、米札の新規印刷、古米札の検査・管理などを行っている。また、10両以上の金銀と米札の引き替えを行う引替所を彦根城下の本町と藩領内の高宮宿・長浜町に、10両以下の引き替えを行う小引替所を領内の各所に設置し、そこに勤める下役や物主役などを管轄していたと思われる。彦根藩の財政改革などの際には、皆米札奉行も増員されたようであるが、詳細については今後の研究での解明を待ちたい。

**⑦役職の勤務体制**

皆米札奉行の配下には、米札引替所・小引替所に詰めている米札方下役がいた。下役とは別に引替所物主役とその手代が町人から選任され、米札方下役と共に、金銀・米札の日々の出納や、米札の運用にあたっていた。（齊藤祐司）

**【典拠資料】**

「皆米札役誓詞」（那覇市所蔵「横内家文書」）、「皆米方御条目万覚書」「皆米方御役筋万覚帳」（滋賀大経済学部附属史料館寄託「喜久川家文書」）

## 14　代官役（士代官）

**①役職名の変化**

代官役の呼称は、享和元年（1801）から明治元年まで変化はない。

**②役職就任者の構成と変遷**

享和元年4月4日、従来の城下町町人が勤めた代官（町人代官）が廃止となり、新たに知行取藩士9人が検見役を本役とし代官役を当分兼帯に命じられ、知行取藩士が勤める士代官制度が成立した。9人の内7人は、すでに検見役の職にあった者で、残る2人はこの時、検見役に就役した。その後半年余りの間に平山藤九郎（没）・山下市左衛門（転役）・鶴見杢次（転役）の3人が退き、6人体制となった。同年10月には、河手・山下庄次郎が北筋、舟橋・木代が中筋、大久保・西村が南筋と、各代官が藩領の各筋村々へ年貢免定を発給しており、2人の代官が北筋・中筋・南筋の各筋を管轄する、筋単位の管轄区が実施されていたことがわかる。

廃止前の町人代官制度では10人の代官が藩領全域に各筋を越えて分布し、相互に錯綜する各人の支配所を管轄する体制であり、かつ藩の御用米蔵・松原蔵の米を管理・出納する職務にあった。したがって、町人代官から士代官への制度変更は、代官役の担い手の変更とともに、管轄区の大きな変更を伴うものであった。また、士代官実施の際、町人代官が職務としていた用米蔵および松原蔵の管理・出納業務を用米蔵奉行・松原蔵奉行が担当したため、士代官は用米蔵・松原蔵の業務を担当しないこととなった。

享和3年3月15日には、代官役当分兼帯であった6人が代官役本役に命じられ、検見役が廃止された。

文化3年（1806）8月19日に、代官役6人全員が川除奉行兼帯の体制となった（その内、山下庄次郎は文化元年6月1日に先んじて三筋川除奉行兼帯となっていた）が、就役者数に変化はなかった。同6年10月17日、南筋代官であった西村助之丞が元方勘定奉行に就くとともに、北筋代官・中筋代官も兼帯し、西村が三筋を兼職する体制が、西村が失脚する同9年

12月10日まで続いた。

文化12年5月23日には、川除奉行が廃止となり、川除奉行の職掌を代官役が引き受けることとなり、各筋に1人ずつ（北筋に青山、中筋に薬袋、南筋に大久保）が増員され、9人体制となった。ところが、同14年初頭には転役により北筋2人、中筋3人、南筋2人となり、文政2年（1819）6月15日には中筋も2人となり、再び6人体制となり、嘉永4年（1851）まで継続する。

また、文化14年～天保13年（1842）にかけ、船奉行との兼役が特徴として挙げられる。文化14年10月3日の北筋代官役青山の船奉行兼役以降、1人～2人の代官が継続的に船奉行兼役となっている。さらに、船奉行との兼役とほぼ入れ替わる形で、天保13年～嘉永4年まで内目付役との兼役が見られるようになる。天保13年8月8日の中筋代官佐藤と南筋代官武藤が内目付役兼役以降、代官役就役者の内2人が内目付役兼役となる体制となっている。

嘉永4年8月15日には、南筋代官の所藤内以外の代官が交替となり、かつ中筋代官1人が増員となる（ただし、北筋代官の佐藤は中筋代官からの転役）。この変化は、藩主の命により「筋方勤め向き多端の趣相聞こえ、これに依り此度代官役増人仰せ付けられ、享和度の勤め向きに仰せ付けられ」るという、筋奉行を含む地方支配機構の改編によるものであった。同年9月1日には、文化12年以来廃止され代官役の職掌となっていた川除奉行が再び設けられ、河川管理・普請の職務が代官役から分離したと考えられる。同4年9月9日には、小野が南筋代官役に就き1人増員、同5年2月8日に山中が北筋代官役に就き1人増員となり、各筋3人計9人の体制となる。

また、おなじく嘉永4年8月15日には、北筋代官の佐藤・中筋代官の青木・南筋代官の所の3人が佐野奉行兼役となる。以後、安政元年（1854）12月まで代官役就役者の内3人が佐野奉行兼役となる体制となっている。嘉永4年の年貢免定では中筋の青木と南筋の所が、同5年の年貢免定では北筋の山中・多賀谷と中筋の西村・青木が、同6年の年貢免定では北筋の山中・多賀谷が、代官役就役中にもかかわらず、年貢免定の発給者となっていない。彼らはいずれも佐野奉行兼役者であり、この時点で彦根藩佐野・世田谷領の年貢徴収を担当していたためであると考えられる（嘉永4年9月、佐野奉行青木津右衛門は世田谷領に出郷廻村している）。

同7年11月26日には、代官役と、松原蔵奉行・用米蔵奉行とが兼役となる。安政2年8月22日に北筋代官が1人、中筋代官が2人増員となり、同24日に南筋代官が1人増員となり、計13人となる。安政6年5月14日に中筋代官役辻岡の転役以降12人となった。文久2年（1862）以降、北筋・中筋では4人ずつの体制が維持されるが、南筋では2人から3人で推移する。

慶応元年（1865）4月、藩領10万石が幕府信楽代官多羅尾主税へ引き渡された。同年8月1日には、代官役と兼役となっていた松原蔵奉行と用米蔵奉行が再び単独の役職となる。この結果、代官の就役者数が減少する。

同年8月に、9人いた代官役の内、和田（北筋）・大鳥居（中筋）・渡辺（中筋）が留任、

林田（北筋）・高橋（中筋）・西村（南筋）が他筋へ組み替えとなり、大家（中筋）・溝江（南筋）・今泉（南筋）が松原蔵奉行・用米蔵奉行の専任となった。さらに同年11月15日には、「南筋領分残り向（信楽代官へ引き渡さず残された南筋の領地）」代官が他筋代官との兼帯となった。以後、明治元年（1868）まで、北筋２人～３人、中筋３人～４人、南筋１人～２人（他筋と兼帯）の体制で推移した。

明治元年（1868）11月の藩治職制の改革により当役は廃止され、代官役就役者は会計局五等執事樹芸方租税方川除掛兼、会計局六等執事宿駅方船艦方竹出納掛兼に任じられた。

### ③就役年数の特徴

就役期間の平均は約２年９ヶ月になる。最長が嘉永４年８月15日就任の佐藤孫右衛門の11年７ヶ月。享和元年の士代官制度開始時に就役した山下・木代・西村は、10年前後勤めた。それ以降は、10年前後勤める長期就役者１～２人と短期就役者が組み合わさる人数構成となっていたが、嘉永末年頃から長期就役者が増える傾向が見られる。

### ④知行高

120石と150石を中心に、50石から250石の範囲で分布する。10人扶持１人（のち100石）、15人扶持１人が就役しているが、例外的である。

### ⑤前役・後役の特徴

前役は、代官の筋替えによる異動が最も多く、以下、鷹餌割役・鳥札奉行・松原蔵奉行・納戸役・内目付役・川除奉行・目付役・御用米蔵奉行・御用米蔵奉行・元方勘定奉行・佐野奉行・検見役（享和元年のみ）・皆米札奉行・作事奉行の順となる。

後役は、目付役が最も多く、以下、代官役（他筋へ筋替）・元方勘定奉行并佐野奉行・佐野奉行・作事奉行・鷹餌割役・京都留守居役・賄役・用米蔵奉行・納戸役・松原蔵奉行・船奉行・鳥札奉行・川除奉行・鳥毛中間頭の順となる。代官役を経て、元方勘定奉行・目付役となる事例が多く見られる。後役として筋奉行へ昇格した例は、筋奉行加役が２例、筋奉行添役が１例であり、地方支配で深く連携する両役であるが、役職の格に差があったことがわかる。

また、代官役で隠居、死去となった例は少なく、大半は他職へ転出しており、壮年期に行う役職であったことが推定される。

### ⑥職務内容

代官役の職務については、公事出入り訴訟に関する職務を中心に数度の変更が行われた。ここでは享和元年から文化12年の職務内容を記しておく（文化12年以降の変更の詳細については本書論文編所収の渡辺論文、また文政年間の代官役の職務内容については本書史料編所収「掌中雑記」を参照のこと）。

代官役は、藩主直轄地（台所入り）の台所入り村の年貢率決定に関し、筋奉行・元方勘定

奉行と協議し、台所入りの村へ年貢免定を発給した（藩士知行地＝給所の村へは筋奉行が免定を発給する）。藩主直轄地である小物成年貢・改め出し高に対する年貢は、代官が徴収した。また、台所入り・給所の村ともに、夫米などの諸役米の賦課・徴収についても代官役が行った。毎年秋、検見のために領内巡見も勤めた。その他、藩から村方への救米・諸貸付業務も代官役の職務であった。

また、代官役所は、村方からの公事出入訴訟、および諸願書を受理し、内容の取り調べ・確認を行い、筋奉行へ報告し対処し、筋奉行による裁許の場に立ち会った。叱り・戸閉などの軽い処罰は、代官役の権限で行いえた。

その他、軽易な内容の触書の領内への発給、村役人である庄屋・横目の人選、中山道の領内宿場に大名などが宿泊する際の宿詰、検使などの職務にあたった。また、文化３年８月に代官が川除奉行と兼帯となり、同12年５月に川除奉行が代官役に統合されたため、領内の河川管理が代官役の職務となった。

**⑦勤務体制・配下役人**

代官役就役者の屋敷とは別に「代官役所」が存在したが、場所は特定できない。

代官役所には元締役・下役・小使の役人がいた。元締役・下役は足軽が勤めた。元締役の人数は、嘉永６年の史料では、各筋２人、計６人いることがわかる。元締役には「江戸指次」「遠近宰領」の役が免除された。下役は、代官が川除奉行を兼帯する文化３年８月以前は12人、文化３年以降は23人となり、幾度かの増減があり、文化12年以降、16人となった。また、文政年間には、元締役・下役ともに10ヶ年勤務で役料が２俵、20ヶ年でさらに２表加増となると規定されている。実際、20数年元締役を勤めた事例が確認できる。

代官方小使は、享和元年５月、新たに６人が抱えられ、代官役が川除奉行を統合した文化12年当時も６人おり、４俵１人扶持から７俵１人扶持に切米が加増されている。幕末期の同役の切米扶持も同量である。同13年11月には、３人が筋方の小使となり、３人に減員した。

なお、村方の史料に、代官所手代中の達書が時々見られる。役割からみて元締役と同じであるとも考えられるが、現時点では不明である。（渡辺恒一）

**【典拠史料】**

「代官役誓詞」（滋賀大学経済学部附属史料館所蔵「青木家文書」）、「掌中雑記」（「西堀文吉氏所蔵文書」）、嘉永四年正月「御用状留記」（『世田谷区史料叢書』第６巻）

## 15　川除奉行

**①役職名の変化**

近世前期には、川除役、あるいは郷中川除役、川除普請奉行の名称が見られる。近世中期以

降は、川除奉行である。

### ②役職就任者の構成と変遷

近世初頭から17世紀後半の延宝年間以前の時期は、「侍中由緒帳」で正確な就退役年月日が確定できないため、川除奉行の開始時期、および就役者数の変遷は不明である。

17世紀前半の記事には、「郷中検地川除役儀」、「郷中検見川除等勤」、「川除検見検地論所見分等郷中役儀」などと、検地・検見の職務と併記される。これは、川除の職が単独の職として確立していない状況を反映したものと推定される。延宝年間以降、「郷中川除役」の表記が主となる。職としての自立はこの時期かもしれない。「掌中雑記」（本書史料編所収）に、「前々ハ川方入用筋方より願、正徳四年（1714）より川除方直願ニ成」とある。この記事から、川除方と筋方が本来は一体であったものが分離してきたこと、正徳4年に至り会計上でも独立したことがわかる。

また、近世初期に「郷中川除等」を勤めた者の中に七十人衆が3人いるが、これは、郷中役儀の下役人として川除に関わっているものと推定される。

17世紀末の天和元年（1681）の就役者数は16人。以後減少してゆき、元禄年間（1688〜1704）には10名〜11名となる。

「三浦記録」によれば、元禄5年3月28日には、10人の川除奉行の内、万沢又右衛門・黒谷又市の両名が検地役を兼帯し、それまで検地役であった4名を無役とし、普請役を負担させるように、藩主井伊直興が命じている。「侍中由緒帳」の万沢の同日条では、「御検地奉行と申す儀、向後無用に致し、御検地御用の節は、川除奉行の内より相替わるべき由にて川除御役に仰せ付けられ候」とあり、検地奉行が廃止となったとする。

元禄5年3月以降、延享元年（1744）まで10人体制が続く。延享元年以降、定員が減少し、7人〜8人体制となる。安永7年（1778）8月7日には、伊丹儀左衛門・大鳥居彦右衛門・木村勝左衛門・島田左次右衛門が就役し、同16日に田中与次兵衛（愛知川下之手前役）・多賀谷左内（愛知川下之手助）・松居久右衛門（愛知川下之手本役）が役儀取り上げとなった。7月5日に、京都町奉行所より、前年4月に起こった愛知川争論の仕置が申し渡されたことを受け行われた処分であった（なお、8月7日には筋奉行6人全員が罷免され交替している）。

近世前中期までの川除奉行の支配地域の区分については明かでない。17世紀前半には、補任表の管轄欄にあるとおり、「侍中由緒帳」では、北筋・中筋の担当地域区分のわずかな記載例が見られるのみである。また、河川名称の担当区分の記載例は、延宝7年（1679）に金田勘十郎が「検見愛知川筋川除」と表記されるのを初見とし、以後も「侍中由緒帳」の記述では、貞享元年（1684）2月就任の後藤弥惣右衛門の愛知川筋川除、宝永7年（1710）2月就任の河村源介の天野川筋、享保5年（1720）6月22日就任の岡嶋惣八郎の佐久良川手など、数例の記載しかない。この時期までの支配区分については今後の課題である。

愛知川上之手川除奉行については、安永7年（1778）8月に島田左次右衛門が就任し、以後、天明2年（1782）11月まで平岡十郎兵衛、木村勝左衛門、伊丹儀左衛門が連続して就役

していることが確認できる。

天明６年12月１日の早乙女八郎左衛門らの就任記事以降、河川ごとの担当区分①姉川布施手、②高月手、③天野川手、④犬上川手、⑤善利川手、⑥宇曽川手、⑦愛知川上之手、⑧愛知川下之手、⑨佐久良川手、が明記されるようになる（④と⑤は兼帯）。各河川を１人～２人で担当する８人体制となる。

寛政12年（1800）10月１日には、担当区分が北筋・中筋・南筋の三筋に変更された。川除奉行就任者には変化はなく、①姉川布施手・②高月手の就役者が北筋川除奉行となり、③天野川手・④犬上川手・⑤善利川手・⑥宇曽川手の就役者が中筋川除奉行となり、⑦愛知川上之手・⑧愛知川下之手、・⑨佐久良川手の就役者が南筋川除奉行となった。「掌中雑記」によれば、この時、村方から河川修理費として徴収される「川除一歩米」が、川除奉行所へ筋方役所から振り分けられたとする。

享和２年（1802）９月19日には、元方勘定奉行の大鳥居左吉が当分三筋川除奉行兼帯となった。これは享和２年の洪水によって領内諸川が氾濫したため、川除奉行を補助することが目的であった。なお、大鳥居は同３年３月24日に、「愛知川上之手は無類の難所多く下之手とても外川とは違、面倒成る川筋」であるという理由で、「右川手へ踏み込み引き請け世話」するように命じられた。

文化元年（1804）６月１日には、代官役の山下庄次郎が三筋川除奉行兼帯となった。代官役は、先の享和２年の洪水時の堤防決壊による土砂入り田畑の復旧を担当していたので、この関係で川除奉行就役となった可能性が考えられる。

文化３年８月19日から代官役が川除奉行を兼帯するようになり、従来の川除奉行とあわせて12人体制となる。さらに同12年５月23日に川除奉行が欠役となり、川除奉行の職務は代官役が引き受けた。

嘉永４年（1851）９月１日に、川除奉行代官役から分離し、再設置されたが、定員は減じ、５人体制となった。安政２年（1855）８月に、在役の４人が他役へ異動し、以後、明治まで在役者が確認できない。

安政３年の「彦根藩役付帳」（本書史料編所収）でも川除奉行は記載されていないので、廃役となっていたとみられる。

### ③就役年数の特徴

17世紀後半、延宝年間以前の「侍中由緒帳」の記事は、就役年数を見るには問題があるので、ここでは、天和年間以降の特徴を見る。天和元年から明和９年（1772）までの平均就役年数は約５年である。この期間でも、時代が降るにつれ就役年数が短くなる趨勢にある。

安永年間以降、１年前後の就役期間の者が散見するようになり、寛政年間以降、その傾向は一層強まり、文化３年まで続く。安永３年から文化３年８月までの平均就役期間は約2.7年となる。文化３年８月に代官役が一部兼帯となって以降も、この傾向は進み、平均就役年数は約2.2年と短くなる（ただし、天明６年以降は「侍中由緒帳」の記述から、担当区域を場所

替となる異動が判明するため、１つの場所を１就役期間として平均就役期間を算出しているが、場所替えの前後を１つの就役期間と見なしても、上で述べた就役期間短縮の傾向に変わりはない)。嘉永４年９月の再興後も同様の傾向にある。

**④知行高**

100石・150石を中心に、知行50石～300石の範囲の者が就役した。切米扶持の者が若干数いるが、これは先にも述べたとおり七十人衆である（文化６年の荒川孫三郎が例外的に15人扶持で就役しているが、前当主が追放となり名跡相続された家であり、知行取藩士の家である)。

**⑤前役・後役の特徴**

前役は件数の多いものから見ると、足軽辻着到付役などの着到付役職・盗賊改め（夜廻り）・内目付役・川除奉行（場所替え）・稽古館素読方・代官役・納戸役・松原蔵奉行・賄役・京都蔵奉行の順となる。時期により特徴がある。天明年間頃までは、前役がないものが圧倒的に多く、前役がある場合も着到付役や盗賊改である。そして天明年間頃より着到付役に加え、内目付役・稽古館素読方が多くなり、文化３年以降は代官役との兼帯により代官が前役となる例があらわれる。この変化は、天明年間以前の川除奉行が初任者あるいは役職経験の少ない者が勤める役職であったのが、以降、その側面も保持しつつも、他の実務役職との循環の輪に組み入れられ、結果、従来よりも役職経験が豊富な300石以下の藩士が就役するようになったこと、つまり役職の位置づけが高くなったことを意味する。

一方、後役は件数の多いものから見ると、普請着到付役・納戸役・目付役・川除奉行（場所替え）・代官役・松原蔵奉行・鳥毛中間頭・作事奉行・用米蔵奉行・検地奉行・玉薬中間頭・金奉行・細工奉行の順となる。この内、普請着到付役は比較的近世中期に多く、文化２年11月以降には確認できない。鳥毛中間頭も享和年間以前にしか見られない。逆に目付役は文化年間に多い。

隠居は１例のみであり、最終職にならない役職であったことがわかる。この点は、初任者・役職経験が少ない者が勤める役職であることと符合する。

支配区域が「侍中由緒帳」に明記されるようになる天明６年12月以降、川除奉行が欠役となる文化12年５月までの間における川除奉行の場所替の方式を見ておく。当該期の川除奉行就任者80名強の内、ほぼ４分１にあたる21人が就任中に場所替えとなっている。この21人は全員、２箇所の支配区域（場所）を勤めた後、他役へ転役している。筋単位の支配区域となった寛政12年10月以降の場所替えでは、３ヶ月から１年未満ほどずつ２箇所の場所の奉行を勤め、転役する事例が多く見られる。以上のように場所替えに関するルールがあったことがわかる。なお、以上の点とも関わるが、愛知川上之手川除奉行については、安永７年８月７日就任の島田左次右衛門以降、初任者の就任がなく、他の場所の川除奉行経験者が就役していることがわかる。これは先述したように愛知川上之手が他の川筋よりも「無類の難所多く」「面倒成る川筋」であったために取られた体制であると考えられる。

### ⑥職務内容

役職誓詞によると、①枕木・竹の入用高の見積もりを含む川除普請の設計、②強風雨の際の川筋での指揮、③普請人足の調達・管理、④川除普請に関わる検地・検見、が職務として挙げられている。村方の堤川除普請を統括する筋奉行の指示の下、川除奉行が現場実務を担当した（筋奉行誓詞参照)。

### ⑦勤務体制・配下役人

川除奉行誓詞の記述から足軽の下役がいたことがわかる。享和元年以前は、御用中には三筋で合計27人の下役を筋方から受け取り、これとは別に村方から算役・物書役を撰び、1人に10表～20表を給付し、この人員で川方の業務を行っていた。享和元年以降は、郷方の算役・物書役が廃止され、代わって一筋3人の定下役により業務が行われた。同2年より河川が多い中筋に下役2人が加えられ、合計11人となった。（渡辺恒一）

【典拠史料】

「川除奉行誓詞」（滋賀大学経済学部附属史料館所蔵「青木家文書」)、「掌中雑記」（「西堀文吉氏所蔵文書」)、「三浦記録」（「中村達夫氏所蔵文書」)

## 16　内目付役

### ①役職名の変遷

当初は「御内証御目付」と呼ばれ、元禄元年（1688）から同3年に任命された高田吉兵衛の場合は、日光普請のため3年間日光へ詰めた際、「御内御目付役」に任命され、元禄3年12月以後、佐原・後閑と交替で任命されたと考えられる一瀬弥惣次と中村源蔵の役職名は、「御内御目付役」となっており、元禄初年頃を境に、「御内証御目付」の呼称が「御内御目付役」と変化したことが窺われる。但し、この名称変更が職務内容の変化によるものかどうかを確認する史料を見いだせない。延宝8年（1680）3月には「歩目付」とよばれる「郷中見廻」を職務とした歩行身分の役職が見られ、職務内容から「内目付役」との関係が想定される。

### ②役職就任者の構成と変遷

内目付役の人員は、「侍中由緒帳」では寛文～延宝期（1661～81）に芳賀津右衛門が1人記載されるが、歩目付との関係で検討が必要である。「内目付役」の設置は「井伊年譜」では天和4年（1684）頃とされ、土田文右衛門・渡辺角之丞・山下藤兵衛・佐原善十郎・岡勘左衛門・後閑新九郎の6人が任命されたと伝える。以後、享保11年（1726）までは3人～5人で推移する。享保11年には4人の内1人が退役、秋山・高野・加藤の3人が同日に就任し、6人となり、さらに享保14年に1人増加、享保15年には一挙に5人が増員され12人体制となる。

以後は、寛政12年（1800）まで９人～12人で推移し、享和元年～３年（1801～3）にかけて大幅な人員交替と増員により15人体制となるが、その後も徐々に増加し、明治元年（1868）の藩治職制の改革による内目付役の廃止の際には21人を数えた。内目付就役者は議行局六等執事御蔵証判掛、刑法局監察方六等執事、会計局六等執事樹芸方・租税方・川除兼、八等家執事供方役などに任じられた。

### ③就役年数の特徴

就役年数は一定でないが、過半数が10年未満であるが、18世紀以前はほとんどが10年以上務めており、逆に、19世紀になると大半が３年前後の就任期間であり、その中に、10年以上の就役者が１～３人いる体制となる。

### ④知行高

知行高は、20表４人扶持～50表５人扶持の扶持米取りが多いが、これは、内目付役が家督相続前の役職である場合が多いからである。また、享保13年の麻田浅右衛門のように歩行身分のものが任命された例もある。家督相続後は、50石～250石の平士層が多い。

### ⑤前役・後役の特徴

前役は就任者知行高の幅もあり様々であるが、寛政年間（1789～1801）頃までは大多数が初役であり、また前役がある場合は着到付役・買物改証判役・藩主子息の抱守役がほとんどである。享和元年以降では、初役の割合も多いが、寛政11年に藩校が設立されたことを契機とし、稽古館素読方・同手跡方を前役とするものが増えはじめる。後役では、目付役や台所目付役・中屋敷目付役などが多く、またのちに目付役を経験するものも多い。そのほかでは、着到付役や松原蔵・用米蔵などの蔵奉行、鷹餌割役、代官、川除奉行、納戸役などが比較的多い。

### ⑥職務内容

内目付の職務は、成立当初の職務内容を確認することはできない。近世後期の誓紙文言によれば、第１条・第２条では目付役とほぼ同文であるが、目付役の第２条に見られる「并諸事御作法向猥成儀無之様ニ毎度相考、不依誰其品々指控不申毎度相達、不作法無之様ニ可仕事」と「諸事御作法」を守ることが内目付役にない。また、第３条の「又者町・郷中之儀不宜取沙汰有之候者、弥心懸承届、御家老中迄可申達候」という部分は、目付役の誓紙には見られない文言であり、家中衆に対する監察範囲を、城下町に限らず「郷中」に拡大したものと考えられる。目付役の誓紙では、この「郷中」の表現がないことから、目付役が家中がおこなう「諸事作法向」の監察や、勘定所・諸役所への監察など、家中の平常役儀についての監察が中心であるのに対し、内目付役は、家中の職務外の私的な遊興・外出などの日常生活にまで及んでいたと考えられる。

また、家中の監察に関しては、近世後期では、目付役と同時に内偵を指示され、それぞれ

が報告書を提出していることが確認され、双方の情報をもとに内偵情報の正確を期していた。

**⑦役職の勤務体制**

詳しい勤務体制等に関しては、彦根、江戸いずれにおいても不明である。　　（母利美和）

【典拠資料】

「暮物伺」「内目付役届書」（以上、「彦根藩井伊家文書」）、「井伊年譜」（「井伊家伝来典籍」）、「内目付役誓詞」（滋賀大学経済学部附属史料館所蔵「青木家文書」）

(6)　〔①前役〕・〔②後役〕・〔④兼役〕に記載した役職名は、「侍中由緒帳」記載の役職名を略記したが、次の役職は「奉行」を略記したものである。これ以外は「役」を略記したものである。例：筋→筋奉行。

案詞、植木庭石、江戸大工、江戸普請、江戸普請作事、焔硝、大津蔵、恩借、会計、書物、かな山、金、川除、勘定、京都蔵、軍事、稽古、検地、細工、作事、佐野、佐野かね山、仕送、仕送蔵、仕法、城米蔵、神社、筋、竹、畳、玉薬、馳走、鉄砲、鉄砲薬煮合、鉄砲玉薬、鳥、鳥札、庭、庭普請、彦根金、彦根普請、普請、普請作事、船、町、松原蔵、皆米札、元方、元方勘定、用米蔵（50音順）

(7)　〔③知行高〕には、役職在役中の知行高と切米扶持高を記した。知行高は、「石」を省略し数字のみ記した。切米扶持高で、たとえば切米40俵４人扶持は「40俵４人」と略記した。在役中に変化が生じた場合には、「③2500→4000」のように表記した。また、在役中に２度以上の変化がある場合は、最初と最後の高のみを示し、途中の変化は省略した。

(8)　〔④兼役〕は、当該役職在役中に他の役職を兼役した場合に、役職名を記した。在役期間の途中で兼役となったり、兼役が解かれた場合は、その年月日を示した。

(9)　〔⑤その他〕は、改称〔(改）と略記〕のほかに、役職名〔(役）と略記〕、役料、その他特記事項を記した。

(10)　６筋奉行、14代官役、15川除奉行には、表の左に〔管轄欄〕を設け、当該役職の支配管轄を示した。15川除奉行では以下の略号を用いた。

愛→愛知川手、愛上→愛知川上之手、愛下→愛知川下之手、姉→姉川布施手、犬→犬上川手、宇→宇曽川手、佐→佐久良川手、善→善利川手、善上→善利川上之手、高→高月手、天→天野川手

(11)　彦根新田藩の役職就任者は姓名の左側に「＊」を付した。

6　本表の作成のための「侍中由緒帳」からの役職記事の採録作業および内容点検作業、役職補任表の作成は、彦根藩資料調査研究委員会「彦根藩の藩政機構」研究班研究員が行った。採録作業・内容点検作業では、井出努、鍛治宏介・八尾嘉男の協力を得た。

7　役職解題は同上研究員が分担執筆した。各役職解題末尾に執筆者名を掲げた。

# 凡　　例

1　彦根藩役職補任表は、彦根藩の主要役職の補任表である。家老役から内目付役まで16の役職について掲載した。

2　彦根藩の家老就役藩士から歩行までの藩士の各家各代の履歴を記した「侍中由緒帳」（彦根城博物館所蔵・重要文化財「彦根藩井伊家文書」）の記載をもとに作成した。

「侍中由緒帳」は、藩士各家について、初代の召出、知行の増減、職務就役・退役、賞罰などを記した履歴史料。目付役が管理し、人事考課に用いた（本書所収母利論文参照）。元禄4年（1691）に編纂が開始され、明治初年まで書き継がれた。元禄4年以前の履歴は、遡って書かれたものであり、曖昧な部分が多く、史料を利用する際には注意を要する。したがって、本表も元禄4年以前、とくに17世紀前半の時期については、就任・退任年月日など不正確な部分がある。

また、「侍中由緒帳」は、79冊が現存しているが、「侍中由緒帳」二十四が欠本である。同書には植田十左衛門、加藤慶次郎、山根岡之介、藤田平右衛門、河西忠三、松本光三郎、岡村卯之吉、宇津木翼、田中五介、片桐八十八の十家が収められていた（人名は明治初年頃の当主名）。「貞享異譜」（「彦根藩井伊家文書」）など別の史料でできるだけ補ったが、上記の家の就役で本表に収録できなかったものがあることを了解いただきたい。

3　各役職の補任表冒頭にその役職に関する概要を付した。

4　彦根藩役職補任表の次に「役職解題」を収めた。本表収録の各役職の詳細については、「役職解題」を参照されたい。

5　本表の表記方法は次の通りである。

⑴　各表のうち、〔姓名〕欄については、各役職在役中の姓名を採用している。そのため、在役中に名前を改めている場合には、〔⑤その他〕欄において、「(改) 清左衛門」のように改称後の名前を記した。

⑵　〔代〕欄は「侍中由緒帳」に記載された藩士各家における代数を示す。

⑶　〔就任年月日〕・〔退任年月日〕欄は、「侍中由緒帳」に記載された、当該役職の就任および退任年月日である。年月日を推定した場合には、（　　）に入れた。丸囲みの数字は閏月を示す。例：①→閏1月。

⑷　〔①前役〕には、当該役職に役替となる前の役職を略記した。役職に就いていなかった場合は「①－」と表記した。当該役職に就任後も、以前からの役職を兼役で継続して勤める場合は、役職名を（　　）に入れ表記した。

⑸　〔②後役〕は、当該役職から役替となった後の役職を略記した。役職に就かなかった場合は「②－」と表記した。当該職を退任後も、兼役していた別の役職を継続して勤める場合は、（　　）に入れ表記した。また、「免」は退役、「願免」は当人の願による退役を示し、隠居が認められた場合には「隠居」、役職在役中に死去した場合には「没」と表記した。

# 彦根藩役職補任表

## 編者・執筆者紹介（五十音順）

東　幸代（あずま　さちよ）
一九七一年生まれ
滋賀県立大学人間文化学部助手
「一九世紀丹後宮津藩の漁政と漁場利用関係」（『史林』八二―六）、「野洲村の神棚天満宮―18世紀半ばの庶民信仰―」（滋賀県立大学人間文化学部『人間文化』一二）

宇佐美英機（うさみ　ひでき）
一九五一年生まれ
滋賀大学経済学部教授・滋賀大学経済学部附属史料館長・新修彦根市史専門部会委員
『近世風俗志（守貞謾稿）』（校訂、喜田川守貞著、岩波文庫）、「近世薬舗の「商標・商号権」保護」（滋賀大学経済学部附属史料館『研究紀要』三〇号）、「馬場利左衛門家の出店と「出世証文」」（滋賀大学経済学部附属史料館『研究紀要』三一号）

齊藤　祐司（さいとう　ゆうじ）
一九六一年生まれ
彦根市教育委員会事務局市史編さん室職員
「解説　相州警衛関係絵図」（『彦根城博物館叢書1　幕末維新の彦根藩』、彦根市教育委員会）

塚本　明（つかもと　あきら）
一九六〇年生まれ
三重大学人文学部助教授・新修彦根市史専門部会委員
「町代―京都町奉行所の『行政官』として―」（『京都町触の研究』、岩波書店）
「近世の宇治・山田における被差別民禁忌について」（三重大学人文学部『人文論叢』二〇）

東谷　智（ひがしたに　さとし）
一九七〇年生まれ
京都造形芸術大学芸術学部講師
「近世中後期における武家奉公人の賦課・負担システムの転換―越後長岡藩の充人を中心に―」（『日本史研究』四六七）、「近世中後期における地方支配の変容―越後長岡藩の割元を中心に―」（『日本史研究』四七五号）

藤井　讓治（ふじい　じょうじ）
一九四七年生まれ
京都大学大学院文学研究科教授・新修彦根市史編纂委員・同編集委員・彦根藩資料調査研究委員会委員
『江戸幕府老中制形成過程の研究』（校倉書房）、『幕藩領主の権力構造』（岩波書店）

母利　美和（もり　よしかず）
一九五八年生まれ
彦根城博物館史料課学芸員
共著『歴史群像名城シリーズ⑥　彦根城』（学習研究社）
「井伊直弼の政治行動と彦根藩―意思決定と側近形成過程を中心に―」（『彦根城博物館叢書1　幕末維新の彦根藩』、彦根市教育委員会）

渡辺　恒一（わたなべ　こういち）
一九六七年生まれ
彦根城博物館史料課学芸員
「十八世紀後半の町人代官制度」（『彦根城博物館研究紀要』八）
「町人代官―彦根藩の代官制度―」（『シリーズ近世の身分的周縁5　支配をささえる人々』、吉川弘文館）

彦根城博物館叢書4

# 彦根藩の藩政機構


二〇〇三年三月三十一日　発行

編　集　彦根藩資料調査研究委員会

編集代表　彦根藩の藩政機構研究班　藤　井　讓　治

発　行　彦根城博物館
〒五二二―〇〇六一
滋賀県彦根市金亀町一―一
TEL〇七四九―二二―六一〇〇
FAX〇七四九―二二―六五二〇

発売元　サンライズ出版
〒五二二―〇〇〇四
滋賀県彦根市鳥居本町六五五―一
TEL〇七四九―二二―〇六二七
FAX〇七四九―二三―七七二〇

定価はカバーに表示しています。



ISBN4-88325-234-5 C3321